CULTURA E
IMPERIALISMO

EDWARD W. SAID

CULTURA E IMPERIALISMO

Tradução
Denise Bottmann

5ª reimpressão

Copyright © 1993 by Edward W. Said
Proibida a venda em Portugal

Grafia atualizada segundo o Acordo Ortográfico da Língua Portuguesa de 1990, que entrou em vigor no Brasil em 2009.

Título original
Culture and Imperialism

Capa
Jeff Fisher

Preparação
Stella de Lucca

Revisão
Renato Potenza Rodrigues
Juliane Kaori

Índice remissivo
Gabriela Morandini

Atualização ortográfica
Verba Editorial

Dados Internacionais de Catalogação na Publicação (CIP)
(Câmara Brasileira do Livro, SP, Brasil)

Said, Edward W.
 Cultura e imperialismo / Edward W. Said ; tradução Denise Bottmann. — 1ª ed. — São Paulo : Companhia de Bolso, 2011.

 Título original: Culture and Imperialism.
 ISBN 978-85-359-1951-6

 1. Colônias na literatura 2. Imperialismo na literatura 3. Literatura — História e crítica — Teoria etc. 4. Literatura europeia — História e crítica — Teoria etc. 5. Políticas e cultura I. Título.

11-08338   CDD-809.894

Índice para catálogo sistemático:
1. Literatura europeia : História e crítica 809.894

Todos os direitos desta edição reservados à
EDITORA SCHWARCZ S.A.
Rua Bandeira Paulista, 702, cj. 32
04532-002 — São Paulo — SP
Telefone: (11) 3707-3500
www.companhiadasletras.com.br
www.blogdacompanhia.com.br

Para Eqbal Ahmad

A conquista da terra, que significa basicamente tomá-la dos que possuem uma compleição diferente ou um nariz um pouco mais achatado do que o nosso, não é uma coisa bonita, se você olhar bem de perto. O que a redime é apenas a ideia. Uma ideia por detrás dela; não uma ficção sentimental, mas uma ideia; e uma crença altruísta na ideia — algo que você pode erigir, e curvar-se diante dela, e lhe oferecer um sacrifício...

JOSEPH CONRAD, *Coração das trevas*

SUMÁRIO

Introdução *9*

1. TERRITÓRIOS SOBREPOSTOS, HISTÓRIAS ENTRELAÇADAS
Império, geografia e cultura *34*
Imagens do passado, puras e impuras *50*
Duas visões em *Coração das trevas* *56*
Experiências divergentes *74*
Vinculando o império à interpretação secular *91*

2. VISÃO CONSOLIDADA
Narrativa e espaço social *117*
Jane Austen e o império *143*
A integridade cultural do império *168*
O império em ação: *Aida* de Verdi *187*
Os prazeres do imperialismo *218*
O nativo sob controle *262*
Camus e a experiência colonial francesa *271*
Uma nota sobre o modernismo *295*

3. RESISTÊNCIA E OPOSIÇÃO
Existem dois lados *302*
Temas da cultura de resistência *328*
Yeats e a descolonização *344*
A viagem para dentro e o surgimento da oposição *370*
Colaboração, independência e libertação *403*

4. LIVRE DA DOMINAÇÃO NO FUTURO
Ascendência americana: o espaço público em guerra *432*
Desafiando a ortodoxia e a autoridade *463*
Movimentos e migrações *495*

Notas *511*
Índice remissivo *544*
Sobre o autor *567*

INTRODUÇÃO

Cerca de cinco anos após a publicação de *Orientalism* [Orientalismo], em 1978, comecei a reunir algumas ideias sobre a relação geral entre cultura e império, as quais haviam ficado claras para mim quando escrevia aquele livro. O primeiro resultado foi uma série de conferências que ministrei em universidades dos Estados Unidos, do Canadá e da Inglaterra em 1985 e 1986. Essas conferências formam o núcleo de minha argumentação na presente obra, com a qual venho me ocupando desde então. Muitos estudos de antropologia, história e disciplinas de áreas específicas têm elaborado ideias que apresentei em *Orientalismo*, restrito ao âmbito do Oriente Médio. Assim, também tento aqui ampliar a argumentação do livro anterior, de modo a descrever um modelo mais geral de relações entre o Ocidente metropolitano moderno e seus territórios ultramarinos.

Em que consistem alguns dos materiais aqui utilizados e que não pertencem à área do Oriente Médio? São textos europeus sobre a África, a Índia, partes do Extremo Oriente, Austrália e Caribe; considero esses discursos africanistas e indianistas, como foram chamados, parte integrante da tentativa europeia geral de dominar povos e terras distantes, e portanto relacionados com as descrições orientalistas do mundo islâmico, bem como com as maneiras específicas pelas quais a Europa representa o Caribe, a Irlanda e o Extremo Oriente. O que há de marcante nesses discursos são as figuras retóricas que encontramos constantemente em suas descrições do "Oriente misterioso", os estereótipos sobre "o espírito africano" (ou indiano, irlandês, jamaicano, chinês), as ideias de levar a civilização a povos bárbaros ou primitivos, a noção incomodamente familiar de que se fazia necessário o açoitamento, a morte ou um longo castigo quando "eles" se comportavam mal ou se rebelavam, porque em geral o que "eles" melhor entendiam era a força ou a violência; "eles" não eram como "nós", e por isso deviam ser dominados.

Porém, em quase todos os lugares do mundo não europeu a chegada do homem branco gerou algum tipo de resistência. O que deixei de fora em *Orientalismo* foi a reação ao domínio ocidental que culminou no grande movimento de descolonização em todo o Terceiro Mundo. Além da resistência armada em locais tão diversos quanto a Irlanda, a Indonésia e a Argélia no século XIX, houve também um empenho considerável na resistência cultural em quase todas as partes, com a afirmação de identidades nacionalistas e, no âmbito político, com a criação de associações e partidos com o objetivo comum da autodeterminação e da independência nacional. O contato imperial nunca consistiu na relação entre um ativo intruso ocidental contra um nativo não ocidental inerte ou passivo; *sempre* houve algum tipo de resistência ativa e, na maioria esmagadora dos casos, essa resistência acabou preponderando.

Esses dois fatores — um modelo geral de cultura imperial em âmbito planetário e uma experiência histórica de resistência contra o império — fazem com que este livro não seja apenas uma mera continuação de *Orientalismo*, mas uma tentativa de algo diverso. Em ambos os livros dou ênfase ao que chamo, de modo bastante geral, "cultura". Quando emprego o termo, ele significa duas coisas em particular. Primeiro, "cultura" designa todas aquelas práticas, como as artes de descrição, comunicação e representação, que têm relativa autonomia perante os campos econômico, social e político, e que amiúde existem sob formas estéticas, sendo o prazer um de seus principais objetivos. Incluem-se aí, naturalmente, tanto o saber popular sobre partes distantes do mundo quanto o conhecimento especializado de disciplinas como a etnografia, a historiografia, a filologia, a sociologia e a história literária. Como meu enfoque exclusivo, aqui, concentra-se nos impérios ocidentais modernos dos séculos XIX e XX, trato sobretudo de formas culturais, como o romance, que julgo terem sido de enorme importância na formação das atitudes, referências e experiências imperiais. Não digo que apenas o romance tenha sido importante, mas o considero como *o* objeto estético cujas ligações com as sociedades em expansão da Inglaterra e da França são particularmente interessantes como tema de estudo. O protótipo do romance realista moderno é *Robinson Crusoé*, e certamente não é por acaso que ele trata de um europeu que cria um feudo para si mesmo numa distante ilha não europeia.

A crítica recente tem se concentrado bastante na narrativa de ficção, mas pouquíssima atenção se presta a seu lugar na história e no mundo do império. Os leitores deste livro logo perceberão que a narrativa é crucial para minha argumentação, sendo minha tese básica a de que as histórias estão no cerne daquilo que dizem os exploradores e os romancistas acerca das regiões estranhas do mundo; elas também se tornam o método usado pelos povos colonizados para afirmar sua identidade e a existência de uma história própria deles. O principal objeto de disputa no imperialismo é, evidentemente, a terra; mas quando se tratava de quem possuía a terra, quem tinha o direito de nela se estabelecer e trabalhar, quem a explorava, quem a reconquistou e quem agora planeja seu futuro — essas questões foram pensadas, discutidas e até, por um tempo, decididas na narrativa. Como sugeriu um crítico, as próprias nações *são* narrativas. O poder de narrar, ou de impedir que se formem e surjam outras narrativas, é muito importante para a cultura e o imperialismo, e constitui uma das principais conexões entre ambos. Mais importante, as grandiosas narrativas de emancipação e esclarecimento mobilizaram povos do mundo colonial para que se erguessem e acabassem com a sujeição imperial; nesse processo, muitos europeus e americanos também foram instigados por essas histórias e seus respectivos protagonistas, e também eles lutaram por novas narrativas de igualdade e solidariedade humana.

Em segundo lugar, e quase imperceptivelmente, a cultura é um conceito que inclui um elemento de elevação e refinamento, o reservatório do melhor de cada sociedade, no saber e no pensamento, como disse Matthew Arnold na década de 1860. Arnold achava que a cultura mitiga, se é que não neutraliza por completo, a devastação de uma vida urbana moderna, agressiva, mercantil, embrutecedora. A pessoa lê Dante ou Shakespeare para acompanhar o melhor do pensamento e do saber, e também para ver a si mesma, a seu povo, sua sociedade, suas tradições sob as melhores luzes. Com o tempo, a cultura vem a ser associada, muitas vezes de forma agressiva, à nação ou ao Estado; isso "nos" diferencia "deles", quase sempre com algum grau de xenofobia. A cultura, neste sentido, é uma fonte de identidade, e aliás bastante combativa, como vemos em recentes "retornos" à cultura e à tradição. Esses "retornos" acompanham códigos rigorosos de conduta intelectual e moral, que se opõem à permissividade associada a filosofias relativamente liberais como o multiculturalismo e o hibridismo. No antigo mundo colonial, esses "retornos" geraram vários fundamentalismos religiosos e nacionalistas.

Neste segundo sentido, a cultura é uma espécie de teatro em que várias causas políticas e ideológicas se empenham mutuamente. Longe de ser um plácido reino de refinamento apolíneo, a cultura pode até ser um campo de batalha onde as causas se expõem à luz do dia e lutam entre si, deixando claro, por exemplo, que, dos estudantes americanos, franceses ou indianos ensinados a ler *seus* clássicos nacionais antes de lerem os outros, espera-se que amem e pertençam de maneira leal, e muitas vezes acrítica, às suas nações e tradições, enquanto denigrem e combatem as demais.

Ora, o problema com essa ideia de cultura é que ela faz com que a pessoa não só venere sua cultura, mas também a veja como que divorciada, pois transcendente, do mundo cotidiano. Muitos humanistas de profissão são, em virtude disso, incapazes de estabelecer a conexão entre, de um lado, a longa e sórdida crueldade de práticas como a escravidão, a opressão racial e colonialista, o domínio imperial e, de outro, a poesia, a ficção e a filosofia da sociedade que adota tais práticas. Uma das difíceis verdades que descobri trabalhando neste livro é que pouquíssimos, dentre os artistas ingleses ou franceses que admiro, questionaram a noção de raça "submissa" ou "inferior", tão dominante entre funcionários que colocavam essas ideias em prática, como coisa evidente, ao governarem a Índia ou a Argélia. Eram noções amplamente aceitas, e ajudaram a propelir a aquisição imperial de territórios na África ao longo de todo o século XIX. Pensando em Carlyle ou Ruskin, ou mesmo em Dickens e Thackeray, a meu ver os críticos com frequência têm relegado as ideias desses escritores sobre a expansão colonial, as raças inferiores ou os "negros" a um departamento muito diferente do da cultura, sendo esta a área elevada de atividades a que eles "realmente" pertencem e em que elaboraram suas obras "realmente" importantes.

A cultura concebida dessa maneira pode se tornar uma cerca de proteção: deixe a política na porta antes de entrar. Como alguém que passou toda a sua vida profissional ensinando literatura, mas que também se criou no mundo colonial anterior à Segunda Guerra Mundial, pareceu-me um desafio *não* ver a cultura desta maneira — ou seja, antissepticamente isolada de suas filiações mundanas —, e sim como um campo de realização extraordinariamente diversificado. Tomo os romances e outros livros aqui considerados como objetos de análise porque, em primeiro lugar, eu os considero obras de arte e de conhecimento respeitáveis e admiráveis, que proporcionam prazer e são proveitosos para mim e para muitos outros leitores. Em segundo lugar, o desafio é relacioná-los não só com esse prazer e esse proveito, mas também com o processo imperial de que fazem parte de maneira explícita e inequívoca; mais do que condenar ou ignorar sua participação no que era uma realidade incontestete em suas sociedades, sugiro que o que aprendemos sobre esse aspecto, até agora ignorado, na verdade *aprofunda* nossa leitura e nossa compreensão dessas obras.

Vou expor brevemente o que penso, recorrendo a dois grandes romances muito conhecidos. *Great expectations* [Grandes esperanças] (1861) de Dickens é basicamente um romance sobre a autoilusão, sobre as vãs tentativas de Pip se tornar um cavalheiro sem o árduo esforço ou a aristocrática fonte de renda necessários para tal papel. Logo cedo na vida, ele ajuda um condenado, Abel Magwitch, que, após ser deportado para a Austrália, retribui seu jovem benfeitor com grandes somas de dinheiro; como o advogado envolvido no caso não diz nada ao entregar o dinheiro, Pip acha que foi obra de uma velha dama, miss Havisham. Magwitch depois volta clandestinamente a Londres, sendo mal recebido por Pip, pois tudo nele rescende a delinquência e aborrecimento. No final, porém, Pip se reconcilia com Magwitch e sua realidade; acaba reconhecendo Magwitch — perseguido, preso e mortalmente doente — como uma espécie de pai, sem o negar nem o rejeitar, embora Magwitch seja de fato inaceitável, vindo da Austrália, colônia penal destinada à reabilitação, mas não ao repatriamento de criminosos ingleses degredados.

A maioria das leituras, se não todas, dessa obra admirável situa-a totalmente dentro da história metropolitana da ficção inglesa, mas, a meu ver, ela faz parte de uma história mais abrangente e mais dinâmica do que a oferecida por tais interpretações. Coube a dois livros mais recentes do que o de Dickens — o magistral *The fatal shore* [A praia fatal], de Robert Hughes, e *The road to Botany Bay* [A estrada para Botany Bay], obra de brilhante reflexão de Paul Carter — revelar uma vasta história de especulações sobre a Austrália e suas experiências, uma colônia "branca" como a Irlanda, onde podemos ver Magwitch e Dickens não como meras referências coincidentes nessa história, e sim como participantes dela, por intermédio do romance e de uma experiência muito mais antiga e ampla entre a Inglaterra e seus territórios ultramarinos.

A Austrália foi fundada como colônia penal no final do século XVIII, principalmente para que a Inglaterra pudesse deportar um excedente populacional indesejado e irredimível de criminosos para um lugar, originalmente mapeado pelo capitão Cook, que também funcionasse como colônia substituindo aquelas que haviam sido perdidas na América. A busca de lucro, a construção do império e aquilo que Hughes chama de *apartheid* social geraram a Austrália moderna, a qual, na época em que despertou pela primeira vez o interesse de Dickens, na década de 1840 (em *David Copperfield*, Wilkins Micawber migra feliz para lá), já havia se tornado uma sociedade de certa rentabilidade e uma espécie de "sistema livre", em que os trabalhadores poderiam prosperar se entregues a si. No entanto, em Magwitch:

> Dickens reuniu várias facetas do modo como os ingleses percebiam os condenados na Austrália ao final do degredo. Podiam dar certo na vida, mas dificilmente voltariam, na acepção real. Podiam expiar seus crimes em sentido técnico e legal, mas o que sofriam por lá marcava-os como forasteiros permanentes. E no entanto eles eram capazes de redenção — enquanto permanecessem na Austrália.[1]

A exploração feita por Carter daquilo que chamou de história espacial da Austrália oferece-nos outra versão dessa mesma experiência. Aqui exploradores, degredados, etnógrafos, aventureiros em busca de lucro, soldados mapeiam o vasto continente relativamente vazio, cada qual num discurso que afasta, desloca ou incorpora os outros. Assim, Botany Bay é antes de mais nada um discurso iluminista de viagem e descoberta, e depois um conjunto de viajantes que escrevem suas narrativas (inclusive Cook), cujas palavras, mapas e intenções reúnem os territórios estranhos e os convertem gradualmente num "lar". Carter mostra que a proximidade entre a organização benthamiana do espaço (que resultou na cidade de Melbourne) e a aparente desordem da mata australiana resultou numa transformação otimista do espaço social, que gerou um Paraíso para os cavalheiros, um Éden para os trabalhadores na década de 1840.[2] O que Dickens concebe para Pip, como o "cavalheiro londrino" de Magwitch, equivale *grosso modo* ao que a benevolência inglesa concebia para a Austrália, um espaço social autorizando outro.

Mas *Great expectations* foi escrito sem qualquer preocupação pelos relatos australianos nativos, ao contrário de Hughes ou Carter, nem supunha ou prenunciava uma tradição literária australiana, que de fato veio a incluir posteriormente as obras de

David Malouf, Peter Carey e Patrick White. A proibição do retorno de Magwitch é não só penal, mas também imperial: os súditos podem ser levados a lugares como a Austrália, mas não se permite que "voltem" ao espaço metropolitano, que, como atesta toda a ficção dickensiana, é meticulosamente mapeado, representado, habitado por uma hierarquia de personagens metropolitanas. Assim, por um lado, intérpretes como Hughes e Carter se estendem sobre a presença relativamente atenuada da Austrália na literatura britânica oitocentista, exprimindo a plenitude e a identidade conquistada de uma história australiana que se tornou independente da história britânica no século XX; mas, por outro, uma leitura acurada de *Great expectations* há de notar que, depois de expiada a delinquência de Magwitch, depois que Pip reconhece redentoramente sua dívida para com o velho criminoso, amargamente revitalizado e vingativo, o próprio rapaz entra em colapso e revive de duas maneiras explicitamente positivas. Aparece um novo Pip, menos oprimido do que o velho Pip pelo fardo do passado — surge de relance sob a forma de um menino, também chamado Pip; e o velho Pip inicia uma nova carreira com seu amigo de infância Herbert Pocket, desta vez não como cavalheiro ocioso, mas como um ativo negociante no Oriente, onde as outras colônias inglesas oferecem uma espécie de normalidade que a Austrália nunca poderia oferecer.

Assim, mesmo quando Dickens resolve a dificuldade com a Austrália, surge uma outra estrutura de atitudes e referência para sugerir o intercâmbio imperial da Inglaterra por meio do comércio e das viagens no Oriente. Em sua nova carreira como homem de negócios nas colônias, Pip não é propriamente uma figura excepcional, visto que quase todos os negociantes, os parentes instáveis e os forasteiros atemorizantes de Dickens mantêm uma ligação bastante normal e segura com o império. Mas apenas em anos recentes tais conexões assumiram importância interpretativa. Uma nova geração de críticos e estudiosos — filhos da descolonização em alguns casos, beneficiários (como minorias sexuais, religiosas e raciais) de avanços nos direitos humanos em seus países — tem visto nesses grandes textos da literatura ocidental um sólido interesse pelo que era considerado um mundo inferior, povoado com gente inferior, de cor, apresentado como se estivesse aberto à intervenção de outros tantos Robinson Crusoé.

No final do século XIX, o império já não é apenas uma presença nebulosa, nem se encarna na figura indesejada do criminoso fugitivo, mas passa a ser uma área central de interesse nas obras de autores como Conrad, Kipling, Gide e Loti. *Nostromo* (1904), de Conrad — meu segundo exemplo —, é situado numa república da América Central, independente (ao contrário dos cenários coloniais africanos e orientais de suas obras anteriores) e, ao mesmo tempo, dominada por interesses externos, devido à sua imensa jazida de prata. Para um americano contemporâneo, o aspecto mais atraente da obra é a presciência de Conrad: ele antevê a incontrolável insatisfação e os "desmandos" das repúblicas latino-americanas (governá-las, diz ele citando Bolívar, é como arar o oceano), e assinala a maneira própria da América do Norte de influenciar as circunstâncias de forma decisiva, ainda que quase imperceptível. Holroyd, o financista de San Francisco que dá respaldo a Charles Gould, proprietário inglês da mina de São Tomé, alerta seu protegido: "Não seremos arrastados para nenhum grande problema" como investidores. Mesmo assim:

> Podemos sentar e olhar. Claro, algum dia interviremos. Estamos fadados a isso. Mas não há pressa. O próprio tempo teve de esperar no maior país de todo o universo de Deus. Estaremos ditando as regras para tudo — indústria, comércio, leis, jornalismo, arte, política e religião, do cabo Horn até Surith's Sound, e também mais adiante, se algo que valer a pena surgir no polo Norte. E então teremos tempo de tomar as ilhas e continentes distantes da terra. Conduziremos os negócios do mundo, quer ele goste ou não. O mundo não pode evitá-lo — e nem nós, imagino eu.[3]

Boa parte da retórica da "Nova Ordem Mundial" promulgada pelo governo americano desde o final da Guerra Fria — com seus autoelogios desbragados, seu franco triunfalismo, suas solenes declarações de responsabilidade — podia ter sido rascunhada pelo Holroyd de Conrad: somos os melhores, estamos destinados a liderar, representamos a liberdade e a ordem, e assim por diante. Nenhum americano ficou imune a essa estrutura de sentimentos, e no entanto raramente se reflete na advertência implícita contida nas descrições conradianas de Holroyd e Gould, visto que a retórica do poder gera com muita facilidade, quando exercida num cenário imperial, uma ilusão de benevolência. Todavia, é uma retórica cuja característica mais danosa consiste em ter sido usada antes, não apenas antigamente (pela Espanha e por Portugal), mas, com uma frequência ensurdecedoramente repetitiva no período moderno, por ingleses, franceses, belgas, japoneses, russos e, agora, americanos.

No entanto, seria incompleto ler a grande obra de Conrad simplesmente como uma previsão bem antecipada do que vemos ocorrer na América Latina do século XX, com sua série de United Fruit Companies, coronéis, forças de libertação e mercenários financiados pelos Estados Unidos. Conrad é o precursor das concepções ocidentais do Terceiro Mundo que encontramos na obra de romancistas tão diferentes quanto Graham Greene, V. S. Naipaul e Robert Stone, de teóricos do imperialismo como Hannah Arendt e de autores de relatos de viagem, cineastas e polemistas cuja especialidade consiste em apresentar o mundo não europeu aos públicos europeu e norte-americano, seja para análise e julgamento, seja para satisfazer seu gosto pelo exótico. Pois, se é verdade que Conrad enxerga ironicamente o imperialismo dos proprietários ingleses e americanos da mina de prata de São Tomé, condenado por suas ambições pretensiosas e impossíveis, também é verdade que ele escreve como homem cuja visão *ocidental* do mundo não ocidental está tão arraigada a ponto de cegá-lo para outras histórias, outras culturas e outras aspirações. Tudo o que Conrad consegue ver é um mundo totalmente dominado pelo Ocidente atlântico, onde toda oposição ao Ocidente apenas confirma o poder iníquo do Ocidente. O que Conrad não consegue ver é uma alternativa a essa cruel tautologia. Ele não podia entender que Índia, África e América do Sul também possuíam vidas e culturas com identidades não totalmente controladas pelos reformadores e imperialistas gringos deste mundo, nem se permitir acreditar que nem todos os movimentos anti-imperialistas de independência eram corruptos e marionetes a soldo dos senhores de Londres ou Washington.

Essas cruciais limitações de visão são parte integrante de *Nostromo*, tanto quanto seus personagens e enredo. O romance de Conrad encarna a mesma arrogância paternalista do imperialismo que é objeto de seu escárnio em personagens como Gould e Holroyd. Conrad parece dizer: "Nós, ocidentais, decidiremos quem é um bom ou um mau nativo, porque todos os nativos possuem existência suficiente em virtude de nosso reconhecimento. Nós os criamos, nós os ensinamos a falar e a pensar, e quando se revoltam eles simplesmente confirmam nossas ideias a respeito deles, como crianças tolas, enganadas por alguns de seus senhores ocidentais". É isso, com efeito, o que os americanos sentem em relação a seus vizinhos do sul: que a independência é desejável para eles, desde que seja o tipo de independência que *nós* aprovamos. Qualquer outra coisa é inaceitável e, pior, impensável.

Portanto, não é paradoxal que Conrad fosse imperialista e anti-imperialista: progressista quando se tratava de apresentar com destemor e pessimismo a corrupção autoconfirmadora e autoenganosa do domínio ultramarino; profundamente reacionário quando se tratava de conceder que a África ou a América do Sul pudesse algum dia ter uma história ou uma cultura independentes, que os imperialistas abalaram violentamente, mas pela qual foram, afinal, derrotados. Mas para que não pensemos em Conrad de forma condescendente, como criatura de seu próprio tempo, seria melhor observar que atitudes recentes em Washington e entre muitos políticos e intelectuais ocidentais não demonstram grande avanço em relação às ideias conradianas. O que Conrad via como futilidade latente na filantropia imperialista — cujas intenções incluíam ideias como "tornar o mundo seguro para a democracia" — o governo americano ainda é incapaz de perceber, quando tenta implementar seus desejos em todo o planeta, sobretudo no Oriente Médio. Conrad pelo menos teve a coragem de ver que nenhum projeto desses jamais deu certo — porque envolvem os planejadores em mais ilusões de onipotência e enganosa satisfação consigo próprios (como no Vietnã), e porque, devido à sua própria natureza, falsificam as evidências.

Vale a pena ter tudo isso em mente se se pretender ler *Nostromo* com alguma atenção a seus grandes pontos fortes e suas limitações intrínsecas. O novo Estado independente de Sulaco, que surge no final do romance, é apenas uma versão mais reduzida, mais firmemente controlada e intolerante do Estado maior do qual ele se separou, e que agora veio a desbancar em riqueza e importância. Conrad permite que o leitor veja que o imperialismo é um sistema. A vida num campo subordinado da experiência é marcada pelas loucuras e ficções do campo dominante. Mas o inverso também é verdadeiro, quando a experiência na sociedade dominante vem a depender acriticamente dos nativos e seus territórios, tidos como elementos necessitando da *mission civilisatrice*.

Como quer que se leia *Nostromo*, o romance oferece uma visão profundamente implacável, e literalmente tornou possível a visão igualmente severa das ilusões imperialistas ocidentais em *The quiet American* [O americano tranquilo], de Graham Greene, ou *A bend in the river* [Uma curva no rio], de V. S. Naipaul, romances de linhas muito diferentes. Hoje, depois do Vietnã, Irã, Filipinas, Argélia, Cuba, Nicarágua, Iraque, poucos leitores discordariam que é justamente a inocência entusiasmada de Pyle, a personagem de Greene, ou do padre Huismans, de Naipaul, para os quais os nativos podem ser educados dentro de "nossa" civilização, que vem a criar a matança, a subversão e a interminável instabilidade das sociedades "primitivas". Uma fúria parecida permeia filmes como *Salvador*, de Oliver Stone, *Apocalypse now*, de Francis Ford Coppola, e *Missing*, de Constantin Costa-Gavras, nos quais agentes inescrupulosos da CIA e oficiais enlouquecidos pelo poder manipulam nativos e americanos bem-intencionados.

No entanto, todas essas obras, que tanto devem à ironia anti-imperialista de Conrad em *Nostromo*, sustentam que a fonte da ação e da vida significativa do mundo se encontra no Ocidente, cujos representantes parecem estar à vontade para impor suas fantasias e filantropias num Terceiro Mundo retardado mental. Nessa visão, as regiões distantes do mundo não possuem vida, história ou cultura dignas de menção, nenhuma independência ou identidade dignas de representação sem o Ocidente. E quando há algo para ser descrito, é, seguindo Conrad, indizivelmente corrupto, degenerado, irremediável. Mas enquanto Conrad escreveu *Nostromo* durante um período de entusiasmo imperialista europeu largamente incontestado, os romancistas e cineastas contemporâneos que aprenderam tão bem suas ironias fizeram suas obras *depois* da descolonização, *depois* da revisão e da desconstrução da representação ocidental do mundo não ocidental, *depois* da obra de Frantz Fanon, Amílcar Cabral, C. L. R. James, Walter Rodney, *depois* dos romances e peças de Chinua Achebe, Ngugi wa Thiongo, Wole Soyinka, Salman Rushdie, Gabriel García Márquez, e muitos outros.

Assim, Conrad transmitiu suas tendências imperialistas residuais, embora seus herdeiros dificilmente tenham alguma desculpa que justifique o viés muitas vezes sutil e irrefletido de suas obras. Não é apenas uma questão de ocidentais que não mostram simpatia ou compreensão suficiente de culturas estrangeiras — visto que, afinal, existem alguns artistas e intelectuais que de fato passaram para o outro lado — Jean Genet, Basil Davidson, Albert Memmi, Juan Goytisolo e outros. O que talvez seja mais pertinente é a disposição política de levar a sério as alternativas ao imperialismo, entre elas a existência de outras culturas e sociedades. Quer se acredite que a obra extraordinária de Conrad confirma as habituais suspeitas ocidentais em relação à América Latina, África e Ásia, quer se vejam em romances como *Nostromo* e *Great expectations* os contornos gerais de uma visão de mundo imperial assombrosamente duradoura, capaz de deformar as perspectivas tanto do autor quanto do leitor: *essas duas* maneiras de ler as alternativas reais parecem ultrapassadas. O mundo, hoje, não existe como espetáculo sobre o qual possamos alimentar pessimismo ou otimismo, sobre o qual nossos "textos" possam ser interessantes ou maçantes. Todas essas atitudes supõem o exercício de poder e de interesses. Na medida em que vemos Conrad criticando e ao mesmo tempo reproduzindo a ideologia imperial de sua época, nessa mesma medida poderemos caracterizar nossas atitudes presentes: a projeção, ou a recusa, da vontade de dominar, a capacidade de prejudicar ou a energia para compreender e se comprometer com outras sociedades, tradições e histórias.

O mundo mudou desde Conrad e Dickens, e de uma maneira que surpreendeu, e muitas vezes alarmou, americanos e europeus metropolitanos, que agora enfrentam grandes contingentes populacionais de imigrantes não brancos em seu próprio meio, e se defrontam com um rol impressionante de vozes recém-assumidas pedindo ouvidos para suas narrativas. A tese de meu livro é que essas populações e vozes já estão aqui faz algum tempo, graças ao processo globalizado desencadeado pelo imperialismo moderno; ignorar ou minimizar a experiência sobreposta de ocidentais e orientais, a interdependência de terrenos culturais onde colonizador e colonizado coexistiram e combateram um ao outro por meio de projeções, assim como de geografias, narrativas e histórias rivais, é perder de vista o que há de essencial no mundo dos últimos cem anos.

Pela primeira vez, a história e a cultura do imperialismo podem agora ser estudadas de maneira não monolítica, descompartimentalizada, sem separações ou distinções reducionistas. É verdade que tem havido uma irrupção desconcertante de discursos separatistas e chauvinistas, seja na Índia, no Líbano ou na Iugoslávia, em proclamações afrocêntricas, islamocêntricas ou eurocêntricas; longe de invalidar a luta de libertação contra o império, essas reduções do discurso cultural na verdade comprovam a validade de uma energia liberacionista fundamental que anima o desejo de ser independente, de falar livremente e sem o peso da dominação injusta. A única maneira de entender essa energia, porém, é por vias históricas: daí a grande amplitude histórica e geográfica buscada neste livro. Em nosso desejo de ser ouvidos, muitas vezes tendemos a esquecer que o mundo é um lugar apinhado de gente, e que se todo mundo fosse insistir na pureza ou prioridade radical de sua própria voz, tudo o que teríamos seria um alarido medonho de uma disputa interminável e uma confusão política sangrenta, cujos horrores estão começando a aparecer aqui e ali, no ressurgimento de políticas racistas na Europa, na cacofonia de discussões sobre a política de identidade e o politicamente correto nos Estados Unidos, e — para falar de minha parte do mundo — a intolerância do preconceito religioso e promessas ilusórias de despotismo bismarckiano, à la Saddam Hussein e seus vários parceiros e epígonos árabes.

Por isso, é extremamente revigorante e inspirador não só ler o próprio lado, por assim dizer, mas também entender de que modo um grande artista como Kipling (poucos foram mais imperialistas e reacionários do que ele) apresentou a Índia com tamanha habilidade, e como, ao fazer isso, seu romance *Kim* não só derivava de uma longa história da perspectiva anglo-indiana, mas também, à sua revelia, anunciava que essa perspectiva era insustentável, na medida em que insistia na crença de que a realidade indiana demandava, e até suplicava, uma tutela britânica por tempo mais ou menos indeterminado. O grande arquivo cultural, a meu ver, encontra-se ali onde estão os investimentos intelectuais e estéticos no domínio ultramarino. Se fôssemos ingleses ou franceses na década de 1860, veríamos e sentiríamos a Índia e o norte da África com uma mescla de familiaridade e distância, mas nunca com a noção da soberania própria deles. Em nossas narrativas, histórias, relatos de viagem e explorações, nossa consciência se apresentaria como a principal autoridade, um ponto ativo de energia capaz de dar sentido não só às atividades colonizadoras, mas também aos povos e às geografias exóticas. Acima de tudo, nossa sensação de poder mal imaginaria que aqueles "nativos", que pareciam subservientes ou taciturnamente refratários, algum dia fossem capazes de nos fazer desistir da Índia ou da Argélia. Ou de dizer qualquer coisa que pudesse talvez contrariar, questionar ou perturbar o discurso vigente. A cultura do imperialismo não era invisível, nem ocultava seus vínculos e interesses mundanos. Há uma clareza suficiente nas grandes linhas culturais para que enxerguemos as notações amiúde escrupulosas ali feitas, e também para que vejamos que não lhes foi concedida muita atenção. O fato de agora serem de tal interesse, a ponto de levar à elaboração, por exemplo, deste e de outros livros, é consequência menos de uma espécie de espírito vingativo retrospectivo do que uma maior necessidade de elos e conexões. Uma das realizações do imperialismo foi aproximar o mundo, e embora nesse processo a separação entre europeus e nativos tenha sido insidiosa e fundamentalmente injusta, a maioria de nós deveria agora considerar a experiência histórica do império como algo partilhado em comum. A tarefa, portanto, é descrevê-la enquanto relacionada com os indianos *e* os britânicos, os argelinos *e* os franceses, os ocidentais *e* os africanos, asiáticos, latino-americanos e australianos, apesar dos horrores, do derramamento de sangue, da amargura vingativa.

Meu método é enfocar ao máximo possível algumas obras individuais, lê-las inicialmente como grandes frutos da imaginação criativa ou interpretativa, e depois mostrá-las como parte da relação entre cultura e império. Não creio que os escritores sejam mecanicamente determinados pela ideologia, pela classe ou pela história econômica, mas acho que estão profundamente ligados à história de suas sociedades, moldando e moldados por essa história e suas experiências sociais em diferentes graus. A cultura e suas formas estéticas derivam da experiência histórica, o que é, de fato, um dos temas principais deste livro. Conforme descobri ao escrever *Orientalismo*, não é possível apreender a experiência histórica por listas ou catálogos, e por mais que a gente se esforce, sempre ficarão de fora alguns livros, artigos, autores e ideias. Tentei abordar o que considero importante e essencial, admitindo já de saída que a seleção e a escolha consciente deviam determinar o que fiz. Minha esperança é que os leitores e críticos deste livro o utilizem para aprofundar as linhas de pesquisa e argumentação sobre a experiência histórica do imperialismo aqui esboçadas. Ao discutir e analisar o que de fato constitui um processo global, por vezes tive de ser genérico e sucinto; mas tenho certeza de que ninguém ia querer que esse livro fosse ainda maior!

Além disso, existem vários impérios que não discuti; o austro-húngaro, o russo, o otomano, o espanhol, o português. Essas omissões, porém, não pretendem sugerir que a dominação russa na Ásia Central e na Europa Oriental, o domínio de Istambul no mundo árabe, o de Portugal nas ex-colônias de Angola e Moçambique, a dominação espanhola no Pacífico e na América Latina tenham sido benévolos (e portanto aceitáveis) ou menos imperialistas. O que digo sobre a experiência imperial inglesa, francesa e americana é que ela possui uma coerência única e uma importância cultural especial. A Inglaterra, evidentemente, é uma classe imperial por si só, maior, mais grandiosa, mais imponente do que qualquer outra; por quase dois séculos, a França esteve em rivalidade direta com ela. Como as narrativas desempenham um papel notável na atividade imperial, não surpreende que a França e (sobretudo) a Inglaterra tenham uma tradição ininterrupta de romances, sem paralelo no mundo. Os Estados Unidos começaram como império no século XIX, mas foi na segunda metade do século XX, após a descolonização dos impérios britânico e francês, que eles seguiram diretamente seus dois grandes predecessores.

Há duas outras razões para enfocar esses três impérios, como faço aqui. Uma delas é que a ideia de domínio ultramarino — saltando por cima de territórios vizinhos até terras muito distantes — possui um estatuto privilegiado nessas três culturas. Essa ideia tem muito a ver com projeções, seja na literatura, na geografia ou nas artes, e ela adquire uma presença contínua por meio da expansão, da administração, dos investimentos e dos compromissos efetivos. Portanto, existe algo de sistemático na cultura imperial que não é evidente em nenhum outro império além do britânico, do francês e, de maneira diferente, do americano. Quando utilizo a expressão "uma estrutura de atitudes e referências", é nisso que estou pensando. A segunda razão é que foi nesses três países em cujas órbitas nasci, cresci e agora vivo. Embora me sinta em casa neles, continuo, como oriundo do mundo árabe e muçulmano, a ser alguém que pertence também ao outro lado. Isso me possibilitou, em certo sentido, viver nos dois lados e tentar intermediá-los.

Em suma, este é um livro sobre o passado e o presente, sobre "nós" e "eles", e como todas essas coisas são vistas pelos vários partidos, em geral opostos e separados. Seu momento, por assim dizer, é o do período após a Guerra Fria, quando os Estados Unidos emergiram como a última superpotência. Viver nos Estados Unidos durante essa época implica, para um professor e intelectual com raízes no mundo árabe, uma série de preocupações muito particulares, todas influindo neste livro, como de fato têm influenciado tudo o que escrevi desde *Orientalismo*.

Primeiramente, é uma sensação deprimente de que já vimos e ouvimos antes as atuais formulações da política americana. Todo grande centro metropolitano que aspirou ao domínio mundial disse, e infelizmente fez, muitas dessas mesmas coisas. Há sempre o apelo ao poder e ao interesse nacional quando se conduzem os assuntos de povos inferiores; há o mesmo zelo destrutivo quando as coisas ficam meio ríspidas, ou quando os nativos se revoltam e repudiam um dirigente subserviente e impopular, que fora introduzido e mantido no poder pela potência imperial; há a declaração horrivelmente previsível de que "nós" somos excepcionais, não imperiais, e que não repetiremos o erro das potências anteriores, ressalva rotineiramente seguida pela repetição do mesmo erro, como provam as guerras do Vietnã e do Golfo. Pior ainda, porém, tem sido a colaboração surpreendente, mesmo que muitas vezes passiva, de intelectuais, artistas e jornalistas cujas posições no plano interno são progressistas e cheias de sentimentos louváveis, mas que viram o oposto quando se trata do que é feito no estrangeiro em nome deles.

Minha esperança (talvez ilusória) é que uma história da aventura imperial, apresentada em termos culturais, possa servir a alguma finalidade ilustrativa e até dissuasória. No entanto, se o imperialismo avançou implacavelmente nos séculos XIX e XX, o mesmo se deu com a resistência a ele. Assim, metodologicamente, tento mostrar as duas forças em conjunto. Isso de forma alguma isenta de críticas os povos colonizados e lesados; como revela qualquer levantamento dos estados pós-coloniais, as ditas e desditas do nacionalismo, daquilo que se pode chamar de separatismo e nativismo, nem sempre compõem uma história edificante. Isso também tem de ser dito, quando menos para mostrar que sempre existem alternativas a Idi Amin e Saddam Hussein. O imperialismo ocidental e o nacionalismo terceiro-mundista alimentam-se mutuamente, mas mesmo em seus piores aspectos não são monolíticos nem deterministas. Ademais, a cultura tampouco é monolítica, e não constitui monopólio exclusivo seja do Oriente ou do Ocidente, de pequenos grupos de homens ou mulheres.

Contudo, a história é sombria e amiúde desalentadora. O que a atenua hoje em dia, aqui e ali, é o surgimento de uma nova consciência intelectual e política. Essa é a segunda preocupação presente na elaboração deste livro. Por mais que se lamente que o velho curso de estudos humanísticos tenha sido objeto de pressões politizadas, sob a mira da chamada cultura da reclamação, de todos os tipos de reivindicações egregiamente retumbantes a favor dos valores "ocidentais", "feministas", "afrocêntricos" ou "islamocêntricos", as coisas hoje não se reduzem apenas a isso. Tome-se como exemplo a extraordinária transformação nos estudos do Oriente Médio, os quais, quando escrevi *Orientalismo*, ainda eram dominados por um espírito agressivamente masculino e condescendente. Para citar apenas obras publicadas nos últimos três ou quatro anos — *Veiled sentiments* [Sentimentos velados], de Lila Abu-Lughod; *Women and gender in Islam* [Mulheres e sexo no islamismo], de Leila Ahmed; *Woman's body, woman's world* [Corpo de mulher, mundo de mulher], de Fedwa Malti-Douglas[4] —, ideias muito diferentes sobre o islamismo, os árabes e o Oriente Médio vêm questionando, e solapando em um grau considerável, o velho despotismo. Tais obras são feministas, mas não exclusivistas; mostram a diversidade e complexidade da experiência que opera sob os discursos totalizantes do orientalismo e do nacionalismo do Oriente Médio (esmagadoramente masculino); são livros sofisticados tanto em termos intelectuais quanto políticos, afinados com o melhor rigor teórico e histórico, comprometidos mas não demagógicos, sensíveis mas não piegas em relação à experiência feminina; por fim, embora escritos por estudiosas com diferentes formações, são textos que dialogam e contribuem para a situação política das mulheres no Oriente Médio.

Ao lado de *The rhetoric of English India* [A retórica da Índia inglesa], de Sara Suleri, e *Critical terrains* [Terrenos críticos], de Lisa Lowe,[5] esse tipo de estudo revisionista tem modificado, se é que não rompeu por completo, a geografia do Oriente Médio e da Índia como domínios homogêneos, entendidos de maneira reducionista. Acabaram-se as oposições binárias caras às atividades nacionalistas e imperialistas. Em vez disso, começamos a sentir que a velha autoridade não pode ser simplesmente substituída por uma nova autoridade, mas que estão surgindo novos alinhamentos independentemente de fronteiras, tipos, nações e essências, e que são esses novos alinhamentos que agora provocam e contestam a noção fundamentalmente estática de *identidade* que constituiu o núcleo do pensamento cultural na era do imperialismo. Durante todo o contato entre os europeus e seus "outros", iniciado sistematicamente quinhentos anos atrás, a única ideia que quase não variou foi a de que existe um "nós" e um "eles", cada qual muito bem definido, claro, intocavelmente autoevidente. Como discuto em *Orientalismo*, a divisão remonta à concepção grega sobre os bárbaros, mas, independentemente de quem tenha criado esse tipo de pensamento "identitário", no século XIX ele havia se tornado a marca registrada das culturas imperialistas, e também daquelas que tentavam resistir à penetração europeia.

Somos ainda os herdeiros desse estilo segundo o qual o indivíduo é definido pela nação, a qual, por sua vez, extrai sua autoridade de uma tradição supostamente contínua. Nos Estados Unidos, essa preocupação com a identidade cultural resultou, naturalmente, na disputa sobre os livros e autoridades que constituem a "nossa" tradição. De modo geral, tentar dizer que este ou aquele livro é (ou não é) parte de "nossa" tradição constitui um dos exercícios mais debilitantes que se possam imaginar. Além disso, seus excessos são muito mais frequentes do que suas contribuições ao rigor histórico. Quanto a isso, não tenho a menor paciência com a posição de que "nós" devíamos nos preocupar apenas ou principalmente com o que é "nosso", da mesma forma como não posso compactuar com posições que exigem que os árabes leiam livros árabes, usem métodos árabes, e coisas do gênero. Como costumava dizer C. L. R. James, Beethoven pertence tanto aos caribenhos quanto aos alemães, na medida em que sua música agora faz parte da herança humana.

No entanto, a preocupação ideológica com a identidade está compreensivelmente entrelaçada com os interesses e programas de vários grupos — nem todos de minorias oprimidas — que desejam estabelecer prioridades que reflitam tais interesses. Como boa parte deste livro fala do que e como ler a história recente, aqui resumirei muito rapidamente minhas ideias. Antes que possamos concordar quanto aos elementos que compõem a identidade americana, temos de admitir que, enquanto sociedade de colonos imigrantes que se impôs sobre as ruínas de uma considerável presença autóctone, a identidade americana é variada demais para chegar a constituir algo unitário e homogêneo; na verdade, a luta que se trava em seu interior envolve defensores de uma identidade unitária e os que veem o conjunto como uma totalidade complexa, mas não redutoramente unificada. Essa oposição supõe duas perspectivas diferentes, duas historiografias diversas, uma linear e dominadora, a outra contrapontual e muitas vezes nômade.

Minha tese é que apenas a segunda perspectiva tem plena sensibilidade à realidade da experiência histórica. Em parte devido ao imperialismo, todas as culturas estão mutuamente imbricadas; nenhuma é pura e única, todas são híbridas, heterogêneas, extremamente diferenciadas, sem qualquer monolitismo. Isso, a meu ver, vale tanto para os Estados Unidos contemporâneos quanto para o mundo árabe moderno, onde se apregoam respectivamente tanto os perigos do "não americanismo" quanto as ameaças ao "arabismo". O nacionalismo defensivo, reativo e até paranoico infelizmente se entrelaça com grande frequência na própria estrutura educacional, em que crianças e adolescentes aprendem a venerar e celebrar a exclusividade de *suas* tradições (em geral invejosamente, em detrimento das demais). É a essas formas acríticas e irracionais de educação e reflexão que se dirige este livro — como um corretor, uma alternativa paciente, uma possibilidade francamente exploratória. Ao escrevê-lo, eu me vali do espaço utópico ainda proporcionado pela universidade, que, a meu ver, deve permanecer como um local em que se investigam, se discutem e se refletem essas questões vitais. Tornar-se um local para a imposição ou solução de questões políticas e sociais seria eliminar a função da universidade e transformá-la num anexo de qualquer partido político que esteja no poder.

Não gostaria que me entendessem mal. Apesar de sua extraordinária diversidade cultural, os Estados Unidos são, e certamente continuarão a ser, uma nação coesa. O mesmo vale para outros países de língua inglesa (Inglaterra, Nova Zelândia, Austrália, Canadá) e mesmo a França, que agora possui um grande número de imigrantes. Grande parte do divisionismo polêmico e do debate polarizado, que para Arthur Schlesinger, em *The disuniting of America* [A desunião dos Estados Unidos], atingem danosamente o estudo da história, realmente existe, mas não prenuncia uma dissolução da república.[6] De modo geral, é melhor explorar a história do que reprimi-la ou negá-la; o fato de que os Estados Unidos encerrem tantas histórias, muitas delas agora clamando por atenção, não deve assustar, pois muitas delas estão aí desde sempre, e foi a partir delas que de fato se criou *uma* sociedade e *uma* política americanas (e até um estilo historiográfico). Em outras palavras, o resultado dos atuais debates sobre o multiculturalismo não se afigura propriamente uma "libanização", e se esses debates apontam um caminho para transformações políticas e mudanças na forma como se enxergam as mulheres, as minorias e os imigrantes recentes, não há por que temê-los nem tentar evitá-los. O que precisa ser lembrado é que as narrativas de emancipação e esclarecimento em sua forma mais vigorosa também foram narrativas de *integração*, não de separação, histórias de povos que tinham sido excluídos do grupo principal, mas que agora estavam lutando por um lugar dentro dele. E se as velhas ideias habituais do grupo principal não tinham flexibilidade ou generosidade suficiente para admitir novos grupos, então elas precisavam mudar, o que é muito melhor do que repudiar os novos grupos.

A última questão a assinalar é que esta obra é o livro de um exilado. Por razões objetivas sobre as quais não tive controle, cresci como árabe com educação ocidental. Desde minhas mais remotas lembranças, sentia que pertencia aos dois mundos, sem ser totalmente *de* um ou *de* outro. Durante toda a minha vida, porém, as partes do mundo árabe a que eu estava mais vinculado transformaram-se profundamente devido à guerra e a revoltas civis, ou simplesmente deixaram de existir. E por longos períodos de tempo fui um estrangeiro nos Estados Unidos, sobretudo quando estes entravam em guerra e se opunham profundamente às culturas e sociedades (longe de ser perfeitas) do mundo árabe. No entanto, quando digo "exilado", não penso em tristezas ou privações. Pelo contrário, pertencer, por assim dizer, aos dois lados da divisa imperial permite que os entendamos com mais facilidade. Além disso, Nova York, onde escrevi inteiramente este livro, é sob muitos aspectos a cidade do exílio por excelência; ela também encerra dentro de si a estrutura maniqueísta da cidade colonial descrita por Fanon. Talvez tudo isso tenha estimulado os interesses e interpretações aqui propostos, mas essas circunstâncias certamente me permitiram sentir como se pertencesse a mais de uma história e a mais de um grupo. Agora, cabe ao leitor decidir se é possível considerar tal condição como uma alternativa de fato salutar à sensação normal de pertença a uma única cultura e de lealdade a uma única nação.

A tese deste livro foi apresentada primeiramente em várias séries de palestras proferidas em universidades do Reino Unido, Estados Unidos e Canadá entre 1985 e 1988. Sou profundamente grato por essas oportunidades aos docentes e alunos das universidades de Kent, Cornell Western Ontario, Toronto, Essex e, numa versão bem anterior, Chicago. Também apresentei versões posteriores de seções específicas deste livro, como palestras na Escola Internacional Yeats em Sligo, na Universidade Oxford (como George Antonius Lecture em St. Antony's College), na Universidade de Minnesota, no King's College da Universidade Cambridge, no Davis Center da Universidade Princeton, no Birkbeck College da Universidade de Londres, e na Universidade de Porto Rico. Meus calorosos e sinceros agradecimentos a Declan Kiberd, Seamus Deane, Derek Hopwood, Peter Nesselroth, Tony Tanner, Natalie Davies e Gayan Prakas, A. Walton Litz, Peter Hulme, Deirdre David, Ken Bates, Tessa Blackstone, Bernard Sharrett, Lyn Innis, Peter Mulford, Gervasio Luis Garcia e Maria de los Angeles Castro, pelo convite e a hospedagem. Em 1989, senti-me honrado com o convite para inaugurar a primeira Raymond Williams Memorial Lecture em Londres; nessa ocasião, falei sobre Camus, e graças a Graham Martin e à falecida Joy Williams, foi uma experiência memorável. Nem preciso dizer que muitas partes deste livro estão embebidas das ideias e do exemplo humano e moral de Raymond Williams, bom amigo e grande crítico.

Vali-me despudoradamente de várias associações intelectuais, políticas e culturais durante a elaboração deste livro. Entre elas estão amigos pessoais íntimos, que também são editores de revistas onde algumas destas páginas foram publicadas anteriormente: Tom Mitchell (de *Critical Inquiry*), Richard Poirier (de *Raritan Review*), Ben Sonnenberg (de *Grand Street*), A. Sivanandan (de *Race and Class*), Joanne Wypejewski (de *The Nation*) e Karl Miller (de *The London Review of Books*). Agradeço também aos editores do *The Guardian* (Londres) e a Paul Keegan, da Penguin, sob cujos auspícios exprimi pela primeira vez algumas das ideias do livro. Contei também com a indulgência, a hospitalidade e as críticas de outros amigos: Donald Mitchell, Ibrahim Abu-Lughod, Masao Miyoshi, Jean Franco, Marianne McDonald, Anwar Abdel-Malek, Eqbal Ahmad, Jonathan Culler, Gayatri Spivak, Homi Bhabha, Benita Parry e Barbara Harlow. Agrada-me especialmente reconhecer o brilho e a perspicácia de vários alunos meus na Universidade Columbia, aos quais qualquer professor se sentiria agradecido. Esses jovens estudiosos e críticos me concederam o benefício pleno de seus interessantes trabalhos, agora publicados e bastante conhecidos: Anne McClintock, Rob Nixon, Suvendi Perera, Gauri Viswanathan e Tim Brennan.

Ao preparar o manuscrito, contei com o auxílio muito competente, sob várias formas, de Yumna Siddiqi, Aamir Mufti, Susan Lhota, David Beams, Paola di Robilant, Deborah Poole, Ana Dopico, Pierre Gagnier e Kieran Kennedy. Zaineb Istrabadi realizou a difícil tarefa de decifrar minha caligrafia medonha e de fazer vários rascunhos com uma habilidade e uma paciência admiráveis. Em diferentes fases de preparação editorial, Frances Coady e Carmen Callil foram boas amigas e prestimosas leitoras do que eu tentava apresentar. Devo também registrar meus profundos agradecimentos e minha admiração quase estupefata por Elisabeth Sifton: amiga de muitos anos, magnífica editora, crítica severa e sempre simpática. George Andreou foi de ajuda infalível, resolvendo os problemas durante o processo de publicação. A Mariam, Wadie e Najla Said, que compartilharam com o autor deste livro circunstâncias muitas vezes difíceis, minha gratidão sincera pelo amor e apoio constante.

Nova York
Julho de 1992

1. TERRITÓRIOS SOBREPOSTOS, HISTÓRIAS ENTRELAÇADAS

> *A ordem do dia era o silêncio, emanando e rodeando o assunto. Alguns dos silêncios foram rompidos, outros mantidos por autores que viveram e conviveram com as estratégias civilizatórias. A mim, o que interessa são as estratégias para romper com isso.*
> Toni Morrison, Playing in the dark
> [Brincando no escuro]

> *Em outras palavras, a história não é uma máquina de calcular. Ela se desdobra no espírito e na imaginação, e adquire corpo nas múltiplas respostas da cultura de um povo, a qual, por sua vez, é a mediação infinitamente sutil de realidades materiais, de fatos econômicos subjacentes, de ásperas objetividades.*
> Basil Davidson, Africa in modern history
> [A África na história moderna]

IMPÉRIO, GEOGRAFIA E CULTURA

A invocação do passado constitui uma das estratégias mais comuns nas interpretações do presente. O que inspira tais apelos não é apenas a divergência quanto ao que ocorreu no passado e o que teria sido esse passado, mas também a incerteza se o passado é de fato passado, morto e enterrado, ou se persiste, mesmo que talvez sob outras formas. Esse problema alimenta discussões de toda espécie — acerca de influências, responsabilidades e julgamentos, sobre realidades presentes e prioridades futuras.

Em um de seus primeiros ensaios críticos mais famosos, T. S. Eliot aborda uma constelação similar de problemas e, mesmo sendo a ocasião e o objetivo de seu ensaio quase que puramente estéticos, é possível empregar suas formulações para esclarecer outros campos de experiência. Diz Eliot que o poeta é, evidentemente, um talento individual, mas trabalha dentro de uma tradição que não pode ser simplesmente herdada, tendo de ser obtida "com grande esforço". A tradição, prossegue ele,

> supõe, em primeiro lugar, o sentido histórico, que podemos dizer praticamente indispensável a qualquer um que continue a ser poeta depois dos 25 anos de idade; e o sentido histórico supõe uma percepção, não apenas do que é passado do passado, como também daquilo que permanece dele; o sentido histórico leva um homem a escrever não só com sua própria geração entranhada até a medula, mas ainda com a sensação de que toda a literatura da Europa desde Homero, e dentro dela toda a literatura de seu país, possui uma existência simultânea e compõe uma ordem simultânea. O sentido histórico, que é um sentido tanto do intemporal quanto do temporal, e do intemporal e do temporal juntos, é o que torna um escritor tradicional. E é, ao mesmo tempo, o que torna um escritor profundamente consciente de seu lugar no tempo, de sua própria contemporaneidade.
>
> Nenhum poeta, nenhum artista de qualquer arte, tem seu pleno significado sozinho.[1]

A força desses comentários, penso eu, vale também para poetas que pensam criticamente e críticos com obras dedicadas a uma cuidadosa apreciação do processo poético. A ideia principal é que, mesmo que se deva compreender inteiramente aquilo no passado que de fato já passou, não há nenhuma maneira de isolar o passado do presente. Ambos se modelam mutuamente, um inclui o outro e, no sentido totalmente ideal pretendido por Eliot, um coexiste com o outro. O que Eliot propõe, em suma, é uma visão da tradição literária que, mesmo respeitando a sucessão temporal, não é de todo comandada por ela. Nem o passado, nem o presente, como tampouco qualquer poeta ou artista, tem pleno significado sozinho.

A síntese eliotiana do passado, presente e futuro, porém, é idealista e, sob importantes aspectos, é função de sua própria história particular;[2] ademais, sua concepção temporal não leva em conta a combatividade com que os indivíduos e as instituições decidem o que é e o que não é tradição, o que é e o que não é pertinente. Mas sua ideia central é válida: a maneira como formulamos ou representamos o passado molda nossa compreensão e nossas concepções do presente. Vou dar um exemplo. Durante a Guerra do Golfo de 1990-91, o confronto entre o Iraque e os Estados Unidos foi resultado de duas histórias fundamentalmente opostas, cada qual usada pelo *establishment* oficial do respectivo país em benefício próprio. Tal como é concebida pelo Partido Baath iraquiano, a história árabe moderna revela a promessa irrealizada da independência árabe, promessa traída tanto pelo "Ocidente" quanto por uma série de inimigos mais recentes, como a reação árabe e o sionismo. Assim, a sangrenta ocupação iraquiana do Kuwait justificava-se não só por razões bismarckianas, mas também porque se acreditava que os árabes deviam reparar os males cometidos contra eles e arrancar do imperialismo uma das suas principais presas. Inversamente, na visão americana do passado, os Estados Unidos não eram uma potência imperial clássica, e sim justiceiros reparando males pelo mundo afora, perseguindo a tirania, defendendo a liberdade a qualquer custo e em qualquer lugar. Era inevitável que, com a guerra, essas duas versões do passado se entrechocassem.

As ideias de Eliot acerca da complexa relação entre o passado e o presente são particularmente sugestivas no debate sobre o sentido do "imperialismo", palavra e ideia hoje tão controversas, a tal ponto carregadas de todo tipo de questões, dúvidas, polêmicas e premissas ideológicas que se torna difícil usar o termo. Claro que, em certa medida, o debate envolve definições e tentativas de delimitar a própria noção: foi o imperialismo essencialmente econômico? Até onde se estendeu? Quais foram suas causas? Era sistemático? Quando terminou (se é que terminou)? A relação dos nomes que contribuíram para a discussão na Europa e nos Estados Unidos é impressionante: Kautsky, Hilferding, Luxemburgo, Hobson, Lênin, Schumpeter, Arendt, Magdoff, Paul Kennedy. E, nos últimos anos, obras publicadas nos Estados Unidos, como *The rise and fall of the great powers* [Ascensão e queda das grandes potências], de Paul Kennedy, a história revisionista de William Appleman Williams, Gabriel Kolko, Noam Chomsky, Howard Zinn e Walter Lefeber, além de explicações e defesas eruditas da política americana como não imperialista, escritas por vários estrategistas, teóricos e estudiosos — tudo isso mantém muito acesa a questão do imperialismo e sua aplicabilidade (ou não) aos Estados Unidos, a grande potência da atualidade.

Esses luminares debateram questões em larga medida políticas e econômicas. No entanto, pouquíssima atenção tem sido dedicada ao papel privilegiado, no meu entender, da cultura na experiência imperial moderna, e quase não se leva em conta o fato de que a extraordinária extensão mundial do imperialismo europeu clássico, do século XIX e começo do XX, ainda lança sombras consideráveis sobre nossa própria época. Em nossos dias, não existe praticamente nenhum norte-americano, africano, europeu, latino-americano, indiano, caribenho ou australiano — a lista é bem grande — que não tenha sido afetado pelos impérios do passado. Juntas, a Grã-Bretanha e a França controlavam territórios imensos: Canadá, Austrália, Nova Zelândia, as colônias na América do Norte e do Sul, o Caribe, grandes extensões na África, Oriente Médio, Extremo Oriente (a Grã-Bretanha ainda conservará Hong Kong como colônia até 1997) e a totalidade do subcontinente indiano — todos eles caíram sob o domínio inglês ou francês, e depois se liberaram; além disso, os Estados Unidos, a Rússia e vários países europeus menores, para não mencionar o Japão e a Turquia, também foram potências imperiais durante uma parte ou todo o século XIX. Esse tipo de domínio ou possessão lançou as bases para o que, agora, é de fato um mundo inteiramente global. As comunicações eletrônicas, o alcance mundial do comércio, da disponibilidade dos recursos, das viagens, das informações sobre os padrões climáticos e as mudanças ecológicas unificaram até mesmo os locais mais remotos do mundo. Esse conjunto de padrões foi, a meu ver, possibilitado e inaugurado pelos impérios modernos.

Ora, por temperamento e posição filosófica, sou contrário à construção de vastos sistemas ou teorias totalizantes da história humana. Mas devo reconhecer que, tendo estudado e inclusive vivido nos impérios modernos, impressionam-me a expansão contínua e o inexorável integracionismo que os constituíam. Seja em Marx ou em obras conservadoras como as de J. R. Seeley, ou em análises modernas como as de D. K. Fieldhouse e C. C. Eldridge (cujo livro *England's mission* [Missão da Inglaterra] é fundamental),[3] vemos que o império britânico fundia e integrava as coisas em si, e junto com outros impérios veio a unificar o mundo. Mas ninguém, e certamente não eu, é capaz de ver ou apreender em toda a sua plenitude esse mundo imperial.

Quando lemos, como historiadores literários e culturais, o debate entre os historiadores contemporâneos Patrick O'Brien[4] e Davis Huttenback (cujo importante livro *Mammon and the pursuit of empire* [Mammon e a atividade imperial] tenta quantificar a rentabilidade efetiva dos negócios imperiais),[5] ou quando examinamos debates anteriores como a controvérsia Robinson-Gallagher,[6] ou a obra dos economistas André Gunder Frank e Samir Amin, da teoria da dependência e da acumulação mundial,[7] somos levados a perguntar o que significa tudo isso para as interpretações, digamos, do romance vitoriano, da historiografia francesa, da grande ópera italiana ou da metafísica alemã do mesmo período. Chegamos a um ponto em nosso trabalho em que nossos estudos não mais podem ignorar os impérios e o contexto imperial. Falar, como o faz O'Brien, da "propaganda de um império em expansão [que] criava, entre os que investiam além de suas fronteiras, ilusões de segurança e falsas expectativas que aumentavam com os altos lucros"[8] é, na verdade, falar de um clima gerado tanto pelo império quanto pelos romances, pela teoria racial e pela especulação geográfica, pelo conceito de identidade nacional e pela rotina urbana (ou rural). A expressão "falsas expectativas" faz lembrar *Great expectations* [Grandes esperanças], "investiam além de suas fronteiras" lembra Joseph Sedley e Becky Sharp, "criava ilusões" lembra *Illusions perdues* [Ilusões perdidas] — os cruzamentos entre cultura e imperialismo são irresistíveis.

É difícil vincular esses diversos âmbitos, mostrar o envolvimento da cultura com os impérios em expansão, fazer observações sobre as artes que preservem suas características próprias e, ao mesmo tempo, indiquem suas filiações, mas digo que devemos tentar, e devemos situar a arte no contexto mundial concreto. Estão em jogo territórios e possessões, geografia e poder. Tudo na história humana tem suas raízes na terra, o que significa que devemos pensar sobre a habitação, mas significa também que as pessoas pensaram em *ter* mais territórios, e portanto precisaram fazer algo em relação aos habitantes nativos. Num nível muito básico, o imperialismo significa pensar, colonizar, controlar terras que não são nossas, que estão distantes, que são possuídas e habitadas por outros. Por inúmeras razões, elas atraem algumas pessoas e muitas vezes trazem uma miséria indescritível para outras. Porém, em termos gerais, é verdade que os historiadores literários que estudam o grande poeta quinhentista Edmund Spenser, por exemplo, não associam seus sangrentos planos para a Irlanda, nos quais imaginou um exército britânico que praticamente exterminasse seus habitantes nativos, com suas realizações poéticas ou com a história do domínio britânico sobre a Irlanda, que persiste ainda hoje.

Para os objetivos deste livro, concentrei-me nas disputas efetivas pelas terras e pelos povos dessas terras. O que tentei fazer foi uma espécie de exame geográfico da experiência histórica, tendo em mente a ideia de que a terra é, de fato, um único e mesmo mundo, onde praticamente não existem espaços vazios e inabitados. Assim como nenhum de nós está fora ou além da geografia, da mesma forma nenhum de nós está totalmente ausente da luta pela geografia. Essa luta é complexa e interessante porque não se restringe a soldados e canhões, abrangendo também ideias, formas, imagens e representações.

Muita gente no chamado mundo ocidental ou metropolitano, bem como seus parceiros do Terceiro Mundo ou das ex-colônias, concorda que a época do grande imperialismo clássico, o qual atingiu seu clímax na "era do império", segundo a descrição de Eric Hobsbawm, e chegou ao fim mais ou menos formal com o desmantelamento das grandes estruturas coloniais após a Segunda Guerra Mundial, continua a exercer, de uma ou outra maneira, uma influência cultural considerável no presente. Pelas mais variadas razões, sente-se uma nova premência de entender o que permanece *ou não permanece* do passado, e essa premência se introduz nas percepções do presente e do futuro.

No centro dessas percepções está algo que poucos questionam, a saber, que no século XIX um poderio sem precedentes — em comparação a ele, o poder de Roma, Espanha, Bagdá ou Constantinopla era muito menor — estava concentrado na Grã-Bretanha e França, e depois em outros países ocidentais (sobretudo os Estados Unidos). Esse século foi o apogeu da "ascensão do Ocidente", e o poderio ocidental possibilitou aos centros metropolitanos imperiais a aquisição e acumulação de territórios e súditos a uma escala verdadeiramente assombrosa. Considere-se que, em 1800, as potências ocidentais reivindicavam 55%, mas na verdade detinham 35% da superfície do globo, e em 1878 essa proporção atingiu 67%, numa taxa de crescimento de cerca de 220 mil quilômetros quadrados por ano. Em 1914, a taxa anual havia subido para vertiginosos 620 mil quilômetros quadrados, e a Europa detinha um total aproximado de 85% do mundo, na forma de colônias, protetorados, dependências, domínios e *commonwealths*.[9] Nunca existiu em toda a história um conjunto de colônias tão grande, sob domínio tão completo, com um poder tão desigual em relação às metrópoles ocidentais. Em decorrência disso, afirma William McNeill em *The pursuit of power* [A busca de poder], "como nunca antes, o mundo foi unificado num só conjunto de interações".¹⁰ E na própria Europa, no final do século XIX, não havia praticamente nenhum aspecto da vida que não fosse tocado pelos fatos do império; as economias tinham avidez por mercados ultramarinos, matérias-primas, mão de obra barata e terras imensamente rentáveis, e os sistemas de defesa e política exterior empenhavam-se cada vez mais na manutenção de vastas extensões de territórios distantes e grandes contingentes de povos subjugados. Quando as potências ocidentais não estavam mergulhadas em uma disputa acirrada e às vezes implacável por maior número de colônias — todos os impérios modernos, diz V. G. Kiernan,¹¹ imitavam uns aos outros —, estavam se esforçando para colonizar, fazer levantamentos, estudar e, naturalmente, governar os territórios sob suas jurisdições.

A experiência americana, como mostra Richard van Alstyne em *The rising American empire* [O nascente império americano], desde o início se fundou na ideia de "um *imperium* — um domínio, Estado ou soberania que se expandiria em população e território, e aumentaria em força e poder".¹² Era preciso reivindicar e lutar pela anexação de novas áreas ao território norte-americano (o que foi feito com um êxito assombroso); havia povos nativos a dominar, exterminar e expulsar; depois, conforme a república ia envelhecendo e se ampliava seu poderio no hemisfério, havia terras distantes a considerar como vitais para os interesses americanos, objeto de intervenções e disputas — por exemplo, Filipinas, Caribe, América Central, o litoral norte da África, partes da Europa e do Oriente Médio, Vietnã, Coreia. Curiosamente, porém, tão influente foi o discurso que insistia no caráter especial, no altruísmo, no senso de oportunidade americanos que o "imperialismo", como palavra ou ideologia, raras vezes e apenas recentemente apareceu nas explicações da cultura, política e história dos Estados Unidos. Mas o vínculo entre cultura e política imperial é assombrosamente direto. A postura americana diante da "grandeza" americana, das hierarquias raciais, dos perigos de *outras* revoluções (a Revolução americana sendo considerada única e de certa forma irrepetível em qualquer outra parte do mundo)¹³ permanece constante, ditando e obscurecen-

41

do as realidades do império, enquanto apologistas dos interesses americanos ultramarinos insistem na inocência americana, praticando o bem, lutando pela liberdade. Pyle, o protagonista de *The quiet American* [O americano tranquilo], de Graham Greene, encarna essa formação cultural com impiedosa exatidão.

Mas, para os cidadãos da Inglaterra e França oitocentistas, o império era um grande tema de atenção cultural sem que houvesse qualquer constrangimento. As Índias britânicas e o norte da África francês desempenharam um papel inestimável na imaginação, economia, vida política e trama social das sociedades britânica e francesa, e ao mencionar nomes como Delacroix, Edmund Burke, Ruskin, Carlyle, James e John Stuart Mill, Kipling, Balzac, Nerval, Flaubert ou Conrad, estaremos mapeando um ângulo minúsculo de uma realidade muito mais vasta do que abarcam seus talentos coletivos, mesmo que imensos. Havia estudiosos, administradores, viajantes, comerciantes, parlamentares, exportadores, romancistas, teóricos, especuladores, aventureiros, visionários, poetas, párias e desajustados de toda espécie nas possessões estrangeiras dessas duas potências imperiais, todos contribuindo para formar uma realidade colonial no centro da vida metropolitana.

Usarei o termo "imperialismo" para designar a prática, a teoria e as atitudes de um centro metropolitano dominante governando um território distante; o "colonialismo", quase sempre uma consequência do imperialismo, é a implantação de colônias em territórios distantes. Como diz Michael Doyle:

> O império é uma relação, formal ou informal, em que um Estado controla a soberania política efetiva de outra sociedade política. Ele pode ser alcançado pela força, pela colaboração política, por dependência econômica, social ou cultural. O imperialismo é simplesmente o processo ou a política de estabelecer ou manter um império.[14]

Em nossa época, o colonialismo direto se extinguiu em boa medida; o imperialismo, como veremos, sobrevive onde sempre existiu, numa espécie de esfera cultural geral, bem como em determinadas práticas políticas, ideológicas, econômicas e sociais.

Nem o imperialismo, nem o colonialismo é um simples ato de acumulação e aquisição. Ambos são sustentados e talvez impelidos por potentes formações ideológicas que incluem a noção de que certos territórios e povos *precisam* e imploram pela dominação, bem como formas de conhecimento filiadas à dominação: o vocabulário da cultura imperial oitocentista clássica está repleto de palavras e conceitos como "raças servis" ou "inferiores", "povos subordinados", "dependência", "expansão" e "autoridade". E as ideias sobre a cultura eram explicitadas, reforçadas, criticadas ou rejeitadas a partir das experiências imperiais. Quanto à posição curiosa, mas talvez aceitável, propagada um século atrás por J. R. Seeley, de que alguns dos impérios ultramarinos da Europa foram no início estabelecidos de maneira desinteressada, ela não explica de forma nenhuma, por mais que forcemos a imaginação, a persistência, o caráter sistemático, a aquisição e a administração metódicas desses impérios, sem falar do aumento de seu poder e de sua mera presença. Como disse David Landes em *The unbound Prometheus* [Prometeu desacorrentado]: "A decisão de algumas potências europeias [...] de montar '*plantations*', isto é, de tratar suas colônias como negócios com continuidade própria, foi uma inovação fundamental, a despeito do que se possa pensar sobre os aspectos morais".[15] É esta a questão que aqui me interessa: dado o movimento inicial, ainda que obscuro em suas origens e motivações, da Europa para o resto do mundo no rumo do imperialismo, de que maneira tal ideia e prática ganhou o caráter denso e sistemático de um empreendimento contínuo, o que se deu na segunda metade do século XIX?

A primazia dos impérios britânico e francês não obscurece de forma alguma a expansão moderna realmente notável da Espanha, Portugal, Holanda, Bélgica, Alemanha, Itália e, de outra maneira, da Rússia e dos Estados Unidos. A Rússia, porém, adquiriu seus territórios imperiais quase exclusivamente por contiguidade. Ao contrário da Inglaterra ou da França, que saltavam para outros continentes a milhares de quilômetros de suas fronteiras, a Rússia ia engolindo qualquer terra ou povo que estivesse perto de seus limites, os quais, com isso, continuavam avançando cada vez mais para o sul e o leste. Mas, nos casos inglês e francês, a simples distância de territórios atraentes exigia a arregimentação de vastos interesses; e este é o foco que adoto aqui, em parte porque estou interessado em examinar o conjunto de formas culturais e estruturas de sentimentos assim produzidas, em parte porque o domínio ultramarino é o mundo onde cresci e nele ainda permaneço. A condição de superpotência da Rússia e dos Estados Unidos, usufruída por quase meio século, deriva de histórias muito diferentes e de trajetórias imperiais diversas. Existem muitas variedades de dominação e reação, mas o tema deste livro é a "ocidental", junto com a resistência por ela gerada.

Na expansão dos grandes impérios ocidentais, o lucro e a perspectiva de mais lucro foram, evidentemente, de enorme importância, como provam amplamente os atrativos das especiarias, açúcar, escravos, borracha, algodão, ópio, estanho, ouro e prata ao longo dos séculos. Também havia a inércia, o investimento em negócios já existentes, a tradição e o mercado ou forças institucionais que mantinham os empreendimentos em atividade. Mas, para o imperialismo e o colonialismo, não é só isso. Havia um comprometimento por causa do lucro, e que ia além dele, um comprometimento na circulação e recirculação constantes, o qual, por um lado, permitia que pessoas decentes aceitassem a ideia de que territórios distantes e respectivos povos *deviam* ser subjugados e, por outro, revigorava as energias metropolitanas, de maneira que essas pessoas decentes pudessem pensar no *imperium* como um dever planejado, quase metafísico, de governar povos subordinados, inferiores ou menos avançados. Não podemos esquecer que era mínima a resistência doméstica a esses impérios, ainda que muitas vezes fossem fundados e mantidos em condições adversas e até desvantajosas. Além das imensas dificuldades enfrentadas pelos colonizadores, havia ainda a disparidade física, tremendamente arriscada, entre um pequeno número de europeus a uma enorme distância do lar e o número muito maior de autóctones em seu território natal. Na Índia, por exemplo, na década de 1930, "meros 4 mil funcionários públicos ingleses, assistidos por 60 mil soldados e 90 mil civis (em sua maioria, homens de negócios e membros do clero) tinham se imposto a um país de 300 milhões de habitantes".[16] Mal conseguimos fazer ideia da força de vontade, da autoconfiança e até da arrogância necessárias para manter tal estado de coisas, mas, como veremos nos textos de *A passage to India* [Passagem para a Índia] e *Kim*, essas atitudes têm uma importância pelo menos equivalente à da mera quantidade de membros do serviço público ou das forças armadas, ou aos milhões de libras que a Inglaterra extraía da Índia.

Pois o empreendimento imperial depende da *ideia* de *possuir um império*, como Conrad parece ter entendido com grande clareza, e numa cultura fazem-se preparativos de toda espécie para isso; aí o imperialismo, por sua vez, adquire uma espécie de coerência, forma um conjunto de experiências, com a presença tanto do dominante quanto do dominado dentro da cultura. Como colocou de maneira precisa um estudioso moderno do imperialismo:

> O imperialismo moderno consistiu num aglomerado de elementos, nem todos de mesmo peso, que podem ser remontados a todas as épocas da história. Talvez suas causas últimas, ao lado da guerra, encontrem-se não tanto em necessidades materiais tangíveis e sim nas difíceis tensões de sociedades distorcidas por divisões de classe, refletindo-se em ideias distorcidas na mente dos homens.[17]

D. K. Fieldhouse, ilustre historiador conservador do imperialismo, dá uma arguta indicação do nível crucial em que as tensões, desigualdades e injustiças da sociedade metropolitana se refratavam e se elaboravam na cultura imperial: "A base da autoridade imperial", diz ele, "foi a atitude mental do colono. Sua aceitação da subordinação — fosse num sentido positivo de comungar interesses com o Estado de origem, fosse pela incapacidade de conceber outra alternativa — deu durabilidade ao império".[18] Fieldhouse estava se referindo aos colonos brancos nas Américas, mas sua argumentação como um todo vai mais além: a durabilidade do império foi sustentada por ambos os lados, pelos dominantes e pelos distantes dominados, e cada qual, por sua vez, tinha dessa história compartilhada um leque de interpretações com suas perspectivas, sentidos históricos, emoções e tradições próprias. O que um intelectual argelino lembra hoje do passado colonial de seu país concentra-se rigorosamente em fatos tais como os ataques militares da França a aldeias e a tortura dos prisioneiros durante a guerra da libertação, ou na exultação pela independência em 1962; já seu colega francês, que pode ter participado dos assuntos argelinos ou cuja família morava na Argélia, sente mágoa por ter "perdido" a Argélia, e adota uma atitude mais positiva em relação à missão colonizadora francesa — com suas escolas, as cidades belamente planejadas, a vida amena — e talvez tenha inclusive a sensação de que os comunistas e "criadores de caso" vieram atrapalhar a relação idílica entre "nós" e "eles".

Em larguíssima medida, a era do grande imperialismo oitocentista está encerrada: a França e a Inglaterra entregaram suas mais esplêndidas possessões após a Segunda Guerra Mundial, e potências menores também se desfizeram de seus extensos domínios. Mas, evocando outra vez as palavras de T. S. Eliot, embora tal era possuísse claramente uma identidade toda própria, o significado do passado imperial não se encerra apenas dentro dela, tendo se introduzido na realidade de centenas de milhões de pessoas, onde sua existência como memória coletiva e trama altamente conflituosa de cultura, ideologia e política ainda exerce enorme força. Frantz Fanon diz: "Devemos recusar categoricamente a situação a que os países ocidentais querem nos condenar. O colonialismo e o imperialismo não pagaram suas contas quando retiraram suas bandeiras e suas forças policiais de nossos territórios. Durante séculos, os capitalistas (estrangeiros) se conduziram no mundo subdesenvolvido como verdadeiros criminosos".[19] Temos de avaliar a nostalgia imperial, bem como o ódio e o ressentimento que o imperialismo desperta nos dominados, e devemos tentar examinar de forma abrangente e cuidadosa a cultura que alimentou o sentimento, a lógica e sobretudo a imaginação imperialista. E devemos também tentar entender a hegemonia da ideologia imperial, que no final do século XIX havia se entranhado totalmente nos assuntos de culturas cujos aspectos menos deploráveis ainda celebramos.

Creio existir hoje uma gravíssima cisão em nossa consciência crítica, que faz com que passemos um tempo enorme trabalhando as teorias estéticas, por exemplo, de Ruskin e Carlyle, sem dar atenção à autoridade que suas ideias simultaneamente confeririam à subjugação de povos inferiores e territórios coloniais. Para tomar outro exemplo, se não conseguirmos compreender como o grande romance realista europeu cumpriu um de seus principais objetivos — sustentando de maneira quase imperceptível o consentimento da sociedade com a expansão ultramarina, consentimento para o qual, nas palavras de J. A. Hobson, "as forças egoístas que orientam o Imperialismo deviam utilizar as cores protetoras de [...] movimentos desinteressados",[20] como a filantropia, a religião, a ciência e a arte —, não entenderemos a importância da cultura e suas ressonâncias no império, naquela época e agora.

Isso não significa lançar críticas sumárias contra a arte e a cultura europeias ou, de modo mais geral, ocidentais, numa condenação em bloco. De forma alguma. O que pretendo examinar é a maneira pela qual os processos imperialistas ocorreram além do plano das leis econômicas e das decisões políticas, e — por predisposição, pela autoridade de formações culturais identificáveis, pela consolidação contínua na educação, literatura, artes visuais e musicais — manifestaram-se em outro nível de grande importância, o da cultura nacional, que tendemos a apresentar como algo asséptico, um campo de monumentos intelectuais imutáveis, livre de filiações mundanas. William Blake é muito franco nesse ponto: "O Fundamento do Império", diz ele em suas anotações aos *Discourses* [Discursos] de Reynolds, "é a Arte e a Ciência. Retire-as ou Desgaste-as e Não existirá mais Império. O Império segue a Arte, e não vice-versa, como supõem os Ingleses".[21]

Assim, portanto, qual é o vínculo entre a busca de objetivos nacionais imperiais e a cultura nacional como um todo? O recente discurso intelectual e acadêmico revelou uma tendência a separá-las e dividi-las: inúmeros estudiosos são especialistas; boa parte da atenção tida como especializada volta-se para temas bastante autônomos, por exemplo, o romance vitoriano industrial, a política colonial francesa no norte da África, e assim por diante. Venho sustentando de longa data que a tendência de disciplinas e especializações em se subdividir e proliferar é contrária à compreensão do todo, quando se trata do caráter, da interpretação e direção ou tendência da experiência cultural. Perder de vista ou ignorar o contexto nacional e internacional, digamos, das representações que Dickens fez dos homens de negócios vitorianos, e enfocar apenas a coerência interna de seus papéis nos romances do autor é perder uma ligação essencial entre sua ficção e o mundo histórico dessa ficção. E compreender essa ligação não significa reduzir ou diminuir o valor dos romances como obras de arte: pelo contrário, devido à sua *concretude*, devido a suas complexas filiações a seu quadro real, eles são *mais* interessantes e *mais* preciosos como obras de arte.

No começo de *Dombey and son* [Dombey e filho], Dickens quer ressaltar a importância do nascimento do filho para Dombey:

> A terra era feita para que Dombey e Filho comerciassem, e o sol e a lua eram feitos para lhes dar luz. Rios e mares eram formados para sustentar seus navios; os arco-íris lhes prometiam bom tempo; os ventos sopravam contra ou a favor de seus negócios; as estrelas e os planetas giravam em suas órbitas para manter inviolado um sistema que os tinha como centro. Abreviaturas comuns assumiam novos signifi-

cados aos olhos dele, e referiam-se exclusivamente aos dois: A.D. não guardava nenhuma relação com Anno Domini, mas queria dizer Anno Dombei — e Filho.[22]

Como descrição da empáfia arrogante de Dombey, de sua desatenção narcisista, de sua atitude coercitiva com o filho recém-nascido, é evidente o serviço prestado por esse trecho. Mas também devemos perguntar como Dombey *podia* pensar que o universo e todo o decurso temporal estavam a sua disposição para que fizesse seus negócios. Devemos ainda ver nesta passagem — que não ocupa nenhum lugar central no romance — um pressuposto específico de um romancista britânico da década de 1840: a saber, como diz Raymond Williams, esse foi "o período decisivo em que estava se formando e se expressando a consciência de uma nova fase da civilização". Mas então por que Williams descreve "esse tempo transformador, liberador e ameaçador"[23] *sem* se referir à Índia, à África, ao Oriente Médio e à Ásia, visto que foi para essas terras que a vida britânica em transformação se expandiu e as ocupou, como indica Dickens timidamente?

Williams é um grande crítico; admiro-o e aprendi muito com sua obra, mas parece-me limitada sua concepção de que a literatura inglesa refere-se principalmente à Inglaterra, ideia esta central para seus ensaios, bem como para os de inúmeros estudiosos e críticos. Além disso, os estudiosos que escrevem sobre romances tratam-nos de forma mais ou menos exclusiva (embora Williams não esteja entre eles). Esses hábitos parecem guiados por uma noção muito forte, ainda que imprecisa, de que as obras literárias são autônomas, ao passo que, como tentarei mostrar ao longo de todo este livro, a própria literatura faz referências constantes a si mesma como partícipe, de alguma forma, da expansão europeia no ultramar, assim criando o que Williams chama de "estruturas de sentimento" que sustentam, elaboram e consolidam a prática imperial. É verdade que Dombey não é Dickens nem a literatura inglesa em sua totalidade, mas a forma pela qual Dickens expressa o egoísmo de

Dombey evoca, satiriza, mas em última análise deriva dos discursos efetivos do livre-cambismo imperial, dos princípios comerciais britânicos e da convicção inglesa quanto às oportunidades praticamente ilimitadas de prosperidade comercial no exterior.

Não devemos estabelecer uma separação entre esses problemas e nossa compreensão do romance oitocentista, da mesma forma como não devemos isolar a literatura da história e da sociedade. A suposta autonomia das obras de arte acarreta uma espécie de separação que, a meu ver, impõe uma limitação indesejável, a qual não é de forma alguma colocada pelas próprias obras. Todavia, abstive-me deliberadamente de apresentar uma teoria totalmente articulada dos vínculos entre literatura e cultura, de um lado, e o imperialismo de outro. Em vez disso, espero que as conexões brotem de seus pontos explícitos nos vários textos, com o contexto abrangente — o império — ali presente, para que sejam estabelecidas as relações, para desenvolvê-las, elaborá-las, ampliá-las ou criticá-las. Como nem a cultura nem o imperialismo são inertes, as conexões entre eles, enquanto experiências históricas, são dinâmicas e complexas. Meu objetivo principal não é separar, e sim estabelecer conexões, e estou interessado nisso pela grande razão filosófica e metodológica de que as formas culturais são híbridas, ambíguas, impuras, e chegou a hora de a análise cultural voltar a vincular o estudo e a realidade delas.

IMAGENS DO PASSADO, PURAS E IMPURAS

À medida que o século XX se aproxima de seu fim, cresce em quase todo o mundo uma consciência das linhas *entre* culturas, as divisões e diferenças que não só nos permitem diferenciar as culturas, como também nos habilitam a ver até que ponto as culturas são estruturas de autoridade e participação criadas pelos homens, benévolas no que abrangem, incorporam e validam, menos benévolas no que excluem e rebaixam.

Em todas as culturas nacionalmente definidas, creio eu, existe uma aspiração à soberania, à influência e ao predomínio. Nesse aspecto, as culturas francesa e inglesa, indiana e japonesa rivalizam. Ao mesmo tempo, paradoxalmente, nunca tivemos tanta consciência da singular hibridez das experiências históricas e culturais, de sua presença em muitas experiências e setores amiúde contraditórios, do fato de transporem as fronteiras nacionais, de desafiarem a ação *policial* dos dogmas simplistas e do patriotismo ufanista. Longe de serem algo unitário, monolítico ou autônomo, as culturas, na verdade, mais adotam elementos "estrangeiros", alteridades e diferenças do que os excluem conscientemente. Quem, na Índia ou na Argélia de hoje, é capaz de joeirar com segurança o elemento britânico ou francês do passado entre as realidades presentes, e quem na Inglaterra ou na França é capaz de traçar um círculo nítido em torno da Londres britânica ou da Paris francesa, excluindo o impacto da Índia e da Argélia sobre essas duas cidades imperiais?

Não são questões nostalgicamente acadêmicas ou teóricas, pois, como uma ou duas rápidas digressões mostrarão, elas possuem importantes consequências sociais e políticas. Londres e Paris contam com numerosas populações vindas das ex-colônias, as quais, por sua vez, guardam fortes resíduos da cultura inglesa e francesa em sua vida cotidiana. Mas isso é óbvio. Vejamos, num exemplo mais complexo, as conhecidas questões da imagem da tradição ou da Antiguidade clássica grega como determinante da identidade nacional. Estudos como *Black Athena* [Atena negra], de Martin Bernal, e *The invention of tradition* [A invenção da tradição], de Eric Hobsbawm e Terence Ranger, ressaltaram a extraordinária influência da preocupação atual com as imagens puras (e até expurgadas) que elaboramos a respeito de um passado privilegiado e genealogicamente útil, do qual excluímos elementos, vestígios e narrativas indesejáveis. Assim, segundo Bernal, de início sabia-se que a civilização grega tinha raízes na cultura egípcia, semita e várias outras meridionais e orientais, mas no decorrer do século XIX ela foi remodelada como uma cultura "ariana", na qual foram ocultas ou eliminadas de maneira ativa suas raízes semitas e africanas. Como os próprios escritores gregos reconheciam abertamente o passado híbrido de sua cultura, os filólogos europeus contraíram o hábito ideológico de passar por cima dessas passagens embaraçosas, sem as comentar, em prol da pureza ática.[24] (Vale lembrar também que foi apenas no século XIX que os historiadores europeus das Cruzadas começaram a não mencionar a prática do canibalismo entre os cavaleiros francos, muito embora as crônicas dos cruzados da época se refiram sem pejo ao consumo de carne humana.)

Assim como a imagem da Grécia, imagens da autoridade europeia foram alicerçadas e modeladas durante o século XIX — e onde fazê-lo, a não ser na fabricação de rituais, cerimônias e tradições? Tal é o argumento apresentado por Hobsbawm, Ranger e os outros colaboradores de *Invention of tradition*. Numa época em que os vínculos e as organizações mais antigas que unem internamente as sociedades pré-modernas estavam começando a ceder, e aumentavam as pressões sociais de administrar numerosos territórios ultramarinos e grandes e recentes eleitorados nacionais, as elites dirigentes da Europa sentiram claramente a necessidade de projetar seu poder sobre o passado, dando-lhe uma história e uma legitimidade que só podiam advir da tradição e da longevidade. Assim, em 1876, Vitória foi proclamada imperatriz da Índia, e enviou seu vice-rei, lorde Lytton, em visita até lá, sendo aclamado e celebrado em festas e *darbares* "tradicionais" por todo o país, bem como numa grande Assembleia Imperial em Delhi, como se seu governo não fosse, acima de tudo, uma questão de poder e decreto unilateral, e sim um costume tradicional.[25]

Criaram-se invenções semelhantes no lado oposto, ou seja, entre os "nativos" insurgentes em relação a seu passado pré-colonial, como no caso da Argélia durante a Guerra da Independência (1954-62), quando a descolonização incentivou os argelinos e muçulmanos a criar imagens daquilo que julgavam ser antes da colonização francesa. Essa estratégia se faz presente nas palavras de muitos poetas literatos nacionais durante as lutas de independência ou libertação em outras partes do mundo colonial. Quero enfatizar o poder de mobilização das imagens e tradições apresentadas e seu caráter fictício ou, pelo menos, fantasiosamente tingido de cores românticas: Pense-se no que Yeats faz com o passado irlandês, com seus gigantes como Cuchulain e grandes solares, que oferecem à luta nacionalista algo para ser admirado e revivido. Nos Estados nacionais pós-coloniais, é evidente a flexibilidade de essências tais como o espírito celta, a negritude ou o islamismo: elas têm muito a ver com os manipuladores nativos, que também as utilizam para encobrir faltas, corrupções, tiranias contemporâneas, e ainda com os contextos imperiais conflituosos de onde surgiram, tendo se afigurado como necessárias naquele momento.

Embora as colônias, em sua maioria, tenham conquistado a independência, muitas atitudes imperiais concomitantes à conquista colonial ainda persistem. Em 1910, o defensor francês do colonialismo Jules Harmand dizia:

> É necessário, pois, aceitar como princípio e ponto de partida o fato de que existe uma hierarquia de raças e civilizações, e que nós pertencemos à raça e civilização superior, reconhecendo ainda que a superioridade confere direitos, mas, em contrapartida, impõe obrigações estritas. A legitimação básica da conquista de povos nativos é a convicção de nossa superioridade, não simplesmente nossa superioridade mecânica, econômica e militar, mas nossa superioridade moral. Nossa dignidade se baseia nessa qualidade, e ela funda nosso direito de dirigir o resto da humanidade. O poder material é apenas um meio para esse fim.[26]

Como precursor da atual polêmica sobre a superioridade da civilização ocidental sobre as demais, o valor supremo das humanidades puramente ocidentais, tal como é enaltecido por filósofos conservadores como Allan Bloom, a inferioridade (e a ameaça) essencial do não ocidental, tal como é apregoada pela campanha antinipônica, pelos orientalistas ideológicos e críticos da regressão "nativa" na África e Ásia, a declaração de Harmand é de uma antevisão assombrosa.

Mais importante do que o próprio passado, portanto, é sua influência sobre as atitudes culturais do presente. Por razões apenas em parte enraizadas na experiência imperial, as velhas divisões entre colonizador e colonizado ressurgiram naquilo que muitas vezes é denominado de relação Norte-Sul, a qual tem acarretado uma postura defensiva, além de vários tipos de combate retórico e ideológico e uma hostilidade latente muito capaz de desencadear guerras devastadoras — o que em alguns casos já ocorreu. Haverá maneiras de conceber a experiência imperial sem recorrer a termos compartimentalizados, de forma a transformar nossa compreensão tanto do passado quanto do presente e nossa atitude em relação ao futuro?

Devemos começar caracterizando as maneiras mais usuais com que as pessoas tratam o múltiplo e complexo legado do imperialismo, não apenas aquelas que saíram das colônias, mas também as que já estavam lá originalmente e lá permaneceram, ou seja, os nativos. Muita gente na Inglaterra provavelmente sente certo remorso ou pesar pela experiência indiana de seu país, mas há também muita gente que sente saudades dos velhos e bons tempos, mesmo que o valor desses tempos, a causa de terem chegado ao fim e as próprias atitudes dessas pessoas em relação ao nacionalismo nativo sejam questões voláteis e ainda não resolvidas. É este o caso sobretudo quando se trata de relações raciais, como, por exemplo, na crise quando da publicação de *Os versos satânicos*, de Salman Rushdie, e a subsequente *fatwa* conclamando para a morte de Rushdie, decretada pelo aiatolá Khomeini.

Mas, da mesma forma, o debate nos países do Terceiro Mundo sobre a prática colonialista e a ideologia imperialista que lhe dá respaldo é extremamente aceso e diversificado. Inúmeros grupos acreditam que a amargura e as humilhações da experiência que praticamente os escravizou mesmo assim trouxeram benefícios — ideias liberais, autoconsciência nacional e bens tecnológicos — que, com o tempo, parecem ter diminuído em muito o caráter desagradável do imperialismo. Outras pessoas na era pós-colonial refletiram retrospectivamente sobre o colonialismo para melhor entender as dificuldades do presente em países de independência recente. Que existem problemas reais quanto ao rumo, à democracia e ao desenvolvimento desses países, comprova-o a perseguição do Estado a intelectuais que sustentam corajosamente suas ideias e práticas em âmbito público — Eqbal Ahmad e Faiz Ahmad Faiz no Paquistão, Ngugi wa Thiongo no Quênia, Abdelrahman el Munif no mundo árabe —, grandes pensadores e artistas cujos sofrimentos não embotaram a intransigência de seu pensamento nem atenuaram o rigor de seus castigos.

Munif, Ngugi, Faiz e todos os outros parecidos com eles não faziam senão nutrir um ódio irrestrito ao colonialismo implantado ou ao imperialismo que o acionava. Ironicamente, foram ouvidos apenas em parte, tanto no Ocidente quanto pelas autoridades governamentais de seus países. Por um lado, sujeitavam-se a ser considerados por muitos intelectuais ocidentais como Jeremias retrospectivos denunciando os males de um colonialismo passado, e por outro lado a ser tratados por seus governos na Arábia Saudita, no Quênia ou no Paquistão como agentes de potências estrangeiras que mereciam a prisão ou o exílio. A tragédia dessa experiência e, na verdade, de inúmeras experiências pós-coloniais decorre das limitações de se tentar lidar com relações que são polarizadas, radicalmente desiguais e rememoradas de diferentes formas. As esferas, os pontos de intensidade, as prioridades e os componentes no mundo metropolitano e no mundo ex-colonizado coincidem apenas em parte. A pequena área vista como campo comum atende, nesse ponto, apenas ao que se poderia chamar de *retórica da culpa*.

Quero considerar em primeiro lugar as realidades dos campos intelectuais, tanto os concordantes quanto os divergentes, no discurso público pós-imperial, concentrando-me sobretudo naquilo que, em tal discurso, dá origem e estímulo à retórica e às políticas da culpa. Assim, utilizando as perspectivas e os métodos do que se poderia chamar de literatura comparativa do imperialismo, irei considerar como seria possível ampliar o campo de sobreposições dos aspectos comuns entre as sociedades metropolitanas e as ex-colonizadas, a partir de reavaliações ou revisões do conceito sobre as atitudes intelectuais pós-imperiais. Observando as diversas experiências em contraponto, como que formando um conjunto de histórias entrelaçadas e sobrepostas, tentarei formular uma alternativa para a política da culpa e também para a política mais destrutiva do confronto e da hostilidade. Talvez isto dê origem a um tipo de interpretação secular mais interessante, muito mais profícua do que as denúncias do passado, os lamentos pelo fim dessa época ou — ainda mais prejudicial por ser violenta e muito mais fácil e atraente — a hostilidade entre as culturas ocidentais e não ocidentais que leva à eclosão de crises. O mundo é pequeno e interdependente demais para deixarmos passivamente que elas ocorram.

DUAS VISÕES EM *CORAÇÃO DAS TREVAS*

A dominação e as injustiças do poder e da riqueza são fatos perenes da sociedade humana. Mas no quadro global de hoje pode-se também interpretá-las em relação ao imperialismo, sua história e suas novas formas. As nações contemporâneas da Ásia, América Latina e África são politicamente independentes, mas, sob muitos aspectos, continuam tão dominadas e dependentes quanto o eram na época em que viviam governadas diretamente pelas potências europeias. Por um lado, isso decorre de ferimentos que elas próprias se infligem, e críticos como V. S. Naipaul costumam dizer: *eles* (todo mundo sabe que "eles" significa os de cor, os crioulos, os negros) são culpados de serem o que são, e não adianta ficar repisando no legado do imperialismo. Por outro lado, culpar arrasadoramente os europeus pelos infortúnios do presente não é uma grande alternativa. O que precisamos é examinar essas questões como uma rede de histórias interdependentes: seria equivocado e absurdo reprimi-las, útil e interessante entendê-las.

Esta questão não é complicada. Se, estando em Oxford, Paris ou Nova York, você disser a um árabe ou africano que ele faz parte de uma cultura basicamente doente ou irrecuperável, não é provável que consiga convencê-lo. Mesmo que você leve a melhor, ele não vai lhe conceder essa sua superioridade de essência ou seu direito de dominá-lo, apesar de sua riqueza e poder evidentes. A história desse contrapeso é visível em todas as colônias em que os senhores brancos, no início, não eram questionados e depois acabaram sendo expulsos. Inversamente, os nativos vitoriosos logo descobriram que precisavam do Ocidente, e que a ideia de uma independência *total* era uma ficção nacionalista voltada sobretudo para a "burguesia nacionalista", como diz Fanon, a qual, por sua vez, com frequência governava os novos países por meio de uma tirania espoliadora e empedernida que fazia lembrar os senhores que haviam partido.

E assim, no final do século XX, o ciclo imperial do século XIX parece se repetir em alguns aspectos, embora hoje não exista nenhum grande espaço vazio, nenhuma fronteira a expandir, nenhuma nova e atraente colônia a fundar. Vivemos num único ambiente global com uma quantidade enorme de pressões ecológicas, econômicas, sociais e políticas forçando esse tecido apenas vagamente percebido, basicamente incompreendido e não interpretado. Qualquer pessoa com uma consciência apenas vaga dessa totalidade fica alarmada ao ver até que ponto tais interesses impiedosamente egoístas e tacanhos — patriotismo, chauvinismo, ódios étnicos, religiosos e raciais — de fato podem levar a uma destrutividade em massa. O mundo simplesmente não pode permitir que isso ocorra muitas vezes mais.

Não vamos fingir que existem modelos prontos para uma ordem mundial harmoniosa, e seria igualmente tolo supor que as ideias da paz e da comunidade têm grande chance quando o poder é levado a agir movido por conceitos agressivos dos "interesses nacionais vitais" ou de soberania irrestrita. Exemplos evidentes são o choque dos Estados Unidos com o Iraque e a agressão iraquiana contra o Kuwait, em relação ao petróleo. O que admira é que ainda prevaleça o ensino dessas ideias e ações relativamente provincianas, sendo aceito acriticamente e reproduzindo-se de forma recorrente na educação de geração após geração. Todos nós aprendemos a venerar nossas nações e a admirar nossas tradições: aprendemos a defender duramente seus interesses, sem consideração por outras sociedades. Um novo tribalismo, a meu ver assustador, está fraturando as sociedades, separando os povos, promovendo a cupidez, o conflito sangrento, defesas insípidas de particularidades étnicas ou grupais secundárias. Dedica-se pouco tempo, não tanto para "aprender sobre outras culturas" — a expressão é vazia —, mas para estudar o mapa das interações, o intercâmbio real e amiúde fecundo que ocorre no dia a dia, e até no minuto a minuto entre Estados, sociedades, grupos e identidades.

Ninguém é capaz de ter esse mapa inteiro na cabeça, e é por isso que a geografia do império e da experiência imperial multifacetada, que criou sua textura fundamental, deve ser inicialmente considerada apenas em algumas configurações mais destacadas. Em termos básicos, quando nos voltamos para o século XIX, vemos que o movimento rumo ao imperialismo de fato levou a maior parte do mundo ao domínio de poucas potências. Para entender uma parte do que isso significa, proponho examinar um conjunto específico de preciosos documentos culturais em que a interação da Europa ou dos Estados Unidos, de um lado, com o mundo imperializado, de outro, ganha vida, adquire forma e se faz explícita como uma experiência para os dois campos em contato. Mas antes de proceder a isso, de maneira histórica e sistemática, um bom preparativo será observar o que ainda resta do imperialismo na discussão cultural recente. É o resíduo de uma história densa e interessante, paradoxalmente global e local ao mesmo tempo, e é também um sinal da sobrevivência do passado imperial, gerando argumentos e contra-argumentos com uma intensidade surpreendente. Por serem contemporâneos e de fácil acesso, esses vestígios do passado no presente apontam o caminho para o estudo das histórias — o plural é utilizado de propósito — criadas pelo império, não só as narrativas do homem e da mulher branca, mas também dos não brancos que estavam com suas terras e seu próprio ser em jogo, mesmo quando suas reivindicações eram negadas ou ignoradas.

Um importante debate contemporâneo sobre os resíduos do imperialismo — a questão de como os "nativos" são apresentados nos meios de comunicação ocidentais — ilustra a continuidade dessa interdependência e sobreposição, não só no conteúdo, mas também na forma do debate, não só no que é dito, mas também como, por quem, onde e para quem é dito. Isso requer um exame, embora demande uma autodisciplina difícil de manter, tão desenvolvidas, tentadoras e acessíveis são as estratégias de confronto. Em 1984, bem antes do surgimento de *Os versos satânicos*, Salman Rushdie diagnosticou a enxurrada de filmes e artigos sobre o domínio britânico na Índia, inclusive a série televisiva *The jewel in the crown* [A joia da coroa] e o filme de David Lean, *A passage to India* [Passagem para a Índia]. Rushdie notou que a nostalgia induzida por essas afetuosas lembranças do domínio inglês na Índia coincidiu com a Guerra das Malvinas, e que "a ascensão do revisionismo em relação ao domínio britânico na Índia, ilustrada pelo enorme sucesso dessas ficções, é a contraparte artística da ascensão de ideologias conservadoras na Inglaterra moderna". Alguns críticos reagiram achando que era simples queixa e choradeira de Rushdie em público, parecendo não dar atenção a sua tese principal. Rushdie estava tentando formular um raciocínio mais amplo, que supostamente interessaria intelectuais aos quais já não se aplicava a famosa descrição de George Orwell sobre o lugar do intelectual na sociedade, dentro ou fora da baleia; a realidade moderna, nos termos de Rushdie, era, de fato, "sem baleias, este mundo sem recantos tranquilos, [no qual] não podem existir fugas fáceis da história, do tumulto, do enorme e inquieto alvoroço".[27] Mas a tese principal de Rushdie *não* foi considerada digna de debate. Pelo contrário, o núcleo da discussão foi se as coisas no Terceiro Mundo haviam de fato decaído depois da emancipação das colônias, e se não seria melhor, no final das contas, ouvir os raros — felizmente, posso acrescentar, muitíssimo raros — intelectuais do Terceiro Mundo que virilmente atribuíam a maior parte de suas atuais barbaridades, tiranias e degradações a suas próprias histórias nativas, que já eram bem ruins antes do colonialismo e, depois dele, voltaram a essa condição. Portanto, prosseguia *esta* argumentação, melhor um V. S. Naipaul implacavelmente honesto do que a pose absurda de um Rushdie.

Pode-se concluir das emoções despertadas pelo caso pessoal de Rushdie, na época e mais tarde, que muita gente no Ocidente começou a achar que era preciso traçar um limite claro. Era preciso defender certas posições depois do Vietnã e do Irã — e note-se aqui que esses rótulos em geral são empregados tanto para evocar traumas americanos internos (as revoltas estudantis da década de 1960, a angústia pública com os reféns na de 1970) quanto para os conflitos internacionais e a "perda" do Vietnã e do Irã para os nacionalismos radicais. A democracia ocidental tinha levado uma surra, e mesmo que os danos físicos tivessem sido infligidos no exterior, havia uma impressão, como Jimmy Carter certa vez disse de maneira bastante curiosa, de "destruição mútua". Essa sensação, por sua vez, levou os ocidentais a repensar todo o processo de descolonização. Não era verdade, dizia essa nova avaliação, que "nós" demos a "eles" o progresso e a modernização? Não lhes proporcionamos ordem e uma espécie de estabilidade que, desde então, eles foram incapazes de proporcionar a si mesmos? Não era uma confiança atrozmente descabida acreditar na capacidade de independência deles, pois ela havia levado aos Bokassa e Amin, cujos equivalentes intelectuais eram indivíduos como Rushdie? Não devíamos ter continuado com as colônias, refreado as raças sujeitadas ou inferiores, permanecido fiéis a nossas responsabilidades civilizatórias?

Percebo que o que acabei de reproduzir não corresponde inteiramente à própria coisa, sendo talvez uma caricatura. No entanto, guarda uma incômoda semelhança com o que disse muita gente que se imaginava falando em nome do Ocidente.

Não parecia haver grandes dúvidas sobre a existência efetiva de um "Ocidente" monolítico, nem de um mundo ex-colonial inteiro descrito em generalizações e mais generalizações totalmente abrangentes. O salto para as essências e as generalizações vinha acompanhado por apelos a uma suposta história das pródigas esmolas e doações ocidentais, seguida por uma repreensível sucessão de ingratas mordidas nessa mão "ocidental" tão magnânima. "Por que eles não gostam de nós, depois do que fizemos por eles?"[28]

Quão fácil seria comprimir uma infinidade de coisas nessa simples fórmula de magnanimidade não reconhecida! Esquecidos ou descartados foram os povos coloniais devastados, que, durante séculos, suportaram justiça sumária, uma infindável opressão econômica, a distorção de suas vidas sociais e privadas, uma submissão inapelável em função da imutável superioridade europeia. O mero fato de lembrar os milhões de africanos fornecidos ao tráfico negreiro já é reconhecer o custo inimaginável de manter tal superioridade. Mas o que é descartado com mais frequência é precisamente a infinita quantidade de traços na história imensamente detalhada e violenta da intervenção colonial — minuto a minuto, hora a hora — na vida dos indivíduos e das coletividades, nos dois lados da divisória colonial.

O que cumpre notar nesse tipo de discurso contemporâneo, que supõe a primazia e até a absoluta centralidade do Ocidente, é sua forma totalizadora, suas atitudes e gestos que tudo abarcam, o quanto ele cala mesmo quando inclui, absorve e consolida. De súbito vemo-nos transportados de volta no tempo, para o final do século XIX.

Essa atitude imperial, creio eu, é belamente captada na rica e complexa trama da grande novela de Conrad, *Coração das trevas*, escrita entre 1898 e 1899. De um lado, o narrador Marlow reconhece o impasse trágico de todo discurso — que "é impossível transmitir a sensação vital de qualquer época da vida de uma pessoa — a qual constitui sua verdade, seu significado — sua essência sutil e penetrante. [...] Vivemos como sonhamos — sozinhos"[29] —, e ainda assim tenta transmitir o enorme poder da experiência africana de Kurtz por meio de sua narrativa pujante sobre a viagem que fez pelo interior africano, em busca de Kurtz. Essa narrativa, por sua vez, está diretamente ligada à força redentora, bem como à devastação e ao horror, da missão europeia no mundo negro. O que se perdeu, foi excluído ou apenas inventado no relato tremendamente envolvente de Marlow é compensado pelo puro impulso histórico, pelo avanço do movimento temporal — com digressões, descrições, interessantes embates e tudo o mais. Ao narrar como chegou aos domínios de Kurtz, agora que se tornou fonte e autoridade sobre eles, Marlow avança e recua materialmente em pequenas e grandes espirais, como que reproduzindo a maneira pela qual os episódios no curso de sua viagem rio acima são incorporados pela trajetória principal rumo ao que ele nomeia de "o coração da África".

Assim, o encontro de Marlow com o escriturário trajando um improvável terno branco no meio da selva lhe propicia vários parágrafos de digressões, como também seu encontro posterior com o russo semienlouquecido, parecendo um arlequim, que se sentira tão afetado pelo gênio de Kurtz. Mas, por trás do tom inconclusivo, das evasões, das meditações em arabesco de Marlow sobre seus sentimentos e ideias, está o curso incessante da viagem, a qual, apesar de todos os obstáculos, avança pela selva, pelo tempo, por entre as dificuldades, até o coração disso tudo, até o império comercial de marfim de Kurtz. Conrad quer nos mostrar que a grande aventura de pilhagem de Kurtz, a viagem de Marlow subindo o rio e a própria narrativa partilham o mesmo tema: europeus executando ações de domínio e vontade imperial na (e sobre a) África.

O que diferencia Conrad de outros escritores coloniais contemporâneos é que — por razões em parte ligadas ao colonialismo que converteu a ele, um expatriado polonês, em funcionário do sistema imperial — ele tinha uma grande consciência do que fazia. Assim, como a maioria de suas outras narrativas, *Coração das trevas* não se limita a um relato direto das aventuras de Marlow: é também uma dramatização do próprio narrador, velho andarilho das regiões coloniais, contando seus casos a um grupo de ouvintes ingleses num tempo determinado e num local específico. Esse grupo pertence basicamente ao mundo dos negócios, e é dessa maneira que Conrad ressalta que os negócios do império, que antes eram iniciativas aventurosas e muitas vezes individualistas, na década de 1890 tinham se transformado no império dos negócios. (Note-se que naquela mesma época, por coincidência, Halford Mackinder, explorador, geógrafo e imperialista liberal, pronunciou uma série de palestras sobre o imperialismo no London Institute of Bankers:[30] talvez Conrad tivesse notícia disso.) Embora a força quase sufocante da narrativa de Marlow nos deixe uma agudíssima impressão de que não há como escapar à força histórica soberana do imperialismo, e que ele tem o poder de um sistema que representa e fala em nome de tudo o que está dentro de seu campo de dominação, Conrad nos mostra que o que faz Marlow é contingente, encenado para um grupo de ouvintes ingleses de perfil semelhante, e limitado a essa situação.

Mas nem Conrad nem Marlow nos oferecem uma visão completa do que se encontra *fora* da postura de conquistadores do mundo encarnada por Kurtz, por Marlow, pelo círculo de ouvintes no convés do *Nellie* e por Conrad. Com isso quero dizer que *Coração das trevas* é uma obra que funciona tão bem porque sua política e sua estética são, por assim dizer, imperialistas, as quais, nos últimos anos do século XIX, pareciam ser uma política e uma estética, e até uma epistemologia, inevitáveis e inescapáveis. Pois se de fato não conseguimos entender a experiência do outro e se, portanto, precisamos depender da autoridade impositiva do tipo de poder que Kurtz exerce como homem branco na selva ou que Marlow, outro branco, exerce como narrador, é inútil procurar outras alternativas não imperialistas: o sistema simplesmente as eliminou ou tornou-as inconcebíveis. A circularidade, o fechamento perfeito da coisa toda é inexpugnável não só em termos estéticos, mas também mentais.

Conrad tem tamanha consciência de estar situando o conto de Marlow num contexto narrativo que nos faz compreender, afinal, que o imperialismo, longe de devorar sua própria história, estava ocorrendo dentro de uma história maior, que a circunscrevia e se encontrava fora do círculo cerradamente fechado de europeus no convés do *Nellie*. Mesmo assim, aquela região não parecia habitada por ninguém, e então Conrad a manteve vazia.

Provavelmente, Conrad nunca poderia usar Marlow para apresentar seja o que for além de uma visão de mundo imperialista, pois nada havia de não europeu acessível aos olhos, fosse de Conrad fosse de Marlow. A independência era coisa de brancos e europeus; os povos subjugados ou inferiores eram para ser dominados: a ciência, a erudição, a história vinham do Ocidente. É verdade que Conrad registrou com escrúpulo as diferenças entre as respectivas ignomínias das atitudes coloniais belgas e britânicas, mas ele só conseguia imaginar o mundo embutido numa ou noutra esfera de domínio ocidental. Mas, como Conrad também possuía alguns resquícios extraordinariamente persistentes de consciência quanto à sua própria marginalidade de exilado, ele teve o máximo (alguns diriam enlouquecedor) cuidado de conferir à narrativa de Marlow a provisoriedade que resulta de se encontrar no exato ponto de junção entre este e um outro mundo, não especificado, mas diferente. Sem dúvida, Conrad não era um grande empreendedor imperialista como Cecil Rhodes ou Frederick Lugard, embora entendesse com perfeição que cada um deles, ao entrar (usando as palavras de Hannah Arendt) "no turbilhão de um infindável processo de expansão, deixaria, por assim dizer, de ser o que era e obedeceria às leis do processo, iria se identificar com forças anônimas a que deveria servir para manter todo o processo em movimento, iria considerar a si próprio uma mera função, e acabaria julgando tal funcionalidade, tal encarnação da corrente dinâmica como sua mais alta realização possível".[31] O que Conrad percebeu é que se o imperialismo, como narrativa, monopolizou o sistema inteiro de representação — o que, no caso de *Coração das trevas*, permitia-lhe falar não só por Kurtz e pelos outros aventureiros, inclusive Marlow e seus ouvintes, mas também pelos africanos —, a autoconsciência do forasteiro pode lhe permitir compreender ativamente como funciona a máquina, visto que ele e ela não estão, em termos fundamentais, numa perfeita sincronia ou correspondência. Por nunca ter sido um inglês totalmente incorporado e aculturado, Conrad preservou uma distância irônica em todas as suas obras.

A forma da narrativa conradiana, portanto, permitiu extrair dois raciocínios, duas visões possíveis no mundo pós-colonial que sucedeu ao de Conrad. Um dos argumentos atribui ao velho empreendimento imperial toda a latitude para se desdobrar, de maneira convencional, em todas as suas fases, até transformar o mundo naquilo apresentado pelo imperialismo europeu ou ocidental oficial, e se consolidar após a Segunda Guerra Mundial. Os ocidentais podem ter saído fisicamente de suas antigas colônias na África e na Ásia, mas as conservaram não apenas como mercados, mas também como pontos no mapa ideológico onde continuaram a exercer domínio moral e intelectual. "Mostrem-me o Tolstói zulu", como disse recentemente um intelectual americano. A abrangência categórica e soberana desse argumento permeia as palavras daqueles que hoje falam não só em nome do Ocidente e de suas realizações, mas também em nome do resto do mundo, daquilo que ele foi, é e pode vir a ser. As assertivas desse discurso excluem o que se representou como "perdido"; argumentando que, sob certos aspectos, o mundo colonial sempre esteve, ontologicamente falando, perdido, irredimível, irrefutavelmente inferior. Além disso, esse discurso enfoca não o que foi partilhado na experiência colonial, e sim o que nunca devia ser partilhado, a saber, a autoridade e a retidão que acompanham o maior poderio e desenvolvimento. Retoricamente, seus termos consistem na organização das paixões políticas, para nos servir da crítica de Julien Benda aos intelectuais modernos, termos que, como sabia ele com suficiente sensatez, levam inevitavelmente à carnificina em massa, e se não à carnificina física, certamente à carnificina retórica.

O segundo argumento é bem menos questionável. Ele se vê como Conrad via suas próprias narrativas, específicas de um certo tempo e um certo espaço, sem ser incondicionalmente verdadeiras ou irrestritamente certas. Como disse, Conrad não nos dá a impressão de que poderia imaginar uma alternativa plenamente realizada ao imperialismo: os nativos da África, Ásia ou América, sobre os quais escreveu, eram incapazes de independência, e como ele parecia conceber a tutela europeia como um dado, não era capaz de antever o que ocorreria quando ela chegasse ao fim. Mas terminar ela terminaria, quando menos porque — como qualquer iniciativa humana, como a própria linguagem — ela tinha seu momento, e então teria de acabar. Como Conrad *data* o imperialismo, mostra sua contingência, registra suas ilusões, sua tremenda violência e devastação (como em *Nostromo*), ele permite que seus leitores futuros imaginem algo diferente de uma África retalhada em dezenas de colônias europeias, mesmo que, pessoalmente, ele tivesse pouca noção do que poderia vir a ser essa África.

Para voltar à primeira vertente derivada de Conrad, o discurso do ressurgimento imperial prova que o embate imperialista oitocentista ainda continua a traçar linhas e defender barreiras. Estranhamente, ele persiste também no intercâmbio, de imensa complexidade e tranquilo interesse, entre antigos parceiros coloniais, digamos entre a Inglaterra e a Índia, ou entre a França e os países francófonos da África. Mas essas trocas tendem a ser obscurecidas pelos ruidosos antagonismos do debate polarizado entre os pró e os anti-imperialistas, em sua estridência ao falar dos rumos nacionais, dos interesses ultramarinos, do imperialismo e congêneres, atraindo gente com mentalidade semelhante — ocidentais agressivos e, ironicamente, aqueles não ocidentais a que se dirigem os novos aiatolás nacionalistas — e afastando-a do outro intercâmbio em curso. Em cada campo lamentavelmente restrito alinham-se os inocentes, os justos, os fiéis, liderados pelos onicompetentes, os que conhecem a verdade sobre si e sobre os outros; do lado de fora fica um monte todo misturado de intelectuais lamurientos e céticos irresolutos que continuam chorando à toa pelo passado.

Uma importante guinada ideológica ocorreu nas décadas de 1970 e 1980, acompanhando esse estreitamento dos horizontes no que chamo de primeira vertente, entre as duas que derivam de *Coração das trevas*. Podemos vê-la, por exemplo, na profunda mudança de ênfase e, literalmente, de direção entre pensadores conhecidos por seu radicalismo. Jean-François Lyotard e Michel Foucault, importantes filósofos franceses que surgiram na década de 1960 como apóstolos do radicalismo e da insurreição intelectual, demonstram uma nova e impressionante descrença naquilo que Lyotard chama de grandes narrativas legitimadoras da emancipação e do esclarecimento. Nossa época, disse ele na década de 1980, é pós-modernista, interessada apenas em questões locais, não na história, mas nos problemas a ser resolvidos, não numa realidade grandiosa, e sim em jogos.[32] Foucault também desviou sua atenção das forças de oposição na sociedade moderna, as quais ele havia estudado pela sua imbatível resistência à exclusão e ao confinamento — delinquentes, poetas, marginais e similares —, e decidiu, visto que o poder estava por toda parte, que provavelmente seria melhor se concentrar na microfísica local do poder que cerca o indivíduo. Assim, devia-se estudar e cultivar o eu, e se necessário remodelá-lo e reconstituí-lo.[33] Tanto em Lyotard quanto em Foucault, encontramos exatamente a mesma figura de linguagem utilizada para explicar a desilusão com a política de libertação: a narrativa, que postula um ponto de partida *capacitador* e um objetivo *retributivo*, já não é mais adequada para dar o enredo da trajetória humana na sociedade. Não há nada para olhar mais além: estamos presos dentro de nosso círculo. E agora a linha está fechada por um círculo. Depois de anos de apoio às lutas anticoloniais na Argélia, Cuba, Vietnã, Palestina, Irã, que para muitos intelectuais ocidentais vieram a representar seu comprometimento mais profundo na política e na filosofia da descolonização anti-imperialista, chegou-se a um ponto de exaustão e desapontamento.[34] Começamos a ler e ouvir como era inútil apoiar revoluções, como eram bárbaros os novos regimes que chegavam ao poder, como — este é um caso extremo — a descolonização havia beneficiado o "comunismo mundial".

Entram agora o terrorismo e a barbárie. Entram também os especialistas ex-coloniais cuja mensagem bastante divulgada era a de que esses povos coloniais mereciam apenas o colonialismo ou, já que "nós" fomos tolos de sair de Áden, Argélia, Índia, Indochina e todos os outros lugares, podia ser uma boa ideia invadir de novo seus territórios. Entram também vários especialistas e teóricos da relação entre os movimentos de libertação, o terrorismo e a KGB. Registrou-se uma retomada da simpatia pelo que Jeanne Kirkpatrick chamava de regimes autoritários (diferenciando-os dos totalitários) entre os aliados ocidentais. Com a investida do reaganismo, do thatcherismo e seus correlatos, iniciou-se uma nova fase da história.

A despeito de qualquer outro motivo que o tornasse historicamente compreensível, o afastamento peremptório do "Ocidente" de suas próprias experiências no "mundo periférico" sem dúvida não era e não é uma atividade atraente ou edificante para um intelectual de hoje. Isso fecha a possibilidade de conhecer e descobrir o que significa estar fora da baleia. Voltemos a Rushdie, para mais uma indicação:

> Vemos que criar um universo de ficção sem política pode ser tão falso quanto criar um mundo em que ninguém precisa trabalhar, comer, odiar, amar ou dormir. Fora da baleia torna-se necessário, e mesmo estimulante, lidar com os problemas específicos criados pela incorporação de material político, porque a política é alternadamente farsa e tragédia, e às vezes (por exemplo, o Paquistão de Zia) ambas ao mesmo tempo. Fora da baleia o escritor é obrigado a aceitar que é parte da multidão, parte do oceano, parte da tempestade, de modo que a objetividade torna-se um grande sonho, como a perfeição, uma meta inatingível pela qual se deve lutar apesar da impossibilidade de êxito. Fora da baleia é o mundo da famosa fórmula de Samuel Beckett: Não posso continuar, vou continuar.[35]

Os termos da descrição de Rushdie, embora sejam tomados de Orwell, parecem-me ainda mais interessantes com Conrad. Pois aqui está a segunda consequência, a segunda linha que provém da forma narrativa de Conrad; em suas referências explícitas ao exterior, ela aponta para uma perspectiva desvinculada das representações basicamente imperialistas fornecidas por Marlow e seus ouvintes. É uma perspectiva profundamente secular, e não se prende a noções sobre o destino histórico nem ao essencialismo que sempre parecem derivados do destino, e tampouco à indiferença e à resignação históricas. Estar do lado de dentro silencia a plenitude da experiência do imperialismo, amputa-a e subordina-a ao predomínio de uma visão eurocêntrica e totalizadora: essa outra perspectiva sugere a presença de um campo sem privilégios históricos especiais para um único lado.

Não quero me exceder na interpretação de Rushdie, nem colocar em seu texto ideias que talvez escapem a suas intenções. Nessa controvérsia com os meios de comunicação ingleses (antes que *Os versos satânicos* o obrigassem a se esconder), ele afirmava que não conseguia identificar a verdade de sua experiência pessoal nas representações populares da Índia veiculadas pelos meios de comunicação locais. Ora, eu iria mais longe e diria que uma das virtudes de tais conjunções da política com a cultura e a estética é permitir a abertura de um terreno comum toldado pela própria controvérsia. Ver esse terreno comum talvez seja difícil para os combatentes diretamente envolvidos, enquanto estão lutando, mais do que refletindo. Posso entender muito bem a raiva que alimentou o raciocínio de Rushdie, pois, como ele, sinto-me excluído por um consenso ocidental predominante que veio a encarar o Terceiro Mundo como um terrível estorvo, um lugar inferior em termos políticos e culturais. Enquanto escrevemos e falamos como membros de uma pequena minoria de vozes marginais, nossos críticos jornalísticos e acadêmicos fazem parte de um abastado sistema de recursos informativos e acadêmicos entrecruzados com jornais, redes de televisão, revistas, de opinião e institutos à sua disposição. A maioria deles agora assumiu um tom estridente de condenação direitista, fazendo uma separação entre o que é não branco, não ocidental, não judaico-cristão, e o espírito ocidental aceito e eleito, então reunindo tudo isso sob vários rótulos degradantes, tais como terrorista, marginal, de segunda categoria ou insignificante. Atacar o que está contido nessas categorias é defender o espírito ocidental.

Voltemos a Conrad e àquilo a que eu estava me referindo como a segunda possibilidade, menos imperialistamente categórica, oferecida por *Coração das trevas*. Lembremos mais uma vez que Conrad situa a história no convés de um navio ancorado no Tâmisa; enquanto Marlow conta sua história, o sol se põe, e quando a narrativa termina, eis que o coração das trevas reaparece na Inglaterra; fora do grupo de ouvintes de Marlow estende-se um mundo vago e indefinido. Conrad, por vezes, parece querer introduzir esse mundo no discurso metropolitano imperial representado por Marlow, mas, devido à sua própria subjetividade deslocada, ele resiste ao esforço e, conforme sempre acreditei, consegue esse efeito sobretudo por meio de mecanismos formais. As formas narrativas conscientemente circulares de Conrad chamam a atenção pela artificialidade da construção, instigando-nos a sentir o potencial de uma realidade que parecia inacessível ao imperialismo, além de seu controle, e que somente bem depois da morte de Conrad, em 1924, veio a adquirir presença considerável.

Isso requer maiores explicações. Apesar dos nomes e maneirismos europeus dos narradores de Conrad, eles não correspondem ao padrão médio das testemunhas irreflexivas do imperialismo europeu. Eles não aceitam simplesmente o que se passa em nome da ideia imperial: pensam bastante sobre ela, preocupam-se a respeito, na verdade ficam muito ansiosos em fazer com que a coisa pareça rotineira. Mas nunca é. A maneira de Conrad demonstrar essa discrepância entre sua visão e as visões ortodoxas do império é continuar chamando a atenção para a maneira como as ideias e os valores são construídos (e desconstruídos) por meio de deslocamentos na linguagem do narrador. Ademais, as récitas são meticulosamente encenadas: o narrador é um orador cujos ouvintes e respectivos motivos de ali estarem, cujo tipo de voz, cujo efeito do que é dito, constituem aspectos importantes e até insistentes da história que é narrada. Marlow, por exemplo, nunca é direto. Ele oscila entre o tom gárrulo e a grandiloquência, e raramente resiste a dar uma aparência ainda mais peculiar a coisas já peculiares, o que consegue relatando-as de forma surpreendentemente incorreta ou deixando-as vagas e contraditórias. Assim, diz ele, um navio de guerra francês atira "para dentro de um continente" [*into a continent*, em lugar de "em um continente", *on a continent*]; a eloquência de Kurtz é esclarecedora, mas também enganadora, e assim por diante — seu discurso contém tantas dessas estranhas discrepâncias (bem analisadas por Ian Watt, que as define como uma "decodificação retardada")[36] que o resultado evidente é deixar seu público imediato e também o leitor com a nítida sensação de que aquilo que está sendo apresentado não é bem como parece ou como deveria ser.

Mas toda a questão tratada por Kurtz e Marlow é, de fato, o domínio imperialista, o europeu branco *sobre* os africanos negros, sua civilização de marfim *sobre* o continente negro primitivo. Ao acentuar a discrepância entre a "ideia" oficial do império e a realidade tremendamente desconcertante da África, Marlow abala a noção do leitor sobre a própria ideia do império e, acima de tudo, sobre algo ainda mais básico, a própria realidade. Pois, se Conrad consegue mostrar que toda atividade humana depende do controle de uma realidade radicalmente instável, a qual apenas pela vontade ou por convenção pode ser enunciada de maneira aproximativa, o mesmo vale para o império, para a veneração da ideia imperial, e assim por diante. Com Conrad, portanto, estamos num mundo que está sendo feito e desfeito quase o tempo todo. O que se afigura estável e seguro — o policial na esquina, por exemplo — é apenas um pouquinho mais seguro do que os homens brancos na selva, e requer a mesma vitória constante (mas precária) sobre as trevas que tudo invadem, e que no final da narrativa se revelam iguais, seja em Londres ou na África.

O gênio de Conrad lhe permitiu perceber que as trevas sempre presentes podiam ser colonizadas ou iluminadas — *Coração das trevas* está repleto de referências à *mission civilisatrice*, a projetos não só cruéis, mas ainda bem-intencionados, de levar a luz aos lugares e povos escuros deste mundo por meio de atos da vontade e demonstrações de poder — mas também que cumpria reconhecer sua independência. Kurtz e Marlow reconhecem as trevas, o primeiro ao morrer, o último ao refletir em retrospecto sobre o significado das últimas palavras de Kurtz. Eles (e Conrad, naturalmente) estão à frente de seu tempo por entender que as ditas "trevas" possuem autonomia própria, e podem retomar e reivindicar o que o imperialismo havia considerado como *seu*. Mas Marlow e Kurtz também são pessoas de sua própria época e não conseguem dar o passo seguinte, que seria reconhecer que o que viam, de modo depreciativo e desqualificador, como "treva" não europeia era de fato um mundo não europeu *resistindo* ao imperialismo, para algum dia reconquistar a soberania e a independência, e não, como diz Conrad de maneira reducionista, para restaurar as trevas. A limitação trágica de Conrad é que, mesmo podendo enxergar com clareza que o imperialismo, em certo nível, consistia essencialmente em pura dominação e ocupação de territórios, ele não conseguia concluir que o imperialismo teria de terminar para que os "nativos" pudessem ter uma vida livre da dominação europeia. Como indivíduo de seu tempo, Conrad não podia admitir a liberdade para os nativos, apesar de suas sérias críticas ao imperialismo que os escravizava.

As provas culturais e ideológicas de que Conrad estava errado em sua posição eurocêntrica são consideráveis e impressionantes. Existe todo um movimento, uma literatura e uma teoria de resistência e reação ao império — é este o assunto do capítulo 3 deste livro —, e nas mais díspares regiões pós-coloniais vemos um enorme esforço para se iniciar um debate com o mundo metropolitano em pé de igualdade, que mostre a diversidade e as diferenças do mundo não europeu e apresente suas prioridades, as coisas a fazer, e suas próprias histórias. O objetivo dessa exposição é inscrever, reinterpretar e ampliar as áreas de comprometimento, bem como o terreno em disputa com a Europa. Parte dessa atividade — por exemplo, a obra de dois importantes e ativos intelectuais iranianos, Ali Shariati e Jalal Ali i-Ahmed, que por meio de discursos, livros, fitas e panfletos prepararam o caminho para a Revolução islâmica — interpreta o colonialismo afirmando o caráter absolutamente oposto da cultura nativa: o Ocidente é um inimigo, uma doença, um mal. Em outros casos, romancistas como o queniano Ngugi e o sudanês Tayeb Salih adotam em suas criações grandes *topoi* da cultura colonial, como a busca e a viagem para o desconhecido, tomando-os para suas finalidades pós-coloniais próprias. O herói de Salih em *Season of migration to the North* [Temporada de migração para o norte] faz (e é) o contrário do que faz (e é) Kurtz: o homem negro viaja para o norte em território branco.

Entre o imperialismo oitocentista clássico e seus frutos nas culturas nativas que ofereceram resistência, há, pois, um obstinado confronto e cruzamento na discussão, nos empréstimos, no debate. Muitos dos escritores pós-coloniais mais interessantes carregam dentro de si seu passado — como cicatrizes de feridas humilhantes, como estímulo para práticas diferentes, como visões potencialmente revistas do passado tendendo a um novo futuro, como experiências a ser urgentemente reinterpretadas e reapresentadas, em que o nativo, outrora calado, fala e age em territórios recuperados ao império. Vemos esses aspectos em Rushdie, Derek Walcott, Aimé Césaire, Chinua Achebe, Pablo Neruda e Brian Friel. E agora esses autores podem de fato ler as grandes obras-primas coloniais, que não só os apresentaram de maneira equivocada, como também tomaram como pressuposto que eles eram incapazes de ler e responder diretamente ao que fora escrito sobre eles, assim como a etnografia europeia pressupunha a incapacidade dos nativos para intervir no discurso científico a seu respeito. Tentemos agora examinar essa nova situação de maneira mais detalhada.

EXPERIÊNCIAS DIVERGENTES

Vamos começar admitindo a noção de que, mesmo existindo um núcleo subjetivo irredutível na experiência humana, essa experiência também é histórica e secular, acessível à análise e à interpretação, e — o que é de importância fundamental — não se esgota em teorias totalizantes, não é marcada nem limitada por linhas doutrinárias ou nacionais, não cabe inteiramente em construções analíticas. Se concordamos com Gramsci que uma vocação intelectual é socialmente possível e desejável, então há uma contradição inaceitável em construir ao mesmo tempo análises da experiência histórica a partir de exclusões, as quais estipulam, por exemplo, que apenas as mulheres são capazes de entender a experiência feminina, apenas os judeus podem entender o sofrimento dos judeus, apenas ex-súditos coloniais podem entender a experiência colonial.

Não estou afirmando o que querem afirmar as pessoas quando dizem, na linguagem corrente, que toda questão tem dois lados. O problema com as teorias essencialistas e exclusivistas, ou com as barreiras e os lados, é que elas dão origem a polarizações que mais absolvem e perdoam a ignorância e a demagogia do que facilitam o conhecimento. Mesmo o olhar mais superficial sobre os recentes destinos das teorias raciais, do Estado moderno, do próprio nacionalismo moderno, atesta essa triste verdade. Se já sabemos de antemão que a experiência africana, iraniana, chinesa, judaica ou alemã é fundamentalmente integral, coerente, separada e, portanto, compreensível apenas por africanos, iranianos, chineses, judeus ou alemães, estamos em primeiro lugar colocando como essencial algo que, a meu ver, é ao mesmo tempo historicamente criado e resultante de uma interpretação: a saber, a existência da africanidade, da judeidade ou da germanidade ou, ainda, o orientalismo e o ocidentalismo. Em segundo lugar, em decorrência disso, provavelmente defenderemos a essência ou experiência em si, em lugar de promover o conhecimento pleno dela e seus cruzamentos e dependências de outros conhecimentos. Por conseguinte, transferiremos a experiência diferente dos outros para uma posição inferior.

Se desde o princípio reconhecemos as histórias profundamente complexas e entrelaçadas das experiências específicas, mas mesmo assim interligadas e sobrepostas — das mulheres, dos ocidentais, dos negros, dos Estados e culturas nacionais —, não há nenhuma razão intelectual particular para conceder um estatuto ideal e essencialmente separado a cada uma delas. Mas seria desejável preservar o que há de único em cada qual, enquanto preservarmos também algum sentido da comunidade humana e as disputas efetivas que contribuem para sua formação, e da qual todas participam. Um ótimo exemplo dessa abordagem, que já citei, é a coletânea de ensaios *The invention of tradition*, que estudam tradições inventadas altamente específicas e localizadas (por exemplo, os darbares indianos e os jogos de futebol europeus) que, mesmo sendo muito diferentes, compartilham características semelhantes. O argumento do livro é que essas práticas extremamente variadas podem ser lidas e entendidas em conjunto, visto pertencerem a campos comparáveis da experiência humana que tentam "estabelecer uma continuidade com um passado histórico adequado", como diz Hobsbawm.[37]

Faz-se necessária uma perspectiva comparativa, ou melhor, em contraponto, para enxergar a ligação entre os ritos de coroamento na Inglaterra e os darbares indianos do final do século XIX. Ou seja, devemos ser capazes de pensar experiências divergentes e interpretá-las em conjunto, cada qual com sua pauta e ritmo de desenvolvimento, suas formações internas, sua coerência interna e seu sistema de relações externas, todas elas coexistindo e interagindo entre si. O romance *Kim*, por exemplo, ocupa um lugar especialíssimo na evolução do romance inglês e na sociedade vitoriana tardia, mas seu retrato da Índia guarda uma relação de profunda antítese com a evolução do movimento pela independência indiana. Se o romance for apresentado ou interpretado sem o movimento político, e vice-versa, perder-se-á de vista a discrepância crucial entre ambos, a qual lhes coube por efeito da experiência imperialista concreta.

Uma questão requer maiores esclarecimentos. A noção de "experiências divergentes" não pretende contornar o problema da ideologia. Pelo contrário, nenhuma experiência que é objeto de interpretação ou reflexão pode ser caracterizada sem mediações, da mesma forma como não se pode acreditar inteiramente num crítico ou intérprete que diga ter alcançado um ponto arquimediano, que não está sujeito à história nem a um contexto social. Ao justapor experiências, ao deixar elas interagirem, meu objetivo político interpretativo (no sentido mais abrangente) é colocar em convívio visões e experiências ideológica e culturalmente fechadas umas às outras, e que tentam afastar ou eliminar outras visões e experiências. Longe de querer reduzir a importância da ideologia, a exposição e a acentuação da divergência realçam sua relevância cultural; permitem-nos apreciar sua força e entender sua influência ainda viva.

Assim, vamos comparar dois textos do começo do século XIX, mais ou menos contemporâneos (ambos são da década de 1820): a *Description de l'Egypte* [Descrição do Egito], em toda a sua impressionante e volumosa coerência, e um livro não tão grosso, *'Aja'ib al-Athar*, de 'Abd al-Rahman al-Jabarti. A *Description* é o relato em 24 volumes da expedição de Napoleão ao Egito, elaborado pela equipe de cientistas franceses que o acompanhou. 'Abd al-Rahman al-Jabarti era um notável egípcio e *alim*, líder religioso, que viveu na época da expedição francesa e acompanhou sua atuação. Vejamos primeiro uma passagem da introdução geral da *Description*, escrita por Jean-Baptiste--Joseph Fourier:

> Situado entre a África e a Ásia, e em fácil comunicação com a Europa, o Egito ocupa o centro do antigo continente. O país apresenta apenas grandes memórias: é o berço das artes e conserva inúmeros monumentos; seus principais templos e palácios habitados por seus reis ainda existem, embora seus edifícios menos antigos tenham sido construídos na época da Guerra de Troia. Homero, Licurgo, Sólon, Pitágoras e Platão foram ao Egito estudar as ciências, a religião

e as leis. Alexandre fundou uma cidade opulenta, que por longo tempo manteve a supremacia comercial e que testemunhou Pompeu, César, Marco Antônio e Augusto decidindo entre eles o destino de Roma e de todo o mundo. Este país, portanto, é próprio para atrair a atenção de príncipes ilustres que comandam o destino das nações.

Nenhuma nação que tenha reunido um poder considerável, seja no Ocidente ou na Ásia, deixou de se voltar também para o Egito, que era visto em certa medida como seu quinhão natural.[38]

Fourier fala como o porta-voz racionalizador da invasão napoleônica no Egito, em 1798. A ressonância dos grandes nomes invocados, a colocação, o enraizamento, a normalização da conquista estrangeira dentro da órbita cultural da existência europeia — tudo isso transforma a conquista de um choque entre um exército vitorioso e um exército derrotado num processo muito mais longo e lento, obviamente mais aceitável para a sensibilidade europeia envolvida em seus postulados culturais do que poderia ser a experiência devastadora para um egípcio que sofreu a conquista.

Quase na mesma época, Jabarti coloca em seu livro uma série de reflexões agudas e angustiadas sobre a conquista; ele escreve como uma personalidade religiosa registrando a invasão de seu país e a destruição de sua sociedade.

> Este ano é o começo de um período marcado por grandes batalhas; criaram-se subitamente sérias consequências de uma forma assustadora; as desgraças se multiplicaram sem fim, o curso das coisas foi perturbado, o sentido comum da vida foi corrompido e a destruição tomou conta e a devastação foi geral. [Então, como bom muçulmano, ele passa a refletir sobre si e seu povo.] "Deus", diz o Corão (xi, 9), "não arruína injustamente cidades onde os habitantes são justos."[39]

A expedição francesa foi acompanhada por uma equipe inteira de cientistas cuja missão era fazer um levantamento do Egito como se fosse o primeiro jamais realizado — do que resultou a gigantesca *Description* —, mas Jabarti olha e apenas avalia os aspectos do poder, cujo sentido, para ele, constitui um castigo para o Egito. O poderio francês pesa sobre sua existência de egípcio conquistado, uma existência que para ele se reduziu à de uma partícula subjugada, capaz de pouca coisa além de registrar as idas e vindas do exército francês, seus decretos imperiais, suas medidas terrivelmente duras, sua capacidade assustadora e aparentemente ilimitada de fazer o que quisesse, segundo imperativos fora do alcance dos compatriotas de Jabarti. A divergência entre a política que produz a *Description* e a reação imediata de Jabarti é profunda, ressaltando o terreno que disputam com tamanha desigualdade.

Agora não é difícil seguir os resultados da atitude de Jabarti, e de fato é isso que têm feito gerações de historiadores, como eu mesmo farei mais adiante. Sua experiência gerou um antiocidentalismo profundamente arraigado, tema persistente na história egípcia, árabe, islâmica e terceiro-mundista; também podemos encontrar em Jabarti as sementes do reformismo islâmico que, tal como foi promulgado posteriormente pelo grande clérigo e reformador *azhar* Muhammad 'Abdu e seu notável contemporâneo Jamal al-Din al-Afghani, discutia se mais valia que o islamismo se modernizasse para concorrer com o Ocidente ou se ele devia voltar a suas raízes em Meca para melhor combater o Ocidente; além disso, Jabarti está falando num momento inicial da história da imensa onda de consciência nacional que culminou na independência egípcia, na teoria e prática nasseristas e nos movimentos contemporâneos do chamado fundamentalismo islâmico.

Contudo, os historiadores não interpretaram o desenvolvimento da cultura e história francesas nos termos da expedição de Napoleão ao Egito. (O mesmo vale para o reinado britânico na Índia, reinado este de amplitude e riqueza tão imensas que se tornou um fato natural para os membros da cultura imperial.) No entanto, o que estudiosos e críticos posteriores dizem sobre os textos europeus, cuja criação foi literalmente possibilitada pela consolidação da conquista do Oriente pela *Description*, é também, curiosamente, uma função altamente implícita e atenuada dessa disputa anterior. Escrever hoje sobre Nerval e Flaubert, cujas obras dependiam tanto do Oriente, é operar num território originalmente mapeado pela vitória imperial francesa, é seguir seus passos e estendê-los para 150 anos de experiência europeia, embora, ao dizer isso, esteja-se de novo ressaltando a divergência simbólica entre Jabarti e Fourier. A conquista imperial não foi um rasgar repentino dos véus, e sim uma presença continuamente reiterada e institucionalizada na vida francesa, em que a resposta à disparidade silenciosa e assumida entre a cultura francesa e as culturas subjugadas adotou várias formas diferentes.

A assimetria é flagrante. Num caso, supomos que a melhor parte da história nos territórios coloniais se deveu à intervenção imperial; noutro, há o pressuposto igualmente obstinado de que os empreendimentos coloniais eram marginais e talvez até excêntricos em relação às atividades centrais das grandes culturas metropolitanas. Assim, a tendência em antropologia, história e estudos culturais na Europa e nos Estados Unidos é tratar toda a história mundial como objeto capaz de ser abordado por uma espécie de supersujeito ocidental, cujo rigor historicizante e disciplinar tira ou, no período pós-colonial, devolve a história a povos e culturas "sem" história. Poucos estudos críticos em grande escala enfocaram a relação entre o imperialismo ocidental e sua cultura, e o fechamento dessa relação profundamente simbiótica é um resultado da própria relação. Mais particularmente, a extraordinária dependência formal e ideológica dos grandes romances realistas franceses e ingleses perante os fatos imperiais nunca foi estudada de um ponto de vista teórico geral. Essas elipses e negativas estão reproduzidas, a meu ver, nos estridentes debates jornalísticos sobre a descolonização, em que o imperialismo volta e meia aparece dizendo: "Vocês são o que são por nossa causa; quando saímos, vocês voltaram a seu estado deplorável; saibam disso ou não saberão nada, pois certamente há pouco a conhecer sobre o imperialismo que agora possa ajudar a vocês ou a nós".

Se o discutido valor do conhecimento sobre o imperialismo fosse uma simples controvérsia a respeito da metodologia ou das perspectivas acadêmicas em história cultural, estaríamos justificados por não a considerar de fato séria, ainda que talvez digna de nota. Mas, na verdade, estamos falando de uma configuração extremamente importante e interessante no mundo do poder e das nações. É incontestável, por exemplo, que na última década o retorno extraordinariamente intenso a sentimentos tribais e religiosos por todo o mundo acompanhou e aprofundou muitas das divergências entre políticas que vêm prosseguindo desde o período do apogeu do imperialismo europeu, se é que não foram de fato geradas por ele. Além disso, as várias lutas pelo domínio entre Estados, nacionalismos, grupos étnicos, regiões e entidades culturais conduziram e amplificaram uma manipulação da opinião e do discurso, uma produção e consumo de representações ideológicas da mídia, uma simplificação e redução de vastas complexidades a uma versão fácil, tanto mais fácil por apresentá-las e explorá-las no interesse de políticas do Estado. Em tudo isso, os intelectuais desempenharam um papel importante, e em nenhum lugar, a meu ver, esse papel foi mais crucial *e* mais comprometido do que na área de sobreposição entre experiência e cultura, o legado do colonialismo em que a política da interpretação secular é conduzida com altos interesses em jogo. Naturalmente, a preponderância do poder encontrava-se no lado das sociedades "ocidentais" autoconstituídas e dos intelectuais públicos que lhes servem de ideólogos e apologistas.

Mas têm ocorrido reações curiosas a esse desequilíbrio em muitos Estados ex-colonizados. Trabalhos recentes, em especial sobre a Índia e o Paquistão (por exemplo, *Subaltern studies* [Estudos subalternos]), têm destacado as cumplicidades entre o Estado de segurança pós-colonial e a elite intelectual nacionalista; intelectuais de oposição árabes, africanos e latino-americanos têm elaborado estudos críticos similares. Mas aqui enfocarei mais a infeliz convergência que impele acriticamente as potências ocidentais a uma ação contra povos ex-coloniais. Na época em que escrevia este livro, a crise causada pela invasão e anexação iraquiana do Kuwait estava no auge: centenas de milhares de soldados, aviões, navios, tanques e mísseis americanos haviam chegado à Arábia Saudita; o Iraque apelara para a ajuda do mundo árabe (agudamente dividido entre os defensores dos Estados Unidos, como Mubarak do Egito, a família real da Arábia Saudita, os xeques restantes do golfo, os marroquinos, e de outro lado francos opositores, como a Líbia e o Sudão, ou as potências em cima do muro, como a Jordânia e a Palestina); a ONU, por sua vez, estava dividida entre sanções e o bloqueio americano; no final, os Estados Unidos prevaleceram e deflagrou-se uma guerra devastadora. Duas ideias básicas foram nitidamente retomadas do passado e ainda exercem influência: uma delas era o direito da grande potência de salvaguardar seus interesses distantes, chegando até mesmo à invasão militar; a segunda, que os povos das potências menores eram inferiores, com menos direitos, menos princípios morais, menos reivindicações.

Aqui, foram importantes as percepções e atitudes políticas moldadas e manipuladas pelos meios de comunicação. No Ocidente, as representações do mundo árabe desde a guerra de 1967 têm se mostrado toscas, reducionistas, grosseiramente racistas, conforme foi constatado e verificado por inúmeros estudos críticos na Europa e nos Estados Unidos. Mesmo assim, prosseguem caudalosamente os filmes e programas de televisão mostrando os árabes como "cameleiros" frouxos, terroristas e xeques obscenamente ricos. Quando a mídia se mobilizou seguindo as instruções do presidente Bush, no sentido de preservar o modo de vida americano e repelir o Iraque, não se mostrou nem se falou muito sobre as realidades políticas, sociais e culturais do mundo árabe (muitas delas profundamente influenciadas pelos Estados Unidos), as quais deram origem tanto à figura estarrecedora de Saddam Hussein quanto a um complexo conjunto de outras configurações radicalmente diversas — o romance árabe (um importante romancista, Naguib Mahfouz, ganhou o prêmio Nobel de 1988) e as diversas instituições que sobreviveram no que restou da sociedade civil. Embora seja inquestionável que a mídia está muito mais bem equipada para lidar com caricaturas e sensações do que com os processos mais lentos da cultura e da sociedade, a razão mais profunda dessas concepções equivocadas é a dinâmica imperial e, sobretudo, suas tendências separatistas, essencializantes, dominadoras e reativas.

A definição de si mesmas é uma das atividades presentes em todas as culturas: ela possui uma retórica, uma série de datas, ocasiões e autoridades (por exemplo, festas nacionais, épocas de crise, pais fundadores, textos básicos e assim por diante), e uma familiaridade toda própria. Mas, num mundo unificado como nunca antes pelas exigências da comunicação eletrônica, do comércio internacional, das viagens, de conflitos ambientais e regionais que podem se expandir com uma tremenda rapidez, a afirmação da identidade não é absolutamente mera questão cerimonial. O que me assusta como especialmente perigoso é sua capacidade de mobilizar as paixões de maneira irracional, lançando as pessoas de volta para uma época imperial em que o Ocidente e seus adversários defendiam e até encarnavam virtudes que só podem ser consideradas como tal do ponto de vista bélico.

Um exemplo talvez trivial desse atavismo apareceu numa coluna escrita por Bernard Lewis, um dos principais orientalistas que trabalham nos Estados Unidos, para *The Wall Street Journal*, de 2 de maio de 1989. Lewis estava entrando no debate sobre as mudanças do "cânone ocidental". Diante dos estudantes e professores da Universidade Stanford, que tinham votado a modificação do currículo para incluir um maior número de textos de não europeus, de mulheres etc., Lewis — falando como uma autoridade em islamismo — adotou uma posição extrema: "Se a cultura ocidental for de fato eliminada, uma série de coisas será eliminada com ela, e outras entrarão no lugar". Ninguém tinha dito nada absurdo do gênero "a cultura ocidental tem de ser eliminada", mas a argumentação de Lewis, centrada em questões grandiosas demais para se ater à rigorosa exatidão, avançava pesadamente com o admirável pressuposto de que, dado que as modificações bibliográficas eram equivalentes ao abandono da cultura ocidental, logo teríamos de admitir, entre outras coisas, a restauração da escravidão, a poligamia e o casamento infantil (especificamente mencionados por ele). A essa surpreendente tese, Lewis acrescentou que "a curiosidade em relação a outras culturas", que ele julga ser exclusiva do Ocidente, também chegaria ao fim.

Esse argumento, sintomático e até um pouco cômico, indica não só um sentimento extremamente desenvolvido de que o Ocidente detém a exclusividade das realizações culturais, bem como indica uma visão tremendamente limitada, e quase histericamente abespinhada do resto do mundo. Dizer que, sem o Ocidente, haveria o retorno da escravidão e da bigamia é fechar a possibilidade de que, fora do Ocidente, possa ocorrer ou tenha ocorrido algum avanço contra a tirania e a barbárie. O argumento de Lewis tem o efeito de enfurecer violentamente o não ocidental ou de levá-lo, com consequências igualmente pouco edificantes, a se vangloriar das realizações das culturas não ocidentais. Em vez de afirmar a interdependência das várias histórias e a necessária *interação* das sociedades contemporâneas, a separação retórica das culturas assegurou uma criminosa disputa imperial *entre* elas — a triste história se repete sem parar.

Um outro exemplo se deu no final de 1986, durante a apresentação e posterior discussão de um documentário de tevê chamado *The Africans* [Os africanos]. Originalmente encomendada e em grande parte subvencionada pela BBC, essa série foi escrita e narrada por um eminente estudioso e professor de ciência política da Universidade de Michigan, Ali Mazrui, nascido no Quênia e de religião muçulmana, de inconteste competência e credibilidade como autoridade acadêmica de primeira linha. A série de Mazrui tinha duas premissas: uma, que pela primeira vez numa história dominada por representações ocidentais da África (para usar a expressão de Christopher Miller em *Blank darkness* [Trevas em branco], por um discurso que é totalmente africanista em todas as instâncias e inflexões),[40] um africano estava apresentando a si mesmo e a África para públicos ocidentais, exatamente aqueles públicos que pertenciam às sociedades que haviam pilhado, colonizado e escravizado a África durante vários séculos; a outra, que a história africana era composta por três elementos ou, nos termos de Mazrui, três círculos concêntricos: a experiência nativa africana, a experiência islâmica e a experiência do imperialismo.

Já no início, a National Endowment for the Humanities [Fundação Nacional para as Ciências Humanas] retirou seu apoio financeiro para a difusão do documentário, embora a série, de qualquer forma, tenha passado no canal público PBS. A seguir, *The New York Times*, o principal jornal americano, publicou três ataques seguidos à série, em artigos de 14 de setembro, 9 e 26 de outubro de 1986, escritos pelo então comentarista de televisão John Corry. Não é exagero dizer que as matérias de Corry eram insensatas ou semi-histéricas. Basicamente, Corry acusava o próprio Mazrui de fazer exclusões e dar ênfases "ideológicas", como, por exemplo, não ter mencionado Israel em momento algum (Mazrui talvez não tenha considerado Israel muito pertinente num programa sobre a história da África), e que ele exagerava demais os males do colonialismo ocidental. Os ataques de Corry destacavam especificamente "as coordenadas moralistas e políticas" de Mazrui, num eufemismo peculiar, dando a entender que Mazrui não era muito mais do que um propagandista inescrupuloso, para melhor questionar as cifras de Mazrui sobre, por exemplo, o número de pessoas que haviam morrido na construção do Canal de Suez, o número de mortos durante a guerra argelina de libertação, e assim por diante. Espreitando sob a superfície turbulenta e desordenada da prosa de Corry estava a realidade perturbadora e inaceitável (para ele) do próprio desempenho de Mazrui. Ali estava, por fim, um africano no horário nobre da televisão, no Ocidente, atrevendo-se a acusar o Ocidente do que havia feito, assim reabrindo um processo dado como encerrado. Que

Mazrui também falasse bem do islamismo, mostrasse domínio do método histórico e da retórica política "ocidentais", em suma, aparecesse como um modelo convincente de um ser humano real — tudo isso vinha em sentido contrário ao da ideologia imperial reconstituída que tinha em Corry, talvez inadvertidamente, seu porta-voz. Em seu cerne estava o axioma de que os não europeus não deviam apresentar suas visões da história europeia e americana como aquelas histórias impingidas nas colônias; se o fizessem, seria o caso de lhes opor uma firme resistência.

O legado todo daquilo que podemos denominar, metaforicamente, de tensão entre Kipling, que acabou enxergando apenas a política do império, e Fanon, que tentou enxergar para além das afirmações nacionalistas que se seguiram ao imperialismo clássico, foi calamitoso. Admitamos que, dada a divergência entre o poder colonial europeu e o das sociedades colonizadas, havia uma espécie de necessidade histórica de que a pressão colonial criasse uma resistência anticolonial. O que me interessa é a maneira pela qual, décadas depois, esse conflito prossegue numa forma empobrecida e por isso muito mais perigosa, devido a um alinhamento acrítico entre intelectuais e instituições do poder que reproduz o modelo de uma história imperialista anterior. Isso resulta, como observei anteriormente, numa política intelectual de atribuição de culpas e numa drástica redução no leque de materiais apresentados à atenção e à controvérsia pelos intelectuais públicos e historiadores culturais.

Qual é o inventário das várias estratégias que poderiam ser empregadas para alargar, expandir e aprofundar nossa consciência do modo como o passado e o presente do embate colonial interagem conosco? Parece-me uma questão de importância imediata, e na verdade ela explicita a ideia que está por trás deste livro. Ilustrarei rapidamente minha ideia com dois exemplos que podem ser proveitosamente apresentados, penso eu, sob forma anedótica; em páginas posteriores, apresentarei uma exposição mais formal e metódica das questões e das políticas e interpretações culturais decorrentes.

Alguns anos atrás, encontrei-me casualmente com um sacerdote cristão árabe que tinha ido aos Estados Unidos, segundo me disse, numa missão extremamente urgente e desagradável. Como eu pertencia, por origem familiar, à pequena mas significativa minoria de que ele participava — os cristãos protestantes árabes —, fiquei interessadíssimo no que ele tinha a dizer. Desde a década de 1860 existia uma comunidade protestante que compreendia algumas seitas espalhadas por todo o Levante, resultantes em larga medida da concorrência imperial em granjear adeptos e eleitores no Império otomano, sobretudo na Síria, no Líbano e na Palestina. Com o passar do tempo, essas congregações — presbiterianas, evangélicas, episcopais, batistas, entre outras — adquiriram identidade, tradições e instituições próprias, que sem exceção desempenharam um papel honroso no período da Renascença árabe.

Cerca de 110 anos depois, porém, os mesmos sínodos e igrejas europeias e americanas que haviam autorizado e, na verdade, sustentado as primeiras iniciativas missionárias passaram, sem nenhum aviso, a reconsiderar a questão. Havia ficado claro para eles que o cristianismo oriental era, de fato, constituído pela Igreja Ortodoxa Grega (da qual, note-se, proveio a esmagadora maioria dos convertidos levantinos ao protestantismo: os missionários cristãos do século XIX não tiveram o menor êxito na conversão de muçulmanos ou judeus). Agora, na década de 1980, os líderes ocidentais das comunidades protestantes árabes estavam incentivando seus acólitos a retornar para o aprisco ortodoxo. Comentou-se que retirariam o apoio financeiro, desativariam igrejas e escolas, em certo sentido acabariam com tudo. As autoridades missionárias tinham cometido um erro cem anos antes, ao separar os cristãos orientais da igreja principal. Agora deviam voltar para ela.

Para meu amigo pastor, era uma situação realmente drástica; não fosse pela sensibilidade genuinamente ferida ali envolvida, alguém poderia considerar a história toda como uma simples brincadeira cruel. O que mais me impressionou, porém, foi a maneira como meu amigo apresentou seu argumento. Ele estava nos Estados Unidos para dizer o seguinte a seus superiores eclesiásticos: podia entender o novo aspecto doutrinário que estava sendo exposto, a saber, que o ecumenismo moderno devia caminhar no sentido de dissolver as pequenas seitas e preservar a comunidade dominante, em vez de estimular essas seitas a manter a independência perante a igreja principal. Isso era possível discutir. Mas o que parecia medonhamente imperialista e totalmente ligado ao campo da política do poder, disse ele, era a absoluta desconsideração com que estava sendo eliminado um século de experiência protestante árabe, como se ela nunca tivesse existido. Eles pareciam não entender, dizia meu amigo profundamente abalado, que, uma vez que tínhamos nos convertido a eles e estudávamos suas doutrinas, de fato tínhamos sido parceiros por mais de um século. Confiamos neles e em nossa experiência própria. Desenvolvemos nossa integridade e vivemos nossa identidade protestante árabe dentro de nossa esfera, mas também espiritualmente na deles. Como eles querem que apaguemos nossa história moderna, que tem sua autonomia própria? Como podem dizer que o erro que cometeram um século atrás pode ser corrigido hoje por uma penada em Nova York ou Londres?

É de se notar que esse caso tocante refere-se a uma experiência do imperialismo constituída essencialmente por compatibilidades e congruências, não por antagonismos, ressentimentos ou resistências. O que uma das partes estava invocando era o valor de uma experiência mútua. É verdade que havia um principal e um subordinado, mas havia também diálogo e comunicação. Pode-se ver neste caso, penso eu, o poder de dar ou retirar atenção, poder absolutamente essencial à interpretação e à política. A questão implícita no argumento das autoridades missionárias ocidentais era que os árabes tinham extraído algo valioso daquilo que lhes fora dado, mas nessa relação de dependência e subordinação histórica apenas um lado dava, e o outro somente recebia, e o valor se concentrava sobretudo nesse primeiro lado. A reciprocidade era considerada basicamente impossível.

Esta é uma parábola sobre a área de atenção, de menor ou maior dimensão, de valor e qualidade mais ou menos equivalentes, que a situação pós-imperial proporciona à interpretação.

O segundo aspecto geral que desejo apontar também pode ser ilustrado por um exemplo. Um dos tópicos canônicos da história intelectual moderna foi o desenvolvimento de discursos dominantes e tradições disciplinares nas principais áreas de investigação científica, social e cultural. Sem nenhuma exceção que seja de meu conhecimento, os paradigmas desse tópico foram extraídos de fontes que são consideradas exclusivamente ocidentais. Um exemplo é o trabalho de Foucault e, em outro âmbito, o de Raymond Williams. De modo geral, concordo com as descobertas genealógicas desses dois excelentes acadêmicos, e devo muito a eles. Mas, para ambos, a experiência imperial não tem quase nenhuma pertinência, numa omissão teórica que constitui norma nas disciplinas científicas e culturais do Ocidente, exceto em estudos ocasionais da história da antropologia — como *Time and the other* [O tempo e o outro], de Johannes Fabian, e *Anthropology and the colonial encounter* [A antropologia e o embate colonial], de Talal Asad — ou do desenvolvimento da sociologia, como o livro de Brian Turner, *Marx and the end of orientalism* [Marx e o fim do orientalismo].[41] O que tentei fazer em meu livro *Orientalismo* foi, em parte, mostrar a dependência de disciplinas culturais aparentemente apolíticas e distanciadas perante uma história bastante sórdida de ideologia imperialista e prática colonialista.

Mas confesso que também estava tentando conscientemente expressar insatisfação pelos sólidos muros de negação, construídos em volta de estudos sociais e políticos que se apresentam como iniciativas acadêmicas incontroversas e essencialmente pragmáticas. Qualquer efeito que meu livro tenha alcançado não ocorreria se não houvesse também certa disposição de uma geração mais jovem de acadêmicos, tanto no Ocidente quanto no mundo ex-colonizado, de renovar a abordagem de suas histórias coletivas. Apesar da acrimônia e das recriminações que se seguiram, surgiram muitas obras importantes de revisão.

(Na verdade, elas começaram a aparecer há um século, durante a resistência ao império em todo o mundo não ocidental.) Muitas dessas obras mais recentes, que discutirei mais adiante, são valiosas por ir além das polaridades reificadas do Oriente *versus* Ocidente, e por procurar entender de maneira inteligente e concreta os desenvolvimentos heterogêneos e amiúde singulares que costumavam escapar aos praticantes da chamada história mundial, bem como aos orientalistas coloniais, que tendiam a reunir uma imensa quantidade de material sob rubricas simples e abrangentes. Entre os exemplos dignos de menção encontramos o estudo de Peter Gran sobre as raízes islâmicas do capitalismo moderno no Egito, as pesquisas de Judith Tucker sobre a família e a estrutura das aldeias no Egito sob a influência do imperialismo, o trabalho monumental de Hanna Batatu sobre a formação das instituições do Estado moderno no mundo árabe e o grande estudo de S. H. Alata, *The myth of the lazy native* [O mito do nativo indolente].[42]

Mas poucas obras trataram da genealogia mais complexa da cultura e ideologia contemporâneas. Um esforço notável é o trabalho recém-publicado de uma doutoranda da Índia na Universidade Columbia, com boa formação acadêmica e professora de literatura inglesa cuja pesquisa histórica e cultural desvendou, creio eu, as origens políticas dos estudos modernos de literatura inglesa, situando-as em larga medida no sistema de educação colonial imposta aos nativos na Índia oitocentista. Grande parte da obra de Gauri Viswanathan, *The masks of conquest* [As máscaras da conquista], é profundamente interessante, mas sua tese central é, por si só, muito importante: o que se costuma considerar como uma disciplina criada inteiramente pela e para a juventude britânica foi, no início, montado pelos administradores coloniais do começo do século XIX para a pacificação e reforma ideológica de uma população indiana potencialmente rebelde, sendo depois exportado para a Inglaterra, para uma utilização muito diferente, ainda que correlata.[43] As provas, a meu ver, são irrefutáveis e isentas de "nativismo", o qual é um grilhão particularmente constante em inúmeros trabalhos pós-coloniais. O mais importante, porém, é que esse tipo de estudo mapeia uma arqueologia diversificada e entrelaçada do conhecimento, apontando suas realidades bem abaixo da superfície até agora tida como o verdadeiro lugar e textualidade daquilo que estudamos como literatura, história, cultura e filosofia. As implicações são enormes, e nos afastam das polêmicas rotineiras acerca da superioridade ocidental sobre modelos não ocidentais.

Não há como escapar à verdade de que o momento ideológico e político atual é difícil para as normas alternativas de trabalho intelectual que proponho neste livro. Também não há como escapar aos apelos urgentes e prementes lançados por militâncias ferrenhas e turbulentos campos de batalha, capazes de atrair muitos de nós. Os que me envolvem enquanto árabe constituem, infelizmente, casos modelares, e são exacerbados por pressões exercidas sobre mim enquanto americano. Não obstante, há na própria vocação intelectual ou crítica um componente bastante forte de energia oposicionista, um componente resistente embora em última análise subjetivo, e temos de poder mobilizá-lo, sobretudo quando as paixões coletivas parecem atreladas basicamente a movimentos de dominação patriótica e coerção nacionalista, mesmo em estudos e disciplinas que se dizem humanistas. Enfrentando e desafiando seu poder, devíamos tentar mobilizar tudo o que efetivamente podemos compreender acerca de outras culturas e períodos.

Para o estudioso experiente de literatura comparada, campo cuja origem e finalidade é ir além do isolamento e do provincianismo e ver, em conjunto e em contraponto, várias culturas e literaturas, existe um investimento já considerável precisamente nesse tipo de antídoto ao nacionalismo redutor e ao dogma acrítico: afinal, a constituição e os primeiros objetivos da literatura comparada eram adotar uma perspectiva além da nação a que pertencia o indivíduo, ver alguma espécie de totalidade em lugar do pequeno retalho defensivo oferecido pela cultura, literatura e história da pessoa. Minha sugestão é examinarmos em que consistia originalmente a literatura comparada, enquanto visão e prática; ironicamente, como veremos, o estudo de "literatura comparada" surgiu no auge do imperialismo europeu e está inegavelmente ligado a ele. Então poderemos extrair da trajetória subsequente da literatura comparada uma noção melhor do que ela é capaz de fazer na cultura e política modernas, que continuam a ser influenciadas pelo imperialismo.

VINCULANDO O IMPÉRIO
À INTERPRETAÇÃO SECULAR

Desde muito antes da Segunda Guerra Mundial até o começo da década de 1970, a principal tradição nos estudos de literatura comparada na Europa e nos Estados Unidos era maciçamente dominada por um estilo de erudição agora quase extinto. O principal traço desse estilo mais antigo era a própria erudição como elemento principal, e não aquilo que viemos a chamar de crítica. Hoje ninguém é tão erudito quanto o foram Erich Auerbach e Leo Spitzer, dois dos grandes comparatistas alemães que, devido ao fascismo, encontraram refúgio nos Estados Unidos: este é um fato ao mesmo tempo quantitativo e qualitativo. Enquanto o comparatista de hoje apresentará suas qualificações sobre o romantismo entre 1795 e 1830 na França, Inglaterra e Alemanha, o comparatista de ontem provavelmente havia estudado, em primeiro lugar, um período anterior; em segundo, tinha se dedicado a um longo aprendizado com diversos filólogos e especialistas acadêmicos em várias universidades e vários campos durante muitos anos; em terceiro, possuía uma base sólida em todas ou na maioria das línguas clássicas, os primeiros vernáculos europeus e suas respectivas literaturas. O comparatista do começo do século XX era um *philolog* que, como disse Francis Fergusson numa resenha de *Mimesis* de Auerbach, era tão culto e tinha tanta energia que faria "nossos mais intransigentes 'acadêmicos' — aqueles que alimentam pretensões ao rigor científico e à mais exaustiva pesquisa com o ar mais impassível do mundo — [parecerem] tímidos e desleixados".[44]

Por trás desses estudiosos havia uma tradição ainda maior de erudição humanista que derivava daquela florescência da antropologia secular — que incluía uma revolução nas disciplinas filológicas — que associamos ao final do século XVIII e a figuras como Vico, Herder, Rousseau e os irmãos Schlegel. E por trás das obras *deles* estava a crença de que a humanidade constituía uma totalidade maravilhosa, quase sinfônica, cujo progresso e formações, também enquanto um todo, podiam ser estudadas exclusivamente como uma experiência histórica laica e congruente, e não como uma exemplificação do divino. Como era o "homem" que fazia a história, havia um modo hermenêutico específico de estudá-la, que diferia das ciências naturais tanto no método quanto nos objetivos. Essas grandes percepções iluministas se generalizaram e foram aceitas na Alemanha, França, Itália, Rússia, Suíça e posteriormente na Inglaterra.

Não é uma vulgarização histórica dizer que uma forte razão para que essa concepção da cultura humana se tornasse corrente na Europa e nos Estados Unidos, sob diferentes formas durante os dois séculos entre 1745 e 1945, foi a impressionante ascensão do nacionalismo no mesmo período. As relações entre os estudos eruditos (ou a literatura, nesse contexto) e as instituições nacionalistas não foram estudadas com a devida seriedade, mas é evidente que inúmeros pensadores europeus, ao celebrar a humanidade ou a cultura, estavam celebrando sobretudo ideias e valores que atribuíam a suas próprias culturas nacionais, ou à Europa distinguindo-a do Oriente, da África e mesmo das Américas. Uma das inspirações de meu estudo sobre o orientalismo foi minha crítica ao extremo eurocentrismo do alegado universalismo de campos como os clássicos (para não mencionar a historiografia, a antropologia e a sociologia), como se outras literaturas e sociedades tivessem um valor menor ou ultrapassado. (Mesmo os comparatistas formados na honrosa tradição que gerou Curtius e Auerbach mostravam pouco interesse pelos textos asiáticos, africanos ou latino-americanos.) E assim como a concorrência nacional e internacional entre os países europeus aumentou durante o século XIX, da mesma forma aumentou a intensidade na concorrência entre uma e outra tradição interpretativa erudita nacional. A polêmica de Ernest Renan sobre a Alemanha e a tradição judaica é um famoso exemplo disso.

Todavia, esse nacionalismo estreito e muitas vezes estridente se chocou com a resistência oposta por uma visão cultural mais generosa, representada pelos antepassados intelectuais de Curtius e Auerbach, eruditos cujas ideias surgiram na Alemanha pré-imperial (talvez para compensar a tão elusiva unificação política do país) e, um pouco mais tarde, na França. Esses pensadores consideravam o nacionalismo transitório, e no fundo uma questão secundária: muito mais importante era o concerto dos povos e espíritos que transcendia o mesquinho âmbito político da burocracia, dos exércitos, das alfândegas e da xenofobia. Dessa tradição católica, à qual apelavam os pensadores europeus (em contraposição aos nacionais) em épocas de graves conflitos, veio a ideia de que o estudo comparado da literatura poderia fornecer uma perspectiva transnacional, e até transumana, das realizações literárias. Assim, a ideia de literatura comparada não só expressava a universalidade e o tipo de conhecimento obtido pelos filólogos sobre as famílias linguísticas, como também simbolizava a serenidade sem crises de um reino quase ideal. Por cima dos tacanhos assuntos políticos pairava uma espécie de Éden antropológico em que homens e mulheres criavam felizes algo que se chamava literatura, e pairava também um mundo que Matthew Arnold e seus discípulos designavam como "cultura", em que só era admitido "o melhor do pensamento e do conhecimento".

A ideia goethiana de *Weltliteratur* — conceito que ficava entre a noção de "grandes livros" e uma vaga síntese de *todas* as literaturas do mundo — foi de grande importância para os estudiosos profissionais de literatura comparada no começo do século XX. Mesmo assim, como sugeri, seu significado prático e a ideologia subjacente eram que a Europa, no que se referia à literatura e à cultura, liderava e constituía o principal objeto de interesse. No mundo dos grandes eruditos como Karl Vossler e De Sanctis, é mais especificamente a Romênia que oferece um centro e confere inteligibilidade ao enorme conjunto de literaturas produzidas no mundo todo; a Romênia sustenta a Europa, assim como (de maneira curiosamente regressiva) a Igreja e o Sacro Império romano garantem a integridade das principais literaturas europeias. Em um nível ainda mais profundo, é da Encarnação cristã que surge a literatura realista ocidental, tal como a conhecemos. Essa tese tenazmente defendida explicava a importância suprema de Dante para Auerbach, Curtius, Vossler e Spitzer.

Falar de literatura comparada, portanto, era falar da interação mútua das literaturas do mundo, mas o campo era epistemologicamente organizado como uma espécie de hierarquia, estando no alto e no centro a Europa e suas literaturas latinas cristãs. Quando Auerbach, num ensaio de justa fama chamado "Philologie der *Weltliteratur*", escrito após a Segunda Guerra Mundial, observa quantas "outras" literaturas e linguagens literárias pareciam ter surgido (como de lugar nenhum: ele não menciona o colonialismo nem a descolonização), ele demonstra mais medo e preocupação do que satisfação diante da perspectiva daquilo que parece admitir com grande relutância. A Romênia está sob ameaça.[45]

Sem dúvida, os praticantes e departamentos acadêmicos americanos acharam esse modelo europeu bom para ser seguido. O primeiro departamento americano de literatura comparada foi criado em 1891 na Universidade Columbia, bem como a primeira revista de literatura comparada. Veja-se o que George Edward Woodberry — o primeiro professor catedrático do departamento — tinha a dizer sobre seu campo:

> As partes do mundo se aproximam, e com elas as partes do conhecimento, lentamente se unindo naquele estado intelectual que, acima da esfera da política e sem outro mecanismo institucional além dos tribunais de juristas e congressos de cavalheiros, por fim virá a ser o verdadeiro elo

de união de todo o mundo. O estudioso moderno participa mais do que os outros cidadãos dos benefícios dessa ampliação e dessa intercomunicação, dessa época também de expansão e concentração em larga escala, desse amálgama infinitamente vasto e íntimo das nações entre si e com o passado; sua experiência mental comum contém mais memória racial e imaginação racial do que cabia a seus predecessores, e seu olhar abarca horizontes maiores, tanto à frente quanto para trás; ele vive num mundo mais amplo — na verdade, ele nasce não mais para a liberdade de apenas uma cidade, por mais nobre que seja, e sim para aquela nova cidadania no Estado nascente onde não existem — sonho mais obscuro ou mais brilhante de todos os grandes estudiosos, de Platão a Goethe — fronteiras nem raça nem força, havendo apenas a razão suprema. O surgimento e desenvolvimento da nova disciplina conhecida como Literatura Comparada são inerentes à chegada desse mundo mais amplo e à participação dos estudiosos nesse trabalho: o estudo seguirá seu curso, e junto com outros elementos convergentes marcha para seu objetivo, a unidade da humanidade baseada nas unidades espirituais da ciência, da arte e do amor.[46]

Essa retórica mostra claros e ingênuos ecos de Croce e De Sanctis, e também das ideias iniciais de Wilhelm von Humboldt. Mas há uma certa originalidade nos "tribunais de juristas e congressos de cavalheiros" de Woodberry, não pouco desfigurados pelas realidades da vida no "mundo mais amplo" que ele menciona. Na época de maior hegemonia imperial ocidental da história, Woodberry consegue passar por cima dessa forma dominante de unidade política para celebrar uma unidade ainda mais elevada, estritamente ideal. Ele não explica como "as unidades espirituais da ciência, da arte e do amor" lidariam com realidades bem menos agradáveis, e muito menos como as "unidades espirituais" superariam os fatos materiais, o poder e a divisão política.

O trabalho acadêmico em literatura comparada trazia consigo a ideia de que a Europa e os Estados Unidos juntos constituíam o centro do mundo, não meramente devido às suas posições políticas, mas também porque suas literaturas eram as mais dignas de estudo. Quando a Europa sucumbiu ao fascismo e os Estados Unidos se beneficiaram largamente com os vários estudiosos que para lá emigraram, o sentimento de crise desses intelectuais não se enraizou muito. *Mimesis*, por exemplo, escrito quando Auerbach estava exilado do nazismo europeu em Istambul, não era um simples exercício de explicação textual, e sim — como disse ele em seu ensaio de 1952, ao qual acabei de me referir — um ato de sobrevivência civilizacional. Parecera-lhe que sua missão como comparatista seria apresentar, talvez pela última vez, a complexa evolução da literatura europeia em toda a sua diversidade, desde Homero a Virginia Woolf. O livro de Curtius sobre a Idade Média latina foi composto a partir do mesmo receio. Mas quão pouco restou desse espírito nos milhares de estudiosos acadêmicos da literatura influenciados por esses dois livros! *Mimesis* foi elogiado como um trabalho admirável de riquíssimas análises, mas o sentido de sua missão desapareceu nos usos amiúde triviais a que foi destinado.[47] Então, no final da década de 1950, surgiu o *Sputnik* e transformou o estudo das línguas estrangeiras — e da literatura comparada — em campos que afetavam diretamente a segurança nacional. A National Defense Educational Act [Lei de Educação da Defesa Nacional][48] promoveu essa área de estudos e, com ela, infelizmente, um espírito dissimulado de guerra fria e um etnocentrismo ainda mais complacente do que Woodberry teria imaginado.

Como *Mimesis* logo revela, porém, a noção de literatura ocidental que se encontra no cerne dos estudos comparativos enfoca, dramatiza e celebra uma determinada ideia de história, e ao mesmo tempo obscurece a realidade geográfica e política fundamental que confere poder a tal concepção. A ideia de história literária europeia ou ocidental encerrada naquele livro e em outros trabalhos eruditos de literatura comparada é essencialmente idealista e, de maneira não sistemática, hegeliana. Assim, o princípio de desenvolvimento pelo qual a Romênia teria adquirido seu predomínio opera por incorporação e síntese. Porções cada vez maiores da realidade são incluídas numa literatura que se amplia e se refina desde as crônicas medievais até os grandes edifícios da narrativa de ficção do século XIX — nas obras de Stendhal, Balzac, Zola, Dickens, Proust. Cada obra na progressão representa uma síntese de elementos problemáticos que perturbam a ordem cristã básica exposta de forma tão memorável na *Divina comédia*. Classes, revoltas políticas, mudanças nos modelos e organizações econômicas, guerras: todos esses temas, para grandes autores como Cervantes, Shakespeare, Montaigne, bem como para inúmeros autores menores, estão contidos em estruturas, visões, estabilidades sempre renovadas, todas comprovando a permanente ordem dialética representada pela própria Europa.

A saudável visão de uma "literatura mundial", que adquiriu um estatuto redentor no século XX, coincide com o que foi enunciado também pelos teóricos da geografia colonial. Nos escritos de Halford Mackinder, George Chisolm, Georges Hardy, Leroy-Beaulieu e Lucien Fevre, aparece uma avaliação muito mais franca do sistema mundial, igualmente metropolicêntrica e imperial; mas agora, em vez de ser apenas a história, são também o império e o espaço geográfico efetivo que colaboram para produzir um "império mundial" comandado pela Europa. Mas nessa visão articulada geograficamente (em boa parte baseada, como mostra Paul Carter em *The road to Botany bay* [O caminho para Botany bay], nos resultados cartográficos da exploração e conquista geográfica efetiva), partilha-se também a crença de que a superioridade europeia é natural, culminância de diversas "vantagens históricas", como diz Chisolm, que permitiram que a Europa desconsiderasse as "vantagens naturais" das regiões mais férteis, mais ricas e acessíveis que ela controlava.[49] *La Terre et l'evolution humaine* [A Terra e a evolução humana] (1922), de Fevre, uma enciclopédia completa e vigorosa, se equipara a Woodberry em seu escopo e caráter utópico.

Para seu público no final do século XIX e começo do XX, os grandes sintetizadores geográficos ofereciam explicações técnicas para realidades políticas dadas. A Europa dominava *de fato* o mundo; o mapa imperial autorizava *de fato* a visão cultural. Para nós, um século depois, a coincidência ou similaridade entre uma e outra visão de um sistema mundial, entre a geografia e a história literária, parece interessante, porém problemática. O que fazer com tal similaridade?

Primeiro, creio eu, ela requer *articulação* e *ativação*, que só podem surgir se considerarmos seriamente o presente, sobretudo o fim dos impérios clássicos e a nova independência de dezenas de povos e territórios outrora colonizados. Precisamos ver que o contexto global contemporâneo — territórios sobrepostos, histórias entrelaçadas — já estava prefigurado e inscrito nas coincidências e convergências entre a geografia, a cultura e a história que eram tão importantes para os pioneiros da literatura comparada. A seguir, poderemos apreender de forma nova e mais dinâmica tanto o historicismo idealista que alimentou o projeto comparatista de "literatura mundial" e o mapa do mundo concretamente imperial na mesma época.

Mas isso não é possível sem se admitir que o que há de comum em ambos é uma elaboração do poder. A erudição genuinamente profunda daqueles que acreditavam e praticavam a *Weltliteratur* supunha o extraordinário privilégio de um observador situado no Ocidente, efetivamente capaz de examinar a produção literária do mundo com uma espécie de distanciamento soberano. Orientalistas e outros especialistas do mundo não europeu — antropólogos, historiadores, filólogos — tinham esse poder e, conforme tentei mostrar em outra parte, muitas vezes esse poder caminhava junto com um empreendimento colonial executado conscientemente. Devemos articular essas várias disposições soberanas e examinar sua metodologia comum.

Um modelo explicitamente geográfico é fornecido pelo ensaio "Alguns aspectos da questão meridional", de Gramsci. Insuficientemente lido e insuficientemente analisado, esse estudo é o único texto sólido de análise política e cultural que Gramsci escreveu (embora nunca o tenha concluído); ele levanta o problema geográfico posto para a teoria e a prática de seus camaradas, em termos de pensar, estudar e montar programas para o sul da Itália, visto que sua desintegração social o fazia parecer incompreensível, mas paradoxalmente crucial para uma compreensão do norte. A brilhante análise de Gramsci, a meu ver, vai além de sua relação tática com a política italiana em 1926, pois constitui o ponto culminante de seus escritos jornalísticos antes de 1926 e também um prelúdio para os *Cadernos do cárcere*, nos quais ele deu um enfoque prioritário, ao contrário de seu sobranceiro parceiro Lukács, aos fundamentos territoriais, espaciais e geográficos da vida social.

Lukács pertence à tradição hegeliana do marxismo, e Gramsci, a um desvio viquiano, crociano. Para Lukács, a problemática central em sua obra principal, *História e consciência de classe* (1923), é a temporalidade; para Gramsci, como imediatamente revela um exame mesmo que superficial de seu vocabulário conceitual, a história social e a realidade são captadas em termos geográficos — predominam palavras como "terreno", "território", "bloqueios", "região". Em "A questão meridional", Gramsci não só se esforça em mostrar que a divisão entre o norte e o sul da Itália é fundamental para o problema do que fazer politicamente em relação ao movimento operário nacional num momento de impasse, mas também descreve em minúcias a topografia própria do sul, notável, diz ele, pelo profundo contraste entre a grande massa indiferenciada de camponeses de um lado e, de outro, a presença de "grandes" proprietários rurais, importantes editoras e admiráveis formações culturais. O próprio Croce, figura de grande peso na Itália, é avaliado por Gramsci, com típica argúcia, como um filósofo meridional que acha mais fácil se relacionar com a Europa e Platão do que com seu próprio meio sulista em desintegração.

O problema, portanto, é como vincular o sul, cuja pobreza e vasta mão de obra são passivamente vulneráveis aos poderes e políticas econômicas setentrionais, a um norte que dele depende. Gramsci formula a resposta em termos que prenunciam suas famosas críticas aos intelectuais nos *Cadernos*: ele discute Piero Gobetti, que como intelectual entendeu a necessidade de ligar o proletariado do norte ao campesinato do sul, estratégia que contrastava agudamente com as carreiras de Croce e Giustino Fortunato, e que vinculava as suas regiões graças à sua capacidade de organizar a cultura. A obra de Gobetti "colocou a questão meridional num terreno diferente do tradicional [que via o sul simplesmente como uma região atrasada da Itália] introduzindo nela o proletariado do norte".[50] Mas essa introdução não se daria, prossegue Gramsci, se não se tivesse em mente que o trabalho intelectual é mais lento, opera por calendários mais longos que o de qualquer outro grupo social. A cultura não pode ser encarada como um fato imediato, e deve ser vista (como iria dizer nos *Cadernos*) *sub specie aeternitatis*. Passa-se muito tempo antes que surjam novas formações culturais, e os intelectuais, que dependem de longos anos de preparo, ação e tradição, são indispensáveis a esse processo.

Gramsci também entende que, no longo intervalo durante o qual ocorre a gradual formação de uma cultura, é preciso que haja "rupturas de tipo orgânico". Gobetti representa uma dessas rupturas, uma fissura aberta nas estruturas culturais que por tanto tempo apoiaram e absorveram a discrepância norte-sul na história italiana. Gramsci trata Gobetti com visível entusiasmo, apreço e cordialidade enquanto pessoa, mas sua significação para a análise gramsciana da questão meridional — e é coerente que o ensaio inacabado termine abruptamente com esta consideração sobre Gobetti — é que ele acentua a necessidade de que se desenvolva uma formação social, que ela se processe e se construa sobre a ruptura instituída pela obra dele e por sua insistência em que o próprio esforço intelectual forneça a ligação entre regiões díspares e aparentemente autônomas da história humana.

O que podemos chamar de fator Gobetti funciona como um elo ativador que expressa e representa a relação entre o desenvolvimento da literatura comparada e o surgimento da geografia imperial, e o faz de maneira dinâmica e orgânica. Dizer apenas que os dois discursos são imperialistas não esclarece onde e como ocorrem. E sobretudo deixa de lado o que nos possibilita articulá-los como um conjunto, mantendo uma relação mais do que casual, conjuntural e mecânica. Para isso devemos observar a dominação do mundo não europeu a partir da perspectiva de uma alternativa resistente e cada vez mais desafiadora.

Os discursos universalizantes da Europa e dos Estados Unidos modernos, sem nenhuma exceção significativa, pressupõem o silêncio, voluntário ou não, do mundo não europeu. Há incorporação; há inclusão; há domínio direto; há coerção. Mas muito raramente admite-se que o povo colonizado deve ser ouvido e suas ideias, conhecidas.

Pode-se dizer que a produção e interpretação contínua da própria cultura ocidental manteve exatamente o mesmo pressuposto em anos muito entrados do século XX, mesmo quando aumentou a resistência política ao poderio ocidental no mundo "periférico". Por causa disso, e por causa da situação a que isso levou, agora se torna possível reinterpretar o arquivo cultural ocidental como se fosse geograficamente fraturado pela divisão imperial ativada, e proceder a um tipo diferente de leitura e interpretação. Em primeiro lugar, pode-se considerar que a história de disciplinas como a literatura comparada, a literatura inglesa, análise cultural e antropologia está filiada ao império e, por assim dizer, até contribui para seus métodos de manter a ascendência ocidental sobre os nativos não ocidentais, sobretudo se levarmos em conta a consciência espacial exemplificada na "questão meridional" de Gramsci. E, segundo, essa mudança de perspectiva interpretativa nos permite questionar a inquestionada soberania e autoridade do observador ocidental supostamente distanciado.

As formas culturais ocidentais podem ser retiradas dos compartimentos autônomos em que se mantêm protegidas, e colocadas no meio dinâmico global criado pelo imperialismo, ele mesmo revisto como uma disputa ainda viva entre Norte e Sul, metrópole e periferia, brancos e nativos. Assim, podemos considerar o imperialismo como um processo que ocorre como parte da cultura metropolitana, a qual às vezes reconhece, às vezes obscurece a atividade sustentada do próprio império. A questão fundamental — bastante gramsciana — é a maneira pela qual as culturas nacionais inglesa, francesa e americana mantiveram a hegemonia nas periferias. Como se obteve dentro delas e como se consolidou sem cessar a anuência para se exercer o domínio distante de povos e territórios e povos nativos?

Quando voltamos ao arquivo cultural, começamos a relê-lo de forma não unívoca, mas em *contraponto*, com a consciência simultânea da história metropolitana que está sendo narrada e daquelas outras histórias contra (e junto com) as quais atua o discurso dominante. No contraponto da música clássica ocidental, vários temas se opõem uns aos outros; na polifonia resultante, porém, há ordem e concerto, uma interação organizada que deriva dos temas, e não de um princípio melódico ou formal rigoroso externo à obra. Da mesma forma, creio eu, podemos ler e interpretar os romances ingleses, por exemplo, cujo comprometimento (em geral quase todo suprimido) com a Índia ou as ilhas do Caribe, digamos, é moldado e talvez até determinado pela história específica da colonização, da resistência e, ao cabo, do nacionalismo nativo. Nesse ponto surgem narrativas novas ou alternativas, que se tornam entidades institucionalizadas ou discursivamente estáveis.

Há de ser evidente que nenhum princípio teórico geral governa o conjunto imperialista em seu todo, e há de ser igualmente evidente que o princípio de dominação e resistência baseado na divisão entre o Ocidente e o resto do mundo — adaptando livremente o que diz o crítico africano Chinweizu — percorre tudo qual uma fissura. Essa fissura afetou todos os comprometimentos locais, as sobreposições e interdependências na África, na Índia e em outros lugares da periferia, cada qual de maneira diversa, cada qual com sua densidade própria de formas e associações, seus motivos, obras, instituições e — o mais importante de nosso ponto de vista de releitura — suas próprias possibilidades e condições de conhecimento. Para cada local em que se dá o comprometimento, em que o modelo imperialista é desmontado, em que seus códigos incorporadores, universalizantes e totalizantes perdem eficácia e aplicação, começa a se erguer um tipo particular de pesquisa e conhecimento.

Um exemplo do novo conhecimento seria o estudo do orientalismo ou do africanismo, e, para tomar um conjunto paralelo, o estudo da anglicidade e da francidade. Hoje, essas identidades são analisadas não como essências concedidas pela divindade, mas como resultado da colaboração entre a história africana e o estudo da África na Inglaterra, por exemplo, ou entre o estudo da história francesa e a reorganização do conhecimento durante o Primeiro Império. Num sentido importante, estamos lidando com a formação de identidades culturais entendidas não como essencializações (embora sejam atraentes, em parte porque parecem e são consideradas essencializações), mas como conjuntos contrapontuais, pois a questão é que nenhuma identidade pode existir por si só, sem um leque de opostos, oposições e negativas: os gregos sempre requerem os bárbaros, e os europeus requerem os africanos, os orientais etc. Sem dúvida, o contrário também é verdadeiro. Mesmo os comprometimentos mastodônticos de nossa época com essencializações como o "islã", o "Ocidente", o "Oriente", o "Japão" ou a "Europa", admitem um conhecimento específico e estruturas particulares de atitudes e referências, e requerem análises e pesquisas cuidadosas.

Se estudarmos algumas das principais culturas metropolitanas — Inglaterra, França e Estados Unidos, por exemplo — no contexto geográfico de suas lutas pelos (e sobre) os impérios, logo se evidencia uma topografia cultural distinta. Ao empregar a expressão "estruturas de atitudes e referências", estou pensando nessa topografia, bem como na fecunda expressão de Raymond Williams, "estruturas de sentimento". Estou falando da maneira como as estruturas de localização e referência geográfica aparecem nas linguagens culturais da literatura, história ou etnografia, às vezes de maneira alusiva e às vezes cuidadosamente urdidas, por meio de várias obras individuais que, afora isso, não mantêm vínculos entre si nem com uma ideologia oficial do "império".

Na cultura britânica, por exemplo, é possível discernir uma coerência nos interesses de Spenser, Shakespeare, Defoe e Austen, que estabelece o espaço socialmente autorizado e desejável na Inglaterra ou Europa metropolitana e, por meio do tema, do desenvolvimento e do desfecho, liga-o a mundos distantes ou periféricos (Irlanda, Veneza, África, Jamaica), concebidos como desejáveis, mas subordinados. E com essas referências meticulosamente mantidas vêm atitudes — sobre o domínio, o controle, o lucro, a ascensão e as conveniências — que crescem com uma força assombrosa do século XVII até o final do XIX. Essas estruturas não surgem de algum desígnio preexistente (semiconspiratório) então manipulado pelos escritores, mas estão ligadas ao desenvolvimento da identidade cultural britânica, como essa identidade imagina a si mesma num mundo concebido em termos geográficos. Podemos ver estruturas similares nas culturas francesa e americana, crescendo por razões diversas e obviamente de maneiras diferentes. Ainda não estamos num estágio em que possamos dizer se essas estruturas globalmente integrais são preparativos para a conquista e o controle imperial, ou se acompanham tais iniciativas, ou ainda se resultam do império de forma reflexiva ou espontânea. Estamos apenas no estágio em que devemos olhar a surpreendente frequência das articulações geográficas nas três culturas ocidentais que mais dominaram territórios distantes. No segundo capítulo deste livro, explorarei essa questão e apresentarei mais argumentos a respeito.

Pelo que pude ler e entender dessas "estruturas de atitudes e referências", não havia praticamente nenhuma discordância, nenhum desvio, nenhuma objeção a elas: havia praticamente uma unanimidade de que as raças submetidas devem ser governadas, que elas *são* raças submetidas, que apenas uma raça merece e tem conquistado sistematicamente o direito de ser considerada a raça cuja principal missão é se expandir além de seu próprio domínio. (Na verdade, como diria Seeley em 1883, a respeito da Inglaterra — a França e os Estados Unidos tinham seus próprios teóricos —, os britânicos só podiam ser entendidos como tais.) É talvez embaraçoso que certos setores das culturas metropolitanas, que vieram a se tornar a vanguarda nas lutas sociais de nossa época, tenham participado sem hesitação desse consenso imperial. Com poucas exceções, tanto o movimento das mulheres quanto o do proletariado eram favoráveis ao império. E, embora sempre tenhamos de nos esforçar para mostrar que havia diferentes imaginações, sensibilidades, ideias e filosofias em ação, e que cada obra literária ou artística é especial, havia na prática uma unidade de propósitos nesse campo: o império devia ser mantido, e *foi* mantido.

A leitura e a interpretação dos grandes textos culturais metropolitanos, assim reformuladas e ativadas por uma nova perspectiva, não existiriam sem os movimentos de resistência que ocorreram por todas as partes das periferias contra o império. No terceiro capítulo deste livro, sustentarei que há uma nova consciência global a ligar todas as várias arenas locais de luta anti-imperial. E hoje escritores e estudiosos do mundo ex-colonizado têm imposto suas diversas histórias, têm mapeado suas geografias locais nos grandes textos canônicos do centro europeu. E dessas interações sobrepostas, mas divergentes, estão começando a aparecer as novas leituras e conhecimentos. Basta pensar nas revoltas tremendamente vigorosas que ocorreram no final da década de 1980 — a derrubada de barreiras, as insurreições populares, o cruzamento de fronteiras, os problemas avultantes dos direitos dos imigrantes, dos refugiados e das minorias no Ocidente — para ver como são obsoletas as velhas categorias, as separações rígidas, as autonomias confortáveis.

É muito importante, porém, avaliar como foram construídas tais entidades, e entender com quanto vagar a ideia de uma cultura inglesa desobstruída, por exemplo, adquiriu sua autoridade e poder de se impor através dos oceanos. É uma tarefa descomunal para qualquer pessoa, mas toda uma nova geração de intelectuais e estudiosos do Terceiro Mundo está empenhada justamente nessa empreitada.

Aqui faz-se necessária uma palavra de cautela e prudência. Um tema que eu abordo é a difícil relação entre o nacionalismo e a libertação, dois ideais ou objetivos de pessoas empenhadas contra o imperialismo. De modo geral, é verdade que a criação de inúmeras nações-Estado independentes recentes no mundo pós-colonial veio a restaurar o primado das ditas comunidades imaginadas, parodiadas e arremedadas por escritores como V. S. Naipaul e Conor Cruise O'Brien, saqueadas por uma legião de ditadores e tiranetes, encastelados em vários nacionalismos de Estado. Não obstante, existe de modo geral um elemento de oposição na consciência de muitos estudiosos e intelectuais, sobretudo (mas não apenas) os exilados, expatriados ou refugiados que migraram para o Ocidente, muitos deles herdeiros do trabalho realizado no século XX por expatriados anteriores como George Antonius e C. L. R. James. O trabalho deles, tentando vincular as experiências dos dois lados da divisão imperial, reexaminar os grandes cânones, produzir uma literatura de fato crítica, não pode ser, e em geral não tem sido, cooptado pelos nacionalismos e despotismos ressurgentes e pelas ideologias pouco generosas que traíram o ideal liberacionista, em favor da realidade da independência nacionalista.

Além disso, é de se notar que esse trabalho partilha preocupações importantes com as vozes minoritárias e "abafadas" dentro da própria metrópole: feministas, autores, intelectuais e artistas afro-americanos, entre outros. Mas aqui também a vigilância e a autocrítica são fundamentais, pois existe um risco intrínseco ao trabalho de oposição de se institucionalizar, à marginalidade de se transformar em separatismo, à resistência de se enrijecer em dogma. Sem dúvida, o ativismo que coloca e reformula os questionamentos políticos na vida intelectual está salvaguardado da ortodoxia. Mas é preciso sempre manter a comunidade acima da coerção, a crítica acima da mera solidariedade, a vigilância acima da concordância.

Como meus temas aqui constituem uma espécie de continuação de *Orientalismo*, também escrito nos Estados Unidos, justifica-se uma avaliação do ambiente cultural e político americano. Os Estados Unidos não são apenas um país de grandes dimensões. São a última superpotência, uma potência de enorme influência, frequentemente intervencionista em todas as partes do mundo. Os cidadãos e os intelectuais americanos têm uma responsabilidade especial pelo que se passa entre os Estados Unidos e o resto do mundo, uma responsabilidade que não se encerra de forma nenhuma com a alegação de que a União Soviética, a Inglaterra, a França ou a China foram, ou são, piores. O fato é que somos efetivamente responsáveis por influenciar *este* país, e portanto mais capazes de fazê-lo do que seríamos na União Soviética pré-Gorbachev ou em outros países. Assim, devemos em primeiro lugar atentar escrupulosamente para o fato de que os Estados Unidos substituíram os grandes impérios anteriores e eles são *a* força externa dominante na América Central e na América Latiria — para mencionar os mais óbvios —, bem como no Oriente Médio, na África e na Ásia.

Avaliado de maneira honesta, o quadro não é auspicioso. As intervenções militares americanas desde a Segunda Guerra Mundial ocorreram (e ainda ocorrem) em quase todos os continentes, e muitas delas são de grande extensão e complexidade, com um enorme investimento nacional, como apenas agora estamos começando a entender. Tudo isso, como diz William Appleman Williams, é império como modo de vida. As contínuas revelações sobre a guerra no Vietnã, o apoio dos Estados Unidos aos "contras" na Nicarágua e a crise no golfo Pérsico são apenas uma parte da história desse complexo de intervenções. Não tem se dado atenção suficiente ao fato de que as políticas americanas para o Oriente Médio e a América Central — seja explorando uma abertura geopolítica entre os ditos moderados iranianos, ou ajudando os chamados "combatentes da liberdade" a derrubar o governo legal e eleito da Nicarágua, ou indo em auxílio das famílias reais da Arábia Saudita e do Kuwait — só podem ser qualificadas de imperialistas.

Mesmo que concedêssemos, como muitos o fazem, que a política externa americana é sobretudo altruísta e devotada a objetivos irrepreensíveis, como a liberdade e a democracia, há espaço razoável para o ceticismo. As observações de T. S. Eliot sobre o sentido histórico, em "Tradition and the individual talent" [A tradição e o talento individual], são muito apropriadas e relevantes. Não estamos repetindo, como nação, o que a França e a Inglaterra, Espanha e Portugal, Holanda e Alemanha, fizeram antes de nós? E, no entanto, não tendemos a nos considerar de alguma forma alheios às aventuras imperiais mais sórdidas que precederam as nossas? Ademais, não há um pressuposto inquestionado de nossa parte de que nosso destino é governar e liderar o mundo, destino este que atribuímos a nós mesmos como parte de nossa errância por regiões bravias?

Em suma, como nação, estamos diante da questão profunda, extremamente perturbada e perturbadora de nossa relação com os outros — outras culturas, outros Estados, histórias, experiências, tradições, povos e destinos. Não existe nenhum ponto arquimediano a partir do qual possamos responder a essa pergunta; não existe nenhum ponto de vista privilegiado fora da realidade das relações entre as culturas, entre poderes imperiais e não imperiais desiguais, entre nós e os outros; ninguém detém o privilégio epistemológico de julgar, avaliar e interpretar o mundo com isenção dos interesses e compromissos obstrutores das próprias relações existentes. Não estamos fora e além das conexões: fazemos *parte* delas. E cabe a nós, como intelectuais, humanistas e críticos seculares, entender os Estados Unidos no mundo das nações e potências por *dentro* da realidade, como participantes, e não como observadores externos distanciados que, a exemplo de Oliver Goldsmith, na frase perfeita de Yeats, sorvem lentamente os potes de mel de nossos espíritos.

Estudos contemporâneos da antropologia europeia e americana recente refletem esses enigmas e emaranhados de forma interessante e sintomática. A prática cultural e a atividade intelectual acarretam, como elemento constitutivo central, uma relação de força desigual entre o etnógrafo observador externo europeu e o não europeu, não ocidental primitivo, ou pelo menos diferente, mas certamente mais fraco e menos desenvolvido. Em *Kim*, um texto de extraordinária riqueza, Kipling extrapola o significado político dessa relação e a encarna na figura do coronel Creighton, etnógrafo encarregado do Levantamento da Índia e chefe dos serviços de informações britânicos na Índia, o "Grande Jogo" a que pertence o jovem Kim. A antropologia ocidental moderna retomou com frequência essa relação problemática, e em trabalhos recentes de vários teóricos ela trata da contradição quase insuperável entre uma realidade política baseada na força, e um desejo científico e humano de entender o Outro pela hermenêutica e pela empatia, sem o recurso à força.

Se essas tentativas falham ou dão certo, é uma questão menos interessante do que o elemento que as distingue e as possibilita: uma consciência incômoda e aguda do inevitável contexto imperial, presente em tudo. De fato, não conheço nenhuma maneira de apreender o mundo a partir de dentro da cultura americana (com toda uma história de incorporação e exterminismo por detrás) sem apreender também a própria luta imperial. Este, eu diria, é um fato cultural de extraordinária importância política, bem como interpretativa, mas ainda não foi reconhecido como tal na teoria cultural e literária, e é habitualmente contornado ou escamoteado nos discursos culturais. Ler inúmeros desconstrucionistas culturais, ou marxistas ou neo-historicistas é ler autores cujo horizonte político, cuja posição histórica encontram-se dentro de uma sociedade e de uma cultura profundamente enredadas com a dominação imperial. Mas pouca atenção se dá a esse horizonte, pouco se reconhece do contexto, pouco se admite desse próprio enclausuramento imperial. Pelo contrário, tem-se a impressão de que a interpretação de outras culturas, textos e povos — no fundo, é disso que trata toda interpretação — ocorre num vazio atemporal, tão complacente e permissivo que remete a interpretação diretamente a um universalismo isento de vínculos, de restrições ou de interesses.

Vivemos, evidentemente, num mundo não só de mercadorias, mas também de representações, e as representações — sua produção, circulação, história e interpretação — constituem o próprio elemento da cultura. Em muito da teoria recente, o problema da representação está fadado a ocupar um lugar central, mas raramente é situado em seu pleno contexto político, basicamente imperial. Em vez disso, temos de um lado uma esfera cultural isolada, tida como livre e incondicionalmente disponível para etéreas investigações e especulações teóricas, e de outro lado uma esfera política degradada, onde se supõe ocorrer a verdadeira luta entre interesses. Para o estudioso profissional da cultura — o humanista, o crítico, o acadêmico —, apenas uma esfera lhe diz respeito, e, ainda mais, aceita-se que as duas esferas são separadas, ao passo que as duas não apenas estão relacionadas, como, em última análise, são a mesma.

Nessa separação estabeleceu-se um radical falseamento. A cultura é exonerada de qualquer envolvimento com o poder, as representações são consideradas apenas como imagens apolíticas a ser analisadas e interpretadas como outras tantas gramáticas intercambiáveis, e julga-se que há um divórcio absoluto entre o passado e o presente. E no entanto, longe de ser esta separação das esferas uma escolha neutra ou acidental, seu verdadeiro sentido é ser um ato de cumplicidade, a escolha do humanista por um modelo textual disfarçado, desnudado, sistematicamente expurgado, em lugar de um modelo mais comprometido, cujos traços principais iriam se aglutinar inevitavelmente em torno da luta contínua pela própria questão imperial.

Vou colocar o problema de outra maneira, usando exemplos que são familiares a todos. Desde pelo menos uma década, vem ocorrendo um debate razoavelmente franco nos Estados Unidos sobre o sentido, o conteúdo e as metas da educação liberal. Grande parte desse debate, mas não todo ele, recebeu um grande estímulo na universidade depois das revoltas da década de 1960, quando se evidenciou pela primeira vez no século XX que a estrutura, a autoridade e a tradição da educação americana estavam sendo questionadas por energias combativas, liberadas por provocações de inspiração social e intelectual. As correntes mais novas na academia e a força da chamada teoria (rubrica sob a qual se agruparam muitas disciplinas novas, como a psicanálise, a linguística e a filosofia nietzschiana, desalojadas de áreas tradicionais como a filologia, a filosofia moral e as ciências naturais) adquiriram prestígio e interesse; mostraram-se capazes de solapar a autoridade e a estabilidade de cânones estabelecidos, de campos bem capitalizados, de sólidos procedimentos de conquista da credibilidade, da pesquisa e divisão do trabalho intelectual. Que tudo isso tenha ocorrido no terreno modesto e circunscrito da práxis acadêmico-cultural, em simultâneo com a grande onda contra a guerra, com o protesto anti-imperialista, não foi algo fortuito, e sim uma autêntica conjuntura política e intelectual.

É bastante irônico que nossa busca e reivindicação de uma tradição revigorada na metrópole se suceda ao esgotamento do modernismo e se expresse sob várias formas do pós-modernismo ou, como eu disse antes, citando Lyotard, como a perda do poder legitimador das narrativas de emancipação e esclarecimento ocidentais; ao mesmo tempo, o modernismo é redescoberto no mundo periférico ex-colonial, onde o tom é dado conjuntamente pela resistência, pela lógica da ousadia e por várias investigações da antiga tradição (*al-Turath* no mundo islâmico).

Assim, uma das reações no Ocidente às novas conjunturas foi profundamente reacionária: a tentativa de reinstaurar dez, vinte ou trinta livros ocidentais essenciais, sem os quais faltaria educação a um ocidental — essas tentativas vêm envoltas na retórica do patriotismo militante.

Mas pode existir uma outra reação, à qual vale a pena retornar, pois ela oferece uma importante oportunidade teórica. A experiência cultural, ou na verdade toda forma cultural, é radicalmente, quintessencialmente híbrida, e se no Ocidente o costume tem sido, desde Immanuel Kant, isolar o campo estético e cultural do domínio mundano, agora é tempo de voltar a uni-los. Não é nada simples, pois pelo menos desde o final do século XVIII, creio eu, a essência da experiência no Ocidente tem sido não só implementar uma dominação a distância e reforçar a hegemonia, como também dividir os âmbitos da cultura e da experiência em esferas aparentemente isoladas. Entidades como raças e nações, essências como a anglicidade ou o orientalismo, modos de produção como o asiático ou o ocidental, todas elas, em minha opinião, atestam uma ideologia cujos equivalentes culturais precedem em muito a acumulação concreta de territórios imperiais em todo o mundo.

Muitos historiadores do império consideram que a "era do império" teve início por volta de 1878, com a "disputa pela África". Um exame mais detido da realidade cultural revela uma visão da hegemonia europeia no ultramar muito anterior, e defendida com muito mais obstinação e intensidade; podemos encontrar um sistema de ideias coerente, plenamente mobilizado, pelo final do século XVIII, e então se segue o conjunto de desenvolvimentos integrais como as primeiras grandes conquistas sistemáticas sob Napoleão, a ascensão do nacionalismo e da nação-Estado europeia, o advento da industrialização em grande escala e a consolidação do poder da burguesia. É também o período em que a forma do romance e a nova narrativa histórica adquirem predomínio, e destaca-se a importância da subjetividade para o tempo histórico.

No entanto, inúmeros historiadores da cultura, e certamente todos os estudiosos de literatura, deixaram de observar a nota *geográfica*, o mapeamento e levantamento teórico do território que se encontra por trás da ficção, da historiografia e do discurso filosófico do Ocidente dessa época. Em primeiro lugar, há a autoridade do observador europeu — viajante, mercador, estudioso, historiador, romancista. A seguir, há a hierarquia de espaços segundo a qual o centro metropolitano e, aos poucos, a economia metropolitana são vistos na dependência de um sistema ultramarino de controle territorial, de exploração econômica e de uma visão sociocultural; sem isso, a estabilidade e a prosperidade em casa — e "casa" é uma palavra com ressonâncias extremamente fortes — não seriam possíveis. O exemplo perfeito do que quero dizer encontra-se em *Mansfield Park*, de Jane Austen, em que a fazenda escravagista de Thomas Bertram em Antígua é misteriosamente necessária para o equilíbrio e a beleza de Mansfield Park, local descrito em termos estéticos e morais bem antes da disputa pela África, ou antes do início oficial da era do império. Como diz John Stuart Mill nos *Principles of political economy* [Princípios de economia política]:

> Estas [nossas remotas possessões] dificilmente podem ser consideradas como países, [...] mas mais propriamente como remotas propriedades agrícolas ou manufatureiras pertencentes a uma comunidade maior. Nossas colônias nas Índias Ocidentais, por exemplo, não podem ser consideradas como países com um capital produtivo próprio [...] [sendo antes] o local onde a Inglaterra acha conveniente efetuar a produção de açúcar, café e algumas outras mercadorias tropicais.[51]

Leia-se essa passagem extraordinária junto com Jane Austen, e surgirá um quadro muito menos róseo do que o usual das formações culturais na era pré-imperialista. Em Mill, temos o tom impiedoso do dono e senhor branco, utilizado para anular a realidade, o trabalho e o sofrimento de milhões de escravos, transportados na rota África-Antilhas, reduzidos a um mero estatuto coletivo "para o benefício dos proprietários". Essas colônias, diz Mill, devem ser consideradas como uma questão de conveniência, dificilmente mais do que isso, atitude confirmada por Austen, que em *Mansfield Park* sublima as agonias da existência caribenha numa meia dúzia de referências de passagem a Antígua. E, na prática, o mesmo ocorre em outros autores canônicos da Inglaterra e França; em suma, a metrópole deriva sua autoridade, em considerável medida, da desvalorização e da exploração das colônias distantes. (Assim, não foi por nada que Walter Rodney deu a seu grande tratado da descolonização, de 1972, o título de *How Europe underdeveloped Africa* [Como a Europa subdesenvolveu a África].)

Por fim, a autoridade do observador e do centralismo geográfico europeu é fortalecida por um discurso cultural que relega e confina o não europeu a um estatuto racial, cultural e ontológico secundário. No entanto, paradoxalmente, essa posição secundária é essencial à posição primária do europeu; evidentemente, é este o paradoxo explorado por Césaire, Fanon e Memmi, e o fato de ser raramente explorado pelos investigadores das aporias e impossibilidades de leitura é apenas uma das muitas ironias da teoria crítica moderna. Talvez seja porque ela enfatize não tanto a questão de *como* ler, e sim *o que* é lido e *onde* se passa o que é narrado e representado. Cabe a Conrad o enorme crédito de ter vibrado, numa prosa profundamente complexa e dilacerada, a autêntica nota imperialista — como se obtém as forças da acumulação e do domínio mundial com um motor ideológico autoconfirmador (o que Marlow, em *Coração das trevas*, chama de eficiência somada à devoção por uma ideia por trás de algo; sendo que esse "algo" consiste em tomar a terra daqueles que têm pele mais escura e nariz mais achatado) —, ao mesmo tempo fechando uma cortina sobre esse processo, ao dizer que a arte e a cultura não têm nada a ver com esse "algo".

O que ler e o que fazer com essa leitura: tal é a formulação completa do problema. Todas as energias voltadas para a teoria crítica, para o romance e para práxis teóricas desmistificadoras, como o neo-historicismo, o desconstrucionismo e o marxismo, têm evitado o horizonte político principal, eu diria determinante, da cultura ocidental moderna, a saber, o imperialismo. Esse esquivamento generalizado dá base a um processo de inclusões e exclusões canônicas: incluem-se os Rousseau, os Nietzsche, os Wordsworth, os Dickens, os Flaubert, e assim por diante, e ao mesmo tempo excluem-se suas relações com a longa, complexa e variegada obra do império. Mas por que é uma questão do que ler, e sobre onde se passa a narração? Muito simplesmente porque o discurso crítico não tomou nenhum conhecimento da literatura imensamente interessante e variada do período pós-colonial, criada em resistência à expansão imperialista da Europa e dos Estados Unidos nos séculos XVIII e XIX. Ler Austen sem ler também Fanon e Cabral — e assim por diante — é separar a cultura moderna de suas ligações e comprometimentos. É um processo que deve ser invertido.

Mas há mais a ser feito. A teoria crítica e os estudos de história literária têm reinterpretado e revalidado amostras importantes da literatura, arte e filosofia ocidentais. Esse trabalho é, em grande parte, interessante e vigoroso, embora amiúde sintamos mais uma energia de elaboração e refinamento do que um compromisso efetivo com o que eu chamaria de crítica secular e alinhada; essa crítica não pode ser efetuada sem um sentido muito forte da relação que os modelos históricos conscientemente escolhidos guardam com a transformação social e intelectual. Mas se lemos e interpretamos a cultura europeia e americana moderna admitindo que ela tem algo a ver com o imperialismo, torna-se necessário também reinterpretar os cânones à luz de textos cuja posição dentro dessa cultura não foi suficientemente vinculada e avaliada de acordo com a expansão europeia. Dito em outros termos, esse procedimento acarreta a leitura do cânone como um acompanhamento polifônico da expansão europeia, fornecendo uma direção e uma valência reavaliadas a autores como Conrad e Kipling, que sempre foram lidos como sujeitos divertidos, não como escritores cujo tema manifestamente imperialista tem uma longa vida subterrânea ou implícita e prefigurada na obra anterior de autores como, digamos, Austen ou Chateaubriand.

Em segundo lugar, o trabalho teórico deve começar a formular a relação entre o império e a cultura. Existem alguns marcos — a obra de Kiernan e de Martin Green, por exemplo —, mas a preocupação com esse problema não tem se mostrado intensa. As coisas, porém, começam a mudar, como já observei. Toda uma série de estudos em outras disciplinas, um novo grupo de acadêmicos e críticos, muitas vezes mais jovens — nos Estados Unidos, no Terceiro Mundo, na Europa —, estão começando a embarcar nas iniciativas teóricas e históricas; muitos deles parecem ter posições convergentes, de uma ou outra maneira, sobre as questões do discurso imperialista, da prática colonialista, e assim por diante. Teoricamente, estamos apenas no estágio de tentar inventariar a *interpelação* da cultura pelo império, mas o esforço feito até agora é pouco mais do que rudimentar. E conforme o estudo da cultura se estende para os meios de comunicação de massa, para a cultura popular, para a micropolítica e assim por diante, o foco sobre os modos de poder e hegemonia vai se tornando mais nítido.

Em terceiro lugar, devemos manter em vista as prerrogativas do presente como guia e paradigma para o estudo do passado. Se insisti na integração e nas ligações entre o passado e o presente, entre o imperializador e o imperializado, entre a cultura e o imperialismo, não foi para nivelar ou reduzir as diferenças, mas para transmitir um sentido mais premente da interdependência das coisas. Tão vasto e, ao mesmo tempo, tão detalhado é o imperialismo como experiência de dimensões culturais cruciais que devemos falar em territórios que se sobrepõem, em histórias que se entrelaçam, comuns a homens e mulheres, brancos e não brancos, moradores da metrópole e das periferias, passados, presentes e futuros; esses territórios e histórias só podem ser vistos da perspectiva da história humana secular em sua totalidade.

2. VISÃO CONSOLIDADA

> *Nós, enquanto grupo, nos denominávamos "Intrusos", pois pretendíamos irromper nos salões aceitos da política externa inglesa, e formar um novo povo no Oriente, apesar dos trilhos para nós lançados por nossos antepassados.*
> T. E. Lawrence, *The seven pillars of wisdom*
> [Os sete pilares da sabedoria]

NARRATIVA E ESPAÇO SOCIAL

Encontramos alusões aos fatos imperiais em quase todas as partes da cultura inglesa e francesa do século XIX e começo do XX, mas talvez em parte alguma com tanta regularidade e frequência como no romance inglês. Juntas, essas alusões constituem o que chamei de estrutura de atitudes e referências. Em *Mansfield Park*, que na obra de Jane Austen define cuidadosamente os valores morais e sociais que dão forma a seus outros romances, as referências às possessões ultramarinas de sir Thomas Bertram se entremeiam por toda parte; elas lhe dão as riquezas, explicam suas ausências, definem sua posição social em casa e no exterior, possibilitam seus valores, no final admitidos por Fanny Price (e pela própria Austen). Se é um romance sobre a "ordenação", como diz a autora, o direito às possessões coloniais ajuda diretamente a estabelecer a ordem social e as prioridades morais dentro da Inglaterra. Ou, por outra, Bertha Mason, a esposa perturbada de Rochester em *Jane Eyre*, é das Índias Ocidentais, e além disso uma presença ameaçadora, confinada a um quarto no sótão. Joseph Sedley, personagem de Thackeray em *Vanity fair* [Feira das vaidades], é um nababo indiano cuja conduta desordeira e imensa riqueza (talvez imerecida) tem seu contraponto nos desvios ao final inaceitáveis de Becky, que por sua vez tem seu contraste no decoro de Amelia, devidamente recompensada no desfecho; Joseph Dobbin aparece no fim do romance empenhado calmamente em escrever uma história do Punjab. O bom navio *Rose*, em *Westward Ho!* [Rumo Oeste!], de Charles Kingsley, vagueia pelo Caribe e América do Sul. Em *Great expectations* [Grandes esperanças], de Dickens, Abel Magwitch é o réu degredado para a Austrália cuja riqueza — convenientemente desvinculada dos êxitos de Pip como jovem interiorano prosperando em Londres sob os traços de um fidalgo — ironicamente concretiza as grandes expectativas alimentadas por Pip. Em muitos outros romances de Dickens, os homens de negócios têm ligações com o império, sendo Dombey e Quilp dois exemplos dignos de nota. Em *Tancred* de Disraeli e *Daniel Deronda* de Eliot, o Oriente é, em parte, o hábitat de povos nativos (ou de populações europeias imigrantes), mas em parte também se encontra incorporado ao domínio do império. Ralph Touchett, em *Retrato de uma senhora*, de Henry James, viaja pela Argélia e Egito. E quando chegamos a Kipling, Conrad, Arthur Conan Doyle, Rider Haggard, R. L. Stevenson, George Orwell, Joyce Cary, E. M. Forster e T. E. Lawrence, o império é sempre um contexto fundamental.

A situação na França era diferente, na medida em que a vocação imperial francesa durante o começo do século XIX era diferente da inglesa, a qual se alicerçava na continuidade e estabilidade da própria política inglesa. Os reveses políticos, as perdas coloniais, a insegurança das possessões e as mudanças filosóficas que a França sofreu durante a Revolução e a época napoleônica significavam que seu império tinha uma identidade e uma presença menos sólidas na cultura francesa. Em Chateaubriand e Lamartine ouvimos a retórica da grandeza imperial; na pintura, na filologia e na historiografia, na música e no teatro, encontramos uma visão quase sempre vívida das possessões francesas ultramarinas. Mas na cultura em geral — até depois da metade do século —, raramente se encontra aquele sentido forte, quase filosófico de missão imperial que há na Inglaterra.

Existe também um denso conjunto de textos americanos, contemporâneos dessas obras inglesas e francesas, que mostra um perfil imperial peculiarmente agudo, a despeito do feroz anticolonialismo, voltado contra o Velho Mundo, que nele paradoxalmente ocupa um lugar central. Pense-se, por exemplo, na "errância por regiões bravias" dos puritanos e, mais tarde, na preocupação obsessiva de Cooper, Twain, Melville e outros com a expansão ocidental dos Estados Unidos, junto com toda a colonização e destruição da vida americana nativa (memoravelmente estudadas por Richard Slotkin, Patricia Limerick e Michael Paul Rogin);[1] surge assim um tema imperialista que rivaliza com o europeu. (No capítulo 4, abordarei outros aspectos mais recentes dos Estados Unidos, em sua forma imperial do final do século XX.)

Como referência, como ponto de definição, como local facilmente aceito para viagens, riquezas e serviços, o império funciona para boa parte do século XIX europeu como uma presença codificada na literatura, ainda que apenas marginalmente visível, à semelhança dos criados das grandes mansões ou nos romances, cujos serviços são fato assente, mas quase sempre limitados a uma simples menção, raramente estudados (embora Bruce Robbins, em data recente, tenha escrito sobre eles),[2] quase nunca recebendo densidade. Para citar uma outra intrigante analogia, as possessões imperiais estão *lá*, utilmente anônimas e coletivas, como as populações párias (analisadas por Gareth Stedman Jones)[3] de diaristas, empregados de meio período, artesãos sazonais; sua existência sempre conta, mas seus nomes e identidades não: são lucrativos sem estar inteiramente ali. É um equivalente literário, nas palavras um tanto ufanistas de Eric Wolf, do "povo sem História",[4] do qual dependem a economia e a política sustentadas pelo império, mas cuja realidade não demandou, histórica ou culturalmente, maiores atenções.

Em todos esses casos, os fatos do império estão associados à possessão sistemática, a espaços vastos e por vezes desconhecidos, a seres humanos excêntricos ou inaceitáveis, a atividades aventurosas ou fantasiadas, como a emigração, o enriquecimento e a aventura sexual. Filhos mais novos caídos em desgraça são enviados para as colônias, parentes pobres mais velhos vão para lá tentar recuperar fortunas perdidas (como em *La cousine Bette* [A prima Bette], de Balzac), jovens viajantes empreendedores vão até lá para se divertir e coletar objetos exóticos. Os territórios coloniais são campos de possibilidades, e sempre estiveram associados ao romance realista. Robinson Crusoé é praticamente impensável sem a missão colonizadora que lhe permite criar um novo mundo próprio nos pontos remotos e agrestes da África, do Pacífico e do Atlântico. Mas a maioria dos grandes romancistas realistas do século XIX é menos categórica quanto ao domínio e possessões coloniais do que Defoe ou autores posteriores como Conrad e Kipling, em cuja época a grande reforma eleitoral e a participação em massa na política significavam uma maior presença da concorrência imperial nos assuntos internos do país. No encerramento do século XIX, com a disputa pela África, a consolidação da União imperial francesa, a anexação americana das Filipinas e o domínio inglês no subcontinente indiano em seu auge, o império era uma preocupação universal.

O que eu gostaria de notar é que essas realidades coloniais e imperiais recebem pouca atenção da crítica, a qual, por outro lado, é extremamente meticulosa e engenhosa em encontrar temas de discussão. O número relativamente pequeno de escritores e críticos que discutem a relação entre cultura e império — entre eles Martin Green, Molly Mahood, John McClure e particularmente Patrick Brantlinger — tem dado excelentes contribuições, mas eles operam de modo essencialmente narrativo e descritivo — apontando a presença de temas, a importância de determinadas conjunturas históricas, a influência ou persistência de ideias sobre o imperialismo — e cobrem um volume imenso de material.[5] Em quase todos os casos, eles escrevem de maneira crítica sobre o imperialismo, sobre aquele modo de vida que William Appleman Williams considera compatível com todas as outras espécies de convicções ideológicas, mesmo antinômicas, de modo que, no século XIX, "a expansão imperial gerou a necessidade de desenvolver uma ideologia apropriada", em aliança com os métodos militares, econômicos e políticos. Estes tornaram possível "preservar e estender o império sem prejudicar sua substância psíquica, cultural ou econômica". Existem sugestões no trabalho desses estudiosos de que o imperialismo, citando de novo Williams, cria perturbadoras imagens de si próprio, como, por exemplo, a de "um benévolo policial progressista".[6]

Mas esses críticos são sobretudo autores descritivos e factuais muito diferentes do pequeno número de contribuições em geral teóricas e ideológicas — entre elas *The mythology of imperialism* [A mitologia do imperialismo], de Jonah Raskin; *Slavery, imperialism and freedom* [Escravidão, imperialismo e liberdade], de Gordon K. Lewis; *Marxism and imperialism* [Marxismo e imperialismo] e o crucial *The lords of human kind* [Os senhores da espécie humana], ambos de V. G. Kiernan.[7] Todos esses livros, que devem muito à análise e às premissas marxistas, destacam o papel central do pensamento imperialista na cultura ocidental moderna.

Todavia, nenhum deles teve em lugar algum a influência que deveriam ter na modificação da nossa maneira de encarar as obras canônicas da cultura europeia dos dois últimos séculos. Os grandes praticantes da crítica simplesmente ignoram o imperialismo. Ao reler recentemente o belo livrinho de Lionel Trilling sobre E. M. Forster, por exemplo, chocou-me que, em sua avaliação de *Howards End*, a qual, tirante isso, é de grande perspicácia, ele não mencionasse uma só vez o imperialismo, que, em minha leitura do livro, é difícil passar desapercebido e mais ainda ignorado. Afinal, Henry Wilcox e sua família cultivam seringueiras na colônia: "Eles possuíam o espírito colonial, e estavam sempre se dirigindo a algum ponto onde o homem branco podia carregar seu fardo sem ser observado".[8] E Forster faz frequentes contrastes e associações entre esse fato e as transformações que se passam na Inglaterra, as quais afetam Leonard e Jacky Bast, os Schlegel e a própria Howards End. Ou há ainda o caso mais surpreendente de Raymond Williams,

121

cujo livro *Culture and society* [Cultura e sociedade] nem sequer menciona a experiência imperial. (Quando Williams foi interpelado numa entrevista sobre essa grande ausência, visto que o imperialismo "não era algo secundário e externo — era absolutamente constitutivo de toda a natureza da ordem política e social inglesa [...] *o* fato saliente"[9] — ele respondeu que sua experiência galesa, que deveria lhe permitir pensar sobre a experiência imperial, estava "muito dormente" na época em que escreveu o livro.)[10] As poucas páginas interessantes de *O campo e a cidade* que tratam de cultura e imperialismo são periféricas em relação à tese principal da obra.

Por que ocorreram tais lapsos? E como a centralidade da visão imperial foi registrada e apoiada pela cultura que a produziu, depois em certa medida a ocultou, e também foi transformada por ela? Naturalmente, para quem tem um passado colonial, o tema imperial é determinante em sua formação, e ele irá atraí-lo, se você por acaso também for um crítico dedicado da literatura europeia. Um estudioso africano ou indiano da literatura inglesa lê *Kim*, digamos, ou *Coração das trevas* com uma premência crítica que não é sentida da mesma forma por um americano ou inglês. Mas de que maneira podemos formular a relação entre cultura e imperialismo, para além das afirmações do testemunho pessoal? O surgimento de ex-súditos coloniais como intérpretes do imperialismo e de suas grandes obras culturais tem dado ao imperialismo uma identidade visível, para não dizer intrusa, enquanto tema para estudos e vigorosas revisões. Mas como esse tipo particular de testemunho e estudo pós-imperial, em geral deixado à margem do discurso crítico, pode entrar num contato ativo com as preocupações teóricas correntes?

Considerar as preocupações imperiais constitutivamente significativas para a cultura do Ocidente moderno é, conforme sugeri, avaliar essa cultura do ponto de vista oferecido tanto pela resistência anti-imperialista quanto pela apologia imperialista. O que isso significa? Significa lembrar que os autores ocidentais até a metade do século XX seja Dickens, Austen,

Flaubert ou Camus, escreveram pensando num público exclusivamente ocidental, mesmo quando discorriam sobre personagens, lugares ou situações que se referiam ou utilizavam territórios ultramarinos dominados por europeus. Mas só porque Austen se referiu a Antígua, em *Mansfield Park*, ou aos domínios visitados pela Marinha britânica em *Persuasion* [Persuasão] sem se preocupar com as possíveis reações dos caribenhos ou indianos que lá viviam, não é razão para fazermos o mesmo. Agora sabemos que esses povos não europeus não aceitavam indiferentes a autoridade projetada sobre eles, nem o silêncio geral que cercava sua presença, sob formas mais ou menos atenuadas. Devemos, pois, ler os grandes textos canônicos, e talvez também todo o arquivo da cultura europeia e americana pré-moderna, esforçando-nos por extrair, estender, enfatizar e dar voz ao que está calado, ou marginalmente presente ou ideologicamente representado (penso nos personagens indianos de Kipling) em tais obras.

Em termos práticos, o que chamo de "leitura em contraponto" significa ler um texto entendendo o que está envolvido quando um autor mostra, por exemplo, que uma fazenda colonial de cana-de-açúcar é considerada importante para o processo de manutenção de um determinado estilo de vida na Inglaterra. Além disso, como todos os textos literários, eles não estão limitados por seus começos e fins históricos formais. As referências à Austrália em *David Copperfield* ou à Índia em *Jane Eyre* são feitas porque *podem ser* feitas, porque o poderio inglês (e não apenas a fantasia do romancista) possibilitou referências passageiras a essas apropriações maciças; mas as demais lições são igualmente válidas: essas colônias foram posteriormente liberadas do domínio direto e indireto, num processo que começou e se desenvolveu enquanto os ingleses (ou franceses, portugueses, alemães etc.) ainda estavam lá, embora, como parte do empenho em liquidar com o nacionalismo nativo, apenas ocasionalmente se desse atenção a isso. A questão é que a leitura em contraponto deve considerar ambos os processos, o do imperialismo e o da resistência a ele, o que pode ser feito estendendo nossa leitura dos textos de forma a incluir o que antes era forçosamente excluído — em *L'etranger* [O estrangeiro], por exemplo, toda a história anterior do colonialismo francês e a destruição do Estado argelino, e o surgimento posterior de uma Argélia independente (à qual Camus se opunha).

Cada texto tem seu gênio próprio, assim como cada região geográfica do mundo, com suas próprias experiências que se sobrepõem e suas histórias de conflitos que se entrelaçam. No que diz respeito à obra cultural, caberia fazer uma distinção entre particularidade e soberania (ou exclusividade hermética). Obviamente, nenhuma leitura deveria tentar generalizar a ponto de apagar a identidade de um texto, um autor ou um movimento particular. Da mesma forma, ela deveria admitir que o que era, ou parecia ser, certo para uma determinada obra ou autor pode ter se tornado discutível. A Índia de Kipling, em *Kim*, tem um caráter de permanência e inevitabilidade que faz parte não só desse maravilhoso romance, mas também da Índia britânica, de sua história, seus administradores e apologistas e, não menos importante, da Índia pela qual combatiam os nacionalistas hindus, como pátria a ser reconquistada. Ao esclarecer essa série de pressões e contrapressões na Índia de Kipling, entendemos, na medida em que a grande obra de arte as abrange, o próprio processo do imperialismo e da resistência anti-imperialista posterior. Ao ler um texto, devemos abri-lo tanto para o que está contido nele quanto para o que foi excluído pelo autor. Cada obra cultural é a visão de um momento, e devemos justapor essa visão às várias revisões que depois ela gerou — nesse caso, as experiências nacionalistas da Índia após sua independência.

Ademais, devemos vincular as estruturas de uma narrativa às ideias, conceitos e experiências em que ela se apoia. Os africanos de Conrad, por exemplo, originam-se de uma enorme biblioteca de "africanismo", por assim dizer, bem como das experiências pessoais de Conrad. Não existe um reflexo ou uma experiência *direta* do mundo na linguagem de um texto. As impressões de Conrad sobre a África são inevitavelmente influenciadas pelo que se sabia e se escrevia sobre a África, o que ele menciona em *A personal record* [Um registro pessoal]; o que ele oferece em *Coração das trevas* é o resultado de suas impressões daqueles textos interagindo de maneira criativa, junto com as exigências e convenções narrativas e seu próprio talento e história pessoal. Dizer que essa mistura extremamente rica "reflete" a África, ou mesmo que reflete uma experiência da África, é um tanto fraco e certamente enganador. O que temos em *Coração das trevas* — obra de imensa influência, tendo gerado muitas leituras e imagens — é uma África politizada, ideologicamente saturada que, para alguns objetivos e finalidades, era o lugar imperializado, com esses múltiplos interesses e ideias furiosamente em ação, e não um simples "reflexo" fotográfico literário.

Talvez eu exagere um pouco, mas quero afirmar que, longe de ser "apenas" literatura, *Coração das trevas* e sua imagem da África estão extremamente implicados e, na verdade, fazem parte orgânica da "disputa pela África" contemporânea à composição de Conrad. Na verdade, o público conradiano era restrito, e além disso Conrad era muito crítico em relação ao colonialismo belga. Mas, para muitos europeus, ler um texto bastante rarefeito como *Coração das trevas* era o máximo que se aproximavam da África, e neste sentido restrito fazia parte do esforço europeu em manter o domínio, pensar e traçar planos para a África. Representar a África é entrar na batalha pela África, inevitavelmente ligada à resistência posterior, à descolonização e assim por diante.

Obras literárias, sobretudo as de tema explicitamente imperial, possuem um aspecto intrinsecamente desordenado, e até desajeitado num contexto político tão carregado. Mas, apesar de sua tremenda complexidade, obras literárias como *Coração das trevas* são destilações ou simplificações ou, ainda, um conjunto de escolhas feitas por um autor, muito menos complicadas e misturadas do que a realidade. Não seria correto considerá-las abstrações, embora deva-se notar que ficções como *Coração das trevas* são elaboradas de forma tão refinada pelos autores, e lidas com tanto cuidado pelo público para atender às exigências da narrativa, que elas ingressam de forma altamente especializada na luta pela África.

Um texto tão híbrido, impuro e complexo requer uma atenção especialmente aguda para ser interpretado. O imperialismo moderno era tão global e abrangente que praticamente nada lhe escapava; além disso, como disse, a disputa oitocentista pelo império ainda prossegue até hoje. Portanto, observar ou não as ligações entre os textos culturais e o imperialismo é tomar uma posição *de fato tomada* — seja estudar a ligação para criticá-la e pensar em alternativas, seja não estudá-la para que fique como está, sem exame e provavelmente inalterada. Uma de minhas razões para escrever este livro é mostrar até onde foi a busca, a preocupação e a consciência do domínio ultramarino — não apenas em Conrad, mas em figuras que quase nunca nos vêm à lembrança sob esse aspecto, como Thackeray e Austen — e quão importante e enriquecedora é, para o crítico, a atenção a esse assunto, não só por razões políticas óbvias, mas também porque, conforme venho argumentando, esse tipo específico de atenção permite ao leitor interpretar as obras canônicas dos séculos XIX e XX com um comprometimento e um interesse novos.

Voltemos a *Coração das trevas*. Nele, Conrad oferece um ponto de partida misteriosamente sugestivo para lidar de perto com essas questões difíceis. Lembremos que Marlow compara os colonizadores romanos aos seus equivalentes modernos de uma maneira curiosamente perspicaz, iluminando a mescla específica de poder, energia ideológica e atitude pragmática que caracterizavam o imperialismo europeu. Os antigos romanos, diz ele, "não [eram] colonizadores: sua administração era uma mera pressão e nada mais". Aquele povo fazia as conquistas, e quase só. Em contrapartida, "o que nos salva é a eficiência — a devoção à eficiência", ao contrário dos romanos, que confiavam na força bruta, a qual não é muito mais do que "um acaso que brota da fraqueza dos outros". Hoje, porém, a conquista da terra, que significa basicamente tomá-la dos que possuem uma compleição diferente ou um nariz um pouco mais achatado do que o nosso, não é uma coisa bonita, se você olhar bem de perto. O que a redime é apenas a ideia. Uma ideia por detrás dela; não uma ficção sentimental, mas uma ideia; e uma crença altruísta na ideia — algo que você pode erigir , e curvar-se diante dela, e lhe oferecer um sacrifício [...][11]

Ao relatar sua grande viagem fluvial, Marlow amplia a questão de forma a marcar uma distinção entre a rapacidade belga e (por implicação) a racionalidade britânica na condução do imperialismo.[12]

A salvação neste contexto é uma noção interessante. Ela "nos" afasta dos desprezados e condenados romanos e belgas, cuja cobiça não traz nenhum benefício nem para suas consciências, nem para as terras e o corpo de seus súditos. "Nós" estamos salvos, em primeiro lugar, porque não precisamos olhar diretamente para os resultados do que fazemos; estamos cercados e nos cercamos com o exercício da eficiência, por meio da qual a terra e as pessoas são totalmente aproveitadas; o território e seus habitantes são inteiramente incorporados por nosso domínio, que por sua vez nos incorpora inteiramente quando respondemos com eficiência a suas exigências. Além disso, por intermédio de Marlow, Conrad fala em redenção, um passo além da salvação. Se a salvação nos salva, salva tempo e dinheiro, e também nos salva da ruína da simples conquista a curto prazo, então a redenção amplia ainda mais a salvação. A redenção encontra-se no exercício autojustificador de uma ideia ou missão ao longo do tempo, numa estrutura que circunda totalmente a pessoa e é por ela reverenciada, mesmo que ela tenha erigido a estrutura em primeiro lugar, de forma bastante irônica, e não mais a examine com atenção porque a toma como dada.

Assim Conrad reúne dois aspectos muito diversos, mas intimamente relacionados, do imperialismo: a ideia baseada no poder de tomar territórios, absolutamente clara em sua força e em suas inequívocas consequências, e a prática que essencialmente a disfarça ou a obscurece desenvolvendo um regime justificatório da autoridade que se origina de si mesma e tece seu próprio engrandecimento, interposta entre a vítima e o perpetrador do imperialismo.

Deixaríamos escapar por completo a enorme força dessa argumentação se simplesmente a arrancássemos de *Coração das trevas*, como uma mensagem de dentro de uma garrafa. A tese de Conrad está inscrita na própria forma narrativa, tal como ele a herdou e a praticou. Eu chegaria a dizer que, sem império, não existe o romance europeu tal como o conhecemos, e na verdade, se estudarmos os impulsos que lhe deram origem, veremos a convergência nada fortuita entre, por um lado, os modelos de autoridade narrativa constitutivos do romance e, por outro, uma complexa configuração ideológica subjacente à tendência imperialista.

Todo romancista e todo crítico ou teórico do romance europeu nota seu caráter institucional. O romance está fundamentalmente ligado à sociedade burguesa; na expressão de Charles Morazé, ele acompanha e, na verdade, faz parte da conquista da sociedade ocidental por obra dos *bourgeois conquérants* [burgueses conquistadores], como diz ele. De maneira não menos significativa, o romance é inaugurado na Inglaterra com *Robinson Crusoé*, cujo protagonista é o fundador de um novo mundo, que ele governa e reivindica para o cristianismo e a Inglaterra. De fato, enquanto o que explicitamente habilita Crusoé é a ideologia da expansão ultramarina — diretamente vinculada, no estilo e na forma, aos relatos de viagem dos séculos XVI e XVII que lançaram as bases dos grandes impérios coloniais —, os principais romances que vieram após Defoe, e mesmo os escritos posteriores do próprio Defoe, por sua vez, não parecem movidos apenas pelas instigantes perspectivas do ultramar. *Captain Singleton* é a história de um pirata muito viajado pela Índia e África, e *Moll Flanders* tem como molde a possibilidade de redenção da heroína no Novo Mundo, como clímax da história, resgatando-a de sua vida de crimes. Mas

Fielding, Richardson, Smollett e Sterne não vinculam tão diretamente suas narrativas ao processo de acumular riquezas e territórios no estrangeiro.

Esses romancistas, porém, situam suas obras e as derivam de uma Grã-Bretanha com territórios maiores, submetidos a um cuidadoso levantamento, e ela, sim, está efetivamente relacionada com o que Defoe iniciou com tamanha antevisão. Todavia, embora importantes estudos da literatura inglesa setecentista — de Ian Watt, Lennard Davis, John Richetti e Michael McKeon — tenham dedicado especial atenção à relação entre o romance e o espaço social, a perspectiva imperial foi negligenciada.[13] Não é uma simples questão de saber se, por exemplo, as minuciosas construções de Richardson sobre a sedução e a rapacidade burguesas estão de fato relacionadas com os avanços militares ingleses contra os franceses na Índia, ocorridos na mesma época. É claro que não estão, em sentido literal; mas nos dois campos encontramos valores comuns de luta, de superação dos obstáculos e dificuldades, de paciência para estabelecer a autoridade por meio da arte de vincular princípios e lucros ao longo do tempo. Em outros termos, precisamos ter a percepção crítica de que os grandes espaços de *Clarissa* ou *Tom Jones* são duas coisas ao mesmo tempo: um acompanhamento doméstico do projeto imperial de presença e controle no ultramar, e uma narrativa concreta sobre a expansão e os movimentos num espaço que precisa ser ativamente habitado e usufruído antes que se possam aceitar seus limites ou a disciplina que ele impõe.

Não estou pretendendo dizer que o romance — ou a cultura em sentido amplo — "causou" o imperialismo, e sim que o romance, como artefato cultural da sociedade burguesa, e o imperialismo são inconcebíveis separadamente. Entre todas as principais formas literárias, o romance é a mais recente, seu surgimento é o mais datável, sua ocorrência, a mais ocidental, seu modelo normativo de autoridade social, o mais estruturado; o imperialismo e o romance se fortaleciam reciprocamente a um tal grau que é impossível, diria eu, ler um sem estar lidando de alguma maneira com o outro.

E não é só. O romance é uma forma cultural incorporadora, de tipo enciclopédico. Dentro dele se encontram tanto um mecanismo altamente preciso de enredo quanto um sistema inteiro de referência social que depende das instituições existentes da sociedade burguesa, de sua autoridade e poder. O herói e a heroína de romance mostram a energia e o vigor infatigável característicos da burguesia empreendedora, e lhes são permitidas aventuras em que suas experiências lhes revelam os limites daquilo a que podem aspirar, aonde podem ir, o que podem vir a ser. Assim, os romances terminam ou com a morte de um herói ou heroína (Julien Sorel; Emma Bovary; Bazarov; Judas, o Obscuro) que, em virtude de uma energia transbordante, não se adéqua ao esquema ordenado das coisas, ou com o acesso dos protagonistas a uma posição de estabilidade (em geral sob a forma do matrimônio ou da confirmação identitária, como é o caso dos romances de Austen, Dickens, Thackeray e George Eliot).

Alguém poderia perguntar: mas por que dar tanta ênfase aos romances, e à Inglaterra? E como podemos franquear a distância que separa essa forma estética solitária de amplos temas e empreendimentos como a "cultura" ou o "imperialismo"? Por uma razão: na época da Primeira Guerra Mundial, o império britânico havia se tornado inquestionavelmente dominante, em decorrência de um processo iniciado no final do século XVI; tão vigoroso foi esse processo e tão definitivos seus resultados que, como argumentaram Seeley e Hobson no final do século XIX, constituiu o fato central da história britânica, abrangendo muitas atividades heterogêneas.[14] Não foi só por acaso que a Inglaterra também gerou e sustentou uma instituição romanesca sem nenhum verdadeiro rival ou equivalente europeu. A França dispunha de instituições intelectuais mais altamente desenvolvidas — academias, universidades, institutos, revistas científicas etc. —, pelo menos durante a primeira metade do século XIX, fato notado e lamentado por uma legião de intelectuais ingleses, inclusive Arnold, Carlyle, Mill e George Eliot. Mas a extraordinária compensação por essa discrepância veio com a sólida ascensão do romance inglês e o predomínio inconteste que veio pouco a pouco a adquirir. (Apenas quando o norte da África assume uma espécie de presença metropolitana na cultura francesa, após 1870, é que vemos começar a se definir uma formação estética e cultural comparável: é o período em que Loti, o primeiro Gide, Daudet, Maupassant, Mille, Psichari, Malraux, os exoticistas como Segalen e, naturalmente, Camus projetam uma concordância global entre a situação doméstica e a situação imperial da França.)

Na década de 1840, o romance inglês havia alcançado seu predomínio como *a* forma estética por excelência e grande voz intelectual, por assim dizer, na sociedade inglesa. Na medida em que o romance ganhou um lugar tão importante, por exemplo, na questão da "condição da Inglaterra", também podemos vê-lo como partícipe no império ultramarino inglês. Projetando o que Raymond Williams chama de "comunidade cognoscível" de ingleses e inglesas, Jane Austen, George Eliot e Elizabeth Gaskell moldaram a ideia da Inglaterra de forma a lhe conferir identidade, presença e formas de expressão reutilizáveis.[15] E parte dessa ideia era a relação entre o "doméstico" e o estrangeiro". Assim a Inglaterra era descrita, avaliada, exposta, enquanto o "estrangeiro" recebia apenas algumas referências ou era rapidamente apresentado sem o tipo de presença ou imediatismo prodigalizado a Londres, ao campo e a centros industriais do norte, como Manchester ou Birmingham.

Esse trabalho constante e quase tranquilizador feito pelo romance é específico da Inglaterra e deve ser considerado como uma importante filiação cultural, falando domesticamente em nome do que ocorria na Índia, na África, Irlanda ou Caribe, ainda não documentado nem estudado. Uma analogia é a relação entre a política externa britânica e seu comércio e finanças, a qual *tem sido* estudada. Temos uma viva ideia de sua densidade e complexidade a partir do clássico estudo, ainda discutido, de D. C. M. Platt, *Finance, trade and politics in British foreign policy, 1815-1914* [Finanças, comércio e política na política externa britânica, 1815-1914], e da dependência do extraordinário emaranhado entre o comércio e a expansão imperial inglesa diante de fatores culturais e sociais como a educação, o jornalismo, as alianças de grupos e interesses por meio do casamento, as classes. Platt fala do "contato social e intelectual [amizade, hospitalidade, ajuda mútua, formação social e educacional comum] que energizavam a pressão concreta sobre a política externa britânica", e prossegue dizendo que "indícios concretos [dos resultados efetivos dessa série de contatos] provavelmente nunca existiram". No entanto, se examinarmos a posição do governo em questões como "empréstimos estrangeiros [...] a proteção a acionistas e a promoção de contratos e concessões no ultramar", veremos o que ele chama de "visão departamental", uma espécie de consenso sobre o império partilhada por todo um leque de pessoas responsáveis por ela. Isso podia "indicar como os funcionários e os políticos provavelmente reagiriam".[16]

Qual a melhor forma de caracterizar essa visão? Parece haver concordância entre os estudiosos de que a política inglesa, até cerca de 1870, era (segundo, por exemplo, o Disraeli daqueles anos) não expandir o império, e sim "sustentá-lo, mantê-lo e protegê-lo da desintegração".[17] Para essa tarefa, era fundamental o papel da Índia, que adquiriu uma posição de surpreendente durabilidade no pensamento "departamental". Depois de 1870 (Schumpeter cita o discurso de Disraeli no Palácio de Cristal, em 1872, como a marca do imperialismo agressivo, "um lema da política interna"),[18] para proteger a Índia (os parâmetros continuavam sendo ampliados) e defendê-la contra outras potências rivais, por exemplo, a Rússia, tornou-se necessário que a expansão imperial inglesa chegasse à África, ao Oriente Médio e ao Extremo Oriente. A partir daí, numa região após a outra do mundo, "a Inglaterra estava realmente preocupada em manter o que já tinha", como diz Platt, "e tudo o que ela ganhava era necessário porque a ajudava a preservar o resto. Ela pertencia ao partido de *les satisfaits*, mas tinha de lutar sempre mais e mais para continuar com eles, e era de longe a que mais tinha a perder".[19] A "visão departamental" da política inglesa era fundamentalmente cuidadosa; como Ronald Robinson e John Gallagher colocaram em sua redefinição da tese plattiana, "os ingleses, podendo, se expandiam pelo comércio e pela influência, mas, se precisassem, recorriam à dominação imperial".[20] Eles nos lembram que não devemos minimizar nem esquecer que o exército indiano foi usado três vezes na China, entre 1829 e 1856, pelo menos uma vez na Pérsia (1856), Etiópia e Cingapura (1867), Hong Kong (1868), Afeganistão (1878), Egito (1882), Birmânia (1885), Ngassa (1893), Sudão e Uganda (1896).

Além da Índia, a política britânica obviamente teve como baluarte do comércio imperial a própria Inglaterra (com a Irlanda como constante problema colonial), bem como as chamadas colônias brancas (Austrália, Nova Zelândia, Canadá, África do Sul e até as antigas possessões americanas). O contínuo investimento e a manutenção de rotina dos territórios domésticos e ultramarinos da Inglaterra não tinham paralelo significativo em nenhuma outra potência europeia ou americana, onde as guinadas, as aquisições ou perdas repentinas e improvisações ocorriam com frequência muito maior.

Em suma, o poder britânico era durável e continuamente reforçado. Na esfera cultural relacionada a ele, e amiúde próxima dele, esse poder era elaborado e enunciado no romance, cuja presença central constante não encontra equivalente em nenhuma outra parte do mundo. Mas devemos ser meticulosos ao máximo. Um romance não é uma fragata nem uma ordem de pagamento. Um romance existe primeiramente como obra de um romancista e, em segundo lugar, como objeto lido por um público. Com o tempo, os romances se acumulam e formam o que Harry Levin chamou de instituição da literatura, mas nunca deixam de ser acontecimentos singulares nem perdem sua densidade específica como parte de um empreendimento contínuo, aceito e reconhecido como tal pelos leitores e outros escritores. Mas, a despeito de toda a sua presença social, os romances não são redutíveis a uma corrente sociológica e nem se pode fazer justiça a eles, em termos estéticos, culturais e políticos, como formas subsidiárias de classe, ideologia ou interesses.

Analogamente, porém, os romances não são *simples* produtos de gênios solitários (como tenta sugerir uma escola de intérpretes modernos, como Helen Vendler), a ser vistos apenas como manifestações de uma criatividade incondicionada. Algumas das críticas recentes mais instigantes — *The political unconscious* [O inconsciente político], de Fredric Jameson, e *The novel and the police* [O romance e o ordenamento social], de David Miller, são dois exemplos famosos[21] — mostram que o romance de modo geral e a narrativa em particular possuem uma espécie de presença social reguladora nas sociedades euro--ocidentais. Mas a essas importantes descrições faltam os indicadores do mundo real onde transcorrem os romances e narrativas. Ser um escritor inglês significava algo muito específico e diferente, digamos, de ser um escritor francês ou português. Para o escritor inglês, o "estrangeiro" estava lá fora, sentido como algo vago e impróprio, ou exótico e estranho, ou como objeto para "nós" controlarmos, comerciarmos "livremente" ou reprimirmos quando os nativos se mobilizavam em uma resistência política ou militar explícita. O romance contribuiu de maneira significativa para tais sentimentos, atitudes e referências, e tornou-se um elemento fundamental na visão consolidada, ou na concepção cultural departamental do mundo.

Devo especificar como se deu a contribuição do romance e também, inversamente, como o romance não deteve nem inibiu os sentimentos imperialistas mais populares e agressivos que se manifestaram a partir de 1880.[22] Os romances são pinturas da realidade seja no estágio bem inicial ou final da experiência do leitor com a literatura: na verdade, eles elaboram e mantêm uma realidade que herdam de outros romances, que rearticulam e repovoam segundo a posição, o talento e as predileções de seus autores. Platt acentua corretamente a *conservação* na "visão departamental"; ela também é significativa para o romancista: os romances ingleses oitocentistas ressaltam a continuidade (em oposição à subversão revolucionária) da Inglaterra. Além disso, eles *nunca* defendem que se abra mão das colônias, mas adotam a visão geral de que, na medida em que elas entram na órbita do predomínio britânico, *esse mesmo* predomínio é uma espécie de norma, sendo assim preservado juntamente com as colônias.

O que temos é um quadro lentamente construído em que a Inglaterra — mapeada e diferenciada social, política e moralmente nos mais ínfimos detalhes — ocupa o centro, tendo na periferia uma série de territórios ultramarinos ligados a ela. A *continuidade* da política imperial inglesa ao longo do século XIX — de fato uma narrativa — é ativamente acompanhada por esse processo romanesco, cuja finalidade básica não é levantar mais questões, nem perturbar ou ocupar a atenção, mas manter o império mais ou menos em seu lugar. O romancista quase nunca está interessado em fazer muito mais do que mencionar ou se referir à Índia, por exemplo, em *Vanity fair* e *Jane Eyre*, ou à Austrália em *Great expectations*. A ideia é que (seguindo os princípios gerais do livre-cambismo) os territórios distantes estão lá para ser usados, à vontade e ao talante do romancista, em geral para fins relativamente simples como a imigração, o exílio ou o enriquecimento. No final de *Hard times* [Tempos difíceis], por exemplo, Tom é embarcado para as colônias. Foi apenas bem depois de meados do século que o império se tornou objeto principal de atenção para escritores como Haggard, Kipling, Doyle, Conrad, bem como para os discursos nascentes da etnografia, administração, teoria e economia coloniais, da historiografia das regiões não europeias e de temas especializados como o orientalismo, o exoticismo e a psicologia de massas.

São inúmeras as consequências interpretativas concretas dessa lenta e constante estruturação de atitudes e referências enunciada no romance. Mencionarei quatro delas. A primeira é que, na história literária, pode-se ver uma continuidade orgânica insólita entre as primeiras narrativas que, normalmente, considera-se não terem muita relação com o império e as posteriores que tratam explicitamente *dele*. Kipling e Conrad são preparados por Austen e Thackeray, Defoe, Scott e Dickens; também estão vinculados de forma interessante a alguns contemporâneos seus como Hardy e James, que em geral supõe-se estarem associados apenas de maneira fortuita às exibições ultramarinas apresentadas por seus colegas bem mais peculiares. Mas tanto as características formais quanto o conteúdo das obras de todos esses romancistas pertencem à mesma formação cultural, as diferenças sendo apenas de ênfase e inflexão.

Em segundo lugar, a estrutura de atitudes e referências levanta toda a questão do poder. A crítica atual não pode e não deve conferir subitamente a um romance uma autoridade legislativa ou política direta: nunca podemos esquecer que os romances participam, integram, contribuem para uma política extremamente lenta e infinitesimal que elucida, reforça, talvez até ocasionalmente adianta percepções e atitudes sobre a Inglaterra e o mundo. É impressionante como esse mundo, no romance, nunca é visto senão como subordinado e dominado, e a presença inglesa vista como normativa e reguladora. O julgamento de Aziz em *A passage to India* [Passagem para a Índia] é de uma extraordinária novidade, em parte porque Forster admite que "a frágil estrutura do tribunal"[23] não pode se sustentar, por ser uma "fantasia" que compromete o poder inglês (real) com uma justiça imparcial para os indianos (irreal). Portanto ele dissolve rapidamente (até com uma espécie de impaciência frustrada) a cena na "complexidade" indiana, que estava igualmente presente 24 anos antes, em *Kim* de Kipling. A principal diferença entre os dois é que a resistência nativa, perturbando a ordem, tinha chegado à consciência de Forster. Ele não poderia ignorar algo que Kipling assimilou com facilidade (como ao interpretar o famoso "motim" de 1857 como simples teimosia, e não uma objeção séria dos indianos ao domínio inglês).

Não pode haver consciência de que o romance sublinha e aceita a disparidade de poder a menos que os leitores de fato notem os sinais em cada obra, e a menos que se veja que a história do romance tem a coerência de um empreendimento contínuo. Assim como a solidez sustentada e a resoluta "visão departamental" dos territórios ultramarinos da Inglaterra foram mantidas no decorrer de todo o século XIX, da mesma forma, por um caminho inteiramente literário, a apreensão estética (portanto cultural) das terras do ultramar foi mantida no romance às vezes como parte incidental, às vezes como elemento de grande importância. Sua "visão consolidada" surgia em toda uma série de afirmações que se sobrepunham, assim sustentando quase que uma unanimidade de opiniões. O fato de isso ocorrer nos termos de cada discurso ou meio de comunicação (romance, relato de viagem, etnografia), e não em termos impostos de fora, sugere que havia conformidade, colaboração, disposição, mas não necessariamente uma pauta política aberta ou defendida de maneira explícita, pelo menos não até anos mais avançados, quando o próprio programa imperial se fez mais explícito, como tema de propaganda popular direta.

O terceiro ponto ficará claro com uma rápida ilustração. *Vanity fair* está repleta de referências à Índia, mas todas são apenas incidentais na mudança dos destinos de Becky ou na posição de Dobbin, Joseph e Amelia. Ao longo de todo o livro, porém, ficamos a par da disputa crescente entre a Inglaterra e Napoleão, com seu clímax em Waterloo. Essa dimensão ultramarina não chega a fazer de *Vanity fair* um romance que explore o que Henry James, mais tarde, chamaria de "tema internacional", como tampouco Thackeray faz parte do clube de romancistas góticos como Walpole, Radcliffe ou Lewis, que situam fantasiosamente suas narrativas no estrangeiro. No entanto, Thackeray e, diria eu, todos os principais romancistas ingleses de meados do século XIX aceitavam uma visão de mundo globalizada, e na verdade nem poderiam ignorar (e em inúmeros casos não ignoraram) o vasto alcance ultramarino do poderio britânico. Como vimos no pequeno exemplo de *Dombey and son* [Dombey e filho], citado anteriormente, a ordem doméstica estava vinculada, situada e até iluminada por uma ordem especificamente *inglesa* no exterior. Fosse a fazenda de sir Thomas Bertram em Antígua ou, cem anos depois, a exploração de borracha de Wilcox na Nigéria, os romancistas alinhavam a posse de poder e privilégios no estrangeiro com atividades análogas no país natal.

Quando lemos com atenção os romances, temos uma visão muito mais sutil e diferenciadora do que a visão toscamente "global" e imperial que venho descrevendo até aqui. Isso me leva à quarta consequência do que venho chamando de estrutura de atitudes e referências. Ao insistir devidamente na inteireza de uma obra artística e ao recusar encaixar as várias contribuições dos autores individuais dentro de um esquema geral, devemos aceitar que a estrutura que vincula os romances entre si não existe fora dos próprios romances, o que significa que apreendemos a experiência concreta e particular do "estrangeiro" apenas em romances individuais; inversamente, apenas romances individuais podem dar corpo, vida e voz à relação, por exemplo, entre a Inglaterra e a África. Isso obriga os críticos a ler e analisar, e não apenas resumir e julgar, obras cujo conteúdo parafraseável pode lhes parecer política e moralmente objetável. Por um lado, quando Chinua Achebe, num famoso ensaio, critica o racismo de Conrad, ele ou passa por cima ou não diz nada sobre as limitações impostas a Conrad pelo romance enquanto forma estética. Por outro lado, Achebe demonstra compreender como funciona a forma quando, com esmero e originalidade, reescreve Conrad em alguns de seus próprios romances.[24]

Tudo isso é particularmente verdadeiro com relação à literatura inglesa porque apenas a Inglaterra possuía um império ultramarino que se sustentou e pôde se proteger numa área tão vasta, por tanto tempo e com um predomínio tão invejado. É verdade que a França rivalizava com ela, mas, como afirmei em outra parte, a consciência imperial francesa é intermitente até o final do século XIX, sendo o quadro real invadido demais pela Inglaterra, retardado demais quanto ao sistema, ao lucro, à extensão. De modo geral, porém, o romance europeu oitocentista é uma forma cultural que consolida, mas também refina e expressa a autoridade do *status quo*. Por mais que Dickens, por exemplo, açule seus leitores contra o sistema judiciário, as escolas provincianas ou a burocracia, seus romances, ao fim e ao cabo, encenam aquilo que um crítico chamou de "literatura de soluções".[25] A figura mais frequente nesse caso é a reunificação da família, que em Dickens sempre funciona como um microcosmo da sociedade. Em Austen, Balzac, George Eliot e Flaubert — para citar vários nomes importantes em conjunto —, a consolidação da autoridade inclui e, na verdade, é construída dentro do próprio tecido do matrimônio e da propriedade privada, instituições que apenas raramente são questionadas.

O aspecto fundamental do que venho chamando de consolidação da autoridade pelo romance não está simplesmente ligado ao funcionamento do poder e gestão social, mas aparece como normativo e soberano, ou seja, granjeando sua validação no curso da narrativa. Isso é paradoxal apenas se esquecermos que a constituição de um objeto narrativo, por mais anormal ou insólito que seja, sempre é um ato social por excelência, e como tal carrega atrás ou dentro de si a autoridade da história e da sociedade. Há, em primeiro lugar, a autoridade do autor — alguém que põe em palavras os processos da sociedade de uma maneira institucionalizada aceitável, observando convenções, seguindo padrões e assim por diante. Há, a seguir, a autoridade do narrador, cujo discurso escora a narrativa em circunstâncias capazes de ser reconhecidas e, portanto, carregadas de referências existenciais. Por último, há o que poderíamos chamar de autoridade da comunidade, cujo representante, na maioria das vezes, é a família, mas também a nação, a localidade específica e o momento histórico concreto. Juntas, elas funcionaram da forma mais enérgica e perceptível durante a primeira metade do século XIX, quando o romance se abriu para a história de uma maneira sem precedentes. Marlow, de Conrad, é o herdeiro direto de todo esse legado.

Lukács estudou o surgimento da história no romance europeu com uma habilidade admirável[26] — como Stendhal e particularmente Scott situam suas narrativas dentro de uma história pública, tornando-a acessível a todos e não, como antes, apenas a reis e aristocratas. O romance, assim, é uma narrativa concretamente histórica que se modela pela história real de nações reais. Defoe coloca Crusoé numa ilha sem nome, em algum ponto de uma região distante, e Moll é enviada para as Carolinas, vagamente definidas, mas Thomas Bertram e Joseph Sedley extraem riquezas específicas e específicos benefícios de territórios historicamente anexados — o Caribe e a Índia, respectivamente — em momentos históricos determinados. E, como mostra Lukács de forma muito convincente, Scott apresenta a nação britânica sob a forma de uma sociedade histórica se desenvolvendo a partir de aventuras estrangeiras[27] (as Cruzadas, por exemplo) e sangrentos conflitos domésticos (a rebelião de 1745, as guerras entre clãs na Escócia), para se tornar a metrópole estabelecida capaz de resistir a revoluções locais e provocações continentais com igual êxito. Na França, a história confirma a reação pós-revolucionária encarnada pela restauração bourbônica, e Stendhal relata suas deploráveis — para ele — consequências. Mais tarde, Flaubert faz algo muito parecido em relação a 1848. Mas o romance é assistido também pela obra historiográfica de Michelet e Macaulay, cujas narrativas conferem maior densidade à textura da identidade nacional.

A apropriação da história, a historicização do passado, a narrativização da sociedade, que dão força ao romance, incluem a acumulação e diferenciação do espaço social, espaço a ser usado para finalidades sociais. Isso é muito mais evidente na ficção abertamente colonial da segunda metade do século XIX: na Índia de Kipling, por exemplo, onde os nativos e o governo colonial ocupam espaços diversamente organizados, e onde Kipling, com seu gênio extraordinário, concebeu *Kim*, um personagem maravilhoso cuja juventude e energia lhe permitem explorar ambos os espaços, passando de um para o outro com uma elegância ousada como que para confundir a autoridade das barreiras coloniais. As barreiras dentro do espaço social também existem em Conrad, e em Haggard, Loti, Doyle, Gide, Psichari, Malraux, Camus e Orwell.

Subjacentes ao espaço social estão territórios, terras, domínios geográficos, as escoras geográficas concretas da luta imperial, e também cultural. Pensar em lugares distantes, colonizá-los, povoá-los ou despovoá-los: tudo isso ocorre na terra, em torno da terra ou por causa da terra. A posse geográfica efetiva da terra: em última análise, é disso que trata o império. No momento em que ocorre uma coincidência entre o poder e o controle real, entre a ideia do que era (poderia ser, poderia se tornar) um determinado lugar e um lugar concreto: nesse momento se inicia a luta pelo império. Essa coincidência é a lógica tanto para a apropriação ocidental de terras quanto, durante a descolonização, para a resistência nativa que as reivindica. O imperialismo e a cultura a ele associada afirmam, ambos, a primazia geográfica e uma ideologia do controle territorial. O sentido geográfico faz projeções — imaginárias, cartográficas, militares, econômicas, históricas ou, em sentido geral, culturais. Isso também possibilita a construção de vários tipos de conhecimento, todos eles, de uma ou outra maneira, dependentes da percepção acerca do caráter e destino de uma determinada geografia.

Aqui cabem três ressalvas bem claras. Primeiro, as diferenciações espaciais tão evidentes nos romances da segunda metade do século XIX não aparecem simplesmente, de repente, como reflexos passivos de uma "era imperial" agressiva, mas constituem um *continuum* derivado de diferenciações sociais anteriores, já autorizadas em romances históricos e realistas anteriores.

Jane Austen considera a legitimidade das terras ultramarinas de sir Thomas Bertram como um prolongamento natural da calma, da ordem, das belezas de Mansfield Park, propriedade central que valida o papel de sustentáculo econômico da propriedade periférica. E mesmo quando as colônias não estão evidentes, a narrativa sanciona uma ordem moral espacial, seja na restauração comunal da vila de Middlemarch, de importância fundamental num período de turbulência nacional, ou nos espaços distantes da transgressão e da incerteza vistos por Dickens no submundo londrino ou por Brontë nos morros uivantes.

Um segundo ponto: quando as conclusões do romance confirmam e ressaltam uma hierarquia subjacente da família, propriedade ou nação, há também um *imediatismo* espacial muito forte atribuído à hierarquia. O poder surpreendente da cena em

Bleak house [A casa sombria], onde lady Dedlock aparece soluçando junto ao túmulo de seu marido morto de longa data, *enraíza* o que sentimos a respeito de seu passado secreto — sua presença fria e desumana, sua autoridade perturbadoramente estéril — no cemitério para o qual ela correu a fim de se refugiar. Isso forma um contraste não só com a confusão e a desordem da loja Jellyby (com suas excêntricas ligações com a África), mas também com a casa protegida onde moram Esther e seu marido-guardião. A narrativa explora esses locais, move-se por eles e, por fim, atribui-lhes valores positivos e/ou negativos confirmatórios.

Essa comensurabilidade moral na interação entre narrativa e espaço doméstico estende-se, e na verdade se reproduz, no mundo além dos centros metropolitanos, como Londres ou Paris. Por sua vez, tais lugares ingleses ou franceses têm uma espécie de valor de exportação: o que há de bom ou ruim nas localidades nacionais é enviado para o exterior e recebe uma qualificação de virtude ou vício comparável à doméstica. Quando Ruskin, em sua conferência inaugural como professor da cátedra Slade em Oxford, em 1870, fala na raça pura da Inglaterra, ele pode prosseguir e dizer ao público que transforme a Inglaterra "novamente num país [que é] um trono régio de monarcas, uma ilha coroada, para todo o mundo uma fonte de luz, um centro de paz". A referência a Shakespeare pretende restaurar e recolocar um sentimento preferencial pela Inglaterra. Dessa vez, porém, Ruskin concebe a Inglaterra funcionando *formalmente* em escala mundial; os sentimentos de aprovação pelo reino insular que Shakespeare imaginara principalmente, mas não exclusivamente restrito ao nível doméstico, são mobilizados de uma maneira assombrosa para o serviço imperial, e até agressivamente colonial. Ele parece dizer: virem colonos, fundem "colônias com a maior rapidez e a maior distância possível".[28]

Meu terceiro ponto é que tais empreendimentos culturais domésticos, como a narrativa de ficção e a historiografia (mais uma vez ressalto o componente narrativo), são postulados nos poderes de observação, registro e ordenamento do sujeito autorizador central, ou ego. Dizer, de maneira quase tautológica, que esse sujeito escreve porque *pode* escrever é se referir não só à sociedade doméstica, mas ao mundo circundante. A capacidade de representar, retratar, caracterizar e figurar não está simplesmente à disposição de qualquer membro de qualquer sociedade; além disso, o "o quê" e o "como" na representação das "coisas", mesmo admitindo uma considerável liberdade individual, são circunscritos e socialmente regulados. Tornamo-nos muito conscientes, nos últimos anos, das coerções sobre a representação cultural das mulheres, e as pressões que entram nas representações criadas das classes e raças inferiores. Em todas essas áreas — sexo, classe e raça —, a crítica tem corretamente se concentrado nas forças institucionais das sociedades ocidentais modernas que moldam e estabelecem limites à representação de seres considerados essencialmente subordinados; assim, a própria representação tem se caracterizado no papel de manter o subordinado como subordinado, o inferior como inferior.

JANE AUSTEN E O IMPÉRIO

Estamos em terreno firme quando V. G. Kiernan diz que "os impérios precisam ter um molde de ideias ou reflexos condicionados em que possam se introduzir, e as nações jovens sonham com um grande lugar no mundo, assim como os homens jovens sonham com a fama e a fortuna".[29] Como venho insistindo, seria por demais simples e reducionista alegar que, portanto, tudo na cultura europeia ou americana prepara o caminho ou consolida a ideia grandiosa do império. Mas também seria historicamente inexato ignorar essas tendências — seja na narrativa, na teoria política ou na técnica pictórica — que permitiram, encorajaram e garantiram a prontidão do Ocidente em assumir e usufruir a experiência imperial. Se houve alguma resistência cultural à ideia de uma missão imperial, essa resistência não encontrou grande apoio nos principais departamentos do pensamento cultural. Mesmo sendo liberal, John Stuart Mill — exemplo expressivo sob esse aspecto — ainda podia dizer: "Os deveres sagrados que as nações civilizadas devem à independência e à nacionalidade umas das outras não são obrigatórios em relação àquelas para as quais a nacionalidade e a independência constituem um mal inequívoco ou, pelo menos, um bem questionável". Tais ideias não eram exclusivas de Mill; já eram correntes na época da subjugação da Irlanda no século XVI e, como Nicholas Canny demonstrou de maneira convincente, foram igualmente úteis na ideologia da colonização inglesa nas Américas.[30] Quase todos os projetos coloniais começam com o pressuposto do atraso e da inaptidão geral dos nativos para serem independentes, "iguais" e capazes.

Por que as coisas devem ser assim, por que a obrigação sagrada em um lado não se aplica ao outro, por que direitos aceitos em uma parte podem ser negados para a outra — essas perguntas podem ser mais bem entendidas nos termos de uma cultura bem assentada em normas morais, econômicas e até metafísicas destinadas a aprovar uma ordem local (isto é, europeia) satisfatória e a permitir a anulação do direito a uma ordem semelhante no exterior. Tal declaração talvez pareça exagerada ou despropositada. Na verdade, ela expressa de maneira muito meticulosa e circunspecta a ligação entre, por um lado, o bem-estar e a identidade cultural da Europa e, por outro, a subjugação de domínios imperiais no ultramar. Parte da atual dificuldade em aceitarmos toda e qualquer ligação reside em nossa tendência a reduzir essa questão complicada a um mero veículo aparentemente causal, o que por sua vez gera uma retórica de culpa e defesa. *Não* estou dizendo que o principal fator na cultura europeia em sua fase inicial foi o que *causou* o imperialismo da segunda metade do século XIX, e não estou sugerindo que todos os problemas do mundo ex-colonial devem ser atribuídos à Europa. Digo, porém, que a cultura europeia muitas vezes, se não sempre, caracterizou a si mesma de maneira a validar suas preferências, ao mesmo tempo em que também defendia essas preferências juntamente com o domínio imperial em terras distantes. Certamente foi isto o que Mill fez: ele sempre recomendou que *não* se desse independência à Índia. Quando o domínio imperial, por razões várias, passou a preocupar mais intensamente a Europa a partir de 1880, esse hábito esquizofrênico se revelou bastante útil.

A primeira coisa a ser feita agora é mais ou menos alijar a causalidade simplória do modo como pensamos a relação entre a Europa e o mundo não europeu, e reduzir a importância em nosso raciocínio de uma sequência temporal igualmente simplória. Não devemos admitir nenhuma noção, por exemplo, que pretenda mostrar que Wordsworth, Austen ou Coleridge, por terem escrito *antes* de 1857, tenham causado de fato o estabelecimento do governo formal britânico na Índia *depois* de 1857. Pelo contrário, devemos tentar discernir um contraponto entre padrões explícitos dos textos ingleses sobre a Inglaterra e representações do mundo além das ilhas britânicas. A modalidade intrínseca desse contraponto não é temporal, e sim espacial. Como os autores no período anterior à grande era da expansão colonial explícita e programática — a "luta pela África", digamos — se situam e se veem, assim como a suas obras, no mundo mais abrangente? Nós os veremos usando estratégias cuidadosas, mas eficazes, muitas delas derivadas de fontes previsíveis — ideias positivas sobre a pátria ou lar, sobre uma nação e sua língua, a ordem adequada, o bom comportamento, valores morais.

Mas esse tipo de ideias positivas não se limita a validar "nosso" mundo. Também tende a desvalorizar outros mundos e, o que talvez seja mais significativo de um ponto de vista retrospectivo, não impedem, não inibem nem oferecem resistência a práticas imperialistas medonhas e nada atraentes. Não, as formas culturais como o romance ou a ópera não são a causa que levam as pessoas a sair e a imperializar — Carlyle não impulsionou diretamente Rhodes, ele sem dúvida não pode ser "culpabilizado" pelos atuais problemas da África do Sul —, mas é realmente desconcertante ver quão pouco as grandes ideias, instituições e monumentos humanistas da Inglaterra, que ainda celebramos como se tivessem o poder a-histórico de merecer nossa aprovação, quão pouco eles importam no processo imperial em aceleração. Temos o direito de perguntar como esse corpo de ideias humanistas coexistiu tão confortavelmente com o imperialismo, e por que — até se desenvolver a resistência ao imperialismo *no domínio imperial*, entre africanos, asiáticos, latino-americanos — foi tão pequena a dissuasão ou resistência significativa contra o imperialismo no âmbito doméstico. Talvez o costume de distinguir entre a "nossa" ordem e o "nosso" país e os "deles" tenha se convertido numa impiedosa regra política para agregar mais "deles", a fim de estudá-los, governá-los e subordiná-los. Nas grandes ideias e valores humanitários, promulgados pela cultura europeia predominante, encontramos precisamente aquele "molde de ideias ou reflexos condicionados" de que fala Kiernan, no qual depois iria se introduzir todo o empreendimento imperial.

O grau a que tais ideias foram efetivamente aplicadas em distinções geográficas entre localidades reais é o tema do livro mais rico de Raymond Williams, *O campo e a cidade*. Sua tese a respeito da interação das localidades rurais e urbanas na Inglaterra admite as mais extraordinárias transformações — do populismo pastoril de Langland, passando pelos poemas dos solares rurais de Ben Jonson e os romances da Londres dickensiana até as visões da metrópole na literatura do século XX. O livro, evidentemente, aborda sobretudo a maneira como a cultura inglesa trata a terra, sua propriedade, organização e concepção imaginária. E embora Williams de fato reconheça a exportação da Inglaterra para as colônias, ele o faz, como indiquei antes, de forma menos central e menos ampla do que a prática realmente autorizaria. No final do livro, ele reconhece que "pelo menos a partir da metade do século XIX, e em várias instâncias importantes antes disso, havia esse contexto mais amplo [a relação entre a Inglaterra e as colônias, cujos efeitos sobre o imaginário inglês "tinham penetrado mais profundamente do que uma análise superficial permitiria discernir"] que afetava de maneira consciente e inconsciente todas as ideias e todas as imagens". E avança rapidamente, citando "a ideia de emigração para as colônias" como imagem de grande força em vários romances de Dickens, das irmãs Brontë e de Gaskell, e mostra corretamente que "as novas sociedades rurais", todas elas coloniais, entram na organização imaginária metropolitana da literatura inglesa por intermédio de Kipling, do primeiro Orwell e de Maugham. A partir de 1880 dá-se uma "ampliação aguda de paisagens e relações sociais": isso corresponde aproximadamente à era do império.[31]

Seria arriscado discordar de Williams, mas ouso dizer que, se começarmos a procurar algo como um mapa imperial do mundo na literatura inglesa, ele haverá de aparecer com uma frequência e insistência surpreendentes bem antes da metade do século XIX. E aparecerá não só com a regularidade inerte de algo líquido e assente, mas — o que é mais interessante — como um elemento vital entremeando a textura da prática linguística e cultural. Havia interesses ingleses na Irlanda, América, Caribe e Ásia desde o século XVI, e mesmo um rápido inventário mostraria os poetas, filósofos, historiadores, dramaturgos, estadistas, romancistas, viajantes, cronistas, soldados e fabulistas que apreciavam, cuidavam e acompanhavam esses interesses com uma preocupação constante. (Boa parte disso é discutida em *Colonial encounters* [Encontros coloniais], de Peter Hulme.)[32] Podemos dizer o mesmo em relação à França, Espanha e Portugal, não apenas como potências ultramarinas em si mesmas, mas também como rivais da Inglaterra. Como podemos examinar esses interesses presentes na Inglaterra moderna antes da era imperial, isto é, no período entre 1800 e 1870?

Faríamos bem em seguir o fio condutor de Williams, e examinar primeiramente aquele período de crise que se seguiu ao vasto cercamento das terras inglesas no final do século XVIII. As antigas comunidades rurais orgânicas foram dissolvidas e formaram-se outras novas sob o impulso da atividade parlamentar, da industrialização e de deslocamentos demográficos, mas também ocorreu um novo processo de realocar a Inglaterra (e a França na França) num círculo muito maior do mapa mundial. Na primeira metade do século XVIII, a concorrência anglo-francesa na América do Norte e Índia foi intensa; na segunda metade, ocorreram vários confrontos violentos entre a Inglaterra e a França nas Américas, Caribe e Levante, e evidentemente na própria Europa. A grande literatura pré-romântica na França e Inglaterra apresenta um fluxo constante de referências aos domínios ultramarinos: pensemos não só nos vários enciclopedistas, no *abbé* Raynal, em De Brosses e Volney, mas também em Edmund Burke, Beckford, Gibbon, Johnson e William Jones.

Em 1902, J. A. Hobson definiu o imperialismo como expansão da nacionalidade, tendo como implícito que, para a compreensão do processo, *expansão* era o termo mais importante, visto que a "nacionalidade" correspondia a uma quantidade plenamente formada e constituída,[33] enquanto um século antes ainda estava *sendo formada*, tanto dentro do próprio país quanto no exterior. Em *Physics and politics* [Física e política] (1887), Walter Bagehot fala com extrema pertinência em "formação da nação". Entre a França e a Inglaterra, no final do século XVIII, havia duas disputas: a luta por ganhos estratégicos no estrangeiro — a Índia, o delta do Nilo, o hemisfério ocidental — e a luta por uma nacionalidade triunfal. Ambas colocam a "anglicidade" em contraste com "os franceses", e por mais íntima e fechada que pareça a suposta "essência" inglesa ou francesa, quase sempre consideravam-na em formação (e não pronta e acabada), disputada com o outro grande rival. Muito do arrivismo de Becky Sharp, de Thackeray, por exemplo, deve-se a sua ascendência meio francesa. Num período anterior do mesmo século, a postura claramente abolicionista de Wilberforce e seus aliados originou-se em parte devido à vontade de dificultar as condições para a hegemonia francesa nas Antilhas.[34]

Essas considerações conferem inesperadamente uma dimensão maior a *Mansfield Park* (1814), o mais explícito em suas afirmações ideológicas e morais dentre os romances de Jane Austen. Williams está, uma vez mais, plenamente certo: os romances de Austen expressam uma "qualidade de vida atingível", em termos de dinheiro e bens adquiridos, feitas as discriminações morais, realizadas as escolhas certas, implementadas as "melhorias" corretas, afirmada e classificada a linguagem de delicadas nuances. No entanto, prossegue Williams:

> O que [Cobbett] nomeia, andando a cavalo pela estrada, são as classes. Jane Austen, do interior das casas, nunca consegue enxergá-las, a despeito de sua intricada descrição social. Toda a sua discriminação é, compreensivelmente, interna e exclusiva. Ela está interessada na conduta de pessoas que, entre as dificuldades do aprimoramento, estão constantemente tentando se transformar numa classe. Mas onde se enxerga apenas uma classe, não se enxerga nenhuma classe.[35]

Como descrição geral da habilidade de Austen em elevar certas "discriminações morais" ao nível de "um valor independente", essa passagem é excelente. Mas, no que concerne a *Mansfield Park*, cumpre ir bem mais além, dando um caráter mais amplo e explícito ao levantamento de Williams. Talvez então Austen e os romances pré-imperialistas de modo geral se revelem mais envolvidos com os fundamentos da expansão imperialista do que têm se afigurado à primeira vista.

Depois de Lukács e Proust, ficamos tão acostumados a pensar que o enredo e a estrutura do romance são constituídos sobretudo pela temporalidade que temos descurado da função do espaço, da geografia e da localização. Pois não é apenas o jovem Stephen Dedalus, mas todos os outros jovens protagonistas antes dele que se veem numa espiral crescente em casa, na Irlanda, no mundo. Como muitos outros romances, *Mansfield Park* trata muito precisamente de uma série de pequenos e grandes deslocamentos e realocações espaciais, que ocorrem antes de Fanny Price, a sobrinha, se tornar, no final do romance, a senhora espiritual de Mansfield Park. E esse próprio local é situado por Austen no centro de um arco de interesses e preocupações que se estende pelo hemisfério, abrangendo dois grandes oceanos e quatro continentes.

Como em outros romances de Austen, o grupo central que acaba surgindo com o casamento e a propriedade "em ordem" não se baseia apenas no sangue. Seu romance apresenta a desfiliação (no sentido literal) de alguns membros de uma família, e a filiação entre outros e um ou dois elementos de fora, escolhidos e testados: em outras palavras, os laços de sangue não bastam para assegurar a continuidade, a hierarquia, a autoridade, tanto domésticas quanto internacionais. Assim Fanny Price — a sobrinha pobre, a menina adotada da cidade distante de Portsmouth, a jovem honrada, recatada, negligenciada e esquecida — adquire aos poucos uma posição comparável e mesmo superior à da maioria de seus parentes mais afortunados. Nesse modelo de filiação e em sua aceitação da autoridade, Fanny Price é relativamente passiva. Ela resiste às inconveniências e importunações dos outros, e muito esporadicamente arrisca ações próprias: ao fim, porém, temos a impressão de que Austen guarda para Fanny desígnios que a protagonista dificilmente conseguiria compreender, da mesma forma como todos a consideram, ao longo de todo o romance, como uma "aquisição" e um "consolo", à revelia dela própria. A exemplo de Kim O'Hara, de Kipling, Fanny é instrumento e mecanismo dentro de um padrão mais amplo, bem como uma personagem literária plenamente desenvolvida.

Fanny, como Kim, precisa de orientação, precisa do patronato e da autoridade externa que sua pobre experiência pessoal não é capaz de lhe fornecer. Ela possui ligações conscientes com algumas pessoas e alguns lugares, mas o romance revela outras ligações que ela mal vislumbra, apesar de demandarem sua presença e seus serviços. Ela entra numa situação que se inicia com uma complexa série de movimentos, os quais, tomados em conjunto, requerem saídas, ajustes e rearranjos. Sir Thomas Bertram foi cativado por uma das irmãs Ward, as outras não se deram bem, e se abre "uma fenda absoluta"; "tão diferentes eram os círculos" a que pertenciam, as distâncias entre elas eram tão grandes que perderam contato por onze anos;[36] enfrentando um período difícil, os Price procuram os

Bertram. Aos poucos, e mesmo não sendo a primogênita, Fanny torna-se o foco de atenção ao ser enviada para Mansfield Park, para lá começar sua nova vida. De forma similar, os Bertram desistiram de Londres (em virtude de uma "leve fraqueza e grande indolência" de lady Bertram) e foram morar definitivamente no campo.

O que sustenta materialmente essa vida é a propriedade de Bertram em Antígua, que não está indo muito bem. Austen se esforça para nos mostrar dois processos aparentemente díspares, mas na verdade convergentes: o aumento da importância de Fanny para a economia dos Bertram, inclusive Antígua, e a firmeza de Fanny diante de inúmeros desafios, ameaças e surpresas. Em ambos, a imaginação de Austen trabalha com enorme rigor segundo uma modalidade que poderíamos definir como elucidação geográfica e espacial. A ignorância de Fanny, ao chegar a Mansfield como uma menina assustada de dez anos de idade, é indicada por sua incapacidade "de juntar o mapa da Europa",[37] e durante boa parte da primeira metade do romance a ação se refere a toda uma série de questões cujo denominador comum, mal empregado ou mal interpretado, é o espaço: sir Thomas está em Antígua para melhorar as coisas lá e em casa, enquanto, em Mansfield Park, Fanny, Edmund e a tia Norris negociam onde ela deve morar, ler e trabalhar, onde se devem acender as lareiras; os primos e os amigos se preocupam com a reforma das propriedades, e discute-se a importância das capelas (ou seja, a autoridade religiosa) para a vida doméstica. Quando os Crawford, para animar um pouco as coisas, sugerem que se encene uma peça (é significativo o toque francês que paira levemente suspeito em seus passados), a consternação de Fanny é de uma agudeza polarizadora. Ela não pode participar, não pode aceitar tranquilamente que os aposentos domésticos se convertam num espaço teatral, embora, de todo modo, preparem a peça de Kotzebue, *Lovers' vows* [Juras de amor], com toda sua confusão de papéis e intenções.

Devemos conjecturar, creio eu, que enquanto sir Thomas está fora, cuidando de seu jardim colonial, ocorrerá uma série de inevitáveis descontroles (explicitamente associados à "falta de lei" das mulheres). Eles se evidenciam não só em inocentes passeios dos três casais de jovens amigos por um parque, onde as pessoas se perdem de vista e se flagram inesperadamente, como também, e com muita clareza, nos vários flertes e compromissos entre os rapazes e as moças sem o amparo da verdadeira autoridade familiar, na medida em que lady Bertram é indiferente e mrs. Norris inconveniente. Os papéis são assumidos de maneira arriscada, entre conflitos e insinuações: tudo isso, naturalmente, se cristaliza nos preparativos para a peça, em que está para se encenar (mas nunca chega a termo) algo perigosamente próximo à libertinagem. Fanny, cuja sensação anterior de separação, afastamento e medo deriva de seu desenraizamento inicial, torna-se agora uma espécie de consciência delegada quanto ao certo e ao abusivo. No entanto, ela não tem poder de implementar sua incômoda consciência, e as coisas continuam à deriva, sem leme, até o súbito retorno de sir Thomas do "estrangeiro".

Quando ele aparece, os preparativos para a peça são prontamente interrompidos; numa passagem memorável pela presteza de execução, Austen narra a restauração do comando local de sir Thomas:

> Foi uma manhã azafamada para ele. As conversas com cada um deles ocuparam apenas uma pequena parte. Ele tinha de se reinstalar em todas as ocupações habituais de sua vida em Mansfield, ver o administrador e o intendente — examinar e fazer as contas — e, nos intervalos dos negócios, percorrer os estábulos e os jardins, e as plantações mais próximas; mas, ativo e metódico, não só tinha feito tudo isso antes de retomar seu lugar como dono da casa à hora do almoço, como também mandara o carpinteiro desfazer tudo o que havia sido montado na sala de bilhar, e dispensara o pintor de cenários numa hora já tão distanciada que justificaria a agradável convicção de que, agora, ele já estaria pelo menos em Northampton. O pintor de cenários se

fora, tendo apenas danificado o assoalho de uma sala, estragado todas as esponjas do cocheiro e deixado insatisfeitos e ociosos cinco dos auxiliares de serventes; e sir Thomas tinha a esperança de que mais um ou dois dias bastariam para acabar com qualquer resquício exterior do que acontecera, até a destruição de todos os exemplares avulsos de *Juras de amor* na casa, pois ele estava queimando tudo o que lhe aparecia pela frente.[38]

A força deste parágrafo é inequívoca. Não é apenas um Crusoé pondo as coisas em ordem: é também um antigo protestante eliminando todos os traços de comportamento frívolo. Nada em *Mansfield Park* nos desmentiria, porém, se fôssemos supor que sir Thomas faz exatamente as mesmas coisas — em escala mais ampla — em suas "fazendas" de Antígua. Tudo o que estivesse errado por lá — e as indicações internas reunidas por Warren Roberts sugerem que estavam em pauta a depressão econômica, a escravidão e a concorrência com a França[39] —, sir Thomas foi capaz de endireitar, assim mantendo o controle sobre seu domínio colonial. Aqui, mais do que em qualquer outra parte de sua obra, Austen estabelece uma sincronia entre a autoridade doméstica e a autoridade internacional, deixando claro que os valores associados com coisas superiores tais como a ordenação sacerdotal, o direito e a propriedade devem ter raízes sólidas na posse e no domínio efetivo do território. Ela vê com clareza que ter e governar Mansfield Park é ter e governar uma propriedade imperial em íntima, para não dizer inevitável, associação com ela. O que assegura a tranquilidade doméstica e a atraente harmonia de uma é a produtividade e a disciplina regrada da outra.

Antes, porém, de ter esses dois lados plenamente assegurados, Fanny deve se envolver de maneira mais ativa no desenrolar da ação. De parente pobre, assustada e amiúde maltratada, ela se transforma aos poucos em membro diretamente participante do lar dos Bertram em Mansfield Park. A meu ver, é a isso que Austen destina a segunda parte do livro, que contém não só o fracasso do romance entre Edmund e Mary Crawford, como também a vergonhosa devassidão de Lydia e Henry Crawford, e ainda a redescoberta e rejeição de Fanny Price de seu lar de Portsmouth, a doença e incapacitação de Tom Bertram (o primogênito) e o início da carreira naval de William Price. Todo esse conjunto de relações e acontecimentos é afinal coroado pelo matrimônio de Edmund e Fanny, cujo lugar na casa de lady Bertram é assumido por sua irmã Susan Price. Não é exagero interpretar as partes finais de *Mansfield Park* como o coroamento de um princípio demonstravelmente pouco natural (ou pelo menos ilógico) no centro de uma ordem inglesa desejável. A audácia da visão de Austen fica um pouco dissimulada por causa de sua voz, a qual, apesar de uma ocasional malícia, é notavelmente modesta e abafada. Mas não devemos interpretar mal as limitadas referências ao mundo exterior, suas leves referências ao trabalho, ao processo e às classes, sua visível habilidade para abstrair (nos termos de Raymond Williams) "uma inflexível moral cotidiana que, ao fim, é separável de sua base social". Na verdade, Austen é muito menos tímida, muito mais severa.

As pistas se encontram em Fanny, ou melhor, no rigor com que formos capazes de avaliá-la. É fato que sua visita ao lar de origem, em Portsmouth, onde ainda reside sua família imediata, transtorna o equilíbrio estético e emocional a que ela tinha se acostumado em Mansfield Park, e é fato que ela começou a tomar esses luxos maravilhosos como coisas naturais, até essenciais. São consequências muito naturais e rotineiras de se habituar a um novo lugar. Mas Austen está falando de duas outras questões sobre as quais não podemos nos equivocar. Uma delas é a recente sensação mais abrangente de Fanny sobre o que significa estar *em casa*; quando ela se dá conta das coisas, depois de chegar a Portsmouth, não é apenas uma questão de espaço ampliado.

> Fanny ficou quase aturdida. A pequenez da casa e a finura das paredes aproximavam-lhe tanto as coisas, acresciam-se ao cansaço da viagem e a toda sua agitação recente, que ela

mal sabia como suportar aquilo. *Dentro* do aposento tudo estava bastante tranquilo, pois, tendo Susan desaparecido com os demais, logo restaram apenas seu pai e ela; e ele, pegando um jornal — empréstimo habitual de um vizinho —, pôs-se a estudá-lo, sem parecer lembrar de sua existência. A vela solitária se erguia entre ele e o jornal, sem qualquer referência ao que pudesse convir a ela; mas ela não tinha nada a fazer, e ficou satisfeita que a luz, apartada pelo jornal, não incidisse em sua cabeça dolorida enquanto ela permanecia sentada numa contemplação abatida, triste, desconcertada.

Ela estava em casa. Mas, ai!, não era uma casa dessas, não tivera a acolhida que... ela se deteve; não estava sendo razoável. [...] Um dia ou dois mostrariam a diferença. *Ela* era a única culpada. No entanto, pensava que não teria sido assim em Mansfield. Não, na casa de seu tio haveria uma consideração dos tempos e estações, uma adaptação do assunto, um decoro, uma atenção a cada pessoa que não havia ali.[40]

Num espaço pequeno demais, você não consegue enxergar bem, não consegue pensar com clareza, não consegue ter a adaptação ou atenção adequada. A delicadeza de Austen nos detalhes ("a vela solitária se erguia entre ele e o jornal, sem qualquer referência ao que pudesse convir a ela") traduz com muita exatidão os riscos da insociabilidade, do isolamento solitário, da consciência diminuída que são corrigidos em espaços maiores e mais bem administrados.

O fato de tais espaços não estarem ao alcance de Fanny por herança direta, título legal, proximidade, contiguidade ou adjacência (Mansfield Park e Portsmouth estão separados por muitas horas de viagem) constitui precisamente o tema central de Austen. Para ganhar direito a Mansfield Park, primeiro você tem de sair de casa como uma espécie de criada contratada ou, para colocar a questão em termos extremos, como uma espécie de mercadoria transportável — é este, evidentemente, o destino de Fanny e seu irmão William —, mas aí você terá a promessa de futuras riquezas. Em meu parecer, Austen vê o que Fanny faz como um movimento doméstico ou em pequena escala no espaço, em correspondência com os movimentos mais amplos, mais abertamente coloniais de sir Thomas, seu mentor, o homem de quem ela herdará a propriedade. Os dois movimentos são interdependentes.

A segunda questão mais complexa de que fala Austen, ainda que indiretamente, levanta um interessante problema teórico. A consciência imperial de Austen é obviamente muito diferente, aflorando de maneira muitíssimo mais casual do que a de Conrad ou Kipling. Na época da autora, os ingleses mantinham uma grande atividade no Caribe e na América do Sul, notadamente Brasil e Argentina. Austen parece apenas vagamente consciente dos detalhes dessas atividades, embora a noção da importância das extensas *plantations* nas Índias Ocidentais fosse muito difundida na Inglaterra metropolitana. Antígua e a viagem de sir Thomas até lá desempenham uma função decisiva em *Mansfield Park*, que, como venho dizendo, é ao mesmo tempo incidental, mencionada apenas de passagem, e absolutamente crucial para a ação. Como devemos avaliar as poucas referências de Austen a Antígua, e como interpretá-las?

Minha tese é que, justamente por meio dessa estranha combinação entre ênfase e tom casual, Austen mostra estar *assumindo* (exatamente como Fanny assume, nos dois sentidos do termo) a importância de um império para a situação doméstica. E vou mais além. Visto que Austen se refere e usa Antígua da maneira que faz em *Mansfield Park*, é preciso um esforço equivalente por parte de seus leitores para entender concretamente as valências históricas em tal referência; para colocar em outros termos, devemos tentar entender *a que* ela se referia, por que ela lhe dava a importância que dava, e por que fez essa escolha, pois poderia ter escolhido algo diferente para fundar a riqueza de sir Thomas. Vamos agora ponderar a força significativa das referências a Antígua em *Mansfield Park*: como elas ocupam tal lugar, o que estão fazendo ali?

Segundo Austen, devemos concluir que, por mais isolado e ilhado que fosse o local inglês (por exemplo, Mansfield Park), ele requer um sustento ultramarino. A propriedade de sir Thomas no Caribe teria de ser uma fazenda de cana com trabalho escravo (abolido apenas na década de 1830): estes não são empoeirados fatos históricos, e sim, como Austen sem dúvida sabia, realidades históricas evidentes. Antes da rivalidade anglo-francesa, a grande característica distintiva dos impérios ocidentais (romano, espanhol e português) é que se dedicavam à pilhagem, como diz Conrad, ao transporte de tesouros das colônias para a Europa, dando pouquíssima atenção ao desenvolvimento, à organização ou à sistematização no interior das próprias colônias; a Inglaterra e, em menor grau, a França queriam fazer de seus impérios empreendimentos rentáveis, contínuos, duradouros, e rivalizavam nessa iniciativa, sobretudo nas colônias caribenhas, onde o tráfico de escravos, o funcionamento de grandes *plantations* açucareiras e o desenvolvimento de mercados para o açúcar — que levantavam os problemas do protecionismo, dos monopólios e do preço — estavam em jogo de forma mais ou menos constante e concorrencial.

Longe de se reduzirem a um "lá longe", as possessões coloniais britânicas nas Antilhas e nas ilhas Leeward, na época de Jane Austen, constituíam um cenário crucial da disputa colonial entre a França e a Inglaterra. Ideias revolucionárias francesas estavam sendo exportadas para lá, e registrava-se um declínio constante nos lucros ingleses: as *plantations* de cana francesas estavam produzindo mais açúcar a custo menor. No entanto, as revoltas de escravos dentro e fora do Haiti estavam incapacitando a França e instigando os interesses britânicos a intervir mais diretamente e obter maior poder local. Ademais, ao contrário de seu predomínio anterior no mercado interno, a produção açucareira do Caribe britânico no século XIX tinha de concorrer com a cana do Brasil e das ilhas Maurício, com o surgimento de uma indústria de açúcar de beterraba na Europa e o gradual predomínio da ideologia e prática do livre-cambismo.

Em *Mansfield Park* — tanto no conteúdo quanto em suas

características formais —, temos a convergência de várias dessas correntes. A mais importante é a subordinação reconhecidamente total da colônia à metrópole. Sir Thomas, ausente de Mansfield Park, nunca aparece *presente* em Antígua, a qual, aliás, é motivo de no máximo meia dúzia de referências ao longo do livro. Há uma passagem, que já citei parcialmente, dos *Principles of political economy*, de John Stuart Mill, que capta o espírito desse tratamento que Austen dá a Antígua. Cito-o na íntegra:

> Estas [nossas remotas possessões] dificilmente podem ser consideradas como países, [...] mas mais propriamente como remotas propriedades agrícolas ou manufatureiras pertencentes a uma comunidade maior. Nossas colônias nas Índias Ocidentais, por exemplo, não podem ser consideradas como países com um capital produtivo próprio [...] [sendo antes] o local onde a Inglaterra acha conveniente efetuar a produção de açúcar, café e algumas outras mercadorias tropicais. Todo o capital empregado é capital inglês; quase toda a indústria é voltada para uso inglês; pouca coisa se produz além de gêneros de primeira necessidade, e estes são enviados para a Inglaterra, não para serem trocados por coisas exportadas para a colônia e consumidas por seus habitantes, mas para serem vendidos na Inglaterra para o benefício dos proprietários lá. O comércio com as Índias Ocidentais dificilmente pode ser considerado um comércio exterior, lembrando mais o intercâmbio entre campo e cidade.[41]

Em certa medida, Antígua é como Londres ou Portsmouth, local menos atraente do que uma propriedade rural como Mansfield Park, mas produzindo bens que serão consumidos por todos (na primeira metade do século XIX, todos os ingleses usavam açúcar), embora de propriedade e a cargo de um pequeno grupo de aristocratas e fidalgos. Os Bertram e demais personagens em *Mansfield Park* compõem um subgrupo dentro dessa minoria, e para eles a ilha é riqueza, que aos olhos de Austen se converte em propriedade, em ordem e, no final do romance, em conforto, como um bem adicional. Mas por que "adicional"? Porque, como Austen nos diz claramente nos últimos capítulos, ela quer "devolver todos, que nem estavam muito em erro, a um conforto razoável, e acabar com tudo o mais".[42]

Essa passagem pode ser interpretada, em primeiro lugar, como significando que o romance fez o suficiente para desestabilizar a vida de "todos" e agora precisa assentá-los: com efeito, é o que diz Austen de maneira explícita num rasgo de impaciência metaliterária, ao comentar que sua obra já se estendeu o suficiente, e agora precisa ter um desfecho. Em segundo lugar, podemos interpretar a passagem no sentido de que "todos" agora podem afinal entender o que significa estar em casa, e em descanso, sem a necessidade de correr mundo, de ficar indo e vindo. (Isso não inclui o jovem William, que supomos continuará a singrar os mares na Marinha britânica, em todas as missões comerciais e políticas que ainda se fizerem necessárias. Tais questões despertam em Austen apenas uma última e breve alusão, um comentário de passagem sobre "a boa conduta constante e a fama crescente" de William.) Quanto aos que firmaram residência definitiva no próprio Mansfield Park, seus espíritos agora plenamente aclimatados ganham os benefícios da domesticação e da domesticidade, e entre eles sobretudo sir Thomas. Pela primeira vez, ele se dá conta do que faltou na educação de seus filhos, e entende o problema nos termos que lhe são paradoxalmente fornecidos por forças digamos externas, não nomeadas: a riqueza de Antígua e o exemplo de Fanny Price, a qual viera de outro meio. Note-se aqui como a curiosa alternância entre o interior e o exterior segue o padrão identificado por Mill — o externo *que se torna* interno pelo uso e, como diz Austen, pela "disposição":

> Aqui [em suas deficiências ao educar, ao permitir que mrs. Norris desempenhasse um papel excessivo, ao permitir que

seus filhos ocultassem e reprimissem os sentimentos] houvera uma séria falha de administração; mas, por pior que fosse, ele aos poucos começou a sentir que não fora o erro mais terrível em seu projeto de educação. Devia ter faltado alguma coisa *por dentro*, do contrário o tempo teria dissipado grande parte de seus maus efeitos. Ele temia que tivesse faltado um princípio, um princípio ativo, que eles nunca haviam sido devidamente ensinados a governar suas tendências e temperamentos, por meio daquele senso de dever que basta por si mesmo. Eles haviam sido instruídos teoricamente na religião, mas nunca lhes fora exigido que a colocassem diariamente em prática. Distinguir-se pela elegância e pelos dotes — objetivo autorizado da juventude deles — talvez não tivesse exercido qualquer influência proveitosa, qualquer efeito moral sobre o espírito. Ele pretendera que fossem bons, mas seus cuidados haviam se orientado para o intelecto e as boas maneiras, não para a disposição; e da necessidade de abnegação e humildade, ele temia que nunca tivessem ouvido de quaisquer lábios que lhes fossem de proveito.[43]

O que estava faltando *dentro* era, de fato, suprido pela riqueza extraída de uma *plantation* no Caribe e por uma parente interiorana pobre, ambas levadas para Mansfield Park e ali aproveitadas. Mas, por si sós, nenhuma delas bastaria; uma requer a outra e, o que é mais importante, ambas demandam uma disposição empreendedora, que por sua vez ajuda a corrigir o resto do círculo Bertram. Austen deixa a cargo do leitor a explicação literal de tudo isso.

E é a isso que chegamos ao interpretá-la. Mas todas essas coisas relacionadas com o exterior trazido para o interior parecem inequivocamente *presentes* na sugestionabilidade de sua linguagem alusiva e abstrata. Um princípio faltando "por dentro", creio eu, pretende nos relembrar das ausências de sir Thomas em Antígua, ou a excentricidade sentimental e quase bizarra das três irmãs Ward, com seus inúmeros defeitos, que leva à mudança de uma sobrinha de uma casa para outra. Mas que os Bertram de fato melhoraram, ou até se tornaram bons, que adquiriram algum senso de dever, aprenderam a controlar suas tendências e temperamentos, passaram a praticar a religião no cotidiano, "dirigiram a disposição": tudo isso efetivamente ocorreu porque fatores externos (ou melhor, remotos) foram devidamente interiorizados, tornaram-se naturais de Mansfield Park, com a sobrinha Fanny como sua senhora espiritual e Edmund, o segundo filho, como seu senhor espiritual.

Um outro benefício é a mudança de mrs. Norris, desalojada de lá: o fato é descrito como "o grande conforto suplementar da vida de sir Thomas".[44] Uma vez interiorizados os princípios, seguem-se os confortos: Fanny se estabelece por algum tempo em Thornton Lacey "com todos os cuidados por seu conforto"; sua casa, depois, se torna "o lar da afeição e do conforto"; Susan é trazida "primeiro como um conforto para Fanny, depois como auxiliar, e por fim como sua substituta",[45] quando a recém-importada ocupa o lugar de Fanny ao lado de lady Bertram. O modelo estabelecido no início do romance permanece, só que agora dotado daquilo que Austen pretendia lhe conferir ao longo de toda a narrativa: um fundamento interiorizado e retrospectivamente garantido. É o fundamento que Raymond Williams define como "uma moral inflexível e cotidiana que, ao final, é dissociável de sua base social e que, em outras mãos, pode ser voltada contra ela".

Tentei mostrar que a moral não é de fato dissociável de sua base social: até sua última frase, Austen afirma e repete o processo geográfico de expansão envolvendo o comércio, a produção e o consumo, o qual antecede, subjaz e garante a moral. E, como nos lembra Gallagher, quer a expansão "por meio do domínio colonial agradasse ou desagradasse, em geral se aceitava que ela era desejável, de uma ou outra maneira. Assim, no caso, eram poucas as pressões domésticas em relação à expansão".[46] Muitos críticos costumam esquecer ou negligenciar esse processo, julgando-o menos importante do que a própria Austen parecia considerar. Mas a interpretação de Jane Austen depende de *quem* interpreta, *quando* interpreta e, não menos importante, *de onde* interpreta. Se com as feministas, com grandes críticos culturais sensíveis à história e às classes como Williams, com intérpretes culturais e estilísticos, passamos a nos sensibilizar pelas questões suscitadas pelos interesses deles, agora deveríamos passar a considerar a divisão geográfica do mundo — afinal, tão significativa em *Mansfield Park* — não como algo neutro (como tampouco neutros são os sexos e as classes), e sim politicamente carregado, demandando a atenção e a elucidação que requerem suas proporções consideráveis. Assim, a questão não é apenas como entender e a que vincular a moral de Austen e sua respectiva base social, mas também *o que* ler nela.

Retomemos as referências casuais a Antígua, a facilidade com que as necessidades de sir Thomas são atendidas com uma temporada caribenha, as menções irrefletidas a Antígua (ou ao Mediterrâneo, ou à Índia, que é para onde lady Bertram, num acesso de impaciência distraída, acha que William deve ir, "para que eu possa ter um xale. Acho que vou querer dois xales").[47] Elas representam uma significação "lá fora", que serve de moldura à ação realmente importante que se passa *aqui*, mas não chega a ser uma grande significação. Todavia, esses símbolos do "exterior", mesmo quando reprimem, incluem uma história rica e complexa, que veio a alcançar um estatuto que os Bertram, os Price e a própria Austen não iriam nem poderiam reconhecer. Chamá-lo de "Terceiro Mundo" é uma maneira de começar a tratar dessa realidade, mas de forma nenhuma esgota a história política ou cultural.

Devemos primeiramente avaliar em *Mansfield Park* as prefigurações de uma história inglesa posterior, tal como vem registrada na literatura de ficção. A conveniente colônia dos Bertram em *Mansfield Park* pode ser lida como um prenúncio da mina de San Tomé de Charles Gould em *Nostromo*, ou da Imperial and West African Rubber Company dos Wilcox, em *Howards End* de Forster, ou de qualquer um daqueles distantes, mas convenientes locais de riquezas em *Great expectations, Co-*

ração das trevas e *Wide sargasso sea* [O vasto mar de sargaços], de Jean Rhys — fontes de recursos a ser visitadas, comentadas, descritas ou apreciadas por razões domésticas, para vantagens metropolitanas locais. Se pensamos nesses outros romances futuros, a Antígua de sir Thomas logo adquire uma densidade um pouco maior do que suas discretas e reticentes aparições nas páginas de *Mansfield Park*. E nossa leitura do romance já começa a se abrir para aqueles pontos em que, ironicamente, Austen era da máxima parcimônia e seus críticos da máxima (alguém ousaria dizê-lo?) negligência. A "Antígua" de Austen, portanto, não é apenas uma maneira sutil, e sim uma forma definida, de marcar os limites externos daquilo que Williams chama de melhorias domésticas, nem uma rápida alusão à intrepidez mercantil de adquirir domínios ultramarinos como fonte de fortunas locais, nem uma referência entre outras atestando uma sensibilidade histórica imbuída não só de cortesias e boas maneiras, mas também de disputas ideológicas, lutas com a França napoleônica, da consciência de transformações econômicas e sociais sísmicas durante um período revolucionário na história mundial.

Em segundo lugar, devemos ver "Antígua" mantida num lugar preciso na geografia moral e na prosa de Austen graças a transformações históricas que seu romance atravessa qual navio em vasto oceano. Os Bertram não poderiam existir sem o tráfico de escravos, o açúcar e a classe dos fazendeiros coloniais: como tipo social, sir Thomas devia ser familiar aos leitores do século XVIII e começo do século XIX, que conheciam a grande influência dessa classe por meio da política, de peças (como *The West Indian* [O indiano ocidental], de Cumberland) e muitas outras atividades públicas (mansões, rituais sociais e festas grandiosas, empreendimentos comerciais de renome, casamentos de ampla divulgação). À medida que o antigo sistema do monopólio protegido foi desaparecendo e surgiu uma nova classe de colonizadores-fazendeiros que não podiam dar-se ao luxo de permanecer distantes de seus empreendimentos, os interesses nas Índias Ocidentais foram perdendo sua força: o setor algodoeiro, um sistema comercial ainda mais aberto e a abolição do tráfico negreiro reduziram o poder e o prestígio de gente como os Bertram, cujas temporadas no Caribe então diminuíram de frequência.

Assim, as esporádicas viagens de sir Thomas a Antígua, como proprietário ausente, refletem a diminuição do poder de sua classe, redução diretamente expressa no título do clássico de Lowell Ragatz, *The fall of the planter class in the British Caribbean, 1763-1833* [O declínio da classe fazendeira no Caribe britânico, 1763-1833] (1928). Mas o que é oculto ou alusivo em Austen se fará suficientemente explícito, mais de cem anos depois, em Ragatz? A discrição ou silêncio estético de um grande romance em 1814 recebe explicação adequada numa grande obra de pesquisa histórica, um século mais tarde? Podemos supor que o processo interpretativo se completou, ou ele irá prosseguir à medida que surgirem novos materiais?

Apesar de toda a sua erudição, Ragatz ainda é capaz de falar na "raça negra" com as seguintes características: "ele roubava, mentia, era simplório, desconfiado, ineficiente, irresponsável, preguiçoso, supersticioso e dissoluto em suas relações sexuais".[48] Esse tipo de "história" felizmente cedeu lugar ao trabalho de revisão de historiadores caribenhos como Eric Williams e C. L. R. James, e mais recentemente Robin Blackburn, em *The overthrow of colonial slavery, 1766-1848* [A derrubada da escravidão colonial, 1766-1848]: essas obras mostram que a escravidão e o império alimentaram o surgimento e a consolidação do capitalismo bem além dos antigos monopólios das *plantations*, e que formaram um poderoso sistema ideológico cuja ligação original com interesses econômicos específicos pode ter desaparecido, mas cujos efeitos persistiram durante décadas.

> As ideias políticas e morais da época devem ser examinadas na mais íntima relação com o desenvolvimento econômico [...]. Um interesse ultrapassado, cuja falência salta aos olhos numa perspectiva histórica, pode gerar um efeito obstru-

cionista e destruidor que só se explica pelos grandes serviços previamente prestados e pelo entrincheiramento antes conquistado [...]. As ideias fundadas nesses interesses persistem por longo tempo depois da eliminação desses interesses, e continuam perversamente atuantes, tanto mais perversas porque não mais existem os interesses a que elas correspondem.[49]

É o que diz Eric Williams em *Capitalism and slavery* [Capitalismo e escravidão] (1961). A questão da interpretação, e da própria escrita, está ligada à questão dos interesses, que operam, como vimos, nos textos tanto estéticos quanto historiográficos. Não podemos dizer que, por ser um romance, os vínculos de *Mansfield Park* com uma história sórdida não vêm ao caso ou estão superados, não só porque seria irresponsável fazê-lo, mas também porque sabemos demais para afirmar tal coisa de boa-fé. Tendo lido *Mansfield Park* como parte da estrutura de uma aventura imperialista em expansão, não podemos simplesmente devolvê-lo ao cânone das "grandes obras-primas literárias" — ao qual sem dúvida pertence — e o deixar lá, sem mais. Em vez disso, creio eu, o romance inaugura de maneira firme, ainda que discreta, um vasto campo de cultura imperialista doméstica sem a qual não seriam possíveis as subsequentes aquisições territoriais britânicas.

Estendi-me sobre *Mansfield Park* para ilustrar um tipo de análise raras vezes encontrado nas interpretações mais correntes ou em leituras baseadas rigorosamente numa ou noutra escola teórica mais avançada. No entanto, apenas a partir da perspectiva global sugerida por Jane Austen e suas personagens é que se pode evidenciar a posição geral bastante surpreendente do romance. Considero que tal leitura completa ou complementa outras leituras, sem as eliminar nem as desqualificar. E cabe frisar que, na medida em que *Mansfield Park* vincula as realidades do poderio britânico no ultramar à confusão doméstica na propriedade Bertram, não há como proceder a esse tipo de leitura que faço, não há como entender a "estrutura de atitudes e referências" a não ser percorrendo o próprio romance. Sem o ler na íntegra, não conseguiríamos entender a força dessa estrutura e a maneira como foi ativada e mantida na literatura. Mas, ao lê-lo com cuidado, podemos sentir como as ideias a respeito das raças e territórios dependentes eram abraçadas tanto por executivos das relações exteriores, burocratas coloniais, estrategistas militares, quanto por leitores inteligentes de romances que se instruíam nas questões delicadas da avaliação moral, do equilíbrio literário e do acabamento estilístico.

Há ainda, na leitura de Jane Austen, um paradoxo que me impressiona, e que não consigo de forma alguma resolver. Todas as evidências dizem que mesmo os aspectos mais rotineiros da manutenção de escravos numa *plantation* açucareira das Índias Ocidentais eram cruéis. E tudo o que sabemos acerca de Austen e seus valores contraria a crueldade da escravidão. Fanny Price lembra seu primo que, depois de perguntar a sir Thomas sobre o tráfico negreiro, "houve um silêncio mortal",[50] sugerindo que não podia haver ligação entre um e outro mundo, simplesmente porque não há linguagem comum a ambos. É verdade. Mas o que introduz na vida essa extraordinária discrepância é a ascensão, o declínio e a queda do próprio império britânico e, em seu rastro, o surgimento de uma consciência pós-colonial. A fim de ler obras como *Mansfield Park* com maior acurácia, é preciso ver que, de modo geral, elas resistem ou evitam esse outro contexto, o qual, porém, não pode ser inteiramente dissimulado pela abrangência formal, a honestidade histórica e a sugestionabilidade profética desses romances. Com o tempo, já não se faria um silêncio mortal quando se comentasse a escravidão, e o assunto se tornaria fulcral para uma nova compreensão do que era a Europa.

Seria tolo esperar que Jane Austen tratasse a escravidão como algo semelhante à paixão de um abolicionista ou de um escravo recém-libertado. No entanto, o que eu chamei de retórica da culpa, agora tão amiúde empregada por vozes subalternas, minoritárias ou inferiorizadas, investe retrospectivamente contra ela e outros como ela, por serem brancos, privilegiados, insensíveis, cúmplices. Sim, Austen pertencia a uma sociedade que tinha escravos, mas por causa disso iremos descartar seus romances como exercícios triviais de velharias estéticas? De forma alguma, diria eu, se levarmos a sério nossa vocação intelectual e interpretativa de estabelecer conexões, de lidar de maneira efetiva e plena com o maior número possível de indícios, de ler o que está ali e o que não está, e sobretudo de enxergar a complementaridade e a interdependência, em vez de uma experiência isolada, venerada ou formalizada que exclui e interdita a intromissão hibridizante da história humana.

Mansfield Park é uma obra rica no sentido de que sua complexidade intelectual estética requer aquela análise mais longa e demorada também exigida por sua problemática geográfica, um romance que transcorre numa Inglaterra que, para manter seu estilo, depende de uma ilha caribenha. Quando sir Thomas vai e volta de Antígua, onde possui propriedades, isso não tem nada a ver com suas entradas e saídas de Mansfield Park, onde sua presença, suas chegadas e partidas têm consequências muito consideráveis. Mas exatamente porque Austen é tão concisa num dos contextos, tão provocadoramente rica no outro, exatamente devido a esse desequilíbrio podemos nos deter sobre o romance, revelar e acentuar a interdependência que mal chega a ser mencionada em suas páginas brilhantes. Uma obra menor enverga sua filiação histórica de maneira mais chã; sua concretude é simples e direta, como uma cançãozinha chauvinista durante a insurreição mahdista [na década de 1880, no Egito] ou a Rebelião Indiana de 1857, que se vincula diretamente à situação e ao eleitorado que a cunharam. *Mansfield Park* codifica experiências, não se limita apenas a repeti-las. De nossa perspectiva atual, nos é válido interpretar o poder de sir Thomas de ir e vir de Antígua como resultante da experiência nacional emudecida da identidade, da conduta e da "ordenação" individuais, apresentadas com tanto gosto e ironia em *Mansfield Park*. A tarefa consiste em não perder o verdadeiro sentido histórico de uma, nem a plena fruição ou apreciação da outra, vendo-as sempre juntas.

A INTEGRIDADE CULTURAL DO IMPÉRIO

Até meados do século XIX, não há na cultura francesa praticamente nada que se equipare ao tipo de intercâmbio entre Mansfield Park (o romance e o local) e um território ultramarino. Antes de Napoleão, existia, naturalmente, uma vasta bibliografia francesa de ideias, viagens, polêmicas e especulações sobre o mundo não europeu. Basta pensar em Volney, por exemplo, ou em Montesquieu (uma parte disso é discutida no recente livro de Tzvetan Todorov, *Nous et les autres* [Nós e os outros]).[51] Sem exceções significativas, essa bibliografia ou era especializada — como, por exemplo, o famoso relatório do *abbé* Raynal sobre as colônias — ou pertencia a um gênero (por exemplo, debate moral) que utilizava questões como mortalidade, escravidão ou corrupção como casos particulares de alguma tese mais abrangente sobre a humanidade. Os enciclopedistas e Rousseau fornecem uma ótima ilustração deste último caso. Como viajante, memorialista, eloquente psicólogo de si mesmo e romântico, Chateaubriand encarna um individualismo de tom e estilo inigualáveis; com certeza seria muito difícil mostrar, em *René* ou *Atala*, que ele pertencia a uma instituição literária como o romance ou a discursos eruditos como a historiografia ou a linguística. Além disso, suas narrativas sobre a vida nas Américas ou no Oriente Próximo são excêntricas demais para ser facilmente domesticadas ou imitadas.

Assim, a França mostra uma preocupação cultural ou literária um tanto espasmódica, talvez até esporádica, mas certamente delimitada e especializada, por aqueles domínios para onde iam os comerciantes, estudiosos, missionários ou soldados, e onde encontravam seus parceiros britânicos, no Oriente ou nas Américas. Antes de tomar a Argélia em 1830, a França não possuía nenhuma Índia e, conforme argumentei em outra parte, tivera algumas brilhantes e passageiras experiências no exterior, às quais retornava mais na memória e nas figuras literárias do que na realidade. Um exemplo famoso são as *Lettres de Barbarie* [Cartas da Barbária] (1785), do *abbé* Poiret, que descreve um encontro com muitos mal-entendidos, mas bastante estimulante, entre um francês e alguns africanos muçulmanos. O melhor historiador intelectual do imperialismo francês, Raoul Girardet, afirma que existiram inúmeras correntes coloniais na França entre 1815 e 1870, mas nenhuma chegou a dominar as outras ou a ocupar uma posição central ou destacada na sociedade francesa. Ele enumera os comerciantes de armas, economistas, militares e religiosos como responsáveis por manter as instituições imperiais francesas vivas no âmbito interno, embora, ao contrário de Platt e outros estudiosos do imperialismo britânico, Girardet não consiga identificar nada tão evidente como uma "visão departamental" francesa.[52]

Seria fácil extrair conclusões equivocadas sobre a cultura literária francesa, e assim cabe mencionar uma série de contrastes com a Inglaterra. A consciência altamente difundida, não especializada e facilmente acessível dos interesses ultramarinos e que se encontra na Inglaterra não tem nenhum equivalente francês direto. É difícil encontrar análogos franceses da nobreza rural de Austen ou dos negociantes de Dickens, com suas referências casuais à Índia ou ao Caribe. Mesmo assim, de duas ou três maneiras bastante especializadas, também os interesses ultramarinos da França afloram no discurso cultural. Uma delas, bastante interessante, é a figura dominadora, quase icônica, de Napoleão (como no poema "Lui", de Hugo), que encarna o espírito romântico francês no exterior, menos como conquistador (o que de fato ele foi, no Egito) e mais como uma presença melodramática e pensativa, cuja personagem atua como uma máscara pela qual se expressam as reflexões. Lukács notou com perspicácia a enorme influência da trajetória de Napoleão sobre as carreiras daqueles heróis romanescos na literatura francesa e russa; e, no começo do século XIX, o Napoleão corso também possui uma aura exótica.

Os jovens de Stendhal são incompreensíveis sem ele. Em *O vermelho e o negro*, Sorel é completamente dominado por suas leituras de Napoleão (sobretudo das memórias de Santa Helena), com sua grandeza caprichosa, o vigor mediterrânico e o impetuoso *arrivisme*. A reprodução desse clima na carreira de Julien passa por uma série de reviravoltas, todas elas numa França agora marcada pela mediocridade e pelas intrigas da reação, esvaziando a lenda napoleônica sem, contudo, diminuir seu poder sobre Sorel. Tão forte é o clima napoleônico em *O vermelho e o negro* que temos uma surpresa instrutiva ao notar que o romance não faz nenhuma menção direta à carreira de Bonaparte. De fato, a única referência a um mundo fora da França surge depois que Mathilde envia sua declaração de amor a Julien, e Stendhal caracteriza a vida parisiense dela como mais arriscada do que uma viagem à Argélia. Assim, tipicamente, no exato momento em que a França assegura sua principal província imperial, em 1830, ela aparece numa isolada alusão stendhaliana, denotando perigo, surpresa e uma espécie de indiferença calculada. É muito diferente das alusões fáceis à Irlanda, Índia e Américas na literatura britânica da mesma época.

Um segundo veículo para a apropriação cultural dos interesses imperiais franceses foi o conjunto de novas ciências, envoltas em certo *glamour* e possibilitadas originalmente pelas aventuras napoleônicas ultramarinas. Isso reflete com perfeição a estrutura social do saber francês, muito diversa da vida intelectual da Inglaterra, diletante e muitas vezes incomodamente *démodée*. Os grandes institutos de estudos em Paris (apoiados por Napoleão) exerceram enorme influência no surgimento da arqueologia, linguística, historiografia, orientalismo e biologia experimental (muitos deles participando ativamente da *Description de l'Egypt* [Descrição do Egito]). De maneira típica, os romancistas citavam discursos academicamente regrados sobre o Oriente, a Índia e a África — Balzac em *La peau de chagrin* [A pele de onagro] ou *La cousine Bette* [A prima Bette], por exemplo — com uma segurança e um brilho de especialista muito pouco britânicos. Nos escritos dos ingleses que residiam no estrangeiro, de lady Wortley Montagu aos Webb, temos uma linguagem de observação casual, e nos "especialistas" coloniais (como sir Thomas Bertram e os Mill), uma atitude estudada, mas basicamente distante e não oficial; na prosa administrativa ou oficial, que encontra um exemplo famoso na Minuta sobre a Educação Indiana de Macaulay, de 1835, sobressai uma dureza arrogante, mas sempre um tanto pessoal. Raramente vemos isso na cultura francesa do começo do século XIX, na qual o prestígio oficial da academia e de Paris molda toda e qualquer declaração.

Como argumentei, o poder de representar o que está além das fronteiras metropolitanas, mesmo em conversas informais, deriva do poder de uma sociedade imperial, e esse poder assume a forma discursiva de um remodelamento ou reordenamento de dados "brutos" ou primitivos segundo as convenções locais da narrativa e da exposição formal europeia, ou, no caso da França, da sistemática da ordem disciplinar. E não havia nenhuma obrigação de agradar ou persuadir um público "nativo" africano, indiano ou islâmico: na verdade, em inúmeros exemplos significativos, esses escritos pressupunham o silêncio do nativo. Quando abordavam o que estava fora da Europa metropolitana, as artes e as disciplinas de representação — de um lado, a pintura, a literatura, a história e os relatos de viagem; de outro, a sociologia, os escritos administrativos ou burocráticos, a filologia, a teoria racial — dependiam dos poderes europeus para introduzir o mundo não europeu no campo das representações, para melhor vê-lo, dominá-lo e sobretudo conservá-lo. A obra em dois volumes de Philip Curtin, *Image of Africa* [Imagem da África], e *European vision and the South Pacific* [A visão europeia e o Pacífico Sul], de Bernard Smith, são provavelmente as análises disponíveis mais amplas de tal prática. Uma boa caracterização popular é apresentada por Basil Davidson em seu estudo dos textos sobre a África produzidos até meados do século XX:

> A literatura da exploração e conquista [da África] é tão vasta e variada quanto esses próprios processos. Mas, com raras exceções de vulto, os registros são elaborados apenas para uma atitude exclusiva de dominação: são os diários de homens que olham a África decididamente de fora. Não

estou dizendo que se devia esperar outra coisa de muitos deles: o importante é que a qualidade de suas observações estava circunscrita a um campo restrito, e hoje devem ser lidas com essa ressalva. Se tentavam entender a mentalidade e as ações dos africanos que conheciam, era de passagem, e raramente. Quase todos achavam que estavam diante do "homem primevo", da humanidade tal como tinha sido antes de se iniciar a história, de sociedades que permaneciam na aurora dos tempos. [O importante livro de Brian Street, *The savage in literature* [O selvagem na literatura] mostra em detalhes como tais ideias eram defendidas na literatura acadêmica e popular.] Esse ponto de vista caminhava a par da enorme expansão de poder e riqueza da Europa, com sua força política, sua flexibilidade e sofisticação, com sua crença de ser, de alguma maneira, o continente eleito de Deus. Pode-se ver o que pensavam e faziam os exploradores, sob outros aspectos respeitáveis, nos escritos de homens como Henry Stanley ou nas ações de homens como Cecil Rhodes e seus agentes de prospecção de minérios, prontos a se apresentar como honestos aliados de seus amigos africanos enquanto os tratados fossem cumpridos — os tratados por meio dos quais os governos ou interesses privados a que serviam e consolidavam podiam comprovar mutuamente a "ocupação efetiva".[53]

Todas as culturas tendem a elaborar representações de culturas estrangeiras a fim de melhor dominá-las ou de alguma forma controlá-las. Mas nem todas as culturas fazem representações de culturas estrangeiras *e de fato* as dominam ou controlam. Este é o traço distintivo, a meu ver, das culturas ocidentais modernas. Isso exige que o estudo do conhecimento ou das representações ocidentais do mundo não europeu seja um exame tanto dessas representações quanto do poder político que elas expressam. Artistas do final do século XIX, como Kipling e Conrad, ou, nesse contexto, figuras da metade do século como Gérôme e Flaubert não reproduzem pura e simplesmente os territórios distantes: eles os elaboram ou lhes dão vida utilizando técnicas narrativas, vieses históricos e inquisitivos, ideias positivistas do gênero oferecido por pensadores como Max Müller, Renan, Charles Temple, Darwin, Benjamin Kidd, Emerich de Vattel. Todos estes desenvolveram e acentuaram as posições essencialistas na cultura europeia, proclamando que os europeus deviam dominar, e os não europeus, ser dominados. E os europeus *de fato* dominaram.

Agora estamos razoavelmente conscientes de quão substancial é esse material e da amplitude de sua influência. Tomemos, por exemplo, os estudos de Stephen Jay Gould e Nancy Stepan sobre o poder das ideias raciais no mundo da descoberta, da prática e das instituições científicas do século XIX.[54] Eles mostram que não havia nenhuma divergência significativa entre as teorias da inferioridade negra, entre as hierarquias de raças avançadas e não desenvolvidas (mais tarde "submetidas"). Essas condições eram derivadas ou, em muitos casos, até aplicadas silenciosamente a territórios ultramarinos onde os europeus encontravam o que lhes parecia ser uma evidência direta das espécies inferiores. E mesmo quando o poder europeu cresceu desproporcionalmente em relação ao poder do enorme *imperium* não europeu, da mesma forma cresceu o poder dos modelos que asseguravam uma autoridade inconteste à raça branca.

Nenhum campo da experiência foi poupado à incansável aplicação dessas hierarquias. No sistema pedagógico concebido para a Índia, os alunos aprendiam não só a literatura inglesa, como também a superioridade intrínseca da raça inglesa. Aqueles que contribuíam para a nascente ciência de observação etnográfica na África, Ásia e Austrália, tal como os descreve George Stocking, levavam consigo meticulosos instrumentos de análise e também um conjunto de imagens, noções, conceitos paracientíficos sobre a barbárie, o primitivismo e a civilização; na disciplina nascente da antropologia, o darwinismo, o cristianismo, o utilitarismo, o idealismo, a teoria racial, a história jurídica, a linguística e o conhecimento de intrépidos viajantes misturavam-se numa surpreendente combinação, mas nenhum deles vacilava quando se tratava de afirmar os valores superlativos da civilização branca (isto é, inglesa).[55]

Quanto mais lemos sobre esse assunto, e quanto mais lemos os estudos modernos a tal respeito, mais impressionante se mostra sua insistência e recorrência fundamentais quando se trata dos "outros". A comparação entre as grandiosas reavaliações da vida espiritual inglesa, por exemplo, em *Past and present* [Passado e presente], de Carlyle, e as afirmações deste sobre os negros tanto neste livro quanto em "Occasional discourse on the Nigger question" [Discurso de ocasião sobre a questão negra], revela dois fatores de grande evidência. Um deles é que as enérgicas exortações de Carlyle para a revitalização da Inglaterra, despertando-a para o trabalho, os laços orgânicos, o amor ao desenvolvimento industrial e capitalista irrestrito, e coisas do gênero, em nada contribuem para animar "Quashee", o protótipo do negro cuja "feiura, preguiça, rebeldia" estão condenadas para sempre a um estatuto subumano. Carlyle é franco a esse respeito em *The Nigger question*:

> Não: os deuses querem, além de abóboras [o vegetal preferido pelos "negros" de Carlyle], que se cultivem especiarias e outros produtos valiosos em suas Índias Ocidentais; isso eles declararam ao criar as Índias Ocidentais — infinitamente mais eles querem: querem que homens trabalhadores ocupem suas Índias Ocidentais, e não um gado indolente de duas pernas, por mais "feliz" que seja com suas abundantes abóboras! Essas duas coisas, podemos ter certeza, foram decididas pelos deuses imortais, e aprovadas em sua Lei Parlamentar eterna: e ambas, mesmo que todos os Parlamentos e entidades terrenas se oponham até a morte, serão cumpridas. Quashee, se não ajudar a cultivar as especiarias, voltará a se tornar um escravo (estado este que será um pouco menos vil do que o atual) e com um benéfico açoite, visto que outros métodos não servem, será forçado a trabalhar.[56]

Não se dá às espécies inferiores nenhuma ocasião de falar, enquanto a Inglaterra se expande de maneira tremenda, e sua cultura passa a se basear na industrialização interna e no livre--câmbio protegido no exterior. O estatuto do negro é determinado por uma "Lei Parlamentar eterna", de modo que não há nenhuma oportunidade real para o espírito de iniciativa, a mobilidade ascendente ou qualquer coisa melhor do que a pura escravidão (embora Carlyle diga ser contrário a ela). A questão é se a lógica e as atitudes de Carlyle são inteiramente pessoais (e portanto excêntricas) ou se expressam, de forma extrema e diferenciada, atitudes básicas similares às de Austen, algumas décadas antes, ou às de John Stuart Mill, uma década depois.

As semelhanças são notáveis, e as diferenças entre os indivíduos, igualmente grandes, pois o peso todo da cultura dificultaria outra alternativa. Nem Austen nem Mill oferece a um caribenho não branco qualquer estatuto alternativo, seja em termos imaginários, discursivos, estéticos, geográficos ou econômicos, ao de um produtor de açúcar numa posição permanentemente subordinada aos ingleses. Tal é, evidentemente, o significado concreto da dominação, cujo reverso é a *produtividade*. O Quashee de Carlyle é como a fazenda de sir Thomas em Antígua: destina-se a produzir riquezas para uso inglês. Assim, para Carlyle, o ensejo para Quashee estar *ali*, silencioso, consiste em trabalhar com obediência e discrição, a fim de manter em funcionamento a economia e o comércio da Inglaterra.

A segunda coisa a se notar no texto de Carlyle sobre esse assunto é que ele não é obscuro nem esotérico. O que Carlyle quer dizer sobre os negros, ele o diz com clareza, além de ser também muito franco sobre as ameaças e castigos que pretende distribuir. Carlyle fala numa linguagem de absoluta generalidade, ancorada em certezas inabaláveis sobre a essência das raças, povos, culturas, todas elas dispensando maiores esclarecimentos por serem familiares a seu público. Ele fala uma *lingua franca* para a Inglaterra metropolitana: global, abrangente, e com tamanha autoridade social que é acessível a qualquer um que fale para e sobre a nação. Essa *lingua franca* situa a Inglaterra no ponto central de um mundo também presidido por seu poder, iluminado por sua cultura e suas ideias, mantido produtivo graças às atitudes de seus mestres morais, seus artistas e legisladores.

Encontramos um tom parecido em Macaulay na década de 1830, e mais uma vez quarenta anos depois, sem grandes alterações, em Ruskin, cujas palestras Slade em Oxford, em 1870, iniciam com uma solene invocação do destino da Inglaterra. Vale a pena citá-la de maneira extensa, não porque mostre Ruskin sob uma luz desfavorável, mas porque serve de arcabouço a quase tudo o que ele escreveu sobre a arte. A respeitada edição de Cook e Weddenburn das obras completas de Ruskin traz uma nota de rodapé a essa passagem, ressaltando sua importância para o autor; ele a considerava "como 'o mais fecundo e essencial' de todos os seus ensinamentos".[57]

> Há um destino agora possível para nós — o mais alto que jamais se apresentou a uma nação para ser aceito ou recusado. Ainda não somos degenerados de raça; uma raça composta pelo melhor sangue setentrional. Tampouco nos tornamos dissolutos de índole, ainda temos firmeza para governar e elegância para obedecer. Professamos uma religião de pura misericórdia, que agora devemos ou trair, ou aprender a defender, realizando-a plenamente. E temos uma rica herança de honra, a nós transmitida ao longo de mil anos de história nobre, que deveríamos ansiar diariamente em aumentá-la com uma esplêndida avareza, de tal modo que os ingleses, se pecado fosse cobiçar a honra, seriam as almas mais pecadoras do mundo. Nos últimos anos, as leis da ciência natural se abriram a nós com uma rapidez fulgurante; e foram-nos dados meios de circulação e comunicação que converteram o mundo habitável num único reino. Um único reino — mas quem há de ser o rei? Não devem existir reis, julgam vocês, e cada um fará o que parece certo a seus olhos? Ou apenas reis do terror, e os impérios obscenos de Mammon e Belial? Ou vocês, jovens da

Inglaterra, de novo farão de seu país um trono soberano de reis; uma ilha coroada, uma fonte de luz, um centro de paz para todo o mundo; senhora do Saber e das Artes — fiel guardiã de grandes memórias em meio a visões efêmeras e irreverentes —; fiel serva de princípios consagrados pelo tempo, além da tentação por experiências apaixonadas e desejos licenciosos; e em meio a cruéis e clamorosas invejas das nações, adorada em seu singular valor de boa vontade em relação aos homens? 29. "Vexilla regis prodeunt." Sim, mas de qual rei? São duas as auriflamas; qual delas fincaremos na mais distante ilha: a que flutua no fogo celestial ou a que pende pesadamente com o sórdido tecido do ouro mundano? Há realmente um caminho de glória beneficente aberto a nós, como nunca dantes oferecido a qualquer pobre grupo de almas mortais. Mas deve ser — e conosco agora *é* "Reinar ou Morrer". E dir-se-á deste país: "Fece per viltate, il gran rifiuto", aquela recusa da coroa será, dentre todas as registradas na história, a mais vergonhosa e mais intempestiva. E eis o que ela deve fazer, ou perecer: deve fundar colônias o mais rápido e o mais distante possível, formadas por seus homens mais enérgicos e dignos; — tomando cada trecho de fecundas terras despovoadas, ela pode ocupá-las, e lá ensinar esses seus colonos que a principal virtude deles é a fidelidade a seu país, e que o primeiro objetivo deles deve ser expandir o poderio inglês por terra e por mar: e que, embora tirem sua sobrevivência de um distante pedaço de chão, nem por isso devem se considerar mais privados dos direitos de sua terra natal do que os marinheiros de seus navios, só porque navegam em mares distantes. De modo que, literalmente, essas colônias devem ser navios fixos; e cada um de seus homens deve estar sob a autoridade de capitães e oficiais, cujo comando superior se exerce sobre campos e ruas, em vez de navios de linha; e a Inglaterra, nesses seus navios imóveis (ou, no sentido real e mais poderoso, *igrejas* imóveis, governadas por pilotos no lago galilaico do mundo inteiro), há de "esperar que cada um cumpra seu dever"; reconhecer esse dever é, de fato, possível tanto na guerra quanto na paz; e se podemos ter homens que, a baixo soldo, se lançam contra a boca dos canhões por amor à Inglaterra, também podemos encontrar homens que haverão de lavrar e semear por ela, que se conduzirão com bondade e correção para com ela, que criarão seus filhos no amor a ela, e que se alegrarão ao brilho de sua glória, mais do que à luz plena dos céus tropicais. Mas para que possam agir assim, ela deve manter sua majestade imaculada; ela deve lhes permitir pensamentos sobre a terra natal de que possam se orgulhar. A Inglaterra que há de ser a senhora de metade do mundo não pode continuar como um amontoado de escória, pisoteada por multidões miseráveis e litigantes; ela deve se tornar de novo a Inglaterra que foi outrora, e com toda a beleza — mais: tão feliz, tão protegida e tão pura que em seus céus — sem nenhuma nuvem profana a poluí-los — ela possa representar com justeza cada estrela que aparece no céu; e em seus campos, ordeiros, belos e amplos, cada erva que recebe o orvalho; e sob as verdes aleias de seu jardim encantado, qual Circe sagrada, verdadeira Filha do Sol, ela deve guiar as artes humanas, e concentrar o conhecimento divino, de nações distantes, transformadas da selvageria em humanidade, e redimidas do desespero para a paz.[58]

Se não todas, pelo menos a maioria das discussões sobre Ruskin evita essa passagem. No entanto, como Carlyle, Ruskin fala com clareza; o significado de suas palavras, ainda que envoltas em alusões e metáforas, é inequívoco. A Inglaterra deve governar o mundo porque é a melhor; o poder deve ser usado; seus concorrentes imperiais não são dignos; suas colônias devem crescer, prosperar, continuar ligadas a ela. O que tem força de atração no tom exortativo de Ruskin não é apenas sua crença fervorosa naquilo que está defendendo, mas também o fato de vincular suas ideias políticas sobre a dominação inglesa mundial à sua filosofia estética e moral. Na medida em que acredita apaixonadamente nesta, também acredita apaixonadamente naquelas, sendo que o aspecto político e imperial envolve e, em certo sentido, garante o estético e moral. Como a Inglaterra deve ser "rainha" do mundo, "uma ilha coroada, fonte de luz [...] para todo o mundo", seus jovens devem ser colonizadores tendo como objetivo primeiro ampliar o poder inglês por terra e mar; como a Inglaterra deve agir assim "ou perecer", é *por isso* que sua arte e cultura dependem, para Ruskin, de um imperialismo a ser imposto.

Ignorar simplesmente essas ideias — as quais podem ser encontradas com facilidade em quase todos os textos oitocentistas — é, penso eu, como descrever uma estrada sem a situar na paisagem. Sempre que um discurso ou forma cultural aspirava à totalidade, a maioria dos escritores, pensadores, políticos e comerciantes europeus tendia a pensar em termos globais. E não eram voos retóricos, e sim correspondências muito precisas com o alcance mundial concreto, e em expansão, de suas nações. Num ensaio particularmente incisivo sobre Tennyson, contemporâneo de Ruskin, e o imperialismo de *The idylls of the king* [Os idílios do rei], V. G. Kiernan examina a impressionante envergadura das campanhas britânicas no ultramar, todas resultando na aquisição ou consolidação de territórios, das quais Tennyson participou às vezes como testemunha, às vezes diretamente implicado (por meio de parentes). Como a lista é contemporânea à vida de Ruskin, observemos os itens arrolados por Kiernan:

1839-42:	guerras do ópio na China
década de 1840:	guerras contra os bantos sul-africanos, os maoris neozelandeses; conquista do Punjab
1854-6:	guerra da Crimeia
1854:	conquista do sul da Birmânia
1856-60:	segunda guerra da China
1857:	ataque à Pérsia
1857-8:	esmagamento da Revolta Indiana
1865:	caso do governador Eyre na Jamaica

1866: expedição à Abissínia
1870: rejeição da expansão feniana no Canadá
1871: esmagamento da resistência maori
1874: campanha decisiva contra os ashantis na África Ocidental
1882: conquista do Egito

Ademais, Kiernan comenta que Tennyson era "totalmente favorável a não tolerar nenhuma asneira dos afegãos".[59] O que estavam vendo Ruskin, Tennyson, Meredith, Dickens, Arnold, Thackeray, George Eliot, Carlyle, Mill — em suma, o rol completo dos grandes escritores vitorianos — era uma tremenda exibição internacional de poderio britânico praticamente incontrolado por todo o mundo. Para eles, era fácil e natural se identificar de uma ou outra maneira com esse poder, já tendo se identificado de várias maneiras com a Inglaterra no âmbito metropolitano. Falar de cultura, ideias, gosto, moral, família, história, arte e educação, tal como faziam, apresentar esses temas, tentar influir ou moldá-los intelectual e retoricamente significava forçosamente reconhecê-los em escala mundial. A identidade britânica internacional, a amplitude da política comercial inglesa, a eficiência e mobilidade de suas forças armadas forneciam modelos irresistíveis a emular, mapas a seguir, ações a realizar.

Assim, as representações daquilo que havia para além das fronteiras insulares ou metropolitanas vieram, quase desde o princípio, a *confirmar* o poder europeu. Há aqui uma circularidade impressionante: somos dominantes porque temos o poder (industrial, tecnológico, militar, moral), e eles não, e por causa disso eles *não* são dominantes; eles são inferiores, nós superiores... e assim por diante. Vemos essa tautologia presente com especial tenacidade nas ideias inglesas acerca da Irlanda e dos irlandeses já no começo do século XVI; ela estará operando no século XVIII com as opiniões sobre os colonos brancos na Austrália e nas Américas (os australianos continuaram como raça inferior até anos bem avançados do século XX); aos poucos ela expande sua influência a ponto de incluir praticamente o mundo todo para além das costas britânicas. Na cultura francesa surge uma tautologia igualmente abrangente e repetitiva sobre o ultramar, para além das fronteiras da França. Nas margens da sociedade ocidental, todas as regiões não europeias, cujos habitantes, sociedades, histórias e seres representavam uma essência não europeia, haviam sido submetidas à Europa, que por sua vez continuava a controlar o que não era Europa, e representava o não europeu de maneira a manter o controle.

Essa reiteração e essa circularidade estavam longe de exercer um efeito inibidor ou repressivo no tocante ao pensamento, à arte, à literatura e ao discurso cultural. É preciso insistir constantemente nessa verdade crucial. A única relação que não muda é a hierarquia entre a metrópole e o ultramar de modo geral, entre o homem cristão, branco, ocidental, europeu, e aqueles povos geográfica e moralmente situados fora da Europa (África, Ásia, e mais a Irlanda e a Austrália no caso britânico).[60] Afora isso, é permitida uma elaboração fantasiosa de ambos os lados da relação, tendo como resultado geral a consolidação das respectivas identidades, mesmo quando aumentam suas variações do lado ocidental. Quando se apresenta o tema básico do imperialismo — por exemplo, em escritores como Carlyle, que expõe as coisas com muita franqueza —, ele congrega um grande número de versões culturais concordantes, mas ao mesmo tempo mais interessantes, cada qual com suas próprias inflexões, prazeres e características formais.

O problema para o crítico cultural contemporâneo é juntá-las de maneira coerente. Certamente é verdade, como mostraram vários estudiosos, que uma consciência ativa do imperialismo, de uma missão imperial agressiva e imbuída de si mesma, não se torna inevitável — muitas vezes aceita, mencionada, objeto de contribuição ativa — para os escritores europeus a não ser na segunda metade do século XIX. (Na Inglaterra da década de 1860, era frequente usar a palavra "imperialismo" para designar com certo desagrado a França, enquanto país governado por um imperador.)

Mas no final do século XIX, a alta cultura ou a cultura oficial ainda conseguia escapar ao escrutínio de seu papel modelador da dinâmica imperial e ficava misteriosamente isenta de análise sempre que as causas, males ou benefícios do imperialismo entravam em discussão, o que ocorria com frequência quase obsessiva. Este é um dos aspectos fascinantes de meu tema — como a cultura participa do imperialismo, mas é de alguma maneira desculpada por tal papel. Hobson, por exemplo, fala depreciativamente da incrível noção de um "consentimento retrospectivo",[61] de Giddings (segundo o qual o povo submetido seria primeiro subjugado e depois se suporia, retroativamente, que havia concordado com sua escravização), mas não se arrisca a perguntar onde ou como essa ideia surgiu entre pessoas como Giddings, com seu linguajar eloquente congratulando-se pela própria força. Os grandes retóricos da justificação teórica do império a partir de 1880 — na França, Leroy-Beaulieu, e na Inglaterra, Seeley — empregam uma linguagem cujas imagens de crescimento, fertilidade e expansão, cuja estrutura teleológica de propriedade e identidade, cuja discriminação ideológica entre "nós" e "eles", já haviam amadurecido em outro lugar — na literatura, na ciência política, na teoria racial, nos relatos de viagem. Em colônias como o Congo e o Egito, pessoas como Conrad, Roger Casement e Wilfrid Scawen Blunt registram as tiranias e os abusos desenfreados e quase insensatos do homem branco, ao passo que Leroy-Beaulieu, em casa, afirma com entusiasmo que a essência da colonização:

> c'est dans l'ordre social ce qu'est dans l'ordre de la famille, je ne dis pas la génération seulement, mas l'éducation. [...] Elle mène à la virilité une nouvelle sortie de ses entrailles. [...] La formation des sociétés humaines, pas plus que la formation des hommes, ne doit être abandonnée au hasard. [...] La colonisation est donc un art qui se forme à l'école de l'experience. [...] Le but de la colonisation, c'est de mettre une société nouvelle dans les meilleures conditions de prosperité et de progrès.

[é na ordem social aquilo que, na ordem da família, é, não digo apenas a geração, mas a educação. [...] Ela conduz à virilidade um novo fruto de suas entranhas. [...] A formação das sociedades humanas, tal como a formação dos homens, não deve ser abandonada ao acaso. [...] A colonização, portanto, é uma arte que se forma na escola da experiência. [...] A finalidade da colonização é colocar uma sociedade nova nas melhores condições de prosperidade e progresso.][62]

Na Inglaterra, no final do século XIX, o imperialismo era considerado essencial para o bem-estar da fecundidade britânica em geral e da maternidade em particular;[63] como revela uma leitura cuidadosa da biografia de Baden Powell, seu movimento dos escoteiros pode ser diretamente remontado à vinculação estabelecida entre o império e a saúde nacional (medo da masturbação, degeneração, eugenia).[64]

Assim, não há praticamente nenhuma exceção ao predomínio avassalador das ideias que sugerem, e muitas vezes implementam ideologicamente, o domínio imperial. Concentremos numa breve síntese, na medida do possível, os elementos de toda uma bateria de estudos modernos em diferentes campos de pesquisas, a meu ver reunidos no estudo da "cultura e imperialismo". Podemos expô-los sistematicamente da seguinte maneira:

1) Sobre a distinção ontológica fundamental entre o Ocidente e o resto do mundo não há nenhuma divergência. As fronteiras geográficas e culturais entre o Ocidente e suas periferias não ocidentais são sentidas e percebidas com tal intensidade que podemos considerá-las absolutas. Com a supremacia dessa distinção, segue-se o que Johannes Fabian chama de recusa da "simultaneidade" temporal e uma descontinuidade radical em termos de espaço humano.[65] Assim, "o Oriente", a África, a Índia e a Austrália são lugares dominados pela Europa, ainda que povoados por espécies diferentes.

2) Com o surgimento da etnografia — tal como é descrita por Stocking, e também como é demonstrada na linguística, na teoria racial e na classificação histórica —, há uma codificação

da diferença, e vários esquemas evolucionários indo das raças primitivas, passando pelas raças submetidas, até por fim chegar aos povos superiores ou civilizados. Gobineau, Maine, Renan, Humboldt são aqui de importância central. Categorias comumente usadas, tais como primitivo, selvagem, degenerado, natural, não natural, também fazem parte desse item.[66]

3) A dominação ativa do Ocidente sobre o mundo não ocidental, agora ramo canonicamente aceito da pesquisa histórica, tem um escopo devidamente global (por exemplo, K. M. Pannikar, *Asia and Western dominance* [A Ásia e o predomínio ocidental], ou Michael Adas, *Machines as the measure of men: Science, technology, and ideologies of Western dominance* [Máquinas como medida dos homens: Ciência, tecnologia e ideologias do predomínio ocidental]).[67] Existe uma convergência entre a enorme extensão geográfica dos impérios, sobretudo o britânico, e os discursos culturais universalizantes. É o poder, claro, que torna possível essa convergência; com ele segue-se a capacidade de estar em lugares distantes, de estudar outros povos, de codificar e divulgar o conhecimento, de caracterizar, transportar, instalar e apresentar exemplos de outras culturas (por meio de exposições, expedições, pinturas, levantamentos, escolas), e sobretudo de governá-los. Tudo isso, por sua vez, gera o que tem sido chamado de "obrigação" para com os nativos, a exigência na África e em outros lugares de fundar colônias para o "benefício" dos nativos[68] ou para o "prestígio" do país natal. É a retórica da *mission civilisatrice*.

4) A dominação não é inerte, mas modela as culturas metropolitanas de muitas maneiras; no próprio domínio imperial, apenas agora sua influência começa a ser estudada nas minúcias da vida cotidiana. Uma série de estudos recentes[69] descreve o motivo imperial entretecido nas próprias estruturas da cultura popular, da ficção e da retórica histórica, filosófica e geográfica. Graças ao trabalho de Gauri Viswanathan, vê-se que o sistema de ensino britânico na Índia, cuja ideologia deriva de Macaulay e Bentinck, é permeado de ideias sobre raças e culturas desiguais, transmitidas em sala de aula; faziam parte do

currículo e de uma pedagogia cuja finalidade, segundo seu defensor Charles Trevelyan, era,

> em sentido platônico, despertar os súditos coloniais para a lembrança de seu caráter inato, corrupto tal como se tornara [...] devido ao caráter feudalista da sociedade oriental. Nessa narrativa universalizante, reescrita a partir de um roteiro fornecido anteriormente pelos missionários, o governo britânico era remodelado como a república ideal a que os indianos deviam naturalmente aspirar, como expressão espontânea de si mesmos, um Estado em que os governantes britânicos ganhavam um lugar figurativo como Guardiães platônicos.[70]

Visto que estou discutindo uma concepção ideológica implementada e sustentada não só pela dominação direta e pela força física, mas por *meios persuasivos* de muito maior eficácia ao longo de muito tempo, os processos cotidianos de hegemonia — com frequência criativos, inventivos, interessantes e sobretudo práticos — prestam-se surpreendentemente bem à análise e à elucidação. No nível mais visível, havia a transformação física do domínio imperial, fosse pelo "imperialismo ecológico", como diz Alfred Crosby,[71] isto é, a remodelação do ambiente físico, ou por grandes feitos administrativos, arquitetônicos e institucionais, como a construção de cidades coloniais (Argel, Delhi, Saigon); no âmbito nacional, o surgimento de novas elites, culturas e subculturas imperiais (escolas de funcionários imperiais, institutos, departamentos, ciências — como a geografia, a antropologia etc. — dependentes de uma política colonial contínua), novos estilos artísticos, inclusive a fotografia de viagem, a pintura, poesia, literatura e música exóticas e orientalistas, além da escultura monumental e do jornalismo (memoravelmente caracterizado em *Bel-Ami*, de Maupassant).[72]

A base de sustentação dessa hegemonia foi estudada com considerável acuidade em obras como *Language and colonial power* [Linguagem e poder colonial], de Fabian, *A rule of pro-*

perty for Bengal [Um código de propriedade para Bengala], de Ranajit Guha, e o artigo de Bernard Cohn na coletânea de Hobsbawm e Ranger, intitulado "Representing authority in Victorian India" [Representando a autoridade na Índia vitoriana] (além de seus estudos admiráveis sobre a representação e o levantamento da sociedade indiana pelos ingleses em *An anthropologist among the historians* [Um antropólogo entre os historiadores]).[73] Esses trabalhos mostram a imposição diária do poder na dinâmica da vida cotidiana, o vaivém da interação entre os nativos, o homem branco e as instituições da autoridade. Mas o fator importante nessas microfísicas do imperialismo é que, ao passar da "comunicação ao comando" e vice-versa, desenvolve-se um discurso unificado — ou melhor, como diz Fabian, "um campo de passagens, de ideias cruzadas e entrecruzadas"[74] — baseado numa distinção entre o ocidental e o nativo tão integral e adaptável que, na prática, impossibilita qualquer mudança.

5) As atitudes imperiais tinham abrangência e *autoridade*, mas também, num período de expansão externa e mobilidade social interna, um grande poder criativo. Refiro-me aqui não só à "invenção da tradição" de modo geral, mas também à capacidade de gerar imagens estéticas e intelectuais curiosamente autônomas. Desenvolveram-se discursos orientalistas, africanistas e americanistas urdindo-se a partir da historiografia, da pintura, da literatura e da cultura popular, e entrelaçando-se com elas. Aqui cabem as ideias de Foucault sobre os *discourses*; como afirma Bernal, no século XIX desenvolveu-se uma filologia clássica coerente que expurgou o grego ático de suas raízes semítico-africanas. Com o tempo — conforme tenta mostrar Ronald Inden em *Imagining India* [Imaginando a Índia][75] —, surgiram formações metropolitanas inteiras, semi-independentes, relacionadas com as possessões imperiais e seus respectivos interesses. Conrad, Kipling, T. E. Lawrence, Malraux são alguns de seus narradores; entre seus ancestrais e curadores estão Clive, Hastings, Dupleix, Bugeaud, Brooke, Eyre, Palmerston, Jules Ferry, Lyautey, Rhodes; neles e nas

grandes narrativas imperiais (*The seven pillars of wisdom* [Os sete pilares da sabedoria], *Coração das trevas*, *Lord Jim*, *Nostromo*, *La voie royale* [A estrada real]), torna-se visível uma personalidade imperial. O discurso imperialista do final do século XIX ainda é modelado pelos argumentos de Seeley, Dilke, Froude, Leroy-Beaulieu, Harmand e outros, muitos deles esquecidos hoje em dia, mas de grande influência na época, chegando a ser proféticos.

As imagens da autoridade imperial ocidental permanecem — persistentes, atraentes, instigantes: Gordon em Cartum, fitando ferozmente os dervixes sudaneses no famoso quadro de G. W. Joy, armado apenas com um revólver e uma espada na bainha; o Kurtz de Conrad no centro da África, brilhante, ensandecido, condenado, corajoso, rapace, eloquente; Lawrence da Arábia, à frente de seus guerreiros árabes, vivendo o romance do deserto, inventando a guerrilha, convivendo com príncipes e estadistas, traduzindo Homero e tentando se prender ao "Domínio Moreno" da Inglaterra; Cecil Rhodes, fundando países, criando grandes propriedades, reunindo capital com a facilidade com que outros homens teriam filhos ou iniciariam novos negócios; Bugeaud, derrotando as forças de Abdel Qader, tomando a Argélia para a França; as concubinas, bailarinas e odaliscas de Gérôme, o Sardanapalo de Delacroix, o norte da África de Matisse, *Sansão e Dalila* de Saint-Saens. A lista é longa e seus tesouros, consideráveis.

O IMPÉRIO EM AÇÃO: *AIDA* DE VERDI

Gostaria agora de demonstrar até que ponto, e com que inventividade, esse material afeta determinadas áreas da atividade cultural, mesmo aqueles campos que, hoje em dia, não associamos a uma sórdida exploração imperial. Felizmente, vários jovens estudiosos avançaram o suficiente em suas análises do poder imperial para nos permitir observar o componente estético presente no levantamento e na administração do Egito e da

Índia. Penso, por exemplo, em *Colonising Egypt* [Colonizando o Egito], no qual Timothy Mitchell[76] mostra que a prática de construir aldeias-modelo, de desvendar a intimidade da vida do harém e de instituir novos modos de comportamento militar numa colônia ostensivamente otomana, mas na realidade europeia, não só reafirmava o poder europeu, como também proporcionava o prazer adicional de estudar e dominar o local. Esse elo entre o poder e o prazer no domínio imperial é magnificamente demonstrado por Leila Kinney e Zeynep Celik em seu estudo da dança do ventre, em que as exibições de tipo quase etnográfico oferecidas por exposições europeias vieram, na verdade, a se associar com o lazer consumista baseado na Europa.[77] Duas ramificações paralelas são levantadas em *The painting of modern life* [A pintura da vida moderna], estudo de T. J. Clark sobre Manet e outros pintores parisienses, em particular o surgimento na França metropolitana de formas pouco usuais de lazer e de erotismo, em parte influenciadas por modelos exóticos; e na leitura desconstrucionista que Malek Alloula faz dos cartões-postais franceses com mulheres argelinas, do começo do século XX, no livro *The colonial harem* [O harém colonial].[78] Obviamente, o Oriente como terra de poder e promessas é aqui de grande importância.

Quero sugerir, porém, a razão pela qual minhas tentativas de uma leitura em contraponto são, talvez, excêntricas ou bizarras. Em primeiro lugar, embora eu avance por linhas em geral cronológicas, do começo ao fim do século XIX, na verdade não estou tentando oferecer uma sequência consecutiva de eventos, correntes ou obras. Cada obra individual é vista em termos tanto de seu passado quanto de interpretações posteriores. Em segundo lugar, o argumento global é que essas obras culturais que me interessam irradiam e interferem com categorias aparentemente estáveis e impermeáveis, fundadas no sexo, periodização, nacionalidade ou estilo, sendo que essas categorias supõem que o Ocidente e sua cultura são em larga medida independentes de outras culturas, e da busca concreta do poder, da autoridade, do privilégio e do domínio. Em vez disso, quero mostrar que a "estrutura de atitudes e referências" prevalece e exerce influência de todas as maneiras, em todas as formas e lugares, mesmo bem antes da chamada era do império; longe de ser autônoma ou transcendente, ela está próxima do mundo histórico; longe de ser fixa e pura, ela é híbrida, partilhando da superioridade racial bem como da genialidade artística, da autoridade política bem como da técnica, de procedimentos simplistas e redutores bem como de métodos complexos.

Considere-se *Aida*, a famosa ópera "egípcia" de Verdi. Como espetáculo visual, musical e teatral, *Aida* faz muitas coisas pela e na cultura europeia: uma delas é confirmar o Oriente como lugar essencialmente exótico, distante e antigo onde os europeus podem se permitir certas exibições de força. Em simultâneo com a composição de *Aida*, as exposições "universais" europeias costumavam apresentar modelos de aldeias, vilas e pátios coloniais, e coisas do gênero; enfatizava-se a maleabilidade e transportabilidade das culturas secundárias ou inferiores. Elas eram expostas aos ocidentais como microcosmos do domínio imperial mais amplo. Afora isso, pouco se concedia ao não europeu.[79]

Aida é sinônimo da "grande ópera" característica da alta cultura do século XIX. Junto com um reduzidíssimo número de outras óperas, ela sobreviveu por mais de um século como obra imensamente popular e, ao mesmo tempo, objeto de profundo respeito de músicos, críticos e musicólogos. Todavia, a grandiosidade e a eminência de *Aida*, embora evidentes a todos que a tenham visto ou ouvido, são questões complexas sobre as quais se multiplicam as mais variadas teorias especulativas, sobretudo no que se refere às ligações entre ela e seu momento histórico e cultural no Ocidente. Em *Opera: The extravagant art* [Ópera: A arte extravagante], Herbert Lindenberger apresenta a imaginativa teoria de que *Aida*, *Boris Godunov* e *Götterdämmerung* são óperas de 1870, ligadas respectivamente à arqueologia, à historiografia nacionalista e à filologia.[80] Wieland Wagner, que produziu *Aida* em Berlim em 1962, trata a ópera, conforme ele diz, como "um mistério africano". Ele vê nessa obra uma prefiguração da ópera de seu avô, *Tristão*, com um conflito irredutível entre Ethos e Bios em seu cerne ("Verdis *Aida* ist ein Drama des anauflösbaren Konflikts zwischen Ethos und Bios, zwischen dem moralischer Gesetz und den Forderungen des Lebens").[81] Em seu esquema, Amnéris é a figura central, dominada por um "Riesenphallus", que paira sobre ela qual vigoroso cacete; segundo seu livro, "em geral via-se *Aida* prostrada ou agachada no fundo de cena".[82]

Mesmo que deixemos de lado a vulgaridade a que com frequência se presta a famosa cena triunfal no ato II, é de se notar que *Aida* representa o clímax de um desenvolvimento de estilo e visão que levou Verdi de *Nabuco* e *I lombardi* na década de 1840, passando por *Rigoletto*, *Trovatore*, *Traviata*, *Simon Boccanegra* e *Un ballo in maschera* na década de 1850, até a problemática *Forza del destino* e *Don Carlos* na década de 1860. Por três décadas, Verdi foi considerado o grande compositor italiano, com uma carreira que acompanhava e parecia ser um comentário sobre o Risorgimento. *Aida* foi a última peça pública e política que Verdi escreveu antes de se voltar para as duas óperas essencialmente domésticas, ainda que intensas, com que ele encerrou sua vida de compositor, *Otello* e *Falstaff*. Todos os grandes estudiosos de Verdi — Julian Budden, Frank Walker, William Weaver, Andrew Porter, Joseph Wechsberg — notam que *Aida* não só recusa as formas musicais tradicionais, como a *cabaletta* e o *concertato*, mas também lhes acrescenta um novo cromatismo, uma sutileza de orquestração e uma eficácia dramática que não se encontram em nenhuma obra de qualquer compositor da época, exceto Wagner. A objeção de Joseph Kerman, em *Opera as drama* [A ópera como drama], é interessante pelo que reconhece da singularidade de *Aida*:

> O resultado em *Aida* é, em minha opinião, uma disparidade quase constante entre a simplicidade loquaz própria do libreto e a espantosa complexidade da expressão musical pois evidentemente a técnica de Verdi nunca foi tão rica. Apenas Amnéris adquire vida; Aida é totalmente indistinta; Rada-

més parece um retrocesso, se não a Metastásio, pelo menos a Rossini. Desnecessário dizer que algumas páginas, números e cenas estão além de qualquer elogio, razão suficiente para a grande popularidade desta ópera. Contudo, há uma curiosa falsidade em *Aida* que está muito distante de Verdi, e lembra Meyerbeer de uma forma mais perturbadora do que o aparato grã-operístico de triunfos, consagrações e bandas de metais.[83]

O texto prossegue inegavelmente persuasivo; Kerman tem razão quanto à falsidade de *Aida*, mas não consegue de forma alguma explicar suas causas. Devemos lembrar acima de tudo que a obra anterior de Verdi chamava a atenção porque envolvia e atraía diretamente seu público, na maioria italiano. Seus dramas musicais retratavam heróis e heroínas incorrigivelmente voluntariosos no pleno esplendor das lutas (amiúde incestuosas) pelo poder, fama e honra, mas — como Paul Robinson sustentou de maneira convincente em *Opera and ideas* [Ópera e ideias] — eram quase todas concebidas como óperas políticas, repletas de estridência retórica, músicas marciais e emoções desbragadas. "Talvez o componente mais óbvio do estilo retórico de Verdi — para colocar de maneira brusca a questão — seja o simples barulho. Com Beethoven, ele é dos mais ruidosos entre todos os grandes compositores. [...] Do mesmo modo que um orador político, Verdi não consegue permanecer parado por muito tempo. Solte a agulha ao acaso num disco de uma ópera verdiana, e muito provavelmente você será premiado com uma barulheira considerável."[84] Robinson, adiante, diz que a esplêndida algazarra de Verdi presta-se bem a ocasiões como "paradas, comícios e discursos",[85] que durante o Risorgimento eram ouvidos como amplificações verdianas de fatos da vida real. (*Aida* não é exceção, como se pode ver, por exemplo, logo no início do segundo ato, com a tremenda peça conjunta "Su del Nilo", para vários solistas e um enorme coro.) Agora é de conhecimento geral que as árias de óperas anteriores de Verdi (sobretudo de *Nabuco*, *I lombardi* e *Átila*) levavam o público a uma participação frenética, tão imediato era seu impacto, tão grande a clareza de suas referências a fatos contemporâneos e sua absoluta eficiência em conduzir todo mundo a um intenso clímax teatral.

As óperas anteriores de Verdi, mesmo com temas frequentemente exóticos ou *outrés*, eram voltadas para a Itália e os italianos (e com especial intensidade, paradoxalmente, em *Nabuco*), ao passo que *Aida* tratava do Egito e egípcios da Antiguidade, fenômeno muito mais distante e menos envolvente do que qualquer outro musicado por Verdi. Não que *Aida* careça da habitual ruidosidade política de seu autor, pois certamente a cena 2 (a chamada cena triunfal) do segundo ato é a maior coisa que ele escreveu para o palco, quase que um arremedo cômico de tudo o que um teatro operístico pode reunir e apresentar. Mas *Aida* é autorrestritiva, atipicamente contida, e não há nenhuma notícia de qualquer entusiasmo participativo em relação a ela, embora seja a obra mais encenada, por exemplo, no Metropolitan de Nova York. As outras óperas de Verdi que tratam de culturas distantes ou estranhas não impedem que o público se identifique de alguma maneira, e *Aida*, como as óperas anteriores, tem um tenor e uma soprano que querem se amar, mas são impedidos por um barítono e uma mezzo. O que há, portanto, de diferente em *Aida*, e por que a mistura habitual de Verdi gerou um composto tão inusitado de competência magistral e neutralidade afetiva?

As circunstâncias da composição e da estreia de *Aida* são únicas na carreira de Verdi. O contexto político e certamente o cultural em que Verdi trabalhou entre o começo de 1870 e o final de 1871 incluíam não só a Itália, como também a Europa imperial e o Vice-Reino do Egito, formalmente parte do império otomano, mas agora se estabelecendo gradualmente como região dependente e subsidiária da Europa. As peculiaridades de *Aida* — seu tema e contexto, sua grandiosidade monumental, seus efeitos visuais e musicais curiosamente frios, sua musicalidade ultradesenvolvida e uma situação doméstica restrita, sua posição esdrúxula na carreira de Verdi — requerem o que venho chamando de interpretação contrapontual, que não se reduz à concepção corrente da ópera italiana nem, em termos mais gerais, às ideias predominantes a respeito das grandes obras-primas da civilização europeia oitocentista. *Aida*, como a própria forma operística, é uma obra híbrida e radicalmente impura, que pertence tanto à história da cultura quanto à experiência histórica da dominação ultramarina. É uma obra compósita, construída em torno de disparidades e discrepâncias que foram ignoradas ou inexploradas, mas podem ser rememoradas e mapeadas de forma descritiva; são interessantes nelas mesmas, e explicam a irregularidade, as anomalias, as restrições e silêncios de *Aida* com mais clareza do que aquele tipo de análise enfocado exclusivamente na cultura italiana e europeia.

Apresentarei ao leitor materiais que, por estranho que pareça, não podem ser, mas foram sistematicamente descurados. Em larga medida, a dificuldade de *Aida* consiste, ao fim, no fato de ser uma ópera não *sobre*, mas *da* dominação imperial. Haverão de surgir semelhanças com a obra de Jane Austen — igualmente improvável como arte relacionada com a questão imperial. Se interpretarmos *Aida* dessa perspectiva, cientes de que ela foi escrita e apresentada primeiramente num país africano com o qual Verdi não tinha qualquer ligação, irão se patentear vários traços novos.

O próprio Verdi comenta algo a respeito numa carta que inaugura sua ligação, ainda num estado quase totalmente latente, com uma ópera egípcia. Escrevendo a Camille du Locle, amigo íntimo que acabava de voltar de uma *voyage en Orient*, Verdi diz em 19 de fevereiro de 1868: "Quando nos encontrarmos, você me descreverá todos os acontecimentos de sua viagem, as maravilhas que viu e a beleza e fealdade de um país que, antigamente, possuiu uma grandeza e uma civilização que nunca tive oportunidade de admirar".[86]

Em 1º de novembro de 1869, a inauguração do Teatro de Ópera do Cairo foi um acontecimento de grande brilho, por ocasião das comemorações para a abertura do canal de Suez; a ópera apresentada foi *Rigoletto*. Semanas antes, Verdi havia declinado a oferta do quediva Ismail para compor um hino para a ocasião, e em dezembro ele escreveu uma longa carta a Du Locle sobre os riscos de óperas "remendadas": "Quero a *arte* em todas as suas manifestações, não o *arranjo*, o *artifício* e o *sistema* que você prefere", dizia ele, alegando que, de seu lado, ele desejava obras "unificadas", onde "a ideia é UNA, e tudo deve convergir para formar esse UNO".[87] Embora isso fosse uma resposta à sugestão de Du Locle para que Verdi compusesse uma ópera para Paris, elas surgem durante a composição de *Aida* com uma frequência suficiente para se tornarem um tema importante. Em 5 de janeiro de 1871, ele escreveu a Nicola de Giosa: "Hoje as óperas são escritas com tantas intenções dramáticas e musicais diferentes que é quase impossível interpretá-las; e parece-me que ninguém poderá se ofender se o autor, na estreia inicial de uma de suas criações, enviar em seu lugar uma pessoa que tenha estudado cuidadosamente a obra sob a direção do próprio autor".[88] Em 11 de abril de 1871, ele escreveu a Ricordi dizendo que admitia "apenas um criador" para sua obra — ele próprio: "Não concedo o direito de 'criar' cantores e regentes porque, como disse antes, é um princípio que leva ao abismo".[89]

Por que, então, Verdi acabou aceitando o convite do quediva Ismail para escrever uma ópera especial para o Cairo? Uma das razões foi, sem dúvida, o dinheiro: ele recebeu 150 mil francos em ouro. Também se sentiu envaidecido, visto que, afinal, a escolha recaiu em primeiro lugar sobre ele, antes de Wagner e Gounod. De igual importância, a meu ver, foi o enredo que lhe ofereceu Du Locle, o qual havia recebido um esboço de Auguste Mariette, famoso egiptólogo francês, para um eventual tratamento operístico. Em 26 de maio de 1870, Verdi comunicava numa carta a Du Locle que havia lido o "resumo egípcio", que estava bem-feito e "oferece uma esplêndida *mise--en-scène*".[90] Também observava que o trabalho indicava "uma mão muito experiente, acostumada a escrever e que conhece muito bem o teatro". No começo de junho, ele começou a trabalhar em *Aida*, logo manifestando a Ricordi sua impaciência pela lentidão com que caminhavam as coisas, mesmo quando solicitou os serviços de um certo Antonio Ghislanzoni como libretista. "Essas coisas têm de ser feitas muito rápido", diz naquela passagem.

No roteiro simples, intenso e sobretudo autenticamente "egípcio" de Mariette, Verdi vislumbrou uma intenção unitária, a marca ou traço de um espírito experiente e magistral que ele esperava igualar na música. Numa época de sua carreira marcada por decepções, frustrações, colaborações insatisfatórias com empresários, agentes de vendas, cantores — a estreia de *Don Carlos* em Paris era um exemplo recente, ainda doloroso —, Verdi viu a oportunidade de criar uma obra que poderia supervisionar em todos os detalhes, desde o esboço inicial até a noite de estreia. Além disso, seria apoiado nessa iniciativa por membros da realeza: com efeito, Du Locle sugeriu que o vice-rei não só desejava desesperadamente a ópera, como também tinha ajudado Mariette a escrevê-la. Verdi podia supor que um rico potentado oriental havia se juntado a um arqueólogo ocidental realmente sincero e brilhante, para lhe oferecer uma oportunidade na qual poderia se mostrar uma presença artística firme e imponente. A origem e a locação egípcias da história, que podiam ser um fator de estranhamento, parecem ter, pelo contrário, instigado seu senso de domínio técnico.

Até onde pude avaliar, Verdi não nutria qualquer sentimento pelo Egito moderno, ao contrário de suas ideias tão elaboradas acerca da Itália, França e Alemanha, muito embora tenha recebido demonstrações de que estava fazendo algo pelo Egito, por assim dizer, em nível nacional. Foi o que lhe disse Draneht Bey (*né* Pavlos Pavlidis), o diretor da Ópera do Cairo, e Mariette, que foi a Paris aprontar os figurinos e cenários no verão de 1870 (e depois ficou preso lá, durante a Guerra Franco-Prussiana), recordava-lhe constantemente que não estavam poupando despesas para montar um espetáculo de fato grandioso. Verdi estava decidido a acertar na letra e na música, assegurando-se de que Ghislanzoni encontrasse a *parola scenica* perfeita,[91] fiscalizando os detalhes da apresentação com um cuidado constante.

Nas complicadíssimas negociações para escolher a primeira Amnéris, a contribuição de Verdi para o imbróglio lhe valeu o título de "maior jesuíta do mundo".[92] A presença submissa ou pelo menos indiferente do Egito em sua vida permitiu-lhe que se dedicasse, com uma intensidade aparentemente inabalável, à concretização de suas intenções artísticas.

Mas creio que Verdi acabou confundindo fatalmente essa capacidade complexa, e no fundo cooperativa, de dar vida a uma distante fábula operística com o ideal romântico de uma obra de arte inconsútil, organicamente integrada, moldada apenas pela intenção estética de um criador único. Assim, uma concepção imperial do artista casava muito bem com uma concepção imperial de um mundo não europeu cujas ligações com o compositor europeu eram mínimas ou inexistentes. Para Verdi, essa conjunção deve ter se afigurado excelente. Por anos submetido aos caprichos impertinentes do pessoal do teatro, agora ele podia governar seu domínio à vontade; quando ele estava preparando a ópera para ser apresentada no Cairo e uns dois meses depois (fevereiro de 1872) para a *première* italiana no Scala, Ricordi disse-lhe que "você será o Moltke do Scala" (2 de setembro de 1871).[93] Tão fortes eram os atrativos desse papel marcialmente dominante que a certa altura, numa carta a Ricordi, Verdi associa de maneira explícita suas metas estéticas às de Wagner e, o que é mais significativo, a Bayreuth (mesmo que somente como uma proposta teórica), cujas apresentações o próprio Wagner pretendia dominar de modo praticamente completo.

A disposição das cadeiras da orquestra é de importância muito maior do que em geral se acredita — para a *harmonia* dos instrumentos, para a sonoridade e o efeito. Esses pequenos aperfeiçoamentos a seguir abrirão espaço para outras inovações, que sem dúvida virão algum dia; entre elas, tirar do palco os camarotes dos espectadores, trazer a cortina para a ribalta; uma outra, tornar a *orquestra invisível*. Não é ideia minha, mas de Wagner. É excelente. Parece impossível que hoje toleremos a visão de *fraques* surrados e gravatas brancas, por exemplo, misturados com figurinos egípcios assírios e druídicos etc. etc., e, pior ainda, quase no meio do chão, que vejamos o topo das harpas, o braço dos contrabaixos e a batuta do regente erguidos no ar.[94]

Verdi aqui fala de apresentação teatral *expurgada* das habituais interferências dos teatros de ópera, expurgada e isolada de maneira a impressionar o público com uma nova mescla de autoridade e verossimilhança. São evidentes os paralelos com o que Stephen Bann, em *The clothing of Clio* [A roupagem de Clio] definiu como "a composição histórica do lugar" em autores históricos como Walter Scott e Byron.[95] A diferença é que Verdi podia se valer, e de fato se valeu, pela primeira vez na ópera europeia, de uma visão histórica e de uma autoridade acadêmica no campo de egiptologia. Essa ciência estava encarnada na pessoa de Auguste Mariette, próximo de Verdi, cuja nacionalidade e formação francesas faziam parte de uma genealogia imperial fundamental. Verdi talvez não tivesse como conhecer a fundo a pessoa de Mariette, mas ficou muito impressionado com seu roteiro inicial e reconheceu nele um especialista qualificado cuja competência poderia apresentar o antigo Egito com uma credibilidade legitimada.

O que se deve enfatizar aqui é que a egiptologia é a egiptologia e não o Egito. Mariette pôde existir por causa de dois importantes antecessores, ambos franceses, ambos imperiais, ambos reconstrutivos, e, se eu puder recorrer a um termo de Northrop Frye, ambos "presentacionais": primeiro, a obra arqueológica da *Description de l'Egypte*, de Napoleão; segundo, o deciframento dos hieróglifos por Champollion, apresentado em 1822 em sua *Lettre à M. Dacier* [Carta ao sr. Dacier], e em 1824 no *Précis du système hiéroglyphique* [Súmula do sistema hieroglífico]. Com "presentacional" e "reconstrutivo" eu quero designar uma série de características que pareciam feitas sob medida para Verdi: a expedição militar de Napoleão ao Egito foi motivada pela vontade de tomar o Egito, ameaçar os ingleses e demonstrar o poderio francês; mas Napoleão e seus especialistas acadêmicos estavam lá também para mostrar o Egito à Europa, no sentido de exibir sua antiguidade, sua riqueza de associações, sua importância cultural e uma aura própria *para* um público europeu. Mas isso não se faria sem uma intenção estética, além de política. O que Napoleão e suas equipes encontraram foi um Egito cujas dimensões antigas estavam toldadas pela presença muçulmana, árabe e até otomana, interpondo-se em toda parte entre o exército invasor francês e o antigo Egito. Como se chegaria a esse outro lado, mais antigo e mais prestigioso?

Aqui teve início o viés especificamente francês da egiptologia, que prosseguiu na obra de Champollion e Mariette. O Egito tinha de ser reconstruído em modelos ou desenhos cuja escala, cuja grandiosidade de projeção (e digo "de projeção" porque, ao folhear a *Description*, sabemos que estamos olhando desenhos, diagramas, pinturas de sítios faraônicos empoeirados, decrépitos, abandonados, que parecem magníficos e ideais como se existissem apenas espectadores europeus, e não egípcios modernos) e cuja distância exótica eram de fato sem precedentes. As reproduções na *Description*, portanto, não são descrições, e sim *atribuições*. Em primeiro lugar, os templos e palácios foram reproduzidos numa orientação e perspectiva que representavam a realidade do antigo Egito refletida através de olhos imperiais; a seguir — como todos estavam vazios ou não tinham vida —, era preciso, nas palavras de Ampère, fazê-los falar, e nisso consistiu a eficácia do deciframento de Champollion; por fim, podiam ser removidos de seu contexto e transportados para a Europa, para lá serem usados. Tal foi, como veremos, a contribuição de Mariette.

Esse processo contínuo ocorreu aproximadamente de 1798 até a década de 1860, e é francês. Ao contrário da Inglaterra, que tinha a Índia, e da Alemanha, que em certa época e à distância contava com o conhecimento organizado sobre a Pérsia e a Índia, a França dispunha desse campo bastante imaginativo e empreendedor em que, como diz Raymond Schwab em *The*

Oriental Renaissance [A Renascença oriental], estudiosos "de Rougé a Mariette no fim da linha [iniciada pelo trabalho de Champollion] [...] eram [...] exploradores com carreiras isoladas que aprenderam tudo por conta própria".[96] Os *savants* napoleônicos eram exploradores que aprenderam tudo por conta própria, na medida em que não havia nenhum corpo de conhecimento sistemático sobre o Egito, efetivamente moderno e científico, ao qual pudessem recorrer. Como Martin Bernal caracterizou a questão, embora o prestígio do Egito fosse considerável durante todo o século XVIII, ele estava associado a correntes místicas e esotéricas como a maçonaria.[97] Champollion e Mariette eram excêntricos e autodidatas, mas movidos por energias científicas e racionalistas. O significado disso nos termos ideológicos da apresentação do Egito na arqueologia francesa é que o Egito podia ser descrito "como a primeira e essencial influência oriental no Ocidente", asserção que Schwab, com toda a razão, considera falsa, por ignorar o trabalho orientalista realizado por estudiosos europeus sobre outras partes do mundo antigo. Em todo caso, diz Schwab:

> Escrevendo na *Revue des Deux-Mondes* em junho de 1868 [exatamente quando Draneht, o quediva Ismail e Mariette começaram a conceber a futura *Aida*], Ludovic Vitet saudou "as descobertas inigualáveis" dos orientalistas nos cinquenta anos anteriores. Até falou na "revolução arqueológica de que o Oriente é teatro", mas afirmou calmamente que "o movimento iniciou com Champollion e tudo começou graças a ele. Ele é o ponto de partida de todas essas descobertas". Vitet, seguindo a progressão que já estava estabelecida no espírito do público, passou então para os monumentos assírios e por fim a algumas palavras sobre os Vedas. E não se demorou sobre eles. Pelo visto, depois da expedição de Napoleão ao Egito, os monumentos e as missões de estudo nos sítios egípcios já tinham falado a todos. A Índia nunca reviveu, a não ser no papel.[98]

A carreira de Auguste Mariette é significativa para *Aida* de muitas maneiras interessantes. Embora tenham ocorrido algumas discussões sobre sua contribuição exata para o libreto, sua intervenção foi aclamada definitivamente por Jean Humbert como *a mais* importante e inaugural para a ópera.[99] (Por trás do libreto, estava seu papel de principal desenhista de antiguidades no pavilhão egípcio da Exposição Internacional de Paris, de 1867, uma das primeiras e maiores mostras do poderio imperial.)

Mesmo que a arqueologia, a grande ópera e as exposições universais europeias sejam obviamente diferentes, alguém como Mariette estabelece entre elas uma conexão bastante sugestiva. Há um relato perspicaz do que teria possibilitado o trânsito de Mariette entre os três mundos:

> As exposições universais do século XIX eram concebidas como microcosmos que resumiriam toda a experiência humana — passado e presente, com projeções para o futuro. Em sua ordem cuidadosamente articulada, elas também significavam a relação dominante de poder. O ordenamento e a caracterização hierarquizavam, racionalizavam e reificavam diferentes sociedades. As hierarquias resultantes retratavam um mundo onde as raças, os sexos e as nações ocupavam posições fixas a eles atribuídas pelos comitês dos países anfitriões da exposição. As formas pelas quais as culturas não ocidentais eram apresentadas nas feiras se definiam a partir dos arranjos sociais já estabelecidos na cultura "anfitriã", a França; assim, é importante descrever os parâmetros, pois eles colocavam os padrões de representação nacional e proporcionavam os canais de expressão cultural que poderiam modelar o conhecimento produzido pelas exposições.[100]

No catálogo que redigiu para a exposição de 1867, Mariette acentuou bastante os aspectos *reconstrutivos*, deixando poucas dúvidas de que ele fora o primeiro a trazer o Egito à Europa. E podia fazer isso devido ao enorme êxito de sua pesquisa arqueológica em cerca de 35 sítios, inclusive em Gize, Sakkarah, Edfu e Tebas, onde, nas palavras certeiras de Brian Fagan, ele "fez escavações com total desembaraço".[101] Além disso, Mariette dedicava-se regularmente a escavar e esvaziar os sítios arqueológicos, de modo que os museus europeus (sobretudo o Louvre) aumentavam seus tesouros egípcios, enquanto Mariette expunha com cinismo as tumbas verdadeiras vazias no Egito, ostentando um ar muito afável em suas explicações para os "funcionários egípcios desapontados".[102]

Servindo ao quediva, Mariette conheceu Ferdinand de Lesseps, o engenheiro do canal de Suez. Sabemos que os dois trabalharam juntos em vários projetos de restauração e curadoria, e tenho certeza de que ambos partilhavam uma visão semelhante — talvez remontando a antigas ideias europeias saint-simonianas, maçônicas e teosóficas sobre o Egito —, a partir da qual concebiam seus projetos absolutamente extraordinários, cuja eficácia, note-se, aumentava graças à personalidade de cada um deles, na qual se aliavam a força de vontade, uma tendência teatral e a presteza científica.

Tendo escrito o libreto de *Aida*, Mariette passou para a criação dos cenários e figurinos, e com isso voltou para os desenhos cênicos notavelmente proféticos da *Description*. As páginas mais impressionantes da *Description* parecem pedir algumas ações ou personagens bem grandiosos, e por causa de sua escala e desolação parecem cenários operísticos prontos para ser ocupados. O contexto europeu implícito nelas é um teatro de poder e conhecimento, enquanto seu contexto egípcio concreto no século XIX simplesmente desapareceu.

Era no templo de Phylae, tal aparece na *Description* (e não um suposto original em Mênfis), que Mariette, com quase toda a certeza, estava pensando ao desenhar a primeira cena de *Aida*, e embora seja improvável que Verdi tenha visto essas ilustrações, ele viu reproduções que estavam em ampla circulação na Europa; por isso foi mais fácil alocar a ruidosa música militar que ressurge com tanta frequência nos dois primeiros atos de

Aida. Também é provável que as noções de Mariette sobre os figurinos proviessem de ilustrações na *Description*, adaptando--as para a ópera, a despeito de diferenças substanciais. Creio que Mariette transformou mentalmente os originais faraônicos num equivalente moderno aproximado, equipando egípcios pré--históricos com estilos vigentes em 1870: é o que denunciam as faces europeizadas, as barbas e os bigodes.

O resultado foi um Egito orientalizado, a que Verdi chegara na música por conta própria. Exemplos famosos surgem sobretudo no segundo ato: o cântico da sacerdotisa e, um pouco mais adiante, a dança ritual. Sabemos que Verdi se preocupou muito com a exatidão dessa cena, pois requeria o máximo de autenticidade, o que o levou a se informar sobre as mais minuciosas questões históricas. Um documento que Ricordi enviou a Verdi no verão de 1870 contém informações sobre o Egito antigo, os mais detalhados referentes a consagrações, ritos sacerdotais e outros fatos sobre a antiga religião egípcia. Verdi utilizou pouco desse material, mas as fontes indicam uma percepção europeia generalizada do Oriente fundada em Volney e Creuzer, além do trabalho arqueológico mais recente de Champollion. Tudo isso, porém, se refere a sacerdotes: em nenhuma parte há menção a mulheres.

Verdi faz duas coisas com esse material. Converte alguns sacerdotes em sacerdotisas, seguindo a prática europeia convencional de conferir uma posição central às mulheres orientais em qualquer situação exótica: os equivalentes funcionais de suas sacerdotisas são as dançarinas, as escravas, as concubinas e as beldades de harém, dominantes na arte europeia dos meados do século XIX e nos entretenimentos da década de 1870. Essas exibições de erotismo feminino *à l'orientale* "expressavam as relações de poder e revelavam um desejo de acentuar a supremacia por meio da representação".[103] É fácil apontar parte disso na cena do segundo ato, no quarto de Amnéris, em que a sensualidade e a crueldade surgem inevitavelmente associadas (por exemplo, na dança das escravas mouras). A outra coisa que faz Verdi é converter o clichê orientalista geral da vida na corte numa farpa bastante direta contra os sacerdotes do sexo masculino. A meu ver, Râmfis, o sumo-sacerdote, é moldado a partir do anticlericalismo de Verdi, próprio do Risorgimento italiano, e de suas ideias a respeito do potentado despótico oriental, um homem que exigirá vingança por simples gosto sanguinário, mascarado de legalismo e envolto em precedentes dados nas escrituras religiosas.

Quanto à música modalmente exótica, sabemos por suas cartas que Verdi consultou a obra de François-Joseph Fétis, um musicólogo belga que parece tê-lo irritado e fascinado em igual medida. Fétis foi o primeiro europeu a tentar um estudo da música não europeia como parte separada da história geral da música, em seu *Resumé philosophique de l'histoire de la musique* [Resumo filosófico da história da música] (1835). Sua obra inacabada, *Histoire générale de la musique depuis les temps anciens à nos jours* [História geral da música desde os tempos antigos até nossos dias] (1869-76), levava esse projeto ainda mais adiante, enfatizando a singularidade e a identidade plena da música exótica. Ao que parece, Fétis conhecia a obra de E. W. Lane sobre o Egito oitocentista, bem como os dois volumes da *Description* sobre a música egípcia.

Fétis foi de proveito para Verdi por oferecer exemplos de música "oriental" — os clichês harmônicos, muito usados no trecho do carnaval, baseiam-se num nivelamento da hipertônica — e de instrumentos orientais, que em alguns casos correspondiam às representações da *Description*: harpas, flautas e a trompa cerimonial, agora bastante conhecida, mas que Verdi teve um certo trabalho, com alguns momentos cômicos, para conseguir que fosse feita na Itália.

Por fim, Verdi e Mariette colaboraram no aspecto imaginativo — e, em minha opinião, com grande êxito — para criar a atmosfera absolutamente maravilhosa do terceiro ato, a chamada cena do Nilo. Aqui também, a cena imaginada por Mariette provavelmente tomou como modelo uma representação idealizada da *Description* napoleônica, enquanto Verdi intensificou sua concepção de um antigo Oriente usando meios musicais menos literais e mais sugestivos. O resultado é uma magnífica pintura tonal com um contorno maleável que sustenta o calmo cenário da abertura do ato, e a seguir se abre para o turbulento e conflituoso clímax entre Aida, seu pai e Radamés. O rascunho de Mariette para a locação dessa cena grandiosa é como uma síntese de *seu* Egito: "O cenário representa um jardim do palácio. À esquerda, a fachada oblíqua de um pavilhão — *ou tenda*. No fundo do palco corre o Nilo. No horizonte as montanhas da cordilheira líbia, vivamente iluminadas pelo ocaso. Estátuas, palmeiras, plantas tropicais".[104] Não admira que, como Verdi, ele se considerasse criador — como disse numa carta ao paciente e sempre engenhoso Draneht (19 de julho de 1871): "*Aida* é de fato um produto de meu trabalho. Fui eu que convenci o vice-rei a ordenar sua apresentação; *Aida*, numa palavra, é uma criação de meu cérebro".[105]

Assim, *Aida* incorpora e amalgama materiais sobre o Egito de uma forma que tanto Verdi quanto Mariette poderiam reivindicar como de lavra própria. Mas, a meu ver, a obra padece — ou é no mínimo peculiar — pela seletividade e pela ênfase dos aspectos escolhidos e, em consequência, daqueles excluídos. Decerto Verdi teve ocasião de imaginar o que os egípcios modernos pensavam de sua obra, como os ouvintes reagiam individualmente à sua música, o que aconteceria com a ópera depois da estreia. Mas quase nada disso veio a ser registrado, exceto algumas cartas mal-humoradas censurando os críticos europeus na estreia: deram-lhe uma acolhida pouco favorável, disse ele num tom meio rude. Numa carta a Filippi, já começamos a sentir um distanciamento de Verdi em relação à ópera, um *Verfremdungseffekt* creio eu, já inscrito na cena e no libreto de *Aida*:

> [...] Você no Cairo? Esta é a *publicidade* mais poderosa para *Aida* que se poderia imaginar! Parece-me que, dessa maneira, a arte não é mais arte, e sim um negócio, um jogo agradável, uma caçada, algo a ser perseguido, algo que deve receber, se não o sucesso, pelo menos a notoriedade a qual-

quer custo! Minha reação a isso é de desgosto e humilhação! Sempre lembro com alegria meus primeiros tempos, quando, quase sem amigos, sem ninguém para falar a meu respeito, sem nenhum preparativo, sem qualquer espécie de influência, eu me apresentava diante do público com minhas óperas, pronto para ser *fulminado* e muito feliz se conseguia despertar alguma impressão favorável. Agora, que pomposidade para uma ópera!!!! Jornalistas, artistas, cantores, corais, regentes, instrumentistas etc. etc. Todos eles devem levar sua pedra para o edifício da *publicidade* e assim montar um quadro de pequenas bagatelas que não acrescentam nada ao valor de uma ópera; na verdade, obscurecem o valor real (se houver algum). É deplorável, profundamente deplorável!!!!

Agradeço-lhe seu gentil convite para o Cairo, mas anteontem escrevi a Bottesini tudo o que se refere a *Aida*. Para essa ópera, desejo apenas que a *mise-en-scène* e a execução vocal e instrumental sejam boas, sobretudo *inteligentes*. Quanto ao resto, *à la grace de Dieu*; pois assim comecei e assim desejo acabar minha carreira [...].[106]

Esses protestos são um prolongamento de suas ideias sobre a intenção única da ópera: Verdi parece estar dizendo que *Aida* é uma obra de arte autossuficiente, e vamos deixar por isso mesmo. Mas aqui não há outra coisa, alguma sensação de Verdi em relação a uma ópera composta rara um lugar com o qual ele não pode se relacionar, com um enredo que termina num beco sem saída, num emparedamento literal?

A percepção de Verdi quanto às incongruências de *Aida* ressurge em outro lugar. Em certo ponto, ele fala com ironia em acrescentar Palestrina à harmonia da música egípcia, e também parece perceber a que ponto o Egito antigo era não só uma civilização morta, mas também uma cultura da morte, cuja ideologia de conquista (conforme ele a adaptou de Heródoto e de Mariette) estava relacionada com uma ideologia do além-túmulo. A ligação bastante sombria, desencantada e vestigial de Verdi com a política do Risorgimento, enquanto trabalhava na *Aida*, aparece na obra como o sucesso militar que acarreta o malogro pessoal, ou ainda como triunfo político apresentado nos tons ambivalentes do impasse humano, em suma, da *Realpolitik*. Aparentemente, Verdi imaginava os atributos positivos da *patria* de Radamés desembocando nos tons fúnebres da *terra addio*, e o palco dividido do quarto ato — que tem como fonte possível uma das pranchas da *Description* — na certa imprimiu vigorosamente em seu espírito a *discordia concors* da paixão não correspondida de Amnéris e a morte bem-aventurada de Aida e Radamés.

A rarefação e a imobilidade de *Aida* são aliviadas apenas pelas danças e desfiles triunfais, mas mesmo essas exibições são de certa forma sabotadas: Verdi era inteligente e honesto demais para deixá-las incólumes. A dança da consagração triunfante de Râmfis no primeiro ato leva, evidentemente, à queda de Radamés no terceiro e quarto atos, de modo que não há muito motivo de satisfação; a dança das escravas mouras no ato II, cena 1, é uma dança de escravas que entretêm Amnéris, enquanto ela brinca maldosamente com a escrava Aida, sua rival. Quanto à parte realmente famosa do ato II, cena 2, aqui temos talvez o cerne do flagrante apelo de *Aida* tanto sobre o público quanto sobre os diretores, que a tomam como uma oportunidade de fazer praticamente qualquer coisa, por ser excessiva e espalhafatosa. De fato, talvez isso não se afaste muito da intenção de Verdi.

Tomemos três exemplos modernos. Primeiro:

> *Aida* em Cincinnati (março de 1986). Um informe do Teatro de Ópera de Cincinnati anuncia que, para a apresentação de *Aida* nesta temporada, participariam da cena triunfal os seguintes animais: um porco-da-terra, um macaco, um elefante, uma jiboia, um pavão, um tucano, um falcão de cauda vermelha, um tigre branco, um lince siberiano, uma cacatua e uma chita — total, onze; e que o conjunto total para a produção somará 261, sendo composto de oito

principais, 117 do coro (quarenta cantores regulares, 77 extras), 24 do balé, 101 figurantes (incluindo doze guardas de zoológico) e onze animais.[107]

É uma *Aida* como vazão mais ou menos indômita de opulência, meio cômica, proeza encenada e reencenada com vulgaridade inigualável nas Termas de Caracalla.

Em contraposição, há o ato II, cena 2, de Wieland Wagner, um desfile de prisioneiros etíopes carregando totens, máscaras, objetos rituais como elementos de uma exposição etnográfica para o público. "Era a transferência de toda a locação da obra, do Egito dos faraós para a África mais sombria de uma idade pré-histórica":

> O que eu estava tentando fazer, em relação ao cenário, era dar a *Aida* o perfume colorido que há nela — extraindo-o não de um museu egípcio, mas da atmosfera inerente à própria obra. Eu queria sair do falso rebuscamento egípcio e da falsa monumentalidade operística, da pintura histórica hollywoodiana, e voltar aos tempos arcaicos — isto é, em termos da egiptologia — aos tempos pré-dinásticos.[108]

A ênfase de Wagner recai sobre a diferença entre o "nosso" mundo e o "deles", algo sem dúvida enfatizado também por Verdi ao reconhecer que a ópera fora originalmente concebida e composta para um lugar, que, decididamente, *não* era Paris, Milão ou Viena. E esse reconhecimento nos leva, de forma bastante interessante, à *Aida* encenada no México em 1952, na qual a cantora principal, Maria Callas encobre todo o conjunto terminando com um alto mi-bemol, uma oitava acima da nota escrita por Verdi.

Nesses três exemplos, tenta-se explorar essa única brecha que Verdi permitiu na obra, como que uma abertura pela qual deixasse entrar um mundo exterior, que de outra forma teria seu ingresso interditado. Seus termos, porém, são severos. Verdi parece dizer: Entrem como exóticos ou cativos, fiquem um pouco, e depois deixem-me com meus negócios. E para delimitar seu território, ele recorre musicalmente a expedientes que quase nunca utilizava, todos destinados a indicar ao público que ali estava um mestre da música, que bebera nas técnicas eruditas tradicionais desdenhadas por seus contemporâneos do bel-canto. Em 20 de fevereiro de 1871, ele escreveu a um correspondente, Giuseppe Piroli, que "para o jovem compositor, então, eu recomendaria exercícios muito longos e rigorosos em todos os ramos do contraponto [...] *Nada de estudar* os *modernos!*".[109] Isso condizia com os aspectos mortuários da ópera que estava compondo (fazendo as múmias cantar, como disse certa vez), que inicia com um trecho estritamente canônico; suas técnicas de *stretto* e contraponto em *Aida* atingem um rigor e uma intensidade raramente alcançados por ele em outras obras. Junto com a música marcial pontuando a partitura de *Aida* (parte da qual se tornaria o hino nacional egípcio sob o regime quedívico), essas passagens eruditas fortalecem a monumentalidade da ópera e — mais importante — sua estrutura como que emparedada.

Em suma, *Aida* lembra exatamente as circunstâncias que permitiram sua encomenda e composição, e, como eco de um som original, adapta-se a aspectos do contexto contemporâneo que ela tanto se empenha em excluir. Como forma altamente especializada de memória estética, *Aida* encarna, tal como se pretendia, a autoridade da versão europeia do Egito num momento de sua história oitocentista, história que teve no Cairo, nos anos de 1869-71, um local excepcionalmente adequado. Uma avaliação contrapontual completa de *Aida* revela uma estrutura de referências e atitudes, uma rede de filiações, conexões, decisões e colaborações, que pode ser lida como fonte de uma série de notações espectrais que permaneceram no texto visual e musical da ópera.

Consideremos o enredo: um exército egípcio derrota uma força etíope, mas o jovem herói egípcio da campanha é acusado de traição, condenado à morte e morre por asfixia. Esse episódio antiquarista de rivalidade interafricana adquire ressonância considerável quando o lemos tendo como pano de fundo a rivalidade anglo-egípcia na África Oriental, da década de 1840 até a de 1860. Para os ingleses, os objetivos egípcios nessa área, sob o quediva Ismail, com gananciosas pretensões expansionistas para o sul, afiguravam-se como uma ameaça à sua hegemonia no mar Vermelho e à segurança da rota britânica para a Índia; mesmo assim, mudando prudentemente de política, os ingleses incentivaram os movimentos de Ismail na África Oriental como forma de bloquear as ambições francesas e italianas na Somália e na Etiópia. No começo da década de 1870, estava consumada a mudança, e em 1882 a Inglaterra ocupou todo o Egito. Da perspectiva francesa, incorporada por Mariette, *Aida* dramatizava os perigos de uma política de força bem-sucedida dos egípcios na Etiópia, sobretudo porque o próprio Ismail — como vice-rei otomano — estava interessado em tais aventuras, como forma de adquirir maior independência em relação a Istambul.[110]

Há outras facetas na simplicidade e severidade de *Aida*, principalmente porque muitas coisas sobre a ópera, e o teatro de ópera construído para receber a obra de Verdi, estão relacionadas com o próprio Ismail e seu reinado (1863-79). Existem muitos estudos recentes sobre a história política e econômica do envolvimento europeu no Egito durante os oitenta anos após a expedição napoleônica; vários deles convergem com a posição, adotada por historiadores nacionalistas egípcios (Sabry, Rafi, Ghorbal), de que os herdeiros do Vice-Reino, que compunham a dinastia de Mohammed Ali em ordem decrescente de mérito (à exceção dos intransigentes Abbas), implicaram o Egito ainda mais profundamente na chamada "economia mundial",[111] ou mais precisamente no conjunto informal de financistas, banqueiros comerciais, corporações de empréstimos e aventuras comerciais *europeias*. Isso levou inevitavelmente à ocupação britânica de 1882 e, de forma também inevitável, à reivindicação de Gamal Abdel Nasser do canal de Suez, em julho de 1956.

Nas décadas de 1860 e 1870, o traço mais destacado da economia egípcia foi o estouro nas vendas de algodão, que se deu quando a Guerra Civil americana interrompeu o fornecimento americano às fábricas europeias; isso apenas acelerou as várias distorções da economia local (na década de 1870, segundo Owen, "o Delta inteiro tinha se convertido num setor exportador voltado para a produção, beneficiamento e exportação de duas ou três culturas"),[112] que faziam parte de uma situação muito mais ampla e recessiva. O Egito estava aberto a qualquer tipo de projeto, alguns loucos, outros benéficos (como a construção de estradas de ferro e de rodagem), todos caros, principalmente o canal. O desenvolvimento era financiado por títulos do Tesouro e emissão de moeda, aumentando o déficit orçamentário; o crescimento da dívida pública contribuiu bastante para a dívida externa do Egito, os serviços da dívida e a maior penetração de investidores estrangeiros e seus agentes locais no país. O custo geral dos empréstimos estrangeiros situava-se, ao que parece, entre 30% e 40% de seu valor nominal. (O livro de David Landes, *Bankers and pashas* [Banqueiros e paxás], oferece uma história pormenorizada de todo esse episódio sórdido, mas mesmo assim divertido.)[113]

Além de sua crescente fragilidade e dependência econômica em relação às finanças europeias, o Egito sob Ismail passou por uma importante série de desenvolvimentos antagônicos. Enquanto a população apresentava crescimento vegetativo, as comunidades de estrangeiros domiciliados no país aumentavam geometricamente — chegando a 90 mil no começo da década de 1880. A concentração da riqueza na família vice-real e seus servidores estabeleceu, por sua vez, um padrão quase feudal de propriedades rurais e privilégios urbanos, que por sua vez acelerou o desenvolvimento de uma consciência nacionalista de resistência. Ao que parece, a opinião pública se opunha a Ismail tanto por achar que ele estava entregando o Egito a estrangeiros quanto porque esses estrangeiros, por sua parte, pareciam contar com a fraqueza e a passividade do Egito. Os egípcios observaram contrariados, diz o historiador egípcio Sabry, quando Napoleão III, no discurso de inauguração do canal, mencionou a França e o canal *dela*, mas em momento algum citou o Egito.¹¹⁴ Do outro lado do espectro, Ismail foi publicamente atacado por jornalistas pró-otomanos,¹¹⁵ pela sandice de suas viagens absurdamente caras pela Europa (relatadas em detalhes quase nauseantes por Georges Douin, no segundo volume de *Histoire du règne du khedive Ismail* [História do reinado do quediva Ismail],¹¹⁶ por suas pretensões de independência em relação à Porta, a tributação excessiva sobre seus súditos, seus pródigos convites a celebridades europeias para a inauguração do canal. Quanto mais o quediva Ismail queria parecer independente, tanto mais sua desfaçatez custava ao Egito, tanto mais os otomanos se indignavam com suas manifestações de independência e tanto mais seus credores europeus resolviam manter um controle mais rígido sobre ele. Sua "ambição e imaginação surpreendiam seus ouvintes. No verão quente e economicamente difícil de 1864, ele estava pensando não só em canais e estradas de ferro, mas em Paris-sobre-o-Nilo e em Ismail, imperador da África. O Cairo teria seus *grands boulevards*, a Bolsa, teatros, óperas; o Egito teria um grande exército e uma marinha poderosa. Por quê?, perguntou o cônsul francês. Também poderia perguntar: como?".¹¹⁷

O "como" seria prosseguir com a renovação do Cairo, que demandava a utilização de muitos europeus (entre eles Draneht) e o desenvolvimento de uma nova classe urbana, cujos gostos e exigências prenunciavam a expansão de um mercado local voltado para bens importados de alto preço. Como diz Owen, "onde os bens estrangeiros eram importantes [...] era atendendo o padrão de consumo totalmente diferente de uma numerosa população estrangeira e aqueles fazendeiros e funcionários egípcios que tinham começado a morar em casas de tipo europeu no setor europeizado do Cairo e de Alexandria, onde quase todas as coisas importantes eram compradas do estrangeiro — até material de construção".¹¹⁸ E, poderíamos acrescentar, óperas, compositores, cantores, maestros, cenários e figurinos. Uma outra vantagem importante desses projetos era convencer os credores estrangeiros, com provas evidentes, de que o dinheiro deles estava sendo bem empregado.¹¹⁹

Ao contrário de Alexandria, porém, o Cairo era uma cidade árabe e islâmica, mesmo no apogeu de Ismail. Afora o romantismo dos sítios arqueológicos de Gize, o passado do Cairo não se comunicava bem nem facilmente com a Europa; ali não havia nenhum resquício helenístico ou levantino, nenhuma suave brisa marinha, nenhuma intensa vida portuária mediterrânea. A posição essencialmente central do Cairo na África, no islã, nos mundos árabe e otomano erguia-se como uma barreira intransponível para os investidores europeus, e a esperança de torná-lo mais acessível e mais atraente para eles sem dúvida predispôs Ismail a apoiar a modernização da cidade. E ele o fez essencialmente dividindo o Cairo. Nada mais pertinente do que citar uma passagem do melhor livro do século XX sobre a cidade, *Cairo: 1001 years of the city victorious* [Cairo: 1001 anos da cidade vitoriosa], da historiadora urbana americana Janet Abu-Lughod:

> Assim, no final do século XIX, o Cairo consistia de duas comunidades físicas distintas, divididas entre si por barreiras muito maiores do que a única ruazinha que marcava seus limites. A descontinuidade entre o passado e o futuro do Egito, que aparecia como uma pequena fenda no começo do século XIX, havia se ampliado e, no final do século, convertera-se numa fissura crescente. A dualidade física da cidade não era senão uma manifestação da clivagem cultural.
>
> No leste ficava a cidade nativa, ainda basicamente pré-industrial em tecnologia, estrutura social e modo de vida; no oeste ficava a cidade "colonial" com suas técnicas de energia a vapor, seu ritmo mais veloz e o trânsito sobre rodas, e sua identificação com a Europa. No leste ficava o modelo de ruas labirínticas do *harat* e *durub* sem calçamento, embora naquela época os portões tivessem sido desmontados e duas novas vias públicas atravessassem as sombras; no oeste havia ruas retas, largas, pavimentadas, flanqueadas por largas calçadas e recuos, cruzando-se militantemente em rígidos ângulos retos ou convergindo aqui e ali numa

rotunda ou *maydan*. Os bairros da cidade oriental ainda dependiam de aguadeiros ambulantes, enquanto os moradores da cidade ocidental recebiam água de uma rede de abastecimento ligada à estação de bombeamento a vapor, próxima ao rio. Ao cair da tarde, os bairros orientais mergulhavam na escuridão, enquanto lampiões a gás iluminavam as ruas do oeste. Nenhum parque ou árvore de rua atenuava os tons de areia e lama da cidade medieval; mas a cidade do lado ocidental era requintadamente decorada com jardins formais franceses, canteiros de flores ornamentais ou árvores podadas em feitios artificiais. Entrava-se na cidade velha de caravana, atravessando-a a pé ou na montaria; entrava-se na nova de trem e seguia-se por vitórias puxadas por cavalos. Em suma, as duas cidades, apesar da proximidade física, estavam separadas em todos os pontos críticos por uma distância social quilométrica e uma distância tecnológica de séculos.[120]

O teatro de ópera construído por Ismail para Verdi ficava bem no centro do eixo norte-sul, no meio de uma ampla praça, de frente para a cidade europeia, que se estendia a oeste até as margens do Nilo. Ao norte ficavam a estação ferroviária, o Hotel dos Pastores e os Jardins Azbakiyah, para os quais, acrescenta Abu-Lughod, "Ismail importou o paisagista francês que lhe despertava admiração com sua obra no Bois de Boulogne e no Champs de Mars, e o encarregou de reformular Azbakiyah como um Parc Monceau, com a lagoa de linhas livres, a gruta, pontes e belvederes que compunham os inevitáveis clichês de um jardim oitocentista francês".[121] Ao sul ficava o Palácio Abdin, reprojetado por Ismail como sua residência principal em 1874. Atrás da Ópera ficavam os bairros fervilhantes de Muski, Sayida Zeinab, Ataba al-Khadra, ocultos pela imponência e autoridade imperial do teatro.

O Cairo estava começando a sentir o fermento intelectual da reforma, em parte, mas apenas em parte, sob a influência da penetração europeia, e isso resultou, como afirma Jacques Berque, numa produção bastante confusa.[122] É o que belamente evoca Ali Pasha Mobarak em *Khittat Tawfikiya*, talvez a melhor apresentação do Cairo ismailiano. Mobarak foi um ministro da Educação e Obras Públicas excepcionalmente ativo, engenheiro, nacionalista, modernizador, historiador incansável, filho de um humilde aldeão *faqih*, homem igualmente fascinado pelo Ocidente e pela tradição e religião do Oriente islâmico. Tem-se a impressão de que as mudanças no Cairo, nesse período, levaram Ali Pasha a registrar a vida da cidade reconhecendo que a dinâmica cairota agora exigia uma atenção nova e moderna aos detalhes, os quais estimulavam discriminações e observações inéditas por parte do cairota nativo. Ali não menciona a Ópera, mas fala pormenorizadamente das grandes despesas de Ismail com seus palácios, jardins e zoológicos, e suas exibições para dignitários em visita. Autores egípcios posteriores (por exemplo, Anwar Abdel-Malek) também notam, como Ali, a fermentação desse período, mas veem o teatro de ópera e *Aida* como símbolos antinômicos da vida artística *e*, ao mesmo tempo, da submissão imperialista do país. Em 1971, o teatro, feito de madeira, se incendiou; nunca mais foi reconstruído no local, e o terreno foi ocupado primeiro por um estacionamento simples e depois por um prédio de garagens. Em 1988, foi construído um novo centro cultural na ilha Gezira, com dinheiro japonês, dispondo de uma casa operística.

Naturalmente é de se concluir que o Cairo não poderia mais definir *Aida* como ópera escrita para uma ocasião e um lugar mais efêmeros do que ela, mesmo quando triunfou por muitas décadas em palcos ocidentais. A identidade egípcia de *Aida* fazia parte da fachada europeia da cidade, sua simplicidade e seu rigor estavam inscritos nos muros imaginários que dividiam os bairros nativos e os bairros imperiais da cidade colonial. *Aida* é uma estética da separação, e não podemos ver entre ela e o Cairo a correspondência que Keats viu entre o friso da urna grega e seu correlato, a cidade e cidadela "esvaziadas desse povo, nessa piedosa manhã". *Aida*, para a maior parte do Egito, era um *article de luxe* imperial comprado a crédito para uma minúscula clientela, cujo caráter de entretenimento era contingente em relação a seus verdadeiros objetivos. Verdi a considerava como monumento à sua arte; Ismail e Mariette, com diferentes intenções, dedicaram-lhe o máximo de energia e incansável força de vontade. Apesar de seus defeitos, *Aida* pode ser fruída e interpretada como uma espécie de arte curatorial, cuja estrutura rigorosa e inflexível lembra, com incansável lógica mortuária, um momento histórico determinado e uma forma estética especificamente datada, um espetáculo imperial destinado a causar impressão e estranheza num público quase exclusivamente europeu.

Claro que isso está muito distante da posição que *Aida* hoje ocupa no repertório cultural. E certamente é verdade que muitos objetos estéticos grandiosos do imperialismo são relembrados e admirados sem a bagagem de dominação que carregaram entre sua gestação e apresentação. No entanto, o império ali permanece, na inflexão e nos traços, para ser lido, visto e ouvido. E por não levarmos em conta as estruturas imperialistas de atitudes e referências que eles sugerem, mesmo em obras como *Aida*, que parecem não guardar relação com a luta pelo controle territorial, reduzimos tais obras a caricaturas, refinadas talvez, mas ainda caricaturas.

Devemos lembrar também que quem pertence ao lado mais forte do confronto imperial e colonial tem grande possibilidade de negligenciar, esquecer ou ignorar os aspectos desagradáveis do que se passava "lá fora". O maquinário cultural — de espetáculos como *Aida*, dos livros efetivamente interessantes escritos por viajantes, romancistas e estudiosos, de fascinantes fotografias e pinturas exóticas — teve um efeito não só informativo, mas também estético sobre os públicos europeus. As coisas se mantêm inalteradas quando se empregam tais práticas culturais distanciadoras e esteticizantes, pois elas dividem e depois anestesiam a consciência metropolitana. Em 1865, o governador britânico da Jamaica, E. J. Eyre, comandou um massacre de negros, em retaliação ao assassinato de alguns brancos; o fato revelou a muitos ingleses as injustiças e os horrores da vida colonial; a discussão subsequente envolveu personalidades públicas famosas, tanto *favoráveis* (Ruskin, Carlyle, Arnold) a Eyre, com sua declaração da lei marcial e massacre dos negros jamaicanos, quanto *contrários* a ele (Mill, Huxley, o ministro da Justiça Cockburn). Com o tempo, porém, o caso caiu no esquecimento, e ocorreram outros "massacres administrativos" no império. Todavia, nas palavras de um historiador, "a Grã-Bretanha conseguiu manter a distinção entre liberdade interna e autoridade imperial [que ele define como "repressão e terror"] no exterior".[123]

Muitos leitores modernos da poesia angustiada de Matthew Arnold, ou de sua famosa teoria louvando a cultura, ignoram que ele associava o "massacre administrativo" comandado por Eyre às duras políticas inglesas em relação à *Irlanda* colonial, dando sua enfática aprovação a ambos. *Culture and anarchy* [Cultura e anarquia] cai bem no centro das Revoltas do Hyde Park de 1867, e o que Arnold tinha a dizer sobre a cultura foi tido especificamente como um argumento de dissuasão frente à desordem desenfreada — colonial, irlandesa, nacional. Jamaicanos, irlandeses, mulheres e alguns historiadores invocam esses massacres em momentos "impróprios", mas a maioria dos leitores anglo-americanos de Arnold continua desatenta, considerando-os — se chegam a lhes dar alguma atenção — sem qualquer relação com a teoria cultural, mais importante, que Arnold parece defender para todas as épocas.

(Como breve parêntese, cabe notar que a Operação Tempestade no Deserto, qualquer que seja sua base legal contra a brutal ocupação de Saddam Hussein do Kuwait, em parte também foi desencadeada para acalmar o fantasma da "síndrome do Vietnã", para afirmar que os Estados Unidos podiam ganhar uma guerra, e ganhá-la com rapidez. Para defender tal tema, é preciso esquecer que 2 milhões de vietnamitas foram mortos, e que o sudoeste da Ásia continua devastado, dezesseis anos após o final da guerra. Portanto, o fortalecimento dos Estados Unidos e da imagem do presidente Bush como líder foi prioritário em relação à destruição de uma sociedade distante. E lançou-se mão da alta tecnologia e de hábeis relações públicas para conferir uma aparência estimulante, limpa e virtuosa à guerra. Enquanto o Iraque passava por paroxismos de desintegração, contrarrevolta e sofrimento humano em massa, o interesse popular americano se animava por breve tempo.)

Para o europeu do final do século XIX, havia um interessante leque de opções, todas fundadas no pressuposto da subordinação e vitimização do nativo. Uma delas é o prazer no uso do poder — o poder de observar, governar, controlar e tirar proveito de territórios e povos distantes. Destes derivam viagens de descoberta, a anexação, a administração, um comércio rentável, expedições e exposições eruditas, espetáculos locais, uma nova classe de governantes e especialistas coloniais. Outra consiste num princípio ideológico para reduzir e depois reconstituir o nativo como indivíduo a ser dirigido e governado. Existem estilos de domínio, como os define Thomas Hodgkin em seu *Nationalism in colonial Africa* [Nacionalismo na África colonial]: o cartesianismo francês, o empirismo inglês, o platonismo belga.[124] E encontramo-los inscritos na própria iniciativa humanista: as diversas escolas, faculdades e universidades coloniais, as elites nativas criadas e manipuladas em toda a África e Ásia. A terceira é a ideia de salvação e redenção ocidental por meio de sua "missão civilizadora". Sustentada pelos especialistas em ideias (missionários, professores, conselheiros, estudiosos) e pela indústria e meios de comunicação modernos, a ideia imperial de ocidentalizar o atraso conquistou um estatuto definitivo em todo o mundo, mas, como Michael Adas e outros mostraram, ela sempre foi acompanhada da dominação.[125] A quarta é a segurança de uma situação que permite ao conquistador não enxergar a verdade da violência que perpetra. A própria ideia de cultura, tal como foi refinada por Arnold, destina-se a elevar a prática ao nível da teoria, a liberar a coerção ideológica contra elementos rebeldes — em casa e no exterior —, passando do concreto e histórico para o abstrato e geral. "O melhor do conhecimento e da ação": essa posição é considerada inexpugnável, em casa e no exterior. A quinta é o processo pelo qual a história dos nativos, depois de removidos de sua posição histórica em sua própria terra, é reescrita em função da história imperial. Esse processo utiliza a narrativa para dispersar memórias contraditórias e ocultar a violência — o exótico substitui a marca do poder pelos afagos da curiosidade —, sendo a presença imperial tão dominante a ponto de impossibilitar qualquer tentativa de separá-la da necessidade histórica. Todas juntas criam um amálgama das artes da narrativa e observação dos territórios acumulados, dominados e governados, cujos habitantes parecem fadados a jamais escapar, a permanecer como criaturas da vontade europeia.

OS PRAZERES DO IMPERIALISMO

Kim ocupa na vida e na carreira de Rudyard Kipling um lugar tão exclusivo quanto na literatura inglesa. Foi publicado em 1901, doze anos após o escritor ter saído da Índia, o local de seu nascimento e o país ao qual seu nome ficará para sempre associado. O mais interessante, porém, é o fato de *Kim* ter sido a única obra de maior fôlego na ficção madura e bem-sucedida de Kipling; embora possa ser lida com prazer por adolescentes, ela continua a manter seu interesse para os adultos, tanto os leitores comuns quanto os críticos. As outras obras de ficção escritas por Kipling são contos (ou coletâneas de contos, como *The jungle books* [Os livros da selva]) ou obras mais extensas (como *Captain Courageous* [Capitão Coragem], *The light that failed* [A luz que se extinguiu] e *Stalky and Co.* [Stalky e Cia.], cujo interesse que porventura tenham é obscurecido por graves falhas de coerência, visão ou juízo). Apenas Conrad, outro mestre do estilo, equipara-se a Kipling, seu colega um pouco mais jovem, por ter feito da experiência do império o principal tema de sua obra e conseguido expressá-lo de maneira tão vigorosa; e mesmo que ambos sejam extraordinariamente diferentes no tom e no estilo, eles levaram para uma audiência doméstica, basicamente insular e provinciana, o colorido, o *gla-*

mour e o romantismo do empreendimento ultramarino britânico, o qual antes era conhecido apenas de setores específicos da sociedade. Dentre os dois, foi Kipling — menos irônico, menos preocupado com a técnica e menos ambíguo do que Conrad — quem desde o início conquistou uma grande audiência. Ambos os escritores, no entanto, permaneceram um enigma para os estudiosos da literatura inglesa, que os consideram excêntricos, muitas vezes perturbadores, merecedores mais de um tratamento circunspecto ou distante do que serem incluídos no cânone e domesticados como o foram seus pares Dickens e Hardy.

As grandes visões conradianas do imperialismo estão relacionadas com a África, em *Coração das trevas* (1899); os Mares do Sul, em *Lord Jim* (1900); e a América do Sul, em *Nostromo* (1904). A grande obra de Kipling, por sua vez, tem como referência a Índia, um território sobre o qual Conrad nunca escreveu. E a Índia, no final do século XIX, havia se tornado a maior, mais durável e lucrativa dentre todas as possessões coloniais britânicas, e talvez até mesmo europeias. Desde a época em que a primeira expedição britânica lá desembarcou, em 1608, até a partida do vice-rei britânico em 1947, a Índia exerceu enorme influência sobre a vida da metrópole, no comércio e nos negócios, na indústria e na política, na ideologia e na guerra, na cultura e no âmbito da imaginação. No âmbito do pensamento e da literatura da Inglaterra, é impressionante a lista de grandes nomes que se interessaram pela Índia e escreveram sobre ela: entre outros, William Jones, Edmund Burke, William Makepeace Thackeray, Jeremy Bentham, James e John Stuart Mill, lorde Macaulay, Harriet Martineau e, claro, Rudyard Kipling, cuja importância é inegável na definição, imaginação e formulação do que era a Índia para o império britânico em sua fase madura, pouco antes de todo o edifício começar a rachar e desmoronar.

Kipling não apenas escreveu sobre a Índia, ele *fazia parte* dela. Seu pai, Lockwood — um refinado estudioso, professor e artista (que serviu de modelo para o bondoso curador do Museu

Lahore, no capítulo inicial de *Kim*) —, era professor na Índia britânica. Rudyard lá nasceu em 1865 e, ainda criança, aprendeu hindustâni e teve uma infância muito parecida com a de Kim, um *sahib* vestido como nativo. Com seis anos de idade, ele e a irmã foram enviados à Inglaterra para que começassem a frequentar a escola; espantosamente traumática, a experiência desses anos iniciais na Inglaterra (sob os cuidados de uma mrs. Holloway, em Southsea) proporcionou a Kipling um assunto permanente: a interação entre a juventude e uma autoridade desagradável, tema que ele iria expressar com grande complexidade e ambivalência durante toda a sua vida. Em seguida, Kipling foi para uma das escolas particulares menos prestigiosas dentre as voltadas para os filhos dos servidores coloniais, o United Services College, em Westward Ho! (a de maior prestígio era Haileybury, reservada para os escalões superiores da elite colonial) e só retornaria à Índia em 1882. Sua família ainda estava lá, e assim, durante sete anos, como ele conta em sua autobiografia póstuma *Something of myself* [Algo de mim mesmo], ele trabalhou como jornalista no Punjab, primeiro em *The Civil and Military Gazette*, e depois em *The Pioneer*.

Suas primeiras histórias baseiam-se nessa experiência e foram publicadas no Punjab; nessa época também começou a escrever poesia (o que T. S. Eliot chamou de "verso"), coligida pela primeira vez em *Departmental ditties* [Cantigas departamentais] (1886). Kipling deixou a Índia em 1889 e nunca mais voltou a viver lá por qualquer período, embora pelo resto da vida sua arte tenha se alimentado das lembranças dos anos que lá passou. Subsequentemente, Kipling residiu por algum tempo nos Estados Unidos (e casou-se com uma americana) e na África do Sul, mas acabou se estabelecendo na Inglaterra em 1900: *Kim* foi escrito em Bateman, a casa em que permaneceria até morrer em 1936. Ele logo conquistou grande fama e um enorme público; em 1907, recebeu o prêmio Nobel. Seus amigos eram ricos e poderosos, entre os quais o primo Stanley Baldwin, o rei Jorge V e Thomas Hardy; muitos escritores proeminentes, como Henry James e Conrad, falavam dele com respeito. Depois da Primeira Guerra Mundial (na qual perdeu seu filho John), o modo como via o mundo tornou-se consideravelmente mais pessimista. Embora permanecesse um Conservador imperialista, suas sombrias histórias sobre a Inglaterra e seu futuro, assim como seus excêntricos contos sobre animais e aqueles de caráter quase teológico, também prenunciavam uma mudança em sua reputação. Ao morrer, ele recebeu a honraria máxima atribuída pela Inglaterra a seus escritores: foi enterrado na abadia de Westminster. Ele permaneceu uma instituição nas letras inglesas, embora ligeiramente à parte de sua principal corrente, apreciado mas nunca plenamente canonizado.

Os admiradores e acólitos de Kipling insistiram com frequência em sua representação da Índia — como se a Índia sobre a qual ele escreveu fosse uma localidade intemporal, imutável e "essencial", um lugar quase tão poético quanto ele é real em sua concretude geográfica. Esta, creio eu, é uma leitura radicalmente equivocada de suas obras. Se a Índia de Kipling tem qualidades essenciais e imutáveis, isso não se deve ao fato de ele deliberadamente ter visto a Índia dessa maneira. Afinal, não supomos que as últimas histórias de Kipling sobre a Inglaterra ou aquelas sobre a Guerra dos Bôeres sejam sobre uma Inglaterra essencial ou uma África do Sul essencial; em vez disso, conjecturamos que Kipling estava reagindo e, na verdade, reformulando imaginativamente sua percepção daqueles locais em determinados momentos de suas histórias. O mesmo vale para a Índia de Kipling, que precisa ser interpretada como um território dominado pela Inglaterra durante três séculos, e só depois disso começando a experimentar a inquietação que iria culminar na descolonização e na independência.

Ao interpretar *Kim*, é preciso levar em conta dois fatores. Primeiro, queiramos ou não, o autor está escrevendo não só do ponto de vista dominante de um branco numa possessão colonial, mas também da perspectiva de um sólido sistema colonial cuja economia, funcionamento e história adquiriram o estatuto de um fato praticamente natural. Kipling pressupõe um império basicamente incontestado. De um lado da fronteira colonial estava uma Europa branca e cristã cujos vários países, sobretudo a Inglaterra e a França, mas também a Holanda, Bélgica, Alemanha, Itália, Rússia, Portugal e Espanha, controlavam a maior parte da superfície terrestre. Do outro lado da fronteira, havia uma enorme variedade de territórios e raças, todas consideradas inferiores, dependentes, subalternas. As populações das colônias "brancas" como a Irlanda e a Austrália também eram consideradas inferiores; um famoso desenho de Daumier, por exemplo, associa explicitamente os brancos irlandeses aos negros jamaicanos. Cada um desses seres subalternos era classificado e situado num esquema geral dos povos cientificamente garantido por sábios e estudiosos como Georges Cuvier, Charles Darwin e Robert Knox. A divisão entre brancos e não brancos, na Índia e em outros lugares, era de caráter absoluto; toda a narrativa de *Kim*, bem como todo o resto da obra de Kipling, guarda referências a essa divisão: um *sahib* é um *sahib*, e por maior que seja a amizade ou a camaradagem, em nada ela pode alterar os elementos básicos da diferença racial. Assim como nunca discutiria com os Himalaias, Kipling nunca questionaria essa diferença e o direito de domínio do europeu branco.

O segundo fator é que, além de ser um grande artista, Kipling também era um ser histórico, da mesma forma que a própria Índia. *Kim* foi escrito num momento específico de sua carreira, numa época em que a relação entre os ingleses e os indianos vinha se transformando. *Kim* ocupa uma posição central na era "oficial" do imperialismo, e de certa forma é um representante seu. E ainda que Kipling resistisse a esse fato, a Índia já estava bem adiantada rumo a uma dinâmica de franca oposição ao domínio britânico (o Congresso Nacional Indiano foi fundado em 1885), enquanto outras importantes mudanças de atitude vinham ocorrendo entre a casta dominante dos funcionários coloniais britânicos, civis e militares, em decorrência da Revolta de 1857. Britânicos e indianos estavam evoluindo, e juntos. Possuíam uma história comum e interdependente, em que se uniam ou se separavam pela oposição, pela animosidade ou pela simpatia. Um romance complexo e admirável como *Kim* faz parte dessa história, de maneira muito ilustrativa, cheia de inflexões, ênfases, inclusões e exclusões deliberadas — como qualquer grande obra de arte —, tornando-se mais interessante na medida em que Kipling, longe de ser uma figura neutra na situação anglo-indiana, nela desempenhava um papel de relevo.

Mesmo que a Índia tenha conquistado sua independência (e tenha sido dividida) em 1947, a questão de como interpretar a história indiana e britânica no período posterior à descolonização ainda continua a ser, como todo confronto denso e repleto de conflitos, um tema de acesos debates, nem sempre edificantes. Existe a posição, por exemplo, de que o imperialismo marcou e distorceu para sempre a vida indiana, de forma que, mesmo após décadas de independência, a economia indiana, lesada pelas necessidades e práticas inglesas, continua a sofrer. Inversamente, há intelectuais, políticos e historiadores ingleses para os quais a renúncia ao império — cujos símbolos eram Suez, Áden e Índia — foi negativa tanto para a Inglaterra quanto para "os nativos", sendo que os dois lados, desde então, vêm declinando sob todos os aspectos.[126]

Lendo-o hoje, *Kim* de Kipling pode apontar para muitas dessas questões. Como Kipling retrata os indianos? Como inferiores, ou de certa forma iguais, mas diferentes? Naturalmente, um leitor indiano dará uma resposta que acentuará mais alguns fatores do que outros (por exemplo, as ideias estereotipadas de Kipling — alguns diriam racistas — acerca do caráter oriental), ao passo que os leitores ingleses e americanos acentuariam seu amor pela vida indiana na Estrada do Grande Tronco. Como, então, devemos ler *Kim*, enquanto romance do final do século XIX, precedido pelas obras de Scott, Austen, Dickens e Eliot? Não podemos esquecer que, afinal, o livro é um romance numa linhagem de romances, que há nele mais do que uma história a ser lembrada e que a experiência imperial, embora com frequência considerada apenas do ponto de vista político, também penetrava na vida cultural e estética do Ocidente metropolitano.

Podemos ensaiar um rápido resumo do enredo de *Kim*. Kimball O'Hara é o filho órfão de um sargento do Exército indiano; sua mãe também era branca. Ele cresceu como moleque dos bazares de Lahore, sempre carregando um amuleto e alguns papéis comprovando suas origens. Ele encontra um monge tibetano que está em busca do Rio onde imagina que lavará seus pecados. Kim vira seu *chela* ou discípulo, e os dois vagueiam pela Índia como mendicantes aventureiros, recorrendo a alguma ajuda do curador inglês do Museu Lahore. Nesse meio-tempo, Kim se envolve num plano do Serviço Secreto inglês para derrotar um complô de inspiração russa, o qual pretende instigar uma insurreição numa das províncias punjabis do norte. Kim é utilizado como mensageiro entre Mahbub Ali, um negociante de cavalos afegão que trabalha para os ingleses, e o coronel Creighton, chefe do Serviço Secreto e etnógrafo erudito. Mais tarde, Kim fica conhecendo os outros membros da equipe de Creighton no Grande Jogo: o *sahib* Lurgan e Hurree Babu, também etnógrafo. Na época em que Kim conhece Creighton, descobrem que o garoto é branco (embora irlandês) e não nativo, como aparenta ser, e o enviam para a escola St. Xavier, onde deve concluir sua educação como branco. O guru consegue o dinheiro para ser o tutor de Kim, e nas férias o velho e seu jovem discípulo retomam as peregrinações. Kim e o monge encontram os espiões russos, e o garoto lhes rouba alguns documentos incriminadores, mas não antes de os "estrangeiros" espancarem o velho. Apesar de desmascarado o complô, o *chela* e seu mentor estão doentes e desconsolados. Curam-se graças aos poderes restauradores de Kim e a um benéfico contato com a terra; o velho compreende que, por meio de Kim, ele encontrou o Rio. No final do romance, Kim volta para o Grande Jogo, e acaba ingressando no serviço colonial inglês em tempo integral.

Algumas características de *Kim* irão atrair todos os leitores, independentemente da política e da história. É um romance tremendamente viril, protagonizado por dois homens maravilhosamente atraentes — um menino na adolescência e um velho monge asceta. Em torno deles se reúnem outros homens, alguns companheiros, outros colegas e amigos; eles compõem a grande realidade definidora do romance. Mahbub Ali, o *sahib* Lurgan, o grande Babu, além do velho soldado indiano e seu filho, intrépido cavaleiro, o coronel Creighton, sr. Bennett e o padre Victor, para citar apenas alguns dos numerosos personagens desse livro repleto de gente: todos falam a linguagem que os homens usam entre si. As mulheres do romance, em comparação, são pouquíssimas, e todas de certa forma impróprias para as atenções masculinas — prostitutas, viúvas idosas, ou mulheres inoportunas e ardentes como a viúva de Shamlegh; ser "eternamente incomodado por mulheres", diz Kim, é ser impedido de participar do Grande Jogo, em que apenas os homens são bons jogadores. Estamos num mundo masculino dominado por viagens, negócios, aventuras e intrigas, e é um mundo celibatário, onde o romantismo usual da literatura e a instituição duradoura do matrimônio são contornados, evitados, quase ignorados. No máximo, as mulheres ajudam no andamento das coisas: compram uma passagem, cozinham, atendem os doentes e... atrapalham os homens.

O próprio Kim permanece sempre um garoto, embora o romance o mostre desde os treze até os dezesseis ou dezessete anos, e conserva uma paixão pueril por brincadeiras, peças, trocadilhos espertos, expedientes inventivos. Kipling parece ter conservado durante toda a vida uma simpatia pessoal por sua própria infância, como garoto cercado por um mundo adulto de padres e professores dominadores (o sr. Bennett, em *Kim*, é um exemplar excepcionalmente antipático), tendo sempre de acertar contas com essa autoridade — até que outra figura de autoridade, como o coronel Creighton, apareça e trate o jovem com uma compaixão compreensiva, embora igualmente autoritária. A diferença entre a escola St. Xavier, que Kim frequenta durante algum tempo, e o trabalho no Grande Jogo (as atividades do Serviço Secreto inglês na Índia) não consiste numa maior liberdade deste último; muito pelo contrário, as exigências do Grande Jogo são maiores. A diferença reside no fato de que a escola impõe uma autoridade inútil, ao passo que as exigências do Serviço Secreto demandam de Kim uma disciplina rigorosa e emocionante, que ele aceita de bom grado. Do ponto de vista de Creighton, o Grande Jogo é uma espécie de economia política do controle, na qual o maior pecado, como diz a Kim, é a ignorância, e não o saber. Mas, para Kim, não é possível perceber o Grande Jogo em todas as suas complexas configurações, embora possa ser plenamente usufruído como uma espécie de grande brincadeira. As cenas em que Kim caçoa, barganha, dá respostas prontas e vivas aos mais velhos, sejam amigos ou hostis, indicam o gosto aparentemente inesgotável de Kipling pela diversão infantil com o puro prazer momentâneo de jogar algum jogo, seja ele qual for.

Não nos enganemos com esses prazeres de menino. Eles não contrariam o objetivo político global do controle britânico sobre a Índia e os outros domínios ultramarinos da Inglaterra; pelo contrário, o *prazer* — cuja presença constante em muitas formas literárias imperiais e coloniais, bem como na música e artes plásticas, muitas vezes nem chega a ser discutida — é um componente inquestionável de *Kim*. Um outro exemplo dessa mescla entre diversão e profunda seriedade política encontra-se na concepção de lorde Baden Powell sobre os escoteiros, movimento fundado e implementado em 1907-8. Quase da mesma idade de Kipling, BP (como era chamado) foi muito influenciado pelos garotos do romancista, sobretudo por Mowgli; as ideias de BP sobre a "meninologia" desenvolveram e introduziram diretamente essas imagens num grande projeto de autoridade imperial, que culminava na grande estrutura escotista "fortalecendo as muralhas do império", a qual consolidava essa engenhosa conjunção de divertimento e serviço entre fileiras e mais fileiras de pequenos servidores imperiais, vivos, animados e cheios de iniciativa.[127] Kim, afinal, é irlandês e de casta social inferior; aos olhos de Kipling, isso realça suas qualidades como candidato ao funcionalismo. BP e Kipling concordam em outros dois pontos importantes: os garotos, em última análise, devem conceber a vida e o império como governados por Leis inquebrantáveis, e que qualquer serviço é mais agradável quando imaginado, não como uma história — linear, contínua, temporal —, e sim como um campo esportivo — multidimensional, descontínuo, espacial. Um livro recente do historiador J. A. Mangan resume muito bem esse aspecto em seu próprio título: *The games ethic and imperialism* [A ética do jogo e o imperialismo].[128]

Tão ampla é sua perspectiva e tão estranhamente sensível é Kipling ao leque de possibilidades humanas que ele contrabalança essa ética do serviço em *Kim* dando rédeas soltas a outra de suas predileções emocionais, expressa pelo estranho lama tibetano e sua relação com o personagem do título. Embora o talentoso garoto vá entrar no serviço de informações, ele já foi atraído, desde o começo do romance, para se tornar o *chela* do lama. Essa relação quase idílica entre dois companheiros do sexo masculino tem uma genealogia interessante. Como vários romances americanos (*Huckleberry Finn*, *Moby Dick* e *The deerslayer* [O caçador de cervos] logo nos ocorrem à lembrança), *Kim* celebra a amizade de dois homens num ambiente difícil e às vezes adverso. A fronteira americana e a Índia colonial são muito diversas, mas ambas atribuem maior prioridade aos "laços masculinos" do que a uma ligação doméstica ou amorosa entre os dois sexos. Alguns críticos levantaram a hipótese de um lado homossexual oculto nesses relacionamentos, mas há também o aspecto cultural desde muito associado a contos picarescos em que um aventureiro (com a esposa ou a mãe, caso existam, resguardadas em segurança no lar) e seus companheiros masculinos buscam um determinado sonho — como Jasão, Ulisses ou, com ainda mais força, Dom Quixote e Sancho Pança. No campo ou na estrada, dois homens podem viajar juntos com mais facilidade, e um pode ir salvar o outro de maneira mais plausível do que se estivessem acompanhados de uma mulher. Assim, a longa tradição de histórias de aventuras, de Ulisses e sua tripulação até Zorro e Tonto, Holmes e Watson, Batman e Robin, parece persistir.

O guru místico de Kim, ademais, pertence à modalidade abertamente religiosa da busca ou peregrinação, comum a todas as culturas. Kipling, como sabemos, era um admirador dos *Canterbury tales* [Contos da Cantuária], de Chaucer, e do *Pilgrim's progress* [A viagem do peregrino], de Bunyan. *Kim* está bem mais próximo do livro de Chaucer do que do de Bunyan. Kipling tinha o mesmo golpe de vista do poeta inglês medieval para o detalhe significativo, para a figura excêntrica, o espetáculo da vida, a percepção folgazã das alegrias e fraquezas humanas. Ao contrário de Chaucer ou Bunyan, porém, Kipling se interessa menos pela religião em si (mesmo que nunca coloquemos em dúvida a devoção do monge) do que pela cor local, pela atenção minuciosa ao detalhe exótico e pelas realidades abrangentes do Grande Jogo. O que há de grandioso nessa obra é que, sem nunca trair a figura do velho nem minimizar a estranha sinceridade de sua Busca, mesmo assim Kipling o situa solidamente na órbita protetora do domínio britânico na Índia. Isso aparece simbolizado no primeiro capítulo, quando o velho curador do Museu Lahore dá seus óculos ao monge, assim aumentando o prestígio e autoridade espiritual do lama, consolidando a justeza e legitimidade da benévola influência inglesa.

Essa posição, a meu ver, tem sido mal-entendida e até negada por muitos leitores de Kipling. Mas não esqueçamos que o lama depende do apoio e guia de Kim, e que o grande gesto de Kim é não ter traído os valores do lama nem ter vacilado em seus serviços como pequeno espião. Durante todo o romance, Kipling nos mostra com clareza que o lama, embora bom e sábio, precisa do talento, da orientação e da mocidade de Kim; até mesmo em Benares, ele reconhece a necessidade absoluta, religiosa, que sente por Kim, no final do nono capítulo, ao relatar a "Jataka", a parábola do elefante jovem ("O Próprio Senhor") libertando o elefante velho (Ananda), com a pata acorrentada. É evidente que o lama considera Kim como salvador. Mais adiante, após o confronto decisivo com os agentes russos que fomentam a sublevação contra a Inglaterra, Kim ajuda o lama (e é ajudado por ele), o qual, numa das cenas mais emocionantes de todos os livros de Kipling, diz: "Criança, eu vivi de tua força como uma velha árvore vive do limo de um velho muro". Mas

Kim, também movido por amor ao guru, nunca abandona suas obrigações no Grande Jogo, mesmo admitindo para o velho monge que precisa dele "para algumas outras coisas".

Sem dúvida, essas "outras coisas" consistem na fé e num propósito inflexível. Num de seus principais fios narrativos, *Kim* sempre volta à ideia de busca: a busca de redenção do lama diante da Roda da Vida, que ele sempre traz no bolso sob a forma de um complexo diagrama, e a busca de Kim por um lugar seguro no serviço colonial. Kipling não menospreza nenhum deles. Segue o lama por onde quer que ele vá em seu desejo de se libertar das "ilusões do Corpo", e nossa participação na dimensão oriental do romance, a que Kipling dá um tratamento bem pouco exoticista e artificial, com certeza se deve, em alguma medida, ao fato de podermos acreditar no respeito do romancista por esse peregrino. De fato, o lama atrai a atenção e conquista a estima de quase todos. Cumpre sua palavra de arranjar dinheiro para a educação de Kim, sempre encontra o garoto na hora e no local combinados, é ouvido com devoção e veneração. Num toque particularmente bonito do capítulo 14, Kipling o apresenta contando "uma narrativa fantástica cheia de sortilégios e milagres" sobre acontecimentos sobrenaturais nas montanhas tibetanas natais, acontecimentos estes que o romancista se abstém educadamente de reproduzir, como que para dizer que esse velho monge possui uma vida própria impossível de ser vertida em prosa inglesa linear e sequencial.

A busca do lama e a doença de Kim, no final do romance, são resolvidas em simultâneo. Os leitores de muitos outros contos de Kipling já estão familiarizados com o "tema da cura", na justa expressão do crítico J. M. S. Tompkins.[129] Aqui também, a narrativa avança de modo inexorável para uma crise de grandes proporções. Numa cena inesquecível, Kim ataca os agressores estrangeiros e profanadores do lama, o diagrama talismânico do velho se rasga, e os dois peregrinos desamparados passam a vaguear pelos montes, tendo perdido a saúde e a tranquilidade. Kim fica à espera que venham buscar o pacote de documentos que roubou do espião estrangeiro, ao passo que o lama adquire a terrível consciência de que precisará esperar muito mais antes de atingir seus objetivos espirituais. Nessa situação difícil, Kipling introduz uma das duas grandes mulheres decaídas do romance (a outra é a velha viúva de Kulu): a mulher de Shamlegh, abandonada muito tempo atrás por seu *sahib* "kerlistiano", mas ainda assim forte, vital, apaixonada. (Aqui há uma ressonância de um dos contos anteriores mais tocantes de Kipling, "Lispeth", que aborda a triste situação da mulher nativa amada, mas nunca desposada, por um branco que acaba indo embora.) Surge uma levíssima insinuação de uma atração sexual entre Kim e a sensual mulher de Shamlegh, mas logo se dissipa quando Kim e o monge partem uma vez mais.

Qual o processo de cura que Kim e o velho lama devem atravessar antes de ter descanso? Essa pergunta extremamente complexa e interessante só pode ser respondida com muita calma e vagar, tão cuidadoso se mostra Kipling em *não* insistir nos limites restritivos de uma solução imperial chauvinista. Kipling não abandonará impunemente Kim e o velho monge à especiosa satisfação do mérito por um simples serviço bem executado. Essa cautela, claro, é uma boa prática literária, mas existem outros imperativos — emocionais, culturais, estéticos. Kim deve receber uma posição na vida compatível com sua luta obstinada por uma identidade. Ele resistiu às tentações ilusionistas do *sahib* Lurgan e afirmou o fato de que *ele era Kim*; conservou o estatuto de um *sahib* mesmo como simpático moleque dos bazares e telhados; seguiu as regras do jogo, lutou pela Inglaterra com alguns riscos de vida, e às vezes de maneira brilhante; esquivou-se à mulher de Shamlegh. Onde colocá-lo? E onde colocar o monge idoso e amável?

Os leitores das teorias antropológicas de Victor Turner reconhecerão nos movimentos, disfarces e astúcia geral (normalmente salutar) de Kim as características básicas do "liminal", na definição de Turner. Algumas sociedades, diz ele, precisam de uma figura mediadora que possa unificá-las numa comunidade, convertê-las em algo além de um simples conjunto de estruturas legais ou administrativas.

As entidades liminais [ou que estão no limiar], como os neófitos em iniciação ou passando pelos ritos da puberdade, podem ser representadas como não possuindo nada. Podem estar disfarçadas de monstros, usar apenas uma tira de pano ou mesmo andar nuas, para demonstrar que não têm nenhum estatuto, nenhum bem, nenhuma insígnia [...] É como se estivessem sendo reduzidas ou niveladas a uma condição uniforme para que possam ser outra vez remodeladas e dotadas de novos poderes que lhes permitam enfrentar suas novas posições na vida.[130]

O perfil de Kim, como pária irlandês e depois elemento essencial do Grande Jogo do Serviço Secreto britânico, sugere que Kipling tinha uma percepção extraordinária do modo de funcionamento e controle administrativo das sociedades. Segundo Turner, as sociedades não podem ser governadas de maneira rígida por "estruturas" nem completamente superadas por figuras marginais, proféticas e alienadas, *hippies* ou milenaristas; deve haver uma alternância, de modo que o domínio de um dos lados é acentuado ou temperado pela inspiração do outro. A *figura* liminal ajuda a manter as sociedades, e é este o procedimento que Kipling apresenta no clímax do enredo e na transformação da personagem de Kim.

Para solucionar essa questão, Kipling recorre à doença de Kim e à desolação do lama. Há também o pequeno expediente prático do irreprimível Babu — improvável adepto de Herbert Spencer, mentor nativo secular de Kim no Grande Jogo —, que aparece para garantir o sucesso das proezas do garoto. O pacote de papéis incriminadores que comprovam as maquinações russo-francesas e os estratagemas desonestos de um príncipe hindu é tomado de Kim e posto a salvo. Então Kim começa a sentir, nas palavras de Otelo, a perda de seu posto:

> Durante todo aquele tempo ele sentia, mesmo não conseguindo expressar em palavras, que sua alma estava desconectada do meio — uma engrenagem à solta, tal como a

engrenagem ociosa de um moedor de cana barato Beheea, largada num canto. As brisas passavam por ele, os papagaios lhe gritavam, os sons da casa cheia logo atrás — discussões, ordens e reprimendas — batiam em ouvidos moucos.[131]

De fato Kim morria para este mundo, descia, como o herói épico ou a personalidade liminal, a uma espécie de mundo subterrâneo do qual, se voltasse, retornaria mais forte e mais poderoso do que antes.

Agora era preciso sanar a brecha entre Kim e "este mundo". A página subsequente talvez não seja o ápice literário de Kipling, mas está perto disso. A passagem se estrutura em torno de uma resposta que, pouco a pouco, vem despontando à pergunta de Kim: "Eu sou Kim. E o que é Kim?". Eis o que acontece:

> Ele não queria chorar — nunca se sentira tão longe disso na vida —, mas de repente lágrimas bobas e espontâneas começaram a lhe correr pelo nariz, e com um estalido quase audível ele sentiu as engrenagens de seu ser se engatarem de novo ao mundo exterior. Coisas que, um instante antes, passavam pela retina desprovidas de sentido agora adquiriam as proporções adequadas. As estradas serviam para trilhar, as casas para morar, o gado para conduzir, os campos para cultivar, os homens e mulheres para conversar. Eram todos reais e verdadeiros — solidamente plantados nos pés — perfeitamente compreensíveis — do mesmo barro que ele, nem mais nem menos [...].[132]

Aos poucos Kim começa a se sentir integrado consigo e com o mundo. Kipling continua:

> Havia uma carroça de bois parada numa pequena colina a uns setecentos metros de distância, e atrás uma jovem figueira-brava — um mirante, por assim dizer, no alto de algumas planícies recém-aradas, e suas pálpebras, banha-

das pelo ar ameno, foram se tornando mais pesadas conforme ia se aproximando. O chão era de terra nua — nada de plantas novas que, vivas, já estão a meio caminho da morte, mas a terra promissora que guarda a semente para toda a vida. Sentiu-a entre os dedos dos pés, acariciou-a com as palmas das mãos e, com todo o corpo arfando luxuriosamente, estendeu-se à sombra da carroça de madeira. E a Mãe Terra foi tão fiel como a *sahiba* [a viúva de Kulu, que cuidara de Kim]. Respirava através dele para restaurar o equilíbrio que perdera permanecendo por tanto tempo num catre, afastado de seus benéficos eflúvios. A cabeça jazia inerte em seu regaço, e as mãos abertas se rendiam à sua força. A árvore de múltiplas raízes, acima, e mesmo a madeira morta manipulada pelo homem, a seu lado, sabiam o que ele buscava, mesmo que ele não soubesse. Horas e horas ele ficou ali, num estado mais profundo do que o sono.[133]

Enquanto Kim dorme, o lama e Mahbub discutem o futuro do garoto; ambos sabem que ele está curado, e assim o que resta é dar um rumo a sua vida. Mahbub quer que ele volte ao serviço; com aquela sua assombrosa singeleza, o lama sugere que Mahbub se junte a eles, o *chela* e o guru, como peregrinos na via da retidão. O romance termina com o lama dizendo a Kim que agora tudo vai bem, pois tendo visto

> toda a Índia, do Ceilão no mar até as montanhas, e minhas Rochas Pintadas em Suchzen, vi todos os acampamentos e povoados, até o menor deles, onde ficamos, vi-os num só tempo e num só lugar, pois eles estão dentro da Alma. Assim eu soube que a Alma superou a ilusão do Tempo e do Espaço e das Coisas. Assim eu soube que era livre.[134]

Parte disso, naturalmente, é mera superstição, mas não deve ser totalmente descartado. A visão enciclopédica do lama a respeito da liberdade se assemelha muito ao Levantamento Topográfico Indiano do coronel Creighton, em que constam todos os acampamentos e povoados, devidamente anotados. A diferença é que o inventário positivista das localidades e populações no âmbito do domínio britânico torna-se, na postura generosamente abrangente do lama, uma visão redentora e, para o bem de Kim, terapêutica. Tudo agora se compõe numa unidade. No centro está Kim, o garoto cujo espírito errante recapturou as coisas "com um estalido quase audível". A metáfora mecânica da alma sendo recolocada nos trilhos em certa medida conspurca a situação elevada e edificante, mas para um escritor inglês, que trata de um jovem branco retornando à terra num país enorme como a Índia, é uma boa metáfora. Afinal, as ferrovias indianas eram construídas pelos ingleses e garantiam um controle maior do que nunca no país.

Outros autores antes de Kipling discorreram sobre esse tipo de cena em que há uma reconquista da vida, notadamente George Eliot em *Middlemarch* e Henry James em *Retrato de uma senhora*, este influenciado por aquele. Nos dois casos, a heroína (Dorothea Brooke e Isabel Archer) fica surpresa, para não dizer chocada, com a revelação súbita da traição do amado: Dorothea vê Will Ladislaw flertando às claras com Rosamond Vincy, e Isabel intui o namoro entre seu marido e madame Merle. As duas epifanias são acompanhadas por longas noites de angústia, não muito diferentes da doença de Kim. Então as mulheres despertam para uma nova consciência do mundo e delas mesmas. As cenas são muito semelhantes em ambos os romances, e, para ilustrá-las, basta aqui a experiência de Dorothea Brooke. Ela olha para o mundo além da "cela estreita de sua desgraça", e vê

> os campos mais adiante, além dos portões. Na estrada havia um homem com uma trouxa às costas e uma mulher carregando um bebê [...] ela sentiu a amplidão do mundo e o múltiplo despertar dos homens para o trabalho e a paciência. Ela fazia parte dessa vida involuntária e palpitante, e não podia ficar olhando como mera espectadora em seu luxuoso abrigo, nem esconder seus olhos em lamentos egoístas.[135]

Eliot e James concebem essas cenas não só como um redespertar moral, mas como um momento em que a heroína supera e até perdoa seu torturador, ao se enxergar dentro do plano maior das coisas. Uma parte da estratégia de Eliot consiste em fazer vingar os projetos iniciais que Dorothea tinha de ajudar seus amigos; a cena do redespertar confirma, dessa forma, o impulso de estar no mundo, de se comprometer com ele. Um movimento muito semelhante ocorre em *Kim*, com a diferença de que o mundo, aqui, aparece como algo que fornece um engate à alma. A passagem de *Kim* acima citada traz uma espécie de triunfalismo moral embutido nas ênfases sobre as intenções, a força de vontade, o voluntarismo: as coisas entram nas proporções adequadas, as estradas são para trilhar, as coisas são plenamente compreensíveis, solidamente firmadas no chão, e assim por diante. No alto desse trecho estão "as engrenagens" do ser de Kim, ao "se engatarem de novo no mundo exterior". E essa série de movimentos é reforçada e consolidada pelas bênçãos da Mãe Terra a Kim, quando ele se deita junto à carroça: "ela respirava através dele para restaurar o que se perdera". Kipling apresenta um desejo intenso, quase instintivo, de devolver a criança à mãe, numa relação pré-consciente, imaculada, assexuada.

Porém, enquanto Dorothea e Isabel aparecem como parte inevitável de uma "vida involuntária e palpitante", Kim surge retomando um controle voluntário de sua vida. A diferença, a meu ver, é fundamental. A nova percepção intensificada que Kim tem do controle, do "engate", da solidez, da passagem do limiar para o domínio, é em grande medida resultante de sua condição de *sahib* numa Índia colonial: o que Kipling faz é levar Kim a atravessar uma cerimônia de reapropriação, a Inglaterra (por intermédio de um súdito irlandês leal) tomando de novo o controle da Índia. A natureza, os ritmos involuntários da saúde recobrada, chegam a Kim *depois* de assinalado seu primeiro gesto, largamente histórico e político. Em contraposição, para as heroínas europeia e americana na Europa, o mundo está ali para ser redescoberto; ele não requer ninguém em especial para dirigi-lo ou comandá-lo. Não é o que se passa na Índia britânica, que cairia no caos ou na insurreição caso as estradas não fossem corretamente trilhadas, as casas devidamente habitadas, homens e mulheres tratados nos tons adequados.

Numa das melhores abordagens críticas de *Kim*, Mark Kinkead-Weekes sugere que o romance ocupa um lugar único na obra de Kipling porque o desfecho pretendido acaba não funcionando. Pelo contrário, diz Kinkead-Weekes, o triunfo artístico transcende até mesmo as intenções de seu autor:

> [O romance] é o produto de uma tensão peculiar entre diversos modos de ver: o fascínio carinhoso pelo caleidoscópio da realidade exterior por ela mesma; a capacidade negativa colocando-se sob a pele atitudes diferentes das próprias e diferentes entre si; e, por fim, como resultado desta última, mas de uma maneira mais intensa e criativa, a obtenção triunfante de um antieu tão poderoso que se torna pedra de toque de tudo o mais — a criação do lama. Isso significava imaginar um ponto de vista e uma personalidade quase radicalmente contrárias às do próprio Kipling; no entanto, ela é explorada de maneira tão amorosa que só pode atuar como catalisador de alguma síntese mais profunda. Desse desafio específico — evitar a obsessão consigo mesmo, ir além de uma visão meramente objetiva da realidade exterior, permitir-lhe ver, pensar e sentir *além* de si mesmo — surgiu a nova visão de *Kim*, mais abrangente, mais complexa, humanizada e madura do que qualquer outra obra.[136]

Por mais que concordemos com alguns aspectos dessa interpretação bastante sutil, ela também é, a meu ver, bastante a-histórica. Sim, o lama é uma espécie de antieu, sim, Kipling consegue se colocar na pele dos outros com uma relativa empatia. Mas não, Kipling nunca esquece que Kim é parte inquestionável da Índia britânica: o Grande Jogo continua, com a participação de Kim, por mais parábolas que invente o lama. Naturalmente podemos ler *Kim* como romance da grande literatura mundial, em certa medida independente de suas pesadas circunstâncias históricas e políticas. Mas, ao mesmo tempo, não podemos cancelar unilateralmente suas conexões *internas* com a realidade contemporânea, as quais foram cuidadosamente observadas por Kipling. É claro que Kim, Creighton, Mahbub, o Babu e mesmo o lama veem a Índia como Kipling a via, como parte do império. E é claro que Kipling preserva minuciosamente os traços dessa visão quando apresenta Kim — humilde garoto irlandês, hierarquicamente inferior ao inglês de sangue puro — reafirmando suas prioridades britânicas muito antes que o lama venha abençoá-las.

Os leitores da melhor obra de Kipling tentam sistematicamente salvá-lo de si mesmo. Não raro isso acaba confirmando o famoso juízo de Edmund Wilson sobre *Kim*:

> Ora, o que o leitor tende a esperar é que Kim afinal perceba que está entregando em cativeiro, aos invasores britânicos, aqueles que ele sempre considerou como seu próprio povo, e que surgirá uma luta para decidir o lado a que ele se alinhará. Kipling estabeleceu para o leitor — e com considerável efeito dramático — o contraste entre o Oriente, com seu misticismo e sensualidade, seus extremos de santidade e patifaria, e os ingleses, com sua organização superior, sua confiança nos métodos modernos, seu instinto em varrer os mitos e crenças nativas como se fossem teias de aranha. Vimos dois mundos totalmente diferentes existindo lado a lado, sem que nenhum deles de fato entendesse o outro, e acompanhamos as oscilações de Kim, passando entre um e outro. Mas as linhas paralelas nunca se encontram; as atrações alternadas sentidas por Kim nunca geram uma verdadeira luta. [...] Assim, a ficção de Kipling não dramatiza nenhum conflito fundamental, porque Kipling nunca o encararia.[137]

Existe, em minha opinião, uma alternativa a essas duas posições, ao mesmo tempo mais acurada e mais sensível à realidade da Índia britânica do final do século XIX, tal como era percebida por Kipling e outros. O conflito entre o serviço colonial de Kim e sua lealdade aos companheiros indianos permanece indeciso não porque Kipling não conseguisse encará-lo, mas porque, para ele, *não havia nenhum conflito*; de fato, um dos objetivos do romance é mostrar a ausência de conflitos, uma vez que Kim se cura de suas dúvidas, o lama se cura de seus anseios pelo Rio, e a Índia se cura de alguns levantes e agentes estrangeiros. Sem dúvida, *poderia haver* algum conflito caso Kipling considerasse a Índia numa infeliz condição de subserviência ao imperialismo; mas não era assim que ele pensava: para Kipling, o melhor destino da Índia era ser governada pela Inglaterra. Por um reducionismo análogo e oposto, se lermos Kipling não como um simples "bardo imperialista" (o que ele não era), mas como alguém que leu Frantz Fanon, conheceu Gandhi, assimilou seus ensinamentos e continuou obstinado a não se deixar persuadir por eles, estaremos distorcendo seriamente seu contexto, o qual ele refina, elabora e ilumina. É fundamental lembrar que não havia nenhum mecanismo significativo de dissuasão à visão de mundo imperialista abraçada por Kipling, da mesma forma como não existiam alternativas ao imperialismo para Conrad, por mais que ele reconhecesse seus males. Kipling, portanto, não era perturbado pela ideia de uma Índia independente, embora seja verdade que sua literatura representa o império e sua legitimação consciente, que na ficção ficam expostos a ironias e problemas tais como os que se encontram em Austen ou Verdi e, como veremos em seguida, em Camus. O que desejo nessa leitura em contraponto é enfatizar e ressaltar as disjunções, e não as minimizar ou negligenciar.

Consideremos dois episódios de *Kim*. Logo depois de saírem de Umballa, o lama e o *chela* encontram o ex-soldado, velho e fanado, "que tinha servido ao Governo nos tempos da Revolta". Para um leitor da época, "a Revolta" significava o episódio mais importante, mais violento e mais conhecido da relação anglo-indiana no século XIX: a Grande Revolta de 1857, que eclodiu em Meerut em 10 de maio e levou à tomada de Delhi. Há um grande número de livros (por exemplo, *The great mutiny*

[O grande motim], de Christopher Hibbert), ingleses e indianos, que tratam do "Motim" (designado como "Rebelião" por autores indianos). O que desencadeou o "Motim" — aqui usarei o termo ideologicamente britânico — foi que soldados hinduístas e muçulmanos do exército indiano desconfiaram que os projéteis eram engraxados com gordura de vaca (impura para os hinduístas) e gordura de porco (impuro para os muçulmanos). Na verdade, as causas do Motim eram constitutivas do próprio imperialismo inglês, de um exército em larga medida composto de nativos e comandado por *sahibs*, dos desmandos da Companhia das Índias Orientais. Além disso, havia uma grande insatisfação latente com o domínio cristão branco num país de muitas outras raças e culturas, todas provavelmente considerando sua subserviência aos ingleses como uma posição degradante. Nenhum dos revoltosos deixava de perceber sua enorme superioridade numérica em relação aos oficiais de patente superior.

O Motim foi uma demarcação clara tanto na história indiana quanto na britânica. Sem entrar na complexa estrutura das ações, motivos, fatos e princípios morais interminavelmente discutidos durante e após a revolta, podemos dizer que, para os britânicos, que esmagaram o motim com rigor e brutalidade, todas as suas ações eram de retaliação; os revoltosos assassinavam europeus, diziam eles, e tais ações provavam, se tal fosse preciso, que os indianos mereciam ser subjugados pela civilização superior da Inglaterra europeia; depois de 1857, a Companhia das Índias Orientais foi substituída pelo Governo da Índia, de caráter muito mais formal. Para os indianos, o Motim foi uma sublevação nacionalista contra o domínio britânico, que se consolidava inflexivelmente apesar dos abusos, da exploração e das reclamações indianas aparentemente ignoradas. Quando Edward Thompson, em 1925, publicou seu vigoroso ensaio *The other side of the medal* [O outro lado da moeda] — um pronunciamento apaixonado contra o domínio inglês e a favor da independência indiana —, ele apontou o Motim como o grande acontecimento simbólico por meio do qual ambos os lados, o indiano e o inglês, atingiram o grau pleno e consciente de oposição mútua. Ele mostrou de maneira dramática que a história indiana e a britânica divergiam clamorosamente em suas respectivas representações do Motim. Este, em suma, reforçava a diferença entre colonizador e colonizado.

Numa tal situação de ardor nacionalista e autojustificatório, ser indiano significaria sentir uma solidariedade natural com as vítimas da represália britânica. Ser inglês significava sentir choque e horror — para nem mencionar o direito de vingança — diante das terríveis demonstrações de crueldade dos "nativos", que encarnavam o papel de selvagens que havia sido atribuído a eles. Para um indiano, *não* ter tais sentimentos seria pertencer a uma ínfima minoria. Portanto, é bastante significativo que Kipling tenha escolhido, para comentar o Motim, um indiano que era um soldado legalista e que considerava a revolta de seus conterrâneos como um gesto de loucura. Não admira que esse homem seja respeitado por representantes ingleses que, diz-nos Kipling, "se desviavam da estrada principal para ir visitá-lo". O que Kipling elimina é a enorme probabilidade de que os compatriotas do ex-soldado o considerassem traidor (no mínimo) de seu povo. E, algumas páginas mais adiante, quando o velho veterano fala do Motim para o lama e Kim, sua versão dos fatos está bastante imbuída da lógica britânica sobre o ocorrido:

> Uma loucura corroeu todo o Exército, e eles se viraram contra seus oficiais. Este foi o primeiro mal, mas não irremediável se tivessem se detido naquele momento. Mas decidiram matar as mulheres e filhos do *sahib*. Então vieram os *sahibs* do outro lado do mar e os chamaram para um rigoroso acerto de contas.[138]

Reduzir a insatisfação indiana, a resistência indiana (como seria possível chamá-la) à insensibilidade britânica a uma "loucura", representar as ações indianas sobretudo como uma decisão congênita de matar mulheres e crianças inglesas: isso não é uma redução meramente inocente do caso nacionalista indiano, e sim tendenciosa. E quando Kipling apresenta o velho soldado descrevendo a contrarrevolta britânica — com suas horrendas represálias de homens brancos empenhados numa ação "moral" — em termos de "um rigoroso acerto de contas", saímos do mundo da história e ingressamos no mundo da polêmica imperialista, onde o nativo é naturalmente um delinquente, e o branco, um tutor e juiz severo, mas moral. Assim Kipling nos oferece a visão inglesa extrema do Motim, e a coloca na boca de um indiano, cuja contrapartida mais provável, nacionalista e sentindo-se prejudicada, nunca aparece no romance. (Da mesma forma, Mahbub Ali, fiel ajudante de Creighton, pertence ao povo patane, historicamente em estado de insurreição permanente contra os ingleses durante todo o século XIX, mas aqui aparecendo satisfeito com o domínio inglês, e até colaborando com ele.) Kipling está tão longe de mostrar dois mundos em conflito que, estudadamente, oferece-nos apenas um, e elimina qualquer possibilidade de que apareça algum conflito.

O segundo exemplo confirma o primeiro. Aqui também se trata de um momento breve e insignificante. Kim, o lama e a viúva de Kulu estão a caminho de Saharunpore, no capítulo 4. Kim acabou de ser descrito com exuberância: "no meio dele, mais desperto e animado do que todos", sendo que o "dele" significa "o mundo em sua verdade concreta; era a vida como ele a teria — afobação e gritaria, cintos se afivelando, o tanger dos bois e rodas a ranger, fogueiras se acendendo e a comida a cozinhar, e novas cenas a cada vez que se moviam os olhos com aprovação".[139] Já vimos bastante desse lado da Índia, com sua cor, vivacidade e interesse expostos em toda a sua variedade para o deleite do leitor inglês. De alguma forma, porém, Kipling precisa mostrar alguma autoridade a respeito da Índia, talvez porque, poucas páginas antes, sentisse na versão ameaçadora do velho soldado sobre o Motim a necessidade de prevenir qualquer outra "loucura". Afinal, a própria Índia é responsável tanto pela vitalidade local apreciada por Kim quanto pela ameaça ao império britânico. Um superintendente da Polícia Distrital passa trotando, e desperta a seguinte reflexão da velha viúva:

Esta é a maneira de supervisionar a justiça. Eles conhecem a terra e os costumes da terra. Os outros, todos chegando da Europa, amamentados por mulheres brancas e aprendendo nossa língua nos livros, são piores do que a peste. Fazem mal aos Reis.[140]

Sem dúvida, alguns indianos achavam que os policiais ingleses conheciam o país melhor do que os nativos, e que esses policiais — mais do que os dirigentes indianos — deviam deter as rédeas do poder. Mas note-se que, em *Kim*, ninguém questiona o domínio inglês, e ninguém expressa nenhum dos questionamentos locais que, na época, deviam estar em grande evidência — mesmo para alguém tão obstinado como Kipling. Pelo contrário, temos um personagem afirmando explicitamente que um policial colonial deveria governar a Índia e acrescentando que prefere o tipo mais antigo de funcionário que (como Kipling e sua família) vivia entre os nativos, sendo portanto melhor do que os burocratas mais novos, de formação acadêmica. É uma versão do argumento dos chamados orientalistas na Índia, os quais acreditavam que os indianos deviam ser governados por funcionários indianos, segundo modalidades oriental-indianas, mas, ao mesmo tempo, Kipling deprecia como coisa acadêmica todas as abordagens filosóficas ou ideológicas que debatem com o orientalismo. Entre esses estilos de governo desacreditados estavam o evangelismo (missionários e reformadores, satirizados na figura do sr. Bennett), o utilitarismo e o spencerismo (satirizados em Babu), e evidentemente os acadêmicos não nomeados, "piores do que a peste". Interessante notar que, formulada dessa maneira, a aprovação da viúva é ampla o suficiente para incluir funcionários da polícia como o superintendente, um pedagogo flexível como o padre Victor e a figura carregada de serena autoridade do coronel Creighton.

O fato de a viúva expressar o que, na verdade, é uma espécie de juízo normativo incontestado sobre a Índia e seus dirigentes é a maneira de Kipling demonstrar que os nativos aceitam o domínio colonial, se este for do tipo certo. Historicamente, foi sempre assim que o imperialismo europeu se fez aceitável para si mesmo, pois o que haveria de melhor para a imagem que fazia de si mesmo do que súditos nativos expressando seu consentimento ao poder e saber do estrangeiro, implicitamente aceitando o juízo europeu sobre a natureza atrasada, subdesenvolvida ou degenerada de sua própria sociedade? Se lermos *Kim* como as aventuras de um menino ou como um panorama rico e detalhado da vida indiana, não estaremos lendo o romance efetivamente escrito por Kipling, tão cuidadosamente inscritas nele se encontram essas percepções, exclusões e elisões mencionadas. Como coloca Francis Hutchins em *The illusion of permanence: British imperialism in India* [A ilusão de permanência: O imperialismo britânico na Índia], no final do século XIX,

> foi criada uma Índia imaginária que não continha nenhum elemento de transformação social ou ameaça política. A orientalização foi o resultado desse trabalho de conceber a sociedade indiana esvaziada de elementos contrários à perpetuação do domínio britânico, pois foi na base dessa pretensa Índia que os orientalizadores tentaram edificar um domínio permanente.[141]

Kim é uma grande contribuição a essa Índia imaginária e orientalizada, como também àquilo que os historiadores vieram a chamar de "invenção da tradição".

Há ainda outros aspectos a notar. Pontilhando a trama de *Kim*, encontra-se uma série de observações laterais sobre a natureza imutável do mundo oriental, distinta da natureza não menos imutável do mundo branco. Assim, por exemplo, "Kim se deitou como um oriental", ou, um pouco mais adiante, "todas as 24 horas do dia são iguais para os orientais", ou ainda, quando Kim, ao comprar as passagens de trem com o dinheiro do lama, guarda para si uma *anna* por rúpia, que corresponde, diz Kipling, à "imemorial comissão da Ásia"; mais adiante, Kipling se refere ao "instinto regateador do Oriente"; numa plataforma de trem, os servidores de Mahbub, "sendo nativos", não descarregaram os vagões como deveriam; o fato de Kim conseguir dormir com o rugido dos trens é um exemplo da "indiferença do oriental ao barulho"; quando levantam o acampamento, Kipling diz que o serviço foi feito "depressa — como os orientais entendem a rapidez —, com longas explicações, entre insultos e falatórios, desleixadamente, parando cem vezes para ir atrás de miudezas esquecidas"; os sikhs aparecem dotados de um especial "amor pelo dinheiro"; Hurree Babu parece um bengali por ser medroso; ao esconder o pacote tirado aos agentes estrangeiros, Babu "guarda a coisa toda junto ao corpo, como só os orientais conseguem fazer".

Nada disso é exclusivo de Kipling. O exame mais superficial da cultura ocidental do final do século XIX revela um imenso reservatório desse tipo de folclore, boa parte, infelizmente, ainda hoje vigente. Ademais, como John MacKenzie mostrou em seu valioso *Propaganda and empire* [Propaganda e império], lemas e enfeites manipuladores que iam desde anúncios de cigarros, cartões-postais, partituras de canções, almanaques e manuais até programas de *music-hall*, soldadinhos de brinquedo concertos de bandas e jogos de tabuleiros enalteciam o império e ressaltavam que ele era indispensável para o bem-estar estratégico, moral e econômico da Inglaterra, ao mesmo tempo caracterizando as raças escuras ou inferiores como seres irrecuperáveis, que precisavam ser eliminados, comandados com severidade e subjugados por tempo indefinido. Destacava-se o culto da personalidade militar, em geral porque tais personalidades tinham conseguido esmagar algumas cabeças escuras. Forneciam-se diversos motivos para a manutenção de territórios ultramarinos; às vezes era o lucro, outras vezes a estratégia ou a concorrência com outras potências imperiais (como em *Kim*: em *The strange ride of Rudyard Kipling* [A estranha viagem de Rudyard Kipling], Angus Wilson menciona que, já aos dezesseis anos, Kipling apresentou num debate escolar o tema de que "o avanço da Rússia na Ásia Central é hostil ao Poderio britânico").[142] A única coisa que se mantém constante é a subordinação dos não brancos.

Kim é uma obra de grande mérito estético; não pode ser simplesmente desconsiderada como a criação racista de um imperialista ultrarreacionário e perturbado. George Orwell certamente tinha razão ao comentar o poder único de Kipling de ter acrescentado conceitos e expressões à língua — o Oriente é o Oriente, e o Ocidente é o Ocidente; o Fardo do Homem Branco; em algum lugar a leste de Suez — e também ao dizer que as preocupações de Kipling são de agudo interesse, ao mesmo tempo correntes e permanentes.[143] Uma das razões desse poder é que Kipling era um artista extremamente talentoso; o que ele fez em sua arte foi elaborar ideias que, do contrário, teriam muito menos permanência, mesmo sendo muito correntes. Mas ele também dispunha do apoio (e portanto podia utilizá-lo) dos monumentos abalizados da cultura europeia oitocentista, e a inferioridade das raças não brancas, a necessidade de serem governadas por uma raça superior e sua essência absoluta e imutável constituíam um axioma mais ou menos incontestado da vida moderna.

É verdade que se debatia a forma de governar as colônias, e discutia-se se deveriam abrir mão de algumas delas. Mas ninguém com alguma capacidade de influir na política ou no debate público contestava a superioridade básica do homem branco europeu, que sempre devia manter tal primazia. Declarações como "o hindu é intrinsecamente desleal e não tem coragem moral" eram fórmulas das quais pouquíssimas pessoas, e menos ainda os governadores de Bengala, discordavam; da mesma forma, ao conceber sua obra, um historiador da Índia, como sir H. M. Elliot, conferiu um papel crucial à ideia de barbárie indiana. O clima e a geografia determinavam certos traços de caráter do indiano; os orientais, segundo lorde Cromer, um de seus governantes mais temíveis, não conseguiam aprender a andar nas calçadas, não sabiam dizer a verdade, não eram capazes de usar a lógica; o nativo da Malaísia era essencialmente preguiçoso, assim como o europeu setentrional era essencialmente ativo e cheio de iniciativa. O livro de V. G. Kiernan *The lords of human kind* [Os senhores da raça humana], mencionado anteriormente, apresenta um retrato notável da ampla difusão dessas ideias. Conforme sugeri, disciplinas como a economia, a antropologia, a história e a sociologia coloniais se constituíram a partir dessas máximas, disso resultando que quase todos os europeus que lidavam com colônias como a Índia ficavam isolados das mudanças e dos fatos do nacionalismo. Toda uma experiência — descrita em pormenores por Michael Edwardes em *The sahibs and the lotus* [Os *sahibs* e o lótus] —, com toda a sua história, culinária, dialetos, valores e imagens, como que se destacou da realidade contraditória e fervilhante da Índia, perpetuando-se a despeito de tudo. Mesmo Karl Marx sucumbiu às ideias da natureza imutável do povoado, ou da agricultura ou do despotismo asiáticos.

Um jovem inglês enviado para a Índia, para fazer parte do serviço público "pactuado", pertenceria a uma classe cujo domínio nacional sobre qualquer indiano, por mais rico e aristocrático que fosse, era absoluto. Ele conheceria as mesmas histórias, teria lido os mesmos livros, frequentado as mesmas aulas, participado dos mesmos clubes de todos os outros jovens funcionários coloniais. Todavia, diz Michael Edwardes, "poucos se importavam de fato em aprender com fluência a linguagem do povo que governavam, e eram extraordinariamente dependentes de seus empregados nativos, os quais haviam se dado ao trabalho de aprender a língua de seus conquistadores e, em muitos casos, de forma alguma deixavam de utilizar a ignorância de seus senhores em proveito próprio".[144] Ronny Heaslop, em *A passage to India*, de Forster, é um bom exemplo desse tipo de funcionário.

Tudo isso guarda relação com *Kim*, cuja principal figura de autoridade temporal é o coronel Creighton. Esse soldado, erudito e etnógrafo não é uma mera ficção, e sim, com quase toda a certeza, uma figura extraída das experiências de Kipling no Punjab, interessantíssimo se interpretado como tendo sido inspirado nas primeiras autoridades da Índia colonial e, ao mesmo tempo, como uma figura original, perfeita para os novos objetivos de Kipling. Em primeiro lugar, embora Creighton não apareça muito e seu personagem não seja tão definido como o de Mahbub Ali ou o de Babu, mesmo assim está presente como ponto de referência para a ação, um guia discreto dos acontecimentos, um homem cujo poder deve ser respeitado. Não se trata, porém, de nenhum militar bronco. Ele se encarrega da vida de Kim pela persuasão, e não por imposição hierárquica. Ele sabe ser flexível quando apropriado — quem desejaria um chefe melhor do que Creighton durante as férias sem entraves de Kim? — e firme quando as circunstâncias o exigem.

Em segundo lugar, é particularmente interessante o fato de ser um funcionário colonial e, ao mesmo tempo, um estudioso. Essa ligação entre poder e saber é contemporânea ao personagem criado por Doyle, Sherlock Holmes (cujo fiel memorialista, o dr. Watson, é um veterano da Fronteira Noroeste), também um homem cuja abordagem da vida incluía um salutar respeito pela lei e o empenho em protegê-la, aliados a um intelecto superior e especializado, com vocação científica. Em ambos os casos, Kipling e Doyle representam para seus leitores homens cujo estilo de atuação pouco ortodoxo é explicado por novos campos de experiência convertidos em especialidades de perfil acadêmico. O domínio colonial e o deslindamento de crimes granjeiam quase que a respeitabilidade e organização da literatura clássica ou da química. Quando Mahbub Ali convence Kim a estudar, Creighton, ouvindo a conversa entre os dois, pensa "que o garoto não deve ser estragado se é tudo o que dele falam". Ele vê o mundo de uma perspectiva totalmente sistemática. Tudo o que se refere à Índia interessa a Creighton, porque tudo nela é significativo para seu domínio. O intercâmbio entre etnografia e trabalho colonial em Creighton é fluente; ele pode estudar o talentoso garoto tanto como futuro espião quanto como curiosidade antropológica. Assim, quando o padre Victor pergunta se não seria pedir demais que Creighton cuidasse de um detalhe burocrático referente à educação de Kim, o coronel desfaz tais escrúpulos: "A transformação de uma insígnia regimental como sua Red Bull numa espécie de fetiche seguido pelo garoto é muito interessante".

Como antropólogo, Creighton é importante por outras razões. Entre todas as ciências sociais modernas, a antropologia é a que esteve historicamente mais ligada ao colonialismo, visto que amiúde os dirigentes coloniais eram assessorados por antropólogos e etnólogos sobre os usos e costumes do povo nativo. (Claude Lévi-Strauss reconhece isso ao se referir à antropologia como "a serva do colonialismo"; a excelente coletânea de ensaios editada por Talal Asad, *Anthropology and the colonial encounter* [A antropologia e o encontro colonial], de 1973, explora ainda mais essa ligação; no romance de Robert Stone sobre a interferência dos Estados Unidos nos assuntos latino-americanos, *A flag for sunrise* [Uma bandeira para a aurora] (1981), o personagem central é Holliwell, um antropólogo com vínculos ambíguos com a CIA.) Kipling foi um dos primeiros romancistas a retratar essa aliança lógica entre a ciência ocidental e o poder político presente nas colônias.[145] E Kipling sempre leva Creighton a sério, o que é uma das razões para a presença de Babu. O antropólogo nativo, homem de inegável inteligência cuja reiterada ambição de ingressar na Royal Society não é infundada, quase sempre é engraçado, ou canhestro, ou de alguma forma caricatural, não por ser incompetente ou inepto — pelo contrário —, mas por não ser branco, ou seja, nunca poderá ser um Creighton. Kipling é muito prudente a esse respeito. Assim como não podia imaginar uma Índia no fluxo histórico *fora* do controle britânico, da mesma forma não conseguia imaginar indianos que fossem sérios e eficientes em atividades que ele e outros contemporâneos consideravam de alçada exclusivamente ocidental. Por mais simpático e amável que seja, Babu sempre se conserva como estereótipo careteiro do indígena ontologicamente engraçado, tentando em vão ser como "nós".

Eu disse que a figura de Creighton é o ápice de uma transformação de décadas na personificação do poder britânico na Índia. Por trás de Creighton alinham-se aventureiros e pioneiros do final do século XVIII, como Warren Hastings e Robert Clive, cujos excessos pessoais e um novo tipo de comando obrigaram a Inglaterra a limitar por lei a autoridade irrestrita de seu governo na Índia. O que sobrevive de Clive e Hastings em Creighton é o senso de liberdade, a capacidade de improvisar, a predileção pela informalidade. Depois desses pioneiros impiedosos, vieram Thomas Munro e Mountstuart Elphinstone, reformadores e sintetizadores que foram dos primeiros administradores-eruditos, cujo domínio refletia uma espécie de conhecimento especializado. Há também as grandes figuras de estudiosos para quem o serviço na Índia constituía uma oportunidade de estudar uma cultura estrangeira — homens como sir William ("Asiático") Jones, Charles Wilkins, Nathaniel Halhed, Henry Colebrooke, Jonathan Duncan. Esses homens participavam de iniciativas basicamente comerciais, e pareciam não sentir, ao contrário de Creighton (e Kipling), que o trabalho na Índia era tão estruturado e econômico (no sentido literal) quanto a administração de um sistema global.

As normas de Creighton são as de um governo desinteressado, um governo baseado não em caprichos ou preferências pessoais (como no caso de Clive), e sim em leis e princípios de ordem e controle. Creighton encarna a ideia de que não é possível governar a Índia sem a conhecer, e conhecer a Índia significa entender como ela funciona. Esse conhecimento desenvolveu-se durante a administração de William Bentinck como governador-geral, baseando-se em princípios utilitaristas e orientalistas de governar o maior número de indianos com o máximo proveito (tanto para os indianos quanto para os ingleses),[146] mas sempre protegido pelo fato imutável da autoridade imperial britânica, que colocava o governador à parte dos seres humanos comuns, para os quais questões de certo e errado, virtude e agravo possuem importância e impacto emocional. Para a pessoa do governo que representa a Inglaterra na Índia, o mais importante não é se algo é bom ou mau, devendo portanto ser mantido ou mudado, e sim se funciona ou não, se ajuda ou atrapalha no governo da entidade estrangeira. Assim, Creighton satisfaz aquele Kipling que havia imaginado uma Índia ideal, atraente e imutável, como parte eternamente integrante do império. *Esta* era uma autoridade à qual se podia ceder.

Num famoso ensaio chamado "Kipling's place in the history of ideas" [O lugar de Kipling na história das ideias], Noel Annan apresenta a ideia de que a concepção social de Kipling assemelhava-se a dos novos sociólogos — Durkheim, Weber e Pareto — que

> viam a sociedade como um nexo entre grupos; e o modelo de comportamento que esses grupos estabeleciam involuntariamente, mais do que a vontade dos indivíduos ou algo tão vago como uma classe, era o que determinava primariamente as ações humanas. Eles indagavam como esses grupos promoviam a ordem ou a instabilidade na sociedade, enquanto seus predecessores tinham indagado se tais ou quais grupos ajudavam a sociedade a progredir.[147]

Annan prossegue afirmando que Kipling se assemelhava aos fundadores do discurso sociológico moderno na medida em que, a seu ver, um governo eficiente na Índia dependia das "forças de controle social [religião, leis, costumes, convenções, princípios morais] que impunham aos indivíduos certas regras que eles romperiam por conta e risco próprio". Para a teoria imperial inglesa, era quase um clichê a ideia de que o império britânico era diferente (e melhor) do que o império romano, na medida em que consistia num sistema rigoroso em que predominavam a ordem e a lei, ao passo que o império romano não passava de simples roubo e proveito. Cromer levanta esse argumento em *Ancient and modern imperialism* [O imperialismo antigo e o moderno], e Marlow também, em *Coração das trevas*.[148] Creighton entende esse aspecto perfeitamente, e é por isso que ele trabalha com muçulmanos, bengalis e tibetanos sem jamais parecer menosprezar suas religiões nem minimizar suas diferenças. Para Kipling, era algo natural imaginar Creighton como cientista cuja especialidade incluía as miúdas operações de uma sociedade complexa, em lugar de um burocrata colonial ou um aproveitador rapace. O humor olímpico de Creighton, sua atitude afetuosa, mas distante, em relação às pessoas, seu comportamento excêntrico são os adornos com que Kipling enfeita um funcionário indiano ideal.

Creighton, o homem da organização, não apenas preside ao Grande Jogo (cujo beneficiário último, naturalmente, é a Kaiser-i-Hind, ou rainha imperatriz, e seu povo britânico), como também trabalha de mãos dadas com o próprio romancista. Se podemos atribuir a Kipling um ponto de vista coerente, é em Creighton que o encontraremos, mais do que em qualquer outro. Tal como Kipling, Creighton respeita as distinções dentro da sociedade indiana. Quando Mahbub Ali diz a Kim que nunca esqueça que é um *sahib*, ele está falando como empregado experiente e de confiança de Creighton. Como Kipling, Creighton nunca se intromete nas hierarquias, prioridades e privilégios de casta, religião, etnia e raça, e nem o pessoal que trabalha para ele. No final do século XIX, a chamada Garantia de Precedência — que, segundo Geoffrey Moorhouse, reconhecia inicialmente "catorze níveis diferentes de posições sociais" — tinha aumentado para "61, alguns reservados a uma única pessoa, outros partilhados por muitos indivíduos".[149] Moorhouse pondera que a relação de amor e ódio entre indianos e britânicos deriva das complexas atitudes hierárquicas presentes nos dois povos. "Cada qual percebia a premissa social básica do outro e não só a entendia, mas também a respeitava subconscientemente como uma curiosa variante de sua própria premissa."[150] Vê-se esse tipo de pensamento reproduzido em quase todo o livro de Kipling — seu registro pacientemente detalhado das diversas raças e castas da Índia, a aceitação geral (inclusive pelo lama) da doutrina da separação racial, as linhas e costumes que não podem ser transpostos com facilidade por gente de fora. Todos em *Kim* são integrantes de algum grupo e externos a outros grupos.

O apreço de Creighton pelas habilidades de Kim — sua ligeireza, a facilidade em se disfarçar e entrar numa situação como se lhe fosse plenamente natural — guarda analogias com o interesse do romancista por esse personagem complexo, feito um camaleão, que entra e sai com a maior presteza de aventuras, intrigas e episódios. A analogia final se dá entre o Grande Jogo e o próprio romance. Poder abarcar toda a Índia do ponto de vista privilegiado de uma observação controlada: eis aí uma grande satisfação. Outra satisfação é ter nas mãos um personagem que pode transpor limites e invadir territórios de maneira leal, um Pequeno Amigo de Todo Mundo — o próprio Kim O'Hara. É como se Kipling, mantendo Kim no centro do romance (tal como Creighton, o espião-mor, mantém o garoto no Grande Jogo), pudesse *ter* e usufruir a Índia de um modo jamais imaginado pelo imperialismo.

O que isso significa em termos de uma estrutura tão organizada e codificada quanto o romance realista do final do século XIX? Junto com Conrad, Kipling é um ficcionista cujos heróis fazem parte de um mundo extremamente inusitado de aventuras estrangeiras e carisma pessoal. Kim, lord Jim e Kurtz, por exemplo, são figuras intensamente voluntariosas que prenunciam aventureiros futuros como T. E. Lawrence, em *The seven pillars of wisdom*, e Perken em *La voie royale* [A estrada real], de Malraux. Os heróis conradianos, mesmo atormentados por uma invulgar capacidade de reflexão e ironia cósmica, ficam na lembrança como homens de ação vigorosos, muitas vezes de uma ousadia temerária.

E, ainda que suas obras pertençam ao gênero do imperialismo de aventura — ao lado das obras de Rider Haggard, Conan Doyle, Charles Reade, Vernon Fielding, G. A. Henry e dezenas de outros autores menores —, Kipling e Conrad demandam uma séria atenção crítica e estética.

Mas uma forma de captar o que há de invulgar em Kipling é lembrar rapidamente o perfil de seus contemporâneos. Estamos tão acostumados a vê-lo junto com Haggard e Buchan que esquecemos que, enquanto artista, ele pode ser legitimamente comparado a Hardy, Henry James, Meredith, Gissing, a última George Eliot, George Moore ou Samuel Butler. Na França, seus pares são Flaubert e Zola, e, mesmo Proust e o primeiro

Gide. No entanto, os livros desses autores consistem essencialmente em romances de desencanto e desilusão, ao contrário de *Kim*. Salvo raras exceções, no final do século XIX o protagonista do romance é alguém, homem ou mulher, que percebe que seu projeto de vida — o desejo de ser grande, rico ou ilustre — é mera fantasia, sonho, ilusão. Frédéric Moreau, em *Educação sentimental* de Flaubert, ou Isabel Archer em *Retrato de uma senhora*, ou Ernest Pontifex em *The way of all flesh* [O destino de toda carne] de Butler: o personagem é um jovem ou uma moça que desperta cruelmente de um belo sonho de ação, realização ou glória, sendo forçado a aceitar uma posição mais baixa, um amor traído, um mundo medonhamente burguês, obtuso e filistino.

Em *Kim* não se encontra esse despertar. Isso fica claramente ilustrado por uma comparação entre Kim e Jude Fawley, o "herói" de *Jude the Obscure* [Judas, o Obscuro], de Thomas Hardy, quase da mesma época (1894). Ambos são órfãos excêntricos objetivamente deslocados em seu meio: Kim é um irlandês na Índia, Jude um rapazola inglês do campo, minimamente dotado, mais interessado em grego do que em agricultura. Ambos imaginam uma vida de atrativos e emoções, e ambos tentam chegar a ela por meio de algum tipo de aprendizado, Kim como *chela* do lama andarilho, Jude como estudante bolsista na universidade. Mas aqui cessam as comparações. Jude é aprisionado por uma circunstância após outra: casa-se com Arabella, incompatível com ele, apaixona-se desastrosamente por Sue Bridehead, gera filhos que se suicidam, termina seus dias no esquecimento, após anos de patéticas andanças. Kim, pelo contrário, ascende de sucesso em sucesso, sempre brilhantes.

Mesmo assim, cumpre insistir de novo nas semelhanças entre *Kim* e *Jude the Obscure*. Os dois garotos, Kim e Jude, destacam-se por seus antecedentes pouco comuns: não são meninos "normais", com pais e famílias que garantam uma passagem tranquila pela vida. Na difícil situação em que se encontram, o problema da identidade é central — o que ser, para onde ir, o que fazer. Visto não poderem ser como os outros, o que hão de ser? Andam em perambulações e buscas incessantes, como o herói arquetípico da própria forma do romance, Dom Quixote, que demarca decisivamente o mundo do romance em seu estado infeliz e decaído, em sua "transcendência perdida", como diz Lukács em *A teoria do romance*, distinguindo-o do mundo feliz e satisfeito do épico. Todo herói de romance, diz Lukács, tenta restaurar o mundo perdido de sua imaginação, que constitui, no romance desiludido do final do século XIX, um sonho irrealizável.[151] Jude, a exemplo de Frédéric Moreau, Dorothea Brooke, Isabel Archer, Ernest Pontifex e todos os outros, está condenado a esse destino. O paradoxo da identidade pessoal consiste no fato de que ela está implicada nesse sonho malogrado. Jude não seria o que é se não fosse por seu vão desejo de se tornar acadêmico. A fuga da perspectiva de ser uma nulidade social abre a promessa de uma solução, mas isso é algo impossível. A ironia estrutural é justamente esta conjunção: o que se deseja é exatamente o que não se pode obter. A pungência e as esperanças frustradas no final de *Jude the Obscure* tornaram-se iguais à própria identidade de Jude.

Exatamente por superar esse impasse paralisante e desanimador, Kim O'Hara é um personagem tão admiravelmente otimista. Como outros heróis da literatura imperial, suas ações resultam em vitórias, não em derrotas. Ele restaura a saúde da Índia, com a prisão e expulsão dos agentes estrangeiros invasores. Sua força consiste, em parte, em seu conhecimento profundo, quase instintivo, dessa diferença em relação aos indianos que o cercam; ele possui um amuleto especial que lhe foi dado quando bebê, e ao contrário de seus amiguinhos de jogos — isso é colocado no início do livro —, uma profecia ao nascer lhe atribui um destino único que ele quer revelar a todos. Mais tarde, Kim fica sabendo explicitamente que é um *sahib*, homem branco, e sempre que vacila, há alguém para lhe lembrar que é de fato um *sahib*, com todos os direitos e privilégios dessa posição especial. Kipling chega até a fazer com que o místico guru afirme a diferença entre um branco e um não branco.

Mas não é apenas isso que confere ao romance seu curioso ar de alegria e confiança. Comparado a James ou Conrad, Kipling não era um autor introspectivo e, pelas indicações que temos, nem se considerava, ao contrário de Joyce, um Artista. A força de seus melhores escritos provém da fluência e do estilo escorreito, da aparente naturalidade de sua narrativa e caracterização, enquanto a pura diversidade de suas criações rivaliza com Dickens e Shakespeare. A linguagem para ele era um meio de comunicação que, ao contrário do que ocorria com Conrad, não oferecia resistência; era transparente, capaz de múltiplos tons e inflexões, todos representando diretamente o mundo por ele explorado. E essa linguagem dá a Kim sua leveza e espirituosidade, sua energia e sedução. Sob muitos aspectos, é um personagem que poderia ter sido criado muitos anos antes, por um autor oitocentista como Stendhal, por exemplo, cujos retratos vívidos de Fabrice del Dongo e Julien Sorel trazem a mesma mescla de aventura e melancolia, que Stendhal chamava de *espagnolisme*. Para Kim, assim como para os personagens stendhalianos e ao contrário do Jude hardiano, o mundo está repleto de possibilidades, como a ilha de Calibã, "cheia de ruídos, sons e doces melodias, que deliciam e não ferem".

Às vezes, esse mundo é calmo e até idílico. Assim, temos não só a balbúrdia e a vitalidade da Estrada do Grande Tronco, mas também o bucolismo suave e acolhedor da cena em trânsito, junto com o velho soldado (capítulo 3), quando o pequeno grupo de viajantes descansa em paz:

> Havia um zumbido modorrento de vida miúda sob o calor do sol, um arrulhar de pombos e um ringir sonolento de rodas d'água pelos campos. O lama começou, de modo marcante e pausado. Ao cabo de dez minutos, o velho soldado escorregou de seu pônei, para ouvir melhor o que ele dizia, e se sentou com as rédeas enroladas no punho. A voz do lama vacilava — as frases se alongavam. Kim estava ocupado observando um esquilo cinzento. Quando aquele amontoadinho resmungão de pelos, apertado rente aos ramos,

desapareceu, orador e público tinham caído num sono profundo, o braço do velho soldado servindo-lhe de travesseiro para a cabeça robusta, as costas do lama recostadas no tronco da árvore, parecendo marfim amarelo. Uma criança nua apareceu cambaleando, pôs-se a fitá-los e, movida por algum súbito impulso de reverência, fez uma pequena mesura solene diante do lama — só que ela era tão miúda e roliça que caiu de lado, e Kim riu com as perninhas gorduchas estateladas. A criança, com susto e indignação, começou a gritar.[152]

Cercando essa serenidade paradisíaca está o "espetáculo maravilhoso" da Grande Estrada, onde, como diz o velho soldado, "movem-se todas as castas e espécies de homens [...] brâmanes e *chumars*, banqueiros e funileiros, barbeiros e *bunnias*, peregrinos e oleiros — todo mundo indo e vindo. Para mim, é como um rio do qual saí como um tronco após uma enchente".[153]

Um indicador fascinante da maneira de Kim lidar com esse mundo fervilhante e estranhamente hospitaleiro é seu admirável talento para o disfarce. Na primeira vez que o vemos, ele está empoleirado no velho canhão de uma praça em Lahore — que ainda está lá —, um garoto indiano entre outros garotos indianos. Kipling tem o cuidado de especificar a religião e formação de cada menino (o muçulmano, o hinduísta, o irlandês), mas é igualmente cuidadoso em nos mostrar que, mesmo que essas identidades possam limitar os outros garotos, nenhuma delas é obstáculo para Kim. Ele pode passar de um dialeto a outro, de um conjunto de valores e crenças a outro. Kim adota ao longo do livro os dialetos de várias comunidades indianas; fala urdu, inglês (Kipling faz uma imitação simpática e soberbamente engraçada de seu anglo-indiano todo empolado, que se distingue sutilmente da pomposa verbosidade de Babu), eurasiano, hindi e bengali; quando Mahbub fala pashtu, Kim entende; quando o lama fala chinês tibetano, ele também entende. Como orquestrador dessa babel de línguas, dessa verdadeira arca de Noé de sansis, caxemires, akalis, sikhs e muitos mais, Kipling também dirige os volteios como que camaleônicos de Kim por entre tudo isso, como um grande ator que atravessa múltiplas situações e está à vontade em todas elas.

Como tudo isso é diferente do mundo sem brilho da burguesia europeia, cuja atmosfera, conforme é mostrada por todos os romancistas importantes, reconfirma a degradação da vida contemporânea, a extinção de todos os sonhos de paixão, sucesso e aventura exótica. A literatura de Kipling oferece uma antítese: seu mundo, por estar situado numa Índia dominada pela Inglaterra, não oculta nada ao europeu expatriado. *Kim* mostra como um *sahib* branco pode gozar a vida nessa opulenta complexidade; e, diria eu, a falta de resistência à intervenção europeia nesse mundo — simbolizada pela facilidade com que Kim se move pela Índia com relativa segurança — deve-se a essa visão imperialista. Pois aquilo que a pessoa não pode fazer em seu meio ocidental — onde tentar concretizar o grande sonho de sucesso significa erguer-se contra a própria mediocridade e a corrupção e a degradação do mundo —, ela pode fazer no estrangeiro. Na Índia, não é possível fazer tudo? Ser qualquer coisa? Ir a qualquer lugar impunemente?

Consideremos o padrão das andanças de Kim, enquanto afetam a estrutura do romance. Ele se locomove sobretudo dentro do Punjab, em torno do eixo formado por Lahore e Umballa, uma praça forte inglesa na fronteira das Províncias Unidas. A Grande Estrada, construída pelo grande governante muçulmano Sher Shan no final do século XVI, vai de Peshawar a Calcutá, embora o lama, no rumo sul e leste, nunca avance além de Benares. Kim excursiona por Simla, Lucknow e, depois, pelo vale de Kulu; com Mahbub, chega a Bombaim no sul e a Karachi a oeste. Mas a impressão geral criada por essas viagens é a de uma perambulação em meandros, livre de preocupações. De vez em quando, as viagens de Kim são pontuadas pelas exigências do ano letivo na St. Xavier, mas os únicos compromissos sérios, os únicos equivalentes de uma pressão temporal sobre os personagens são: 1) a Busca do lama, que é bastante flexível, 2) a perseguição e expulsão dos agentes estrangeiros tentando criar problemas na Fronteira Noroeste. Aqui não há agiotas astuciosos, puritanos estreitos, boatos maldosos nem arrivistas antipáticos e desalmados, como os dos romances dos principais contemporâneos europeus de Kipling.

Agora comparemos a estrutura bastante solta de *Kim*, baseada numa vasta amplitude geográfica e espacial, com a estrutura temporal fechada, permanentemente implacável dos romances europeus contemporâneos a ele. O tempo, diz Lukács na *Teoria do romance*, é o grande ironista, quase personagem nesses romances, conforme vai levando o protagonista a mergulhar cada vez mais na ilusão e na perturbação mental, e também vai revelando que suas ilusões são infundadas, vazias, amargamente fúteis.[154] Em *Kim*, temos a impressão de que o tempo está do nosso lado, porque podemos nos deslocar mais ou menos livremente pela geografia. Sem dúvida é o que sente Kim, e também o coronel Creighton, em sua paciência e na forma esporádica, inclusive vaga, com que aparece e desaparece. A opulência do espaço indiano, a presença britânica impositiva, a sensação de liberdade transmitida pela interação desses dois fatores se somam a uma atmosfera maravilhosamente positiva que irradia das páginas de *Kim*. Não é um mundo impelido para o desastre cada vez mais acelerado, como em Flaubert ou Zola.

O clima leve do romance também deriva, a meu ver, da própria lembrança de Kipling de se sentir à vontade na Índia. Em *Kim*, os representantes do governo britânico parecem não ter nenhum problema por estar "no estrangeiro"; a Índia não lhes exige nenhuma justificativa acanhada, nenhum constrangimento ou desconforto. Os agentes russos francófonos admitem que "ainda não deixamos nossa marca em nenhum lugar" da Índia,[155] mas os ingleses sabem que deixaram, a tal ponto que Hurree, esse confesso "oriental", fica agitado com a conspiração dos russos por causa do governo colonial britânico, e não de seu próprio povo. Quando os russos atacam o lama e rasgam seu mapa, é a profanação metafórica da própria Índia, e mais tarde Kim corrige essa profanação. No final do livro, Kipling lida com a ideia de reconciliação, de restauração terapêutica e integridade, e seus meios são geográficos: os ingleses retomando a Índia, a fim de aproveitar de novo seu espaço aberto, e estar à vontade outra vez.

Há uma semelhança impressionante entre a reafirmação kipliniana sobre a geografia da Índia e a de Camus em algumas de suas histórias argelinas, escritas quase meio século depois. São gestos sintomáticos, creio eu, não de confiança, mas de um desconforto oculto, muitas vezes nem sequer admitido. Pois se somos de um determinado lugar, não precisamos ficar dizendo e demonstrando isso: simplesmente estamos ali, como os árabes calados de *O estrangeiro*, os negros de carapinha em *Coração das trevas* ou os vários indianos em *Kim*. Mas a apropriação colonial, isto é, geográfica, requer essas atitudes de afirmação, e essas ênfases constituem a marca da cultura imperial reconfirmando a si mesma e por si mesma.

A condução geográfica e espacial de Kipling em *Kim*, em lugar da orientação temporal da literatura europeia metropolitana, conquista especial destaque por fatores políticos e históricos; ela expressa um julgamento político irredutível por parte de Kipling. É como se ele dissesse: a Índia é nossa, e por isso podemos vê-la dessa forma basicamente inconteste, repleta de meandros, satisfatória. A Índia é "outra" e — mais importante —, apesar de sua grandiosa variedade e dimensão, é posse segura da Inglaterra.

Kipling elabora outra convergência esteticamente prazerosa que também deve ser examinada. Trata-se da confluência entre o Grande Jogo de Creighton e o talento inesgotável de Kim para se disfarçar e viver aventuras; Kipling mantém ambos vinculados de maneira muito estreita. O primeiro é uma forma de vigilância e controle político; o segundo, em um nível mais interessante e profundo, é a fantasia e desejo de alguém que gostaria de pensar que tudo é possível, que se pode ir a qualquer parte e ser qualquer coisa. T. E. Lawrence, em *The seven pillars of wisdom*, expressa reiteradamente essa fantasia, ao lembrar-nos como ele — um inglês loiro de olhos azuis — movia-se entre os árabes do deserto como se fosse um deles.

Chamo a isso de fantasia porque, como Kipling e Lawrence nos recordam sem cessar, ninguém — e menos ainda brancos e não brancos de carne e osso nas colônias — jamais esquece que "virar nativo" ou participar do Grande Jogo depende das sólidas fundações do poder europeu. Será que algum dia algum nativo se deixou enganar pelos Kim e Lawrence de olhos claros que passavam por ele como agentes aventureiros? Duvido, assim como duvido que algum branco na órbita do imperialismo europeu tenha algum dia esquecido que, entre os dirigentes brancos e os súditos locais, o desnível de poder era absoluto e considerado imutável, radicado na realidade cultural, política e econômica.

Kim, o herói juvenil positivo que percorre disfarçado toda a Índia, atravessando telhados e fronteiras, entrando e saindo de tendas e povoados, deve sempre prestar contas ao poder britânico, representado pelo Grande Jogo de Creighton. Podemos ver isso com tal clareza porque, depois de escrito *Kim*, a Índia de fato se tornou independente, assim como a Argélia se tornou independente da França desde a publicação de *L'imoraliste* [O imoralista], de Gide, e de *O estrangeiro*, de Camus. Ler essas grandes obras do período imperial em retrospecto e numa heterofonia com outras histórias e tradições em contraponto, lê-las à luz da descolonização, não significa minimizar sua grande força estética nem tratá-las de modo reducionista como propaganda imperialista. Todavia, erro muito mais grave é lê-las desvinculadas de suas ligações com os fatos políticos que lhes deram espaço e forma.

O expediente criado por Kipling, pelo qual o controle britânico sobre a Índia (o Grande Jogo) coincide ponto a ponto com a fantasia e o disfarce de Kim (estar em consonância com a Índia, e depois sanar suas profanações), obviamente não poderia surgir sem o imperialismo britânico. Devemos ler o romance como a realização de um vasto processo cumulativo, que nos últimos anos do século XIX está chegando a seu último grande momento antes da independência indiana: de um lado, vigilância e controle sobre a Índia; de outro, amor e fascínio atento a todos os seus detalhes. A sobreposição entre, de um lado, o domínio político e, de outro, o prazer estético e psicológico é possível devido ao próprio imperialismo inglês; Kipling sabia disso, ainda que muitos de seus leitores posteriores se recusem a aceitar essa verdade desagradável e até incômoda. E não era apenas o reconhecimento de Kipling quanto ao imperialismo britânico em geral, mas o imperialismo naquele momento específico de sua história, quando havia quase perdido de vista a dinâmica evolutiva de uma verdade humana e secular: o fato de que a Índia existia antes da chegada dos europeus, de que o controle foi tomado por uma potência europeia, e de que a resistência indiana a esse poder surgiria inevitavelmente dessa subjugação à Inglaterra.

Hoje, quando lemos *Kim*, podemos ver um grande artista cegado, em certo sentido, por sua própria visão da Índia, confundindo a realidade que enxergava com tanto colorido e engenhosidade, julgando ser permanente e essencial. Kipling extrai da forma romanesca qualidades que tenta subordinar a essa finalidade fundamentalmente ofuscante. Mas, sem dúvida, é uma grande ironia artística que ele não consiga de fato realizar esse ofuscamento, e sua tentativa de utilizar o romance com tal objetivo reafirma sua integridade estética. *Kim*, com toda a certeza, *não* é um ensaio político. A opção de Kipling pela forma do romance e por seu personagem Kim O'Hara, no sentido de se comprometer profundamente com uma Índia que lhe despertava amor, mas que não podia propriamente possuir: é isso que devemos afinal reter como sentido fulcral do livro. Então poderemos ler *Kim* como um grande documento de seu momento histórico e, também, como marco estético no caminho que conduziu à meia-noite de 14 para 15 de agosto de 1947, cujos participantes tanto contribuíram para reformular nossas ideias sobre a riqueza e os problemas do passado.

O NATIVO SOB CONTROLE

Venho tentando, de um lado, enfocar aqueles aspectos de uma cultura europeia em andamento, utilizados pelo imperialismo conforme se sucediam seus êxitos e, de outro lado, descrever como o europeu imperialista não queria ou não conseguia enxergar que era imperialista e, ironicamente, como o não europeu, nas mesmas circunstâncias, enxergava o europeu *apenas* como imperialista. "Para o nativo", diz Fanon, um valor europeu como "a objetividade está sempre voltado contra ele."[156]

Mesmo assim, será possível falar do imperialismo como algo tão entranhado na Europa do século XIX a ponto de se tornar indiscernível da cultura como um todo? Qual o significado de uma palavra como "imperialista" quando usada para designar não só a obra nacionalista de Kipling, mas também sua obra literária mais sutil, ou para qualificar seus contemporâneos Tennyson e Ruskin? Todo produto cultural terá implicações teóricas?

Surgem duas respostas. Não, podemos dizer, conceitos como "imperialismo" são de uma generalidade que mascara de forma inaceitavelmente vaga a interessante heterogeneidade das culturas metropolitanas ocidentais. Cumpre distinguir entre os tipos de obras culturais quando se trata dos vínculos que mantêm com o imperialismo; assim podemos dizer, por exemplo, que, apesar de toda sua falta de liberalismo em relação à Índia, John Stuart Mill tinha atitudes mais complexas e mais esclarecidas quanto à noção de império do que Carlyle ou Ruskin (a posição de Mill no caso Eyre foi de princípio, e até admirável em retrospecto). O mesmo vale para Conrad e Kipling enquanto artistas, comparados a Buchan ou Haggard. Todavia, a objeção de que não se deve considerar a cultura como parte do imperialismo pode se converter numa tática para impedir que se estabeleça uma conexão entre ambos. Observando com cuidado a cultura e o imperialismo, podemos distinguir várias formas nessa relação, e veremos que é possível estabelecer vínculos que enriqueçam e afiam nossa interpretação dos grandes textos culturais. O ponto paradoxal, claro, é que a cultura europeia não se torna menos interessante, complexa ou rica pelo fato de haver apoiado a maioria dos aspectos da experiência imperial.

Examinemos Conrad e Flaubert, autores que escreveram na segunda metade do século XIX, o primeiro vinculado explicitamente ao imperialismo, o segundo envolvido de maneira implícita. Apesar de suas diferenças, os dois escritores conferem uma ênfase parecida a personagens cuja capacidade de se isolar e se fechar em estruturas criadas por eles próprios assume a mesma forma do colonizador no centro de um império por ele dominado. Axel Heyst em *Victory* [Vitória] e santo Antônio em *La tentation* [A tentação] — obras, ambas, da maturidade — estão retirados num local onde encarnam, como guardiães de uma totalidade mágica, um mundo hostil expurgado de suas problemáticas resistências ao controle deles. Esses retiros solitários têm uma longa história na literatura de Conrad — Almayer, Kurtz na Estação Interior, Jim em Patusan e, memoravelmente, Charles Gould em Sulaco; em Flaubert, eles se repetem com intensidade crescente depois de *Madame Bovary*. No entanto, ao contrário de Robinson Crusoé em sua ilha, essas versões modernas do imperialista que busca a própria redenção estão ironicamente fadadas a sofrer desvios e interrupções, quando aquilo que tentaram excluir de seus mundos isolados sempre volta a se reintroduzir. É impressionante a influência oculta do controle imperial nas imagens flaubertianas de um império solitário, quando justapostas às representações explícitas de Conrad.

Nos códigos da literatura europeia, essas interrupções de um projeto imperial são lembretes realistas de que ninguém consegue de fato se retirar do mundo e se manter em uma versão privada da realidade. O elo que remonta a Dom Quixote é evidente, bem como a continuidade com aspectos institucionais da própria forma do romance, em que o indivíduo excêntrico em geral é disciplinado e punido no interesse de uma identidade coletiva. Nos cenários abertamente coloniais de Conrad, as descontinuidades são causadas por europeus, e vêm envoltas numa estrutura narrativa que é submetida retrospectivamente ao escrutínio europeu para ser de novo interpretada e questionada. É o que vemos tanto em *Lord Jim*, do início da carreira de Conrad, quanto em *Victory*, obra posterior: enquanto o homem branco idealista ou retirado num local distante (Jim, Heyst) leva uma vida fechada um tanto quixotesca, seu espaço é invadido por emanações mefistofélicas, aventureiros cuja malvadeza subsequente é retrospectivamente examinada por um narrador branco.

Coração das trevas é outro exemplo. Os ouvintes de Marlow são ingleses, e o próprio Marlow entra no domínio privado de Kurtz como um espírito ocidental curioso tentando entender uma revelação apocalíptica. Várias leituras chamam a atenção, e corretamente, para o ceticismo de Conrad a respeito do empreendimento colonial, mas raramente se observa que, ao relatar a história de sua viagem pela África, Marlow reproduz e corrobora a ação de Kurtz: devolver a África à hegemonia europeia historicizando e narrando seu caráter estrangeiro. Os primitivos, a selvageria, e mesmo a aparente insensatez de balas pipocando no interior de um vasto continente — tudo isso reacentua a necessidade que Marlow tem de situar as colônias no mapa imperial e submetê-las à temporalidade abrangente de uma história que pode ser narrada, por mais complexos e tortuosos que sejam os resultados.

Os equivalentes históricos de Marlow, para tomar dois exemplos de destaque, podem ser sir Henry Maine e sir Roderick Murchison, celebrizados por seus amplos trabalhos culturais e científicos — ininteligíveis fora do contexto imperial. O grande estudo de Maine, *Ancient law* [Direito antigo] (1861) explora a estrutura do direito numa sociedade patriarcal primitiva que privilegiava o "status" estabelecido e só se modernizaria depois de ocorrer uma transformação para uma base "contratual". Maine prefigura curiosamente a história de Foucault, em *Vigiar e punir*, sobre a passagem europeia da "soberania" para a vigilância administrativa. A diferença é que o império, para Maine, tornou-se uma espécie de laboratório para provar sua teoria (já Foucault toma como prova sua o Panopticon de Bentham utilizado nas instituições correcionais europeias): indicado como membro jurídico do conselho do vice-rei na Índia, Maine considerava sua estadia no Oriente como uma "longa viagem de campo". Combateu os utilitaristas em questões referentes à reforma geral da legislação indiana (da qual redigiu duzentas seções), e entendia sua tarefa como a identificação e preservação de indianos que poderiam ser resgatados do "status" e conduzidos, enquanto elite cuidadosamente fomentada, à base contratual da sociedade britânica. Em *Village communities* [Comunidades aldeãs] (1871) e mais tarde, em suas palestras Rede, Maine esboçou uma teoria surpreendentemente semelhante à de Marx: o feudalismo na Índia, desafiado pelo colonialismo britânico, constituía um desenvolvimento necessário; com o tempo, dizia ele, um senhor feudal estabeleceria as bases para a propriedade individual e possibilitaria o surgimento de uma burguesia típica.

Roderick Murchison, figura igualmente marcante, era um soldado que se tornou geólogo, geógrafo e administrador da Royal Geographical Society. Como assinala Robert Stafford numa exposição absorvente da vida e carreira de Murchison, era inevitável, devido à sua formação militar, seu convicto conservadorismo, sua tremenda autoconfiança e voluntarismo, seu imenso entusiasmo científico e aquisitivo, que ele tratasse seu trabalho de geólogo como um exército conquistador cujas campanhas aumentavam o poderio e a influência global do império britânico.[157] Fosse sobre a própria Inglaterra, a Rússia, a Europa, ou os Antípodas, a África ou a Índia, a obra de Murchison *era*, em si mesma, o império. "Viajar e colonizar ainda são as paixões dominantes dos ingleses, tal como eram nos dias de Raleigh e Drake", disse ele certa vez.[158]

Assim, Conrad reencena em suas histórias o gesto imperial de incluir praticamente o mundo inteiro, apresentando seus ganhos e ao mesmo tempo ressaltando suas ironias irredutíveis.

Sua visão historicista abarca as outras histórias contidas na sequência narrativa; a dinâmica dessa sequência sanciona a África, Kurtz e Marlow — apesar de suas posições radicalmente excêntricas — como objetos de um entendimento europeu *constitutivo* superior (mas reconhecidamente problemático). No entanto, como eu disse, a narrativa de Conrad está em grande parte preocupada com aquilo que escapa à expressão articulada — a selva, os nativos temerários, o grande rio, a obscura, grandiosa e inefável vida da África. Na última das duas ocasiões em que um nativo emite uma palavra inteligível, ele introduz a "insolente cabeça negra" por uma porta para anunciar a morte de Kurtz, como se apenas um pretexto europeu fosse capaz de fornecer razão suficiente para um africano falar de maneira coerente. Menos que um reconhecimento de uma essencial diferença africana, a narrativa de Marlow toma a experiência africana como mais um reconhecimento da significação mundial da Europa; a África retrocede em sentido pleno, como se, depois da morte de Kurtz, ela tivesse voltado a ser a nulidade que a vontade imperial dele tentara superar.

Naquela época, não se esperava que os leitores de Conrad fossem indagar ou se preocupar com o que havia acontecido aos nativos. O que lhes importava era como Marlow explicaria tudo aquilo, pois, sem sua narrativa elaboradamente construída, não haveria história que valesse a pena contar, ficção que fosse capaz de entreter, autoridade que pudesse ser consultada. O texto pouco se afasta da explicação do rei Leopoldo para a sua Associação Internacional do Congo, "prestando serviços duradouros e desinteressados à causa do progresso",[159] definida por um admirador, em 1885, como o "projeto mais nobre e abnegado para o desenvolvimento africano que jamais existiu ou jamais será empreendido".

A famosa crítica de Chinua Achebe a Conrad (de que ele era um racista que desumanizou totalmente a população autóctone da África) não se aprofunda o suficiente para ressaltar aspectos de sua obra em início de carreira que se tornam mais explícitos e acentuados nos escritos maduros, como *Nostromo* e *Victory*, que não tratam da África.¹⁶⁰ Em *Nostromo*, que se passa em Costaguana, temos a impiedosa história de uma família branca com projetos grandiosos e tendências suicidas. Nem os índios locais nem os espanhóis da classe dirigente de Sulaco oferecem uma outra perspectiva: Conrad os trata com uma espécie de desdém, piedade e exotismo semelhantes ao que reserva para os negros africanos e os camponeses do Sudeste asiático. Afinal, o público de Conrad era europeu, e sua literatura resultava não no questionamento, e sim na confirmação desse fato, na consolidação da consciência disso, mesmo que, paradoxalmente, assim se liberasse seu cáustico ceticismo. Há uma dinâmica similar em Flaubert.

Assim, a despeito do caráter complexo e elaborado, as formas culturais abrangentes que tratam de contextos periféricos não europeus são marcadamente ideológicas e seletivas (e até repressoras) no que se refere aos "nativos", da mesma forma que o caráter pitoresco da pintura colonial oitocentista,¹⁶¹ apesar de seu "realismo", é ideológico e repressor: silencia efetivamente o Outro, reconstitui a diferença como identidade, governa e representa domínios figurados por potências de ocupação, e não por habitantes inativos. A questão interessante é: havia o que resistisse a tais narrativas diretamente imperiais como a de Conrad? A visão consolidada da Europa era totalmente coesa? Era irresistível, sem qualquer oposição dentro da Europa?

O imperialismo europeu na verdade desenvolveu a oposição europeia — como demonstram A. P. Thornton, Porter e Hobson¹⁶² — entre os meados e o final do século; sem dúvida, os abolicionistas, Anthony Trollope e Goldwin Smith, por exemplo, eram figuras de relativo respeito entre muitos movimentos individuais e coletivos. No entanto, gente como Froude, Dilke e Seeley representava a cultura pró-imperial muitíssimo mais forte e bem-sucedida.¹⁶³ Os missionários, embora muitas vezes atuassem no correr do século XIX como agentes de uma ou outra potência imperial, não raro conseguiam refrear os piores excessos coloniais, como afirma Stephen Neill em *Colonialism and Christian missions* [O colonialismo e as missões cristãs].¹⁶⁴ É verdade também que os europeus levaram transformações tecnológicas modernas — máquinas a vapor, telégrafos e mesmo o ensino — a alguns nativos, benefícios estes que permaneceram depois do período colonial, mesmo que não isentos de alguns aspectos negativos. Mas a desconcertante pureza do empreendimento imperial em *Coração das trevas* — quando Marlow reconhece que sempre sentiu paixão de preencher os grandes espaços vazios do mapa — permanece como realidade esmagadora, uma realidade constitutiva, na cultura do imperialismo. Em seu poder impulsivo, o gesto lembra exploradores e imperialistas *concretos*, como Rhodes, Murchison e Stanley. Não há qualquer minimização do poder discrepante estabelecido pelo imperialismo e prolongado no confronto colonial. Conrad sublinha essa concretude não só no conteúdo, mas também na forma do relatório de dezessete páginas de Kurtz para a Sociedade para a Eliminação dos Costumes Selvagens: o objetivo de civilizar e iluminar as trevas é ao mesmo tempo uma antítese e um equivalente lógico de seu resultado efetivo — o desejo de "exterminar os brutos" que podem não cooperar ou podem alimentar ideias de resistência. Em Sulaco, Gould é o dono da mina e, *ao mesmo tempo*, o homem que planeja explodir com aquilo. Não é necessário nenhum conectivo: a visão imperial permite simultaneamente a vida e a morte dos nativos.

Mas é claro que não se poderia acabar de fato com *todos* os nativos, e na verdade eles penetravam sempre mais na consciência imperial. E então se seguem projetos para separar os nativos — africanos, malaios, árabes, berberes, indianos, nepaleses, javaneses, filipinos — do homem branco por motivos raciais e religiosos, e depois para reconstituí-los como povos que requerem uma presença europeia, seja como assentamento de colônias seja como um discurso senhorial em que pudessem ser enquadrados e postos a trabalhar. Assim, de um lado, temos a literatura de Kipling colocando o indiano como uma criatura com evidente necessidade da tutela inglesa, que manifesta um de seus aspectos numa narrativa que circunda e então absorve a Índia, visto que, sem a Inglaterra, a Índia desapareceria em sua própria corrupção e subdesenvolvimento. (Kipling, aqui, retoma as conhecidas posições assumidas por James e John Stuart Mill e outros utilitaristas quando participaram da Casa da Índia.)[165]

Ou, por outro lado, temos o discurso vago do capitalismo colonial, com suas raízes em políticas livre-cambistas liberais (derivando também da literatura evangélica), em que, por exemplo, o nativo indolente aparece mais uma vez como alguém cuja depravação e imoralidade naturais demandam um senhor europeu. É o que vemos nas observações de dirigentes coloniais como Gallieni, Hubert Lyautey, lorde Cromer, Hugh Clifford e John Bowring:

> Ele tem mãos grandes, e os dedos dos pés flexíveis, com prática de subir em árvores e várias outras atividades. [...] As impressões são para ele transitórias, e guarda pouca lembrança de fatos passageiros ou passados. Se perguntamos sua idade, ele não saberá responder: quem foram seus antepassados? ele não sabe e nem se importa. [...] Seu principal vício é a preguiça, que constitui sua felicidade. O trabalho exigido pela necessidade, ele o executa de má vontade.[166]

E é o que vemos nos rigores monográficos de cientistas sociais coloniais como o historiador econômico Clive Day, que escreveu em 1904: "Na prática, descobriu-se que era impossível obter os serviços da população nativa [javanesa] com qualquer apelo à ambição de progredir e melhorar seu padrão. Afora o proveito material imediato, nada os tira de sua rotina indolente".[167] Essas descrições reificavam os nativos e seu trabalho e atenuavam as condições históricas efetivas, minimizando a realidade da labuta e da resistência.[168]

Mas essas versões também afastavam, ocultavam e eliminavam o poder real do observador, que, por razões legitimadas apenas pelo poder e por sua aliança com o espírito da História Universal, podia se pronunciar sobre a realidade dos povos nativos como se estivesse situado num ponto invisível de uma perspectiva supraobjetiva, utilizando o jargão e o registro de novas ciências para deslocar o ponto de vista "dos nativos". Como assinala, por exemplo, Romila Thapar:

A história se tornou um dos meios de propagar esses interesses. A historiografia indiana tradicional, com sua ênfase em crônicas e biografias históricas, era largamente ignorada. Os textos europeus sobre a história indiana constituíam uma tentativa de criar uma nova tradição histórica. O modelo historiográfico do passado indiano que adquiriu forma durante o período colonial, nos séculos XVIII e XIX, era provavelmente similar aos modelos que surgiram nas histórias de outras sociedades coloniais.[169]

Mesmo pensadores de oposição como Marx e Engels eram capazes de declarações semelhantes às dos porta-vozes oficiais da França e da Inglaterra; os dois campos políticos se baseavam em documentos coloniais, fosse o discurso totalmente codificado do orientalismo, por exemplo, ou a concepção de Hegel sobre a Índia, e a África, como estáticas, despóticas, sem grande relação com a história universal. Quando Engels, em 17 de setembro de 1857, definiu os mouros argelinos como "raça tímida" porque eram deprimidos, mas "mesmo assim conservando sua crueldade e vingatividade, enquanto no caráter moral permanecem num nível muito baixo",[170] ele estava apenas repetindo a doutrina colonial francesa. Conrad, da mesma forma, utilizou os relatos coloniais sobre a indolência dos nativos, assim como Marx e Engels elaboraram suas teorias quanto à ignorância e superstição oriental e africana. Este é um segundo aspecto do inexprimível desejo imperial; pois, se os nativos obstinadamente concretos são transformados de seres subservientes numa humanidade inferior, o colonizador é, da mesma forma, transformado num escriba invisível, cujo texto fala do Outro e, simultaneamente, insiste em seu caráter científico desinteressado e (como observou Katherine George)[171] no aprimoramento contínuo da condição, caráter e costumes dos primitivos, como resultado do contato entre eles e a civilização europeia.[172]

Assim, no auge do grande imperialismo, no começo do século XX, temos uma fusão conjuntural entre, de um lado, os códigos historicizantes dos textos discursivos na Europa, postulando um mundo universalmente passível de exame impessoal e transnacional, e, de outro lado, um mundo maciçamente colonizado. O objeto desta visão consolidada é sempre uma vítima ou um personagem sob forte coerção, com a ameaça permanente de severas punições, apesar de suas diversas virtudes, serviços ou realizações, excluída ontologicamente por possuir poucos dos méritos do forasteiro conquistador, fiscalizador e civilizador. Para o colonizador, a manutenção do aparato incorporador requer um esforço incessante. Para a vítima, o imperialismo oferece duas alternativas: servir ou ser destruída.

CAMUS E A EXPERIÊNCIA COLONIAL FRANCESA

Porém, nem todos os impérios eram iguais. O império francês, segundo um de seus mais famosos historiadores, mesmo se interessando por lucros, latifúndios e escravos tanto quanto a Inglaterra, era movido pelo "prestígio".[173] Seus vários domínios adquiridos (e por vezes perdidos) ao longo de três séculos eram presididos pela irradiação de seu "gênio", o qual, por sua vez, era uma função da *"vocation supérieure"* francesa, segundo os termos de Delavigne e Charles André Julien, compiladores de uma obra fascinante, *Les constructeurs de la France d'outre-mer* [Os construtores da França ultramarina].[174] O elenco de personagens começa com Chaplain e Richelieu, incluindo procônsules temíveis como Bugeaud, conquistador da Argélia, Brazza, que fundou o Congo francês, Gallieni, o pacificador de Madagascar, e Lyautey, que junto com Cromer foi o maior governante europeu dos árabes muçulmanos. Pouca semelhança encontramos com a "visão departamental" britânica, e sentimos muito mais o estilo pessoal de ser francês num grande empreendimento assimilacionista.

Que isso possa ser apenas uma autoimagem dos franceses não vem muito ao caso, visto que a atração constante e sistemática era a força motriz que justificava a aquisição territorial antes, durante e após o fato. Quando Seeley (seu famoso livro foi traduzido para o francês em 1885, sendo muito apreciado e comentado) afirmou que o império britânico fora adquirido de forma não deliberada, estava apenas descrevendo uma atitude muito diferente da dos autores franceses que escreviam sobre o império naquela mesma época.

Como mostra Agnes Murphy, a Guerra Franco-Prussiana de 1870 estimulou diretamente o crescimento das sociedades geográficas francesas.[175] A exploração e o conhecimento geográfico, a partir daí, passaram a se vincular ao discurso (e à conquista) imperial, e na popularidade de gente como Eugène Etienne (fundador do Groupe Coloniale em 1892) podemos retraçar a ascensão da teoria imperial francesa até se tornar quase uma ciência exata. A partir de 1872, e pela primeira vez, segundo Girardet, desenvolveu-se no núcleo do Estado francês uma doutrina política coerente de expansão colonial; entre 1880 e 1895, as possessões coloniais francesas passaram de 1 milhão para 9,5 milhões de quilômetros quadrados, e de 5 milhões para 50 milhões de habitantes nativos.[176] No Segundo Congresso Internacional de Ciências Geográficas, em 1875, a que compareceram o presidente da República, o governador de Paris, o presidente da Assembleia, o discurso inaugural do almirante La Roucière-Le Noury expôs a atitude predominante no encontro: "Cavalheiros, a Providência nos ditou a obrigação de conhecer e conquistar a terra. Essa ordem suprema é um dos deveres imperiosos inscritos em nossas inteligências e nossas atividades. A geografia, essa ciência que inspira tão bela devoção e em cujo nome foram sacrificadas tantas vítimas, tornou-se a filosofia da terra".[177]

A sociologia (inspirada por Le Bon), a psicologia (inaugurada por Leopold de Saussure), a história e, evidentemente, a antropologia conheceram um grande florescimento nas décadas a partir de 1880, muitas delas culminando em congressos coloniais internacionais (1889, 1894 etc.) ou em grupos específicos (por exemplo, o Congresso Internacional de Sociologia Colonial de 1890 ou o Congresso de Ciências Etnográficas de

1902 em Paris). Regiões inteiras do mundo tornaram-se objeto de atenção acadêmica *colonial*; Raymond Betts menciona que a *Revue Internationale de Sociologie* dedicou estudos especiais a Madagascar em 1900, ao Laos e Cambodja em 1908.[178] A teoria ideológica da assimilação colonial começou sob a Revolução fracassada, quando teorias sobre os tipos raciais — as raças primitiva, inferior, intermediária e superior de Gustave Le Bon, a filosofia da força pura de Ernest Seillère, a sistemática de prática colonial de Albert Sarraut e Paul Leroy-Beaulieu, ou o princípio de dominação de Jules Harmand[179] — guiavam as estratégias imperiais francesas. Os nativos e seus territórios não deviam ser tratados como entidades que pudessem se tornar francesas, e sim como possessões cujas características imutáveis requeriam separação e subserviência, muito embora isso não excluísse a *mission civilisatrice*. A influência de Fouillé, Clozel e Giran converteu essas ideias em uma linguagem e, dentro dos domínios imperiais, uma prática que se assemelhava muito a uma ciência, ciência de governar criaturas inferiores cujas terras, recursos e destinos estavam a cargo da França. A relação da França com a Argélia, Senegal, Mauritânia, Indochina era, na melhor das hipóteses, uma *associação* por "parceria hierárquica", como afirma René Maunier em seu livro *The sociology of colonies* [A sociologia das colônias],[180] mas Betts observa com razão que, apesar disso, a teoria do "imperialismo não ocorreu por convite, mas pela força e, a longo prazo, consideradas todas as doutrinas nobres, só teve êxito quando essa *ultima ratio* se fazia visível".[181]

Comparando-se a discussão imperial para e pelos franceses com a realidade das conquistas coloniais, ficamos impressionados com as disparidades e as ironias. Considerações de ordem pragmática sempre foram admitidas por gente como Lyautey, Gallieni, Faidherbe, Bugeaud — generais, procônsules, administradores —, na hora de recorrer à força e a procedimentos draconianos. Políticos como Jules Ferry, que anunciavam a política imperial após (e durante) o fato, reservavam-se o direito de postular objetivos que reduziam os nativos à "la gestion même et [...] la defense du patrimoine nationale".[182] Para os *lobbies* e o que hoje chamamos de propagandistas — desde romancistas e nacionalistas até filósofos mandarins —, o império francês estava singularmente vinculado à identidade nacional francesa, a seu brilho, sua energia civilizatória, seu desenvolvimento geográfico, social e histórico específico. Nada disso tinha qualquer congruência ou correspondência com a vida cotidiana na Martinica, Argélia, Gabão ou Madagascar, e isso era, para dizer o mínimo, difícil para os nativos. Além do mais, outros impérios — o alemão, holandês, britânico, belga, americano — estavam cercando a França, aproximando-se de uma guerra total com ela (como em Fashoda), negociando (como na Arábia em 1917-8), ameaçando-a ou rivalizando com ela.[183]

Na Argélia, por mais incoerente que fosse a política dos governos franceses desde 1830, continuou o processo inexorável de afrancesá-la. Primeiro, as terras foram tomadas aos nativos e seus edifícios ocupados; a seguir, os colonos franceses tomaram conta das matas de sobreiros e jazidas minerais. Depois, como observa David Prochaska em relação a Annaba (antes chamada Bône), "eles removeram os argelinos e povoaram [lugares como] Bône com europeus".[184] Durante várias décadas, desde 1830, a economia foi movida por "capital de pilhagem", houve um decréscimo da população nativa, e aumentaram os grupos de colonos. Surgiu uma economia dual: "A economia europeia pode ser comparada, em traços largos, a uma economia capitalista empresarial, enquanto a economia argelina pode ser comparada a uma economia pré-capitalista de bazares".[185] Assim, enquanto "a França se reproduzia na Argélia",[186] os argelinos eram relegados à marginalidade e à pobreza. Prochaska compara a versão de um *colon* francês sobre o caso de Bône com a de um patriota argelino, cuja interpretação do ocorrido em Annaba "é como ler os historiadores franceses de Bône pelo avesso".[187]

Acima de tudo, Arnaud alardeia o progresso realizado pelos franceses em Bône depois da confusão deixada pelos argelinos. "Não é porque a 'cidade velha' é suja" que deve ficar intacta, mas porque "só ela permite que o visitante [...] entenda melhor a grandeza e beleza do trabalho realizado pelos franceses neste país e neste lugar antes deserto, estéril e praticamente sem nenhum recurso natural", este "povoado árabe pequeno e feio que mal chega a ter 1500 habitantes".[188]

Não admira que o livro de H'sen Derdour sobre Annaba, em seu capítulo sobre a revolução argelina de 1954-62, traga o título de "Argélia, prisioneira num campo de concentração universal, explode o colonialismo e obtém sua liberdade".[189]

A 25 quilômetros de Bône fica o povoado de Mondovi, fundado em 1849 por agricultores "vermelhos" deportados de Paris pelo governo (como forma de se livrar de elementos politicamente problemáticos), que receberam terras expropriadas dos autóctones argelinos. A pesquisa de Prochaska mostra que Mondovi começou como satélite viticultor de Bône, local de nascimento de Albert Camus em 1913, filho de uma "faxineira espanhola e de um adegueiro francês".[190]

Camus é o único autor da Argélia francesa que pode ser considerado justificadamente um escritor de estatura mundial. Tal como Jane Austen um século antes, Camus é um romancista que não descreve os fatos da realidade imperial, evidentes demais para ser mencionados; como em Austen, permanece um *ethos* que se destaca, sugerindo universalidade e humanismo, em profundo desacordo com as descrições do palco geográfico dos acontecimentos, feitas de maneira chã na ficção. Fanny abrange Mansfield Park e a fazenda de Antígua; a França abarca a Argélia e, no mesmo gesto narrativo, o assombroso isolamento existencial de Meursault.

Camus é de particular importância na tremenda turbulência colonial do esforço de descolonização francesa no século XX. É uma figura imperial bastante tardia que não só sobreviveu ao auge do império, mas permanece ainda hoje como escritor "universalista" com raízes num colonialismo agora esquecido. Sua relação retrospectiva com George Orwell é ainda mais interessante. Tal como ele, Camus se celebrizou como escritor interessado em questões que ganham realce nos anos 1930 e 1940: o fascismo, a Guerra Civil espanhola, a resistência à carnificina fascista, os problemas da miséria e injustiça social tratados pelo discurso socialista, a relação entre escritores e política, o papel dos intelectuais. Ambos eram famosos pela clareza e simplicidade de estilo — podemos lembrar Barthes, em *Le degré zéro de l'écriture* [O grau zero da escritura], que define o estilo de Camus como *écriture blanche*[191] —, bem como a limpidez direta de suas formulações políticas. Ambos também passaram pela transformação do pós-guerra com resultados não muito felizes. Ambos, em resumo, guardam interesse póstumo por terem escrito narrativas que agora parecem se referir a uma situação que, num exame mais detido, se afigura muito diversa. As observações literárias de Orwell sobre o socialismo britânico assumiram uma qualidade profética (para quem gosta delas; ou sintomática, para quem não gosta) no campo da polêmica sobre a Guerra Fria; as narrativas de Camus sobre a resistência e o confronto existencial, que antes pareciam falar da luta contra a mortalidade e o nazismo, agora podem ser lidas como parte do debate sobre cultura e imperialismo.

Apesar da crítica bastante vigorosa de Raymond Williams à visão social de Orwell, ele é constantemente invocado por intelectuais da esquerda e da direita.[192] Era ele um neoconservador à frente de seu tempo, como diz Norman Podhoretz, ou um herói da esquerda, como sustenta Christopher Hitchens de modo mais convincente?[193] Camus, agora, não parece tão vinculado às preocupações anglo-americanas, mas é citado nas discussões sobre terrorismo e colonialismo como crítico, moralista político e romancista admirável.[194] O paralelo flagrante entre Camus e Orwell consiste em que os dois se tornaram figuras exemplares em suas respectivas culturas, cuja importância deriva da força imediata de seus contextos natais, mas que, mesmo assim, parece transcendê-los. Esse aspecto fica muito claro numa descrição de Camus, no final da ágil desmistificação que dele fez Conor Cruise O'Brien num livro que, sob muitos ângulos, faz lembrar o estudo de Raymond Williams sobre Orwell, em *Modern masters* [Mestres modernos] (aliás, escrito para a mesma coleção). O'Brien afirma:

> Provavelmente nenhum escritor europeu de sua época deixou uma marca tão profunda na imaginação e, ao mesmo tempo, na consciência moral e política de sua geração e da geração seguinte. Ele era intensamente europeu porque pertencia à fronteira da Europa, e estava ciente de uma ameaça. A ameaça também lhe acenou. Ele a recusou, mas não sem lutar.
> Nenhum outro escritor, nem mesmo Conrad, é mais representativo da consciência ocidental em relação ao mundo não ocidental. O drama interior de sua obra é o desenvolvimento dessa relação, sob pressão crescente e crescente angústia.[195]

Tendo exposto com perspicácia e até impiedade as ligações entre os romances mais famosos de Camus e a situação colonial na Argélia, O'Brien o tira de campo. Há um leve grão de transcendência na ideia que O'Brien faz de Camus, como alguém que pertence "à fronteira da Europa", quando qualquer um que conheça o mínimo sobre a França, Argélia e Camus — e O'Brien certamente conhece muitíssimo — não definiria o vínculo colonial como um elo entre a Europa e sua fronteira. Da mesma forma, Conrad e Camus não são meros representantes de algo tão relativamente imponderável quanto uma "consciência ocidental", e sim da *dominação* ocidental no mundo não europeu. Conrad aborda esse ponto abstrato com uma força infalível em seu ensaio "Geography and some explorers" [A geografia e certos exploradores], no qual enaltece a exploração inglesa do Ártico e conclui com um exemplo de sua própria "geografia militante", a maneira, diz ele, como "declarei, colocando o dedo num ponto bem no centro do coração então vazio da África, que algum dia eu iria até lá".[196] Mais tarde, naturalmente, ele vai até lá e reabilita esse gesto em *Coração das trevas*.

O colonialismo ocidental que O'Brien e Conrad tanto se esforçam em descrever é, primeiro, uma penetração *além* da fronteira europeia e *dentro* de uma outra entidade geográfica e, segundo, é específico não de uma "consciência ocidental (a--histórica) [...] em relação com o mundo não ocidental" (para muitos nativos africanos ou indianos, o fardo que carregavam tinha muito menos a ver com alguma "consciência ocidental" do que com práticas coloniais específicas, como a escravidão, a expropriação de terras, exércitos mortíferos), e sim de uma relação laboriosamente construída em que a França e a Inglaterra se apresentam como "o Ocidente" diante de povos inferiores e subservientes, num "mundo não ocidental" em larga medida inerte e subdesenvolvido.[197]

Essa elipse e compactação surge na análise de O'Brien, sob outros aspectos bastante dura, quando ele aborda Camus enquanto artista individual, angustiado perante escolhas difíceis. Ao contrário de Sartre e Jeanson, para os quais, segundo O'Brien, a escolha de se opor à política francesa durante a Guerra da Argélia era muito fácil, Camus tinha nascido e crescido na Argélia francesa, sua família tinha ficado lá depois que ele se mudou para a França, e seu envolvimento na luta com a FLN era uma questão de vida ou morte. Sem dúvida podemos concordar com essa parte da argumentação de O'Brien. O mais difícil de aceitar é a maneira como ele eleva as dificuldades de Camus ao patamar simbólico de "consciência ocidental", receptáculo esvaziado de tudo, afora sua capacidade sensível e reflexiva.

O'Brien, além disso, salva Camus do embaraço em que o colocara, ao ressaltar o caráter privilegiado de sua experiência individual. É provável que sintamos alguma simpatia por essa tática, pois, por mais desgraçada que seja a natureza coletiva do comportamento do *colon* francês na Argélia, não há nenhuma razão para responsabilizar Camus por ela; sua criação totalmente francesa na Argélia (bem descrita na biografia de Herbert Lottman)[198] não o impediu de escrever um famoso relatório pré-guerra sobre as misérias do lugar, em sua maioria decorrentes do colonialismo francês.[199] Aqui, então, temos um homem moral numa situação imoral. E o que Camus enfoca é o indivíduo num contexto social: isso vale tanto para *O estrangeiro* quanto para *A peste* e *La chute* [A queda]. Ele valoriza o autor-reconhecimento, a maturidade desiludida e a firmeza moral diante de condições ruins.

Mas cumpre levantar três pontos metodológicos. O primeiro é questionar e desconstruir a escolha da locação geográfica de Camus para *O estrangeiro* (1942), *A peste* (1947) e o interessantíssimo conjunto de historietas reunidas sob o título *L'exil et le royaume* [O exílio e o reino] (1957). Por que a Argélia foi o local escolhido para narrativas cuja referência principal (no caso dos dois primeiros) sempre foi interpretada como sendo a França de modo geral, e a França sob a ocupação nazista em termos mais particulares? O'Brien foi mais além do que muitos ao notar que a escolha não é inocente, e que boa parte do que aparece nas narrativas (por exemplo, o julgamento de Meursault) é uma justificação sub-reptícia ou inconsciente do domínio francês ou uma tentativa ideológica de embelezá-lo.[200] Mas, ao tentar estabelecer uma continuidade entre Camus como artista individual e o colonialismo francês na Argélia, devemos perguntar se as narrativas de Camus estão ligadas a outras narrativas francesas, anteriores e mais claramente imperiais, e se tiram algum proveito delas. Ao ampliar a perspectiva histórica de Camus como escritor atraentemente solitário das décadas de 1940 e 1950, a fim de incluir a secular presença francesa na Argélia, poderemos talvez entender melhor não só a forma e o significado ideológico de suas narrativas, mas também o grau em que sua obra reflete, se refere, consolida e torna mais precisa a natureza do empreendimento francês naquele país.

Um segundo ponto metodológico diz respeito ao tipo de prova necessária para esse enfoque mais amplo, e a questão correlata de quem faz a interpretação. Um crítico europeu de propensão histórica provavelmente achará que Camus representa a consciência francesa tragicamente imobilizada da crise *europeia* perto de um de seus grandes divisores d'água; ainda que Camus, pelo visto, considerasse que os assentamentos *colo-*

niais poderiam ser aproveitados e ampliados depois de 1960 (ano de sua morte), ele estava simplesmente equivocado em termos históricos, pois a França abriu mão das possessões e de toda e qualquer pretensão à Argélia dois anos mais tarde. Na medida em que sua obra se refere claramente à Argélia contemporânea, sua preocupação geral é com o estado real dos assuntos franco-argelinos, e não com a história de suas dramáticas transformações em seu destino a longo prazo. Salvo algumas exceções, de modo geral ele ignora ou passa por cima da história, coisa que um argelino, para o qual a presença francesa era uma aplicação *diária* de poder, não faria. Para um argelino, portanto, o ano de 1962 seria visto mais provavelmente como o término de uma longa época infeliz numa história iniciada em 1830, com a chegada dos franceses, e como a inauguração triunfal de uma nova fase. Uma forma correlata de interpretar os romances de Camus, portanto, seria vê-los como intervenções na história das iniciativas francesas na Argélia, de fazê-la e mantê-la francesa, e não como romances que nos falam do estado de espírito do autor. As incorporações e afirmações de Camus sobre a história argelina teriam de ser comparadas a histórias escritas por argelinos *depois* da independência, para termos uma noção mais completa da disputa entre o nacionalismo argelino e o colonialismo francês. E seria correto entender os escritos de Camus como obra historicamente filiada tanto ao próprio empreendimento colonial francês (visto que Camus o considera imutável) quanto à franca oposição contra a independência argelina. Essa perspectiva argelina pode desbloquear e libertar aspectos dissimulados, negados ou tomados como evidentes por Camus.

Por último, há um valor metodológico fundamental no detalhe, na paciência e insistência no que se refere aos textos altamente compactados de Camus. A tendência dos leitores é associar os romances de Camus a romances franceses sobre a França, não só por causa da linguagem e das formas que ele parece tomar de empréstimo a antecedentes tão ilustres quanto *Adolphe* e *Trois contes* [Três contos], mas também porque sua escolha de uma locação argelina parece contingente em relação aos problemas morais prementes ali postos. Assim, quase cinquenta anos após sua primeira edição, os romances de Camus são lidos como parábolas da condição humana. É verdade que Meursault mata um árabe, mas esse árabe não tem nome e parece não ter história, muito menos pai e mãe; é verdade também que a peste mata árabes em Oran, mas tampouco eles têm nome, ao passo que Rieux e Tarrou são impelidos à ação. Naturalmente podemos dizer que os textos devem ser lidos pela riqueza que contêm, e não pelo que eventualmente tenha sido excluído. Mas o que quero frisar é que encontramos em seus romances aquilo que, antigamente, julgava-se ter sido eliminado — detalhes daquela conquista imperial muito claramente francesa que começou em 1830, prosseguindo durante a vida de Camus e projetando-se na composição dos textos.

Essa interpretação restauradora não tem nenhuma intenção retaliativa. Nem pretendo *culpar* Camus *a posteriori* por ocultar em seus textos literários coisas sobre a Argélia que teve dificuldade em explicar, por exemplo, nos vários escritos reunidos nas *Chroniques algériennes* [Crônicas argelinas]. O que quero é ver a literatura de Camus como um elemento na geografia política da Argélia metodicamente construída pela França, que levou muitas gerações para se completar, de modo a poder entendê-la melhor como tendo fornecido uma versão emocionante da luta política e interpretativa para representar, habitar e possuir o próprio território — exatamente na mesma época em que os ingleses estavam saindo da Índia. Os escritos de Camus são modelados por uma sensibilidade colonial extraordinariamente tardia, e sob certos aspectos incapacitada, que encena um gesto imperial por meio e dentro de uma forma, o romance realista, bem posterior a suas maiores realizações europeias.

Como *locus classicus* vou recorrer a um episódio no final de "La femme adultère" [A mulher adúltera], quando Janine, a protagonista, deixa a cama e o marido durante uma noite insone num hotelzinho do interior da Argélia. Ele, depois de se mostrar um promissor estudante de direito, tornou-se caixeiro-

-viajante; após uma longa e cansativa viagem de ônibus, o casal chega a seu destino, onde ele visita vários clientes árabes. Durante a viagem, Janine tinha ficado impressionada com a passividade muda e o aspecto incompreensível dos argelinos nativos; a presença deles parece um fato natural simples e evidente, que ela mal percebe em sua perturbação emocional. Ao deixar o hotel e o marido adormecido, Janine encontra o vigia noturno, que lhe fala em árabe, língua que ela parece não entender. O clímax da história é uma comunhão admirável, quase panteísta, de Janine com o céu e o deserto. A meu ver, a nítida intenção de Camus é apresentar a relação entre a mulher e a geografia em termos sexuais, como uma alternativa à sua relação com o marido, agora praticamente extinta: daí o adultério mencionado no título do conto.

> Ela girava juntamente com elas [as estrelas que desciam imperceptivelmente para o horizonte] e esse mesmo avanço imóvel pouco a pouco a aproximava de seu ser mais profundo, agora disputado pelo frio e pelo desejo. Diante dela, as estrelas caíam uma a uma, e depois se apagavam por entre as rochas do deserto, e a cada vez Janine abria-se um pouco mais à noite. Respirando profundamente, ela esqueceu o frio, o peso dos seres, a vida demente ou paralisada, a prolongada angústia de viver e morrer. Após tantos anos de desabalada carreira sem rumo, fugindo da morte, ela afinal se imobilizou. Ao mesmo tempo, parecia-lhe que reencontrava suas raízes, a seiva circulando de novo por seu corpo que já não mais tremia. Apoiando todo o seu ventre no parapeito e erguendo-se em direção ao céu em movimento, ela esperava apenas que seu coração alvoroçado se acalmasse e que o silêncio a invadisse. As derradeiras estrelas das constelações deixaram cair seus cachos um pouco mais sobre o horizonte do deserto e se imobilizaram. Então, com insuportável suavidade, a água da noite começou a preencher Janine, afastando o frio, subindo aos poucos do centro obscuro de seu ser e transbordando em vagas incessantes

até sua boca repleta de gemidos. No instante seguinte, todo o céu se estendia sobre ela, deitada de costas sobre a terra fria.[201]

O efeito resultante é o de um momento atemporal em que Janine escapa à narrativa sórdida de sua vida atual e ingressa no reino mencionado no título da coletânea; ou, como disse Camus numa nota que pretendia inserir nas edições seguintes da coletânea, "au royaume [...] [qui] coincide avec une certaine vie libre et nue que nous avons à retrouver pour renaître enfin [ao reino [...] [que] coincide com uma certa vida livre e nua que temos de reencontrar para afinal renascer]".[202] Seu passado e presente se desprendem dela, e também a concretude dos outros seres (*le poids des êtres*, que Justin O'Brien, num erro sintomático, traduz por "the dead weight of other people [o peso morto das outras pessoas]") Nessa passagem, Janine "afinal se imobilizou", imóvel, fecunda, pronta para comungar com esse trecho de céu e deserto, onde (retomando a nota explicativa de Camus, escrita como elucidação posterior das seis histórias) a mulher — *pied noir* e *colon* — descobre suas raízes. Qual é ou qual pode ser sua verdadeira identidade, trata-se de uma questão que será avaliada mais adiante, na passagem em que ela atinge um clímax inequivocamente sexual: aqui Camus fala do "centre obscur de son être", o que sugere a sensação de obscuridade e ignorância tanto dela quanto do próprio autor. Sua história específica como francesa na Argélia não vem ao caso, pois ela conseguiu um acesso direto e imediato àquela terra e àquele céu em particular.

Todos os contos em *L'exil et le royaume* (com uma única exceção: uma parábola eloquente e despojada da vida artística parisiense) tratam do exílio de pessoas com biografias não europeias (quatro contos se passam na Argélia, um em Paris e outro no Brasil), profunda e até ameaçadoramente desagradáveis, que estão tentando precariamente conseguir um momento de descanso, de distanciamento idílico, de autorrealização poética. Apenas em "La femme adultère" e no conto ambientado no

Brasil, onde os nativos, por meio de sacrifícios e um compromisso de lealdade, recebem um europeu em seu círculo íntimo, como substituto de um nativo morto, há alguma sugestão de que Camus se permitia acreditar que os europeus pudessem atingir uma identificação sólida e satisfatória com o território ultramarino. Em "Le renégat" [O renegado], um missionário é capturado por uma tribo proscrita do sul da Argélia, que lhe arranca a língua (numa estranha analogia com o conto de Paul Bowles, "A distant episode" [Um episódio distante]), e torna-se grande adepto da tribo, participando de uma emboscada às forças francesas. É como se dissesse que só se pode virar nativo em virtude de alguma mutilação, que provoca uma doentia, e em última análise inaceitável, perda de identidade.

Poucos meses separam esse livro de contos relativamente tardios (1957) (as histórias foram publicadas separadamente antes e depois da edição de *La chute* em 1956) do conteúdo dos textos posteriores de Camus, reunidos em *Chroniques algériennes*, em 1958. Embora algumas passagens de *L'exil* remontem à nostalgia e ao lirismo contidos que temos em *Noces* [Núpcias], uma das poucas obras que transmitem o clima da vida na Argélia, os textos ressumam ansiedade pela crise que vai se avolumando. Devemos lembrar que a Revolução argelina eclodiu e foi anunciada oficialmente em 1º de novembro de 1954; os massacres de civis argelinos às mãos de soldados franceses em Sétif haviam ocorrido em maio de 1945, e nos anos anteriores, quando Camus estava trabalhando em *O estrangeiro*, registraram-se vários acontecimentos pontilhando a longa e sangrenta resistência nacionalista dos argelinos aos franceses. Mesmo que Camus tenha crescido na Argélia como garoto *francês*, segundo todos os seus biógrafos, ele sempre esteve cercado pelos sinais da luta franco-argelina, aparentemente esquivando-se a ela ou, em seus últimos anos de vida, transpondo-a abertamente para a linguagem, o corpo de imagens e a percepção geográfica de uma vontade francesa singular contestando a Argélia e seus habitantes muçulmanos nativos. Em 1957, o livro de François Mitterrand, *Présence française et abandon* [Presença francesa e abandono], declarava explicitamente: "Sans Afrique, il n'y aura pas l'histoire de France au XXI⁽ᵉ⁾ siècle [Sem África, não haverá história da França no século XXI]".[203]

Para situar Camus *em contraponto* na maior parte (opondo-se a outra parte menor) de sua biografia real, devemos ficar atentos a seus antecedentes franceses, bem como ao trabalho de romancistas, historiadores, sociólogos e cientistas políticos após a independência argelina. Hoje resta uma persistente tradição eurocêntrica, decifrável de imediato, de excluir interpretativamente o que Camus (e Mitterrand) excluiu sobre a Argélia, o que ele e seus personagens fictícios excluíram sobre ela. Quando Camus, no final da vida, se opôs publicamente, e até com veemência, às reivindicações nacionalistas colocadas para a independência argelina, ele o fez da mesma maneira como havia representado a Argélia desde o início de sua carreira literária, ainda que agora suas palavras ressoassem deploravelmente com o tom da retórica anglo-francesa oficial para Suez. Seus comentários sobre o "coronel Nasser", sobre o imperialismo árabe e muçulmano, são familiares a nós, mas a única declaração política inflexivelmente severa sobre a Argélia que ele apresenta no texto aparece como um resumo político cru de seus escritos anteriores:

> en ce qui concerne l'Algérie, l'independence nationale est une formule purement passionnelle. Il n'y a jamais eu encore de nation algérienne. Les Juifs, les Turcs, les Grecs, les Italiens, les Berbères, auraient autant de droit à reclamer la direction de cette nation virtuelle. Actuellement, les Arabes ne forment pas à eux seuls toute l'Algérie. L'importance e l'ancienneté du peuplement français, en particulier, suffisent à créer un probleme qui ne peut se comparer à rien dans l'histoire. Les Français d'Algérie sont, eux aussi, et au sens fort du terme, des indigènes. Il faut ajouter qu'une Algérie purement arabe ne pourrait accéder à l'indépendence économique sans laquelle l'indépendance politique n'est qu'un leurre. Si insuffisant que soit l'effort français, il est

d'une telle envergure qu'aucun pays à l'heure actuelle, ne consentirait à le prendre en charge.
[no que se refere à Argélia, a independência nacional é uma fórmula puramente passional. Nunca houve uma nação argelina. Os judeus, os turcos, os gregos, os italianos, os berberes, teriam o mesmo direito de reivindicar o comando dessa nação virtual. Na verdade, os árabes não constituem sozinhos toda a Argélia. A importância e a antiguidade do povoamento francês, em particular, bastam para criar um problema que não pode se comparar a nada na história. Os franceses da Argélia são, eles também, e no sentido forte do termo, nativos. Cumpre acrescentar que uma Argélia apenas árabe não conseguiria aceder à independência econômica sem a qual a independência política não passa de um engodo. Por insuficiente que seja o esforço francês, é de uma tal envergadura que nenhum país, na atualidade, concordaria em assumi-lo.][204]

A ironia é que, em todos os romances ou textos descritivos em que Camus narra uma história, a presença francesa na Argélia é apresentada como uma narrativa externa, uma essência que não está sujeita ao tempo nem à interpretação (como Janine), ou como a única história que vale a pena ser narrada *como história*. (Quão diferente é o tom e a atitude de Pierre Bourdieu, em *Sociologie de l'Algérie* [Sociologia da Argélia], também publicado em 1958, cuja análise refuta as fórmulas áridas de Camus e fala frontalmente da guerra colonial como resultado de *duas* sociedades em conflito.) O empedernimento de Camus explica o vazio e a ausência de qualquer contextualização do árabe morto por Meursault; daí também o senso de devastação em Oran que se destina implicitamente a expressar não tanto as mortes de árabes (que, afinal, são os únicos que importam em termos demográficos), e sim a consciência francesa.

É correto dizer, portanto, que as narrativas de Camus colocam reivindicações rigorosas e ontologicamente anteriores à geografia argelina. Para qualquer pessoa que tenha um conhecimento mesmo superficial do amplo empreendimento colonial naquele país, essas pretensões são tão absurdamente anômalas quanto a declaração do ministro francês Chautemps, em março de 1938, que o árabe era "uma língua estrangeira" na Argélia. Não são pretensões exclusivas de Camus, mas ele lhes deu corrência semitransparente e duradoura. Camus as herda e aceita acriticamente como convenções forjadas na longa tradição do discurso colonial sobre a Argélia, hoje esquecida ou ignorada por seus leitores e críticos, que na maioria acham mais fácil interpretar sua obra como literatura sobre "a condição humana".

Temos um excelente catálogo dos pressupostos compartilhados por leitores e críticos de Camus em relação às colônias francesas no admirável levantamento que Manuela Semidei fez nos livros escolares franceses no período entre a Primeira Guerra Mundial até logo após o final da Segunda Guerra. Suas descobertas mostram uma insistência crescente no papel colonial da França após a Primeira Guerra, os "episódios gloriosos" em sua história como "potência mundial", além de descrições líricas das realizações coloniais da França, como ela estabeleceu a paz e a prosperidade, criou as várias escolas e hospitais em benefício dos nativos, e assim por diante; há algumas referências ocasionais ao emprego da violência, mas eclipsadas pelo magnífico objetivo geral da França, que era acabar com a escravidão e o despotismo, e substituí-los pela paz e prosperidade. O norte da África ocupa lugar de destaque, mas em momento algum se reconhece, segundo Semidei, que as colônias poderiam se tornar independentes; os movimentos nacionalistas da década de 1930 representam apenas "dificuldades", e não sérios desafios.

Semidei observa que esses textos escolares do entreguerras fazem uma comparação entre a França e a Inglaterra, favorável à primeira, no sentido de que exerce um governo colonial superior, sugerindo que os domínios franceses eram comandados sem o preconceito nem o racismo de seus parceiros britânicos. Na década de 1930, esse tema é repetido à exaustão. Quando há alguma referência à violência na Argélia, por exemplo, ela é feita de tal maneira que as forças francesas parecem ter sido obrigadas a tomar essas medidas desagradáveis devido ao "ardeur réligieuse et par l'attrait du pillage [fervor religioso e ao gosto dos nativos pela pilhagem]".[205] Agora, porém, a Argélia tornou-se "uma nova França": próspera, com muitas e excelentes escolas, hospitais e estradas. Mesmo após a independência, a história colonial francesa é considerada essencialmente construtiva, lançando as bases para laços "fraternos" entre ela e suas ex-colônias.

Só porque apenas um dos lados de um conflito parece relevante para um público francês, ou porque a dinâmica completa da implantação colonial e da resistência nativa denigre o atraente humanismo de uma grande tradição europeia, não há razão para seguir essa corrente interpretativa ou aceitar as construções e imagens ideológicas. Eu diria até que, justamente *porque* a literatura mais famosa de Camus incorpora, sumariza inflexivelmente e, sob muitos aspectos, depende de um abrangente discurso francês sobre a Argélia, que faz parte da linguagem das atitudes e referências geográficas imperiais da França, é que sua obra é *mais*, e não menos, interessante. Seu estilo límpido, os angustiosos dilemas morais que ele põe a nu, o destino pessoal dilacerante de seus personagens, que ele trata com tanta fineza e ironia contida — tudo isso se baseia e na verdade revive a história da dominação francesa na Argélia, com uma precisão sóbria e uma notável ausência de remorsos ou de compaixão.

Mais uma vez, a relação entre geografia e luta política, nos romances de Camus, deve ser reativada exatamente onde vem recoberta por uma superestrutura que Sartre elogiou, por criar "um clima de absurdo".[206] Tanto *O estrangeiro* quanto *A peste* tratam da morte de árabes, morte esta que realça e modela silenciosamente os problemas de consciência e reflexão dos personagens franceses. Além disso, a estrutura da sociedade civil, apresentada com tanta nitidez — a prefeitura, o aparato legal, hospitais, restaurantes, clubes, entretenimentos, escolas —, é francesa, embora ela administre sobretudo a população não francesa. A correspondência entre as duas formas de escrever sobre isso, a forma de Camus e a dos livros escolares franceses, é impressionante: os romances e contos curtos narram o resultado de uma vitória conquistada sobre uma população muçulmana dizimada e pacificada, cujos direitos à terra foram seriamente restringidos. Ao confirmar e consolidar assim a prioridade francesa, Camus não questiona nem discorda da campanha pela soberania empreendida contra os muçulmanos argelinos por mais de cem anos.

No centro do conflito está a luta militar, cujos primeiros grandes protagonistas são o marechal Théodore Bugeaud e o emir Abdel Kader: aquele, um militar rigoroso e feroz cuja severidade patriarcal em relação aos nativos argelinos tem início em 1836, como tentativa de impor uma disciplina, e termina cerca de dez anos depois, com uma política de genocídio e expropriação territorial em massa; o outro, um místico sufista e guerrilheiro infatigável, sempre reagrupando, reconstituindo, reorientando seus soldados contra um inimigo invasor mais forte e mais moderno. Ler os documentos da época — sejam as cartas, proclamações e despachos de Bugeaud (compilados e publicados mais ou menos na mesma época de *O estrangeiro*), ou uma edição recente da poesia sufista de Abdel Qader (editada e traduzida para o francês por Michel Chodkiewicz),[207] ou ainda o retrato admirável da psicologia da conquista, reconstruída a partir de diários e cartas francesas das décadas de 1830 e 1840 por Mostafa Lacheraf, membro graduado da FLN e professor na Universidade de Argel após a independência[208] — é perceber a dinâmica que torna inevitável a minimização da presença árabe, efetuada por Camus.

O núcleo da política militar francesa, tal como a formularam Bugeaud e seus oficiais, era a *razzia*, a batida punitiva nos povoados, casas, lavouras, mulheres e filhos dos argelinos. "Os árabes", disse Bugeaud, "devem ser impedidos de semear, de colher e de pastorear seus rebanhos."[209] Lacheraf dá uma amostra da excitação poética demonstrada repetidas vezes pelos oficiais franceses no serviço, a sensação de que afinal ali estava

289

uma oportunidade para uma *guerre à outrance*, além de qualquer moral ou necessidade. O general Changarnier, por exemplo, relata uma agradável distração que era proporcionada a seus soldados quando atacavam povoados pacíficos; esse tipo de atividade é ensinado pelas Escrituras, dizia ele, em que Josué e outros grandes líderes conduziam "de bien terribles razzias" com a bênção de Deus. A ruína, a destruição total, a brutalidade impiedosa são admitidas, não porque Deus as legitima, mas porque, em termos repetidos desde Bugeaud a Salan, "les Arabs ne comprennent que la force brutale [os árabes só entendem a força bruta]".[210]

Lacheraf comenta que o esforço militar francês nas primeiras décadas foi bem além de seu objetivo — o fim da resistência argelina — e atingiu o estatuto absoluto de um ideal.[211] O outro lado da moeda, conforme foi expresso com incansável zelo pelo próprio Bugeaud, era a colonização. No final de sua permanência na Argélia, ele se mostra constantemente exasperado com a forma como os emigrantes civis europeus usam os recursos da Argélia sem medida nem motivo; deixem a colonização para os militares, escreve em suas cartas, mas sem qualquer resultado.[212]

Aliás um dos temas que percorrem silenciosamente a literatura francesa, de Balzac a Psichari e Loti, é exatamente esse abuso da Argélia e os escândalos resultantes de obscuros esquemas financeiros, montados por indivíduos inescrupulosos para quem a liberdade do lugar permitia que se fizesse praticamente qualquer coisa imaginável, desde que houvesse promessa ou esperança de lucro. Encontramos retratos inesquecíveis desse estado de coisas em *Tartarin de Tarascon*, de Daudet, e *Bel-ami*, de Maupassant (ambos mencionados no estudo perspicaz de Martine Loutfi, *Littérature et colonialisme* [Literatura e colonialismo]).[213]

A destruição que os franceses praticaram contra a Argélia foi, de um lado, sistemática e, de outro, constitutiva de uma nova ordem social francesa. Ninguém, nenhuma testemunha das décadas de 1840 a 1870, tinha dúvidas a esse respeito. Alguns, como Tocqueville, que criticou severamente a política americana em relação aos negros e aos índios autóctones, acreditava que o avanço da civilização europeia exigia que se infligissem crueldades aos *indigènes* muçulmanos: a seu ver, a conquista total era equivalente à grandeza da França. Ele considerava o islamismo sinônimo de "poligamia, o isolamento das mulheres, a ausência de qualquer vida política, um governo tirânico e onipresente que obriga os homens a se esconder e a buscar todas as suas satisfações na vida familiar".[214] E como achava que os nativos eram nômades, ele acreditava "que deveriam ser empregados todos os meios de devastar essas tribos. Faço uma exceção apenas para os casos interditados pelo direito internacional e da humanidade". Mas, como diz Melvin Richter, Tocqueville não se pronunciou "em 1846, quando se revelou que centenas de árabes haviam sido asfixiados por fumaça durante as *razzias* que ele aprovara por seu humanitarismo".[215] "Uma infeliz necessidade", pensava Tocqueville, mas de forma alguma tão importante quanto o "bom governo" que os franceses deviam exercer para os muçulmanos "semicivilizados".

Para o principal historiador norte-africano da atualidade, Abdullah Laroui, a política colonial francesa tinha como objetivo nada menos do que destruir o Estado argelino. A declaração de Camus, de que nunca houve uma nação argelina, evidentemente supunha que as devastações da política francesa tinham varrido a área. Contudo, conforme venho dizendo, os acontecimentos pós-coloniais nos impõem uma narrativa mais extensa e uma interpretação mais abrangente e desmistificadora. Laroui afirma:

> A história da Argélia de 1830 a 1870 é feita de simulações: dos colonos, que pretensamente queriam transformar os argelinos em homens iguais a eles, quando na verdade seu único desejo era transformar o solo da Argélia em solo francês; dos militares, que supostamente respeitavam o modo de vida e as tradições locais, enquanto o único interesse deles, na realidade, era governar com o menor esforço pos-

sível; de Napoleão III, que alegava estar edificando um reino árabe, enquanto suas ideias centrais eram a "americanização" da economia francesa e a colonização francesa da Argélia.[216]

Ao chegar à Argélia em 1872, Tartarin, de Daudet, encontra poucos traços do "Oriente" que lhe fora prometido, e em vez disso se vê numa cópia ultramarina de sua Tarascon natal. Para escritores como Segalen e Gide, a Argélia é um local exótico onde seus próprios problemas espirituais — como os de Janine — podem ser enfrentados e tratados terapeuticamente. Pouca atenção é concedida aos nativos, cuja finalidade é fornecer rotineiramente emoções passageiras ou oportunidades para o exercício da vontade — não só Michel em *L'immoraliste* [O imoralista], mas também Perken, o protagonista de Malraux no cenário cambojano de *La voie royale* [A estrada real]. As diferenças nas representações francesas da Argélia, quer sejam os grosseiros cartões-postais de haréns estudados de forma tão memorável por Malek Alloula,[217] ou as refinadas construções antropológicas reveladas por Fanny Colonna e Claude Brahimi,[218] ou ainda as impressionantes estruturas narrativas que têm exemplo tão eloquente nas obras de Camus, podem ser, todas elas, remontadas à *morte-main* geográfica da prática colonial francesa.

Podemos ver ainda melhor até que ponto o discurso francês era um empreendimento profundamente sentido, sistematicamente reabastecido, incorporado e institucionalizado, analisando as obras de geografia e conceitos coloniais do início do século XX. *Grandeur et servitude coloniales* [Grandeza e servidão coloniais], de Albert Sarraut, postula como objetivo do colonialismo nada menos do que a unidade biológica da humanidade, "la solidarité humaine". Raças incapazes de utilizar seus recursos (por exemplo, os nativos nos territórios ultramarinos da França) devem ser reconduzidas à família humana; "c'est là pour le colonisateur, la contre-partie formelle de la prise de possession; elle enlève à son acte le caractère de spoliation; elle en fait une création de droit human [é esta, para o colonizador, a contrapartida formal da tomada de posse; ela retira de seu ato o caráter de espoliação e o torna uma criação de direito humano]".[219] No clássico *La politique coloniale et le partage du terre aux XIXe et XXe siècles* [A política colonial e a partilha da terra nos séculos XIX e XX], Georges Hardy avança a tese de que a assimilação das colônias à França "a fait jaillir des sources d'inspiration et non seulement provoque l'apparition d'innombrables romans coloniaux, mais encore ouvre les esprits à la diversité des formes morales et mentales, incite les écrivains à des genres inédits d'exploration psychologique [fez jorrar fontes de inspiração e não só provoca o surgimento de inúmeros romances coloniais, mas ainda abre os espíritos à diversidade das formas morais e mentais, incita os escritores a gêneros inéditos de exploração psicológica]".[220] O livro de Hardy foi publicado em 1937; diretor da Academia de Argel, ele também foi diretor honorário da École Coloniale e um precursor próximo de Camus em suas frases estranhamente afirmativas.

Assim, os romances e contos de Camus destilam com grande precisão as tradições, lugares-comuns e estratégias discursivas da apropriação francesa da Argélia. Ele oferece sua enunciação mais requintada, sua evolução final para essa maciça "estrutura de sentimentos". Mas, para discernir essa estrutura, temos de considerar as obras de Camus como uma transfiguração metropolitana do dilema colonial: elas representam a literatura *colonial* para um público francês, cuja história pessoal está indissoluvelmente ligada a esse departamento meridional da França; uma história ocorrendo em qualquer outro lugar seria ininteligível. No entanto, as cerimônias de comunhão com o território — realizadas por Meursault em Argel, Tarrou e Rieux envolvidos pelos muros de Oran, Janine durante uma vigília no Saara — ironicamente despertam dúvidas no leitor sobre a necessidade de tais afirmações. Quando a violência do passado francês é assim inadvertidamente relembrada, essas cerimônias tornam-se comemorações de sobrevivência, abreviadas e bem compactadas — a sobrevivência de uma comunidade sem ter para onde ir.

O transe de Meursault é mais radical do que o dos outros. Pois, mesmo admitindo que o tribunal falsamente constituído (como Conor Cruise O'Brien aponta com razão, é um lugar altamente improvável para julgar um francês que matou um árabe) tenha existência contínua, o próprio Meursault entende a finalidade; por fim, ele pode sentir alívio e desafio ao mesmo tempo:

> J'avais eu raison, j'avais encore raison, j'avais toujours raison. J'avais vécu de telle façon et j'aurais pu vivre de telle autre. J'avais fait ceci et je n'avais pas fait cela. Je n'avais pas fait cette autre. Et après? C'était comme si j'avais attendu pendant tout le temps cette minute et cette petite aube oú je serais justifié [Eu tinha tido razão, eu ainda tinha razão, eu continuava a ter razão. Tinha vivido de uma forma e poderia ter vivido de outra. Tinha feito isso e não tinha feito aquilo. Não tinha feito aquilo outro. E aí? Era como se tivesse sempre esperado por este minuto e esta madrugada em que eu estaria justificado].[221]

Aqui não resta nenhuma escola, nenhuma alternativa, nenhum substituto humano. O *colon* encarna tanto o esforço humano efetivo com que contribuiu sua comunidade quanto o obstáculo de se recusar a abrir mão de um sistema político sistematicamente injusto. A força profundamente conflituosa do autorreconhecimento suicida de Meursault só podia brotar *daquela* história específica e *naquela* comunidade específica. No final, ele aceita o que é, e no entanto compreende também por que sua mãe, confinada num asilo de velhos, decidiu se casar uma segunda vez: "elle avait joué à recommencer. [...] Si près de la mort, maman devait s'y sentir libre et prête à tout revivre" [Ela tinha brincado de recomeçar. [...] Tão perto da morte, mamãe devia se sentir livre e pronta a reviver tudo]".[222] Fizemos o que fizemos aqui, e então façamos de novo. Essa obstinação tragicamente fria converte-se na resoluta capacidade humana de constante geração e regeneração. Os leitores de Camus têm atribuído a *O estrangeiro* o caráter universal de uma humanidade existencial liberta que enfrenta a indiferença cósmica e a crueldade humana com um impudente estoicismo.

Voltar a situar *O estrangeiro* no nexo geográfico de onde surge sua trajetória narrativa é interpretá-lo como uma forma elevada de experiência histórica. Tal como a obra e a posição de Orwell na Inglaterra, o estilo direto e o relato simples de situações sociais ocultam paralisantes e complexas contradições, contradições insolúveis quando se acentua, como têm feito os críticos, seus sentimentos de lealdade à Argélia francesa como parábola da condição humana. É nisso que ainda se baseia sua reputação social e literária. No entanto, como sempre houve a alternativa mais difícil e desafiadora de primeiro julgar e depois recusar a apropriação territorial e a soberania política da França, bloqueando um entendimento compassivo e solidário do nacionalismo argelino, as limitações de Camus parecem inaceitavelmente paralisantes. Contrapostas à literatura descolonizadora da época, francesa ou árabe — Germaine Tillion, Kateb Yacine, Fanon ou Genet —, as narrativas de Camus possuem uma vitalidade negativa, em que a trágica seriedade humana do esforço colonial alcança sua última grande iluminação antes de sobrevir a ruína. Elas exprimem uma tristeza e desolação que ainda não entendemos ou das quais ainda não nos recobramos por completo.

UMA NOTA SOBRE O MODERNISMO

Nenhuma visão, assim como nenhum sistema social, tem hegemonia total sobre seu domínio. Ao estudar textos culturais que mantiveram uma feliz coexistência ou deram sustentação às iniciativas globais do império europeu e americano, não os estamos condenando em bloco nem sugerindo que sejam artisticamente menos interessantes por fazerem parte, de diversas e complexas maneiras, do empreendimento imperialista. Minha exposição aqui fala de uma vontade de domínio ultramarino *em larga medida*, mas não *totalmente*, irrefreada e incontestada. É impressionante, por exemplo, como havia *lobbies* colonialistas na

Europa, no final do século XIX, capazes de pressionar a nação, fosse por meio de conluios, fosse com apoio popular, a continuar disputando territórios ou obrigando mais gente nativa a ingressar no serviço imperial, ao mesmo tempo em que poucas vozes se levantavam na metrópole para deter ou coibir o processo. No entanto, sempre há resistências, mesmo que infrutíferas. O imperialismo não é apenas uma relação de dominação, mas também está comprometido com uma determinada ideologia expansionista; como Seelley, para seu próprio mérito, reconheceu, o expansionismo era mais do que uma propensão: "Evidentemente é o grande fato da história inglesa moderna".[223] O almirante Mahan nos Estados Unidos e Leroy-Beaulieu na França manifestaram-se de maneira parecida. E a expansão só teve resultados tão assombrosos porque havia poder suficiente — poder militar, econômico, político e cultural — na Europa e nos Estados Unidos para levar a cabo tal tarefa.

Uma vez considerado inevitável o fato básico do controle europeu e ocidental sobre o mundo não ocidental, começaram a ocorrer com frequência cada vez maior discussões culturais muito complexas e, eu acrescentaria, bastante divergentes. Isso não perturbou de imediato o senso de permanência soberana e presença irreversível, mas levou a uma modalidade de prática cultural extremamente importante na sociedade ocidental, que desempenhou um papel interessante no desenvolvimento da resistência anti-imperialista nas colônias.

Os leitores do livro *The passions and the interests* [As paixões e os interesses], de Albert O. Hirschman, lembrarão que ele descreve o debate intelectual concomitante à expansão econômica europeia, considerando-o derivado — e depois reforçando-o — do argumento de que a *paixão* humana deveria ceder aos *interesses*, como método para governar o mundo. Com o triunfo dessa tese, no final do século XVIII, ela se tornou um alvo adequado para aqueles românticos que viam num mundo centrado nos interesses um símbolo da situação monótona, maçante e egoísta que haviam herdado de gerações anteriores.[224]

Vamos entender o método de Hirschman para a questão do imperialismo. No final do século XIX, o império da Inglaterra era preeminente em todo o mundo e o argumento cultural em defesa do imperialismo vinha triunfando. O império, afinal, era algo real, e, como disse Seeley a seu público, "nós na Europa [...] estamos bastante de acordo que o tesouro da verdade que forma o núcleo da civilização ocidental é incomparavelmente mais elevado do que o misticismo brâmane que ele tem de combater, e não só, mas até mais elevado do que as luzes romanas que o antigo império transmitiu às nações da Europa".[225]

No centro dessa declaração de admirável autoconfiança, estão duas realidades um tanto recalcitrantes que Seeley habilmente incorpora e também descarta: uma é o nativo a ser combatido (o próprio místico brâmane), a segunda é a existência de outros impérios passados e presentes. Em ambas, Seeley registra de modo alusivo as consequências paradoxais das conquistas do imperialismo, e a seguir passa para outros assuntos. Pois, uma vez que o imperialismo, tal como a doutrina dos interesses, tinha se estabelecido como norma vigente nas ideias políticas acerca do destino mundial da Europa, então, ironicamente, a postura de seus adversários, a intransigência de suas classes subjugadas, a resistência à sua irresistível influência ganhavam sentido e destaque. Seeley aborda tais assuntos como um realista, não como um poeta que quisesse mostrar um deles como uma presença nobre e romântica, e o outro como um concorrente baixo e imoral. E também não se lança a uma explicação revisionista ao estilo de Hobson (cujo livro sobre o imperialismo é sua contrapartida dissidente).

Agora voltemos para o romance realista a que tanto me referi neste capítulo. Seu tema central, no final do século XIX, era o desencantamento, ou o que Lukács chamou de desilusão irônica. No enredo, protagonistas com bloqueios trágicos ou às vezes cômicos são bruscamente despertados, às vezes de forma rude, para a discrepância entre suas expectativas ilusórias e as realidades sociais. O Jude, de Hardy; a Dorothea, de George Eliot; o Frédéric, de Flaubert; a Nana, de Zola; o Ernest, de

Butler; a Isabel, de James; o Reardon, de Gissing; o Feverel, de Meredith — a lista é extensa. Nessa narrativa de perda e desqualificação introjeta-se aos poucos uma alternativa — não apenas o romance de franco exotismo e domínio confiante, mas relatos de viagem, trabalhos de pesquisa e exploração colonial, memórias, experiências e especializações. Nas narrativas pessoais do dr. Livingstone, em *She* de Haggard, no governo britânico na Índia segundo Kipling, em *Le roman d'un spahi* de Loti e na maioria das aventuras de Júlio Verne, percebemos um novo avanço e triunfalismo narrativo. Salvo raríssimas exceções, essas narrativas e literalmente centenas de outras similares, baseadas no ânimo e interesse pela aventura no mundo colonial, longe de lançar dúvidas quanto à iniciativa imperial, servem para confirmar e celebrar seus êxitos. Os exploradores encontram o que estão procurando, os aventureiros voltam para casa sãos e salvos, e mais ricos, e até mesmo o Kim depurado é atraído para o Grande Jogo.

Como que se contrapondo a essa atitude otimista, afirmativa e de serena confiança, as narrativas de Conrad — a que me referi com tanta frequência porque ele, mais do que ninguém, abordou as sutis confirmações e manifestações culturais do império — irradiam uma extrema e perturbadora ansiedade: elas reagem ao triunfo do império da mesma forma que os românticos, segundo afirma Hirschman, respondiam ao triunfo de uma concepção de mundo centrada nos interesses. Os contos e romances de Conrad reproduzem, em certo sentido, o agressivo perfil do empreendimento imperialista em seu apogeu, mas em outro sentido estão contagiados pela consciência irônica, facilmente identificável, da sensibilidade modernista pós-realista. Conrad, Forster, Malraux, T. E. Lawrence trazem a narrativa do âmbito da experiência triunfalista do imperialismo e a transpõem para os extremos de autoconsciência, descontinuidade, autorreferência e ironia corrosiva cujos padrões formais viemos a reconhecer como marcas distintivas da cultura modernista, cultura esta que também abrange as grandes obras de Joyce, T. S. Eliot, Proust, Mann e Yeats. Gostaria de sugerir que muitas das características mais importantes da cultura modernista, que costumamos considerar derivadas da dinâmica puramente interna da sociedade e da cultura ocidentais, incluem uma reação às pressões externas do *imperium* sobre a cultura. Isso certamente vale para toda a *œuvre* de Conrad, e também para as obras de Forster, T. E. Lawrence, Malraux; de diversas maneiras, as intromissões do imperialismo numa sensibilidade irlandesa estão registradas em Yeats e Joyce, assim como em Eliot e Pound temos obras de expatriados americanos cuja sensibilidade também acusou tal impacto.

Na grande fábula de Mann sobre a aliança entre criatividade e doença — *Morte em Veneza* —, a peste que assola a Europa é de origem asiática; a combinação de medo e esperança, degeneração e desejo, tão bem exposta na psicologia de Aschenbach, é a maneira de Mann sugerir, a meu ver, que a Europa, com sua arte, mentalidade e monumentos, não é mais invulnerável, nem pode mais ignorar os laços que mantém com seus domínios ultramarinos. O mesmo ocorre em Joyce, para quem o irlandês nacionalista e intelectual Stephen Dedalus é, ironicamente, fortalecido não por colegas católicos irlandeses, e sim pelo judeu errante Leopold Bloom, cujo exotismo e habilidade cosmopolita rebatem a mórbida solenidade da revolta de Stephen. Como os fascinantes homossexuais do romance de Proust, Bloom atesta uma nova presença dentro da Europa, que é notavelmente descrita em termos tomados, de forma inequívoca, aos anais exóticos da descoberta, da conquista e da visão ultramarina. Só que agora, em vez de estarem *lá fora*, eles estão *aqui*, tão perturbadores quanto os ritmos primitivos da *Sagração da primavera* ou os ícones africanos na arte de Picasso.

Os deslocamentos formais na cultura modernista, e mais notadamente sua onipresente ironia, sofrem influência precisamente daqueles dois fatores perturbadores que Seeley menciona como consequências do imperialismo: o nativo indócil e a existência de outros impérios. Junto com "os velhos" que arruínam e assumem o controle da grande aventura de Lawrence, os árabes em *The seven pillars of wisdom* exigem que ele os reconheça, mesmo com tristeza e insatisfação, da mesma forma como o fazem a Turquia e a França imperiais; em *A passage to India*, o grande feito de Forster é mostrar com admirável precisão (e desconforto) como o drama moral do misticismo e nacionalismo indiano da época — Godbole e Aziz — desenvolve-se em oposição ao conflito mais antigo entre o império britânico e o império mongol. Em *L'Inde (sans les anglais)* [A Índia (sem os ingleses)], de Loti, temos um relato de viagem baseado em percursos pela Índia, no qual a classe dirigente inglesa não é mencionada uma única vez, numa escolha deliberada e mesmo despeitada,[226] como que sugerindo que *somente* os nativos deviam ser objeto de atenção, embora, é claro, a Índia fosse uma possessão apenas britânica (e certamente não francesa).

Arrisco a sugestão de que a cultura europeia, quando por fim começou a dar a devida atenção às "ilusões e descobertas" imperiais — na excelente expressão de Benita Parry para o confronto cultural anglo-indiano[227] —, não o fez opondo-se a elas, e sim usando de ironia, e tentando desesperadamente uma nova forma de absorção. Foi como se os membros das culturas europeias dominantes, depois de séculos encarando o imperialismo como um fato de seus destinos nacionais a ser tomado como algo natural, ou como objeto de exaltação, consolidação e intensificação, passassem agora a olhar o mundo estrangeiro com o ceticismo e a perplexidade de gente surpreendida, e talvez até chocada com o que via. Textos culturais introduziram na Europa o estrangeiro pintado com traços que traziam claríssima a marca do empreendimento colonial, dos exploradores e etnógrafos, geólogos e geógrafos, comerciantes e soldados. No início, despertaram o interesse do público europeu; no começo do século XX, eram usados para transmitir um sentido irônico da vulnerabilidade europeia, mostrando também que — na grande frase de Conrad — "este também foi um dos lugares escuros do mundo".

Para lidar com isso, fez-se necessária uma nova forma enciclopédica, que possuía três características distintivas. Primeiro, uma circularidade na estrutura, ao mesmo tempo abrangente e aberta: *Ulysses*, *Coração das trevas*, *Em busca do tempo perdido*, *The waste land* [A terra desolada], *Cantos*, *Ao farol*. Segundo, uma novidade quase inteiramente baseada na reformulação de antigos fragmentos, até ultrapassados, ciosamente extraídos de locais, fontes e culturas díspares: a marca própria da forma modernista é a estranha justaposição do cômico e do trágico, do elevado e do vulgar, do corriqueiro e do exótico, do familiar e do estranho, cuja solução mais engenhosa temos em Joyce, fundindo a *Odisseia* e o Judeu Errante, a propaganda e Virgílio (ou Dante), a simetria perfeita e o catálogo do vendedor. Terceiro, a ironia de uma forma que chama a atenção para si mesma como sendo capaz de substituir a síntese outrora possível dos impérios mundiais pela arte e suas criações. Quando já não se pode supor que a Britânia haverá de comandar os mares para sempre, cumpre conceber de novo a realidade como algo que o artista pode unificar, mais em termos históricos do que em termos geográficos. A espacialidade torna-se, ironicamente, a característica de uma dominação mais estética do que política, à medida que um número crescente de regiões — da Índia à África e ao Caribe — vai questionando os impérios clássicos e suas respectivas culturas.

3. RESISTÊNCIA E OPOSIÇÃO

> lie-moi de tes vastes bras à l'argile lumineuse
> [*liga-me com teus vastos braços à argila luminosa*]
> Aimé Césaire, *Cahier d'un retour au pays
> natal* [Caderno de um retorno ao país natal]

EXISTEM DOIS LADOS

Um tópico corrente na história das ideias e no estudo de culturas é aquela constelação de relações que pode ser reunida sob o título geral de "influência". Comecei este livro invocando o famoso ensaio de Eliot, "Tradition and the individual talent" [A tradição e o talento individual], como forma de introduzir a questão da influência em sua forma mais básica e até abstrata: a ligação entre o presente e o que é (ou não) passado no passado, ligação que, na abordagem de Eliot, inclui o vínculo entre um escritor individual e a tradição a que pertence. Sugeri que o estudo da relação entre o "Ocidente" e os "outros" culturais por ele dominados não se restringe a uma forma de entender um relacionamento desigual entre interlocutores desiguais, mas constitui também uma porta de acesso para o estudo da formação e do significado das próprias práticas culturais ocidentais. E teremos de levar em conta a persistente disparidade de poder entre o Ocidente e o não Ocidente, se quisermos entender bem formas culturais como o romance, o discurso etnográfico e histórico, certos tipos de poesia e ópera, formas nas quais abundam alusões a essa disparidade e estruturas nela baseadas. Prossegui argumentando que, quando departamentos supostamente neutros da cultura, como a literatura e a teoria crítica, convergem para a cultura mais fraca ou subordinada e a interpretam com a ideia de que existem essências imutáveis, europeia e não europeia, com narrativas sobre a posse geográfica e imagens de legitimidade e redenção, a consequência flagrante tem sido dissimular a situação de poder e ocultar até que ponto a experiência da parte mais forte se sobrepõe à da mais fraca, e estranhamente depende dela.

Um exemplo disso se encontra em *L'immoraliste* [O imoralista] (1902), de Gide, em geral lido como a história de um homem que assume sua sexualidade excêntrica, permitindo que esta o prive não só de sua mulher Marceline e de sua carreira, como também, paradoxalmente, de sua própria vontade. Michel é um filólogo cuja pesquisa acadêmica sobre o passado bárbaro europeu lhe revela seus próprios instintos, tendências e desejos reprimidos. Tal como *Morte em Veneza*, de Thomas Mann, o cenário representa um local exótico nas fronteiras da Europa, ou bem próximo delas; um lugar essencial para a ação de *L'immoraliste* é a Argélia francesa, com seus desertos, seus oásis langorosos e seus jovens nativos amorais. O mentor nietzschiano de Michel, Ménalque, é descrito expressamente como funcionário colonial, e embora seja oriundo de um mundo imperial identificável por leitores de T. E. Lawrence ou Malraux, sua presença sibarita e epicurista é totalmente gidiana. Ménalque (mais do que Michel) obtém conhecimento e também prazer com sua vida de "expedições obscuras", seu gosto sensual e sua liberdade antidoméstica. "La vie, le moindre geste de Ménalque", reflete Michel ao comparar sua carreira de aulas acadêmicas ao exuberante imperialista, "n'était-il pas plus eloquent mille fois que mon cours?" [a vida, o menor gesto de Ménalque não era mil vezes mais eloquente do que meu curso?].[1]

O que no início une os dois homens, porém, não são as ideias nem as histórias de vida, mas as confissões de Moktir, um garoto nativo de Biskra (lugar a que Gide retornou em diversos livros), que conta a Ménalque como ficou observando Michel a espiá-lo enquanto roubava a tesoura de Marceline. A cumplicidade homossexual entre os três constitui uma relação inequivocamente hierárquica: Moktir, o menino africano, proporciona uma emoção sub-reptícia a seu patrão Michel, a qual, por sua vez, é um passo no caminho de seu autoconhecimento, por onde é guiado pela percepção superior de Ménalque. O que Moktir pensa ou sente (que parece congenitamente, se não também racialmente, malicioso) é muito menos importante do que o que Michel e Ménalque fazem com tal experiência. De maneira explícita, Gide associa o autoconhecimento de Michel a suas experiências na Argélia, as quais ocasionaram a morte de sua mulher, sua reorientação intelectual e seu desamparo bissexual final, bastante patético.

Falando do norte francês da África — pensando na Tunísia —, Michel oferece os seguintes *aperçus*:

> Essa terra de delícias satisfaz sem acalmar o desejo; na verdade, toda satisfação apenas o exalta.
> Uma terra livre das obras de arte. Eu desprezo aqueles que só reconhecem a beleza quando ela já foi transcrita, interpretada. Isto é admirável nos árabes: eles vivem a sua própria arte, elas a cantam e a espalham pelo cotidiano; eles não se apegam a ela, eles não a mumificam em *obras*. Esta é a causa e o efeito da ausência de grandes artistas. [...] Quando cheguei ao hotel, lembrei-me de um grupo de árabes por que passara, deitados sobre esteiras, ao ar livre, em um pequeno café. Eu me aproximei e deitei-me com eles. Voltei coberto de parasitos.[2]

O povo da África, e sobretudo aqueles árabes, está apenas ali; não possui nenhuma arte que se acumule ou história que se sedimente em obras. Se não fosse o observador europeu que atesta sua existência, nem importariam. Estar entre essa gente é agradável, mas é preciso aceitar os riscos (os parasitos, por exemplo).

L'immoraliste traz uma outra dimensão problemática, na medida em que sua narrativa na primeira pessoa — Michel está contando sua história individual — depende bastante de uma série de inclusões que ele faz: por meio dele aparecem os norte-africanos, por meio dele aparecem sua mulher e Ménalque. Michel é um próspero proprietário de terras normando, erudito e protestante — sugerindo que Gide pretende traçar uma personalidade multifacetada, capaz de lidar com os problemas do mundo e da identidade pessoal. Todos esses aspectos, em última análise, dependem da autodescoberta de Michel na África, mas ela é limitada pela transparência e transitoriedade, além de não ser levada na devida conta. Aqui, também, a narrativa possui uma "estrutura de atitudes e referências" que permite ao sujeito-autor europeu vincular-se a um território ultramarino, beneficiar-se dele, depender dele, embora, em última análise, recusando-lhe autonomia ou independência.

Gide é um caso especial — tratando, em suas obras norte-africanas, de materiais relativamente restritos: islâmicos, árabes, homossexuais. Embora seja exemplo de um artista altamente individualista, a relação de Gide com a África faz parte de um conjunto maior de atitudes e práticas europeias perante o continente, da qual surgiu aquilo que os críticos da segunda metade do século XX chamam de africanismo, ou discurso africanista, uma linguagem sistemática para estudar e lidar com a África *para* o Ocidente.[3] A ela associam-se concepções do primitivismo e conceitos derivados de um privilégio epistemológico especial concernente à origem africana, tais como o tribalismo, o vitalismo, a originalidade. Podemos ver esses condescendentes conceitos operando em Conrad e Isak Dinesen, e depois nos audaciosos estudos de Leo Frobenius, o antropólogo alemão que dizia ter descoberto a ordem perfeita do sistema africano, e de Placide Tempels, o missionário belga cujo livro *Bantu philosophy* [Filosofia banto] propunha uma vitalidade essencialista (e redutora) no cerne da filosofia africana. Tão profícua e maleável era essa noção da identidade africana que pôde ser usada por missionários ocidentais, depois por antropólogos, e em seguida por historiadores marxistas, e depois, em antagonismo, até por movimentos de libertação, como mostra V. Y. Mudimbe no admirável *The invention of Africa* [A invenção da África] (1988), a história do que ele chama de uma *gnosis* africana.[4]

A situação cultural geral reinante entre o Ocidente e seu *imperium* ultramarino até o período moderno, sobretudo por volta da Primeira Guerra Mundial, seguia esse tipo de configuração. Visto que, nessa fase, será melhor tratar meu vasto tema alternando estudos gerais com outros altamente específicos e locais, minha proposta é esboçar aqui a experiência de interação que une imperializadores e imperializados. O estudo da relação entre cultura e imperialismo nessa fase inicial de desenvolvimento não requer uma narrativa cronológica ou factual simples (já existente em inúmeros campos especializados), e sim uma tentativa de descrição globalizada (não total). E naturalmente qualquer estudo da conexão entre cultura e império faz parte integrante do tema, parte do mesmo meio emaranhado (como dizia George Eliot a propósito de outra coisa) — em vez de um discurso elaborado a partir de uma perspectiva distante e desinteressada. O surgimento de quase uma centena de novos Estados descolonizados após 1945 não é algo neutro, mas um fato em torno do qual foram tomadas posições favoráveis ou desfavoráveis nos debates de estudiosos, historiadores e ativistas.

Exatamente como o imperialismo em seu período de triunfo tendia a autorizar apenas um discurso cultural formulado em seu interior, hoje o pós-imperialismo permite sobretudo um discurso cultural de desconfiança por parte dos povos ex-colonizados, e de absenteísmo teórico, quando muito, por parte dos intelectuais metropolitanos. Encontro-me preso entre os dois, como muitos daqueles que cresceram no período de desmantelamento dos impérios coloniais clássicos. Pertencemos ao período do colonialismo e da resistência a ele; mas também pertencemos a um período de extraordinária elaboração teórica, das técnicas universalizantes da desconstrução, do estruturalismo e do marxismo lukacsiano e althusseriano. Minha solução caseira das antíteses entre envolvimento e teoria consiste numa perspectiva ampla que permita enxergar tanto a cultura quanto o imperialismo, e da qual se possa observar a vasta dialética histórica entre ambas, mesmo com o risco de perdermos suas miríades de detalhes. Procederei supondo que uma totalidade cultural não é coesa, mas que muitos setores importantes dela podem ser apreendidos operando juntos *em contraponto*.

Estou interessado sobretudo na extraordinária revolução, quase copernicana, que ocorreu nos vínculos entre a cultura e o império ocidentais durante os primeiros anos do século XX. É cabível considerá-la semelhante, em âmbito e significação, a duas transformações anteriores: a redescoberta da Grécia durante o período humanista da Renascença europeia, e a "Renascença oriental" — assim chamada por seu grande historiador moderno Raymond Schwab[5] —, do final do século XVIII a meados do XIX, quando as riquezas culturais da Índia, China, Japão e islã foram firmemente depositadas no âmago da cultura europeia. Esse segundo momento, definido por Schwab como a grandiosa apropriação europeia do Oriente — as descobertas do sânscrito por filólogos alemães e franceses, dos grandes épicos nacionais indianos por poetas e artistas ingleses, alemães e franceses, da imagética persa e da filosofia sufista por muitos pensadores europeus e mesmo americanos, de Goethe a Emerson —, foi um dos episódios mais brilhantes na história da aventura humana, e um tema suficiente por si só.

A dimensão ausente na narrativa de Schwab é a política, muito mais lamentável e menos edificante do que a cultural. Conforme sustentei em *Orientalismo*, o resultado líquido do intercâmbio cultural entre parceiros cientes da desigualdade é que o povo sofre. Os clássicos gregos serviram aos humanistas italianos, franceses e ingleses sem a incômoda interposição de gregos de carne e osso. Textos de autores mortos eram lidos, apreciados e apropriados por pessoas que imaginavam uma república ideal. Essa é uma das razões pelas quais é tão raro que os estudiosos se refiram à Renascença com desconfiança ou de maneira depreciativa. Nos tempos modernos, porém, a reflexão sobre o contato cultural envolve também uma reflexão sobre a dominação e a apropriação pela força: alguém perde, alguém ganha. Hoje, por exemplo, os debates sobre a história americana consistem cada vez mais em interrogá-la sobre o que fez com os povos nativos, com as populações imigrantes, com as minorias oprimidas.

Mas apenas nos últimos tempos é que os ocidentais vieram a perceber que o que eles têm a dizer sobre a história e as culturas dos povos "subordinados" é questionável para esses mesmos povos, os quais, até poucos anos atrás, estavam simplesmente incorporados, com cultura, terras, história e tudo, nos grandes impérios ocidentais e seus discursos disciplinares. (Isso não significa desprezar o empreendimento de muitos estudiosos, historiadores, artistas, filósofos, músicos e missionários ocidentais, cujo esforço conjunto e individual de tornar conhecido o mundo fora da Europa constitui uma realização admirável.)

Uma enorme onda de atividades, reflexões e revisões anticoloniais e, em última análise, anti-imperiais tomou conta do edifício maciço do império ocidental, enfrentando-o, para empregar a vívida metáfora de Gramsci, num cerco mútuo. Pela primeira vez, os ocidentais foram compelidos a se encarar não simplesmente como o governo colonial, mas como representantes de uma cultura e mesmo de raças acusadas de crimes — crimes de violência, crimes de eliminação, crimes de consciência. "Hoje", diz Fanon em *Les damnés de la terre* [Os deserdados da terra] (1961), "o Terceiro Mundo [...] enfrenta a Europa como uma massa colossal cuja meta deveria ser a de tentar resolver os problemas para os quais a Europa não foi capaz de encontrar resposta."[6] Naturalmente, esse tipo de acusação já havia sido feito antes, mesmo por europeus tão intrépidos quanto Samuel Johnson e W. S. Blunt. Em todo o mundo não ocidental, já antes registravam-se revoltas coloniais, desde a revolução de San Domingo e a insurreição de Abdul Kader até a Revolta de 1857, a Revolta Orabi e a Rebelião dos Boxer. Houve represálias, mudanças de regime, *causes célèbres*, debates, reformas e reavaliações. Enquanto isso, porém, os impérios aumentavam e enriqueciam. A nova situação consistia num confronto e numa resistência sistemática ao Império *enquanto Ocidente*. Velhos ressentimentos latentes contra o homem branco, do Pacífico ao Atlântico, explodiram como movimentos de independência plenamente desenvolvidos. Surgiram militâncias pan-africanas e pan-asiáticas, não havendo o que pudesse detê-las.

Os grupos militantes do entreguerras não eram de maneira explícita nem completa antiocidentais. Alguns consideravam que poderiam afastar o colonialismo com a ajuda do cristianismo; outros achavam que a solução residia na ocidentalização. Na África, segundo Basil Davidson, esse empenho foi encarnado por gente como Herbert Macaulay, Leopold Senghor, J. H. Casely Hayford, Samuel Ahuma;[7] no mundo árabe, no mesmo período, por Saad Zaghloul, Nuri as-Said, Bishara al-Khoury. Mesmo outros líderes revolucionários posteriores — como Ho Chi Minh, no Vietnã, por exemplo — julgaram no início que alguns aspectos da cultura ocidental poderiam ajudar a acabar com o colonialismo. Mas suas ideias e tentativas encontraram pouca receptividade na metrópole, e com o tempo a resistência deles sofreu transformações.

Pois se o colonialismo era um sistema, como diria Sartre num de seus ensaios do pós-guerra, a resistência também começou a se fazer sistemática.[8] Alguém como Sartre podia dizer, nas primeiras frases de seu prefácio a *Les damnés de la terre*, de Fanon, que o mundo se compunha de duas facções em guerra, "500 milhões de homens e 1,5 bilhão de nativos. Os primeiros tinham a Palavra; os outros tinham o uso dela. [...] Nas colônias, a verdade andava nua, mas os cidadãos da metrópole preferiam-na vestida".[9] Davidson explica a nova reação africana com sua habitual perspicácia e eloquência:

> A história [...] não é uma máquina calculadora. Ela se desenvolve no espírito e na imaginação e se encarna nas múltiplas respostas da cultura de um povo, que é em si mesma a mediação infinitamente sutil de realidades materiais, de fatos econômicos subjacentes, de ásperas objetividades. As respostas culturais africanas após 1945 foram tão variadas quanto se poderia esperar a partir de tantos povos e interesses visíveis. Mas elas foram inspiradas acima de tudo por uma forte esperança de transformação, que antes mal se fazia presente e certamente nunca fora sentida com tanta intensidade ou apelo tão generalizado; e elas foram dadas por

homens e mulheres cujos corações batem a um ritmo de coragem. Tais foram as respostas que levaram a história africana para um novo rumo.[10]

Para os europeus, a sensação de uma tremenda e desconcertante mudança de perspectiva na relação entre Ocidente e não Ocidente era inteiramente nova, desconhecida tanto na Renascença europeia quanto na "descoberta" do Oriente, três séculos mais tarde. Pense-se nas diferenças entre a recuperação e edição dos clássicos gregos com Poliziano, na década de 1460, ou Bopp e Schlegel lendo gramáticos sânscritos na década de 1810, e um orientalista ou politicólogo francês lendo Fanon durante a Guerra da Argélia em 1961, ou os *Discours sur le colonialisme* [Discurso sobre o colonialismo], de Césaire, quando surgiram em 1955, logo após a derrota dos franceses em Dien Bien Phu. O pobre sujeito não só está lendo nativos que combatem contra seu exército, o que nunca acontecera com seus predecessores, como ainda está lendo um texto na língua de Bossuet e Chateaubriand, recorrendo a conceitos de Hegel, Marx e Freud para incriminar a própria civilização que os gerou. Fanon vai ainda mais além ao inverter o paradigma até então aceito, segundo o qual a Europa proporcionou modernidade às colônias, afirmando, pelo contrário, que não só "o bem-estar e o progresso da Europa [...] [foram] construídos com o suor e o cadáver de negros, árabes, indianos e amarelos",[11] mas também "a Europa é literalmente a criação do Terceiro Mundo",[12] acusação retomada por Walter Rodney, Chinweizu e outros. Para concluir esse absurdo reordenamento das coisas, encontramos Sartre ecoando Fanon (e não vice-versa), ao dizer: "Não há nada mais coerente do que um humanismo racista, visto que o europeu só foi capaz de se tornar homem gerando escravos e monstros".[13]

A Primeira Guerra Mundial não fez nada para reduzir o domínio ocidental nos territórios coloniais, porque o Ocidente precisava desses territórios a fim de abastecer a Europa com homens e recursos para uma guerra de pouco interesse direto para africanos e asiáticos.¹⁴ Mas os processos que resultariam na independência após a Segunda Guerra Mundial já estavam em curso. A questão de datar a resistência ao imperialismo em territórios dominados é fundamental para os dois enfoques do imperialismo. Para os partidos nacionalistas vitoriosos que conduziram a luta contra as potências europeias, a legitimidade e primazia cultural dependem da possibilidade de afirmarem uma continuidade ininterrupta desde os primeiros guerreiros que se levantaram contra o homem branco invasor. Assim, a Frente de Libertação Nacional da Argélia, que inaugurou sua insurreição contra a França em 1954, remontou suas origens ao emir Abdel Kader, que combateu a ocupação francesa nas décadas de 1830 e 1840. Na Guiné e no Mali, a resistência contra os franceses recua por várias gerações, até Samory e Hajji Omar.¹⁵ Mas apenas vez por outra os escribas do império reconheceram a validade dessas resistências; como vimos em nossa discussão sobre Kipling, em vez do motivo bem mais óbvio da insatisfação dos nativos — a saber, que eles queriam que os europeus saíssem de suas terras —, dava-se preferência a várias racionalizações atenuantes da conduta deles ("eles", por exemplo, eram realmente felizes enquanto não fossem instigados por desordeiros).

O debate prossegue até hoje, entre historiadores da Europa e dos Estados Unidos. Aqueles primeiros "profetas da rebelião", como os chamou Michael Adas, seriam retrógrados, românticos e irrealistas que agiam negativamente contra os europeus "modernizadores"?¹⁶ Ou devemos levar a sério as declarações de seus herdeiros modernos — por exemplo, Julius Nyerere e Nelson Mandela — quanto à importância e continuidade de seus esforços pioneiros, em geral fadados ao fracasso? Terence Ranger demonstrou que não são questões de mera especulação acadêmica, mas de importância política premente. Muitos movimentos de resistência, por exemplo, "moldaram o meio em que vieram a se desenvolver políticas posteriores; [...] a resistência teve profundos efeitos sobre as atitudes e linhas de ação brancas; [...] durante o curso das resistências, ou de algumas delas, surgiram tipos de organização ou inspiração política voltados para o futuro sob vários importantes aspectos, ligados em alguns casos diretamente, e em outros indiretamente, a manifestações posteriores de oposição africana [ao imperialismo europeu]".[17] Ranger mostra que a luta moral e intelectual quanto à coerência e continuidade da resistência nacionalista ao imperialismo prosseguiu durante décadas, tornando-se parte orgânica da experiência imperial. Um africano ou árabe que rememorar os levantes de Ndebele-Shona e Orabi, de 1896-7 e 1882 respectivamente, estará homenageando lideranças nacionalistas cujos *fracassos* permitiram o êxito ulterior; é provável que os europeus interpretem essas revoltas de forma menos favorável, como obra de pequenos grupos, ou de milenaristas malucos, e assim por diante.

E então, surpreendentemente, o mundo inteiro se descolonizou depois da Segunda Guerra Mundial. O estudo de Grimal traz um mapa do império britânico em seu apogeu: é uma prova irresistível da vastidão de seus territórios, e a perda de quase todos eles, em questão de poucos anos após o final da guerra em 1945. O famoso livro de John Strachey, *The end of empire* [O fim do império] (1959), comemora definitivamente essa perda. A partir de Londres, estadistas, soldados, comerciantes, estudiosos, pedagogos, missionários, burocratas e espiões britânicos tinham responsabilidade decisiva pela Austrália, Nova Zelândia, Hong Kong, Nova Guiné, Ceilão, Malaia, todo o subcontinente asiático, a maior parte do Oriente Médio, toda a África Oriental, do Egito à África do Sul, um bom naco da África Centro-Ocidental (incluindo a Nigéria), a Guiana, algumas ilhas do Caribe, a Irlanda e o Canadá.

Bem menor do que o império britânico, o império francês abrangia um conjunto de ilhas no Caribe, no Pacífico e no Índico (Madagascar, Nova Caledônia, Taiti, Guadalupe), a Guiana e toda a Indochina (Anan, Cambodja, Cochinchina, Laos e Tonquim); na África, a França disputava acirradamente a supremacia com a Inglaterra — a maior parte da metade ocidental do continente, do Mediterrâneo ao Equador, estava em mãos francesas, além da Somália francesa. Além disso, havia a Síria e o Líbano, que, como muitas outras colônias africanas e asiáticas da França, entravam em rotas e territórios britânicos. Lorde Cromer, um dos procônsules imperiais britânicos de fama mais terrível (como ele disse certa vez, de maneira bastante soberba: "Nós não governamos o Egito, governamos apenas os governadores do Egito"),[18] distinguindo-se por seus serviços na Índia antes de governar o Egito praticamente sozinho, entre 1883 e 1907, muitas vezes falava irritado da influência francesa "frívola" nas colônias britânicas.

Para esses imensos territórios (e os da Bélgica, Holanda, Espanha, Portugal e Alemanha), as culturas ocidentais metropolitanas planejavam vastas estratégias e enormes investimentos. Raríssimos ingleses ou franceses pareciam achar que algo poderia mudar. Tentei mostrar que a maioria das formações culturais pressupunha a primazia permanente do poder imperial. No entanto, surgiu uma outra visão, como alternativa ao imperialismo, a qual se instalou e acabou por prevalecer.

Em 1950, a Indonésia tinha conquistado sua liberdade da Holanda. Em 1947, a Inglaterra entregou a Índia ao Partido do Congresso, e o Paquistão imediatamente se separou, liderado pela Liga Muçulmana de Jinnah. Malaísia, Ceilão e Birmânia tornaram-se independentes, bem como as nações do Sudeste asiático "francês". Em toda a África Oriental, Ocidental e do Norte, a ocupação britânica, francesa e belga chegou ao fim, em alguns casos (como na Argélia) com enorme derramamento de sangue e a perda de muitas propriedades. Em 1990, haviam surgido 49 novos Estados africanos. Mas nenhuma dessas lutas ocorreu no vazio. Como assinala Grimal, a relação internacionalizada entre colonizador e colonizado foi alvo de forças globais — igrejas, as Nações Unidas, o marxismo, a União Soviética e os Estados Unidos. A luta anti-imperialista, como comprovaram inúmeros congressos pan-africanos, pan-árabes e pan-asiáticos, tornou-se universal, e acentuou-se o fosso entre as culturas e povos ocidentais (brancos, europeus, desenvolvidos) e não ocidentais (de cor, nativos, subdesenvolvidos).

Por ter sido uma remodelação muito profunda do mapa do mundo, acabamos por perder (e talvez tenhamos sido incentivados a isso) a noção histórica exata, para não dizer moral, de que, mesmo no calor da luta, o imperialismo e seus adversários lutavam pelo mesmo terreno, disputavam a mesma história. Certamente havia uma sobreposição quando argelinos ou vietnamitas de educação francesa, quando indianos, árabes e africanos orientais ou ocidentais de educação inglesa se confrontavam com seus senhores imperiais. A oposição ao império em Londres e Paris era afetada pela resistência oferecida em Delhi e Argel. Embora não fosse uma luta de igual para igual (uma representação imperialista equivocada, muito corrente, sustenta que foram ideias exclusivamente ocidentais de liberdade que comandaram a luta contra o domínio colonial, passando por cima de tudo aquilo que nas culturas indiana e árabe *sempre* resistiu ao imperialismo, e apresentando a luta contra o imperialismo como um dos grandes triunfos imperialistas), os adversários num mesmo terreno cultural travavam combates fascinantes. Sem o questionamento e a oposição metropolitana, os personagens, a linguagem e a própria estrutura da resistência nativa ao imperialismo teriam sido diferentes. Aqui também, a cultura está na frente da política, da história militar e do processo econômico.

Essa sobreposição não é algo desprezível ou insignificante. Assim como uma cultura pode predispor e preparar ativamente uma sociedade para a dominação ultramarina de outra sociedade, ela também pode preparar essa primeira sociedade para renunciar ou modificar a ideia de dominação no ultramar. Essas mudanças não podem ocorrer sem a vontade das pessoas em resistir às pressões do domínio colonial, em tomar em armas, em conceber ideias de libertação e imaginar (como diz Benedict Anderson) uma nova comunidade nacional, em dar o passo decisivo. E também não podem ocorrer a menos que se instale internamente uma exaustão política ou econômica, que se questione em público o custo do domínio colonial; a menos que as representações do imperialismo comecem a perder justificação e legitimidade; por fim, a menos que os "nativos" revoltosos forcem a cultura metropolitana a reconhecer a independência e a identidade de suas culturas, sem intromissões coloniais. Mas, observados todos esses pré-requisitos, devemos reconhecer que, em ambos os lados do novo mapa redesenhado, a oposição e a resistência ao imperialismo se articulam juntas num terreno que, apesar de disputado, é em larga medida comum, fornecido pela cultura.

Quais são os campos culturais em que nativos e europeus liberais conviviam e se entendiam reciprocamente? Quanto podiam se conceder mutuamente? Como se tratavam entre si dentro do círculo da dominação imperial, antes de ocorrer uma mudança radical? Consideremos em primeiro lugar *A passage to India* [Passagem para a Índia], de E. M. Forster, romance que sem dúvida expressa a afeição (às vezes petulante e mistificada) do autor pelo lugar. Sempre considerei que o mais interessante em *A passage to India* é que Forster usa a Índia para apresentar conteúdos que, segundo os cânones da forma do romance, não são passíveis de representação: a imensidão, crenças incompreensíveis, movimentos, histórias e formas sociais secretas. Fielding e sobretudo mrs. Moore são personagens nitidamente criadas para serem vistos como europeias que vão além da norma antropomórfica ao permanecerem naquele novo elemento aterrorizante (para eles) — no caso de Fielding, vivenciando a complexidade da Índia, mas depois voltando ao familiar humanismo (após o julgamento, ele retorna à Inglaterra, passando por Suez e pela Itália, depois de ter um pressentimento dilacerante do que a Índia *era capaz* de causar às noções de tempo e espaço do indivíduo).

Mas Forster, como observador da realidade que o encerra, é meticuloso demais para deixar as coisas nesse pé. O romance volta a um sentido tradicional das conveniências sociais em sua parte final, quando o autor decididamente importa para a Índia a solução romanesca habitual da Inglaterra (casamento e propriedade): Fielding se casa com a filha de mrs. Moore. Todavia, ele e Aziz — um nacionalista muçulmano — seguem juntos *e* continuam separados: "'Eles não queriam isso', disseram em centenas de vozes, 'Não, ainda não', e o céu disse: 'Não, aqui não'". Há desfecho e há união, mas nenhum deles é completo.[19]

Se a Índia de hoje não é o lugar nem o momento adequado (as indicações de Forster são cuidadosas) para a identidade, a convergência, a fusão, então para que será? O romance aponta que as origens políticas dessa questão encontram-se na presença britânica, mas também permite que o indivíduo vivencie vários aspectos desse impasse com a sensação de que o conflito político será solucionado no futuro, sem maiores dificuldades. Forster reconhece os tipos diametralmente opostos de resistência de Aziz e Godbole — o nacionalista muçulmano e o hinduísta quase surrealista —, bem como sua própria oposição interior, mas ele não consegue colocar suas objeções à iniquidade do domínio britânico em termos políticos ou filosóficos, limitando-se a objeções específicas a abusos específicos. O interessante argumento de Benita Parry em *Delusions and discoveries* [Enganos e descobertas], segundo a qual Forster dá um desfecho positivo ao romance, baseia-se nas "sugestões evanescentes" feitas pelo autor, a despeito do "texto total":[20] seria mais exato dizer que ele queria a manutenção do fosso entre a Índia e a Inglaterra, mas com um trânsito intermitente de um lado para outro. Seja como for, estamos autorizados a associar a animosidade indiana contra o domínio britânico, exposta durante o julgamento de Aziz, com o surgimento de uma resistência indiana visível, que Fielding vem a perceber com relutância em Aziz, o qual tem como um de seus modelos nacionalistas o Japão. Os membros do clube inglês, cujas afrontas obrigam Fielding a se desligar dele, são nervosos e francamente desagradáveis, e consideram de tal monta a infração de Aziz que qualquer sinal de "debilidade" seria um ataque ao próprio domínio britânico: estas são também indicações de uma atmosfera sem esperanças.

Quase que em virtude de sua concordância liberal e humanitária com as ideias e posições de Fielding, *A passage to India* fica num impasse, em parte porque o compromisso de Forster com a forma do romance coloca-lhe dificuldades na Índia, as quais ele não consegue resolver. Tal como a África de Conrad, a Índia de Forster é um local com frequência descrito como uma região inapreensível, vasta demais. Numa determinada passagem do começo do livro, quando Ronny e Adela estão juntos, eles ficam observando um pássaro que desaparece numa árvore, mas não conseguem identificá-lo, pois, como explica Forster em benefício deles e nosso, "nada na Índia é identificável; a simples formulação de uma pergunta faz com que ela desapareça ou se misture com outra coisa".[21] O cerne do romance, portanto, é o confronto constante entre os colonos ingleses — "corpo bem desenvolvido, espírito muito desenvolvido, coração subdesenvolvido" — e a Índia.

Conforme Adela se aproxima das cavernas de Marabar, ela nota que o "pomper, pomper" do trem, que acompanhava sua contemplação, trazia uma mensagem que ela não conseguia decifrar.

> Como o espírito podia apreender tal país? Gerações de invasores o tentaram, mas eles continuam no exílio. As cidades importantes que construíram não passam de refúgios, suas queixas são o mal-estar de homens que não conseguem achar o caminho para casa. A Índia sabe de suas inquietações. Ela sabe da inquietação de todo mundo, em sua mais íntima profundeza. Ela diz "Venha", com suas mil bocas, por meio de objetos ridículos e majestosos. Mas vir a quê? Ela nunca explicou. Ela não é uma promessa, é apenas um chamado.[22]

E no entanto Forster mostra como o "funcionalismo" britânico tenta impor um sentido à Índia. Existem ordens de precedência, clubes com estatutos, restrições, hierarquias militares e, pairando sobre tudo e a tudo modelando, está o poder britânico. A Índia "não é uma reunião social", diz Ronny Heaslop. "Eu nunca tive notícia de qualquer resultado que não seja catastrófico quando os ingleses e os indianos tentam ser íntimos socialmente. Contato, sim. Cortesia, sempre. Intimidade — nunca, nunca."[23] Não admira que o dr. Aziz sinta-se tão surpreso quando mrs. Moore tira os sapatos ao entrar numa mesquita, gesto que indica respeito e instaura amizade de uma forma proibida pelo código.

Fielding também foge aos padrões: realmente inteligente e sensível, felicíssimo com a reciprocidade de uma conversa pessoal. Mas sua capacidade de compreensão e empatia falha diante da ininteligibilidade maciça da Índia; seria um herói perfeito nos textos anteriores de Forster, mas aqui ele sai derrotado. Pelo menos Fielding consegue "se ligar" com um personagem feito Aziz, metade do projeto de Forster de abordar a Índia num romance inglês, dividindo-a em duas partes, uma islâmica, a outra hinduísta. Em 1857, Harriet Martineau havia afirmado: "O espírito despreparado, seja hinduísta ou muçulmano, desenvolvido em condições asiáticas, não é capaz de qualquer sintonia, intelectual ou moral, com o espírito europeu cristianizado".[24] Forster dá ênfase aos muçulmanos; comparados a eles, os hinduístas (inclusive Godbole) são periféricos, como se não se prestassem a um tratamento romanesco. O islamismo estava mais próximo da cultura ocidental, numa posição intermediária entre os ingleses e os hinduístas na Chandrapore forsteriana. Em *A passage to India*, Forster está um pouco mais perto do islamismo do que do hinduísmo, mas é evidente no final a falta de uma autêntica empatia.

Os hinduístas, segundo o romance, acreditam que tudo é uma mistura só, tudo está interligado, Deus é um só, não é, era, não era. Em contraposição, o islamismo, tal como vem representado por Aziz, concebe a ordem e um Deus específico. ("O espírito relativamente simples do maometano",[25] afirma Forster de modo ambíguo, como que dizendo que Aziz e "o maometano" em geral têm um espírito relativamente simples.) Para Fielding, Aziz parece italiano, se bem que sua ideia exagerada do passado mongol, sua paixão por poesia, seu estranho *pudeur* com os retratos de sua mulher, que traz consigo, deem a impressão de ser uma exótica criatura não mediterrânea. Apesar das maravilhosas qualidades Bloomsbury de Fielding, de sua capacidade de julgar com afeto e caridade, de sua inteligência apaixonada e baseada em normas humanitárias, ele vem a ser rejeitado pela própria Índia, cujo desconcertante cerne é atingido apenas por mrs. Moore, a qual, porém, acaba vitimada por sua visão. O dr. Aziz torna-se nacionalista, mas acho que Forster se decepciona com ele, devido ao que lhe parece ser uma mera afetação; Forster não consegue associá-lo ao movimento mais amplo e coeso pela independência indiana. Segundo Francis Hutchinson no final do século XIX e começo do XX, "foi impressionante a falta de qualquer resposta da imaginação britânica na Índia ao movimento nacionalista".[26]

Ao percorrerem a Índia em 1912, Beatrice e Sidney Webb notaram a dificuldade que os empregadores ingleses tinham com os trabalhadores indianos que serviam ao governo colonial britânico, fosse porque a indolência constituía uma forma de resistência (muito comum em outras partes da Ásia, como mostrou S. H. Alatas)[27] ou devido à chamada "teoria da drenagem" de Dadabhai Naoroji, que havia sustentado, para a satisfação dos partidos nacionalistas, que a riqueza da Índia estava sendo drenada pelos ingleses. Os Webb criticam "aqueles velhos moradores europeus da Índia [que] não adquiriram a arte de controlar os indianos". E então acrescentam:

> Igualmente claro é que o indiano às vezes é um trabalhador excepcionalmente relutante *para suar*. Ele não se importa muito com o que ganha. Prefere quase definhar de fome do que trabalhar demais. Por mais baixo que seja seu nível de vida, seu nível de trabalho é ainda menor — pelo menos quando está trabalhando para um patrão que não lhe agrada. E suas irregularidades são impressionantes.[28]

Isso não sugere propriamente uma disputa entre duas nações em guerra; da mesma forma, Forster, em *A passage to India*, considera a Índia difícil porque é estranha e inapreensível, ou porque gente como Aziz se deixa seduzir por um sentimento nacionalista insípido, ou porque a pessoa, se tentar entender a Índia, como faz mrs. Moore, não conseguirá se recuperar desse contato.

Para os ocidentais, mrs. Moore é um aborrecimento, aliás como para si mesma, depois de sua estada nas cavernas. Para os indianos momentaneamente despertos para uma espécie de união nacionalista durante a cena do tribunal, ela, mais do que uma pessoa, é uma frase mobilizadora, um curioso princípio indianizado de protesto e comunhão: "Esmiss Esmoor". Ela possui uma experiência da Índia que não entende, ao passo que Fielding tem uma compreensão superficial, mas não a experiência profunda. A desesperança do romance não vai até o fim: não condena (ou defende) o colonialismo britânico, nem condena ou defende o nacionalismo indiano. É verdade que as ironias de Forster atingem a todos, desde os complacentes e reacionários Turton e Burton até os indianos ridiculamente afetados, mas não podemos deixar de sentir que, em vista da realidade política das décadas de 1910 e 1920, mesmo um romance tão admirável quanto *A passage to India* tropeça nos fatos inescapáveis do nacionalismo indiano. Forster identifica o curso da narrativa com um britânico, Fielding, que só consegue entender que a Índia é grande e desnorteante demais, e que a amizade com um muçulmano como Aziz pode ir apenas até certo ponto, visto que sua oposição ao colonialismo é de uma tolice inaceitável. A ideia de que a Índia e a Grã-Bretanha são nações opostas (embora suas posições se sobreponham) é atenuada, abafada, minimizada.

Essas são prerrogativas de um romance que trata de histórias pessoais, e não oficiais nem nacionais. Kipling, por outro lado, reconhecia abertamente a realidade política como algo mais do que uma fonte de ironia literária, por mais ameaçadora, trágica ou violenta que lhe pudesse parecer a história da Inglaterra na Índia. Os indianos são um povo diferente, precisam ser conhecidos e entendidos, o poder britânico tem de lidar com indianos na Índia: tais são as coordenadas de Kipling, politicamente falando. Forster é evasivo e mais condescendente; há verdade no comentário de Parry, dizendo que *"A passage to India* é a expressão triunfante da imaginação britânica explorando a Índia",²⁹ mas também é verdade que a Índia de Forster é tão afetuosamente pessoal e tão impiedosamente metafísica que sua concepção da Índia como uma nação lutando com a Inglaterra por sua soberania não é politicamente muito séria, ou sequer respeitosa. Considere-se a seguinte passagem:

> No caminho, Hamidullah havia passado por um ansioso comitê de notáveis, de tendência nacionalista, onde hinduístas, muçulmanos, dois sikhs, dois parses, um jainista e um cristão nativo ensaiavam uma estima mútua que lhes saía pouco natural. Enquanto alguém criticava os ingleses, tudo ia bem, mas não se havia feito nada de construtivo, e se os ingleses fossem deixar a Índia, o comitê também desapareceria. Alegrava-o que Aziz, por quem sentia afeto e cuja família estava ligada à sua, não se interessasse pela política, que estraga o caráter e a carreira, sem os quais não se faz nada. Ele pensou em Cambridge — com tristeza, como mais um poema que tivesse chegado ao fim. Como ele tinha sido feliz lá, vinte anos atrás! A política não tivera importância para a reitoria de mr. e mrs. Bannister. Lá, os jogos, o trabalho e o convívio agradável se entrelaçavam e pareciam formar um substrato suficiente para uma vida nacional. Aqui tudo era manipulação e medo.³⁰

Isso assinala uma mudança no clima político: o que outrora era possível na reitoria de Bannister ou em Cambridge já não é mais apropriado na época do nacionalismo estridente. Mas Forster vê os indianos com olhos imperiais ao dizer que é "natural" que as seitas não gostem umas das outras, ou ao duvidar que o poder dos comitês nacionalistas perdure sem a presença dos ingleses, ou ao considerar que o nacionalismo, por enfadonho e modesto que possa ser, não seja outra coisa além de "manipulação e medo". Seu pressuposto é que *ele* pode dispensar as pueris encenações nacionalistas e chegar à essência da Índia;

quando se trata de governar a Índia — é a isso que visa a agitação de Hamidullah e os outros —, mais vale que os ingleses continuem, apesar de seus erros: "eles" ainda não estão preparados para governar a si mesmos.

Essa visão remonta a Mill, naturalmente, e se assemelha de maneira surpreendente à posição de Bulwer-Lytton, que como vice-rei em 1878 e 1879 teve isso a dizer:

> Já grande mal foi causado pela deplorável tendência de funcionários indianos de segunda categoria e filantropos ingleses superficiais de ignorar as distinções essenciais e insuperáveis de qualidades raciais, que são fundamentais para nossa posição na Índia; e assim, involuntariamente, mimar a arrogância e a vaidade de nativos semieducados, em sério detrimento do bom senso, e do reconhecimento sadio da realidade.[31]

Em outra ocasião, ele disse que "o Baboodom da Baixa Bengala, embora leal, felizmente é covarde e seu único revólver é o tinteiro que, embora sujo, não é perigoso".[32] Em *The emergence of Indian nationalism* [O surgimento do nacionalismo indiano], de onde extraí essas passagens, Anil Seal observa que Bulwer-Lytton não percebeu a corrente dominante na política indiana, notada por um perspicaz comissário distrital, que escreveu:

> vinte anos atrás [...] tínhamos de levar em conta as nacionalidades locais e as raças específicas. O ressentimento do mahrata não incluía o do bengali. [...] Agora [...] mudamos tudo isso, e começamos a nos encontrar diante, não da população de províncias individuais, mas de 200 milhões de pessoas unidas por simpatias e contatos que nós mesmos criamos e incentivamos.[33]

Claro que Forster era um romancista, não um analista político, nem um teórico ou profeta. No entanto, ele encontrou meios de usar o mecanismo do romance para continuar a refinar a estrutura de atitudes e referências já existente, sem a alterar. Essa estrutura permitia que se sentisse afeto e até intimidade com alguns indianos e a Índia em geral, mas fazia com que se enxergasse a política indiana como incumbência britânica e, em termo culturais, negava qualquer privilégio ao nacionalismo indiano (dado, aliás, de bom grado aos gregos e italianos). Anil Seal, uma vez mais:

> No Egito, tal como na Índia, as atividades inconvenientes para os ingleses eram consideradas maquinações interesseiras, mais do que nacionalismos autênticos. O governo de Gladstone viu a revolta arábica no Egito como o resultado do arrivismo de um punhado de oficiais, instigados por alguns intelectuais egípcios que tinham começado a ler as obras de Lamartine — conclusão reconfortante, pois era uma justificativa para os gladstonianos negarem seus próprios princípios. Afinal, não havia um Garibaldi no Cairo. E nem em Calcutá ou em Bombaim.[34]

Como um autor britânico pode representar uma resistência nacionalista que lhe desperta simpatia é um problema que Forster não aborda explicitamente em sua obra. Ele é estudado, porém, de maneira muito tocante pelo grande adversário da política britânica na Índia, Edward Thompson, em *The other side of the medal* [O outro lado da medalha], publicado em 1926, dois anos depois de *A passage to India*. O tema de Thompson é a representação equivocada. Os indianos, diz ele, veem os ingleses apenas pelas lentes da experiência da brutalidade inglesa durante o "Motim" de 1857. Os ingleses, com a religiosidade pomposa e cruel de seu governo colonial, veem os indianos e sua história como bárbaros, não civilizados, inumanos. Thompson aponta o desequilíbrio entre as duas representações equivocadas: uma delas tem a respaldá-la todo o poder da tecnologia e difusão moderna — do exército à *Oxford history of India* —, enquanto a outra baseia-se no panfleto e nos sentimentos de rejeição mobilizadores de um povo oprimido. Todavia, diz Thompson, temos de reconhecer que

> o ódio [indiano] existe — selvagem, obstinado —, é inegável; e quanto mais cedo o reconhecermos e procurarmos suas razões, melhor será. O descontentamento com nosso governo está se generalizando, e em primeiro lugar devem ser lembranças populares muito difundidas que explicam que o descontentamento possa se espraiar; em segundo lugar, que um ódio chamejante em seu interior tenha-lhe permitido acumular um ímpeto tão subitâneo.[35]

Portanto, diz ele, devemos procurar "uma nova orientação nas histórias da Índia", devemos mostrar "expiação" pelo que fizemos e, acima de tudo, deveríamos reconhecer que os homens e mulheres da Índia "querem que lhes seja devolvido o autorrespeito. Libertem-nos, e permitam-lhes olhar de frente para nós e todos os outros, e eles se comportarão como povo livre e deixarão de mentir".[36]

O admirável e vigoroso livro de Thompson é profundamente sintomático de duas maneiras. Ele admite a importância suprema da cultura na consolidação do sentimento imperial: a escrita da história, repete ele várias vezes, está vinculada à expansão do império. É uma das primeiras e mais convincentes tentativas metropolitanas de entender o imperialismo como uma desgraça cultural tanto para o colonizador quanto para o colonizado. Mas ele está preso à ideia de que existe "uma verdade" dos fatos envolvendo e transcendendo ambos os lados. Os indianos "mentem" porque não são livres, ao passo que ele (e outras figuras de oposição como ele) podem enxergar a verdade porque *são* livres e porque são ingleses. Como Forster, tampouco Thompson conseguia entender que o império — como disse Fanon — nunca cede nada de boa vontade.[37] Ele não pode *dar* a liberdade aos indianos, mas precisa ser obrigado a entregá-la como resultado de uma longa luta política, cultural e às vezes militar, que se torna cada vez mais, e não menos, acirrada no decorrer do tempo. Da mesma forma os ingleses, ao se aferrarem ao império, fazem parte da mesma dinâmica; suas atitudes só podem ser defendidas até serem derrotados.

O combate entre o nativo e o homem branco teve de ser claramente assumido, como foi em 1926, para que Thompson se visse "no outro lado". Agora existem dois lados, duas nações, em combate, e não apenas a voz do dono branco salmodiada em resposta — reativamente — pelo novo-rico colonial. Numa passagem teatral, Fanon define isso como a "alteridade da ruptura, do conflito, da batalha".[38] Thompson aceita o fato mais plenamente do que Forster, para quem o legado oitocentista do romance, de enxergar os nativos como subordinados e dependentes, ainda é muito forte.

Na França, não havia ninguém que, como Kipling, mesmo enaltecendo o império, advertisse de sua iminente derrocada cataclísmica, e ninguém tampouco como Forster. A França estava culturalmente ligada ao que Raoul Girardet chama de duplo movimento de orgulho e preocupação — orgulho pela obra realizada nas colônias, receio quanto ao destino das colônias.[39] Mas, tal como na Inglaterra, a França mal expressava qualquer curiosidade pelo nacionalismo asiático e africano, exceto quando o Partido Comunista, alinhado à Terceira Internacional, deu apoio à revolução anticolonial e à resistência contra o império. Girardet observa que dois importantes livros de Gide, posteriores a *L'immoraliste*, a saber, *Voyage au Congo* [Viagem ao Congo] (1927) e *Retour du Tchad* [Volta do Chade] (1928), levantam dúvidas sobre o colonialismo francês na África subsaariana, mas, conforme acrescenta ele com argúcia, Gide nunca questiona "le principe lui-même de la colonisation" [o próprio princípio da colonização].[40]

O padrão, infelizmente, é sempre o mesmo: críticos do colonialismo como Gide e Tocqueville atacam os abusos por autoridades e em locais que não os afetam muito, e defendem abusos de poder em territórios franceses que lhes interessam ou, deixando de sustentar uma posição geral contra *toda* repressão ou hegemonia imperial, não dizem nada.

Durante a década de 1930, uma literatura etnográfica séria discutiu com carinho e cuidado as sociedades nativas dentro do *imperium* francês. Obras de Maurice Delafosse, Charles André Julien, Labouret, Marcel Griaule, Michel Leiris dedicaram reflexões substanciais e meticulosas a culturas distantes, muitas vezes obscuras, e lhes devotaram uma estima negada nas críticas do imperialismo político.[41]

Uma amostra dessa mescla especial de atenção erudita e inclusão imperial se encontra em *La voie royale* [A estrada real] (1930), de Malraux, uma de suas obras menos conhecidas e discutidas. O próprio Malraux era aventureiro e etnógrafo-arqueólogo amador; respaldando-o, estavam Leo Frobenius, o Conrad de *Coração das trevas*, T. E. Lawrence, Rimbaud, Nietzsche e, a meu ver, o personagem Ménalque de Gide. *La voie royale* apresenta uma viagem ao "interior", nesse caso a Indochina francesa (fato pouco notado pelos principais críticos de Malraux, que julgam, tal como ocorre com Camus e *seus* críticos, que o único cenário digno de ser comentado é europeu). Perken e Claude (o narrador) de um lado, e as autoridades francesas de outro disputam o butim e o domínio: Perken quer os baixos-relevos cambojanos, os burocratas observam suas buscas com desconfiança e desagrado. Quando os aventureiros encontram Grabot, uma figura do tipo de Kurtz, que foi capturado, cegado e torturado, tentam reavê-lo das mãos dos nativos que o detêm, mas seu espírito já está alquebrado. Depois que Perken é ferido, e sua perna doente parece estar a destruí-lo, o indômito egoísta (como Kurtz em sua agonia final) pronuncia a mensagem desafiadora ao aflito Claude (como Marlow):

> il n'y a pas... de mort... Il y a seulement... *moi*... Un doigt se crispa sur la cuisse. [...] *moi* [...] *qui vais mourir*.
> [não existe... morte... Existe apenas... *eu*... Um dedo se crispou na coxa. [...] *eu... que vou morrer*.][42]

A selva e as tribos da Indochina são apresentadas em *La voie royale* com um misto de medo e fascínio. Grabot é detido pelo povo mois, Perken governou o povo stieng por longo tempo e, como antropólogo devotado, tenta inutilmente protegê-los da modernização invasora (sob a forma de uma estrada de ferro colonial). Mas, apesar da ameaça e inquietação do ambiente imperial do romance, pouco sugere a ameaça *política*, ou que a ruína cósmica engolfando Claude, Perken e Grabot seja algo historicamente mais concreto do que uma malevolência generalizada contra a qual cumpre levantar a vontade. Sim, é possível entabular algumas negociações miúdas no mundo estranho dos *indigènes* (como faz Perken com os mois, por exemplo), mas seu ódio geral pelo Cambodja sugere, de maneira um tanto melodramática, o abismo metafísico que separa Oriente e Ocidente.

Atribuo toda essa importância a *La voie royale* porque, como obra de um talento europeu excepcional, ela atesta de forma conclusiva a incapacidade da consciência humanista ocidental para enfrentar o questionamento político dos domínios imperiais. Tanto para Forster na década de 1920 quanto para Malraux em 1930, homens genuinamente familiarizados com o mundo não europeu, o que se coloca diante do Ocidente é um destino maior do que a mera autodeterminação nacional — a autoconsciência, a vontade ou mesmo as profundas questões do gosto e do discernimento. Talvez a própria forma do romance embote suas percepções, com sua estrutura de atitudes e referências tomada do século anterior. A diferença é impressionante se compararmos Malraux a Paul Mus, o celebrado especialista francês na cultura indochinesa, cujo livro *Viet-Nam: Sociologie d'une guerre* [Vietnã: Sociologia de uma guerra] apareceu vinte anos depois, às vésperas de Dien Bien Phu, e que, a exemplo de Edward Thompson, enxergou a profunda crise política que separava a França da Indochina. Num capítulo admirável intitulado "Sur la route vietnamienne" [Na estrada vietnamita] (talvez ecoando *La voie royale*), Mus fala claramente do sistema institucional francês e de sua secular violação dos valores sagrados dos vietnamitas; os chineses, diz ele, entendiam o Vietnã melhor do que a França, com suas ferrovias, escolas e "*administration laïque*". Sem mandato religioso, com pouco conhecimento da moral tradicional vietnamita, e menos atenção ainda ao nativismo e sensibilidade locais, os franceses não passavam de conquistadores desatentos.[43]

Como Thompson, Mus vê europeus e asiáticos unidos, e também como Thompson, ele se opõe à permanência do sistema colonial. Propõe a independência para o Vietnã, apesar da ameaça soviética e chinesa, mas quer um pacto franco-vietnamita que concederia certos privilégios à França na reconstrução do Vietnã (este é o tema do último capítulo do livro, "Que faire?" [O que fazer?]). É uma posição muito distante da de Malraux, mas significa apenas uma pequena mudança no conceito europeu de tutela — mesmo que uma tutela esclarecida — para o não europeu. E não consegue reconhecer a força plena daquilo que veio a se tornar o nacionalismo antinômico do Terceiro Mundo perante o imperialismo ocidental, expressando antagonismo, e não cooperação.

TEMAS DA CULTURA DE RESISTÊNCIA

A lenta recuperação, muitas vezes amargamente disputada, do território geográfico, a qual se encontra no cerne da descolonização, foi precedida — como no caso do imperialismo — do mapeamento do território cultural. Depois do período de "resistência primária", literalmente lutando contra a intromissão externa, vem o período de resistência secundária, isto é, ideológica, quando se tenta reconstituir uma "comunidade estilhaçada, salvar ou restaurar o sentido e a concretude da comunidade contra todas as pressões do sistema colonial";[44] como diz Basil Davidson. Isso, por sua vez, possibilita a instauração de novos interesses independentes. É importante notar que não estamos falando aqui de regiões utópicas — campos idílicos, por assim dizer — descobertas em seus passados pessoais pelos intelectuais, poetas, profetas, líderes e historiadores da resistência. Davidson fala das promessas "supraterrenas" feitas por alguns deles em sua fase inicial, por exemplo rejeitando o cristianismo e o uso de roupas ocidentais. Mas todos eles reagem às humilhações do colonialismo, e levam ao "principal ensinamento do nacionalismo: a necessidade de encontrar a base ideológica para uma unidade mais ampla do que qualquer outra que jamais existiu".[45]

Essa base é encontrada, a meu ver, na redescoberta e repatriação daquilo que fora suprimido do passado dos nativos pelos processos imperialistas. Assim podemos entender a insistência de Fanon na releitura da dialética hegeliana do senhor e do escravo à luz da situação colonial; Fanon assinala que o senhor imperialista "difere basicamente do senhor descrito por Hegel. Para Hegel existe reciprocidade; aqui, o senhor ri da consciência do escravo. O que ele quer do escravo não é reconhecimento, e sim trabalho".[46] Obter reconhecimento é remapear e então ocupar o lugar nas formas culturais imperiais reservado para a subordinação, ocupá-lo com autoconsciência, lutando por ele no mesmíssimo território antes governado por uma consciência que supunha a subordinação de um Outro designado como inferior. *Reinscrição*, portanto. A ironia é que a dialética de Hegel, no final das contas, é de Hegel: já estava ali, assim como a dialética sujeito-objeto de Marx já existia antes que o Fanon de *Les damnés* a utilizasse para explicar a luta entre colonizador e colonizado.

Esta é a tragédia parcial da resistência: ela precisa trabalhar a um certo grau para recuperar formas já estabelecidas ou pelo menos influenciadas ou permeadas pela cultura do império. Este é mais um caso do que chamo de superposição de territórios: a luta pela África no século XX, por exemplo, tem como objeto territórios desenhados e redesenhados por exploradores europeus durante gerações, num processo memoravelmente exposto pelo cuidadoso estudo de Philip Curtin, *The image of Africa* [A imagem da África].[47] Assim como os europeus, ao ocupar a África, consideravam-na polemicamente como um espaço vazio, ou, no Congresso de Berlim de 1884-5, tomaram como pressuposto sua disponibilidade altamente rentável, da mesma forma os africanos da descolonização julgaram necessário reimaginar uma África despojada de seu passado imperial.

Tomemos como ilustração específica dessa luta por projeções e imagens ideológicas o tema da chamada busca ou viagem, que aparece em muitos livros europeus, principalmente na literatura sobre o mundo não europeu. Em todas as narrativas dos grandes exploradores do final da Renascença (Daniel Defert deu-lhes o bom título de *la collecte du monde* [a coleta do mundo])[48] e dos exploradores e etnógrafos oitocentistas, para não mencionar a viagem de Conrad subindo o Congo, encontra-se o *topos* da viagem para o sul, como disse Mary Louise Pratt, referindo-se a Gide e Camus,[49] onde o tema do controle e da autoridade "ressoava ininterruptamente". Para o nativo que começa a ver e a ouvir essa nota insistente, ela soa como "a nota da crise, da expulsão, expulsão do coração, expulsão do lar". É assim que Stephen Dedalus declara memoravelmente, no episódio da Biblioteca em *Ulysses*;[50] o escritor nativo descolonizante — como Joyce, por exemplo, escritor irlandês colonizado pelos britânicos — experimenta novamente o motivo da viagem-busca de que fora banido por meio do mesmo tropo transposto da cultura imperial para a nova cultura e adotado, usado e vivido de novo.

The river between [O rio entre], de James Ngugi (mais tarde, Ngugi wa Thiongo), retoma o *Coração das trevas* dando vida ao rio de Conrad já na primeira página. "O rio chamava-se Honia, que significa cura, ou trazer-de-volta-à-vida. O rio Honia nunca secava: parecia possuir uma forte vontade de viver, desdenhando secas e mudanças climáticas. E seguia em frente exatamente do mesmo modo, nunca se apressando, nunca hesitando. As pessoas viam isso e ficavam felizes."[51] As imagens conradianas de rio, exploração e ambiente misterioso nunca estão muito longe de nossa percepção enquanto lemos, e no entanto têm um peso bem diferente, são experimentadas de maneira diversa — e até áspera — em uma austera linguagem deliberadamente alusiva, consciente de si mesma e unidiomática. Em Ngugi, o homem branco perde importância — reduzido a um solitário personagem de missionário, emblematicamente chamado de Livingstone — embora a influência dele seja perceptível nas divisões que separam as aldeias, as margens dos rios e as pessoas umas das outras. No conflito interno que devasta a vida de Waiyaki, Ngugi transmite poderosamente as tensões não resolvidas que continuarão muito depois do fim do romance e que este não faz qualquer esforço para conter. Um novo padrão, suprimido em *Coração das trevas*, aparece e Ngugi gera a partir dele um novo mito, cujo curso tênue e obscuridade final sugerem a volta a uma África africana.

E em *Season of migration to the north* [Tempo de migração para o norte], de Tayeb Salih, o rio de Conrad passa a ser o Nilo, cujas águas rejuvenescem seus povos, e o estilo britânico de Conrad, com sua narração em primeira pessoa e os protagonistas europeus, é de certo modo invertido, primeiro mediante o uso da língua árabe, depois pelo fato de o romance de Salih ocupar-se da viagem de um sudanês para a Europa e, por fim, porque o narrador fala desde uma aldeia sudanesa. Uma viagem ao coração das trevas é assim convertida em uma *hegira* sacralizada desde a zona rural sudanesa, ainda presa ao legado colonial, até o coração da Europa, onde Mostapha Said, imagem especular de Kurtz, desencadeia uma violência ritual sobre si mesmo, sobre as mulheres europeias, sobre a compreensão do narrador. A *hegira* encerra-se com a volta de Said à aldeia e seu suicídio. As inversões miméticas de Conrad feitas por Salih são de tal modo deliberadas que até a cerca coroada de crânios de Kurtz é repetida e distorcida no inventário dos livros empilhados na biblioteca secreta de Said. As intervenções e cruzamentos do norte para o sul e do sul para o norte ampliam e complicam o vaivém da trajetória colonial mapeada por Conrad; o resultado não é apenas uma ocupação do território fictício, mas uma articulação de algumas das discrepâncias e suas consequências imaginadas, abafadas pela majestosa prosa de Conrad.

Lá é como aqui, nem melhor, nem pior. Mas eu sou daqui, assim como a tamareira no quintal de nossa casa cresceu em *nossa* casa e não na de outro qualquer. O fato de eles terem vindo para a nossa terra não sei por quê, será que significa que devemos envenenar nosso presente e nosso futuro? Mais cedo ou mais tarde, eles sairão do nosso país, assim como muitos povos ao longo da história saíram de muitos países. As ferrovias, barcos, hospitais, fábricas e escolas serão nossas, e falaremos a língua deles sem sentimentos de culpa ou de gratidão. De novo, seremos como éramos — pessoas comuns — e, se somos mentiras, seremos mentiras de nossa própria autoria.[52]

Os escritores pós-imperiais do Terceiro Mundo, portanto, trazem dentro de si o passado — como cicatrizes de feridas humilhantes, como uma instigação a práticas diferentes, como visões potencialmente revistas do passado que tendem para um futuro pós-colonial, como experiências urgentemente reinterpretáveis e reviviveis, em que o nativo outrora silencioso fala e age em território tomado do colonizador, como parte de um movimento geral de resistência.

Outro motivo surge na cultura de resistência. Considere-se, em muitas modernas versões latino-americanas e caribenhas d'*A tempestade* de Shakespeare, o espantoso esforço cultural para reafirmar uma autoridade restaurada e revigorada sobre uma determinada região. Esta é uma de várias fábulas que vigiam a imaginação do Novo Mundo; outras histórias são as aventuras e descobertas de Colombo, Robinson Crusoé, John Smith e Pocahontas, e as aventuras de Inkle e Yariko. (Um estudo brilhante de Peter Hulme, *Colonial encounters* [Encontros coloniais], examina-as todas.)[53] Uma medida de quão controversa é essa questão das "personagens inaugurais" é que hoje em dia tornou-se praticamente impossível dizer algo simples a respeito de qualquer uma delas. Acho errado chamar esse zelo reinterpretativo de simplório, vingativo ou agressivo. De um modo totalmente novo na cultura ocidental, as intervenções de estudiosos e artistas não europeus não podem ser descartadas ou silenciadas e, além de constituírem parte integrante de um movimento político, também são, de muitas maneiras, a imaginação e a energia intelectual e figurativa do movimento, exitosamente inspiradoras, revendo e repensando o terreno comum a brancos e não brancos. Que os nativos queiram reivindicar direitos nesse terreno é, para muitos ocidentais, uma afronta intolerável; e que de fato o retomem é impensável.

O cerne de *Une tempête* [Uma tempestade], do caribenho Aimé Césaire, não é o *ressentiment*, mas uma afetuosa contenda com Shakespeare pelo direito de representar o Caribe. Esse impulso à contenda faz parte de um esforço mais grandioso para descobrir as bases de uma identidade integral diversa da anterior, identidade dependente e derivativa. Caliban, segundo George Lamming, "é o excluído, o que está eternamente abaixo da possibilidade... É visto como uma ocasião, um estado de existência que pode ser apropriado e explorado para os fins do desenvolvimento próprio de outro".[54] Se assim for, será preciso mostrar que Caliban tem uma história que pode ser percebida por si só, como resultado do esforço do próprio Caliban. É preciso, de acordo com Lamming, "explodir o velho mito de Próspero" por meio de uma "renovação da linguagem"; mas isso só pode ocorrer quando "mostrarmos a língua como produto do empenho humano; quando colocarmos à disposição de todos o resultado de certos empreendimentos levados a cabo por homens ainda vistos como infelizes descendentes de escravos sem linguagem e deformados".[55]

O que Lamming diz é que, embora a identidade seja crucial, não basta apenas afirmar uma identidade diferente. O principal é ser capaz de ver que Caliban tem uma história passível de desenvolvimento, como parte do processo de trabalho, crescimento e maturidade a que apenas os europeus pareciam ter direito. Cada nova reinscrição americana de *A tempestade* é, portanto, uma versão local da velha história grandiosa, revigorada e infletida pelas pressões de uma história política e cultural em desenvolvimento. O crítico cubano Roberto Fernández Retamar faz a significativa observação de que, para os atuais latino-americanos e caribenhos, é o próprio Caliban, e não Ariel, o principal símbolo de hibridismo, com sua estranha e imprevisível mistura de atributos. Isto é mais fiel ao *creole*, ou *mestizo*, compósito da nova América.[56]

A preferência de Retamar por Caliban, em detrimento de Ariel, marca um debate ideológico muito importante no cerne do esforço cultural pela descolonização, um esforço pela restauração da comunidade e pela retomada da cultura que continua por muito tempo após o estabelecimento político dos Estados-nação independentes. A resistência e a descolonização, no sentido em que estou falando aqui, persistem por muito tempo depois que o nacionalismo vitorioso se detém. Esse debate é simbolizado por *Decolonising the mind* [Descolonizando a mente], de Ngugi (1986), que registra seu adeus ao inglês e sua tentativa de promover a causa da libertação através da exploração mais profunda da língua e da literatura africanas.[57] Um esforço semelhante apresenta-se no importante livro de Barbara Harlow, *Resistance literature* [Literatura de resistência] (1987), cujo propósito é empregar os instrumentos da teoria literária mais recente para dar um lugar à "produção literária de áreas geopolíticas que estão em oposição à própria organização social e política em que as teorias se situam e às quais reagem".[58]

A forma básica do debate traduz-se de modo mais imediato por um conjunto de alternativas que se podem derivar da escolha Caliban-Ariel, cuja história na América Latina é especial e incomum, mas útil também para outras áreas. A discussão latino-americana (da qual Retamar é um conhecido colaborador recente: outros foram José Enrique Rodó e José Martí) é na verdade uma resposta à pergunta: Como uma cultura que busca tornar-se independente do imperialismo imagina o próprio passado? Uma possibilidade é fazer como Ariel, ou seja, como um solícito servidor de Próspero; Ariel faz obsequiosamente o que lhe mandam e, quando ganha a liberdade, regressa a seu elemento nativo, uma espécie de burguês nativo que não se incomoda por sua colaboração com Próspero. Uma segunda escolha é fazer como Caliban, consciente de seu passado mestiço e aceitando-o, mas não incapacitado para um desenvolvimento futuro. Uma terceira alternativa é ser um Caliban que se livra de sua servidão atual e de sua desfiguração física no processo de descobrir seu eu essencial, pré-colonial. Este Caliban está por trás dos nacionalismos nativistas e radicais que produziram os conceitos de *négritude*, fundamentalismo islâmico, arabismo e outros do mesmo tipo.

Os dois Caliban nutrem-se e necessitam um do outro. Toda comunidade subjugada, na Europa, na Austrália, na Ásia e nas Américas, fez o papel de um Caliban dolorosamente sacrificado e oprimido para algum senhor externo como Próspero. Tomar consciência de si mesmo como parte de um povo submetido é a visão inaugural do nacionalismo anti-imperialista. Dessa visão vêm as literaturas, inúmeros partidos políticos, uma legião de outras lutas pelos direitos das minorias e das mulheres e, na maioria das vezes, Estados independentes. No entanto, tal como observa corretamente Fanon, a consciência nacionalista pode levar com facilidade à rigidez estática; apenas substituir as autoridades e os burocratas brancos por equivalentes de cor, diz ele, não é nenhuma garantia de que os funcionários nacionalistas não repetirão os velhos arranjos. Os perigos do chauvinismo e da xenofobia ("A África para os africanos") são bem reais. O melhor é quando Caliban vê sua própria história como um aspecto da história de *todos* os homens e mulheres subjugados, e apreende a complexa verdade de sua própria situação social e histórica.

Não se deve diminuir a abaladora importância dessa visão inicial — povos que tomam consciência de si mesmos como prisioneiros em sua própria terra — pois ela ressurge repetidas vezes na literatura do mundo imperializado. A história do império — pontuada por levantes ao longo da maior parte do século XIX, na Índia; na África alemã, francesa, belga e britânica; no Haiti, em Madagascar, no norte da África, na Birmânia, nas Filipinas, no Egito e em outros lugares — parece incoerente, a

menos que se reconheça esse sentimento de aprisionamento
assediado, permeado de uma paixão por comunidade que fundamenta a resistência anti-imperial no esforço cultural. Aimé
Césaire:

> *Ce qui est à moi aussi: une petite*
> *cellule dans le Jura,*
> *une petite cellule, la neige la double de barreaux blancs*
> *la neige est un gêolier blanc qui monte*
> *la garde devant une prison*
> *Ce qui est à moi:*
> *c'est un homme seul emprisonné deblanc*
> *c'est un homme seul qui défie les cris*
> *blancs de la morte blanche*
>   (TOUSSAINT, TOUSSAINT L'OUVERTURE)
>
> [O que também me concerne: uma pequena
> cela no Jura,
> uma pequena cela, a neve duplica suas barras brancas
> a neve é um carcereiro branco que monta
> guarda em frente a uma prisão
> O que é me concerne:
> é um homem solitário aprisionado pelo branco
> é um homem que desafia os gritos
> brancos da morte branca
>   (TOUSSAINT, TOUSSAINT L'OUVERTURE)][59]

Na maior parte das vezes, o próprio conceito de raça dá à prisão a sua *raison d'être*, e surge por quase toda a parte na cultura de resistência. Tagore fala dele em suas grandes conferências publicadas em 1917 sob o título de *Nationalism* [Nacionalismo]. Para Tagore, "a Nação" é um receptáculo apertado e rancoroso de poder para produzir conformidade, seja esta britânica, chinesa, indiana ou japonesa. A resposta da Índia, disse ele, não deve ser providenciar um nacionalismo concorrente, mas uma solução criativa para a divisão produzida pela consciência racial.⁶⁰ Uma percepção semelhante está no cerne de *The souls of black folk* [As almas dos povos negros] (1903), de W. E. B. Du Bois: "Qual é a sensação de ser um problema?... Por que Deus fez de mim um proscrito e um estranho em minha própria casa?".⁶¹ Tanto Tagore como Du Bois, porém, advertem contra um ataque generalizado e indiscriminado contra a cultura branca ou ocidental. Não é a cultura ocidental que deve ser responsabilizada, diz Tagore, mas "a judiciosa mesquinhez da Nação, que assumiu para si mesma o encargo do homem branco de criticar o Oriente".⁶²

Três grandes temas surgem na resistência cultural descolonizante, todos eles separados para os fins da análise, mas relacionados. Um, é claro, é a insistência sobre o direito de ver a história da comunidade como um todo coerente e integral. Devolver a nação aprisionada a si mesma. (Benedict Anderson associa isso, na Europa, ao "capitalismo impresso", que "conferiu uma nova fixidez à língua" e "criou campos unificados de troca abaixo do latim e acima dos vernáculos falados".)⁶³ O conceito de língua nacional é fundamental, mas, sem a prática de uma cultura nacional — das palavras de ordem aos panfletos e jornais, dos contos folclóricos aos heróis e à poesia épica, aos romances e ao teatro — a língua é inerte; a cultura nacional organiza e sustenta a memória comunal, como quando as primeiras derrotas nas histórias da resistência africana são retomadas ("eles tiraram nossas armas em 1903; agora nós as estamos pegando de volta"); ela repovoa a paisagem usando modos de vida, heróis, heroínas e façanhas restauradas; formula expressões e emoções de orgulho e de desafio que, por sua vez, formam a coluna vertebral dos principais partidos independentistas nacionais. Narrativas locais dos escravos, autobiografias espirituais e memórias da prisão proporcionam um contraponto às histórias monumentais, aos discursos oficiais e ao ponto de vista panóptico aparentemente científico das potências ocidentais. No Egito, por exemplo, os romances históricos de Girgi Zaydan reúnem pela primeira vez uma narrativa especificamente árabe (mais ou menos como Walter Scott fizera um século antes). Na América espanhola, segundo Anderson, comunidades mestiças "produziram mestiços que conscientemente redefiniram essas populações [mistas] como compatriotas".[64] Tanto Anderson como Hannah Arendt observam como o difundido movimento global "possibilita solidariedades sobre uma base essencialmente imaginária".[65]

Em segundo lugar está a ideia de que a resistência, longe de ser uma simples reação ao imperialismo, é um modo alternativo de conceber a história humana. Particularmente importante é ver em que medida essa reconcepção alternativa está baseada em uma ruptura das barreiras entre culturas. Com certeza, tal como sugere o título de um livro fascinante, responder por escrito às culturas metropolitanas, romper as narrativas europeias do Oriente e da África e substituí-las por um novo estilo narrativo, mais jocoso ou mais poderoso, é um importante componente desse processo.[66] O romance *Os filhos da meia-noite*, de Salman Rushdie, é uma obra brilhante baseada na imaginação libertadora da própria independência, com todas as suas anomalias e contradições se manifestando. O esforço consciente para ingressar no discurso da Europa e do Ocidente, para se misturar a ele, transformá-lo, fazer com que reconheça histórias marginalizadas, suprimidas ou esquecidas é de particular interesse na obra de Rushdie e em uma geração anterior da escrita de resistência. Esse tipo de trabalho foi levado a cabo por dezenas de estudiosos, críticos e intelectuais no mundo periférico; chamo esse esforço de *viagem para dentro*.

Em terceiro lugar, há um visível afastamento do nacionalismo separatista em direção a uma visão mais integrativa da comunidade humana e da libertação humana. Quero ser muito claro a esse respeito. Não é preciso lembrar a ninguém que, em todo o mundo imperial durante o período de descolonização, os protestos, a resistência e os movimentos de independência foram alimentados por um nacionalismo ou outro. Hoje em dia, os debates sobre o nacionalismo do Terceiro Mundo vêm aumentando em volume e interesse; um dos motivos mais importantes para isso é que, para muitos estudiosos e observadores do

Ocidente, esse ressurgimento do nacionalismo reviveu várias atitudes anacrônicas; Elie Kedourie, por exemplo, considera o nacionalismo não ocidental como essencialmente condenável, uma reação negativa a uma demonstrada inferioridade cultural e social, uma imitação do comportamento político "ocidental" que pouca coisa trouxe de bom; outros, como Eric Hobsbawm e Ernest Gellner, consideram o nacionalismo como uma forma de comportamento político que foi sendo gradualmente superado pelas novas realidades transnacionais das economias modernas, das comunicações eletrônicas e da projeção militar das superpotências.[67] Em todas essas opiniões, acredito, há um acentuado (e, na minha opinião, a-histórico) desconforto em relação às sociedades não ocidentais que adquirem a independência nacional, a qual se acredita ser "estrangeira" ao caráter delas. Donde a repetida insistência sobre a proveniência *ocidental* das filosofias nacionalistas, que, por isso, são mal adaptadas aos árabes, zulus, indonésios, irlandeses ou jamaicanos, os quais provavelmente farão mau uso delas.

Esta é, acho, uma crítica aos povos recentemente independentes que traz em si uma oposição amplamente *cultural* (tanto da esquerda como da direita) à proposição de que os povos outrora sujeitos têm direito ao mesmo tipo de nacionalismo que, digamos, os alemães ou italianos, mais desenvolvidos e, logo, mais merecedores. Uma noção confusa e limitadora de prioridade permite que apenas os proponentes originais de uma ideia possam entendê-la e usá-la. Mas a história de todas as culturas é a história dos empréstimos culturais. As culturas não são impermeáveis; assim como a ciência ocidental fez empréstimos dos árabes, estes haviam tomado emprestado da Índia e da Grécia. A cultura nunca é uma questão de propriedade, de emprestar e tomar emprestado com credores absolutos, mas antes de apropriações, experiências comuns e interdependências de todo tipo entre culturas diferentes. Trata-se de uma norma universal. Quem já determinou quanto o domínio de outros contribuiu para a enorme riqueza dos Estados inglês e francês?

Uma crítica mais interessante do nacionalismo não ocidental vem do teórico e estudioso indiano Partha Chatterjee (membro do grupo de *Subaltern studies*). Grande parte do pensamento nacionalista na Índia, diz ele, depende da realidade do poder colonial, seja para opor-se totalmente a este, seja para afirmar uma consciência patriótica. Isso "leva inevitavelmente a um elitismo da *intelligentsia*, enraizada na visão de uma regeneração radical da cultura nacional".[68] *Restaurar* a nação em uma situação como esta é, na essência, sonhar um ideal romanticamente utópico, o qual é solapado pela realidade política. Segundo Chatterjee, o marco radical do nacionalismo foi alcançado com a oposição de Gandhi à totalidade da civilização ocidental: influenciado por pensadores antimodernos como Ruskin e Tolstói, Gandhi está epistemicamente fora da temática do pensamento pós-Iluminismo.[69] A façanha de Nehru foi tomar a nação indiana, libertada da modernidade por Gandhi, e depositá-la inteiramente nos marcos do conceito de Estado. "O mundo do concreto, o mundo de diferença, de conflito, de luta entre as classes, de história e de política, encontra agora sua unidade na vida do Estado."[70]

Chatterjee mostra que o nacionalismo anti-imperialista bem-sucedido tem uma história de evasão e de abstenção, e que o nacionalismo pode tornar-se uma panaceia para *não* se enfrentar as disparidades econômicas, a injustiça social e a captura do Estado recentemente independente por uma elite nacionalista. Mas não enfatiza o bastante, acho eu, que a contribuição da cultura para o estatismo é com frequência o resultado de uma concepção separatista (e até chauvinista e autoritária) de nacionalismo. No entanto, há uma corrente intelectual coerente no seio do consenso nacionalista que é vitalmente crítica, que nega as lisonjas a curto prazo dos lemas separatistas e triunfalistas em favor das realidades humanas mais abrangentes e mais generosas da comunidade entre culturas, povos e sociedades. Essa comunidade é a verdadeira libertação humana anunciada pela resistência ao imperialismo. Basil Davidson afirma mais ou menos a mesma coisa em seu magistral livro *Africa in mo-*

dern history: *The search for a new society* [A África na história moderna: A busca de uma nova sociedade].[71]

Não quero ser mal interpretado como defensor de uma simples posição antinacionalista. É um fato histórico que o nacionalismo — a restauração da comunidade, a afirmação da identidade, o surgimento de novas práticas culturais — como força política mobilizada instigou, e depois fez avançar, a luta contra o domínio ocidental por toda a parte no mundo não europeu. Opor-se a isto tem tanto resultado quanto opor-se à descoberta da gravidade por Newton. Fosse nas Filipinas, em qualquer um dos territórios africanos, no mundo árabe, ou no Caribe e em grande parte da América Latina, da China ou do Japão, os nativos uniram-se em agrupamentos nacionalistas e pró-independência que se baseavam em um sentimento de identidade étnica, religiosa ou comunal e se opuseram a um avanço da usurpação ocidental. Isso aconteceu desde o início. Tornou-se uma realidade global no século XX por ter sido uma reação tão disseminada ao avanço europeu, que também havia se disseminado de maneira extraordinária; com poucas exceções, as pessoas uniram-se na afirmação de sua resistência àquilo que percebiam como uma prática injusta contra elas, sobretudo por serem o que eram, ou seja, não ocidentais. Com certeza aconteceu que tais agrupamentos fossem às vezes ferozmente exclusivistas, como demonstraram muitos historiadores do nacionalismo. Mas devemos também concentrar-nos no argumento intelectual e cultural no âmbito da resistência nacionalista segundo o qual, uma vez adquirida a independência, novas e imaginativas reconcepções da sociedade e da cultura eram necessárias para se evitar as velhas ortodoxias e injustiças.

Neste ponto, o movimento das mulheres é central, pois, quando a resistência básica começa, seguida depois por partidos nacionalistas plenamente desenvolvidos, as práticas masculinas injustas tais como concubinato, poligamia, atadura dos pés, *sati* e a escravização na prática tornaram-se o ponto focal da resistência das mulheres. No Egito, na Turquia, na Indonésia, na China e no Ceilão, as lutas do início do século XX pela emancipação das mulheres estiveram basicamente ligadas à agitação nacionalista. Raja Ramuhan Roy, uma nacionalista do início do século XIX influenciada por Mary Wollstonecraft, organizou as primeiras campanhas pelos direitos das mulheres indianas, um padrão comum no mundo colonizado, onde as primeiras agitações intelectuais contra a injustiça incluíam a atenção para os direitos pisoteados de todas as classes oprimidas. Escritoras e intelectuais de épocas posteriores — com frequência das classes privilegiadas e muitas vezes em aliança com apóstolos ocidentais dos direitos femininos, como Annie Besant — chegaram à linha de frente das agitações em prol da educação feminina. A obra central de Kumari Jayawardena, *Feminism and nationalism in the Third World* [Feminismo e nacionalismo no Terceiro Mundo], descreve o esforço de reformadoras indianas como Tora Dutt, D. K. Karve e Cornelia Sorabjee, e de militantes como Pundita Ramabai. Suas contrapartes nas Filipinas, no Egito (Huda Shaarawi) e na Indonésia (Raden Kartini) alargaram a corrente do que veio a transformar-se no feminismo, que depois da independência tornou-se uma das principais tendências liberacionistas.[72]

Essa busca mais abrangente da libertação foi mais evidente onde a realização nacionalista fora evitada ou grandemente atrasada — na Argélia, na Guiné, na Palestina, em partes do mundo árabe e na África do Sul. Acho que os estudiosos da política pós-colonial não examinaram o suficiente as ideias que minimizam a ortodoxia e o pensamento autoritário ou patriarcal, que adotam uma visão rigorosa da natureza coercitiva da política identitária. Talvez seja por isso que os Idi Amin e os Saddam Hussein do Terceiro Mundo sequestraram tão completamente o nacionalismo, e de maneira tão horrível. Que muitos nacionalistas são às vezes mais coercitivos ou mais intelectualmente autocríticos que outros está claro, mas a minha tese é que, em seus melhores aspectos, o nacionalismo anti-imperialista sempre foi crítico de si mesmo. Uma leitura atenta de figuras destacadas das fileiras nacionalistas — escritores como C. L. R. James, o próprio Tagore, Fanon, Cabral e outros — faz uma discriminação entre as diversas forças que lutam por ascendência no campo anti-imperialista e nacionalista. James é um exemplo perfeito. Por muito tempo defensor do nacionalismo negro, sempre temperou sua posição com negativas e lembretes de que as afirmações de especificidade étnica não bastavam, assim como não bastava a solidariedade sem crítica. Pode-se derivar muita esperança disso, no mínimo porque, longe de estarmos próximos do fim da história, estamos em condições de fazer algo sobre nossa própria história presente e futura, quer vivamos no mundo metropolitano ou fora dele.

Em resumo, a descolonização é uma complexíssima batalha sobre o rumo de diferentes destinos políticos, diferentes histórias e geografias, e está repleta de obras de imaginação, erudição e contraerudição. A luta tomou a forma de greves, marchas, ataques violentos, retaliações e contrarretaliações. Sua trama é também formada por romancistas e autoridades coloniais escrevendo sobre a natureza da mentalidade indiana, por exemplo, dos sistemas de renda fundiária em Bengala, da estrutura da sociedade indiana. E, em resposta, de indianos escrevendo romances sobre uma maior participação no governo, intelectuais e oradores apelando às massas por um maior compromisso e uma maior mobilização pela independência.

Não é possível impor cronogramas e datas fixas a tudo isso. A Índia seguiu um rumo, a Birmânia outro, a África Ocidental outro, a Argélia outro ainda, Egito, Síria e Senegal outros. Em todos os casos, porém, veem-se as divisões cada vez mais perceptíveis entre os sólidos blocos nacionais: de um lado, o Ocidente — França, Grã-Bretanha, Holanda, Bélgica, Alemanha etc. — e, do outro, a maioria dos nativos. Falando de maneira geral, portanto, a resistência anti-imperialista é construída aos poucos a partir de revoltas esporádicas e muitas vezes mal-sucedidas, até que, após a Primeira Guerra Mundial, irrompe de maneira variada em grandes partidos, movimentos e personalidades por todo o império; ao longo de três décadas após a Segunda Guerra Mundial, sua orientação vai ficando mais militantemente independentista e resulta nos novos Estados na

Ásia e na África. No processo, mudou permanentemente a situação interna das potências ocidentais, que se dividiram em oponentes e partidários das políticas imperiais.

YEATS E A DESCOLONIZAÇÃO

William Butler Yeats encontra-se hoje quase totalmente incorporado ao cânone, bem como aos discursos da literatura inglesa moderna e do alto modernismo europeu. Ambos o têm na conta de um grande poeta irlandês moderno, com profundas raízes e grande interação com suas tradições nativas, com o contexto histórico e político de sua época, além da posição complicada de ser um poeta escrevendo em inglês numa Irlanda de um nacionalismo tumultuado. Apesar da presença evidente e, diria eu, sólida de Yeats na Irlanda, na cultura e literatura britânica e no modernismo europeu, ele apresenta um outro aspecto fascinante: o do poeta *nacional* de inquestionável grandeza que, durante um período de resistência anti-imperialista, expressa a vivência, as aspirações e a visão restauradora de um povo sob o domínio de uma potência externa.

Dessa perspectiva, Yeats é um poeta que pertence a uma tradição que em geral não é considerada sua: a do mundo colonial dominado pelo imperialismo europeu durante o apogeu das insurreições. Se não é assim que se costuma interpretar Yeats, por outro lado cumpre dizer que ele também pertence naturalmente ao âmbito cultural que a Irlanda partilha, em função de seu estatuto colonial, com uma série de regiões não europeias: o âmbito da dependência e do antagonismo cultural.

O período do pleno imperialismo, segundo consta, teria se iniciado no final da década de 1870, mas nos domínios anglófonos ele começou mais de setecentos anos antes, como tão bem demonstra Angus Calder num livro muito interessante, *Revolutionary empire* [Império revolucionário]. Na década de 1150, a Irlanda foi cedida pelo papa a Henrique II da Inglaterra; este esteve lá pessoalmente em 1171. Desde aquela época instaurou-

-se uma atitude cultural que se revelou extremamente durável, e que consistia em considerar os habitantes da Irlanda como raça bárbara e degenerada. Críticos e historiadores recentes — Seamus Deane, Nicholas Canny, Joseph Leerson e R. N. Lebow, entre outros — estudaram e documentaram essa história, para cuja formação muito contribuíram figuras do vulto de Edmund Spenser e David Hume.

Assim, a Índia, o norte da África, o Caribe, a América Latina, muitas partes da África, China e Japão, os arquipélagos do Pacífico, a Malaísia, a Austrália, a Nova Zelândia, a América do Norte e, evidentemente, a Irlanda pertencem a um mesmo grupo, embora em geral sejam tratados em separado. Todos eles foram locais de disputa muito antes de 1870, seja entre vários grupos locais de resistência, seja entre as próprias potências europeias; em alguns casos, por exemplo a Índia e a África, as duas lutas contra o domínio externo já vinham ocorrendo simultaneamente muito antes de 1857, e muito antes dos vários congressos europeus sobre a África no final do século.

A questão aqui é que o imperialismo, por mais que se queira demarcar a fase em que ele atingiu sua plenitude — aquele período em que quase todos na Europa e na América achavam que estavam servindo à grande causa civilizatória e comercial do império —, já era um processo multissecular e contínuo de conquista, rapacidade e exploração científica do ultramar. Para um indiano, um irlandês ou um argelino, a terra tinha sido e estava sendo dominada por um poder externo, fosse ele liberal, monárquico ou revolucionário.

Mas o moderno imperialismo europeu correspondia a um tipo de domínio ultramarino constitutiva e radicalmente diferente de todas as outras formas anteriores. Essa diferença residia, em parte, em sua magnitude e abrangência, pois com certeza nem Bizâncio, nem Roma, Atenas, Bagdá, ou Espanha e Portugal nos séculos XV e XVI jamais controlaram um território tão extenso quanto aquele dominado pela Inglaterra e pela França no século XIX. Porém, o fundamental é, em primeiro lugar, a duração e a constância com que se manteve a disparidade de poder, e segundo, a organização maciça do poder, que atingia o detalhe, e não apenas o contorno geral da vida. No começo do século XIX, a Europa havia iniciado a transformação industrial de sua economia, com a Inglaterra à frente; as estruturas fundiárias feudais e tradicionais estavam mudando; vinham se instaurando novos modelos mercantilistas de comércio ultramarino, de poderio naval e assentamento colonial; a revolução burguesa ingressava em sua fase triunfal. Todos esses desenvolvimentos proporcionaram à Europa uma ascendência ainda maior sobre suas possessões, um poder de tal envergadura que chegava a assustar. No começo da Primeira Guerra Mundial, a Europa e os Estados Unidos detinham o controle da maior parte da superfície terrestre, exercendo uma ou outra modalidade de subjugação colonial.

Isso se deu por várias razões, que toda uma biblioteca de estudos sistemáticos (a começar pelos críticos do imperialismo em sua fase mais agressiva, como Hobson, Rosa Luxemburgo e Lênin) atribuiu a processos sobretudo econômicos e também políticos, estes caracterizados de maneira um tanto ambígua (no caso de Joseph Schumpeter, ainda, a processos psicológicos de agressividade). A teoria que apresento neste livro é que a cultura também desempenhou um papel importantíssimo, na verdade indispensável. No cerne da cultura europeia, durante as várias décadas de expansão imperial, havia um eurocentrismo incontido e implacável. Ele acumulou experiências, territórios, povos e histórias; estudou-os, classificou-os, verificou-os e, como diz Calder, concedeu aos "homens de negócios europeus" o poder de "planejar em grande escala";[73] mas, acima de tudo, subordinou-os expulsando suas identidades (exceto como categoria inferior da existência) da cultura e da própria ideia da Europa branca cristã. Esse processo cultural deve ser visto como contraponto vital, capaz de acionar e modelar a maquinaria política e econômica no centro material do imperialismo. Essa cultura eurocêntrica codificava e observava incessantemente tudo o que se referisse ao mundo não europeu ou periférico, e de maneira tão completa e minuciosa que restaram poucos itens intocados, poucas culturas inobservadas, povos e terras não reivindicadas.

Desde a Renascença, não houve na prática nenhuma divergência significativa em relação a esses pontos de vista, e se é um pouco embaraçoso dizermos que esses elementos sociais por longo tempo considerados progressistas são, na verdade, homogeneamente reacionários no que concerne ao império, nem por isso devemos temer tal constatação. Escritores e artistas avançados, o operariado, as mulheres — grupos marginais no Ocidente — mostravam um fervor imperialista que aumentava de intensidade e entusiasmo à medida que a concorrência entre as várias potências europeias e americanas aumentava em brutalidade e controle insensato, e até improfícuo. O eurocentrismo penetrou no âmago do movimento operário, do movimento feminista, do movimento artístico de vanguarda, não poupando nenhum grupo mais significativo.

Enquanto o imperialismo ampliava sua abrangência e profundidade, a resistência nas próprias colônias também crescia. Assim como a acumulação mundial que congregou os domínios coloniais dentro da economia de mercado mundial era, na Europa, possibilitada e sustentada por uma cultura que outorgava licença ideológica ao império, da mesma forma a maciça resistência política, econômica e militar no *imperium* ultramarino foi moldada e movida por uma cultura de resistência ativamente questionadora e provocadora. Era uma cultura com longa tradição de identidade e força próprias, e não uma simples reação tardia ao imperialismo ocidental.

Na Irlanda, diz Calder, a ideia de acabar com os gaélicos desde o início foi considerada, "como parte de um exército real ou com a aprovação régia, [algo] patriótico, heroico e justo".[74] A ideia da superioridade racial inglesa se entranhou; assim, um poeta e cavalheiro tão humanitário como Edmund Spenser chegou, em *View of the present state of Ireland* [Visão do estado atual da Irlanda] (1596), à ousadia de propor que os irlandeses, sendo citas bárbaros, deviam ser exterminados em sua maioria. Naturalmente, logo surgiram revoltas contra os ingleses, e no século XVIII, sob Wolfe Tone e Grattan, a oposição havia adquirido identidade própria, com organizações, normas e lemas. E prossegue Calder, "o patriotismo estava entrando na moda"[75] durante a metade do século, o que proporcionou à resistência irlandesa, graças aos talentos extraordinários de Swift, Goldsmith e Burke, um discurso inteiramente próprio.

Boa parte da resistência ao imperialismo, mas não toda ela, foi conduzida no amplo contexto do nacionalismo. "Nacionalismo" é uma palavra que ainda designa todo tipo de coisas indiferenciadas, mas ela me serve bastante bem para designar a força mobilizadora que se aglutinou como resistência contra um império exterior de ocupação, por parte de povos que possuíam uma história, uma religião e uma língua comum. Mas, apesar de ter conseguido — ou justamente porque conseguiu — libertar muitos territórios do domínio colonial, o nacionalismo permaneceu como uma iniciativa extremamente problemática. Quando levava pessoas para as ruas, em protesto contra o senhor branco, o nacionalismo muitas vezes tinha como líderes advogados, médicos e escritores em parte formados, e até certo ponto criados, pelo poder colonial. As burguesias nacionais e suas elites especializadas, de quem Fanon fala de modo tão agourento, de fato tenderam a substituir a força colonial por uma nova força de tipo classista, em última análise exploradora, que reproduzia as velhas estruturas coloniais em novos termos. Em todo o mundo ex-colonizado, existem Estados que geraram patologias do poder, como diz Eqbal Ahmad.[76] Além disso, os horizontes culturais de um nacionalismo podem ser fatalmente limitados pela história comum que ele pressupõe para o colonizador e o colonizado. O imperialismo, afinal, era um empreendimento conjunto, e um traço marcante de sua forma moderna consistia em ser (ou alegar ser) um movimento educacional; ele se propunha expressamente a modernizar, desenvolver, instruir e civilizar. Os anais de escolas, missões, universidades, sociedades eruditas e hospitais na Ásia, África, América Latina, Europa e Estados Unidos estão repletos dessa história, que com o tempo veio a formar as chamadas correntes modernizadoras, na mesma medida em que silenciou os aspectos mais duros do domínio imperialista. No fundo, porém, ela preservou a divisão oitocentista entre o nativo e o ocidental.

As grandes escolas coloniais, por exemplo, ensinaram a várias gerações da burguesia nativa verdades importantes sobre a história, a ciência e a cultura. A partir desse processo de aprendizado, milhões de pessoas absorveram os princípios fundamentais da vida moderna, mas permaneceram como dependentes subordinados a uma autoridade cujas bases estavam distantes da vida delas. Como um dos objetivos da educação colonial era exaltar a história da França ou da Inglaterra, essa mesma educação também rebaixava a história nativa. Assim, para o nativo, existiam sempre as Inglaterras, Franças, Alemanhas e Holandas como repositórios distantes do Verbo, apesar das afinidades entre o nativo e o "branco" estabelecidas durante os anos de fecunda colaboração. Stephen Dedalus, de Joyce, é um exemplo famoso de alguém que descobre esse fato com um choque inusitado, ao encarar seu orientador inglês:

> A língua que estamos falando é mais dele do que minha. Como são diferentes as palavras *casa*, *Cristo*, *cerveja*, *senhor*, em sua boca e na minha! Não consigo falar nem escrever essas palavras sem que meu espírito se sinta inquieto. A língua dele, tão familiar e tão estranha, para mim sempre será uma língua adquirida. Não fiz nem aceitei suas palavras. Minha voz as mantém presas. Minha alma se corrói à sombra de sua língua.[77]

O nacionalismo na Irlanda, Índia e Egito, por exemplo, tinha suas raízes na longa luta pelos direitos e independência dos nativos, sustentada respectivamente por partidos nacionalistas como o Sinn Fein, o do Congresso e o Wafd. Ocorreram processos similares em outras regiões da África e da Ásia. Nehru, Nasser, Sukarno, Nyerere, Nkrumah: o panteão de Bandung floresceu, em todo seu sofrimento e grandeza, devido à dinâmica nacionalista, culturalmente encarnada nas autobiografias mobilizadoras, nos manuais de instruções e nas reflexões filosóficas desses grandes líderes nacionalistas. Em todo nacionalismo clássico é possível discernir um inequívoco viés patriarcal, com distorções e atrasos na questão dos direitos das mulheres e das minorias (para não falar das liberdades democráticas) ainda hoje perceptíveis. Obras fundamentais como *Asia and Western dominance* [A Ásia e a dominação ocidental], de Pannikar, *The Arab awakening* [O despertar árabe], de George Antonius, e as várias obras do revivalismo irlandês também foram criadas a partir do nacionalismo clássico.

No revivalismo nacionalista, tanto na Irlanda quanto em outros lugares, houve dois momentos políticos distintos, cada qual com sua respectiva cultura criadora, sendo o segundo momento inconcebível sem o primeiro. O primeiro consistiu numa consciência aguda da cultura europeia e ocidental *enquanto* imperialismo; esse momento reflexivo da consciência permitiu que o cidadão africano, caribenho, irlandês, latino-americano ou asiático afirmasse o fim da pretensão cultural europeia de guiar e/ou instruir o indivíduo não europeu ou periférico. Em muitos casos, essa postura foi inaugurada por "profetas e sacerdotes", como disse Thomas Hodgkin,[78] entre eles poetas e visionários, talvez numa versão dos "rebeldes primitivos" de Hobsbawm. O segundo momento, mais explicitamente liberacionista, ocorreu após a Segunda Guerra Mundial, durante a missão imperial ocidental dramaticamente prolongada em diversas regiões coloniais, sobretudo na Argélia, Vietnã, Palestina, Irlanda, Guiné e Cuba. Seja na Constituição indiana, nas declarações do pan-arabismo e do pan-africanismo ou em suas formas particularistas, como o gaélico de Pearse ou a negritude de Senghor, o nacionalismo convencional revelou-se insuficiente, mas fundamental, ainda que apenas como um primeiro passo. Desse paradoxo surge a ideia de libertação, um novo e forte tema pós-nacionalista que estava implícito nas obras, por exemplo, de Connolly, Garvey, Martí, Mariátegui, Cabral e Du Bois, mas que exigiu uma injeção de teoria e mesmo de militância armada e insurrecional, que lhe desse um impulso claro.

Observemos de novo a literatura daquele primeiro momento, o da resistência anti-imperialista. Se há algo que distingue de modo radical a imaginação do anti-imperialismo, trata-se da supremacia do elemento geográfico. O imperialismo, afinal, é um gesto de violência geográfica por meio do qual praticamente todo o espaço do mundo é explorado, mapeado e, por fim, submetido a controle. Para o nativo, a história da servidão colonial é inaugurada com a perda do lugar para o estrangeiro; a partir daí, ele precisa buscar e de alguma forma recuperar sua identidade geográfica. Devido à presença do estrangeiro colonizador, a terra, a princípio, só é recuperável pela imaginação.

Darei três exemplos de como a firme e complexa *morte main* do imperialismo passa do geral para o específico. O mais geral está apresentado em *Imperialismo ecológico*, de Crosby. O autor diz que os europeus, aonde quer que fossem, começavam de imediato a mudar o hábitat local; o objetivo explícito deles era transformar os territórios em imagens daquilo que haviam deixado para trás. Esse processo era infinito, enquanto uma quantidade enorme de plantas, animais e lavouras, além dos métodos de construção, gradualmente convertiam a colônia num lugar novo, inclusive com novas doenças, desequilíbrios ambientais e deslocamentos traumáticos para os nativos subjugados.[79] Uma ecologia transformada também introduzia um sistema político alterado. Aos olhos do poeta ou visionário nacionalista de anos futuros, isso teria afastado o povo de suas tradições, de seu modo de vida e de suas organizações políticas autênticas. Entrou muita mitologia romântica nessas versões nacionalistas da alienação imperialista da terra, mas não duvidemos da extensão das mudanças de fato ocorridas.

Um segundo exemplo são os projetos racionalizadores de uma possessão territorial duradoura, que procuram tornar a terra rentável e, ao mesmo tempo, integrá-la a um governo externo. Em seu livro *Uneven development* [Desenvolvimento desigual], o geógrafo Niel Smith expõe de maneira brilhante como o capitalismo criou historicamente um tipo particular de natureza e espaço, uma paisagem desigualmente desenvolvida que integra pobreza e riqueza, urbanização industrial e minguamento agrícola. Esse processo atinge seu ponto culminante no imperialismo, que domina, classifica e mercantiliza universalmente todo o espaço sob a égide do centro metropolitano. Seu correspondente cultural é a geografia comercial do final do século XIX, cujas perspectivas (por exemplo, na obra de Mackinder e Chisolm) justificavam o imperialismo como resultado da fertilidade ou aridez "natural", da disponibilidade de litorais não muito acidentados, de zonas, territórios, climas e povos permanentemente diferenciados.[80] Assim se consuma "a universalidade do capitalismo", que é "a diferenciação do espaço nacional segundo a divisão territorial do trabalho".[81]

Seguindo Hegel, Marx e Lukács, Smith define a produção desse mundo cientificamente "natural" como uma *segunda* natureza. Para a imaginação anti-imperialista, nosso espaço doméstico na periferia foi usurpado e utilizado por estrangeiros para seus próprios fins. Portanto, faz-se necessário buscar, mapear, inventar ou descobrir uma *terceira* natureza, não prístina e pré-histórica ("A Irlanda romântica está morta e enterrada", diz Yeats), mas derivada das carências do presente. O impulso é cartográfico; entre seus exemplos mais marcantes temos os primeiros poemas de Yeats reunidos em "The rose" [A rosa], os vários poemas de Neruda mapeando a paisagem chilena, Césaire sobre as Antilhas, Faiz sobre o Paquistão, Darwish sobre a Palestina:

> *Devolve-me a cor da face*
> *E o calor do corpo,*
> *A luz do coração e dos olhos,*
> *O sal do pão e da terra* [...] *a Terra Natal.*[82]

Mas — terceiro exemplo — o espaço colonial deve ser transformado a tal ponto que não mais pareça estranho ao olhar imperial. Mais do que qualquer outra colônia inglesa, a

Irlanda foi submetida a inúmeras metamorfoses, por meio de constantes projetos de assentamento e, como ponto culminante, de sua virtual incorporação em 1801 pelo Decreto da União. A partir daí, foi decretado um Levantamento da Irlanda em 1824, cujo objetivo era anglicizar os nomes, retraçar os limites das terras para permitir a avaliação das propriedades (e a ulterior expropriação em favor de famílias "senhoriais" locais e inglesas) e submeter de maneira definitiva a população. O levantamento foi quase todo realizado por equipes inglesas, o que teve, como afirma Mary Hamer com muita plausibilidade, o "efeito imediato de definir os irlandeses como incompetentes [e] [...] minimizar [suas] realizações nacionais".[83] Uma das peças mais vigorosas de Brian Friel, *Translations* [Traduções] (1980), trata do efeito fragmentador do Levantamento sobre os habitantes autóctones. "Num tal processo", prossegue Hamer, "o colonizado é tipicamente [tido como] passivo e sem palavra própria, não controla sua própria representação, mas é representado segundo um impulso hegemônico, que o constrói como entidade estável e unitária."[84] E o que foi feito na Irlanda também foi feito em Bengala ou, por obra dos franceses, na Argélia.

Uma das primeiras tarefas da cultura de resistência foi reivindicar, renomear e reabitar a terra. E com isso veio toda uma série de outras afirmações, recuperações e identificações, todas elas literalmente enraizadas nessa base poeticamente projetada. A busca de autenticidade, de uma origem nacional mais adequada do que a fornecida pela história colonial, de um novo panteão de heróis e (de vez em quando) heroínas, mitos e religiões — isso também foi possibilitado pelo sentimento da terra a ser reapropriada pelo povo. E, junto com esses prenúncios nacionalistas da identidade descolonizada, sempre se segue um novo desenvolvimento como que alquímico, de inspiração quase mágica, da língua natal.

Yeats, aqui, apresenta um interesse especial. Ao lado de alguns autores africanos e caribenhos, ele exprime a dificuldade de partilhar uma língua com o senhor colonial; e no entanto, sob muitos aspectos importantes, ele faz parte da Ascendência

Protestante, com uma lealdade no mínimo ambígua para com a Irlanda, e no caso dele absolutamente contraditória. Há uma evolução bastante lógica do gaelicismo inicial de Yeats, com seus temas e preocupações celtas, até seus sistemas mitológicos posteriores, tal como foram expostos em poemas programáticos como "Ego Dominus Tuus" e no tratado *A vision* [Uma visão]. Para Yeats, a sobreposição (que ele sabia existir) entre seu nacionalismo irlandês e a herança cultural inglesa, que tanto o dominavam quanto lhe davam força, necessariamente causaria tensão, e podemos imaginar que foi a pressão dessa forte tensão política e secular que o levou a tentar resolvê-la em um nível "superior", ou seja, apolítico. As histórias extremamente excêntricas e estilizadas que Yeats criou em *A vision* e nos poemas religiosos posteriores elevam a tensão a um nível extraterreno, como se fosse melhor alçar a Irlanda, por assim dizer, acima do solo.

Seamus Deane, em *Celtic revivals* [Revivescências celtas], a exposição mais interessante e brilhante da ideia sobrenatural de revolução em Yeats, sugere que a Irlanda por ele inventada era "permeável à sua imaginação [...] [mas] ele acabou encontrando uma Irlanda recalcitrante a ela". Sempre que Yeats tentou reconciliar suas visões ocultistas com uma Irlanda concreta — como em "The statues" [As estátuas] —, como bem diz Deane, os resultados foram forçados.[85] Como a Irlanda de Yeats era um país revolucionário, o atraso irlandês lhe servia como fonte para um retorno radicalmente perturbador a ideias espirituais que haviam desaparecido numa Europa moderna ultradesenvolvida. Mesmo em episódios tão dramáticos quanto a revolta da Páscoa de 1916, Yeats vislumbrava o rompimento de um ciclo eternamente recorrente e talvez, no fundo, sem significado, tal como vinha simbolizado pelos esforços aparentemente infinitos de Cuchulain. A teoria de Deane é que o nascimento de uma identidade nacional irlandesa coincide, para Yeats, com o rompimento desse ciclo, embora isso confirme, e reforce no próprio Yeats, a atitude colonialista britânica quanto a um caráter nacional específico da Irlanda. Assim, como diz Deane com perspicácia, o retorno de Yeats ao misticismo e o apelo ao fascismo ressaltam o difícil impasse colonial também anunciado, por exemplo, nas representações de V. S. Naipaul sobre a Índia: o de uma cultura em dívida com a terra natal pela sua identidade e por um sentimento de "anglicidade", e no entanto voltada para a colônia: "tal busca de um rótulo nacional se torna colonial, por causa das diferentes histórias das duas ilhas. O florescimento máximo dessa busca foi a poesia de Yeats".[86] Longe de representar um nacionalismo ultrapassado, o misticismo e a incoerência deliberada de Yeats encarnam um potencial revolucionário, e o poeta insiste "que a Irlanda devia conservar sua cultura mantendo desperta sua consciência das questões metafísicas", como diz Deane.[87] Num mundo de onde o pensamento e a reflexão foram banidos pelos rudes golpes do capitalismo, um poeta capaz de estimular na consciência o sentido da morte e da eternidade é o verdadeiro rebelde, uma figura cuja inferiorização colonial a leva a uma apreensão negativa de sua sociedade e da modernidade "civilizada".

Essa formulação um tanto adorniana do dilema de Yeats é, sem dúvida, muitíssimo atraente. Mas talvez se enfraqueça por pintar Yeats com um heroísmo maior do que sugeriria uma leitura cruamente política, e por desculpar sua posição política reacionária, intragável, inaceitável — seu fascismo explícito, suas fantasias a respeito de antigos lares e famílias, suas incoerentes divagações ocultistas —, ao convertê-la num exemplo da "dialética negativa" de Adorno. Como pequena retificação, seria mais exato definir Yeats como exemplo exacerbado do fenômeno *nativista* que floresceu em outros lugares (por exemplo, a *négritude*), como resultado do embate colonial.

É inegável que os vínculos físicos e geográficos entre a Inglaterra e a Irlanda são mais estreitos do que os existentes entre a Inglaterra e a Índia, ou entre a França e a Argélia ou o Senegal. Mas a relação imperial está presente em todos esses casos. O povo irlandês nunca será inglês, assim como os cambojanos ou argelinos nunca serão franceses. A meu ver, sempre foi assim em todas as relações coloniais, pois o princípio básico é que se deve manter uma distinção hierárquica nítida, absoluta e constante entre dominante e dominado, seja este branco ou não. O nativismo, infelizmente, reforça a distinção mesmo quando valoriza o lado mais fraco ou servil. E ele muitas vezes levou a afirmações simpáticas, mas demagógicas, sobre um passado nativo, real ou literário, que permanece alheio à própria temporalidade terrena. É o que vemos em iniciativas como a *négritude* de Senghor, o movimento rastafári, o projeto de Garvey de volta dos negros americanos para a África, ou as redescobertas de várias essências muçulmanas impolutas da era pré-colonial.

Pondo de lado o enorme *ressentimento* do nativismo (por exemplo, em *Occidentosis*, de Jalal Ali Ahmad, importante texto iraniano de 1978 que culpa o Ocidente pela maioria dos males do mundo), há duas razões para rejeitar, ou pelo menos reavaliar, o empreendimento nativista. Dizer, como faz Deane, que ele é incoerente, mas mesmo assim, com sua negação da política e da história, também heroicamente revolucionário, parece-me uma recaída na posição nativista, como se fosse a única opção para um nacionalismo de resistência e descolonização. Mas temos provas de seus danos: aceitar o nativismo é aceitar as consequências do imperialismo, as divisões raciais, religiosas e políticas impostas pelo próprio imperialismo. Deixar o mundo histórico à metafísica de essências como a *négritude*, a "irlandidade", o islamismo ou o catolicismo, é abandonar a história em favor e essencializações que têm o poder de instaurar a cizânia entre os seres humanos; muitas vezes esse abandono do mundo secular leva a uma espécie de milenarismo, caso o movimento disponha de uma base de massas, ou degenera em pequenas loucuras privadas, ou numa aceitação irrefletida de estereótipos, mitos, animosidades e tradições estimuladas pelo imperialismo. Tais programas não constituem propriamente as metas imaginadas pelos grandes movimentos de resistência.

Uma boa maneira de apreender analiticamente essas questões é ver o tratamento que foi dado ao mesmo problema, no contexto africano, pela tremenda crítica à *négritude* feita por Wole Soyinka e publicada em 1976. Soyinka nota que o conceito de *négritude* é o segundo termo, inferior, numa oposição — europeu *versus* africano — que "aceitava a estrutura dialética dos confrontos ideológicos europeus, mas tomada de empréstimo aos próprios componentes de seu silogismo racista".[88] Assim, os europeus são analíticos, e os africanos, "incapazes de pensamento analítico. Portanto, o africano não é altamente desenvolvido", ao contrário do europeu. Daí resulta, segundo Soyinka, que

> a *négritude* se emaranhou num papel basicamente defensivo, muito embora usasse um tom estridente, uma sintaxe hiperbólica e uma estratégia agressiva. [...] A *négritude* permaneceu dentro de um sistema preestabelecido de análise intelectual eurocêntrica do homem e sua sociedade, e tentou redefinir o africano e sua sociedade nesses termos exteriorizados.[89]

Ficamos com o paradoxo enunciado pelo próprio Soyinka (ele está pensando em Fanon): adorar o negro é tão "doentio" quanto detestá-lo. E embora seja impossível evitar as primeiras fases categóricas e combativas da identidade nativista — elas *sempre* ocorrem: a primeira fase da poesia de Yeats não trata apenas da Irlanda, e sim da irlandidade —, é muito promissor superá-las, não ficar preso na autocomplacência emocional de celebrar a própria identidade. Em primeiro lugar, há a possibilidade de descobrir um mundo que *não* é construído a partir de essências em conflito. Em segundo, há a possibilidade de um universalismo que não seja limitado nem coercitivo, coisa que ele é ao acreditar que todo povo tem apenas uma única identidade — que todos os irlandeses são apenas irlandeses, os indianos, indianos, os africanos, africanos, e assim *ad nauseam*. Em terceiro lugar, e mais importante, superar o nativismo não significa abandonar a nacionalidade, e sim pensar a identidade local como algo que não esgota a identidade do indivíduo ou do povo, e portanto não ansiar por se restringir à sua própria esfera, com seus rituais de pertença, seu chauvinismo intrínseco e seu sentimento restritivo de segurança.

Nacionalidade, nacionalismo, nativismo: a progressão, a meu ver, opera por um grau crescente de coerção. Em países como a Argélia e o Quênia, podemos ver a resistência heroica de uma comunidade parcialmente surgida da inferiorização colonial, levando a um prolongado conflito cultural e armado com as potências imperiais, e depois cedendo lugar a um Estado de partido único com regime ditatorial e, no caso argelino, uma oposição islâmica fundamentalista dogmática. Dificilmente se pode dizer que o despotismo debilitante do regime moi no Quênia vem completar as correntes liberacionistas da revolta dos mau mau. Aqui não há nenhuma transformação da consciência social, mas apenas uma medonha patologia do poder reproduzida em outros lugares — nas Filipinas, Indonésia, Paquistão, Zaire, Marrocos, Irã.

De qualquer maneira, o nativismo *não* é a única alternativa. Existe a possibilidade de uma visão mais generosa e pluralista do mundo, em que o imperialismo prossegue, por assim dizer, atrasado sob diferentes formas (uma delas é a polaridade norte--sul de nossa época), e a relação de dominação continua, mas com oportunidades abertas de libertação. Ainda que Yeats tenha presenciado o surgimento de um Estado Livre irlandês no final de sua vida, em 1939, ele pertence em parte a esse segundo momento, como mostra seu constante sentimento antibritânico, além da raiva e alegria de sua última fase poética, anarquicamente perturbadora. Nessa fase, a nova alternativa é a *libertação*, e não a independência nacionalista, envolvendo por sua própria natureza, como diz Fanon, a transformação da consciência social para além da consciência nacional.[90]

Assim, dessa perspectiva, a passagem de Yeats para a incoerência e o misticismo na década de 1920, sua recusa da política e sua adoção arrogante, ainda que sedutora, do fascismo (ou do autoritarismo de tipo italiano ou sul-americano) não podem ser desculpadas, não podem ser dialetizadas rápido demais como modalidade utópica negativa. Pois podemos facilmente situar e criticar essas atitudes inaceitáveis de Yeats sem modificar nossa avaliação de Yeats como poeta da descolonização.

Esse caminho além do nativismo é apresentado em seu ponto crucial no clímax do *Cahier d'un retour* [Caderno de um retorno], de Césaire, quando o poeta percebe que, depois de redescobrir e reviver seu passado, depois de passar de novo pelas paixões, horrores e vicissitudes de sua história como negro, depois de sentir e se esvaziar de sua fúria, depois de aceitar:

J'accepte... j'accepte... entièrement, sans reserve
ma race qu'aucune ablution d'hypsope et de lys mêlés ne pourrait
[*purifier*
ma race rongée de macule
ma race raisin mur pour pieds ivres

[Aceito... aceito... inteiramente, sem reserva
minha raça que nenhuma ablução de hissopo e lírio conse-
[guiria purificar,
minha raça corroída de mácula
minha raça uva madura para pés ébrios][91]

— depois de tudo isso, ele é subitamente assaltado pela força e pela vida *"comme un taureau"* [como um touro], e começa a entender que

il n'est point vrai que l'œuvre de l'homme est finie
que nous n'avons rien à faire au monde
que nous parasitons le monde
qu'il suffit que nous nous mettions au pas du monde
mais l'œuvre de l'homme vient seulement de commencer
et il reste à l'homme à conquérir toute interdiction
immobilisée aux coins de sa ferveur et aucune race
ne possède le monopole de la beauté, de l'intelligence, de la force

et il est place pour tous au rendez-vous de la conquête
et nous savons maintenant que le soleil tourne
autour de notre terre éclairant la parcelle qu'a fixé

*notre volonté seule et que toute étoile chute de ciel
en terre à notre commandement sans limite.*

[não é verdade que a obra do homem está pronta
que nada temos a fazer no mundo
que somos parasitas no mundo
que basta que nos coloquemos no bom caminho
mas a obra do homem está apenas começando
e ao homem cabe vencer toda interdição
imobilizada nos recantos de sua fé e nenhuma raça
possui o monopólio da beleza, da inteligência, da força

e há lugar para todos no local de encontro da conquista
e agora sabemos que o sol gira
em volta de nossa terra iluminando a parcela estabelecida
apenas pela nossa vontade e que toda estrela cai do céu
na terra por nossa ordem sem limites.][92]

As passagens marcantes são "à conquérir toute interdiction immobilisée aux coins de sa ferveur" e "le soleil [...] éclairant la parcelle qu'a fixé notre volonté seule". Não cedemos à rigidez e às interdições dos limites autoimpostos que acompanham a raça, o momento ou o meio; pelo contrário, nós os transpomos, passando para um sentimento vivo e ampliado do "rendez-vous de la conquête", que abrange necessariamente mais do que a sua Irlanda, a sua Martinica ou o seu Paquistão.

Não pretendo recorrer a Césaire *contra* Yeats (ou o Yeats de Seamus Deane), e sim associar de maneira mais estreita um importante fio da poesia de Yeats tanto com a poética da resistência e descolonização, quanto com as alternativas históricas ao impasse nativista. Sob muitos outros aspectos, Yeats assemelha-se a outros poetas que resistiram ao imperialismo — em sua insistência numa nova narrativa para seu povo, em sua fúria contra os projetos ingleses de partilha da Irlanda (e seu entusiasmo pela unidade), na celebração e comemoração da violência para o surgimento de uma nova ordem, e no sinuoso entrelaçamento de lealdade e traição no quadro nacionalista. A associação direta de Yeats com Parnell e O'Leary, com o Abbey Theatre, com a Revolta da Páscoa, confere à sua poesia aquilo que R. P. Blackmur, seguindo Jung, chama de "a terrível ambiguidade de uma experiência imediata".[93] A obra de Yeats no começo da década de 1920 guarda uma misteriosa semelhança com o comprometimento e as ambiguidades da poética palestina de Darwish, meio século posterior, com suas descrições da violência, da esmagadora subitaneidade e surpresa dos acontecimentos históricos, da política e poesia em oposição à violência e às armas (veja-se seu maravilhoso poema "The rose and the dictionary" [A rosa e o dicionário]),[94] procurando descanso depois de cruzar a última fronteira, atravessar o último céu. "Os centauros sagrados das colinas desapareceram", diz Yeats, "não tenho nada além do amargurado sol."

Ao ler os grandes poemas desse período de clímax após a Revolta da Páscoa de 1916, como "Nineteen hundred and nineteen" [Mil novecentos e dezenove] ou "Easter 1916" [Páscoa de 1916], e "September 1913" [Setembro de 1913], sente-se não só a decepção da vida comandada pelo "dinheiro sebento" ou pela violência das estradas e cavalos, de "fuinhas brigando num buraco", ou os rituais do que veio a ser chamado de poesia do Sacrifício de Sangue, mas também uma nova beleza terrível que transforma a velha paisagem política e moral. Como todos os poetas da descolonização, Yeats luta para anunciar os contornos de uma comunidade imaginária ou ideal, cristalizada pelo sentido de sua identidade e também do inimigo. Aqui cabe "comunidade imaginária", pois não somos obrigados a aceitar as periodizações equivocadamente lineares de Benedict Anderson. Nos discursos culturais da descolonização, circulam inúmeras linguagens, histórias e formas. Como mostra Barbara Harlow em *Resistance literature* [Literatura de resistência], a instabilidade da época, que tem de ser feita e refeita pelo povo e seus líderes, é um tema que se encontra em todos os gêneros — autobiografias espirituais, poesias de protesto, memórias da prisão, peças didáticas de libertação. As variações entre as versões dos grandes ciclos de Yeats indicam essa instabilidade, bem como o fácil trânsito entre a linguagem popular e formal, o conto popular e a escrita culta em seus poemas. A inquietação daquilo que T. S. Eliot chama de "história astuciosa [e] corredores engenhosos" do tempo — as curvas em falso, a sobreposição, a repetição sem sentido, o momento ocasionalmente glorioso — dá a Yeats, como a todos os poetas e literatos da descolonização — Tagore, Senghor, Césaire — um duro tom marcial, um ar de heroísmo, a persistência rangente do "incontrolável mistério no chão bestial". Assim o escritor se eleva de seu ambiente nacional e alcança significação universal.

No primeiro volume de suas memórias, Pablo Neruda fala de um congresso de escritores, realizado em 1937 em Madri, em defesa da República. "Inestimáveis respostas" aos convites "jorraram de todas as partes. Uma foi de Yeats, poeta nacional da Irlanda; outra, de Selma Lagerlöf, a notável escritora sueca. Ambos estavam velhos demais para ir até uma cidade sitiada como Madri, constantemente atingida por bombas, mas eles se uniram à defesa da República espanhola."[95] Assim como Neruda não via qualquer dificuldade em se considerar um poeta que tratava tanto do colonialismo interno no Chile quanto do imperialismo externo em toda a América Latina, devemos pensar em Yeats, a meu ver, como um poeta irlandês com significado e aplicação além das estritas fronteiras irlandesas. Neruda o aceitou como poeta nacional representando a nação irlandesa em sua guerra contra a tirania e, segundo ele, Yeats respondeu positivamente àquele apelo inequivocamente antifascista, apesar de suas inclinações, amiúde citadas, pelo fascismo europeu.

A semelhança entre o poema de Neruda, "El pueblo" [O povo], de justa fama (na coletânea *Plenos poderes*, de 1962, traduzida para o inglês por Alastair Reid como *Fully empowered* e aqui utilizada) e "The fisherman" [O pescador] de Yeats é impressionante: em ambos, a figura central é um homem anônimo do povo, que em sua força e solidão constitui uma expressão silenciosa *do* povo, qualidade que inspira o poeta em sua obra. Yeats:

> *It's long since I began*
> *To call up to the eyes*
> *This wise and simple man.*
> *All day I'd look in the face*
> *What I had hoped 'twould be*
> *To write for my own race*
> *And the reality.*

> [Há muito tempo comecei
> a evocar aos olhos
> este homem sábio e simples.
> Todo dia eu olhava na face
> o que seria, esperava eu,
> escrever para minha raça
> e para a realidade.][96]

Neruda:

> *Eu conheci aquele homem, e quando podia*
> *quando ainda tinha olhos em minha fronte,*
> *quando ainda tinha voz em minha garganta,*
> *eu o busquei entre as sepulturas e disse-lhe,*
> *apertando-lhe o braço ainda não desfeito em pó:*
> *"Tudo irá passar, você continuará a viver.*
> *Você incendiou a vida.*
> *É seu tudo aquilo que é seu."*
> *Que ninguém, portanto, se inquiete quando*
> *Eu pareço estar sozinho e não estar sozinho;*
> *Não estou sem companhia e falo por todos.*
> *Alguém está me ouvindo sem o saber,*
> *Mas aqueles que canto, aqueles que sabem,*
> *continuam a nascer e tomarão o mundo.*[97]

A vocação poética nasce a partir de um pacto entre o povo e o poeta: daí o poder, para um poema real, de invocações tais como as oferecidas pelas figuras que parecem necessárias a esses dois poetas.

A cadeia não se interrompe aqui, visto que Neruda prossegue (em "Deber del poeta") para afirmar que "através de mim, a liberdade e o mar/ responderão ao coração amortalhado", e Yeats em "The tower" [A torre] fala de enviar a imaginação para longe e "invocar imagens e lembranças/ da ruína ou de antigas árvores".[98] Como tais palavras de exortação e estímulo à extroversão são anunciadas por entre as sombras da dominação, podemos vinculá-las à narrativa liberacionista descrita de forma tão memorável em *Les damnés de la terre* [Os deserdados da terra]. Pois, enquanto as divisões e separações da ordem colonial imobilizam o cativeiro do povo num torpor soturno, "novas saídas [...] geram alvos para a violência dos povos colonizados".[99] Fanon especifica as declarações dos direitos, a luta pela liberdade de expressão e as reivindicações sindicais; mais tarde, desenrola-se uma história totalmente nova no momento em que uma classe revolucionária de militantes, oriundos das fileiras dos pobres urbanos, dos párias, criminosos e *déclassés*, vai para o campo, para aos poucos formar células de ativistas armados, os quais voltam à cidade para as etapas finais da insurreição.

A força excepcional do texto de Fanon reside no fato de ser apresentado como uma narrativa sub-reptícia, contrapondo-se à força visível do regime colonial, o qual, na teleologia da narrativa de Fanon, sem dúvida será derrotado. A diferença entre Fanon e Yeats é que a narrativa teórica e talvez até metafísica da descolonização anti-imperialista, de Fanon, é inteiramente permeada pelos tons e inflexões da libertação: ela vai muito além de uma reação nativa defensiva, cujo principal problema consiste (como Soyinka o analisou) em aceitar implicitamente, e não superar, as oposições básicas entre o europeu e o não europeu. Fanon tem o discurso do triunfo antecipado, da libertação, que marca o segundo momento da descolonização. A obra inicial de Yeats, por outro lado, ressoa com a nota nacionalista e permanece num limiar que não consegue transpor, embora percorra uma trajetória em comum com outros poetas da descolonização, como Neruda e Darwish, trajetória que ele não conclui e os outros talvez tenham levado mais além. Podemos ao menos reconhecer-lhe o mérito de ter vislumbrado o revolucionarismo liberacionista e utópico em sua poesia, o qual foi ocultado e até apagado por sua política reacionária posterior.

Nos últimos anos, Yeats vem sendo citado com frequência como poeta cuja obra advertia contra os excessos nacionalistas. Ele é mencionado sem a devida atribuição, por exemplo no livro de Gary Sick sobre o encaminhamento que o governo Carter deu à crise dos reféns no Irã em 1979-81 (*All fall down* [Tudo cai]);[100] e o correspondente do *New York Times* em Beirute em 1975-7, o falecido James Markham, citou as mesmas passagens de "The second coming" [A segunda vinda] num artigo sobre a deflagração da guerra civil libanesa em 1976. "As coisas se soltam; o centro não consegue se manter" é uma das frases. A outra é "Os melhores não têm qualquer convicção, enquanto os piores/ estão cheios de intensidade apaixonada". Sick e Markham escrevem como liberais americanos alarmados com a onda revolucionária varrendo um Terceiro Mundo outrora contido pelo poderio ocidental. Eles usam Yeats em tom de ameaça: fique em ordem, ou entrará num frenesi incontrolável. Como os colonizados supostamente segurariam o centro, numa situação colonial inflamada, é algo que Sick e Markham não dizem, mas o pressuposto deles é que Yeats, de qualquer modo, se oporia à anarquia da guerra civil. É como se ambos não tivessem pensado em remontar a desordem, em primeiro lugar, à própria intervenção colonial — que foi o que fez Chinua Achebe em 1959, em seu grande romance *Things fall apart* [As coisas se soltam].[101]

A questão é que Yeats atinge seu ponto mais vigoroso justamente ao imaginar e descrever esse mesmo momento. Vale lembrar que o "conflito anglo-irlandês" subjacente à *œuvre* poética de Yeats era um "modelo das guerras de libertação do século XX".[102] Seus principais textos de descolonização referem-se ao despertar da violência, ou ao violento despertar da mudança, como em "Leda and the swan" [Leda e o cisne], quando um raio ofuscante de simultaneidade se apresenta a seus olhos coloniais — a violação da jovem e, ao mesmo tempo, a pergunta "Adquiriu ela o saber e poder dele/ antes que o bico indiferente a deixasse cair?".[103] O próprio Yeats se situa naquele ponto de junção em que a violência da transformação é indefensável, mas os resultados da violência são razão necessária, ainda que nem sempre suficiente. Seu tema principal, na poética que culmina em *The tower* (1928), é como reconciliar a inevitável violência do conflito colonial com a política cotidiana de uma luta nacional em andamento, e também como ajustar o poder dos vários partidos em conflito com o discurso da razão, da persuasão, da organização e as exigências da poesia. A percepção profética de Yeats de que a violência, em algum ponto, pode não bastar e que as estratégias da política e da razão devem entrar em jogo, constitui, pelo que sei, o primeiro alerta importante, no contexto da descolonização, da necessidade de equilibrar a força violenta com um rigoroso processo político e organizativo. A afirmação de Fanon, de que não se chega à libertação apenas tomando o poder (embora "Mesmo o mais sábio fique tenso/ com algum tipo de violência"),[104] surge quase meio século depois. Que nem Yeats nem Fanon ofereçam receitas de uma transição *pós*-descolonização para um período em que uma nova ordem política conquiste hegemonia moral, é um indicador da dificuldade hoje enfrentada por milhões de pessoas.

É curioso que o problema da libertação irlandesa não só tenha prosseguido por mais tempo do que outras lutas similares, mas que com frequência nem seja visto como questão imperial ou nacionalista; pelo contrário, é entendido como uma aberração dentro dos domínios ingleses. No entanto, os fatos mostram com clareza outra coisa. Desde o ensaio de Spenser sobre a Irlanda, em 1596, toda uma tradição britânica e europeia considerou os irlandeses como raça separada e inferior, em geral como bárbaros irremediáveis, amiúde delinquentes e primitivos. O nacionalismo irlandês, pelo menos nos dois últimos séculos, é marcado por lutas intestinas sobre a questão da terra, a Igreja, a natureza dos líderes e partidos. Mas o que domina o movimento é a tentativa de reconquistar o controle da terra onde, nos termos da proclamação de 1916 que fundou a República irlandesa, "o direito do povo da Irlanda à propriedade da Irlanda, e à livre determinação dos destinos irlandeses, [deve] ser soberano e irrevogável".[105]

Yeats não se separa dessa meta. Independentemente de seu talento excepcional, ele contribuiu "em termos irlandeses", como diz Thomas Flanagan, "e é claro que de maneira singularmente vigorosa e irresistível, para aquele processo simultâneo de abstração e reificação que, desafiando a lógica, é o coração do nacionalismo".[106] E para isso contribuíram também várias gerações de escritores de menor estatura, dando expressão à identidade irlandesa enquanto vinculada à terra, às suas origens celtas, a um conjunto crescente de experiências e líderes nacionalistas (Wolfe Tone, Connolly, Mitchel, Isaac Butt, O'Connell, os United Irishmen [Irlandeses Unidos], o Home Rule Movement [Movimento pelo Governo Nacional], e assim por diante), e a uma literatura especificamente nacional.[107] Em retrospecto, o nacionalismo literário também inclui muitos pioneiros: Thomas Moore, historiadores da literatura como Abbe McGeoghehan e Samuel Ferguson, James Clarence Mangan, o movimento Orange-Young Ireland, Standish O'Grady. Na obra poética, teatral e acadêmica atual da Field Day Company (Seamus Heaney, Brian Friel, Seamus Deane, Tom Paulin) e dos historiadores literários Declan Kiberd e W. J. McCormack, esses "revivalismos" da experiência nacional irlandesa são recriados de maneira brilhante, e levam a aventura nacionalista a novas formas de expressão verbal.[108]

Os temas fundamentais de Yeats ressoam na obra literária inicial e madura: o problema de assegurar a união entre poder e saber, e de entender a violência; curiosamente, eles também ressoavam na obra quase contemporânea de Gramsci, tomados e elaborados num outro contexto. No cenário colonial irlandês, ao colocar e recolocar o problema, Yeats parece se sair melhor usando a via da provocação, empregando sua poesia, como diz Blackmur, como técnica de agitação.[109] E ele vai mais além nos grandes poemas visionários e totalizantes como "Among school children" [Entre escolares], "The tower" [A torre], "A prayer for my daughter" [Uma prece por minha filha], "Under Ben Bulben" [Sob Ben Bulben] e "The circus animals' desertion" [A deserção dos animais do circo]. São, naturalmente, poemas de genealogia e recapitulação: contando e recontando a história de sua vida, desde as primeiras turbulências nacionalistas até a condição de membro do conselho universitário passando por uma sala de aula e pensando como Leda figurava em todos esses passados, ou como pai amoroso pensando na filha, ou como grande artista tentando atingir uma visão serena, ou por fim como velho artífice sobrevivendo de alguma maneira à perda (abandono) de seus poderes, Yeats reconstrói poeticamente sua vida como súmula da vida nacional.

Esses poemas rompem o enclausuramento reducionista e infamante das realidades irlandesas que, segundo o erudito livro de Joseph Leerssen, *Mere Irish and Fior-Ghael* [Apenas irlandês e Fior-Ghael], tinha sido o destino da Irlanda às mãos dos escritores ingleses durante oito séculos, afastando rótulos a-históricos como "comedores de batatas", "moradores de brejos" ou "pessoal de choça".[110] A poesia de Yeats une o povo à sua história, e de maneira tanto mais imperiosa na medida em que o poeta, como pai, ou como "homem público sexagenário e sorridente", ou como filho e marido, assume que a narrativa e a densidade da experiência pessoal equivalem à experiência de seu povo. As referências nas estrofes finais de "Among school children" sugerem que Yeats estava lembrando ao leitor que a história e a nação são tão indissociáveis quanto o bailarino e a dança.

O drama da realização de Yeats, restaurar uma história banida e unir-lhe a nação, encontra boa expressão nos termos que Fanon usou para descrever a situação que Yeats teve de superar: "O colonialismo não se contenta apenas em manter um povo em suas garras e em esvaziar o cérebro do nativo de qualquer forma e conteúdo. Por uma espécie de lógica perversa, ele se volta para o passado do povo, e o distorce, o desfigura e o destrói".[111] Yeats se eleva do nível da experiência pessoal e folclórica para o do arquétipo nacional, sem perder o imediatismo da primeira nem a estatura do segundo. E sua escolha infalível de fábulas e figuras genealógicas aborda um outro aspecto do colonialismo, tal como descrito por Fanon: sua capacidade de separar o indivíduo de sua própria vida instintiva, rompendo as linhas geradoras da identidade nacional:

> No plano inconsciente, portanto, o colonialismo não procurava ser visto pelo nativo como uma mãe gentilmente amorosa que protege seu filho de um ambiente hostil, mas antes como mãe que sem cessar impede sua prole fundamentalmente perversa de tentar se suicidar e dar rédeas livres a seus maus instintos. A mãe colonial protege seu filho de si mesmo, de seu ego e de sua fisiologia, sua biologia e sua própria desgraça, que constitui sua essência mesma.
>
> Nessas circunstâncias, as reivindicações do intelectual [e poeta] nativo não são um luxo, e sim uma necessidade em qualquer programa coerente. O intelectual nativo que toma em armas para defender a legitimidade de sua nação, que se dispõe a se desnudar para estudar a história de seu corpo, está obrigado a dissecar o coração de seu povo.[112]

Não admira que Yeats aconselhasse os poetas irlandeses:

> *Scorn the sort now growing up,*
> *All out of shape from toe to top,*
> *Their unremembering hearts and heads*
> *Base-born products of base beds.*
>
> [Despreza a espécie que agora surge,
> toda disforme de cima a baixo,
> de corações e mentes sem memória
> vis frutos de leitos vis.][113]

Não deixa de ser verdade que, nesse meio-tempo, Yeats acabou criando não indivíduos, mas tipos que, de novo segundo Blackmur,[114] "não conseguem de forma alguma superar as abstrações de onde brotaram", na medida em que o programa de descolonização e suas raízes na história da sujeição irlandesa foram ignorados, tal como Blackmur estava habituado a fazer; suas interpretações são magistrais, mas a-históricas. Quando levamos em conta a realidade colonial, adquirimos percepção e experiência, e não apenas "o simulacro alegórico misturado com ação".[115]

O sistema yeatsiano completo de ciclos, *pernes* e giros parece ter importância apenas por simbolizar seu esforço de apreender uma realidade distante, mas ainda assim ordenada, como refúgio contra a turbulência de sua experiência imediata. Quando ele pede, nos poemas de Bizâncio, para ser agregado ao artifício da eternidade, o que mais o impele é a necessidade de um descanso da temporalidade e daquilo que mais tarde ele chamaria de "luta da mosca na geleia". Afora isso, é difícil ler a maior parte de sua obra sem sentir que o gênio e a fúria devastadora de Swift foram aproveitados por Yeats para aliviar a Irlanda do peso das mazelas coloniais. É verdade que ele não chegou a imaginar uma libertação política completa, mas ainda assim nos deixou uma grande realização internacional no campo da descolonização cultural.

A VIAGEM PARA DENTRO E
O SURGIMENTO DA OPOSIÇÃO

A experiência irlandesa e outras histórias coloniais em outras partes do mundo contemporâneo atestam um novo fenômeno: uma extrapolação e uma espiral saindo da Europa e do Ocidente. Não digo que apenas os autores nativos participam dessa transformação, mas o processo se inicia com mais fecundidade em obras periféricas, fora do centro, que aos poucos vão penetrando no Ocidente e então demandam reconhecimento.

Ainda há trinta anos, poucas universidades europeias ou americanas incluíam em seus currículos a literatura africana. Agora existe um interesse saudável pelas obras de Bessie Head, Alex la Guma, Wole Soyinka, Nadine Gordimer, J.M. Coetzee, enquanto literatura com voz independente sobre a experiência africana. Da mesma forma, já não é mais possível ignorar a obra de Anta Diop, Paulin Hountondjii, V. Y. Mudimbe, Ali Mazrui, mesmo no levantamento mais superficial da história, política e filosofia africanas. É verdade que tal obra está cercada por um clima de polêmica, mas isso apenas porque é impossível considerar um texto africano sem reconhecer suas circunstâncias políticas, sendo uma das mais importantes a história do imperialismo e da resistência. Isso não significa que a cultura africana seja menos cultural, digamos, do que a francesa ou a britânica, e sim que é mais difícil tornar invisível a política da cultura africana. A "África" ainda é um campo em disputa, como se evidencia ao vermos que seus estudiosos, assim como os do Oriente Médio, são classificados segundo categorias baseadas na velha política imperialista — pró-libertação, antiapartheid e assim por diante. Um conjunto de alianças ou formações intelectuais, portanto, vincula a obra inglesa de Basil Davidson à política de Amílcar Cabral, por exemplo, para gerar um conhecimento oposicionista e independente.

Contudo, muitos elementos constitutivos das grandes formações culturais do Ocidente, sendo um deles essa obra "periférica", foram historicamente escamoteados na e pela visão imperialista consolidadora. Lembremos Maupassant com seu almoço diário na Torre Eiffel, porque era o único lugar em Paris onde ele não precisava olhar para a estrutura imponente. Mesmo agora, na medida em que a maior parte dos estudos de história cultural europeia pouca atenção concede ao império, e sobretudo os grandes romancistas são analisados como se nada tivessem a ver com o imperialismo, o estudioso e crítico atual está acostumado a aceitar inadvertidamente as atitudes e referências imperiais desses autores, junto com a posição central de autoridade que exercem.

Porém, cumpre insistir que, por mais completo que possa parecer o domínio de uma ideologia ou um sistema social, sempre vão existir partes da experiência social que escapam a seu controle. É dessas partes que muito amiúde surge a oposição, tanto autoconsciente como dialética. Isso não é tão complicado quanto parece. A oposição a uma estrutura dominante surge de uma percepção consciente, às vezes até militante, de indivíduos e grupos internos e externos de que, por exemplo, algumas linhas de ação dessa estrutura estão equivocadas. Como mostram os grandes estudos de Gordon K. Lewis (*Slavery, imperialism, and freedom* [Escravidão, imperialismo e liberdade]) e de Robin Blackburn (*The overthrow of colonial slavery, 1776-1848* [A derrubada da escravidão colonial, 1776-1848]),[116] um amálgama extraordinário de indivíduos e movimentos metropolitanos — milenaristas, revivalistas, beneficentes, radicais políticos, colonos cínicos e políticos astutos — contribuiu para o declínio e o fim do tráfico negreiro na década de 1840. E longe de ser um único interesse colonial britânico homogêneo, indo diretamente, digamos, dos hanoverianos à rainha Vitória, a pesquisa histórica que pode ser chamada de revisionista ou oposicionista tem mostrado uma disputa de múltiplos interesses. Estudiosos como Lewis, Blackburn, Basil Davidson, Terence Ranger e E. P. Thompson, entre outros, basearam sua obra no paradigma proporcionado pela resistência cultural e política *dentro* do imperialismo. Assim, por exemplo, historiadores ingleses da Índia e África coloniais vieram a escrever histórias de oposição desses territórios, numa aliança solidária com as forças locais de lá, culturais e políticas, que fossem consideradas nacionalistas e anti-imperialistas. Como assinala Thomas Hodgkin, esses intelectuais, depois de explicar o surgimento e posteriores efeitos do imperialismo, tentaram mostrar "que todo esse sistema de relações, e as atitudes dele derivadas, pode ser abolido ou transformado".[117]

Devemos fazer de imediato uma distinção entre anticolonialismo e anti-imperialismo. Existe um acalorado debate na Europa, datando pelo menos de meados do século XVIII, sobre os méritos e deméritos de ter colônias. Por trás desse debate estavam as antigas posições de Bartolomé de las Casas, Francisco de Vitoria, Francisco Suarez, Camões e o Vaticano, sobre os direitos dos povos nativos e os abusos europeus. Inúmeros pensadores iluministas franceses, entre eles Diderot e Montesquieu, compartilhavam a oposição do *abbé* Raynal à escravidão e ao colonialismo; posições semelhantes foram anunciadas por Johnson, Cowper e Burke, bem como por Voltaire, Rousseau e Bernardin de St. Pierre. (Encontramos uma útil coletânea de suas ideias em Marcel Merle, *L'anticolonialisme européen de Las Casas à Karl Marx* [O anticolonialismo europeu de Las Casas a Karl Marx]).[118] Durante o século XIX, se excluirmos raras exceções como o escritor holandês Multatuli, o debate sobre as colônias em geral dizia respeito à sua rentabilidade, à sua boa ou má administração, e a questões teóricas como a possibilidade e a maneira de ajustar o colonialismo com a política tarifária ou com o *laissez-faire*; aí está implicitamente aceito um arcabouço *imperialista* e eurocêntrico. Boa parte da discussão é obscura e, como Harry Bracken e outros mostraram, ambígua, e até contraditória nas questões mais profundas referentes ao estatuto ontológico, por assim dizer, da dominação europeia sobre os não europeus.[119] Os anticolonialistas liberais, em suma, adotam a posição humanitária de que as colônias e os escravos não deviam ser dominados com excessivo rigor, mas — no caso dos filósofos do Iluminismo — não questionam a superioridade fundamental do homem ocidental ou, em alguns casos, da raça branca.

Essa visão se insinuou no cerne das disciplinas e discursos oitocentistas baseados no conhecimento adquirido dentro do contexto colonial.[120] Mas o período da descolonização é diferente. É mais uma questão de mudança da situação cultural do que um período totalmente distinto: assim como a resistência nacionalista ou anti-imperialista nas colônias se faz cada vez mais visível, da mesma forma surge uma quantidade tremendamente contraditória de forças anti-imperialistas. Uma das primeiras críticas europeias sistemáticas, e talvez a mais famosa — *Impe-*

rialism: A study [Imperialismo: Um estudo] (1902), de J. A. Hobson —, ataca o imperialismo por sua economia impiedosa, pela exportação de capital, sua aliança com forças implacáveis e sua fachada de pretextos "civilizatórios" bem-intencionados. No entanto, o livro não faz qualquer crítica à ideia de "raças inferiores", que parece aceitável para Hobson.[121] Posições semelhantes foram apresentadas por Ramsay MacDonald, que embora criticasse as práticas imperialistas britânicas, não se opunha ao imperialismo enquanto tal.

Ninguém estudou melhor o movimento anti-imperialista na Inglaterra e França do que A. P. Thornton (*The imperial idea and its enemies* [A ideia imperial e seus inimigos]), Bernard Porter (*Critics of empire* [Crítica do império]) e Raoul Girardet em *L'idée coloniale en France* [A ideia colonial na França]. Duas características principais marcam suas sínteses: sem dúvida existiram intelectuais no final do século XIX que se opuseram de maneira firme ao imperialismo (Wilfrid Scawen Blunt e William Morris), mas estavam longe de ter grande influência; por outro lado, muitos dos que exercem influência, como Mary Kingsley e a escola de Liverpool, apesar de implacavelmente severos quanto aos abusos e às crueldades do sistema, reconheciam-se imperialistas e chauvinistas. Em outras palavras, não existiu uma condenação global do imperialismo — e este é o ponto que quero enfatizar — até o momento em que se tornou *impossível* ignorar ou vencer as revoltas nativas.

(Vale registrar um adendo: como Tocqueville a respeito da Argélia, os intelectuais europeus tinham a propensão de atacar os abusos dos impérios rivais, enquanto atenuavam ou desculpavam as práticas de seu país.[122] É por isso que insisto que os impérios modernos são todos parecidos, apesar de alegarem que são diferentes, e que é necessária uma posição rigorosamente anti-imperialista. Muitos partidos e líderes nacionalistas do Terceiro Mundo se voltavam habitualmente para os Estados Unidos porque, durante a Segunda Guerra Mundial, eles se mostraram expressamente anti-imperialistas. Ainda na década de 1950 e começo da de 1960, a política americana quanto à

Argélia tomou tal rumo que chegou a comprometer bastante a cordialidade das relações franco-americanas, tudo porque os Estados Unidos desaprovavam o colonialismo francês. Todavia, de modo geral, os Estados Unidos após a Segunda Guerra vieram a se considerar responsáveis por muitas partes do Terceiro Mundo de onde os ingleses e franceses haviam saído [o Vietnã, claro, é o exemplo principal],[123] e, devido a uma história excepcional baseada na legitimidade de uma revolução anticolonial, eles se viam amplamente eximidos da acusação de que, assim agindo, começavam a se assemelhar à França e à Inglaterra. São numerosíssimas as doutrinas quanto à excepcionalidade cultural.)

A segunda característica, assinalada sobretudo por Girardet, é que só veio a se desenvolver um movimento anticolonial significativo na metrópole depois que os nacionalistas primeiramente, e em seguida os ativistas e intelectuais expatriados, tomaram a liderança nos territórios imperiais. Para Girardet, escritores como Aimé Césaire e depois Fanon representam um "messianismo revolucionário" meio suspeito, mas foram eles que instigaram Sartre e outros europeus a se opor abertamente à política colonial francesa na Argélia e na Indochina na década de 1950.[124] Dessas iniciativas surgiram outras: a oposição humanista a práticas coloniais como a tortura e a deportação, uma nova consciência da era mundial do fim do império e, com isso, novas definições das metas nacionais, e, igualmente importante nos anos da Guerra Fria, várias defesas do "mundo livre" que lograram persuadir nativos pós-coloniais por meio de revistas, viagens e seminários culturais. Um papel nada desprezível foi desempenhado pela União Soviética e pelas Nações Unidas, nem sempre de boa-fé, e no caso da primeira não por altruísmo; quase todos os movimentos de libertação do Terceiro Mundo que tiveram êxito após a Segunda Guerra Mundial contaram com a ajuda da influência soviética contra os Estados Unidos, Inglaterra, França, Portugal e Holanda.

Muitas histórias do modernismo estético europeu não levam em conta a enorme difusão de culturas não europeias no centro metropolitano durante os primeiros anos do século XX, a despeito da importância evidente que tiveram em artistas modernistas como Picasso, Stravinsky e Matisse, e na própria estrutura de uma sociedade que se julgava, em larga medida, homogeneamente branca e ocidental. No período do entreguerras, estudantes da Índia, Senegal, Vietnã e Caribe afluíram a Londres e Paris;[125] foram criados jornais, revistas e associações políticas — pense-se nos congressos pan-africanos na Inglaterra, revistas como *Cri des Nègres*, organizações como a Union des Travailleurs Nègres fundada por expatriados, dissidentes, exilados e refugiados, que paradoxalmente funcionam melhor no centro do império do que em seus distantes domínios, ou no revigoramento que a Harlem Renaissance trouxe para os movimentos africanos.[126] Sentia-se a comunhão numa experiência anti-imperialista, com novas associações entre europeus, americanos e não europeus, as quais transformaram as disciplinas e deram voz a novas ideias que modificaram de forma irreversível aquela estrutura de atitudes e referências que havia perdurado por gerações na cultura europeia. A mútua fecundação entre o nacionalismo africano, tal como era representado por George Padmore, Nkrumah, C. L. R. James, e o surgimento de um novo estilo literário nas obras de Césaire, Senghor, poetas da Harlem Renaissance como Claude McKay e Langston Hughes, ocupam um lugar central na história mundial do modernismo.

Faz-se necessário um enorme ajuste de enfoque e de raciocínio para levar em conta a contribuição que a descolonização, a cultura de resistência e a literatura de oposição ao imperialismo deram ao modernismo. Embora esse ajuste ainda não tenha se completado, como afirmei, existem boas razões para supor que já se iniciou. Hoje, muitas defesas do Ocidente são de fato defensivas, como que reconhecendo que as velhas ideias imperiais foram seriamente questionadas pelas obras, culturas e tradições que receberam enormes contribuições de poetas, estudiosos e líderes políticos da África, Ásia e Caribe. Além disso, o que Foucault chamou de saberes dominados irromperam por todo o campo outrora controlado, por assim dizer, pela tradição judaico-cristã; aqueles que, como nós, vivem no Ocidente, foram profundamente afetados pela notável vazão de ficções literárias e estudos oriundos do mundo pós-colonial, o qual deixou de ser "um dos lugares escuros da terra", nos famosos termos de Conrad, para voltar a ser o local de vigorosas produções culturais. Hoje, falar de Gabriel García Márquez, Salman Rushdie, Carlos Fuentes, Chinua Achebe, Wole Soyinka, Faiz Ahmad Faiz e muitos outros é falar de uma cultura nascente absolutamente nova, inconcebível sem a obra anterior de combatentes como C. L. R. James, George Antonius, Edward Wilmot Blyden, W. E. B. Du Bois, José Martí.

Quero abordar um aspecto muito discreto desse vigoroso impacto — a saber, a obra de intelectuais das regiões coloniais ou periféricas que escreviam numa linguagem "imperial", que se sentiam organicamente ligados à resistência das massas ao império e que se colocaram a tarefa crítica e revisionista de enfrentar a cultura metropolitana, utilizando as técnicas, discursos e armas do saber e da crítica antes reservados só aos europeus. O mérito de suas obras apenas na aparência depende dos discursos ocidentais dominantes, e elas nada têm de parasitárias; de sua originalidade e criatividade resultou a transformação do próprio terreno das disciplinas.

Uma apresentação teórica geral do fenômeno que discutirei encontra-se em *Culture* [Cultura] (1981), de Raymond Williams. No capítulo "Formations" [Formações], ele começa discutindo guildas, profissões, associações e movimentos, passando para as questões mais complexas de escolas, facções, dissidentes e rebeldes. Todos eles, diz Williams, "estão relacionados a desenvolvimentos no interior de uma mesma ordem social nacional". No século XX, porém, surgem novas formações internacionais ou paranacionais, tendendo a ocupar um lugar de vanguarda no centro metropolitano. Até certo ponto, essas paraformações — Paris 1890-1930, Nova York 1940-70 — resultam de novas forças de mercado que internacionalizam a cultura — por exemplo, a "música ocidental", a arte do século XX, a literatura europeia. Mas, mais interessante, "pessoas que contribuíram para os movimentos de vanguarda eram imigrantes numa dessas metrópoles, não só de distantes regiões nacionais, mas de outras culturas nacionais menores, agora vistas como culturalmente provincianas em relação à metrópole". O exemplo de Williams é Apollinaire, embora ele escreva sobre "a sociologia dos contatos e associações metropolitanas entre imigrantes" e grupos predominantes, que "criam condições especialmente favoráveis de apoio a grupos dissidentes".[127]

Williams conclui dizendo que ainda não é certo se tais contatos geram o efeito "de rupturas agudas e até violentas com práticas tradicionais (uma dissidência ou revolta, mais do que uma vanguarda literal)" ou se eles são absorvidos e se tornam parte da "cultura dominante de um período metropolitano e paranacional subsequente". Mas, se historicizarmos e politizarmos o argumento de Williams desde o princípio, e o colocarmos no contexto histórico do imperialismo e anti-imperialismo, vários fatores se esclarecerão. Primeiro, a obra intelectual e acadêmica anti-imperialista realizada por autores das periferias que emigraram ou estão em visita à metrópole em geral é uma extensão de movimentos de massa em grande escala para essa metrópole. Uma clara expressão disso ocorreu durante a guerra argelina, quando a FLN chamou a França de Sétimo Wilaya, os outros seis constituindo a Argélia propriamente dita,[128] assim transferindo a luta pela descolonização da periferia para o centro. Em segundo lugar, essas incursões dizem respeito às mesmas áreas de experiência, cultura, história e tradição até então comandadas unilateralmente pelo centro metropolitano. Quando Fanon escreveu seus livros, ele pretendia falar sobre a experiência do colonialismo visto por um francês, de dentro de um espaço francês até então inviolável e agora invadido e criticamente reexaminado por um nativo dissidente. Assim, existe uma sobreposição e interdependência que não pode ser teoricamente descrita apenas como reação de uma identidade nativa ou colonial separada. Em último lugar, essas viagens internas representam, a meu ver, uma contradição e discrepância ainda não resolvida dentro da cultura metropolitana, a qual, por cooptação, diluição e abstenção, em parte reconhece e em parte nega o esforço.

A *viagem para dentro*, assim, constitui uma variedade particularmente interessante da obra cultural híbrida. E o fato de existir é um sinal de internacionalização adversária numa época de manutenção das estruturas imperiais. O logos já não reside exclusivamente, por assim dizer, em Londres e Paris. A história já não corre unilateralmente, como pensava Hegel, do Oriente para o Ocidente, ou do Sul para o Norte, tornando-se mais elaborada e desenvolvida, menos primitiva e atrasada à medida que avança. Pelo contrário, as armas da crítica tornaram-se parte do legado histórico do império, em que as separações e exclusões do "dividir para dominar" são apagadas e brotam novas configurações surpreendentes.

Os quatro textos que pretendo discutir pertencem especificamente a um momento histórico particular: os dois primeiros são *The black jacobins* [Os jacobinos negros], de C. L. R. James, publicado em 1938, e *The Arab awakening* [O despertar árabe], de George Antonius, quase da mesma época. O primeiro trata de uma insurreição de negros no Caribe, no final do século XVIII, e o outro de uma revolta árabe recente; ambos lidam com acontecimentos passados em cujos modelos, protagonistas e antagonistas o autor pretende detectar uma realidade nativa ou colonial ignorada ou traída pela Europa. Os dois autores são estilistas brilhantes, homens notáveis (e no caso de James, um esportista admirável) cuja formação inicial em escolas coloniais britânicas gerou um profundo apreço pela cultura inglesa, ao lado de sérias discordâncias. Os dois livros agora parecem de uma antevisão notável, James prenunciando uma história contínua da vida caribenha agonizante e ainda profundamente perturbada, e Antonius prenunciando com a mesma exatidão as atuais manchetes dos jornais e cenas chocantes da televisão sobre o Oriente Médio, enquanto a situação em Palestina-Israel se mantém carregada, já tendo se resolvido adversamente, do ponto de vista árabe, com a fundação de Israel em 1948, eventualidade que Antonius antecipara com terríveis presságios dez anos antes.

Enquanto os livros de James e Antonius pretendiam ser obras sérias de defesa e erudição, oriundas do interior de um movimento nacional pela independência e dirigidas a um público geral, as outras duas obras que irei examinar, *A rule of property for Bengal* [Um código de propriedade para Bengala] (1963), de Ranajit Guha, e *The myth of the lazy native* [O mito do nativo indolente] (1977), de S. H. Alatas, são pós-coloniais e especializadas, dirigidas a um público mais restrito e tratando de questões mais específicas. Esses dois livros, o primeiro da lavra de um economista político bengali, o segundo de um historiador e teórico social muçulmano malásio, revelam uma minuciosa pesquisa de arquivos e da documentação, a argumentação e a generalização escrupulosamente atualizadas.

O livro de Guha consiste num estudo arqueológico e desconstrutivo, num estilo que autores pós-estruturalistas posteriores hão de reconhecer, de como a Lei de Assentamento Permanente de Bengala, de 1826 — pela qual os ingleses regulamentavam as entradas e receitas em Bengala com uma precisão invariável — derivou de uma complexa base de pensamento fisiocrático e ideológico na Europa, que fora posto para funcionar em Bengala por Philip Francis, no final do século XVIII. O livro de Alatas, tão surpreendente e original quanto o de Guha, também detalha a maneira como o colonialismo europeu criou um objeto, nesse caso o nativo indolente, o qual desempenhou uma função crucial nos cálculos e defesas do capitalismo colonial, segundo os termos de Alatas. Esse nativo, submetido a regras estritas e a uma disciplina rigorosa, deveria ser mantido, segundo Sinbaldo de Mas, oficial espanhol que em 1843 foi encarregado de conservar as Filipinas como colônia espanhola, "num estado intelectual e moral que, apesar de sua superioridade numérica, eles possam pesar politicamente menos do que uma barra de ouro";[129] esse nativo era comentado, analisado, explorado e maltratado, alimentado com comida ruim e ópio, isolado de seu ambiente natural, coberto com um discurso cuja finalidade era mantê-lo trabalhando e submisso. Assim, diz Alatas, "o jogo de azar, o ópio, condições de trabalho desumanas, uma legislação unilateral, a aquisição de direitos de posse pertencentes ao povo, o trabalho forçado, todos, de uma maneira ou de outra, estavam entrelaçados no tecido da ideologia colonial e dotados de uma aura de respeitabilidade. Os que ficavam de fora eram ridicularizados".[130]

O contraste entre, de um lado, James e Antonius e, de outro, Guha e Alatas não se limita a que os primeiros estivessem mais imediatamente envolvidos na política contemporânea, enquanto os outros dois se empenham muito em disputas acadêmicas sobre a Índia e a Malaísia pós-coloniais: a própria história pós-colonial alterou os termos, e na verdade a própria natureza da argumentação. Para James e Antonius, o mundo do discurso habitado por nativos no Caribe e no Oriente árabe durante a década de 1930 dependia honrosamente do Ocidente. Toussaint de l'Ouverture, diz James, não poderia ter argumentado da maneira que fez, se não fosse o *abbé* Raynal, outros enciclopedistas e a própria Revolução Francesa:

> [...] na hora do perigo, Toussaint, inculto como era, conseguia achar a linguagem e o tom de Diderot, Rousseau e Raynal, de Mirabeau, Robespierre e Danton. E num aspecto ele superava a todos. Pois mesmo esses mestres da palavra oral e escrita, devido às complexidades de classe de sua sociedade, muitas vezes precisavam parar, hesitar, ressalvar. Toussaint podia defender a liberdade dos negros sem reservas, e isso conferia a suas declarações uma força e sinceridade raras nos grandes documentos da época. A burguesia francesa não conseguia entender o fato. Rios de sangue iriam correr antes que entendessem que, por mais elevado que fosse seu tom, Toussaint não tinha escrito coisas bombásticas nem retóricas, mas a simples e sóbria verdade.[131]

Nessa magnífica descrição de um homem que interiorizou por completo a verdade literal dos sentimentos universalistas propostos pelo Iluminismo europeu, James mostra a sinceridade de Toussaint, e também seu defeito latente, sua boa vontade em confiar nas declarações europeias, em vê-las como intenções literais, em vez de indicativos classistas e historicamente determinados de grupos e interesses.

Antonius desenvolve em larga medida o mesmo tema; sua crônica do despertar árabe, incentivado pelos ingleses no começo do século XX, mostra como os árabes, depois de se libertar dos otomanos em 1917 e 1918, levaram a sério as promessas britânicas de independência árabe. A explicação de Antonius sobre a correspondência entre o xarife Hussein e sir Henry McMahon, em que o funcionário britânico prometia independência e soberania ao povo árabe, corresponde ao que James diz de Toussaint, e de sua maneira de entender e agir baseando-se nas Declarações dos Direitos do Homem. Todavia, para Antonius, que escreve como defensor tanto dos árabes quanto dos ingleses — um caso clássico de interdependência, se algum existiu —, trata-se de um subterfúgio deliberado, que ele atribui não a uma questão de classes nem à história, e sim à desonra, que para ele tem a força de uma catástrofe.

> Poucas dúvidas há de que o veredicto da história endossará essencialmente a posição árabe. Independentemente do que se possa dizer das decisões de San Remo [da primavera de 1920, em que "a totalidade do Retângulo árabe situado entre o Mediterrâneo e a fronteira persa deveria ficar sob mandato"], elas violaram os princípios gerais e as promessas específicas feitas pelos Aliados, e mais particularmente pela Grã-Bretanha. Agora se conhece o conteúdo das garantias dadas em sigilo: de modo que, com isso e com as promessas feitas em público, o estudioso dispõe de todo o material pertinente para um julgamento. Foi com base nessas promessas que os árabes entraram na guerra e deram sua contribuição e fizeram seus sacrifícios; este fato, por si só, bastaria para transformar a respectiva obrigação numa dívida de honra. O que a conferência de San Remo fez, com efeito, foi ignorar

a dívida e chegar a conclusões que contrariavam, em todos os pontos essenciais, os desejos dos povos envolvidos.[132]

Seria um erro minimizar as diferenças entre James e Antonius, separados não só pela ideologia e raça, como também por temperamento e educação. No entanto, a mesma tristeza, a mesma decepção e esperança frustrada sobrevivem inequivocamente nos textos de ambos, e ambos foram moldados e fizeram parte da política de descolonização. James pertencia à classe média baixa de Trinidad; era um autodidata, atleta e sempre — conforme pude constatar pessoalmente quando o visitei em junho de 1987, ele com 86 anos de idade, em Brixton — com a vivacidade do garoto precoce, com interesse revolucionário em história, política e teoria, a atenção do intelectual para ideias, contradições e o puro gosto descompromissado pela boa literatura, música e conversas. Antonius, conforme memoravelmente descrito por Albert Hourani,[133] pertencia a uma classe mais antiga e mais mundana de sírios levantinos residindo por algum tempo no Egito (onde frequentou o Victoria College, que também frequentei); formou-se na Universidade Cambridge. Quando escreveu *The Arab awakening*, Antonius estava na casa dos quarenta (ele morreu em 1942, com cerca de cinquenta anos); James era dez anos mais novo. Antonius teve uma próspera carreira como confidente de altos oficiais britânicos, conselheiro das elites e de importantes líderes árabes, de Hussein e Faiçal a Faris Nimr e Haj Amin al Husayni, herdeiro de décadas de teoria e prática nacionalista árabe, e homem mundano dirigindo-se a outros homens mundanos em posições de poder, ao passo que James, recém-chegado à Inglaterra, trabalhou como correspondente esportivo, era negro, marxista, grande orador e organizador; acima de tudo era um revolucionário embebido de nacionalismo africano, caribenho e negro. *The black jacobins* foi apresentado inicialmente não como livro, mas como veículo de atuação para Paul Robeson em Londres; durante as apresentações da peça, Robeson e James alternavam os papéis de Toussaint e Dessalines.[134]

Apesar das diferenças entre o historiador marxista negro das Índias Ocidentais, pobre e itinerante, e o árabe mais conservador, finamente educado e com excelentes relações, ambos dirigiam sua obra a um mundo que consideravam seu, mesmo que esse europeíssimo mundo do poder e da dominação colonial os excluísse, até certo ponto os subjugasse e os desapontasse profundamente. Dirigiam-se a esse mundo falando de dentro dele, e questionavam e desafiavam sua autoridade baseados em razões culturais, apresentando outras versões, fosse na dramaturgia, na argumentação escrita ou na conversação privada. Suas obras não trazem a sensação de se situarem fora da tradição cultural ocidental, por mais que apresentem a experiência antagônica de povos coloniais e/ou não ocidentais. Bem depois da *négritude*, do nacionalismo negro e do nativismo das décadas de 1960 e 1970, James continuava defendendo com obstinação a herança ocidental, simultaneamente fazendo parte do mesmo momento anti-imperialista insurrecional a que pertenciam Fanon, Cabral e Rodney. Ele disse numa entrevista:

> Como vou voltar a raízes não europeias? Se isso significa que os escritores caribenhos hoje devem ter consciência de que seus escritos têm uma ênfase que devemos a raízes não europeias, não shakespearianas, e na música um passado que não é Beethoven, eu concordo. Mas elas não me agradam da maneira como têm sido colocadas, como *ou-ou*. Não penso assim. Penso em *ambas*. E somos fundamentalmente um povo cuja formação e passado estético estão enraizados na civilização europeia ocidental.[135]

E se Antonius, em seu estudo magistral sobre o surgimento do nacionalismo árabe, ressalta a importância capital da redescoberta da língua árabe e da herança islâmica clássica (na maioria das vezes por intermédio da obra de pensadores cristãos como ele mesmo, uma ênfase que veio a ser criticada por historiadores posteriores, que a consideraram exagerada), ele também insiste que a tradição árabe não entra em conflito com a ocidental em nenhum aspecto fundamental. Pelo contrário, há uma fecundação e filiação entre elas, conforme ele explica, por exemplo, no seguinte trecho bastante importante:

> As atividades educacionais dos missionários americanos naquele primeiro período [décadas de 1850 e 1860] possuíam, entre muitas virtudes, um grande mérito; deram um lugar de destaque ao árabe, e, depois de se comprometerem a ensinar nessa língua, puseram ativamente mãos à obra na tarefa de fornecer uma literatura adequada. Nisso foram pioneiros; e por causa disso a efervescência intelectual que marcou os primeiros passos do revivalismo árabe deve muitíssimo ao trabalho deles.[136]

Na obra de Guha e Alatas, não se vê tal convergência harmoniosa entre o Ocidente e suas colônias ultramarinas. Desde então, vieram a intervir as guerras coloniais e os longos conflitos políticos e militares. E se o controle político direto desapareceu, a dominação econômica, política e por vezes militar, acompanhada pela hegemonia cultural — a força das ideias dominantes e, como diz Gramsci, *dirigentes* — oriunda do Ocidente e exercendo poder no mundo periférico, deu-lhe sustentação. Um dos ataques mais fortes de Alatas em *The myth of the lazy native* tem como alvo aqueles malásios que continuam a reproduzir em seu pensamento a ideologia colonial que criou e sustentou a ideia do "nativo indolente". Em passagens que lembram as restrições de Fanon à burguesia nacionalista, Alatas mostra como permaneceram resíduos do capitalismo colonial no pensamento dos malaios agora autônomos, deixando-os — ou seja, aqueles que não adquiriram consciência da metodologia e das filiações classistas que afetam o pensamento — limitados às categorias do "pensamento capitalista colonial". Assim, prossegue ele:

> A falsa consciência distorce a realidade. O partido governante malaio herdou o governo dos ingleses sem uma luta

pela independência como ocorreu na Indonésia, Índia e Filipinas. Da mesma forma, também não houve luta ideológica. Não houve nenhum rompimento intelectual com o pensamento ideológico britânico no nível mais profundo da reflexão. As lideranças desse partido foram recrutadas entre a alta hierarquia do serviço público treinado pelos ingleses, e entre os professores e funcionários públicos malaios de classe média. Os poucos profissionais liberais filiados a ele não lhe determinaram o perfil.[137]

Guha também se interessa pela problemática da continuidade e descontinuidade, mas para ele a questão guarda ressonâncias autobiográficas, devido a suas preocupações metodológicas profundamente autoconscientes. Como estudar o passado indiano radicalmente afetado pelo poder britânico, não no abstrato, mas em termos concretos, quando se é um indiano moderno cujas origens, formação e realidade familiar dependem historicamente desse poder? Como se pode ver essa relação após a independência indiana, se a pessoa esteve dentro, e não fora dela? O dilema de Guha é resolvido por uma estratégia intelectual que dramatiza a estrita alteridade do domínio britânico, o qual deu origem não só à Lei do Assentamento Permanente, mas também à própria classe a que ele pertence:

Em sua infância, o autor, como muitos outros de sua geração em Bengala, cresceu à sombra do Assentamento Permanente: ele e sua família tiravam sua subsistência de propriedades distantes que nunca haviam visitado; sua educação era orientada pelas necessidades de uma burocracia colonial que recrutava seus quadros entre os filhos dos beneficiários de lorde Cornwallis; seu mundo cultural era estritamente circunscrito pelos valores de uma classe média vivendo dos frutos da terra e separada da cultura autóctone de suas massas camponesas. Assim, ele havia aprendido a ver o Assentamento Permanente como uma carta de autorização da estagnação econômica e social. Mais tarde, como pós-graduando da Universidade de Calcutá, ele leu acerca das ideias antifeudais de Philip Francis e logo deparou com uma pergunta que os manuais e os acadêmicos não poderiam lhe responder. Como o assentamento de 1793, de tipo feudal, tinha brotado das ideias de um homem que admirava profundamente a Revolução Francesa? Não se aprendia nos livros de história que tal contradição existia e precisava ser explicada. Os manuais mostravam satisfação que o bom trabalho realizado pela Inglaterra na Índia representasse uma série de experiências bem-sucedidas, que pouco tinham a ver com as ideias e preconceitos herdados pelos governantes a partir de sua formação europeia. Essa visão da política britânica como "fruto sem raízes" não é confirmada pela história do direito fundiário que tivera longuíssima vida sob o governo colonial britânico. O autor espera que tenha conseguido situar as origens do Assentamento Permanente naquela confluência de ideias em que as duas correntes principais do pensamento inglês e francês se uniram na segunda metade do século XVIII.[138]

Um ato de separação repete o gesto básico da descolonização. Entendendo que a ideologia que gerou o Assentamento Permanente na Índia derivava historicamente de fontes inglesas e francesas, e vendo que sua própria herança de classe provinha não da terra, e sim da estrutura de poder colonial, a partir daí Guha consegue se desprender intelectualmente. Tal como para Alatas, a história para Guha é crítica, e não a reprodução respeitosa de objetos, ideologias e argumentos colonialistas. Em suas obras posteriores, ambos se dedicam a tentar resgatar na história colonial a voz nativa silenciada, e extrair novas percepções historiográficas não só do passado, mas da própria fraqueza da sociedade nativa que a tornou por tanto tempo vulnerável a ardis como a Lei de Assentamento Permanente.

No ensaio introdutório a *Subaltern studies* [Estudos subalternos], uma série de volumes coletivos de autores com posições semelhantes, iniciada sob a égide de Guha em 1982, ele nota que a "historiografia a-histórica" da Índia colonial deixou de fora "a política do povo", em favor das elites nacionalistas criadas pelos ingleses. Daí "o fracasso histórico da nação em se constituir plenamente como tal", o que torna "o estudo desse fracasso a própria problemática central da historiografia da Índia colonial".[139]

Agora, em suma, pode-se ver como a cultura metropolitana suprimiu os elementos autênticos da sociedade colonizada. Não se trata apenas que Alatas e Guha sejam especialistas acadêmicos, e sim que, depois de várias décadas de independência, a relação entre as culturas é vista como antítese radical. Um dos sinais dessa nova percepção pós-guerra é o desaparecimento gradual da narrativa. Os temas de *The Arab awakening* e *The black jacobins* são movimentos de massas conduzidos por lideranças extraordinárias. Aqui temos episódios tocantes, até nobres, sobre o surgimento dos movimentos de resistência popular — a revolta escrava em San Domingo, a revolta árabe —, narrativas grandiosas, como diz Jean-François Lyotard, de esclarecimento e emancipação. Não há episódios desses a animar as páginas de Alatas e Guha.

Um aspecto extremamente parecido dos dois primeiros livros é que eles pretendiam ampliar a consciência dos leitores ocidentais, que tinham ouvido o relato dos acontecimentos narrados por testemunhas metropolitanas. A tarefa de James é criar uma narrativa da Revolução Francesa que incorpora fatos da França e do ultramar, e por isso Toussaint e Napoleão são, para ele, as duas grandes figuras geradas pela Revolução. *The Arab awakening* pretende, de todas as maneiras mais cativantes, objetar e contrariar o famosíssimo relato da Revolta árabe escrito e divulgado por T. E. Lawrence em *The seven pillars of wisdom*. Por fim, parece dizer Antonius, aqui os árabes, seus líderes, seus guerreiros, seus pensadores podem contar sua própria história. Um dos aspectos da generosa visão histórica de ambos é que oferecem uma outra narrativa, que pode ser lida como parte de uma história já conhecida do público europeu, mas até então ignorada do ponto de vista autóctone. E, naturalmente, James e Antonius escrevem da perspectiva de uma luta política de massas em andamento — a "revolução negra" no caso do primeiro, o nacionalismo árabe no caso do segundo. O inimigo permanece o mesmo: a Europa e o Ocidente.

Um dos problemas do livro de Antonius é que ele, por enfocar sobretudo os acontecimentos políticos em que esteve envolvido, não se detém ou não avalia devidamente vasta revivescência cultural do mundo árabe islâmico anterior à sua época. Historiadores que vieram a seguir — A. L. Tibawi, Albert Hourani, Hisham Sharabi, Bassam Tibi, Mohammad Abed al--Jabry — fazem uma exposição mais ampla e mais precisa dessa revivescência e de sua consciência (já presente em Jabarti) da invasão imperialista ocidental no islã.[140] Autores como o egípcio Tahtawi ou o tunisiano Khayr al-Din, ou os relevantíssimos publicistas e reformadores religiosos do final do século XIX, entre eles Jamal al-Din al-Afghani e Muhammad Abduh, ressaltam a importância de desenvolver uma cultura independente revitalizada que faça frente ao Ocidente, que se equipare a ele em termos tecnológicos, que seja capaz de fomentar uma identidade árabe-islâmica indígena coerente. Um estudo tão importante como *The historical formation of the Arab nation* [A formação histórica da nação árabe] (1984), de A. A. Duri,[141] traz essa história para dentro da narrativa árabe nacionalista clássica de uma nação integral, seguindo sua própria trajetória a despeito de obstáculos como o imperialismo, a estagnação interna, o subdesenvolvimento econômico, o despotismo político.

Em todas essas obras, inclusive a de Antonius, a narrativa avança da dependência e inferioridade para o revivalismo nacionalista, a formação de um Estado independente e a autonomia cultural numa difícil parceria com o Ocidente. Isso está muito longe de uma história triunfalista. Alojado em seu cerne, por assim dizer, está um complexo de esperança, traição e amarga decepção; hoje, o discurso do nacionalismo árabe ainda carrega esse complexo. O resultado é uma cultura incompleta, irrealizada, expressando-se numa linguagem fragmentada de tormento, insistência irada, uma condenação muitas vezes acrítica dos inimigos externos (em geral ocidentais). Os Estados árabes pós-coloniais, portanto, têm duas escolhas: muitos, como a Síria e o Iraque, conservam o viés pan-árabe, usando-o para justificar um Estado monopartidário de segurança nacional que engoliu quase por completo a sociedade civil; outros, como a Arábia Saudita, o Egito, o Marrocos, embora retendo alguns aspectos da primeira alternativa, retrocederam para um nacionalismo regional ou local cuja cultura política, a meu ver, não foi além da dependência em relação ao Ocidente metropolitano. As duas alternativas, implícitas em *The Arab awakening*, contrariam a preferência de Antonius por uma autonomia digna e integral.

No caso de James, *The black jacobins* lança uma ponte sobre um importante fosso cultural e político entre a história caribenha, especificamente negra, e a história europeia. No entanto, ele também é alimentado por outras correntes de um fluxo mais amplo do que possa sugerir sua fecunda narrativa. Mais ou menos na mesma época, James compôs *A history of negro revolt* [Uma história da revolta negra] (1938), cujo objetivo era "conferir profundidade histórica ao processo de resistência", segundo a brilhante definição de Walter Rodney a respeito desse estudo.[142] Rodney observa que James reconhecia a resistência prolongada (ainda que em geral malograda) ao colonialismo na África e no Caribe, que havia sido ignorada por historiadores coloniais. Sua obra, assim como a de Antonius, era um adendo a seu compromisso e empenho com a luta política africana e latino-americana, empenho este que o levou aos Estados Unidos, à África (onde sua amizade de toda a vida com George Padmore e uma ligação madura com Nkrumah foram fundamentais para a formação da política em Gana, como se evidencia em seu estudo altamente crítico *Nkrumah and the Ghana revolution* [Nkrumah e a revolução em Gana]), depois de volta às Índias Ocidentais e por fim à Inglaterra.

Embora James fosse um dialético antistalinista, sua atitude crítica, tal como a de Antonius, diante do Ocidente como centro imperial nunca o impediu de entender as realizações culturais ocidentais ou de criticar falhas dos militantes negros (como Nkrumah) que apoiava. Ele viveu mais do que Antonius, mas, enquanto suas opiniões se expandiam e mudavam, enquanto ele acrescentava mais áreas de experiência a suas preocupações liberacionistas, enquanto ele entrava e saía de polêmicas e controvérsias, sempre manteve um foco constante na narrativa. Ele via o modelo central da política e da história em termos lineares — "de Du Bois a Fanori", "de Toussaint a Castro" —, e sua metáfora básica é a de uma viagem empreendida por ideias e pessoas; os antigos escravos e classes subservientes podiam, primeiramente, se tornar os imigrantes e, depois, os principais intelectuais de uma nova sociedade diferente.

Na obra de Guha e Alatas, esse sentido narrativo da aventura humana é substituído pela ironia. Ambos revelam as estratégias pouco atraentes que acompanhavam as pretensões do imperialismo, sua ideologia, agora totalmente desacreditada, do enobrecimento e do aprimoramento pedagógico. Consideremos de início a minuciosa reconstrução que Guha faz das várias formas pelas quais os funcionários da Companhia das Índias Orientais uniam o empirismo e o antifeudalismo à filosofia fisiocrática francesa (cuja base era a ideologia da renda da terra) a fim de conseguir a permanência do domínio britânico, para empregar os termos usados por Philip Francis, o protagonista de Guha.[143] Guha faz uma exposição magistral de Francis — um "jovem Alcebíades" que era amigo de Burke, contemporâneo de Warren Hastings, antimonarquista, abolicionista, animal político consumado — e de sua ideia de um assentamento permanente, que é narrada como uma montagem, com vários cortes e emendas, e não como uma história heroica. Guha mostra como a gradual aceitação das ideias de Francis sobre a terra, bem depois de seus anos no serviço público, ocorre junto com a restauração da imagem de Hastings, e ajuda a ressaltar, enriquecer e reforçar a ideia do império, que, citando Guha, já estava rapidamente superando em importância o registro individual de seus arquitetos e, como abstração, tal como uma firma adquire credibilidade independentemente da personalidade de seu fundador.[144]

O tema de Guha, portanto, é a maneira pela qual a abstração requer e se apropria não só do povo, mas também da geografia. A noção central é a de que os ingleses, como imperialistas, sentiam que sua tarefa na Índia consistia em resolver "o problema da soberania em Bengala",[145] muito naturalmente em favor da Coroa britânica. E a verdadeira proeza de Francis, ao decretar o projeto pelo qual todas as rendas fundiárias em Bengala seriam estabelecidas de modo permanente segundo fórmulas matemáticas, foi que ele conseguiu "formar ou restaurar a constituição de um Império".[146]

O estudo de Guha pretende mostrar uma maneira de desmontar a historiografia imperial — sustentada pela política britânica de concessões do território indiano — não tanto na Índia, e sim na Europa, lugar original de sua maior segurança, longevidade e autoridade. A ironia é que quem faz isso é um nativo, com pleno domínio das fontes e métodos, e também das esmagadoras abstrações que, no momento em que se formaram, mal deixaram traços no espírito dos próprios imperialistas.

Alatas consegue a mesma coisa em seu livro. Enquanto os personagens de Guha são literalmente ideólogos, preocupados em afirmar a autoridade sobre a Índia de modo filosoficamente coerente, não se tem nenhum programa desse gênero entre os colonialistas portugueses, espanhóis e ingleses analisados por Alatas. Eles se encontram no sudeste do Pacífico para conseguir riquezas (borracha e metais preciosos) e mão de obra barata, com vistas ao lucro econômico. Exigindo trabalho dos nativos, eles concebem várias estratégias para uma economia colonial rentável, entrementes destruindo os comerciantes locais de nível médio, subjugando e praticamente escravizando os nativos, desencadeando guerras étnicas intestinas entre comunidades chinesas, javanesas e malásias, a fim de melhor governar e manter os nativos fracos e desunidos. Desse emaranhado surge a figura mítica do nativo indolente, de cuja existência, como uma constante essencial e imutável na sociedade oriental, supostamente decorre uma série de verdades básicas. Alatas documenta com paciência os meios pelos quais essas descrições — todas elas baseadas na "falsa consciência" de colonialistas relutantes em aceitar que a recusa dos nativos em trabalhar constituía uma das primeiras formas de resistência à incursão europeia — vão adquirindo consistência, autoridade e o irrefutável imediatismo de uma realidade objetiva. Então, observadores como Raffles concebem um fundamento racional para subjugar e punir ainda mais os nativos, visto que a decadência do caráter nativo, tal como era visto pelos administradores colonialistas, já havia ocorrido e era irreversível.

Alatas nos fornece um argumento alternativo sobre o significado do nativo indolente, ou melhor, explica-nos por que os europeus conseguiram sustentar por tanto tempo esse mito. Na verdade, ele também mostra de que maneira o mito sobrevive, como, nas palavras de Eric Williams acima citadas, "um interesse ultrapassado, cuja falência é evidente numa perspectiva histórica, pode exercer um efeito obstrucionista e destruidor que só pode ser explicado pelos grandes serviços que esse interesse havia prestado anteriormente e pelo enraizamento que alcançara previamente".[147] O mito do nativo indolente é sinônimo de dominação, e a dominação baseia-se no poder. Muitos estudiosos se acostumaram tanto a considerar o poder apenas como um efeito discursivo que é capaz de nos chocar por sua simplicidade a descrição que Alatas faz da destruição sistemática que os colonialistas empreenderam nos Estados costeiros comerciais em Sumatra e na costa malaia, da eliminação de classes nativas como a dos pescadores e artífices de armas perpetrada pela conquista territorial e, sobretudo, das coisas feitas pelos senhores estrangeiros que nenhuma classe indígena jamais faria:

O poder nas mãos holandesas era diferente do poder nas mãos de um sucessor indígena. Um poder indígena em geral era mais liberal no comércio. Não destruía sua própria classe mercantil em toda a área, e continuava a utilizar os produtos de sua indústria. Construía seus barcos e, não menos importante, era incapaz de impor um monopólio em todas as regiões mais importantes da Indonésia. Promovia as habilidades de seu povo, mesmo que fosse um tirano a ocupar o trono.[148]

O controle tal como é aqui descrito por Alatas e no livro de Guha é quase absoluto, e num conflito constante e devastador com a sociedade colonizada. Portanto, narrar como se estabeleceu uma continuidade entre a Europa e suas colônias periféricas é uma tarefa impossível, seja do lado europeu seja do colonial; para o estudioso da descolonização, o mais adequado parece ser uma hermenêutica da desconfiança. Mesmo assim, apesar de as grandiosas narrativas otimistas do nacionalismo emancipatório não mais servirem para confirmar uma comunhão cultural, como o fizeram para James e Antonius na década de 1930, surge em lugar disso uma nova comunhão metodológica, mais difícil e rigorosa em suas exigências. A obra de Guha foi estímulo para uma importante iniciativa conjunta, *Subaltern studies*, que por sua vez levou Guha e colegas a outras pesquisas admiráveis sobre as questões do poder, da historiografia e da história do povo. O trabalho de Alatas tinha dois objetivos: lançar alicerces para uma metodologia pós-colonial da história e sociedade sul--asiática, e aprofundar o trabalho de desmistificação e desconstrução sugerido em *The myth of the lazy native*.

Não pretendo insinuar que o entusiasmo e as narrativas apaixonadas dos dois intelectuais anteriores à guerra tenham sido rejeitados e considerados deficientes pelas gerações posteriores, nem que a obra mais técnica e rigorosa de Alatas e Guha mostre uma visão mais estritamente profissional e culturalmente menos generosa do público ocidental metropolitano. Pelo contrário, parece-me que James e Antonius falam para movimentos já deslanchados no rumo da autodeterminação, mesmo que de tipo parcial e, em última análise, muito insatisfatório, ao passo que Guha e Alatas, em sua discussão de problemas levantados pela situação pós-colonial, tomam os êxitos precedentes (tal como a independência nacional) como coisa dada, enquanto sublinham os defeitos das descolonizações, das liberdades e das identidades nacionais até então conquistadas. Guha e Alatas também se dirigem a estudiosos, sejam ocidentais, sejam nativos compatriotas, ainda servos de concepções colonialistas de seu próprio passado.

A questão do eleitorado levanta a questão mais geral dos públicos; como os inúmeros leitores médios de *The black jacobins* ou *The Arab awakening* podem comprovar de imediato, reduziu-se o público dos livros posteriores, mais especializados e rarefeitos. James e Antonius pressupõem que o que têm a dizer é da maior importância política e estética. James apresenta Toussaint como homem atraente, admirável, não vingativo, imensamente inteligente, sutil e sensível aos sofrimentos de seus companheiros haitianos. "Os grandes homens fazem a história", diz James, "mas apenas a história que lhes é possível fazer."[149] Toussaint raramente depositou confiança em seu povo e avaliou mal seus adversários. James não comete tais erros, não alimenta nenhuma ilusão. Em *The black jacobins*, ele reconstrói clinicamente o contexto imperialista do interesse próprio e escrúpulo moral de onde brotaram o abolicionismo inglês e as boas intenções de Wilberforce; mas, enquanto a França e os negros haitianos travavam uma guerra sangrenta, o governo britânico manipulava o sentimento filantrópico para aumentar o poder britânico no Caribe em detrimento da França e seus adversários. James é severo quanto à inflexibilidade do imperialismo em não fazer qualquer concessão. Todavia, ele mantém a fé nos poderes persuasivos de uma narrativa cujos ingredientes principais consistem na luta pela liberdade, comum à França e ao Haiti, e na vontade de conhecer e agir; é o que sustenta seu texto, enquanto historiador negro dirigindo-se a um público negro contestador, bem como a um público branco metropolitano.

Será essa *viagem para dentro* retributiva, o objeto colonial reprimido vindo assombrar e perseguir os passos do europeu moderno, que vê o legado de Toussaint, deformado nos Duvalier e Trujillo desse mundo, como confirmação da ideia do não europeu selvagem? James não cai na armadilha de agir basicamente por reação, preferindo mostrar, em seu prefácio de 1962, que as ideias revolucionárias de Toussaint ressurgiram em lutas de libertação vitoriosas e, com idêntica força, no nascimento de culturas nacionais seguras e conscientes de si, conhecedoras de seu passado colonial, mas avançando para "o estágio final da busca caribenha de uma identidade nacional".[150] Não é por acaso que James tem sido considerado por inúmeros escritores — George Lamming, V. S. Naipaul, Eric Williams, Wilson Harris — o grande patriarca da cultura contemporânea das Índias Ocidentais.

Também para Antonius, a traição dos Aliados contra os árabes não reduz a força retrospectiva grandiosa de sua narrativa, na qual os árabes aparecem movidos por ideias de liberdade compartilhadas com os europeus. Assim como *The black jacobins* fundou os estudos da "revolta negra" (expressão de James) moderna, da mesma forma *The Arab awakening* inaugurou o exame acadêmico do nacionalismo árabe, que aos poucos se transformou numa disciplina, não só no mundo árabe, mas também no Ocidente. Aqui, da mesma forma, a filiação a uma política em andamento é particularmente instigante. Defendendo seu ponto de vista e expressando a autodeterminação incompleta dos árabes para o mesmo júri de políticos e pensadores ocidentais que impediram um movimento histórico, Antonius assemelha-se muito a James, ambos falando a seus povos e a um público branco relutante, para quem a emancipação dos não brancos havia se tornado uma questão marginal. Não é um apelo à bondade ou à compaixão, mas às realidades amiúde chocantes e inesperadas da própria história. Tornam-se assim notáveis os comentários de Antonius numa conferência em Princeton, em 1935, quando estava trabalhando em *The Arab awakening*:

Muitas vezes ocorre na história das nações que um conflito de forças opostas, que parece inevitavelmente destinado a terminar com o triunfo da parte mais forte, recebe uma guinada inesperada com o surgimento de novas forças, as quais devem sua origem a esse próprio triunfo.[151]

Curiosamente, a meu ver, Antonius vislumbrava nas profundezas da decepção vigente a explosão daquela mesma revolta de massas que parece estar defendendo implicitamente em seu livro. (A *intifada* palestina, uma das grandes sublevações anticoloniais de nossos tempos, prossegue a luta pela Palestina histórica, um dos principais temas de *The Arab awakening*.)

E essa observação nos reconduz bruscamente para o tema geral do conhecimento acadêmico e da política. Cada estudioso que abordei possui sólidas raízes numa situação local, com suas histórias, tradições e filiações orientando a escolha e o tratamento do assunto. O livro de Antonius, por exemplo, prende nossa atenção, hoje, como uma história do nacionalismo árabe do começo do século XX e como documento pungente de uma classe de notáveis, superada após as décadas de 1930 e 1940 por escritores mais radicais, populares e nativistas, escrevendo em árabe; o público-alvo já não mais pode, ou precisa, ser o responsável pelas políticas ocidentais, e muito menos a mensagem deriva de um universo comum de discurso. Guha surge na década de 1960 como um exilado, com profundas divergências em relação à política indiana, controlada pelos "Nehru e Gandhi", como disse Tariq Ali.[152]

A política — e o impulso claramente político por trás de suas obras — afeta naturalmente os estudos e pesquisas apresentados por esses quatro autores. Uma premência política ou humanitária explícita no tom e nas implicações de seus livros contrasta de maneira aguda com aquilo que veio a representar a norma dos estudos acadêmicos no Ocidente moderno. (Como surgiu tal norma, com seu suposto afastamento, suas alegações de objetividade e imparcialidade, seu código de polidez e serenidade ritual, constitui um problema de sociologia do gosto e do conhecimento.) Todos esses quatro intelectuais terceiro-mundistas escrevem do interior e a partir de uma situação política cujas pressões são constantes, não aborrecimentos momentâneos ou preocupações empíricas secundárias que podem ser varridas em prol de um objetivo mais alto. A situação política irresolvida está muito próxima da superfície, e ela contamina a retórica, ou deforma os vieses desses estudos, porque os autores escrevem, sem dúvida, a partir de uma posição douta e abalizada, mas também na posição de um povo cuja mensagem de resistência e contestação é o resultado histórico da subjugação. Como diz Adorno sobre a aparente mutilação da linguagem nessas circunstâncias: "A linguagem dos subjugados, por outro lado, apenas a dominação a marcou, assim roubando-os ainda mais da justiça prometida pela palavra autônoma, não mutilada, a todos aqueles livres o suficiente para enunciá-la sem rancor".[153]

Não quero sugerir que os estudos oposicionistas devam ser histéricos e desagradavelmente insistentes, ou que Antonius e James (ou, nesse contexto, Guha e Alatas) pontuem seus discursos com insultos e acusações. Digo apenas que os estudos e a política estão vinculados com mais clareza nesses livros, porque esses escritores se consideram emissários enviados até a cultura ocidental, representando uma liberdade política mesmo que irrealizada, bloqueada, adiada. Interpretar mal a força histórica de suas declarações, discursos e intervenções, impugná-los (como fez Conor Cruise O'Brien em certa ocasião)[154] por implorarem simpatia, descartá-los como *cris de cœur* emocionais e subjetivos de incansáveis ativistas e políticos partidários, é atenuar sua intensidade, entender mal seu valor, desconsiderar sua enorme contribuição para o saber. Não admira que Fanon tenha dito que, "para o nativo, a objetividade está sempre voltada contra ele".[155]

A tentação dos públicos metropolitanos em geral tem sido decretar que esses livros, e outros similares, não passam de exemplos de uma literatura nativa escrita por "informantes nativos", em vez de contribuições contemporâneas ao saber. A autoridade, mesmo de obras como as de Antonius e James, para o Ocidente, tem sido marginalizada porque, para os estudiosos profissionais ocidentais, parecem escritas de fora para dentro. Talvez seja uma das razões pelas quais Guha e Alatas, uma geração mais tarde, tenham decidido se concentrar na retórica, nas ideias e na linguagem, mais do que na história *tout court*, preferindo analisar os sintomas verbais do poder mais do que seu exercício puro e simples, seus processos e táticas mais do que suas fontes, seus métodos intelectuais e técnicas enunciativas mais do que sua moralidade — desconstruir, mais do que destruir.

Unir experiência e cultura é, evidentemente, ler textos do centro metropolitano e das periferias num contraponto, nem segundo o privilégio da "objetividade" do "nosso lado", nem pelo estorvo da "subjetividade" do "lado deles".[156] A questão é saber *como* ler, conforme dizem os desconstrucionistas, e não a separar da questão de saber *o que* ler. Os textos não são objetos acabados. São, como disse Williams certa vez, anotações e práticas culturais. E os textos criam não só seus antecessores, como disse Borges a respeito de Kafka, mas também seus sucessores. A grande experiência imperial dos últimos dois séculos é global e universal; ela envolveu todos os recantos do mundo, colonizador e colonizado juntos. Como o Ocidente conquistou domínio mundial, e como parece ter encerrado sua trajetória trazendo "o fim da história", como disse Francis Fukuyama, os ocidentais tomam como pressuposto a integridade e inviolabilidade de suas obras-primas culturais, de seu saber e seus mundos discursivos; o resto do mundo fica suplicando atenção no peitoril de nossa janela. Mas creio que é uma falsificação radical da cultura esvaziá-la de suas filiações e seu contexto, ou arrancá-la do terreno por ela contestado ou — mais próximo de uma corrente oposicionista dentro da cultura ocidental — negar sua real influência. *Mansfield Park*, de Jane Austen, é sobre a Inglaterra *e* sobre Antígua, ligação estabelecida explicitamente pela autora; portanto, é sobre a ordem em casa e a escravidão no exterior, e pode — na verdade, deve — ser lido dessa maneira, com Eric

Williams e C. L. R. James ao lado. Analogamente, Camus e Gide escrevem exatamente sobre a mesma Argélia tratada por Fanon e Kateb Yacine.

Se essas ideias de contraponto, entrelaçamento e integração não se limitam, em relação a esses autores, a sugerir com edificante brandura que se deve ter uma universalidade de visão, é porque reafirmam a experiência histórica do imperialismo como uma questão, em primeiro lugar, de histórias interdependentes e de domínios que se sobrepõem, em segundo lugar, de algo que impõe escolhas intelectuais e políticas. Se, por exemplo, a história francesa e argelina ou vietnamita, a história britânica e caribenha ou africana ou indiana são em geral estudadas em separado, e não em conjunto, as experiências de dominar e ser dominado permanecem artificialmente — e falsamente — separadas. E considerar a dominação imperial e a resistência a ela como um processo dual, evoluindo rumo à descolonização, consiste amplamente em se alinhar com o processo, e interpretar ambos os lados da disputa não só em termos hermenêuticos, mas também políticos.

Livros como *The black jacobins*, *The Arab awakening*, *A rule of property in Bengal* e *The myth of the lazy native* fazem absolutamente parte da própria luta. Tornam a opção interpretativa mais clara, e mais difícil furtar-se a ela.

Considere-se a história contemporânea do mundo árabe como exemplo de uma história de tensão contínua. A grande realização de Antonius foi demonstrar que a interação entre o nacionalismo árabe e o Ocidente (ou seus representantes regionais) era algo a ser estudado, e algo a ser ou defendido ou combatido. Seguindo-se a *The Arab awakening*, sobretudo nos Estados Unidos, na Inglaterra e na França, surgiu um campo acadêmico designado "estudos do Oriente Médio" em antropologia, história, sociologia, ciência política, economia e literatura, relacionado com as tensões políticas na área e a posição das duas antigas potências coloniais e da atual superpotência. Desde a Segunda Guerra Mundial, tornou-se impossível escapar ao conflito árabe-israelense ou ao estudo de sociedades individuais nesse campo acadêmico. Assim, escrever sobre a questão palestina exigia que a pessoa decidisse se os palestinos eram um povo (ou uma comunidade nacional), o que por sua vez implicava apoiar ou combater seu direito à autodeterminação. O estudo acadêmico, nessas duas opções, leva de volta a Antonius — aceitando suas ideias sobre a traição ocidental ou, inversamente, o acerto do Ocidente em ter prometido a Palestina para o movimento sionista, devido à maior importância cultural do sionismo.[157]

E essa escolha abre outras. De um lado, alguém poderá, a não ser por uma justificativa política ou ideológica, falar da "mentalidade árabe" moderna, com sua suposta propensão à violência, sua cultura da vergonha, a sobredeterminação histórica do islamismo, sua semântica política, sua degeneração *vis-à-vis* o judaísmo e o cristianismo? Essas noções geram obras tendenciosas como *The Arab mind* [O espírito árabe], de Raphael Patai; *The closed circle* [O círculo fechado], de David Pryce-Jones; *The political language of Islam* [A linguagem política do islã], de Bernard Lewis; e *Hagarism* [Arabismo], de Patricia Crone e Michael Cook.[158] Essas obras se envolvem com o manto da erudição, mas nenhuma delas sai da arena de luta, tal como foi definida pela primeira vez no Ocidente por Antonius; não se pode dizer de nenhuma delas que não demonstre hostilidade à aspiração coletiva dos árabes em romper o determinismo histórico desenvolvido na perspectiva colonial.

Por outro lado, o discurso crítico e antiorientalista de uma geração anterior de estudiosos como Anwar Abdel-Malek e Maxime Rodinson prossegue entre uma geração mais jovem, que compreende Timothy Mitchell, Judith Tucker, Peter Gran, Rashid al-Khalidi e seus parceiros na Europa. Na década de 1980, a Associação de Estudos do Oriente Médio, até então conservadora, passou por importante transformação ideológica, que contou com a contribuição dessas pessoas. Antes alinhada e muitas vezes formada por acadêmicos da linha dominante, executivos de companhias de petróleo, consultores e funcionários do governo, a Associação passou a abordar abertamente questões de relevância política contemporânea em suas grandes reuniões anuais: a Revolução iraniana, a Guerra do Golfo, a *intifada* palestina, a Guerra Civil libanesa, os Acordos de Camp David, a relação entre os estudos do Oriente Médio e a ideologia política — questões que antes tinham sido excluídas ou minimizadas nos estudos de pessoas como Lewis, Patai, e mais recentemente Walter Laqueur, Emmanuel Sivan e Daniel Pipes. A linha acadêmica que defendia uma política contrária ao nacionalismo islâmico ou árabe nativo havia dominado a discussão profissional e mesmo jornalística (como em *best-sellers* do jornalismo-enquanto-erudição-instantânea, tal como *From Beirut to Jerusalem* [De Beirute a Jerusalém], de Thomas Friedman, e *Arab and Jew* [Árabe e judeu], de David Shipler), mas isso começou a mudar.

No cerne da "velha" linha estava uma essencialização dos árabes como basicamente, irrecusavelmente, congenitamente "Outro", e ela assumia laivos racistas em suas construções de uma atitude "árabe" antidemocrática, violenta e reacionária perante o mundo. Nessa atitude havia um outro fator central, Israel, que também contribuía para a polaridade estabelecida entre a Israel democrática e um mundo árabe homogeneamente não democrático, onde os palestinos, desapropriados e exilados por Israel, vieram a representar o "terrorismo", e pouco mais do que isso. Mas o que os estudiosos antiorientalistas mais jovens passaram a colocar eram exatamente as histórias diferenciadas de vários povos, sociedades e formações árabes; ao respeitar a história e os desenvolvimentos dentro do mundo árabe, eles lhe devolveram um sentido dinâmico da marcha inconclusa rumo à independência, aos direitos humanos (sobretudo os das mulheres e das minorias desfavorecidas) e à liberdade contra a interferência externa (amiúde imperialista) e a corrupção ou colaboracionismo interno.

O que ocorreu na Associação de Estudos do Oriente Médio, portanto, foi um episódio metropolitano de oposição cultural à dominação ocidental. Ele foi acompanhado por transformações parecidas nos estudos africanos, indianos, caribenhos e latino-americanos. Esses campos deixaram de ser comandados por antigos oficiais coloniais ou por um pelotão de acadêmicos falando a língua apropriada. Ao contrário, uma nova receptividade tanto aos movimentos de libertação quanto à crítica pós-colonial, e grupos de oposição com uma nova consciência (os movimentos pelos direitos civis nos Estados Unidos, o movimento pelos direitos dos imigrantes no Reino Unido) de fato acabaram com o monopólio do discurso mantido por intelectuais e políticos eurocentristas. Aqui foi fundamental o papel de Basil Davidson, Terence Ranger, Johannes Fabian, Thomas Hodgkin, Gordon K. Lewis, Ali Mazrui e Stuart Hall; seus estudos funcionaram como um catalisador para outros estudiosos. E para todos eles foi fundamental a obra inaugural dos quatro autores que discuti mais acima — com sua viagem interna —, no que tange à aliança cultural que agora se construía entre a resistência anti-imperialista nas periferias e a cultura oposicionista da Europa e dos Estados Unidos.

COLABORAÇÃO, INDEPENDÊNCIA E LIBERTAÇÃO

Num seminário realizado em Oxford, em 1969-70, uma das contribuições mais interessantes foi a exposição de Ronald Robinson, intitulada "Non-European foundations of European imperialism" [Os fundamentos não europeus do imperialismo europeu]. Ao lado de "African and Third World theories of imperialism" [Teorias africanas e terceiro-mundistas do imperialismo], de Thomas Hodgkin, a "sugestão" de Robinson para um estudo teórico e empírico mostrava a influência dos múltiplos desenvolvimentos pós-coloniais que venho mencionando:

> Qualquer teoria nova tem de reconhecer que o imperialismo foi tanto função da colaboração ou não colaboração de suas vítimas — de sua política indígena — quanto da expansão europeia. [...] Da mesma forma, [sem a cooperação vo-

luntária ou forçada de suas elites governantes e] sem a colaboração indígena, quando foi o momento, os europeus não teriam conquistado e governado seus impérios não europeus. Desde o começo houve resistência a esse domínio, assim como sempre se precisou da mediação nativa para impedir ou esmagar a resistência.[159]

Robinson prossegue investigando como os paxás e o quediva no Egito, antes de 1882, colaboraram permitindo a penetração europeia, à qual se sucedeu, com o dramático eclipse daquele setor devido à rebelião nacionalista Orabi, a ocupação militar do país pelos ingleses. Embora não diga, Robinson poderia acrescentar que muitas das classes e dos indivíduos que colaboraram com o imperialismo começaram tentando imitar o estilo europeu moderno, procurando se modernizar segundo o que era tido como progresso europeu. Nas duas primeiras décadas do século XIX, Muhammad Ali enviou missões à Europa, trinta anos antes que o Japão enviasse suas missões à Europa e aos Estados Unidos com a mesma finalidade. Dentro da órbita colonial francesa, ainda nas décadas de 1920 e 1930, os estudantes mais promissores eram levados à França para estudar, se bem que alguns deles, como Senghor e Césaire e muitos intelectuais indochineses, tenham se convertido em ferrenhos adversários do império.

O objetivo básico dessas primeiras missões ao Ocidente era aprender os usos do homem branco desenvolvido, traduzir suas obras, adotar seus hábitos. Recentes estudos desse tema, *As we saw them* [Como nós os víamos], de Masao Miyoshi, e *The Arab rediscovery of Europe* [A redescoberta árabe da Europa], de Ibrahim Abu-Lughod,[160] mostram como a hierarquia imperial era veiculada para os curiosos estudantes orientais, junto com informações, textos úteis e hábitos proveitosos.[161]

Dessa dinâmica específica da dependência surgiu a primeira e prolongada experiência reativa de anti-imperialismo nativista, tipificada na troca de escritos entre Afghani e Ernest Renan, publicada em 1883 na *Revue de Deux Mondes*, em que o nativo, utilizando termos previamente definidos por Renan, tenta "refutar" os postulados racistas e culturalmente arrogantes do europeu sobre sua inferioridade. Enquanto Renan fala do estatuto do islamismo como inferior ao judaísmo e ao cristianismo, Afghani afirma que o islamismo é "melhor", e alega que o Ocidente se aperfeiçoou tomando empréstimos aos muçulmanos. Afghani também sustenta que o desenvolvimento científico islâmico foi anterior ao seu análogo ocidental, e que se havia algo reacionário na religião, devia-se a um elemento comum a todas as religiões, a saber, sua diferença irreconciliável com a ciência.[162]

O tom de Afghani é amistoso, ainda que se oponha de maneira firme a Renan. À diferença de outros adversários posteriores do imperialismo — que têm a libertação como questão central —, Afghani, como muitos advogados indianos da década de 1880, pertence a uma camada do povo que, ao mesmo tempo em que luta por sua comunidade, tenta encontrar para si um lugar dentro da estrutura cultural que compartilha com o Ocidente. São as elites que, liderando os vários movimentos nacionalistas de independência, têm uma autoridade que lhes é conferida pelo poder colonial: é o caso de Mountbatten com Nehru, de De Gaulle com a FLN. Esse tipo de colaboração antagonista mostra várias configurações de dependência cultural, tal como os conselheiros ocidentais cujos serviços ajudavam as nações ou povos nativos a "se erguer" (um desses aspectos foi muito bem narrado no livro de Jonathan Spence sobre os conselheiros ocidentais, *To change China* [Mudar a China]), e aqueles paladinos ocidentais dos oprimidos — mrs. Jellyby é uma de suas primeiras caricaturas, e os membros da Escola de Liverpool, um exemplo posterior — que apresentavam suas versões pessoais do interesse dos nativos. Outro exemplo é a rivalidade entre T. E. Lawrence e Louis Massignon logo após a Primeira Guerra Mundial, descrita com grande sutileza num ensaio de Albert Hourani.[163] Ambos nutriam uma real solidariedade para com os árabes que lutaram contra os otomanos durante a guerra (na verdade, para Massignon, a solidariedade com o islamismo é o próprio cerne de sua teoria sobre a comunidade monoteísta, a sucessão abraâmica), mas, por convicção imperial, cada um deles teve sua parte na divisão do mundo árabe entre a França e a Inglaterra: Lawrence servia à Inglaterra, Massignon à França, *para* os árabes.

Todo um vasto capítulo de história cultural nos cinco continentes surge desse tipo de colaboração entre nativos e representantes convencionais, ou excêntricos e contraditórios, do imperialismo. Tributando-lhe respeito, reconhecendo essa fusão e partilha de experiências que geraram muitos de nós, ao mesmo tempo devemos notar que ela conservou em seu interior a velha divisão imperial oitocentista entre o nativo e o ocidental. As diversas escolas coloniais no Extremo Oriente, na Índia, no mundo árabe, na África Oriental e Ocidental, por exemplo, ensinaram verdades históricas, científicas e culturais a várias gerações da burguesia nativa. E nesse processo de aprendizagem, milhões de nativos assimilaram os fundamentos da vida moderna, mas permaneceram como dependentes subordinados a uma autoridade imperial estrangeira.

O ponto culminante dessa dinâmica da dependência é o nacionalismo que acabou criando Estados independentes nos países antes coloniais de todo o mundo. Dois fatores políticos, cuja importância já havia sido notada na cultura, marcaram o fim do período do anti-imperialismo nacionalista e inauguraram a era da resistência anti-imperialista libertacionista. Um deles foi a profunda percepção da cultura *como* imperialismo, o momento reflexivo da consciência que possibilitou ao novo cidadão independente afirmar o fim da pretensão cultural europeia de guiar e/ou instruir o não europeu. O segundo foi a missão imperial ocidental que se prolongou dramaticamente em várias regiões já mencionadas, sobretudo Argélia, Vietnã, Palestina, Guiné e Cuba. Mas a libertação, enquanto algo distinto da independência nacionalista, tornou-se o novo tema forte, já implícito em obras anteriores de gente como Marcus Garvey, José Martí e W. E. B. Du Bois, por exemplo, mas agora exigindo uma injeção de teoria e de militância por vezes armada e insurrecional.

A identidade nacional lutando para se libertar da dominação imperialista encontrou-se alojada e aparentemente atendida pelo Estado. Surgiram exércitos, bandeiras, legislaturas, projetos de educação nacional e partidos políticos dominantes (se não únicos), em geral de uma maneira que cedia às elites nacionalistas os lugares antes ocupados pelos ingleses ou pelos franceses. A importante distinção de Basil Davidson entre mobilização de massa (as imensas multidões indianas que faziam manifestações nas ruas de Calcutá, por exemplo) e *participação* de massa acentua a diferença entre a elite nacionalista e as massas rurais e urbanas que, por um breve tempo, fizeram parte orgânica do projeto nacionalista. O que Yeats faz na Irlanda é ajudar a criar um sentido de comunidade restaurada — deleitando-se em "uma companhia que cantava, para adoçar os males da Irlanda, baladas e histórias, toadas e canções"[164] —, mas em seu cerne permanece um grupo seleto de homens e mulheres.

Quando se estabelece o novo Estado nacional, diz Partha Chatterjee, ele é governado não por profetas e rebeldes românticos, mas, no caso da Índia, por Nehru, "um estadista pragmático e compenetrado".[165] Para ele, os camponeses e os pobres urbanos são comandados por paixões, e não pela razão; podem ser mobilizados por poetas como Tagore e presenças carismáticas como Gandhi; mas, depois da independência, toda essa gente deve ser absorvida pelo Estado, e se tornar funcional para seu desenvolvimento. Todavia, Chatterjee levanta o aspecto interessante de que, ao transformar o nacionalismo numa nova ideologia regional ou estatal, os países pós-coloniais se sujeitaram a um processo global de racionalização baseado em normas externas, governado nos anos pós-guerra de modernização e desenvolvimento pela lógica de um sistema mundial cujo tipo é o capitalismo mundial, comandado na cúpula pelos principais países industriais.

Chatterjee tem razão ao dizer que "o estadismo moderno e a aplicação de tecnologia moderna, por mais habilmente que se façam, não são capazes de eliminar de fato as tensões reais que permanecem sem solução".[166] A nova patologia do poder, segundo os termos de Eqbal Ahmad, origina Estados de segurança nacional, ditaduras, oligarquias, sistemas monopartidários. Em *Uma curva no rio* (1979), romance de V. S. Naipaul, um país africano sem nome é governado por um Grande Homem, que nunca aparece e nem se menciona seu nome, que manipula consultores europeus, minorias indianas e muçulmanas, e o povo de sua própria tribo dentro de uma rígida doutrina nativista (como o culto do Livro Verde de Kadafi ou as tradições tribais inventadas por Mobutu); no final do livro, muitos súditos foram impiedosamente assassinados; um ou dois sobreviventes da chacina percebem o que se passa — é o caso de Salim, o protagonista —, concluindo que a situação não tem esperanças e é preciso emigrar de novo. (Pertencente a uma família indiana muçulmana da África Oriental, Salim perambula pelo interior governado pelo Grande Homem, e depois abandona o lugar desesperançado e totalmente abatido.) O ponto ideológico enfatizado por Naipaul é que a vitória do nacionalismo no Terceiro Mundo não só "elimina as tensões reais [...] sem solução" no Estado pós-colonial, como também acaba com a última esperança de resistência a ele, bem como os últimos traços civilizadores da influência ocidental.

Naipaul, romancista e narrador de viagens com um talento extraordinário, dramatiza com êxito uma posição ideológica no Ocidente segundo a qual é possível acusar os Estados coloniais por terem conseguido ganhar incondicionalmente a independência. O ataque de Naipaul ao mundo pós-colonial por seu fanatismo religioso (em *Entre os fiéis*), sua política degenerada (em *Guerrillas* [Guerrilheiros]) e inferioridade fundamental (em seus dois primeiros livros sobre a Índia),[167] faz parte de um desencantamento com o Terceiro Mundo que tomou conta de muita gente nas décadas de 1970 e 1980, inclusive de muitos defensores ocidentais importantes do nacionalismo terceiro--mundista, como Conor Cruise O'Brien, Pascal Bruckner (*The tears of the white man* [As lágrimas do homem branco]) e Gérard Chaliand. Numa interessante história, ao estilo de documentário, sobre o apoio francês inicial à resistência do Terceiro Mundo, *Aux origines des tiers-mondismes: Colonisés et anti-colonialistes en France (1919-1939)* [Nas origens dos terceiros-mundismos: Colonizados e anticolonialistas na França (1919-1939)], Claude Liauzu arrisca a tese de que em 1975 já não mais existia um bloco anti-imperialista como outrora.[168] O desaparecimento de uma oposição interna ao imperialismo é um argumento plausível quanto à França e talvez também ao Ocidente atlântico de modo geral, mas não explica os locais em que persistiu uma oposição, seja nos novos Estados seja em setores menos destacados da cultura metropolitana. Questões de poder e autoridade antes dirigidas aos impérios clássicos da França e da Inglaterra agora são lançadas aos regimes sucessores despóticos, e contra a ideia de que os países africanos ou asiáticos deveriam permanecer em estado de dependência e subjugação.

As indicações disso são fortíssimas. A luta em favor dos direitos humanos e democráticos continua, para citar apenas alguns países, no Quênia, Haiti, Nigéria, Marrocos, Paquistão, Egito, Birmânia, Tunísia e El Salvador. Ademais, a importância crescente do movimento feminista tem aumentado as pressões sobre o estatismo oligárquico e o regime militar (ou monopartidário). Além disso, a cultura oposicionista ainda preserva laços entre o mundo ocidental e o mundo não europeu: temos sinais desse vínculo primeiramente nas ligações, por exemplo, de Césaire com o marxismo e o surrealismo, e mais tarde na conexão entre *Subaltern studies* e Gramsci e Barthes. Muitos intelectuais do mundo ex-colonizado têm se recusado a aceitar o destino infeliz do Indar, de Naipaul, jovem provinciano promissor que é procurado por fundações dos Estados Unidos, e depois é descartado, ficando sem esperanças, e sem ter para onde ir.

> De vez em quando ele só sabe de uma coisa, que é hora de ir para casa. Existe alguma aldeia de sonhos em sua mente. Enquanto isso, ele faz os serviços mais baixos. Sabe que está preparado para coisas melhores, mas não quer fazê-las. Acho que ele gosta que lhe digam que pode fazer melhor. Agora desistimos. Ele não arrisca mais nada.[169]

Indar é um dos "homens novos", um intelectual do Terceiro Mundo que se eleva a uma altura imerecida quando volúveis entusiastas do Primeiro Mundo resolvem apoiar movimentos nacionalistas insurgentes, mas que acaba perdendo quando diminui esse entusiasmo.

Será uma representação acurada da política e da cultura de resistência? A energia radical que impelia argelinos e indianos a uma insurreição de massa acabou sendo refreada e apagada pela independência? Não, porque o nacionalismo era apenas um dos aspectos da resistência, e não o mais interessante nem o mais duradouro.

Na verdade, o fato de podermos ver e julgar a história nacionalista com tanta severidade é um atestado da perspectiva radicalmente nova que uma oposição mais profunda oferece à experiência completa do imperialismo histórico; ela deriva positivamente das doutrinas descentralizadoras de Freud, Marx e Nietzsche, e negativamente das insuficiências da ideologia nacionalista. Ela permeia o *Discours sur le colonialisme* [Discurso sobre o colonialismo], de Aimé Césaire, mostrando que as ideologias da dependência colonial e da inferioridade racial dos negros foram sub-repticiamente incorporadas no jargão moderno da psiquiatria, a qual, por sua vez, permite a Césaire utilizar sua própria força teórica desconstrucionista latente para minar sua própria autoridade imperial. A cultura nacionalista às vezes é ultrapassada de maneira dramática por uma fértil cultura de resistência, cujo cerne é a insurgência ativa, uma "técnica de agitação" dirigida contra a autoridade e o discurso do imperialismo.

No entanto, isso não acontece sempre, nem, infelizmente, na maior parte do tempo. Todas as culturas nacionalistas dependem maciçamente do conceito de identidade nacional, e a política nacionalista é uma política de identidade: o Egito para os egípcios, a África para os africanos, a Índia para os indianos, e assim por diante. O que Basil Davidson chama de "ambígua fecundidade"[170] do nacionalismo gera não só a afirmação de uma identidade antes incompleta e abafada, e afinal recuperada por meio dos sistemas nacionais de educação, mas também a inculcação da nova autoridade. Isso também vale para os Estados Unidos, onde a força vital da expressão afro-americana, das minorias e das mulheres às vezes se transforma em doutrina, como se o desejo de criticar o mito da América branca também significasse a necessidade de substituir esse mito por novos mitos dogmáticos.

Na Argélia, por exemplo, os franceses proibiram o árabe como língua formal de ensino e administração; após 1962, a FLN o transformou, compreensivelmente, na única língua oficial e implantou um novo sistema de educação árabe islâmica. A FLN, a seguir, promoveu uma política que absorvesse toda a sociedade civil argelina: em três décadas, esse alinhamento de autoridade estatal e partidária e identidade recuperada levou não só à concentração da maioria das atividades políticas nas mãos de um único partido e à destruição quase total da vida democrática, mas também, na direita, ao surgimento questionador de uma oposição islâmica, favorecendo uma identidade argelina militantemente muçulmana baseada em princípios corânicos (*shari'ah*). Na década de 1990, o país vive num estado de crise, disso resultando um atrito extremamente empobrecedor entre o governo, que anulou os resultados da eleição bem como a maioria das atividades políticas livres, e o movimento islâmico, que apela ao passado e à ortodoxia como base de sua autoridade. Ambos reivindicam o direito de governar a Argélia.

Em seu capítulo sobre "as desventuras da consciência nacional", em *Les damnés de la terre*, Fanon anteviu esse rumo das coisas. Ele achava que o futuro traria não a libertação, e sim uma extensão do imperialismo, a menos que a consciência nacional, no momento de sua vitória, se transformasse de alguma maneira numa consciência social. Sua teoria da violência não pretendia responder aos apelos de um nativo esfalfando-se sob a vigilância paternalista de um policial europeu e, em certo sentido, preferindo os serviços de um funcionário nativo em seu lugar. Pelo contrário, ela apresenta inicialmente o colonialismo como um sistema totalizador alimentado da mesma maneira —

a analogia implícita de Fanon é devastadora — que o comportamento humano é moldado por desejos inconscientes. Num segundo momento, de tipo hegeliano, surge um oposto maniqueísta, o nativo insurreto, cansado da lógica que o reduz, da geografia que o segrega, da ontologia que o desumaniza, da epistemologia que o despe até uma essência irregenerável. "A violência do regime colonial e a contraviolência do nativo se contrabalançam e reagem entre si numa homogeneidade extraordinariamente recíproca."[171] A luta deve ser elevada a um novo patamar de combate, uma síntese representada por uma guerra de libertação, para a qual é necessária uma cultura teórica pós-nacionalista inteiramente nova.

Se venho citando Fanon com tanta frequência, é porque, a meu ver, é ele quem expressa da forma mais intensa e decisiva a imensa guinada cultural do terreno da independência nacionalista para o domínio teórico da libertação. Essa guinada ocorre sobretudo nos países onde o imperialismo subsiste, depois que a maioria dos outros Estados coloniais já conquistou a independência: por exemplo, Argélia e Guiné-Bissau. Em todo caso, só é possível entender Fanon se compreendermos que sua obra é uma resposta a elaborações teóricas produzidas pela cultura do capitalismo ocidental tardio, recebida pelo intelectual nativo do Terceiro Mundo como uma cultura de opressão e escravização colonial. Toda a *œuvre* de Fanon consiste na tentativa de vencer a rigidez dessas mesmas elaborações teóricas com um ato de vontade política, de voltá-las contra seus próprios autores de modo a conseguirem, nos termos que ele toma de empréstimo a Césaire, inventar novas almas.

Fanon é penetrante ao associar a conquista da história do colono ao regime de verdade do imperialismo, ao qual presidem os grandes mitos da cultura ocidental:

> O colono faz a história. Sua vida é uma epopeia, uma odisseia. Ele é o começo absoluto: "Esta terra, fomos nós que a fizemos". É a causa contínua: "Se partirmos, tudo estará perdido, esta terra regredirá à Idade Média". Diante dele,

os seres embotados, atormentados interiormente pelas febres e pelos "costumes ancestrais", constituem um quadro quase mineral no dinamismo inovador do mercantilismo colonial.[172]

Assim como Freud escavou os alicerces subterrâneos do edifício da razão ocidental, assim como Marx e Nietzsche interpretaram os dados reificados da sociedade burguesa traduzindo-os como impulsos primitivos, mas produtivos, de domínio e acumulação, assim também Fanon lê o humanismo ocidental transportando fisicamente a grande massa arrogante do "alicerce greco-latino" para as incultas terras coloniais, onde "esta sentinela factícia é pulverizada".[173] Ela não consegue sobreviver justaposta à sua degradação cotidiana por obra dos colonos europeus. Nos gestos subversivos da escrita de Fanon há um homem altamente consciente, repetindo com ironia e deliberação a tática da cultura que o teria oprimido. A diferença entre, de um lado, Freud, Marx e Nietzsche e, de outro, o "intelectual nativo" de Fanon consiste no fato de que o pensador colonial fixa geograficamente seus predecessores — eles são *do* Ocidente — para melhor libertar-lhes as energias da matriz cultural opressora que os gerou. Vendo-os antiteticamente como intrínsecos ao sistema colonial e, ao mesmo tempo, potencialmente voltados contra ele, Fanon realiza um ato de encerramento do império e anuncia uma nova era. A consciência nacional, diz ele, "agora deve ser enriquecida e aprofundada por uma rapidíssima transformação numa consciência das necessidades sociais e políticas, em outras palavras, em [verdadeiro] humanismo".[174]

Como soa estranha a palavra "humanismo" neste contexto, em que fica isenta do individualismo narcisista, do separatismo e do egoísmo colonialista do imperialismo que justificava o domínio do homem branco. Tal como Césaire em seu *Retour*, Fanon reconcebeu o imperialismo em sua dimensão positiva como um ato coletivo revigorando e redirecionando uma massa inerte de nativos silenciosos, rumo a uma nova concepção abrangente de história.

Esse trabalho colossal que consiste em reintroduzir o homem no mundo, o homem total, há de ser feito com o auxílio decisivo das massas europeias que — é necessário que elas o reconheçam — muitas vezes se somaram, no passado, às fileiras de nossos senhores comuns, no tocante aos problemas coloniais. Para isso é imperioso, antes de mais nada, que as massas europeias resolvam despertar, sacudir o cérebro e parar de participar do jogo irresponsável da Bela Adormecida.[175]

A questão de como conseguir isso leva-nos das exortações e prescrições explícitas para a estrutura e o método extremamente interessantes de *Les damnés de la terre*. O que Fanon faz nessa sua última obra (publicada em 1961, poucos meses após sua morte) é, primeiramente, apresentar o colonialismo e o nacionalismo em seu embate maniqueísta, a seguir mostrar o nascimento de um movimento pela independência, e por fim transfigurar esse movimento numa força transpessoal e transnacional. A característica visionária e inovadora do último trabalho de Fanon deriva da notável sutileza com que ele *deforma* forçosamente a cultura imperialista e seu adversário nacionalista, no processo de olhar para além de ambos, no rumo da libertação. Como Césaire antes dele, Fanon impugna o imperialismo com o recurso a uma retórica vigorosa e uma síntese estruturada. Elas mostram a longa história cultural do imperialismo e — de maneira ainda mais vigorosa — permitem que Fanon formule novas estratégias e objetivos para a libertação.

Les damnés de la terre é uma obra híbrida — ensaio, ficção, análise filosófica, relato de caso psicológico, alegoria nacionalista, transcendência visionária da história. O livro começa com um esboço territorial do espaço colonial, dividido entre a cidade europeia limpa e iluminada e a casbah escura e fétida. A partir dessa posição maniqueísta baseada fisicamente, desenvolve-se todo o livro, acionado, por assim dizer, pela violência do nativo, uma força destinada a cobrir o abismo entre o branco e o não branco. Para Fanon, como eu disse antes, a violência é a síntese que supera a reificação do homem branco como sujeito e do homem negro como objeto. Minha hipótese é que, durante a redação do livro, Fanon leu *História e consciência de classe*, de Lukács, que acabava de ser publicado em Paris, em tradução francesa, em 1960. Lukács mostra que os efeitos do capitalismo são a fragmentação e a reificação: em tal sistema, todo ser humano torna-se objeto ou mercadoria, o produto do trabalho humano é alienado de seu produtor, a imagem da totalidade ou da comunidade desaparece por completo. O mais importante para o marxismo insurgente e herético exposto por Lukács (logo após a publicação em 1923, o livro foi retirado de circulação pelo próprio autor) era a separação entre a consciência subjetiva e o mundo dos objetos. Ela, diz Lukács, poderia ser superada por um ato de vontade mental, por meio do qual uma mente isolada se uniria a outra imaginando o elo comum entre ambas, rompendo a rigidez forçada que mantinha os seres humanos escravos de tirânicas forças exteriores. Daí se seguiria a reconciliação e a síntese entre sujeito e objeto.

A violência de Fanon, por meio da qual o nativo supera a divisão entre brancos e nativos, corresponde intimamente à tese lukacsiana sobre a superação da fragmentação por meio de um ato da vontade; Lukács chama a isso "não o rasgar único e irrepetível do véu que mascara o processo, mas a alternância ininterrupta de ossificação, contradição e movimento".[176] Assim se destrói a reificação sujeito-objeto em sua imobilidade aprisionadora. Fanon adota boa parte dessa tese extremamente audaciosa, oposicionista mesmo dentro do marxismo de oposição, em passagens como a seguinte, na qual a consciência do colono funciona como a de um capitalista, convertendo trabalhadores humanos em objetos inumanos e inconscientes:

> O colono faz a história e sabe que a faz. E porque se refere constantemente à história de sua metrópole, indica claramente que ele é aqui o prolongamento dessa metrópole. A história que escreve, portanto, não é a história da região por ele saqueada, mas a história de sua nação no território ex-

plorado, violado e esfaimado. A imobilidade [mais adiante ele fala do *apartheid* como uma das formas de "compartimentação": "O nativo é um ser encurralado [...] A primeira coisa que o nativo aprende é ficar no seu lugar"][177] a que está condenado o colonizado só pode ter fim se o colonizado se dispuser a pôr termo à história da colonização, à história da pilhagem, para criar a história da nação, a história da descolonização.[178]

No mundo de Fanon, a transformação só pode advir quando o nativo, a exemplo do trabalhador alienado de Lukács, decidir que a colonização deve terminar — em outras palavras, deve haver uma revolução epistemológica. Apenas então pode haver movimento. Nesse momento ingressa a violência, "uma força purificadora", que lança o colonizador diretamente contra o colonizado:

> A violência do regime colonial e a contraviolência do colonizado equilibram-se e correspondem-se numa extraordinária homogeneidade recíproca. [...] O trabalho do colono é tornar impossíveis até os sonhos de liberdade do colonizado. O trabalho do colonizado consiste em imaginar todas as combinações possíveis para aniquilar o colono. No plano do raciocínio, o maniqueísmo do colono produz um maniqueísmo do colonizado. À teoria do "nativo como mal absoluto" corresponde a teoria do "colono como mal absoluto".[179]

Aqui, além de remodelar a experiência colonial em termos sugeridos por Lukács, Fanon também caracteriza o surgimento do antagonista cultural e político do imperialismo. Suas imagens de tal surgimento são biológicas:

> O aparecimento do colono significou, sincreticamente, a morte da sociedade autóctone, letargia cultural, petrificação dos indivíduos. Para o colonizado, a vida só pode surgir

do cadáver em decomposição do colono. [...] Mas acontece que, para o povo colonizado, essa violência, por constituir seu único trabalho, reveste caracteres positivos, formadores. Essa práxis violenta é totalizante, visto que cada um se transforma em elo violento da grande cadeia, do grande organismo surgido como reação à violência primordial do colonialista.[180]

Aqui, sem dúvida, Fanon recorre à linguagem anterior do colonialismo francês, em que publicistas como Jules Harmand e Leroy-Beaulieu utilizavam as imagens biológicas do nascimento, do parto e da genealogia para descrever a relação de progenitura da França com seus filhos coloniais. Fanon inverte as coisas, usando essa terminologia para o nascimento de uma nova nação, e a linguagem da morte para o Estado-colono colonial. Mesmo esse antagonismo, porém, não cobre todas as diferenças que brotam ao se iniciar a revolta, e "a vida [parece ser] uma luta interminável".[181] Existem as grandes divisões entre o nacionalismo legal e o ilegal, entre a política da reforma nacionalista e a simples descolonização de um lado, e de outro a política ilícita da libertação.

Essas divisões são tão importantes quanto a divisão entre colonizado e colonizador (cujo mote é retomado, de maneira bem mais simples, por Albert Memmi).[182] Na verdade, o autêntico gênio profético de *Les damnés de la terre* está exatamente nisto: Fanon percebe a divisão entre a burguesia nacionalista na Argélia e as tendências libertacionistas da FLN, e também estabelece padrões históricos e narrativos conflitantes. Uma vez deflagrada a insurreição, as elites nacionalistas tentam estabelecer paridade com a França: reivindicações de direitos humanos, autodeterminação, sindicatos, e assim por diante. E como o imperialismo francês se dizia "assimilacionista", os partidos nacionalistas oficiais se veem forçados a se tornar agentes cooptados das autoridades dirigentes. (Foi este, por exemplo, o triste destino de Farhat Abbas, que perdeu qualquer esperança de granjear apoio popular ao obter a aprovação oficial francesa.)

Assim, os nacionalistas burgueses oficiais simplesmente recaem no padrão narrativo dos europeus, querendo virar mímicos, como diz Naipaul, meras correspondências nativas de seus senhores imperiais.

A brilhante análise de Fanon sobre a tendência liberacionista abre o segundo capítulo, intitulado "Grandeza e fraquezas da espontaneidade", cuja base é uma diferença temporal e de ritmo "entre os líderes de um partido nacionalista e a massa do povo".[183] Quando os nacionalistas copiam seus métodos dos partidos políticos ocidentais, surgem todos os tipos de tensões dentro do âmbito nacionalista — entre campo e cidade, entre líder e liderado, entre burguesia e campesinato, entre líderes feudais e líderes políticos —, todos eles explorados pelos imperialistas. O problema central é que, embora os nacionalistas oficiais queiram romper com o colonialismo, "[existe] uma outra vontade: a de entender-se amigavelmente com ele".[184] A partir daí, um grupo ilegal passa a questionar essa política, e logo é isolado, e muitas vezes encarcerado.

> Assiste-se a uma divisão próxima da ruptura entre a tendência ilegalista e a tendência legalista do partido. [...] [E resultará] um partido clandestino, lateral ao partido legal.[185]

Fanon mostra o efeito desse partido clandestino encenando sua existência numa contranarrativa, uma narrativa clandestina, movida por fugitivos, marginais, intelectuais perseguidos que fogem para o campo, e em seu trabalho e sua organização iluminam e também investem contra os pontos fracos da narrativa oficial do nacionalismo. Longe de conduzir

> o povo colonizado à soberania absoluta de um só jato, aquela certeza de que cada um levava consigo todas as partes da nação, à mesma velocidade e com a mesma inspiração, aquela força que sustentava a esperança, tudo isso se revela, à luz da experiência, uma imensa fraqueza.[186]

É exatamente esse poder de transmitir "a luz da experiência" que se encontra na tendência ilegalista que anima o partido da libertação. Esse partido mostra a todos que o racismo e a vontade de vingança "não conseguem sustentar uma guerra de libertação"; daí o nativo faz "a descoberta" de que, "rompendo com a opressão colonial, ele está automaticamente construindo um outro sistema de exploração", desta vez dando-lhe "uma face negra ou árabe", enquanto forem os mímicos a ocupar a liderança.

"A história ensina com clareza", observa Fanon a esse ponto, "que a batalha contra o colonialismo não corre diretamente segundo as linhas do nacionalismo."[187] Na imagem das "linhas do nacionalismo", Fanon entende que a narrativa convencional é, como notamos na obra de Conrad, fundamental para os atributos de apropriação e dominação do imperialismo. A própria narrativa é a representação do poder, e sua teleologia está associada ao papel global do Ocidente. Fanon foi o primeiro grande teórico do anti-imperialismo a perceber que o nacionalismo ortodoxo seguia pela mesma trilha aberta pelo imperialismo, que, parecendo conceder autoridade à burguesia nacionalista, estava na verdade estendendo sua hegemonia. Portanto, narrar uma história nacional simples é repetir, estender e também gerar novas formas de imperialismo. Entregue a si mesmo, o nacionalismo após a independência irá "se esmigalhar em regionalismos dentro da casca vazia do nacionalismo".[188] Os velhos conflitos regionais se repetem, um povo monopoliza privilégios contra outro povo, reinstauram-se as hierarquias e divisões constituídas pelo imperialismo, só que agora presididas por argelinos, senegaleses, indianos e assim por diante.

A menos, diz Fanon um pouco mais adiante, que "se dê um rápido passo [...] da consciência nacional para a consciência política e social".[189] Ele quer dizer, em primeiro lugar, que é preciso ir além das necessidades baseadas na consciência identitária (isto é, nacionalista). Em vez de coletividades particularistas, a precedência deve caber a novas coletividades gerais — africanas, árabes, islâmicas —, assim criando laços laterais, não narrativos, entre povos separados pelo imperialismo em tribos, narrativas e culturas autônomas. Em segundo — aqui, Fanon segue algumas ideias de Lukács —, o centro (a capital, a cultura oficial, o líder nomeado) deve ser dessacralizado e desmistificado. Um novo sistema de relações móveis deve substituir as hierarquias herdadas do imperialismo. Em passagens de força incandescente, Fanon recorre à poesia e ao teatro, a René Char e a Keita Fodeba. Libertação é consciência de si, "não o fechamento de uma porta de comunicação",[190] e sim um processo infindável de "descoberta e encorajamento" levando à verdadeira autolibertação nacional e ao universalismo.

Ao ler as páginas finais de *Les damnés de la terre*, tem-se a impressão de que Fanon, tendo se comprometido a combater tanto o imperialismo quanto o nacionalismo ortodoxo com uma contranarrativa de grande força desconstrutiva, não conseguiu deixar explícita a complexidade e força anti-identitária dessa contranarrativa. Mas, na obscuridade e dificuldade da prosa de Fanon, existem sugestões poéticas e visionárias suficientes para afirmar que a libertação é um *processo*, e não um objetivo alcançado automaticamente pelas novas nações independentes. Ao longo de todo o livro (escrito em francês), Fanon quer de algum modo unir o europeu e o nativo numa nova comunidade não antagônica de consciência e anti-imperialismo.

Em suas críticas e na solicitação da atenção europeia, encontramos a mesma energia cultural que vemos na literatura de Ngugi, Achebe e Salih. A mensagem é que devemos lutar para libertar toda a humanidade do imperialismo; devemos forçosamente escrever nossas histórias e culturas de uma nova maneira; partilhamos a mesma história, ainda que essa história tenha escravizado alguns de nós. Em suma, é escrever a partir das colônias coextensivamente com o verdadeiro potencial da libertação pós-colonial. A Argélia foi libertada, o Quênia e o Sudão também. Permanecem as importantes ligações com as antigas potências imperiais, bem como a nova percepção do que pode e do que não pode ser resgatado da antiga relação, do que, nela, merece ou não merece confiança. Aqui também é a cultura, o esforço cultural que prenuncia o curso das coisas vindouras — muito antes da política cultural do período pós-colonial dominado pelos Estados Unidos, a superpotência remanescente.

Visto que boa parte da literatura de resistência foi escrita no calor da batalha, existe uma tendência compreensível de se concentrar em seu tom categórico, combativo, muitas vezes estridente. Ou de enxergar nela o esboço dos horrores do regime de Pol Pot. De um lado, uma inundação de artigos recentes sobre Fanon encara-o estritamente como pregador conclamando os oprimidos à violência, e apenas à violência. Pouco se comenta a propósito da violência colonial francesa; segundo a polêmica estridente de Sidney Hook, Fanon não passa de um inimigo irracional, em última análise estúpido, do "Ocidente". Por outro lado, é difícil deixar de notar nos admiráveis discursos e escritos de Amílcar Cabral a intensidade extraordinária de sua força mobilizadora, sua animosidade e violência, a maneira como o *ressentiment* e o ódio continuam aflorando — tanto mais evidentes contra o pano de fundo especialmente brutal do colonialismo português. Mas não conseguiríamos entender de fato textos como "As armas da teoria" e "Libertação nacional e cultura" se deixássemos de lado o utopismo e a generosidade teórica de Cabral, assim como é um equívoco não enxergar em Fanon algo que ultrapassa em muito a mera celebração do conflito violento. Para ambos, Cabral e Fanon, a ênfase sobre a "luta armada" é eminentemente tática. Para Cabral, é preciso que a libertação se dê por meio da violência, da organização e da militância porque o imperialismo afastou o não europeu de experiências permitidas apenas aos brancos. Mas, diz Cabral, "passou-se o tempo em que, na tentativa de perpetuar a dominação dos povos, a cultura era vista como um atributo de povos ou nações privilegiadas e, por ignorância ou má-fé, era confundida com habilidade técnica, quando não com a cor da pele ou o formato dos olhos".[191] Acabar com essas barreiras é admitir o não europeu em todo o leque da experiência humana; pelo menos, toda a espécie humana pode ter um destino e, mais importante, uma história.

Sem dúvida, como eu disse antes, a resistência cultural ao imperialismo com frequência assumiu uma forma que podemos dizer nativista, usada como refúgio particular. É o que vemos não só em Jabarti, mas também no grande herói primevo da resistência argelina, o emir Abdel Kader, guerreiro oitocentista que combatia as forças francesas de ocupação e, simultaneamente, cultivava em claustro um aprendizado espiritual do mestre sufista Ibn Arabi, do século XIII.[192] Lutar dessa maneira contra as distorções infligidas à identidade é voltar a um período pré-imperial, para ali situar uma cultura nativa "pura". Isso é muito diferente das interpretações revisionistas, como de Guha ou de Chomsky, cuja finalidade é desmistificar os interesses atuantes dos estudiosos do sistema que se especializam em culturas "atrasadas", e avaliar a complexidade do processo interpretativo. De certa forma, o nativista afirma que é possível passar da interpretação para o fenômeno puro, um fato literal que pede concordância e confirmação, em vez de debate e investigação. Pode-se encontrar essa intensidade passional em condenações gerais do "Ocidente", como *Occidentosis: A plague from the West* [Ocidentose: Um praga vinda do Ocidente] (1961-2),[193] de Jalal Ali Ahmad, ou em Wole Soyinka, ao supor a existência de um africano nativo puro (como em seu infeliz ataque ao islamismo e aos árabes por desfigurarem a experiência africana);[194] pode-se ver essa intensidade usada de maneira mais interessante e fecunda na proposta de Anwar Abdel-Malek sobre "projetos civilizatórios" e a teoria das culturas endogâmicas.[195]

Não estou interessado aqui em gastar muito tempo discutindo as consequências culturais obviamente infelizes do nacionalismo no Iraque, Uganda, Zaire, Líbia, Filipinas, Irã e América Latina. Os aspectos perniciosos do nacionalismo já foram objeto de digressões e caricaturas suficientes por uma vasta legião de comentadores, especializados e diletantes, para os quais o mundo não ocidental depois da retirada dos brancos parece ter se reduzido a pouco mais do que uma mistura asquerosa de chefes tribais, bárbaros despóticos e fundamentalistas ensandecidos. Uma abordagem mais interessante da tendência nativista — e a ideologia fundacionista bastante ingênua que lhe dá sustentação — encontra-se em interpretações da cultura crioula ou mestiça como a de Rodó, em *Ariel*, ou de fabulistas latino-americanos cujos textos mostram a *impureza* patente, a fascinante mescla de real e surreal de toda experiência. Quando lemos "realistas mágicos" como Carpentier, o primeiro a descrever tal mescla, Borges, García Márquez e Fuentes, captamos com nitidez os densos fios entrelaçados de uma história que zomba da narrativa linear, das "essências" facilmente recuperadas, da mimese dogmática da representação "pura".

Em seus melhores aspectos, a cultura de oposição e resistência sugere uma alternativa teórica e um método prático para reconceber a experiência humana em termos não imperialistas. Digo "sugere", em lugar de um "fornece" mais positivo, por razões que, espero, logo se tornarão evidentes.

Em primeiro lugar, vou recapitular rapidamente os pontos principais de minha argumentação. A guerra cultural e ideológica contra o imperialismo ocorre sob a forma de resistência nas colônias e, depois, quando a resistência se alastra para a Europa e os Estados Unidos, sob a forma de oposição ou discordância na metrópole. A primeira fase dessa dinâmica produz movimentos de independência nacionalistas; a segunda fase, posterior e mais aguda, produz lutas de libertação. A premissa básica dessa análise é que, embora a divisão imperial de fato separe as metrópoles e as periferias, e embora cada discurso cultural se desdobre segundo diferentes programas, retóricas e imagens, elas, na verdade, estão vinculadas, mesmo que nem sempre numa perfeita correspondência. O governo britânico na Índia demandou Babus, assim como os Nehru e Gandhi, depois, assumiram a Índia montada pelos ingleses. A ligação se faz no nível cultural, pois, como venho dizendo, a experiência imperialista, tal como todas as práticas culturais, tem entrelaçamentos e sobreposições. Não só os colonizadores rivalizavam e competiam entre si, mas também os colonizados procediam assim, muitas vezes passando do mesmo tipo geral de "resistência primária" para partidos nacionalistas semelhantes, buscando soberania e independência.

Mas foi apenas isso que o imperialismo e seus inimigos criaram, um círculo incessante de imposições e contraimposições, ou terá se aberto um novo horizonte?

Não há muita dúvida de que Fanon e Cabral, por exemplo, se hoje estivessem vivos, ficariam imensamente desapontados com o resultado de seus esforços. Faço tal consideração tomando suas obras como uma teoria não só da resistência e da descolonização, mas também da libertação. De todas as maneiras, suas obras não conseguiram descrever ou controlar totalmente as forças históricas um tanto incipientes, as antíteses confusas, os eventos dessincronizados que elas tentavam articular. A posição de Fanon quanto à rapacidade e ao divisionismo das burguesias nacionais se demonstrou acertada, mas ele não ofereceu, e nem poderia oferecer, um antídoto institucional ou sequer teórico para tais males.

Mas não é como estadistas ou (para usar uma expressão pomposa) pais fundadores que os maiores autores da resistência, como Fanon e Cabral, devem ser lidos e interpretados. Embora haja uma continuidade entre a luta pela libertação nacional e a independência nacional, não é — e na minha opinião nunca foi — uma continuidade cultural. Ler Fanon e Cabral, ou C. L. R. James e George Lamming, ou Basil Davidson e Thomas Hodgkin simplesmente como especialistas em relações internacionais ou como João Batista de qualquer partido dirigente é pura paródia. Havia algo mais em andamento, algo que irrompe de repente, e se afasta bruscamente da unidade forjada entre imperialismo e cultura. Por que é tão difícil perceber isso?

Entre outras coisas, a teoria e estruturas teóricas sugeridas por escritores da libertação raramente adquirem a autoridade imperativa — e uso os termos literalmente — ou a feliz universalidade de seus parceiros contemporâneos, majoritariamente ocidentais. Há razões para tanto, uma delas, e não a menos importante, sendo a que mencionei no capítulo anterior, a saber: à semelhança dos recursos narrativos empregados em *Co-*

ração das trevas, muitas teorias culturais aspirando à universalidade supõem e incorporam a desigualdade racial, a subordinação das culturas inferiores, a aquiescência daqueles que, nos termos de Marx, não podem representar a si mesmos e, portanto, têm de ser representados por outros. "Daí decorrem", diz o estudioso marroquino Abdullah Laroui,

> as condenações da intelectualidade do Terceiro Mundo ao imperialismo cultural. Por vezes, as pessoas ficam perplexas com o mau tratamento dispensado ao velho paternalismo liberal, ao eurocentrismo de Marx e ao antirracismo estruturalista (Lévi-Strauss). É porque não querem enxergar que estes podem fazer parte do mesmo sistema hegemônico.[196]

Ou, como colocou Chinua Achebe, ao observar que os críticos ocidentais muitas vezes criticam a literatura africana por falta de "universalidade":

> Algum dia ocorreu a esses universalistas experimentar a brincadeira de mudar os nomes de personagens e lugares de um romance americano, digamos, um Philip Roth ou um Updike, e colocar nomes africanos, só para ver o que acontece? Mas é claro que não lhes ocorreria duvidar da universalidade de sua literatura. Pela própria natureza das coisas, a obra de um escritor ocidental é automaticamente modelada pela universalidade. São só os outros que têm de lutar para atingi-la. A obra de fulano é universal: ele realmente chegou lá! Como se a universalidade fosse uma curva lá longe na estrada, a que você pode chegar se seguir o suficiente na direção da Europa ou dos Estados Unidos, se você colocar uma distância adequada entre você e sua casa.[197]

Como um lembrete instrutivo desse infeliz estado das coisas, consideremos os trabalhos quase contemporâneos de Michel Foucault e Frantz Fanon, ambos ressaltando a problemática iniludível da imobilização e do confinamento no cerne do sistema ocidental do saber e da disciplina. A obra de Fanon procura de forma programática abordar as sociedades colonial e metropolitana em conjunto, como entidades discrepantes, mas relacionadas, ao passo que a obra de Foucault se afasta progressivamente da avaliação séria das totalidades sociais, concentrando-se, ao contrário, no indivíduo dissolvido numa "microfísica do poder"[198] que avança inelutavelmente e à qual é impossível resistir. Fanon representa os interesses de um público duplo, nativo e ocidental, passando do confinamento para a libertação; ignorando o contexto imperial de suas próprias teorias, Foucault, na verdade, parece representar um movimento colonizador irresistível que, paradoxalmente, fortalece o prestígio tanto do estudioso individual quanto do sistema que o contém. Os dois autores têm Hegel, Marx, Freud, Nietzsche, Canguilhem e Sartre em sua bagagem, mas apenas Fanon coloca esse tremendo arsenal a serviço do antiautoritarismo. Foucault, talvez devido a seu desencantamento com as revoltas da década de 1960 e com a Revolução iraniana, afasta-se totalmente da política.[199]

Grande parte do marxismo ocidental, em seus departamentos estéticos e culturais, encontra-se igualmente cega à questão do imperialismo. A teoria crítica da Escola de Frankfurt, apesar de seus vislumbres fundamentais das relações entre a dominação, a sociedade moderna e as possibilidades de redenção por intermédio da arte enquanto crítica, silencia de maneira assombrosa no que diz respeito à teoria racista, à resistência anti-imperialista e à práxis oposicionista no império. E para que esse silêncio não seja interpretado como descuido, temos Jürgen Habermas, o principal teórico frankfurtiano da atualidade, explicando numa entrevista (originalmente publicada em *The New Left Review*) que tal silêncio é uma abstenção deliberada: não, diz ele, não temos nada a dizer para "as lutas anti-imperialistas e anticapitalistas no Terceiro Mundo", mesmo que, acrescenta ele, "eu esteja ciente de que esta é uma visão eurocentricamente limitada".[200] Todos os grandes teóricos franceses, à exceção de Deleuze, Todorov e Derrida, têm sido igualmente negligentes, o que não impede que seus gabinetes misturem teorias marxistas, linguísticas, psicanalíticas e históricas, com implícita aplicabilidade ao mundo inteiro. A mesma coisa pode ser dita em relação à maior parte da teoria cultural anglo-saxônica, com a importante exceção do feminismo e de alguns trabalhos de jovens críticos influenciados por Raymond Williams e Stuart Hall.

Assim, se a teoria europeia e o marxismo ocidental como coeficientes culturais da libertação não se demonstraram, de maneira geral, aliados confiáveis na resistência ao imperialismo — pelo contrário, pode-se suspeitar que fazem parte do mesmo "universalismo" hostil que vinculou cultura e imperialismo durante séculos —, como o anti-imperialismo libertacionista tentou quebrar essa unidade aprisionadora? Em primeiro lugar, graças a uma nova orientação integradora ou contrapontual em história, que vê uma interligação nas experiências ocidentais e não ocidentais, por estarem vinculadas pelo imperialismo. Em segundo lugar, graças a uma visão criativa, e até utópica, que reconcebe a teoria e a prática emancipadoras (opostas às confinadoras). Em terceiro lugar, graças a um investimento não em novas autoridades, doutrinas e ortodoxias codificadas, nem em causas e instituições estabelecidas, mas numa espécie particular de energia nômade, migratória, antinarrativa.

Ilustrarei esses pontos com uma magnífica passagem de *The black jacobins*, de C. L. R. James. Vinte e poucos anos depois da publicação de seu livro, em 1938, James acrescentou mais um capítulo, "De Toussaint L'Ouverture a Fidel Castro". Mesmo sendo uma figura extremamente original, como eu disse, em nada diminui seu mérito associar sua obra à de vários historiadores e jornalistas metropolitanos — Basil Davidson, Thomas Hodgkin, Malcolm Caldwell, entre outros, na Inglaterra, Maxime Rodinson, Jacques Chesneaux, Charles-Robert Argeron, entre outros, na França — que trabalharam no cruzamento entre imperialismo e cultura, indo desde a literatura, passando pelo jornalismo e até os estudos acadêmicos. Ou seja, era uma tentativa consciente de escrever uma história embebida da luta entre a Europa imperial e as periferias, levando-a em conta da maneira mais completa possível, e ainda de escrevê-la do ponto de vista e como partícipe da luta contra a dominação imperial, seja na escolha do objeto, seja no tratamento e na metodologia. Para todos eles, a história do Terceiro Mundo teve de vencer os pressupostos, as atitudes e os valores implícitos nas narrativas coloniais. Se isso significava, como de fato ocorreu em muitos casos, adotar uma posição partidária de defesa, vá lá, que assim fosse; era impossível escrever sobre a libertação e o nacionalismo sem se declarar contra ou a favor, mesmo que da maneira mais alusiva. Eles estavam certos, a meu ver, ao supor que, numa concepção de mundo tão totalizante quanto a do imperialismo, não podia haver neutralidade: estava-se contra ou a favor do império, e, visto que eles mesmos tinham vivenciado o império (como brancos ou nativos), não havia escapatória.

The black jacobins, de James, trata a revolta escrava de São Domingos como um processo se desenrolando dentro da mesma história da Revolução Francesa, e Napoleão e Toussaint são as duas grandes figuras que dominam aqueles anos turbulentos. Os acontecimentos na França e no Haiti se entrecruzam e se remetem mutuamente como vozes numa fuga. A narrativa de James é fragmentada como uma história dispersada na geografia, nas fontes de arquivo, na ênfase negra e também francesa. Além disso, James descreve Toussaint como um indivíduo que assume a luta pela liberdade humana — luta que também se desdobra na metrópole, à qual ele deve culturalmente sua linguagem e muitas de suas posições morais — com uma determinação rara entre subordinados, e ainda mais entre escravos. Toussaint se apropria dos princípios da Revolução não como negro, e sim como ser humano, com uma profunda consciência histórica de que, ao descobrir a linguagem de Diderot, Rousseau e Robespierre, o indivíduo segue seus predecessores com criatividade, empregando as mesmas palavras, utilizando inflexões que transformavam a retórica em realidade.

O fim da vida de Toussaint foi terrível, como prisioneiro de Napoleão, encarcerado na França. Mas o objeto do livro de James, propriamente falando, não reside na biografia de Toussaint, da mesma forma como não seria suficiente apresentar a história da Revolução Francesa sem levar em conta a revolta haitiana. O processo continua no presente — por isso o apêndice de James em 1962, "De Toussaint a Castro" — e o problema permanece. Como escrever uma história pós- ou não imperial que não seja ingenuamente utópica ou desesperadamente pessimista, dada a realidade sempre enredada da dominação no Terceiro Mundo? É uma aporia metodológica e meta-histórica, e a pronta solução de James é extremamente criativa.

Numa rápida digressão para reinterpretar *Cahier d'un retour au pays natal*, de Aimé Césaire, James desvenda o movimento do poeta por entre as privações da vida na América Central, por entre as "austeridades férreas rigorosas" e as "conquistas vangloriosas" do "mundo branco", voltando então à América Central, onde, na vontade de se livrar do ódio que antes sentira por seus opressores, o poeta declara seu compromisso de "ser o cultivador dessa raça única". Em outras palavras, Césaire descobre que a continuação do imperialismo significa que é preciso pensar no "homem" (a ênfase exclusivamente masculina é chocante) como mais do que "um parasita no mundo". "Manter-se no mesmo passo do mundo" não é a única obrigação:

> *mas a obra do homem está apenas no início*
> *ainda resta a ele conquistar tudo*
> *a violência entrincheirada em sua paixão.*
>
> *Nenhuma raça detém o monopólio da beleza,*
> *da inteligência, da força, e há lugar*
> *para todos no ponto de encontro*
> *da vitória.*[201]

Este, diz James, é o cerne do poema de Césaire, exatamente quando ele descobre que a afirmação defensiva da própria identidade, a *négritude*, não é suficiente. A *négritude* é apenas uma contribuição para o "ponto de encontro da vitória". "A visão do poeta", acrescenta James, "não é econômica nem política, é poética, *sui generis*, verdadeira em si e sem precisar de nenhuma outra verdade. Mas seria do mais vulgar racismo não ver aqui uma encarnação poética da famosa frase de Marx, "A verdadeira história da humanidade irá começar".[202]

Nesse momento, James dá outra volta não narrativa e contrapontual. Em vez de acompanhar Césaire voltando à história da América Central ou do Terceiro Mundo, em vez de mostrar seus antecedentes poéticos, ideológicos ou políticos imediatos, James coloca-o ao lado de seu grande contemporâneo anglo-saxão, T. S. Eliot, cuja conclusão é "Encarnação":

> *Here the impossible union*
> *Of spheres of existence is actual,*
> *Here the past and the future*
> *Are conquered, and reconciled,*
> *Where action were otherwise movement*
> *Of that which is only moved*
> *And has in it no source of movement.*

> [Aqui a impossível união
> das esferas da existência é real,
> Aqui o passado e o futuro
> são conquistados, e reconciliados,
> Onde, do contrário, a ação seria movimento
> daquilo que apenas é movido
> e em si não tem nenhuma fonte de movimento.][203]

Passando tão inesperadamente de Césaire a "Dry Salvages" de Eliot, versos de um poeta pertencente, pode-se pensar, a uma esfera totalmente diversa, James emprega a força poética da "verdade nela mesma" como veículo para passar do provincianismo de um fio histórico para a apreensão de outras histórias, todas animadas e concretizadas numa "impossível união". É um exemplo literal do começo da história humana, estipulado por Marx, e confere à sua prosa a dimensão de uma comunidade social tão concreta quanto a história de um povo, tão geral quanto a visão do poeta.

Não sendo teoria abstrata, pronta e fechada, nem desalentadora coleção de fatos narráveis, essa parte do livro de James encarna (e não apenas apresenta ou transmite) as energias da libertação anti-imperialista. Duvido que alguém consiga dele extrair alguma doutrina repetível, alguma teoria reutilizável ou uma história memorável, e muito menos a burocracia de um futuro Estado. Pode-se dizer, talvez, que é a história e a política do imperialismo, da escravidão, conquista e dominação libertadas pela poesia, para uma visão que se baseia, se é que não traz, a verdadeira libertação. Na medida em que podemos nos aproximar dela em outros começos da história, como *The black jacobins*, é uma parte daquilo que na história da humanidade pode nos levar da história da dominação para a realidade da libertação. Esse movimento resiste aos caminhos narrativos já batidos e controlados, e evita os sistemas da teoria, da doutrina e da ortodoxia. Mas, como atesta toda a obra de James, ele não abandona os princípios sociais da comunidade, da vigilância crítica e da orientação teórica. E na Europa e nos Estados Unidos contemporâneos, tal movimento, com sua ousadia e generosidade de espírito, é especialmente necessário, à medida que avançamos para o século XXI.

4. LIVRE DA DOMINAÇÃO NO FUTURO

> *Os novos homens do Império são os que acreditam em novos começos, novos capítulos, novas páginas; eu continuo a lutar com a velha história, esperando que, antes que se acabe, ela me revele por que achei que valia a pena me dar a esse trabalho.*
> J.M. Coetzee, *À espera dos bárbaros*

ASCENDÊNCIA AMERICANA: O ESPAÇO PÚBLICO EM GUERRA

O imperialismo não acabou, não virou de repente "passado" ao se iniciar, com a descolonização, a desmontagem dos impérios clássicos. Toda uma herança de vínculos ainda liga países como Argélia e Índia à França e Inglaterra, respectivamente. Um novo e imenso contingente de muçulmanos, africanos e centro-americanos dos antigos territórios coloniais agora reside na Europa metropolitana; mesmo a Itália, Alemanha e Escandinávia têm, hoje, de enfrentar esses movimentos populacionais, que em larga medida resultam do imperialismo e da descolonização, bem como da expansão da população europeia. Ademais, o fim da Guerra Fria e da União Soviética alterou definitivamente o mapa mundial. O triunfo dos Estados Unidos como a última superpotência sugere que um novo arranjo de linhas de força irá estruturar o mundo, e elas já começavam a se evidenciar desde as décadas de 1960 e 1970.

Michael Barratt-Brown, num prefácio à segunda edição, em 1970, de seu livro *After imperialism* [Após o imperialismo] (1963), afirma "que o imperialismo ainda é, inquestionavelmente, uma força poderosíssima nas relações econômicas, políticas e militares por meio das quais os países menos desenvolvidos economicamente estão subordinados aos mais desenvolvidos economicamente. Podemos ainda aguardar seu fim".[1] É irônico que as descrições da nova forma imperialista empreguem sistematicamente expressões grandiloquentes e apocalípticas que não seriam aplicadas com a mesma facilidade aos impérios clássicos durante seu apogeu. Algumas delas têm um ar de inevitabilidade extremamente desacorçoadora, uma espécie de tom assoberbante, impessoal e determinista. Acumulação mundial, sistema capitalista mundial, desenvolvimento do subdesenvolvimento, imperialismo e dependência ou estrutura da dependência, pobreza e imperialismo: o repertório é bem conhecido na economia, ciência política, história e sociologia, e tem sido identificado menos com a Nova Ordem Mundial do que com membros de uma controversa escola de pensamento de esquerda. Todavia, as implicações culturais dessas expressões e conceitos são visíveis — apesar de sua natureza muito debatida e pouco esclarecida — e, infelizmente, não resta dúvida de que são deprimentes mesmo para os olhos mais despreparados.

Quais são as características marcantes da reapresentação das velhas desigualdades imperiais, a persistência do "antigo regime" (na expressiva cunhagem de Arno Mayer)?[2] Sem dúvida, uma delas é o imenso abismo econômico entre Estados ricos e pobres, cuja topografia basicamente muito simples foi traçada nos termos mais crus pelo chamado Relatório Brandt, *North--South: A program for survival* [Norte-Sul: Um programa para a sobrevivência] (1980).[3] Suas conclusões vêm vazadas na linguagem da crise e da emergência: as nações mais pobres do hemisfério Sul devem ter suas "necessidades básicas" atendidas, a fome precisa ser abolida, o poder aquisitivo, aumentado; a indústria do hemisfério Norte deve permitir um verdadeiro crescimento nos centros industriais do Sul, as atividades das corporações multinacionais devem sofrer "restrições", o sistema monetário mundial deve passar por reformas, as finanças do desenvolvimento devem ser mudadas para eliminar o que foi muito bem definido como "a armadilha da dívida".[4] O xis da questão é a divisão do poder, diz o relatório, ou seja, dar aos países do Sul um quinhão mais justo de "poder e decisão dentro das instituições monetárias e financeiras".⁵

É difícil discordar do diagnóstico do relatório, tanto mais fidedigno por seu tom moderado e pela silenciosa pintura que faz da rapacidade, da cobiça e da imoralidade desenfreadas do Norte, e mesmo por suas recomendações. Mas como se darão essas mudanças? A classificação pós-guerra de todas as nações em três "mundos" — cunhada por um jornalista francês — foi abandonada em grande parte.⁶ Willy Brandt e seus colegas reconhecem implicitamente que as Nações Unidas, uma organização admirável em princípio, não têm se mostrado adequadas para lidar com os inúmeros conflitos regionais e globais que ocorrem com uma frequência crescente. À exceção do trabalho de pequenos grupos (por exemplo, o World Order Models Project [Projeto de Modelos da Ordem Mundial]), o pensamento global tende a reproduzir as disputas das superpotências, da Guerra Fria, regionais, ideológicas, étnicas de antes, ainda mais perigosas na era nuclear e pós-nuclear, como provam os horrores na Iugoslávia. A probabilidade é que os poderosos se tornem mais poderosos e ricos; os fracos, menos poderosos e mais pobres; o fosso entre os dois lados ultrapassa as distinções anteriores entre regimes capitalistas e socialistas, as quais, pelo menos na Europa, tornaram-se menos significativas.

Em 1982, Noam Chomsky concluiu que, naquela década,

> o conflito "Norte-Sul" não se aplacará, e novas formas de dominação terão de ser criadas para assegurar aos segmentos privilegiados da sociedade industrial a preservação de um controle substancial dos recursos mundiais, humanos e materiais, e dos lucros desproporcionais derivados desse controle. Assim, não surpreende que a reconstituição da ideologia nos Estados Unidos encontre eco em todo o mundo industrial. [...] Mas é absolutamente indispensável para o sistema ideológico ocidental que se estabeleça um enorme fosso entre o Ocidente civilizado, com seu tradicional compromisso com a dignidade humana, a liberdade

e a autodeterminação, e a brutalidade bárbara daqueles que, por alguma razão — talvez genes defeituosos —, não conseguem apreciar a profundidade desse compromisso histórico, tão bem revelado pelas guerras americanas na Ásia, por exemplo.[7]

A passagem de Chomsky do dilema Norte-Sul para o predomínio americano e ocidental é, a meu ver, essencialmente correta, embora a diminuição do poder econômico americano, a crise urbana, econômica e cultural dos Estados Unidos, a ascensão dos Estados da região do Pacífico e as confusões de um mundo multipolar tenham calado a estridência do período Reagan. Em primeiro lugar, ela ressalta que se mantém a necessidade ideológica de consolidar e justificar a dominação em termos culturais, o que tem sido o caso no Ocidente desde o século XIX e mesmo antes. Em segundo, ela assinala bem o estribilho — baseado nas constantes projeções e teorizações do poderio americano, e muitas vezes expresso de maneira muito insegura e, portanto, exagerada — de que hoje vivemos num período de ascendência americana.

Estudos realizados na década de 1980 a respeito de grandes personalidades de meados do século XX ilustram o que quero dizer. *Walter Lippmann and the American century* [Walter Lippmann e o século americano], de Ronald Steel, apresenta o quadro mental dessa ascendência, tal como se inscreveu na carreira do jornalista americano mais famoso — com mais poder e prestígio — do século. O extraordinário na carreira de Lippmann, como é mostrada no livro de Steel, não é que ele estivesse certo ou fosse especialmente perspicaz em suas matérias ou previsões sobre acontecimentos mundiais (pelo contrário), mas que, de uma posição "de quem está por dentro" (a expressão é sua), ele anunciasse o predomínio americano global e irrestrito, exceto no Vietnã, e que achasse que sua função enquanto sábio era ajudar seus compatriotas a fazer "um ajuste à realidade", a realidade do poderio americano sem par no mundo, o que ele tornava mais aceitável enfatizando o moralismo, o realismo e o altruísmo dos Estados Unidos com "um talento notável em não se afastar demais do impulso da opinião pública".[8]

Uma concepção similar, embora expressa no tom de um mandarim dotado de um entendimento mais austero e elitista do papel americano mundial, encontra-se nos influentes textos de George Kennan. Autor da política de contenção que guiou o pensamento oficial dos Estados Unidos durante boa parte da Guerra Fria, Kennan achava que seu país era o guardião da civilização ocidental. Para ele, tal destino no mundo não europeu não supunha qualquer esforço dos Estados Unidos em se fazer popular ("idealismo rotariano", escarnecia ele), dependendo sobretudo de "conceitos claros de poder". E como nenhum povo ou Estado ex-colonizado tinha meios de desafiar os Estados Unidos em termos militares ou econômicos, Kennan aconselhava a contenção. Todavia, num memorando escrito em 1948 para o Policy Planning Staff [Grupo de Planejamento Político], ele aprovava a recolonização da África e também, em algo que escreveu em 1971, o apartheid (mas não seus excessos), se bem que desaprovasse a intervenção americana no Vietnã e, de modo geral, "uma espécie puramente americana de sistema imperial informal".[9] Ele não tinha qualquer dúvida de que a Europa e os Estados Unidos estavam em posição única para comandar o mundo, opinião que o fazia considerar seu próprio país como uma espécie de "adolescente" crescendo para ocupar o papel outrora desempenhado pelo império britânico.

Outras forças modelaram a política exterior americana do pós-guerra, além de homens como Lippmann e Kennan — ambos homens solitários, afastados da sociedade de massa em que viviam, odiando o chauvinismo e as formas mais toscas do comportamento agressivo dos americanos. Eles sabiam que o isolacionismo, o intervencionismo, o anticolonialismo, o imperialismo livre-cambista estavam relacionados com as características nacionais da vida política americana, definida por Richard Hofstadter como "anti-intelectual" e "paranoica": elas geraram as incoerências, os avanços e recuos da política externa americana antes do fim da Segunda Guerra Mundial. No entanto, a ideia da liderança e excepcionalidade dos Estados Unidos nunca está ausente; qualquer coisa que façam os Estados Unidos, essas autoridades em geral não querem que eles sejam uma potência imperial como seus predecessores, preferindo, em lugar disso, a ideia de "responsabilidade mundial" como princípio de suas ações. Princípios anteriores — expressos na Doutrina Monroe, no "destino manifesto", e assim por diante — levam à "responsabilidade mundial", que corresponde exatamente ao crescimento dos interesses mundiais dos Estados Unidos após a Segunda Guerra Mundial e à concepção de seu enorme poderio, tal como era formulado pela política exterior e pela elite intelectual.

Numa exposição clara e convincente dos males que isso causou, Richard Barnet nota que, entre 1945 e 1967 (data em que parou de contar), todo ano houve uma intervenção militar americana no Terceiro Mundo. Desde aquela época, os Estados Unidos demonstram uma atividade impressionante, mais notadamente durante a Guerra do Golfo em 1991, quando 650 mil soldados foram enviados a cerca de 10 mil quilômetros de distância para deter e fazer recuar uma invasão iraquiana num aliado americano. Tais intervenções, como diz Barnet em *The roots of war* [As raízes da guerra], têm "todos os elementos de um poderoso credo imperial [...]: um sentido de missão, de necessidade histórica e fervor evangélico". E prossegue:

> O credo imperial está baseado numa teoria de legislação. Segundo os globalistas estridentes, como [Lyndon Baines] Johnson, e os globalistas emudecidos, como Nixon, o objetivo da política externa americana é criar um mundo sempre mais submetido ao domínio da lei. Mas são os Estados Unidos que devem "organizar a paz", para empregar as palavras do secretário de Estado Rusk. Os Estados Unidos impõem o "interesse internacional" estabelecendo as regras básicas para o desenvolvimento econômico e a movimentação militar em todo o planeta. Assim, os Estados Unidos estabelecem regras para o comportamento soviético em Cuba,

o comportamento brasileiro no Brasil, o comportamento vietnamita no Vietnã. A política da Guerra Fria é expressa por sua série de diretrizes sobre questões extraterritoriais como a permissão para a Inglaterra comerciar com Cuba ou o governo da Guiana inglesa ser dirigido por um dentista marxista. A definição de Cícero sobre o Império romano em seus primeiros tempos era muito semelhante. Consistia no âmbito sobre o qual Roma usufruía do direito legal de impor a lei. Hoje os Estados Unidos se atribuem o direito de intervir no mundo todo, inclusive na União Soviética e na China, cujos territórios o governo americano decidiu que podem ser sobrevoados por sua aviação militar. Os Estados Unidos, excepcionalmente abençoados com riquezas tremendas e uma história extraordinária, colocam-se acima do sistema internacional, e não dentro dele. Suprema entre as nações, ela está pronta para ser a portadora da Lei.[10]

Embora tenham sido publicadas em 1972, essas palavras descrevem de forma ainda *mais* exata os Estados Unidos durante a invasão do Panamá e a Guerra do Golfo, continuando a ser um país que tenta ditar suas ideias de lei e paz para todo o mundo. O curioso nisso não é que se tente, mas que seja feito com tamanho consenso e unanimidade quase total numa esfera pública construída como uma espécie de espaço cultural expressamente destinado a representá-lo e explicá-lo. Em períodos de grande crise interna (por exemplo, mais ou menos um ano depois da Guerra do Golfo), esse tipo de triunfalismo moralista é suspenso e posto de lado. Todavia, enquanto ele dura, os meios de comunicação desempenham um papel extraordinário em "fabricar o consentimento", como diz Chomsky, em fazer com que o americano médio sinta que cabe a "nós" reparar os males do mundo, e ao diabo com as contradições e incoerências. A intervenção no golfo foi precedida por uma série de outras intervenções (Panamá, Granada, Líbia), todas amplamente discutidas, a maioria aprovada ou pelo menos não impedida, como se pertencessem a "nós" por direito. Como diz Kiernan: "Os Estados Unidos adoravam achar que tudo o que eles queriam era exatamente o que queria a espécie humana".[11]

Durante anos, o governo dos Estados Unidos teve uma política ativa de intervenção direta e anunciada nos assuntos da América Central e do Sul: Cuba, Nicarágua, Panamá, Chile, Guatemala, Salvador, Granada sofreram ataques à sua soberania, desde a guerra aberta a golpes e anúncio de subversão, desde atentados aos financiamentos de exércitos "contra". No leste da Ásia, os Estados Unidos travaram duas grandes guerras, patrocinaram guinadas militares consideráveis que causaram a morte de centenas de milhares de pessoas nas mãos de um governo "amigo" (Indonésia em Timor Leste), derrubaram governos (Irã em 1953) e apoiaram Estados em atividades ilegais, escarnecendo das resoluções da ONU, violando a política afirmada (Turquia, Israel). A linha oficial, durante a maior parte do tempo, reza que os Estados Unidos estão defendendo seus interesses, mantendo a ordem, impondo a justiça para que prevaleça sobre a injustiça e os erros de conduta. No entanto, no caso do Iraque, os Estados Unidos usaram o Conselho de Segurança das Nações Unidas para forçar resoluções pela guerra, ao mesmo tempo em que as resoluções da ONU apoiadas pelos Estados Unidos, em muitos outros casos (sendo Israel o principal), não foram aplicadas ou ficaram ignoradas, como se os Estados Unidos não tivessem dívidas de muitas centenas de milhões de dólares às Nações Unidas.

A literatura dissidente sempre existiu nos Estados Unidos ao lado do espaço público autorizado; pode-se dizer que ela é de oposição ao desempenho nacional e oficial geral. Existem historiadores revisionistas como William Appleman Williams, Gabriel Kolko e Howard Zinn, vigorosos críticos públicos como Noam Chomsky, Richard Barnet, Richard Falk e muitos outros, todos importantes não só como vozes individuais, mas como participantes de uma corrente alternativa e anti-imperial bastante considerável dentro do país. Com eles seguem-se periódicos liberais de esquerda como *The Nation*, *The Progressive* e, até a morte de seu autor, o *I. F. Stone's Weekly*. É muito difícil dizer a quantidade de adeptos dessas opiniões, representadas pela oposição; sempre houve uma oposição — pense-se em anti-imperialistas como Mark Twain, William James e Randolph Bourne —, mas a triste verdade é que o poder *dissuasivo* dela não tem sido muito eficaz. As opiniões contrárias ao ataque americano no Iraque nada conseguiram no sentido de deter, adiar ou diminuir sua força medonha. O que prevaleceu foi um consenso dominante extraordinário em que o governo, os políticos, os militares, institutos de pesquisa, meios de comunicação e centros acadêmicos convergiram retoricamente quanto à necessidade da força americana e a justiça, em última análise, de sua projeção, cujos preparativos se fizeram numa longa história de teóricos e apologistas, desde Andrew Jackson, passando por Theodore Roosevelt, até Henry Kissinger e Robert W. Tucker.

Existe uma correspondência evidente, mas amiúde ocultada ou esquecida, entre a doutrina oitocentista do Destino Manifesto (nome de um livro de John Fiske, de 1890), a expansão territorial dos Estados Unidos, a enorme literatura de justificação (missão histórica, regeneração moral, expansão da liberdade: todas elas estudadas por Albert K. Weinberg, na obra maciçamente documentada *Manifest destiny*, de 1958),[12] e as fórmulas incessantemente repetidas sobre a necessidade de uma intervenção americana contra esta ou aquela agressão, desde a Segunda Guerra Mundial. A correspondência raramente se faz explícita, e na verdade desaparece quando os tambores públicos da guerra tocam e centenas de milhares de toneladas de bombas são lançadas contra um inimigo distante, em geral desconhecido. Interessa-me o apagamento intelectual do que "nós" fazemos nesse processo, pois é óbvio que jamais nenhuma missão ou projeto imperial conseguirá, em última análise, manter um controle ultramarino perpétuo; a história também nos ensina que a dominação gera a resistência, e que a violência intrínseca à disputa imperial — a despeito de seus eventuais lucros ou prazeres — constitui um empobrecimento para ambos os lados.

Essas verdades persistem numa era saturada com a lembrança de imperialismos passados. Hoje o número de pessoas politizadas no mundo é grande demais para que qualquer nação aceite facilmente a finalidade da missão histórica americana de liderar o mundo.

O trabalho feito por historiadores culturais americanos já é suficiente para entendermos as fontes do impulso de dominação em escala mundial, bem como a maneira pela qual se representa e se torna aceitável tal impulso. Richard Slotkin, em *Regeneration through violence* [Regeneração pela violência], afirma que a experiência modeladora da história americana foram as longas guerras contra os índios americanos; ela, por sua vez, criou uma imagem dos americanos não como simples matadores (como dizia D. H. Lawrence), mas como "uma nova raça de gente, independente da herança humana manchada pelo pecado, buscando uma relação totalmente nova e original com a pura natureza, como caçadores, exploradores, pioneiros e aventureiros".[13] Essas imagens são recorrentes na literatura do século XIX, e memoravelmente em *Moby Dick*, de Melville, no qual o capitão Ahab, conforme assinalaram C. L. R. James e V. G. Kiernan de uma perspectiva não americana, é uma representação alegórica da demanda americana do mundo; ele é obcecado, impositivo, irrefreável, completamente envolvido em sua própria justificação teórica e seu senso de simbolismo cósmico.[14]

Ninguém pretenderia reduzir a grande obra de Melville a uma mera ornamentação literária de fatos do mundo real; ademais, o próprio Melville era muito crítico em relação ao que Ahab representava enquanto americano. No entanto, o fato é que os Estados Unidos de fato se expandiram no século XIX em termos territoriais, em geral à custa de povos nativos, e com o tempo vieram a conquistar a hegemonia no continente norte-americano, nos territórios e mares adjacentes. As experiências oitocentistas no além-mar iam desde o litoral norte-africano às Filipinas, China, Havaí e, naturalmente, o Caribe e a América Central. A tendência geral era expandir e estender ainda mais o controle, e não perder muito tempo refletindo sobre a integridade e independência dos Outros, para quem a presença americana constituía, na melhor das hipóteses, uma bênção ambígua.

Um exemplo extraordinário, mas mesmo assim típico, da obstinação americana encontra-se na relação entre o Haiti e os Estados Unidos. Como afirma J. Michael Dash em *Haiti and the United States: National stereotypes and the literary imagination* [Haiti e os Estados Unidos: Estereótipos nacionais e a imaginação literária], desde que o Haiti conquistou a independência como república negra em 1803, quase imediatamente os americanos mostraram a tendência de imaginá-lo como um vazio que poderiam preencher com suas ideias. Os abolicionistas, diz Dash, viam o Haiti não como um país com seu próprio povo e identidade, e sim como um local conveniente para realocar os escravos libertados. Mais tarde, a ilha e o povo haitiano passaram a representar a degeneração e, evidentemente, a inferioridade racial. Os Estados Unidos ocuparam a ilha em 1915 (e a Nicarágua em 1916) e instauraram uma tirania nativa que exacerbou um estado de coisas já desesperado.[15] E quando milhares de refugiados haitianos tentaram entrar na Flórida, em 1991 e 1992, a maioria teve de voltar à força.

Poucos americanos se preocuparam com lugares como o Haiti ou o Iraque, depois de terminada a crise ou a intervenção efetiva dos Estados Unidos. Curiosamente, e apesar de seu alcance intercontinental e seus elementos genuinamente variados, a dominação americana é insular. A elite da política externa não possui uma longa tradição de domínio direto no ultramar, como era o caso da França ou da Inglaterra, de modo que a atenção americana funciona por saltos; prodigaliza-se uma quantidade imensa de retórica e vultosos recursos a um lugar qualquer (Vietnã, Líbia, Iraque, Panamá), e depois segue-se praticamente o silêncio. Kiernan de novo: "Mais multifacetada do que a do império britânico, a nova hegemonia foi ainda menos capaz de encontrar qualquer programa de ação coerente que fosse além da negação obstinada. Por isso sua prontidão em deixar que se façam planos para ela, seja por diretores de empresas ou agentes secretos".[16]

Admitindo-se que o expansionismo americano é sobretudo econômico, mesmo assim ele depende muito e caminha junto com ideologias e ideias culturais sobre os próprios Estados Unidos, incessantemente repisadas em público. "Um sistema econômico", lembra-nos Kiernan com razão, "como uma nação ou uma religião, não vive só de pão, mas também de crenças, visões, sonhos, e nem por serem errôneos são menos vitais."[17] É um tanto monótona a regularidade de projetos, expressões ou teorias criadas por sucessivas gerações para justificar as pesadas responsabilidades do raio de ação global dos Estados Unidos. Estudos recentes de americanos mostram um quadro desolador de como a maioria dessas atitudes e as políticas por elas geradas baseavam-se na ignorância e em interpretações equivocadas, quase petulantes e cabais, exceto pelo desejo de comando e dominação, ele próprio marcado pelas ideias da excepcionalidade americana. A relação entre os Estados Unidos e seus interlocutores do Pacífico ou do Extremo Oriente — China, Japão, Coreia, Indochina — é modelada pelo preconceito racial, por súbitos rasgos de atenção, relativamente despreparados, seguidos por uma enorme pressão aplicada a milhares de quilômetros de distância, longe geográfica e intelectualmente da vida da maioria dos americanos. Considerando as revelações dos estudos de Akiri Iriye, Masao Miyoshi, John Dower e Marilyn Young, vemos que esses países asiáticos não entenderam muito bem os Estados Unidos, mas, salvo a complicada exceção do Japão, eles não penetraram de fato no continente americano.

Podemos ver essa tremenda assimetria em sua plenitude com o surgimento do discurso (e das políticas) de Desenvolvimento e Modernização, fato tratado no romance *The quiet American* [O americano tranquilo], de Graham Greene, e, com um talento um pouco menos abrangente, em *The ugly American* [O americano feio], de Lederer e Burdick. Um arsenal conceitual realmente assombroso — teorias de fases econômicas, tipos sociais, sociedades tradicionais, transferências de sistemas, pacificação, mobilização social etc. — foi distribuído pelo mundo todo; universidades e instituições de pesquisas receberam enormes subsídios do governo para desenvolver essas ideias, muitas das quais atraíram a atenção de planejadores de estratégias e especialistas políticos do governo americano, ou próximos a ele. Até a grande insatisfação popular com a Guerra do Vietnã, os estudiosos críticos não deram muita atenção a isso, mas depois, e quase que pela primeira vez, ouviram-se críticas não só à política americana na Indochina, mas às premissas imperialistas das atitudes americanas em relação à Ásia. Temos uma exposição convincente do discurso do Desenvolvimento e Modernização, que leva em conta a crítica antibélica, em *Managing political change* [Administrando a mudança política], de Irene Gendzier.[18] Ela mostra que esse impulso de globalização teve como efeito despolitizar, reduzir e, por vezes, até eliminar a integridade de sociedades ultramarinas que pareciam precisar de modernização e de um "arranque econômico" (nos termos de Walt Whitman Rostow).

Embora não seja uma caracterização exaustiva, ela descreve bem, a meu ver, uma política geral com considerável autoridade social, que criou aquilo que D. C. M. Platt designou, no contexto britânico, de "visão departamental". As figuras acadêmicas de proa analisadas por Gendzier — Huntington, Pye, Verba, Lerner, Lasswell — determinavam a programação intelectual e as perspectivas de setores influentes do governo e da academia. Subversão, nacionalismo radical, reivindicação nativa de independência: todos esses fenômenos de descolonização e do contexto do pós-imperialismo clássico eram encarados segundo as linhas mestras definidas pela Guerra Fria. Eles tinham de ser subvertidos ou cooptados; no caso da Coreia, China, Vietnã, exigiram um novo engajamento em dispendiosas campanhas militares. O aparente desafio à autoridade americana no caso quase risível de Cuba pós-Batista sugere que o que estava em jogo não era propriamente a segurança, e sim a ideia de que os Estados não aceitariam, dentro de seu domínio autoatribuído (o hemisfério inteiro), qualquer infração ou questionamento ideológico prolongado daquilo que consideravam "liberdade".

Esse entrelaçamento de poder e legitimidade, um reinando no mundo da dominação direta, a outra na esfera cultural, é uma característica da hegemonia imperial clássica. No século americano a diferença está no salto quantitativo ocorrido no alcance da autoridade cultural, em larga medida graças ao inusitado crescimento no aparato de difusão e controle das informações. Como veremos, os meios de comunicação são fundamentais para a cultura doméstica. Enquanto a cultura europeia, um século atrás, estava associada à presença de um homem branco, e na verdade à sua presença física diretamente dominante (e portanto capaz de desencadear uma resistência), agora temos de acréscimo uma presença internacional dos meios de comunicação, a qual se insinua, muitas vezes em nível subliminar, num campo fantasticamente amplo. A expressão "imperialismo cultural", que se tornou corrente e mesmo na moda com Jacques Lang, perde parte de seu significado quando aplicada à presença de seriados de televisão como *Dinasty* e *Dallas* na França ou no Japão, por exemplo, mas novamente ganha pertinência quando vista numa perspectiva global.

A coisa mais próxima de tal perspectiva foi apresentada no relatório publicado pela Comissão Internacional para o Estudo dos Problemas da Comunicação, criada sob os auspícios da UNESCO e presidida por Sean McBride: *Many voices, one world* [Muitas vozes, um só mundo] (1980), que propôs a chamada Nova Ordem de Informação Mundial.[19] Esse relatório atraiu uma quantidade enorme de ataques e críticas mal-humoradas, muitas vezes descabidas, a maioria delas de jornalistas e generalistas americanos esbravejando contra "os comunistas" e "o Terceiro Mundo" por tentarem restringir a democracia da imprensa, a livre expressão das ideias, as forças do mercado que determinam a indústria de telecomunicações, imprensa e computação. Mas mesmo a vista de olhos mais superficial pelo Relatório McBride revela que, longe de recomendar soluções simplistas como a censura, a maioria dos membros da comissão manifestou dúvidas consideráveis de que se pudesse fazer muita coisa para se conseguir equilíbrio e equidade na anárquica ordem informativa mundial. Mesmo autores não totalmente simpáticos, por exemplo Anthony Smith em *The geopolitics of information* [A geopolítica da informação], reconhecem a seriedade dos problemas:

> A ameaça à independência no final do século XX, representada pela nova eletrônica, poderia ser maior do que o próprio colonialismo. Estamos começando a aprender que a descolonização e o crescimento do supranacionalismo não constituíam o término das relações imperiais, mas apenas a ampliação de uma rede geopolítica que vem se tecendo desde a Renascença. Os novos meios de comunicação têm o poder de penetrar mais profundamente numa cultura "receptora" do que qualquer manifestação anterior de tecnologia ocidental. Pode resultar um enorme estrago, uma intensificação das contradições sociais dentro de sociedades hoje em desenvolvimento.[20]

Ninguém negou que o detentor do maior poder dentro dessa configuração são os Estados Unidos, seja porque um pequeno número de multinacionais americanas controla a produção, a distribuição e, sobretudo, a seleção de notícias em que a maior parte do mundo acredita (mesmo Saddam Hussein parecia confiar nas notícias da CNN), seja porque a expansão desenfreada de várias formas de controle cultural originadas dos Estados Unidos criou um novo mecanismo de incorporação e dependência cujo objetivo é subordinar e se impor não só a um público americano interno, mas também a culturas menores e mais fracas. Parte da obra realizada por teóricos críticos — sobretudo a noção de sociedade unidimensional de Herbert Marcuse, a indústria da consciência de Adorno e Enzensberger — esclareceu a natureza mista de repressão e tolerância, utilizadas como instrumentos de pacificação social nas sociedades ocidentais (questões debatidas numa geração anterior por George Orwell, Aldous Huxley e James Burnham); a influência do imperialismo dos meios de comunicação ocidentais, e particularmente americanos, sobre o resto do mundo reforça os pontos assinalados pela Comissão McBride, como também os dados extremamente importantes de Herbert Schiller e Armand Mattelart sobre a propriedade dos meios de produção e circulação das imagens, notícias e representações.[21]

Mas, antes que os meios de comunicação cheguem ao exterior, por assim dizer, eles são eficientes ao apresentar culturas estrangeiras bizarras e ameaçadoras ao público interno, e raramente tiveram maior sucesso em criar uma disposição hostil e agressiva contra esses "Outros" culturais do que na crise e na Guerra do Golfo de 1990-1. A Inglaterra e a França do século XIX costumavam enviar forças expedicionárias para bombardear os nativos — "parece", diz Marlow ao ir para a África, no romance de Conrad, "que os franceses tiveram uma de suas guerras por lá. [...] Na imensidão vazia de terra, céu e água, lá estava ele [um navio de guerra francês], incompreensível, disparando num continente. Bum, disparava um dos canhões de seis polegadas" —; agora são os Estados Unidos que fazem isso. Considere-se como a Guerra do Golfo se fez aceitável: em meados de dezembro de 1990, houve um pequeno debate nas páginas de *The Wall Street Journal* e *The New York Times*: Karen Elliot House do primeiro contra Anthony Lewis do segundo. A tese de House era que os Estados Unidos não deviam esperar que as sanções funcionassem, mas deviam atacar o Iraque, impondo uma clara derrota a Saddam Hussein. A réplica de Lewis mostrou sua habitual medida de sensatez e boa-fé liberal, qualidades que o distinguiram entre importantes colunistas americanos. Defensor da reação inicial de George Bush à invasão iraquiana do Kuwait, Lewis agora achava que eram grandes as perspectivas de uma guerra em breve, e que se devia opor resistência a elas. Levava em conta os argumentos de pessoas como Paul Nitze, de visão ultramilitarista, que tinha dito que ocorreria uma série de calamidades se os Estados Unidos empreendessem uma ofensiva terrestre no golfo. Os Estados Unidos deviam esperar, aumentar a pressão econômica e diplomática, e aí *poderia* ser plausível a hipótese de uma guerra muito mais tarde.

Umas duas semanas depois, os dois debatedores apareceram no *MacNeil/Lehrer News-Hour*, programa nacional noturno com espaço para longas discussões e análises, acentuando suas posições anteriores. Assistir ao debate foi ver filosofias opostas empenhadas numa árdua discussão num momento delicado da vida nacional. Os Estados Unidos pareciam pairar à beira da guerra: ali estavam os prós e os contras expostos com eloquência dentro do espaço público autorizado, um noticiário nacional do horário nobre.

Como realistas, tanto House quanto Lewis aceitavam o princípio de que "nós" — este pronome, praticamente mais do que qualquer outra palavra, fortalece a sensação meio ilusória de que todos os americanos, como coproprietários do espaço público, participam nas decisões de comprometer os Estados Unidos em intervenções estrangeiras — deveríamos *estar* no golfo, controlando o comportamento de Estados, exércitos e povos a muitos milhares de quilômetros. A sobrevivência nacional não estava em questão, e nunca veio à tona. Mas falou-se muito de princípios, moral, direito; ambos trataram as forças militares como se fosse algo que estivesse mais ou menos ao dispor deles, para posicioná-las, empregá-las e retirá-las quando fosse adequado, e em tudo isso as Nações Unidas pareciam, no máximo, um prolongamento da política norte-americana. Esse debate específico foi deprimente porque os dois adversários eram pessoas razoáveis, nem beligerantes previsíveis (como Henry Kissinger, que nunca se cansava de propor "golpes cirúrgicos") nem especialistas em segurança nacional (como Zbigniew Brzezinski, que se opunha vigorosamente à guerra por sólidas razões geopolíticas).

Para ambos, House e Lewis, "nossas" ações faziam parte da herança assumida das ações americanas no mundo em geral, onde os Estados Unidos vinham intervindo há dois séculos, com resultados amiúde devastadores, mas rotineiramente esquecidos. Durante o debate, em raros momentos os árabes foram mencionados como tendo alguma relação com a guerra, como vítimas por exemplo, ou (igualmente convincente) como instigadores. Tinha-se a impressão de que a crise devia ser totalmente tratada *in petto*, como uma questão interna dos americanos. A conflagração iminente, com probabilidade alta e explícita de terríveis destruições, estava distante, e uma vez mais, exceto pelos (pouquíssimos) caixões que voltavam e suas respectivas famílias consternadas, os americanos foram em larga medida poupados. O ar abstrato conferia frieza e crueldade à situação.

Como americano e árabe vivendo nos dois mundos, achei tudo aquilo muito perturbador, e também porque o confronto parecia total, globalmente abrangente; não havia como *não* se envolver. Nunca circularam tantos nomes designando o mundo árabe e seus elementos; nunca foram tão estranhamente abstratos e de sentido tão limitado, e raramente vinham acompanhados de qualquer cuidado ou consideração, muito embora os Estados Unidos não estivessem em guerra contra *todos* os árabes. O mundo árabe despertava fascínio e interesse, mas dispensava estima ou conhecimento específico e entusiástico. Nenhum grande grupo cultural, por exemplo, era (e ainda é) tão pouco conhecido: se alguém perguntasse o nome de um escritor árabe a um americano a par da literatura ou poesia recente, provavelmente o único que surgiria ainda seria Kahlil Gibran. Como podia haver tanta interação num nível, e tão pouca atualidade em outro?

Do ponto de vista árabe, o quadro é igualmente distorcido. Ainda hoje, quase não existe literatura em árabe retratando os americanos; a exceção mais interessante é a grande série de romances de Abdelrahman el Munif, chamada *Cities of salt* [Cidades de sal],[22] mas seus livros são proibidos em diversos países, e a Arábia Saudita, sua terra natal, cassou-lhe a cidadania. Até onde sei, ainda não existe nenhum instituto ou grande departamento acadêmico no mundo árabe voltado principalmente para o estudo dos Estados Unidos, embora estes sejam de longe a força estrangeira maior e mais significativa no mundo árabe contemporâneo. Alguns líderes árabes, que passam a vida denunciando os interesses americanos, também gastam uma energia considerável mandando os filhos para universidades americanas e tentando conseguir vistos de permanência. Ainda é difícil explicar, mesmo para colegas árabes instruídos e experientes, que a política externa americana não é de fato comandada pela CIA, nem é uma conspiração ou uma rede obscura de "contatos"-chave; quase todos os que eu conheço acham que os Estados Unidos planejam praticamente tudo o que acontece de relevante no Oriente Médio, até mesmo, numa sugestão espantosa que me fizeram um dia, a *intifada* palestina.

Essa mescla bastante estável de longa familiaridade (bem descrita em *America and the Mediterranean world* [Os Estados Unidos e o mundo mediterrâneo], de James Field),[23] hostilidade e ignorância concerne aos dois lados de um contato cultural complexo, desigual e relativamente recente. A sensação avassaladora que se teve na época da Operação Tempestade no Deserto foi a de inevitabilidade, como se a necessidade expressa do presidente Bush de "ir até lá" e "dar um chute na bunda" (gíria de gozação dele próprio) *tivesse* de responder à expressão francamente brutal que Saddam Hussein deu à necessidade árabe pós-colonial de confrontar, retrucar e desafiar os Estados Unidos. A retórica pública, em outras palavras, não se deteve e não se intimidou com considerações de detalhe, realismo, causa ou efeito. Pelo menos durante uma década, os filmes de comandos americanos lançaram um Rambo pesadão ou uma Força Delta de grandes ases contra bandidos terroristas árabes/muçulmanos; em 1991, foi como se uma intenção quase metafísica de desbaratar o Iraque criasse vida, não porque a ofensa do Iraque, apesar de grande, fosse um cataclismo, mas porque um paiseco não branco tinha incomodado ou ferroado uma supernação subitamente revigorada, imbuída de um ardor que só se aplacaria com a obediência ou a subserviência de xeques, ditadores e cameleiros. Os árabes realmente aceitáveis seriam aqueles que, como Anwar Sadat, parecessem quase totalmente purificados de sua aborrecida identidade nacional e pudessem se tornar simpáticos convidados de algum programa de entrevistas.

Historicamente, os meios de comunicação americanos, e talvez os ocidentais de maneira geral, têm sido extensões sensoriais do contexto cultural predominante. Os árabes são apenas um leve exemplo recente dos Outros que têm incorrido na ira do severo Homem Branco, uma espécie de superego puritano cuja perambulação pelos vastos ermos não conhece muita fronteira e que é capaz de percorrer longas distâncias para conseguir o que quer. Mas é claro que a palavra "imperialismo" esteve notavelmente ausente das discussões americanas sobre o golfo. Segundo o historiador Richard W. Van Alstyne, em *The rising American empire* [O império americano em ascensão], "nos Estados Unidos, é quase uma heresia definir a nação como um império".[24] No entanto, ele mostra que os primeiros fundadores da República, inclusive George Washington, caracterizavam o país como um império, daí decorrendo uma política externa que rejeitava a revolução e promovia o crescimento imperial. Ele cita um estadista após o outro, afirmando, com os termos cáusticos de Reinhold Niebuhr, que o país era "a Israel americana de Deus", cuja "missão" consistia em ser "o curador de Deus da civilização do mundo". Portanto, na época da Guerra do Golfo, dificilmente se deixariam de ouvir ecos da mesma autodefinição grandiosa. E como a infração iraquiana de fato parecia adquirir maiores proporções aos olhos coletivos da nação, Saddam virou Hitler, o carniceiro de Bagdá, o louco (como disse o senador Alan Simpson) que devia ser derrubado.

Quem leu *Moby Dick* talvez tenha achado irresistível extrapolar desse grande romance para o mundo real, para ver o império americano se preparando uma vez mais, como Ahab, para se lançar atrás de um suposto mal. Primeiro vem a missão moral que dispensa exame, depois, nos meios de comunicação, sua extensão militar e geoestratégica. O mais desanimador na mídia — afora o fato de adotar meio encabulada o modelo político do governo, mobilizando para o direito de guerra desde o início — foi ficar traficando um conhecimento "especializado" sobre o Oriente Médio, supostamente bem informado sobre os árabes. Todos os caminhos levam ao bazar; os árabes só entendem a força; a brutalidade e a violência fazem parte da civilização árabe; o islamismo é uma religião intolerante, segregacionista, "medieval", fanática, cruel, contra as mulheres. O contexto, o quadro, o arcabouço de qualquer discussão era delimitado, na verdade petrificado, por tais ideias. Parecia uma alegria considerável, embora inexplicável, pensar que afinal "os árabes", tal como eram representados por Saddam, iam ter o que mereciam. Iam se acertar muitas contas com vários inimigos antigos do Ocidente: os palestinos, o nacionalismo árabe, a civilização islâmica.

Ficou de fora muita coisa. Poucas eram as notícias sobre os lucros das companhias de petróleo, ou que o aumento no preço do petróleo não tinha muito a ver com a oferta; o petróleo continuava em superprodução. As razões do Iraque contra o Kuwait, ou mesmo a natureza do próprio Kuwait — liberal em alguns aspectos, e em outros não —, praticamente nem foram ouvidas. Pouco se falou e pouco se analisou da cumplicidade e hipocrisia dos Estados do golfo, Estados Unidos, Europa e Iraque unidos durante a Guerra Irã-Iraque. As opiniões sobre tais questões só foram circular bem depois da guerra, por exemplo num ensaio de Theodore Draper em *The New York Review of Books* (16 de janeiro de 1992), sugerindo que se as pretensões do Iraque contra o Kuwait tivessem recebido alguma compreensão, a guerra poderia ter sido evitada. De fato *houve* empenho de alguns estudiosos em analisar o apoio popular de alguns árabes a Saddam, apesar de seu governo pouco atraente, mas essas iniciativas não foram incluídas, ou não receberam o mesmo tempo concedido às curiosas inflexões da política americana, que numa época promoveu Saddam, depois o transformou em demônio, e agora aprendia a conviver de novo com ele.

É curioso e muito sintomático do conflito do golfo que uma palavra tediosamente dita e repetida, e no entanto dispensando análise, tenha sido *linkage* [ligação], feio solecismo que parece ter sido inventado como símbolo do direito americano inverificado de ignorar ou incluir em suas considerações setores geográficos inteiros do mundo. Durante a crise do golfo, o emprego de "ligação" designava não a presença, mas, pelo contrário, a *ausência* de qualquer vínculo entre coisas que, na verdade, eram unidas pela associação comum, pelo sentido, pela geografia, pela história. Elas foram separadas, postas de lado para a conveniência e o benefício da arrogância de políticos, estrategistas militares e especialistas dos Estados Unidos. Todo mundo é seu próprio trinchador, dizia Jonathan Swift. Que o Oriente Médio estivesse internamente unido por todos os tipos de ligações — *isso* não tinha qualquer importância. Que os árabes pudessem enxergar um vínculo entre Saddam no Kuwait e, digamos, os turcos em Chipre — isso também não tinha nada a ver. Que a própria política americana era uma ligação — isso era um tema proibido, sobretudo para os especialistas cujo papel era obter o consentimento popular para uma guerra, embora ela nunca tivesse se concretizado.

Toda a premissa era colonial: uma pequena ditadura do Terceiro Mundo, alimentada e apoiada pelo Ocidente, não tinha o direito de desafiar os Estados Unidos, nação branca e superior. A Inglaterra bombardeou soldados iraquianos na década de 1920 por ousarem resistir ao domínio colonial; setenta anos mais tarde, os Estados Unidos fizeram a mesma coisa, mas com um tom mais moralista, sem se preocupar muito em ocultar a tese de que as reservas de petróleo do Oriente Médio estavam sob custódia *americana*. Tais atitudes são anacrônicas e profundamente perniciosas, pois não só tornam as guerras constantemente possíveis e atraentes, como também impedem que um conhecimento sólido da história, diplomacia e política tenha a importância que deveria.

Um artigo que apareceu no número do inverno de 1990-1 de *Foreign Affairs*, chamado "The summer of Arab discontent" ["O verão do descontentamento árabe"], começa com a seguinte passagem, que sintetiza com perfeição o lastimável estado do saber e poder que deu origem à Operação Tempestade no Deserto:

Não fazia muito que o mundo árabe/muçulmano se despedira da fúria e paixão da cruzada do aiatolá Khomeini, e logo surgiu outro querelante em Bagdá. O novo demandante era feito de estofo diferente do salvador enturbanado de Qum: Saddam Hussein não era autor de tratados sobre o governo islâmico nem fruto de altos estudos em seminários religiosos. Não eram para ele as longas disputas ideológicas pelos corações e mentes dos fiéis. Ele vinha de uma terra quebradiça, um país de fronteira entre a Pérsia e a Arábia, com poucas pretensões de cultura, livros e grandes ideias. O novo querelante era um déspota, um guardião impiedoso e habilidoso que havia domesticado seu domínio e o transformara numa grande prisão.[25]

Mas até crianças de escola sabem que o Iraque foi a sede da civilização abácida, máximo florescimento da cultura árabe entre os séculos IX e XII, que gerou obras literárias lidas ainda hoje, como ainda são lidos Shakespeare, Dante e Dickens, e que Bagdá, como capital, é também um dos grandes monumentos da arte islâmica.[26] Ademais, foi onde se deu, além de Cairo e Damasco, o renascimento da arte e literatura árabes. Bagdá gerou pelo menos cinco dos maiores poetas árabes do século XX e, sem margem de dúvida, a maioria de seus principais artistas, arquitetos e escultores. Ainda que Saddam fosse um *takrili*, dar a entender que o Iraque e seus cidadãos não tinham qualquer relação com livros e ideias é esquecer a Suméria, Babilônia, Nínive, Hamurábi, Assíria e todos os grandes monumentos da antiga civilização mesopotâmica (e mundial), que tem seu berço no Iraque. Dizer de maneira tão indistinta que o Iraque era uma terra "quebradiça", sugerindo um vazio e uma aridez geral, é também dar mostras de uma ignorância que qualquer criança da escola primária teria vergonha de demonstrar. O que aconteceu com os vales verdejantes do Tigre e do Eufrates? O que aconteceu com a velha verdade de que o Iraque, entre todos os países do Oriente Médio, é de longe o mais fértil?

O autor entoa louvores à Arábia Saudita contemporânea, mais quebradiça e com menos contato com livros, ideias e cultura do que jamais foi o Iraque. Minha intenção aqui não é depreciar a Arábia Saudita, país importante e com muitas contribuições a dar. Mas artigos como esse são sintomáticos da vontade intelectual de agradar o poder em público, dizer-lhe o que ele quer ouvir, falar-lhe que vá em frente e mate, bombardeie, destrua, pois o que estaria sendo atacado era na realidade insignificante, quebradiço, sem relação com livros, ideias, culturas, e sem relação também, sugere ele imperceptivelmente, com pessoas reais. Com tais informações sobre o Iraque, que clemência, que humanidade, que chance há para argumentos humanitários? Pouquíssima, infelizmente. Por isso a comemoração tardia e apagada da Operação Tempestade no Deserto um ano depois, em que até colunistas e intelectuais de direita deploraram a "presidência imperial" de Bush e o andamento inconclusivo de uma guerra que apenas prolongava as múltiplas crises do país.

O mundo não pode se permitir por muito tempo uma mistura tão temerária de patriotismo, relativo solipsismo, autoridade social, agressividade incontrolada e postura defensiva em relação aos outros. Hoje os Estados Unidos são triunfalistas internacionalmente, e parecem febrilmente aflitos em provar que são o número um, talvez para afastar a recessão, os problemas endêmicos colocados pelas cidades, a miséria, a saúde, a educação, a produção e o desafio euro-japonês. Embora eu seja americano, cresci num clima cultural embebido da ideia de que o nacionalismo árabe era importantíssimo, e também de que era um nacionalismo lesado e irrealizado, cercado de conspirações, assediado por inimigos internos e externos, por obstáculos a vencer a qualquer preço.

Meu ambiente árabe tinha sido largamente colonial, mas na minha infância e adolescência podia-se viajar por terra do Líbano e da Síria até o Egito e outros locais a oeste, passando pela Palestina. Hoje isso é impossível. Cada país coloca obstáculos tremendos em suas fronteiras. (Os palestinos são os que mais sofrem ao cruzar as fronteiras, pois muitas vezes os países que dizem apoiar a Palestina os tratam da pior maneira possível.) O nacionalismo árabe não morreu, mas tem se dividido em unidades cada vez menores. Aqui também a vinculação ocupa o último lugar no quadro árabe. No passado não foi melhor, mas havia, por assim dizer, uma interligação mais saudável; as pessoas estavam de fato ligadas entre si, em vez de se fitarem por sobre fronteiras fortificadas. Em muitas escolas encontravam-se árabes de todas as partes, muçulmanos e cristãos, além de armênios, judeus, gregos, italianos, indianos, iranianos, todos misturados, todos sob um ou outro regime colonial, mas interagindo como se fosse algo natural. Hoje, os nacionalismos de Estado se fragmentam em nacionalismos de clã ou de seita. Líbano e Israel são exemplos perfeitos do que aconteceu: a ideia de que é desejável uma rígida cantonização, sob uma ou outra forma, está presente em quase todas as partes, se não como prática, ao menos como sentimento coletivo, e é subsidiado pelo Estado, com suas burocracias e polícias secretas. Os governantes são clãs, famílias, pequenos grupos, círculos fechados de velhos oligarcas, quase que mitologicamente imunes, como o patriarca outonal de García Márquez, a sangue novo ou a mudanças.

O esforço de homogeneizar e isolar as populações em nome do nacionalismo (*não* da libertação) tem levado a sacrifícios e fracassos colossais. Em inúmeras partes do mundo árabe, a sociedade civil (universidades, os meios de comunicação e a cultura em sentido amplo) foi tragada pela sociedade política, cuja forma principal é o Estado. Uma das grandes realizações dos governos nacionalistas árabes logo após a guerra foi a alfabetização em massa: no Egito, os resultados foram extremamente positivos, quase inimagináveis. No entanto, a mistura de alfabetização acelerada e ideologia massacrante confirma exatamente os temores de Fanon. Minha impressão é de que se gasta mais energia sustentando essa conexão, alimentando a ideia de que ser sírio, iraquiano, egípcio ou saudita é um fim suficiente, do que em pensar de maneira crítica, e até ousada, sobre o próprio programa nacional. Identidade, sempre a identidade, mais e acima do conhecimento a respeito dos outros.

Nesse estado de coisas desequilibrado, o militarismo conquistou privilégios excessivos na economia moral do mundo árabe. Em boa parte, isso se deve à sensação de ser tratado injustamente, o que é evidente na Palestina não apenas como metáfora mas como realidade. Porém, terá sido esta a única resposta — forças armadas, exércitos enormes, *slogans* exagerados, promessas sangrentas e, junto com isso, infindáveis exemplos concretos de militarismo, começando no alto com guerras catastroficamente perdidas e descendo aos castigos físicos e gestos ameaçadores na base? Não conheço um único árabe que, privadamente, objetasse ou não concordasse de imediato que o monopólio estatal da coerção eliminou quase por completo a democracia no mundo árabe, criou uma enorme hostilidade entre governantes e governados, atribuiu um valor excessivo ao conformismo, ao oportunismo e à bajulação, em vez de arriscar novas ideias, críticas ou dissidência.

Levado muito adiante, isso gera o exterminismo, a ideia de que se você não consegue o que quer ou se alguma coisa lhe desagrada, pode-se simplesmente acabar com ela. Essa ideia com certeza estava por trás da agressão do Iraque contra o Kuwait. Que tipo de ideia turva e anacrônica de "integração" bismarckiana era essa, capaz de varrer um país e esmagar sua sociedade tendo como objetivo a "unidade árabe"? O mais desalentador é que inúmeras pessoas, e muitas delas vítimas da mesma lógica brutal, parecem ter apoiado a ação sem demonstrar qualquer simpatia pelo Kuwait. Mesmo que se conceda que os kuwaitianos eram impopulares (é preciso ser popular para não ser exterminado?) e mesmo que o Iraque alegasse defender a Palestina enfrentando Israel e os Estados Unidos, certamente a própria ideia de que uma nação tenha de ser eliminada nesse processo é uma proposição assassina, imprópria para uma grande civilização. O fato de tal exterminismo ser moeda corrente dá uma medida do pavoroso estado da cultura política no mundo árabe atual.

O petróleo, por mais que tenha trazido desenvolvimento e prosperidade — e trouxe —, sempre que foi associado à violência, à sutileza ideológica, à defensividade política e à dependência cultural dos Estados Unidos, mais criou do que sanou desigualdades e problemas sociais. Para qualquer pessoa que pense no mundo árabe e o veja dotado de uma espécie plausível de coesão interna, a atmosfera generalizada de mediocridade e corrupção que paira sobre essa região desmedidamente rica, magnificamente dotada em termos históricos e culturais, e amplamente abençoada com talentos individuais, constitui um enorme enigma e, claro, uma imensa decepção.

A democracia em qualquer sentido real do termo não se encontra em parte alguma do Oriente Médio ainda "nacionalista": o que há são oligarquias privilegiadas ou grupos étnicos privilegiados. A grande massa do povo permanece esmagada sob ditaduras ou governos inflexíveis, insensíveis, impopulares. Mas a ideia de que os Estados Unidos sejam um virtuoso inocente nesse terrível estado de coisas é inaceitável, da mesma forma como é inaceitável a proposição de que a Guerra do Golfo não foi uma guerra entre George Bush e Saddam Hussein — o que sem dúvida ela foi —, e que os Estados Unidos agiram única e exclusivamente no interesse das Nações Unidas. No fundo, foi um combate personalizado entre, de um lado, um ditador do Terceiro Mundo da mesma espécie com que os Estados Unidos vêm tratando há muito tempo (Hailé Sellasié, Somoza, Syngman Rhee, o xá do Irã, Pinochet, Marcos, Noriega etc.), que recebeu estímulo americano e lhes ofereceu muitos favores, e, de outro lado, o presidente de um país que envergou o manto do império herdado da França e da Inglaterra, e decidiu permanecer no Oriente Médio por causa do petróleo e de vantagens geoestratégicas e políticas.

Durante duas gerações, os Estados Unidos se alinharam no Oriente Médio principalmente com a tirania e a injustiça. Não apoiaram oficialmente nenhuma luta pela democracia, pelos direitos femininos, pelo secularismo ou pelos direitos das minorias. Pelo contrário, um governo após o outro sustentou clientes dóceis e impopulares, e ignorou as tentativas de pequenos povos de se libertarem da ocupação militar, enquanto subsidiavam seus inimigos. Os Estados Unidos estimularam o militarismo irrestrito e (junto com a França, Inglaterra, China, Alemanha e outros) participaram de enormes vendas de armas na região, sobretudo para governos levados a posições cada vez mais extremadas, em virtude da obsessão americana e do exagero do poder de Saddam Hussein. Conceber um mundo árabe pós-guerra dominado pelos governantes do Egito, Arábia Saudita e Síria, todos eles trabalhando numa nova Pax Americana como parte da Nova Ordem Mundial, não é intelectual nem moralmente crível.

Ainda não se desenvolveu um discurso no espaço público americano que faça algo além de se identificar com o poder, apesar dos perigos desse poder num mundo que se encolheu tanto e se interligou de forma tão cerrada. Os Estados Unidos não podem supor com beligerância que tenham o direito, por exemplo, de consumir 30% da energia mundial enquanto contam com 6% da população do planeta. Mas não é só. Durante decênios, desenrolou-se uma guerra cultural contra os árabes e o islamismo nos Estados Unidos: caricaturas racistas assustadoras de árabes e muçulmanos dão a entender que são todos terroristas ou xeques, e que a região é uma grande favela árida, só prestando para a guerra ou o lucro. A própria ideia de que possa existir uma história, uma cultura, uma sociedade — na verdade, muitas sociedades —, não entrou em cena mais do que uma ou duas vezes, e nem mesmo durante o coro de vozes proclamando as virtudes do "multiculturalismo". Uma inundação de livros triviais de jornalistas invadiu o mercado e popularizou uma série de estereótipos desumanizadores, todos mostrando os árabes basicamente como uma ou outra variante de Saddam. Quanto aos infelizes revoltosos curdos e xiitas, inicialmente encorajados pelos Estados Unidos a se levantar contra Saddam, e depois abandonados à sua impiedosa vingança, mal são lembrados, e muito menos mencionados.

Depois do súbito desaparecimento do embaixador April

Glaspie, que possuía uma vasta experiência no Oriente Médio, o governo americano não teve praticamente nenhum profissional em alto escalão que dispusesse de algum conhecimento ou experiência efetiva do Oriente Médio, de suas línguas e povos. E depois do ataque sistemático à sua infraestrutura civil, o Iraque continua a ser destruído — pela fome, pela doença e pelo desespero —, não por causa de sua agressão ao Kuwait, mas porque os Estados Unidos querem ter presença física no golfo e uma desculpa para estar lá, porque querem definir a agenda mundial, porque o Iraque ainda é visto como ameaça a Israel.

A lealdade e o patriotismo deviam se basear no senso crítico do que são os fatos, e do que os americanos, como habitantes desse planeta lotado e cada vez menor, devem a seus vizinhos e ao resto da humanidade. Não se pode permitir que vigore uma solidariedade acrítica com a política do momento, sobretudo quando ela é tão inconcebivelmente onerosa.

A Tempestade no Deserto foi, em última análise, uma guerra imperial contra o povo iraquiano, um esforço de abatê-la e matá-lo como parte do esforço de abater e matar Saddam Hussein. Todavia, esse aspecto anacrônico e singularmente sanguinário quase não foi mostrado ao público da televisão americana, como forma de preservar sua imagem como um indolor exercício de videogame e a imagem dos americanos como combatentes limpos e virtuosos. Mesmo para os americanos, normalmente não muito interessados em história, talvez fizesse alguma diferença saber que a última vez que Bagdá foi destruída foi em 1258, pelos mongóis, ainda que os ingleses forneçam um precedente mais recente para a violência contra os árabes.

A ausência de qualquer elemento significativo de dissuasão interna perante esse exemplo extraordinário de violência coletiva quase inimaginável, desencadeada pelos Estados Unidos contra um distante inimigo não branco, se esclarece ao lermos a explicação de Kiernan sobre a atitude dos intelectuais americanos, que, ressalvados alguns indivíduos e grupos que não eram "em número suficiente para conferir [a suas críticas] um peso prático", mostraram-se totalmente acríticos diante do comportamento do país na década de 1970. Kiernan concede que "o velho orgulho do país consigo mesmo, enquanto uma nova civilização", também era algo efetivo. Havia o perigo de que esse sentimento de orgulho estivesse se tornando muito parecido com a *Kultur* bismarckiana, "a 'cultura' se enrijecendo como 'know-how' tecnológico". Além disso, e "tal como o antigo sentimento de superioridade da Inglaterra, o dos americanos era alicerçado por um alto grau de isolamento e ignorância do resto do mundo". Por fim,

> essa distância ajudou a dar à intelectualidade americana na época moderna uma distância análoga da vida ou da realidade histórica. Não era fácil para os dissidentes romper a barreira. Havia uma certa superficialidade, uma dificuldade em se erguer muito acima do nível do jornalismo, na literatura de protesto nos anos do entreguerras. Faltava a profundidade ou ressonância criativa que só pode advir de um meio receptivo. [...] Desde a Guerra Mundial, os intelectuais eram atraídos cada vez mais para atividades públicas cujo primeiro motor era o complexo industrial militar. Participavam no planejamento estratégico e no desenvolvimento da contrainsurreição e da guerra científica, eram lisonjeados com convites para ir à Casa Branca, e retribuíam aos presidentes com a adulação devida à realeza. Durante toda a Guerra Fria, estudiosos dedicados a pesquisas latino-americanas subscreveram a ideologia da "boa vizinhança", da harmonia de interesse entre os Estados Unidos e o resto do mundo. Chomsky tinha boas razões para falar da "urgência esmagadora" com que se fazia necessário contrapor "os efeitos de uma geração de doutrinamento e uma longa história de autoadulação"; ele apelava aos intelectuais para que abrissem os olhos à "tradição de ingenuidade e farisaísmo que desfigura nossa história intelectual".[27]

Isso se aplica vividamente à Guerra do Golfo de 1991. Os americanos assistiam à guerra pela televisão com uma certeza relativamente inquestionada de estarem vendo a realidade, enquanto o que viam era a guerra com mais cobertura e menos noticiário da história. As imagens e matérias eram controladas pelo governo, e os grandes jornais e estações de tevê copiavam um ao outro, e por sua vez eram copiados ou mostrados (como a CNN) em todo o mundo. Pouco se falava dos danos feitos ao inimigo, ao mesmo tempo em que alguns intelectuais silenciavam e se sentiam desesperançados, ou contribuíam para a discussão "pública" em termos acriticamente acomodados ao desejo imperial de entrar em guerra.

Tão difundida se tornou a profissionalização da vida intelectual que o sentido de vocação, como dizia Julien Benda em relação ao intelectual, desapareceu quase que por completo. Os intelectuais com orientação política interiorizaram as normas do Estado, o qual, quando compreensivelmente os chama para a capital, na verdade torna-se patrono deles. Muitas vezes o senso crítico é convenientemente posto de lado. Quanto aos intelectuais cuja tarefa abrange valores e princípios — especialistas literários, filosóficos, históricos —, a universidade americana, com sua liberalidade, uma notável diversidade e a aparência de um utópico santuário, tirou-lhes o gume. Seus estilos são dominados por jargões quase inimaginavelmente rebarbativos. Cultos como o pós-modernismo, a análise do discurso, o desconstrucionismo, o neopragmatismo descolam-nos totalmente da realidade; um assombroso sentido de desvinculação da história e da responsabilidade individual desvia a atenção dos assuntos públicos e do discurso público. Resulta uma espécie de chapinhar extremamente acabrunhante de se ver, mesmo quando a sociedade como um todo vagueia sem rumo nem coerência. Racismo, pobreza, devastação ecológica, doença, uma ignorância assustadoramente generalizada: estes ficam entregues à mídia e ao candidato político excêntrico durante uma campanha eleitoral.

DESAFIANDO A ORTODOXIA E A AUTORIDADE

Não que nos tenham faltado exemplos flagrantes da "reconstituição da ideologia", nos termos de Chomsky, cujos elementos incluem noções sobre o triunfalismo judaico-cristão ocidental, o atraso intrínseco do mundo não ocidental, os perigos de vários credos alienígenas, a proliferação de conspirações "antidemocráticas", o enaltecimento e recuperação de obras, autores e ideias canônicas. Inversamente, outras culturas vêm sendo tratadas cada vez mais pelo ângulo da patologia e/ou terapia. Por mais sérios e rigorosos que sejam como estudo, reflexão e análise, livros publicados em Londres, Paris ou Nova York com títulos como *The African condition* [A condição africana], *The Arab predicament* [O problema árabe], *The republic of fear* [A república do medo] ou *The Latin American syndrome* [A síndrome latino-americana] são consumidos no contexto daquilo que Kenneth Burke denominou "estruturas de aceitação", cujas condições são muito peculiares.

Por um lado, ninguém no espaço público dominante havia prestado muita atenção ao Iraque como sociedade, cultura ou história até agosto de 1991; a partir daí, foi avassaladora a enxurrada de livros de tipo jornalístico e programas de televisão. Não por acaso, *The republic of fear* foi lançado em 1989, e passou desapercebido. Mais tarde, o autor virou uma celebridade não porque seu livro trouxesse alguma grande contribuição ao saber — e o autor não oculta o fato —, e sim porque seu "retrato" obsessivo e monocromático do Iraque atendia perfeitamente à necessidade de uma representação desumanizada, a-histórica e demonológica de um país como encarnação de um Hitler árabe. Ser não ocidental (os rótulos reificantes são, em si mesmos, sintomáticos), portanto, é ser ontologicamente desafortunado em quase todos os aspectos, ser um fanático ou, na melhor das hipóteses, um seguidor, um consumidor preguiçoso que pode usar o telefone, mas nunca seria capaz de inventá-lo, como diz Naipaul em algum lugar.

Por outro lado, a desmistificação de todas as construções

culturais, "nossas" e "deles", constitui uma novidade que estudiosos, críticos e artistas colocam à nossa frente. Hoje, por exemplo, não podemos falar de história sem levar em conta as teses de Hayden White em *Metahistory* [Meta-história], segundo as quais toda escrita histórica *é* escrita e usa figuras de linguagem, seja nos códigos da metonímia, da metáfora, da alegoria ou da ironia. Desde os trabalhos de Lukács, Fredric Jameson, Foucault, Derrida, Sartre, Adorno e Benjamin — para citar apenas alguns dos nomes mais óbvios —, temos uma percepção clara dos processos de regulação e força por meio dos quais a hegemonia cultural se reproduz, impondo até mesmo à poesia e ao espírito a forma da mercadoria ou da administração.

Todavia, de modo geral, a distância entre esses importantes teóricos metropolitanos e a experiência imperial viva ou histórica é efetivamente grande. As contribuições do império às artes de observação, descrição, formação disciplinar e discurso teórico têm sido ignoradas; essas novas descobertas teóricas costumam, com uma discrição meticulosa e talvez um excesso de melindre, passar por cima das confluências entre seus achados e as energias liberacionistas desencadeadas pelas culturas de resistência no Terceiro Mundo. Muito raramente encontramos aplicações diretas de um campo ao outro, como, num solitário exemplo, quando Arnold Krupat aplica os recursos da teoria pós-estruturalista àquele triste panorama criado pelo genocídio e amnésia cultural que começa a ser chamado de "literatura americana nativa", a fim de interpretar as configurações do poder e experiência autêntica contidas em seus textos.[28]

Podemos, na verdade devemos, nos perguntar por que o cabedal teórico libertário gerado no Ocidente tem praticado esse autoconfinamento, e por que, ao mesmo tempo, no mundo ex-colonial, a perspectiva de uma cultura com fortes elementos liberacionistas raras vezes se mostrou tão vaga.

Darei um exemplo. Em 1985, fui convidado a fazer uma visita de uma semana a uma universidade nacional num dos

Estados do golfo Pérsico; soube que minha missão consistia em avaliar seu programa de inglês e talvez oferecer algumas recomendações para aperfeiçoá-lo. Fiquei estupefato ao descobrir que, em termos quantitativos, o inglês era o curso que atraía o maior número de jovens de qualquer departamento da universidade, mas me senti desanimado ao ver que o currículo era dividido mais ou menos igualmente entre o que chamavam de linguística (ou seja, gramática e estrutura fonética) e literatura. Os cursos de literatura eram, pelo que vi, rigorosamente ortodoxos, num padrão seguido mesmo em universidades árabes mais antigas e ilustres como a do Cairo e Ain Shams. Jovens árabes liam ciosamente Milton, Shakespeare, Wordsworth, Austen e Dickens tal como estudariam sânscrito ou heráldica medieval; não se dava qualquer peso à relação entre o inglês e os processos coloniais que levaram a língua e sua respectiva literatura ao mundo árabe. Não consegui notar um grande interesse, exceto em discussões particulares com alguns membros da faculdade, pelas novas literaturas do Caribe, África ou Ásia de língua inglesa. Era uma confluência estranha e anacrônica de estudo mecânico, ensino acrítico e resultados (para dizê-lo delicadamente) casuais.

No entanto, aprendi duas coisas que me interessavam enquanto intelectual e crítico secular. A razão para o grande número de estudantes de inglês foi explicada francamente por um professor meio descontente: muitos alunos queriam trabalhar em companhias aéreas ou em bancos, onde o inglês era a *língua franca* mundial. Isso colocava o inglês quase definitivamente no nível de uma língua técnica desprovida de características expressivas e estéticas e despida de qualquer dimensão crítica ou autoconsciente. Aprendia-se inglês para usar computadores, obedecer a ordens, transmitir telex, entender notas de remessa, e assim por diante. E só. A outra coisa que descobri, para meu susto, foi que o inglês ali existia numa espécie de caldeirão fervente de revivalismo islâmico. Por onde eu andasse, havia *slogans* islâmicos para as eleições do conselho universitário colados por todas as paredes (mais tarde eu soube que os diversos candidatos islâmicos tinham conseguido uma grande maioria, se não esmagadora). No Egito, em 1989, no departamento de inglês da Universidade do Cairo, depois de falar por uma hora sobre nacionalismo, independência e libertação como práticas culturais alternativas ao imperialismo, perguntaram-me sobre "a alternativa teocrática". Entendi mal e pensei que a pessoa estivesse indagando da "alternativa socrática", e fui imediatamente corrigido. Era uma moça bem-educada com a cabeça coberta por um véu; em meu zelo secular e anticlerical, não tinha me dado conta de suas preocupações. (Mesmo assim, prossegui audaz em meu ataque!)

Assim, usando o mesmíssimo inglês de pessoas que aspiram a realizações literárias de ordem muito elevada, que admitem um uso crítico da língua para possibilitar uma descolonização do espírito, como diz Ngugi wa Thiongo, coexistem novas comunidades muito diferentes, numa nova configuração menos atraente. Nos países onde foi a língua do governante e do administrador, o inglês tem uma presença bem reduzida, seja como língua técnica com traços e características totalmente instrumentais, seja como língua estrangeira com várias conexões implícitas com o mundo anglófono mais amplo, mas sua presença concorre com a realidade nascente, de uma força impressionante, do fervor religioso organizado. Como a língua do islamismo é o árabe, idioma com considerável comunidade literária e força hierática, o inglês caiu a um nível bastante baixo, desinteressante e empobrecido.

Para avaliar essa nova subordinação numa era em que o inglês, em outros contextos, conquistou um notável destaque e vem acompanhado por muitas comunidades novas e interessantes de atividades literárias, críticas e filosóficas, basta lembrar rapidamente a assombrosa concordância do mundo islâmico com as proibições, proscrições e ameaças desferidas pelas autoridades clericais e temporais do islamismo contra Salman Rushdie, por causa de seu romance *Os versos satânicos*. Não digo que todo o mundo islâmico tenha concordado, mas seus porta--vozes e agentes oficiais rejeitaram cegamente ou se negaram veementemente a se comprometer com um livro que a imensa maioria do povo nunca leu. (A *fatwa* de Khomeini, evidentemente, foi bem além da simples rejeição, mas a posição iraniana era relativamente isolada.) A principal ofensa consistia em Rushdie ter tratado do islã em inglês, para um público que provavelmente seria em larga medida ocidental. Mas, igualmente importantes, dois fatores marcaram a reação do mundo anglófono aos fatos que cercaram *Os versos satânicos*. Um foi a unanimidade quase completa das tímidas e cautelosas condenações do islamismo, alinhadas numa causa que se afigurava segura e, ao mesmo tempo, politicamente correta à maioria dos autores e intelectuais metropolitanos. Dos vários escritores que tinham sido mortos, presos ou banidos em nações aliadas dos Estados Unidos (Marrocos, Paquistão, Israel) ou em Estados ditos "terroristas" e antiamericanos (Líbia, Irã, Síria), pouquíssimo se falou. Em segundo lugar, ditas as frases rituais de apoio a Rushdie e de condenação ao islã, parece que não houve muito mais interesse, fosse pelo mundo islâmico como um todo, fosse pelas condições da vida literária lá. Podia-se ter gastado mais energia e entusiasmo no diálogo com aquelas consideráveis figuras literárias e intelectuais do mundo islâmico (Mahfouz, Darwish, Munif, entre outros) que ocasionalmente defenderam (e atacaram) Rushdie em circunstâncias mais penosas do que as reinantes em Greenwich Village ou Hampstead.

Encontram-se *deformações* extremamente significativas dentro das novas comunidades e Estados que agora existem ao lado e, em parte, dentro daquela porção do mundo anglófono dominada pelos Estados Unidos, porção esta que inclui as vozes heterogêneas, as linguagens variadas e as formas híbridas que conferem à escrita anglófona sua identidade peculiar e ainda problemática. Uma dessas deformações encontra-se no recente surgimento, nas últimas décadas, de uma entidade espantosamente nítida chamada "islã"; outras incluem o "Comunismo", "Japão", o "Ocidente", cada uma delas com estilos de polêmica, baterias de discurso e uma abundância desconcertante de ocasiões para se disseminar. Mapeando os vastos domínios comandados por essas gigantescas essencializações caricaturais, podemos apreciar e interpretar com mais justeza os modestos ganhos conquistados por grupos literários menores, unidos não por polêmicas absurdas, mas por afinidades, simpatias e compaixão.

Pouca gente, naqueles tempos animadores do auge da descolonização e do início do nacionalismo terceiro-mundista, estava observando ou prestando atenção ao crescimento de um nativismo ciosamente alimentado nas fileiras anticoloniais, que acabou atingindo proporções desmesuradas. Todos aqueles apelos nacionalistas ao islamismo puro e autêntico, ou ao afrocentrismo, à *négritude*, ou ao arabismo, encontravam sonora resposta, sem que houvesse consciência suficiente de que essas etnicidades e essências espirituais voltariam para exigir um preço altíssimo dos adeptos que obtivessem êxito. Fanon foi um dos poucos a notar os riscos que uma consciência nacional despreparada traria para um grande movimento sociopolítico como a descolonização. Pode-se dizer o mesmo quanto aos riscos de uma consciência religiosa despreparada. Assim, o surgimento de vários mulás, coronéis e regimes monopartidários que, em sua plataforma política, alegavam riscos à segurança nacional e a necessidade de proteger o Estado revolucionário vulnerável, acrescentou uma nova série de problemas à herança já bastante pesada do imperialismo.

Não são muitos os Estados ou regimes isentos de uma ativa participação intelectual e histórica na nova configuração internacional pós-colonial. A segurança nacional e uma identidade separatista são os lemas principais. Junto com figuras autorizadas — o governante, os heróis e mártires nacionais, as autoridades religiosas estabelecidas —, os políticos agora vitoriosos pareciam querer, em primeiro lugar, fronteiras e passaportes. O que havia sido a libertação criativa de um povo — as "invenções de novas almas" de Aimé Césaire — e o audacioso mapeamento metafórico do território espiritual usurpado pelos senhores coloniais logo foi traduzido e encaixado num sistema mundial de fronteiras, mapas, barreiras, forças policiais, alfândegas e câmbios. O comentário mais fino e elegíaco sobre esse sombrio estado de coisas foi o que fez Basil Davidson, em uma reflexão em memória de Amílcar Cabral. Recitando as perguntas que nunca foram levantadas sobre o futuro após a libertação, Davidson conclui que o aprofundamento da crise levou ao neoimperialismo e instalou firmemente no comando governantes pequeno-burgueses. Mas, prossegue ele, essa vertente do

> nacionalismo reformista continua a cavar seu próprio túmulo. À medida que se aprofunda o túmulo, são cada vez menos os homens do comando que conseguem erguer a cabeça até sua beirada. Ao som de réquiens entoados em coro solene por legiões de especialistas estrangeiros, ou seriam *fundi* de uma ou outra profissão, amiúde com salários muitos confortáveis (e confortantes), o funeral avança. As fronteiras estão ali, as fronteiras são sagradas. O que mais, afinal, garantiria o privilégio e o poder às elites dirigentes?[29]

O romance mais recente de Chinua Achebe, *Anthills of the savannah* [Formigueiros da savana], apresenta um retrato convincente dessa paisagem irritante e desanimadora.

Davidson, mais adiante, altera o tom sombrio de sua descrição apontando o que ele chama de "própria solução [do povo] para essa carapaça recebida do período colonial".

> O que as pessoas pensam sobre o assunto é mostrado por sua incessante emigração transpondo essas linhas do mapa, bem como por suas atividades de contrabando. Assim, mesmo quando uma "África burguesa" endurece suas fronteiras, multiplica seus controles aduaneiros e troveja contra o contrabando de bens e pessoas, uma África dos "povos" age de maneira completamente diversa.[30]

O equivalente cultural dessa combinação ousada, mas muitas vezes onerosa, entre contrabando e emigração naturalmente nos é familiar; exemplifica-o o novo grupo de escritores recentemente considerado como cosmopolita numa aguda análise de Tim Brennan.[31] Atravessar a fronteira, e passar pelas típicas privações e entusiasmos da migração, tornaram-se um tema importante na arte da era pós-colonial.

Embora possamos dizer que esses autores e temas constituem uma nova configuração cultural e possamos apontar admiráveis realizações estéticas regionais em todo o mundo, creio que devemos estudar essa configuração de um ponto de vista um pouco menos simpático, mas, em minha opinião, mais realista e político. Se devemos admirar, com razão, o conteúdo e as realizações da obra de Rushdie, digamos, como parte de uma formação significativa dentro da literatura de língua inglesa, ao mesmo tempo devemos notar que ela é sobrecarregada, e que uma obra esteticamente valiosa pode fazer parte de uma formação coercitiva, ameaçadora, ou profundamente antiliterária e anti-intelectual. Antes da publicação de *Os versos satânicos* em 1988, Rushdie já era uma figura problemática para os ingleses devido a seus ensaios e primeiros romances; para muitos indianos e paquistaneses da Inglaterra e do subcontinente, porém, era um autor celebrado de que se orgulhavam, e também um defensor dos direitos dos imigrantes e crítico severo dos imperialistas nostálgicos. Depois da *fatwa*, sua posição mudou drasticamente, e ele se tornou um anátema para seus antigos admiradores. Provocar o fundamentalismo islâmico quando havia sido antes quase que um representante do islamismo indiano — isso demonstra a conjunção insistente de arte e política, que pode ser explosiva.

"Não há documento da civilização que não seja também um documento da barbárie", disse Walter Benjamin. As conexões mais sombrias estão onde se encontram as conjunturas políticas e culturais interessantes da atualidade. Elas afetam nossa obra crítica individual e coletiva, tanto quanto a obra hermenêutica e utópica com a qual sentimo-nos mais à vontade ao lermos, discutirmos e refletirmos sobre textos literários de valor.

Serei mais concreto. Não são apenas refugiados cansados, esgotados, despossuídos que atravessam fronteiras e tentam se aculturar em novos ambientes; é também todo o sistema gigantesco dos meios de comunicação de massa que é ubíquo, deslizando através de inúmeras fronteiras e instalando-se em quase todas as partes. Eu disse que Herbert Schiller e Armand Mattelart nos expuseram o domínio de algumas multinacionais sobre a produção e distribuição das representações jornalísticas; o estudo mais recente de Schiller, *Culture, Inc.* [Cultura S.A.], mostra que todos os departamentos da cultura, não só os noticiários, foram invadidos ou cercados por um pequeno círculo de empresas privadas.[32]

Isso traz uma série de consequências. Em primeiro lugar, o sistema da mídia internacional tem feito, na realidade, aquilo que pretenderiam fazer as noções idealistas ou ideológicas de coletividade, de comunidade imaginária. Quando, por exemplo, falamos e pesquisamos um objeto que chamamos de literatura do Commonwealth ou literatura mundial de língua inglesa, nosso esforço é, de fato, meramente conjectural; as discussões sobre o realismo mágico no romance caribenho e africano, digamos, podem invocar ou, na melhor das hipóteses, traçar os contornos de um campo "pós-moderno" ou nacional unindo essas obras, mas sabemos que elas, seus autores, seus leitores são específicos de certas condições locais e articulados em determinadas circunstâncias igualmente locais, e que é por uma questão de conveniência que as deixamos de lado quando analisamos as diferentes condições de recepção em Londres ou Nova York e nas periferias. Em comparação à forma como operam as quatro grandes agências de notícias ocidentais, à maneira pela qual os telejornalistas internacionais de língua inglesa selecionam, reúnem e transmitem imagens pictóricas de todo o mundo, ou ao modo como programas hollywoodianos feito *Bonanza* ou *I love Lucy* continuaram a ser exibidos mesmo durante a guerra civil libanesa, nosso esforço crítico é minúsculo e primário, pois a mídia não é apenas uma rede prática totalmente integrada, mas um *modo de articulação* eficientíssimo unindo o mundo inteiro.

Esse sistema mundial, articulando e produzindo cultura, economia e poder político, junto com seus coeficientes militares e demográficos, possui uma tendência institucionalizada de gerar imagens transnacionais desproporcionais que agora estão reorientando o discurso e o processo social internacional. Tome-se como exemplo o surgimento do "terrorismo" e do "fundamentalismo" como dois termos capitais da década de 1980. Em primeiro lugar, é quase impossível sequer começar a analisar (no espaço público oferecido pelo discurso nacional) conflitos políticos envolvendo sunitas e xiitas, curdos e iraquianos, tamiles e singaleses, ou sikhs e hinduístas — a lista é longa — sem recorrer às categorias e imagens do "terrorismo" e do "fundamentalismo", totalmente derivadas das preocupações e instituições intelectuais dos centros metropolitanos, como Washington e Londres. São imagens temíveis que carecem de definição ou conteúdo preciso, mas significam aprovação e poder moral para quem as utiliza, incriminação e acuamento moral para quem for assim designado. Essas duas reduções gigantescas mobilizaram exércitos e comunidades dispersas. A reação oficial do Irã ao romance de Rushdie, o entusiasmo extraoficial por ele entre as comunidades islâmicas no Ocidente, a expressão pública e privada de ultraje no Ocidente diante da *fatwa* — nada disso, a meu ver, é inteligível se não se fizer referência à lógica geral e às articulações e reações minúsculas acionadas pelo sistema opressivo que venho tentando descrever.

Assim é que, no ambiente bastante aberto das comunidades de leitores interessados, por exemplo, na nascente literatura anglófona ou francófona pós-colonial, as configurações subjacentes são dirigidas e controladas não por processos de investigação hermenêutica, nem ainda por intuição empática e literária, nem ainda por uma leitura culta, e sim por processos muito mais grosseiros e instrumentais cujo objetivo é mobilizar o consentimento, erradicar a dissidência, promover um patriotismo quase literalmente cego. Com tais meios assegura-se a governabilidade de um grande número de pessoas, cuja aspiração potencialmente subversiva à democracia e à liberdade de expressão é sufocada (ou narcotizada) nas sociedades de massa, inclusive, naturalmente, as ocidentais.

O medo e o terror induzidos pelas imagens desproporcionais do "terrorismo" e do "fundamentalismo" — vamos chamá-las de figuras de um imaginário internacional ou transnacional composto de demônios estrangeiros — aceleram a subordinação do indivíduo às normas dominantes do momento. Isso vale tanto para as novas sociedades pós-coloniais quanto para o Ocidente em geral e os Estados Unidos em particular. Assim, opor-se à anormalidade e ao extremismo embutidos no terrorismo e no fundamentalismo — e meu exemplo aqui nem sequer é muito caricato — significa também defender a moderação, a racionalidade, a centralidade executiva de uma moralidade vagamente designada "ocidental" (ou qualquer outra moral assumida em termos patrióticos ou regionais). O irônico é que, longe de dotar a moralidade ocidental com a confiança e "normalidade" segura que associamos ao privilégio e à retidão, essa dinâmica "nos" imbui com uma defensividade e fúria farisaica que acaba vendo os "outros" como inimigos, dispostos a destruir nossa civilização e nosso modo de vida.

Isso é um simples esboço de como esses padrões de ortodoxia coercitiva e autoengrandecimento reforçam ainda mais o poder da aquiescência irrefletida e da doutrina inquestionável. Como elas se aperfeiçoam lentamente ao longo do tempo e de muitas repetições, vêm a ser respondidas, infelizmente, com uma postura igualmente peremptória pelos ditos inimigos. Assim, muçulmanos, africanos, indianos ou japoneses, em seus idiomas e a partir de suas próprias localidades ameaçadas, atacam o Ocidente, a americanização ou o imperialismo, com um cuidado pelo detalhe, pela diferenciação, pela discriminação e distinção crítica não muito maior do que o que lhes foi prodigalizado no Ocidente. O mesmo vale para os americanos, para quem o patriotismo é quase sagrado. É uma dinâmica, ao fim e ao cabo, insensata. Quaisquer que sejam os objetivos das "guerras de fronteira", elas são empobrecedoras. O indivíduo tem de se juntar ao grupo primordial ou constituído, ou aceitar, como Outro subalterno, uma posição inferior, ou então combater até a morte.

Essas guerras de fronteira são expressão de essencializações — africanizar o africano, orientalizar o oriental, ocidentalizar o ocidental, americanizar o americano, por um tempo indefinido e sem nenhuma alternativa (visto que as essências africana, oriental, ocidental só podem continuar a ser essências) —, um padrão que foi transmitido da era do imperialismo clássico e seus respectivos sistemas. O que resiste a ele? Um exemplo óbvio é dado por Immanuel Wallerstein, com os chamados movimentos antissistêmicos, que surgiram como consequência do capitalismo histórico.[33] Nos últimos tempos, têm surgido exemplos desses movimentos em quantidade capaz de animar até o pessimista mais intransigente: os movimentos pela democracia em todos os lados da linha divisória socialista, a *intifada* palestina, vários movimentos sociais, ecológicos e culturais na América do Norte e do Sul, o movimento das mulheres. No entanto, esses movimentos dificilmente se interessam pelo mundo além de suas fronteiras, ou raramente têm a capacidade e a liberdade de generalizar a respeito. Se você participa de um movimento de oposição filipino, palestino ou brasileiro, precisa lidar com as exigências táticas e logística da luta cotidiana. Mesmo assim, acho que esse tipo de iniciativa vem desenvolvendo, se não uma teoria geral, pelo menos uma prontidão discursiva comum ou, para colocar em termos territoriais, um mapa mundial subjacente. Talvez possamos começar a falar desse espírito oposicionista um tanto esquivo, e de suas estratégias nascentes, como uma contra-articulação internacionalista.

A que tipo novo, ou mais novo, de política intelectual e cultural aspira esse internacionalismo?[34] Que transformações e transfigurações importantes devem se dar em nossas ideias sobre o escritor, o intelectual e o crítico, definidas de maneira tradicional e eurocêntrica? O inglês e o francês são idiomas universais, e a lógica das fronteiras e essências em guerra é totalizante, de modo que devemos começar por reconhecer que o mapa do mundo não possui nenhum espaço, essência ou privilégio divinamente ou dogmaticamente sancionado. No entanto, podemos falar de um espaço secular e de histórias interdependentes humanamente construídas, fundamentalmente cognoscíveis, se bem que não por meio de teorias grandiosas ou totalizações sistêmicas. Ao longo de todo este livro, venho afirmando que a experiência humana é de textura delicada, acessível o suficiente para *não* precisar de nenhuma instância extra-histórica ou sobrenatural para elucidá-la ou explicá-la. Falo de uma maneira de encarar nosso mundo, considerando-o passível de investigação e indagação sem chaves mágicas, instrumentos e jargões especiais, ou práticas misteriosas.

Precisamos de um paradigma diferente e inovador para a pesquisa humanista. Os estudiosos podem estar abertamente empenhados na política e nos interesses do presente — com os olhos abertos, com uma energia analítica rigorosa e os valores sociais decentes de quem está interessado, não na sobrevivência de um feudo ou uma guilda disciplinar, nem de uma identidade manipuladora como "Índia" ou "América", e sim na melhoria e na valorização não coercitiva da vida numa comunidade que luta para existir entre outras comunidades. Não se pode minimizar o trabalho de escavação imaginativa necessário para tal tarefa. Não se procuram essências exclusivas e originais, seja para restaurá-las, seja para atribuir-lhes um lugar de honra inatacável. Em *Subaltern studies* [Estudos subalternos], por exemplo, o estudo da história indiana é visto como uma luta entre classes e suas respectivas epistemologias; da mesma forma, os colaboradores de *Patriotism* [Patriotismo], obra em três volumes editada por Raphael Samuel, não concedem prioridade histórica à "anglicidade", como tampouco a "civilização ática", em *Black Athena*, de Bernal, é meramente utilizada como modelo a-histórico de uma civilização superior.

A ideia por trás dessas obras é que as versões ortodoxas, com autoridade nacional e institucional, tendem sobretudo a petrificar e transformar versões provisórias e altamente contestáveis da história em identidades oficiais. Assim, a versão oficial da história inglesa encarnada, digamos, nos *darbares* organizados para o vice-rei indiano da rainha Vitória, em 1876, pretende que o governo britânico na Índia era de uma longevidade quase mítica; essas cerimônias introduzem as tradições de serviço, obediência e subordinação indiana de modo a criar a imagem de uma identidade trans-histórica de todo um continente, levado à submissão diante da imagem de uma Inglaterra que, por sua vez, tem como identidade construída a ideia de que governou, governa e sempre haverá de governar os oceanos e a Índia.[35] Enquanto essas versões oficiais da história tentam proceder assim para impor uma autoridade identitária (utilizando os termos de Adorno) — o califado, o Estado, o clero ortodoxo, o Sistema —, os desencantamentos, as investigações questionadoras e metodicamente céticas nesse trabalho inovador que venho citando, submetem essas identidades híbridas e compósitas a uma dialética negativa que as dissolve em componentes variadamente construídos. O que importa muito mais do que a identidade estável, que se mantém corrente no discurso oficial, é a força contestadora de um método interpretativo cujo material são as correntes díspares, mas entrelaçadas, interdependentes e sobretudo sobrepostas na experiência histórica.

Um exemplo maravilhosamente audacioso dessa força encontra-se nas interpretações da tradição literária e cultural árabe levantadas por Adonis, pseudônimo de Ali Ahmed Said, principal poeta árabe da atualidade. Desde a publicação dos três volumes de *Al-Thabit wa al-Mutahawwil*, entre 1974 e 1978, Adonis vem questionando praticamente sozinho a persistência da herança árabe-islâmica, que lhe parece ossificada e presa à tradição, não só fincada no passado, mas em releituras rígidas e autoritárias desse passado. O objetivo de tais releituras, diz ele, é impedir que os árabes encontrem de fato a modernidade (*al-hadatha*). Em seu livro sobre a poesia árabe, Adonis associa as interpretações duras e literais da grande poética árabe aos dirigentes, enquanto uma leitura imaginativa revela que, no cerne da tradição clássica — inclusive no próprio Corão —, existe uma linha subversiva e dissidente correndo contra a aparente ortodoxia proclamada pelas autoridades temporais. Ele mostra como o domínio da lei na sociedade árabe separa o poder e a crítica, a tradição e a inovação, assim confinando a história a um código exaustivo de precedentes interminavelmente reiterados. A esse sistema ele opõe os poderes de dissolução da modernidade crítica:

> Os homens no poder designavam todos aqueles que não pensassem de acordo com a cultura do califado como "gente da inovação" (*ahl al-ihdath*), excluindo-os com essa acusação de heresia de suas filiações islâmicas. Isso explica como os termos *ihdath* (modernidade) e *muhdath* (novo, moderno), usados para caracterizar a poesia que violava os antigos princípios poéticos, derivaram originalmente do léxico religioso. Em consequência, podemos ver que o moderno na poesia se afigura ao sistema dominante como um ataque político ou intelectual à cultura do regime e como uma rejeição dos padrões idealizados do antigo, e que, portanto, o poético na vida árabe sempre esteve, e na verdade continua a estar, mesclado ao político e ao religioso.[36]

Ainda que a obra de Adonis e seus associados no periódico *Mawaqif* seja pouco conhecida fora do mundo árabe, ela pode ser considerada como parte de uma configuração internacional muito mais ampla, que inclui os escritores do Field Day na Irlanda, o grupo dos *Subaltern studies* na Índia, a maioria dos autores dissidentes do Leste europeu, e muitos artistas e intelectuais caribenhos com a herança que remonta a C. L. R. James (Wilson Harris, George Lamming, Eric Williams, Derek Walcott, Edward Braithwaite, V. S. Naipaul em sua primeira fase). Todos esses movimentos e indivíduos acham que é possível dissolver os clichês e as idealizações patrióticas da história oficial, junto com seu legado de dependência intelectual e recriminação defensiva. Como disse Seamus Deane para o caso irlandês: "O mito da irlandidade, a noção de irrealidade irlandesa, as ideias a respeito da loquacidade irlandesa são temas políticos dos quais a literatura vem se aproveitando ao máximo desde o século XIX, quando foi inventada a ideia de caráter nacional".[37] A tarefa que se apresenta ao intelectual cultural, portanto, é não aceitar a política da identidade tal como é dada, mas mostrar como todas as representações são construídas, qual é sua finalidade, quem são seus inventores, quais são seus componentes.

Isso não é nada fácil. Insinuou-se uma alarmante atitude defensiva na autoimagem oficial dos Estados Unidos, sobretudo em suas representações do passado nacional. Toda sociedade e tradição oficial defende-se contra interferências com suas narrativas sancionadas; estas adquirem, no decorrer do tempo, um estatuto quase teológico, com heróis fundadores, ideias e valores queridos e acalentados, alegorias nacionais com um efeito inestimável na vida política e cultural. Dois destes elementos — os Estados Unidos como sociedade pioneira e a vida política americana como reflexo direto de práticas democráticas — têm sido objeto de análises recentes, resultando um furor absolutamente notável. Em ambos os casos, registra-se por parte dos próprios intelectuais um certo esforço sério e desmistificador, mas de forma nenhuma suficiente, em aceitar visões críticas, mas, tal como os âncoras da mídia que interiorizam as normas do poder, eles interiorizaram normas de autoidentidade oficial.

Consideremos a "América como Ocidente", exposição realizada na Galeria Nacional de Arte Americana em 1991; a galeria faz parte da Smithsonian Institution, em parte subvencionada pelo governo federal. Segundo a mostra, a conquista do Oeste e sua posterior incorporação aos Estados Unidos tinha sido transformada numa narrativa heroica meliorista que mascarava, romantizava ou simplesmente eliminava a verdade multifacetada do efetivo processo de conquista, bem como a destruição do meio ambiente e dos aborígines americanos. Assim, por exemplo, foram colocadas imagens dos índios em pinturas americanas oitocentistas — nobres, altivos, pensativos —, ao lado de textos descrevendo a degradação dos americanos nativos às mãos do branco. Tais "desconstruções" despertaram a fúria de membros do Congresso, quer tivessem assistido ou não à exposição; acharam inaceitável que se expusesse tal viés impatriótico ou não americano, ainda mais em se tratando de uma instituição federal. Professores, eruditos e jornalistas atacaram o que lhes parecia um infamante descaso pela "excepcionalidade" dos Estados Unidos, que consiste, segundo um redator do *Washington Post*, na "esperança e otimismo de sua fundação, a promessa de sua generosidade, e os esforços perseverantes de seu governo".[38] Poucos discordaram dessa visão; um deles foi Robert Hughes, que escreveu em *Time* (31 de maio de 1991) que a arte exposta era "um mito da fundação em tela e pedra".

O que determinou o fato de se misturar história, invenção e autoengrandecimento nesse episódio da origem nacional foi um consenso semioficial de que ele não se adequava à América. Paradoxalmente, os Estados Unidos, como sociedade composta por imigrantes de diversas culturas, têm um discurso público mais controlado, mais empenhado em pintar o país sem qualquer mácula, mais unido em torno de uma narrativa impenetrável e grandiosa de um triunfo inocente. Essa tentativa de manter as coisas simples e boas desvincula o país de sua relação com outros povos e sociedades, assim reforçando seu distanciamento e insularidade.

Outro exemplo extraordinário foi a controvérsia que cercou o filme JFK, de Oliver Stone, lançado no final de 1991. O filme, com sérias falhas, tem como premissa que o assassinato de Kennedy foi planejado como parte de uma conspiração de americanos que se opunham à vontade do presidente de acabar com a guerra no Vietnã. Considerando-se que o filme era desigual e confuso, e considerando-se que a principal razão que levou Stone a realizá-lo pode ter sido exclusivamente comercial, por que tantos setores não oficiais e com autoridade cultural — jornais de grande circulação, historiadores do sistema, políticos — acharam que era importante atacar o filme? Um não americano não tem qualquer dificuldade em aceitar como ponto de partida que a maioria dos assassinatos políticos, se não todos eles, *são* conspirações, porque assim é o mundo. Mas um coro de sábios americanos gasta quilômetros de papel para negar que existam conspirações nos Estados Unidos, pois "nós" representamos um mundo novo, melhor, mais inocente. Ao mesmo tempo, existem inúmeras provas de atentados e conspirações americanas oficiais contra os "demônios estrangeiros" sancionados (Castro, Kadhafi, Saddam Hussein etc.) As associações não são feitas, e esses fatos deixam de ser lembrados.

Disso deriva uma série de corolários importantes. Se a identidade principal, vigente, impositiva e coercitiva é a de um Estado com suas fronteiras, alfândegas, partidos e autoridades dirigentes, narrativas e imagens oficiais, e se os intelectuais acham que essa identidade precisa de constante crítica e análise, segue-se daí que outras identidades analogamente construídas também precisam de investigação e perquirição semelhante. Nós, que nos interessamos por literatura e pelo estudo da cultura, em geral recebemos uma educação organizada em vários setores — o autor criativo, a obra autônoma e autossuficiente, a literatura nacional, os diversos gêneros — que adquiriram uma presença quase fetichista. Ora, seria um absurdo alegar que não existem autores e obras individuais, que os franceses, japoneses e árabes não são coisas separadas, ou que Milton, Tagore e Alejo Carpentier são apenas variações trivialmente diferentes do mesmo tema. E tampouco estou dizendo que um ensaio sobre *Great expectations* [Grandes esperanças] e o próprio romance *Great expectations* de Dickens sejam a mesma coisa. O que digo é que a "identidade" não implica necessariamente, em termos ontológicos, uma estabilidade dada e eternamente determinada, nem uma exclusividade, um caráter irredutível ou um estatuto privilegiado como algo total e completo em si e sobre si mesmo. Prefiro interpretar um romance como a escolha de um dentre vários outros modos de escrever, e a atividade de escrever como um dentre vários modos sociais, e a categoria da literatura como algo criado para servir a diversos objetivos mundanos, inclusive e talvez até principalmente objetivos estéticos. Assim, o enfoque nas atitudes investigadoras e desestabilizadoras daqueles autores de obras que se opõem ativamente a Estados e fronteiras consiste em ver como uma obra de arte, por exemplo, começa *como* uma obra; começa *a partir* de uma situação política, social e cultural; começa a *fazer* certas coisas e não outras.

A história moderna do estudo literário vem acoplada ao desenvolvimento do nacionalismo cultural, cujo objetivo, em primeiro lugar, era conferir distinção ao cânone nacional, e depois manter sua eminência, sua autoridade e autonomia estética. Mesmo em discussões sobre a cultura em geral que pareciam se erguer acima de diferenças nacionais, em respeito a uma esfera universal, mantinham-se as hierarquias e preferências étnicas (como entre europeus e não europeus). Isso vale tanto para Matthew Arnold quanto para críticos culturais e filológicos do século XX pelos quais nutro profunda admiração — Auerbach, Adorno, Spitzer, Blackmur. Para todos eles, a sua cultura era, em certo sentido, a única cultura. As ameaças a ela eram em larga medida internas — para os modernos, o fascismo e o comunismo —, e o que eles sustentavam era o humanismo burguês europeu. O espírito, a rigorosa formação necessária para montar essa *Bildung*, a excepcional disciplina exigida para tanto: nada disso sobreviveu, embora de vez em quando surja quem queira retomar essa linhagem como uma espécie de discípulo retrospectivo, e às vezes ouçamos um tom de admiração; todavia, nenhuma obra crítica atual se assemelha a obras da categoria de *Mimesis*. Em vez do humanismo burguês europeu, a premissa básica agora é fornecida por um resíduo do nacionalismo, com suas várias autoridades subsidiárias, aliado a um profissionalismo que divide o material em campos, subcampos, especialidades e coisas do gênero. O que sobreviveu da doutrina da autonomia estética reduziu-se a um formalismo associado a um ou outro método profissional — estruturalismo, desconstrutivismo etc.

Um exame de alguns dos novos campos acadêmicos criados a partir da Segunda Guerra Mundial, sobretudo em decorrência de lutas nacionalistas não europeias, revela outra topografia e outro conjunto de imperativos. De um lado, muitos estudiosos e professores de literaturas não europeias hoje precisam levar em conta, desde o início, a política do que estão estudando; não há como preterir as discussões sobre a escravidão, o colonialismo e o racismo em qualquer estudo sério da literatura moderna indiana, africana, latino-americana, norte-americana, árabe, caribenha e do Commonwealth. Tampouco é intelectualmente sério discuti-las sem levar em conta suas difíceis circunstâncias nas sociedades pós-coloniais, ou como temas marginalizados e/ou subordinados em áreas secundárias dos currículos metropolitanos. Também não é possível se esconder no positivismo ou no empirismo e "exigir" de improviso as armas da teoria. Por outro lado, é um erro sustentar que as "outras" literaturas não europeias, mais claramente ligadas ao poder e à política, podem ser estudadas de maneira "respeitável", como se na verdade fossem tão elevadas, autônomas, esteticamente independentes e satisfatórias quanto pretendiam ser as literaturas ocidentais. A ideia de pele negra com máscara branca é tão pouco proveitosa e honrosa no estudo literário quanto na política. A imitação e a mímica não levam muito longe.

"Contaminação" não é uma boa palavra, mas uma certa ideia da literatura e, na verdade, de toda a cultura como algo híbrido (no sentido complexo que Homi Bhabha atribui à palavra)[39] e emaranhado ou entrelaçado, sobreposto, com elementos habitualmente considerados estranhos — tal me parece ser *a* ideia essencial para a realidade revolucionária de hoje, na qual as lutas do mundo secular dão forma, de maneira muito instigante, aos textos que lemos e escrevemos. Não podemos mais aceitar concepções da história que valorizem o desenvolvimento linear ou a transcendência hegeliana, como tampouco não podemos mais aceitar pressupostos geográficos ou territoriais que atribuam posição central ao mundo atlântico e posição periférica congênita, e até criminosa, às regiões não ocidentais. Se configurações como "literatura anglófona" ou "literatura mundial" têm algum sentido, é porque, com sua existência e realidade atual, atestam as lutas e combates constantes que lhes deram origem como textos e como *experiências* históricas, e porque desafiam vigorosamente a base nacionalista para a composição e o estudo da literatura, e a indiferença e a independência sobranceira com que se costumavam encarar as literaturas ocidentais metropolitanas.

Ao aceitarmos a configuração concreta de experiências literárias em sobreposição e interdependência, apesar das fronteiras nacionais e das autonomias nacionais instituídas coercitivamente pela lei, a história e a geografia se transfiguram em novos mapas, em entidades novas muito menos estáveis, em novos tipos de conexões. O exílio, longe de constituir o destino de infelizes quase esquecidos, despossuídos e expatriados, torna-se algo mais próximo a uma norma, uma experiência de atravessar fronteiras e mapear novos territórios em desafio aos limites canônicos clássicos, por mais que se deva reconhecer e registrar seus elementos de perda e tristeza. Modelos e tipos recém-transformados lutam contra os mais antigos. O leitor e o autor de literatura — a qual perde suas formas duradouras e aceita os testemunhos, as revisões, os comentários da experiência pós-colonial, inclusive a vida clandestina, as narrativas dos escravos, a literatura das mulheres, a prisão — não mais precisam ficar presos a uma imagem do poeta ou do erudito no isolamento, segura, estável, nacional na identidade, classe, gênero ou profissão, mas podem pensar e partilhar vivências com Genet na Palestina ou na Argélia, com Tayeb Salih como negro em Londres, com Jamaica Kincaid no mundo branco, com Rushdie na Índia e Inglaterra, e assim por diante.

Devemos ampliar os horizontes contra os quais se colocam e se respondem as perguntas sobre *o que* e *como* ler e escrever. Parafraseando uma observação de Erich Auerbach num de seus últimos ensaios, nosso lar filológico é o mundo, e não a nação nem o escritor individual. Isso significa que nós, estudiosos profissionais da literatura, temos de levar em conta uma série de questões complicadas, correndo o risco da impopularidade e de acusações de megalomania. Numa época em que predominam os meios de comunicação de massa e o que chamei de produção do consentimento, é panglossiano imaginar que a leitura cuidadosa de algumas obras de arte consideradas significativas em termos humanistas, profissionais ou estéticos seja algo mais do que uma atividade privada com parcas consequências públicas. Os textos são proteiformes; estão ligados a circunstâncias e políticas grandes e pequenas, e estas requerem atenção e crítica. Ninguém pode dar conta de tudo, é claro, assim como nenhuma teoria é capaz, por si só, de explicar ou revelar as conexões entre textos e sociedades. Mas ler e escrever textos nunca são atividades neutras: acompanham-nas interesses, poderes, paixões, prazeres, seja qual for a obra estética ou de entretenimento. Mídia, economia política, instituições de massa — em suma, as marcas do poder temporal e a influência do Estado — fazem parte do que chamamos de literatura. E assim como é verdade que não podemos ler textos literários de homens sem ler também textos literários de mulheres — tanto se transformou o feitio da literatura —, também é verdade que não podemos abordar a literatura das periferias sem atentar também para a literatura dos centros metropolitanos.

Em vez da análise parcial oferecida pelas várias escolas nacionais ou sistematicamente teóricas, venho propondo as linhas contrapontuais de uma análise global, na qual os textos e as instituições mundanas são abordados em seu funcionamento conjunto, na qual Dickens e Thackeray, como autores londrinos, são lidos também como escritores de experiência histórica modelada pelos empreendimentos coloniais na Índia e na Austrália, e dos quais tinham pleno conhecimento, na qual a literatura de uma comunidade está vinculada às literaturas de outras. As abordagens separatistas ou nativistas me parecem esgotadas; a ecologia do significado novo e mais abrangente da literatura não pode ser associada a uma única essência ou à ideia descontínua de uma coisa isolada. Mas essa análise global e contrapontual deve ser moldada não como uma sinfonia (como noções anteriores da literatura comparada), e sim como um conjunto atonal; temos de levar em conta todos os tipos de práticas espaciais ou geográficas e retóricas — inflexões, limites, coerções, intromissões, inclusões, proibições —, todas tendendo a elucidar uma topografia complexa e irregular. A síntese intuitiva de um crítico talentoso, tal como oferecida pela interpretação hermenêutica ou filológica (que tem seu protótipo em Dilthey), ainda possui valor, mas me parece uma lembrança pungente de uma época mais serena do que a nossa.

Isso nos reconduz à questão da política. Nenhum país está isento do debate sobre o que ler, ensinar ou escrever. Muitas vezes invejo os teóricos americanos que consideram o ceticismo radical ou a reverência respeitosa pelo *status quo* como alternativas concretas. Não as considero assim, talvez porque minha história e situação pessoal não me permitam tal luxo, tal distanciamento ou satisfação. Mas acredito que existam literaturas de fato boas e outras de fato más, e continuo tão conservador como qualquer um quando se trata, se não do valor redentor de ler um clássico em vez de ficar assistindo à televisão, pelo menos da potencial valorização de nossa sensibilidade e consciência nessa leitura, graças ao exercício de nosso espírito. Creio que a questão se reduz ao que se refere nosso trabalho diário, humilde e monótono, ao que fazemos nós como leitores e escritores, quando, por um lado, o profissionalismo e o patriotismo não servem e tampouco serve, por outro, esperar uma transformação apocalíptica. Continuo voltando — simplista e idealistamente — à noção de se opor e tentar reduzir a dominação coercitiva, transformando o presente ao procurar eliminar racional e analiticamente alguns de seus fardos, ao situar as obras de diversas literaturas referindo-as umas às outras e a seus modos históricos de ser. O que digo é que, nas configurações e em virtude das transfigurações ocorrendo à nossa volta, leitores e escritores agora são de fato intelectuais seculares, com as responsabilidades de pesquisa, expressão, elaboração e moral próprias a esse papel.

Para os intelectuais americanos, há muito mais em jogo. Somos formados por nosso país, e ele possui uma enorme presença global. Existe uma questão séria colocada pela oposição, digamos, da obra de Paul Kennedy — sustentando que todos os grandes impérios declinam porque se estendem demais[40] — e de

Joseph Nye, cujo novo prefácio a *Bound to lead* [Fadado a liderar] reafirma a pretensão imperial dos Estados Unidos em serem sempre os primeiros. As evidências estão a favor de Kennedy, mas Nye é inteligente demais para não entender que "o problema para o poder dos Estados Unidos no século XXI não serão novos desafios pela hegemonia, e sim os novos desafios da interdependência transnacional".[41] Ele conclui, porém, que "os Estados Unidos continuam a ser a potência maior e mais rica, com a maior capacidade para definir o futuro. E numa democracia, as escolhas são do povo".[42] Mas a questão é: o "povo" tem acesso direto ao poder? Ou as apresentações desse poder são organizadas e culturalmente processadas de maneira tal que exigem uma outra análise?

Falar de mercantilização e especialização incessante *neste* mundo é, a meu ver, começar a formular essa análise, sobretudo porque o culto americano da especialidade e do profissionalismo, que é hegemônico no discurso cultural, e a hipertrofia da visão e da vontade são extremamente desenvolvidos. Raras vezes a história humana registrou uma intervenção tão maciça da força e das ideias de uma cultura em outra quanto a que ocorre hoje entre os Estados Unidos e o resto do mundo (Nye tem razão neste ponto), e voltarei a este problema um pouco mais adiante. Contudo, é verdade também que raras vezes fomos tão fragmentados, tão intensamente reduzidos e tão cabalmente restringidos, em geral, em nossa percepção de qual seja nossa verdadeira (e não simplesmente suposta) identidade cultural. A responsabilidade disso cabe, em parte, à fantástica explosão do saber especializado e separatista: afrocentrismo, eurocentrismo, ocidentalismo, feminismo, marxismo, desconstrutivismo etc. As escolas desautorizam e desabilitam o que havia de interessante e fundamentado nas intuições originais. E isso, por sua vez, abriu espaço para uma retórica sancionada da finalidade cultural nacional, bem expressa em documentos como o estudo encomendado pela Fundação Rockefeller, intitulado *The humanities in American life* [As ciências humanas na vida americana][43] ou, mais recentemente e com teor mais político, as várias reclamações do ex-secretário da Educação (e ex-diretor da National Endowment for the Humanities) William Bennett, falando (em seu "To reclaim a heritage" ["Reivindicar uma herança"]) não simplesmente como funcionário ministerial do governo Reagan, mas como porta-voz autonomeado do Ocidente, uma espécie de Líder do Mundo Livre. A ele se juntaram Allan Bloom e seus adeptos, intelectuais que consideram o aparecimento de mulheres, afro-americanos, homossexuais e índios no mundo acadêmico, todos eles falando com um genuíno multiculturalismo e um novo saber, como uma ameaça bárbara à "Civilização Ocidental".

O que nos dizem essas ladainhas sobre o "estado da cultura"? Simplesmente que as ciências humanas são importantes, centrais, tradicionais, inspiradoras. Bloom quer que leiamos apenas um punhado de filósofos gregos e iluministas, de acordo com sua teoria de que a educação superior nos Estados Unidos é apenas para "a elite". Bennett chega a dizer que podemos "ter" as ciências humanas "reivindicando" nossas tradições — os pronomes coletivos e o tom de proprietário são importantes — numa vintena de grandes textos. Se todos os estudantes americanos tivessem de ler Homero, Shakespeare, a Bíblia e Jefferson, entenderíamos a finalidade nacional em sua plenitude. Sob as imitações epigônicas das exortações de Matthew Arnold quanto à significação da cultura está a autoridade social do patriotismo, o fortalecimento da identidade que nos é proporcionada por "nossa" cultura, de onde podemos encarar o mundo com autoconfiança e ar desafiador; na proclamação triunfalista de Francis Fukuyama, "nós", americanos, podemos considerar que estamos realizando o fim da história.

Esta é uma delimitação tremendamente drástica do que aprendemos sobre a cultura — sua fecundidade, a diversidade de seus componentes, suas energias críticas e amiúde contraditórias, suas características radicalmente antitéticas, e sobretudo sua rica concretude e cumplicidade com a conquista imperial *e* com a libertação. Dizem-nos que o estudo cultural ou humanístico consiste na redescoberta da herança ocidental ou judaico-cristã,

expurgada da cultura americana nativa (que a tradição judaico-
-cristã em suas primeiras encarnações americanas se pôs a
massacrar) e das aventuras dessa tradição pelo mundo não ocidental.

Todavia, as disciplinas multiculturais têm de fato encontrado uma acolhida hospitaleira na academia americana contemporânea, e este é um fato histórico de extraordinária magnitude. Tal foi, em larga medida, o alvo de William Bennett, bem
como de Dinesh d'Souza, Roger Kimball e Alvin Kernan, ao
passo que acharíamos que sempre foi uma concepção legítima
da missão secular da universidade moderna (tal como a define
Alvin Gouldner) tê-la como lugar onde a multiplicidade e a
contradição coexistem com o dogma estabelecido e a doutrina
canônica. É o que agora é refutado por um novo dogmatismo
conservador alegando que seu inimigo é o "politicamente correto". A posição neoconservadora supõe que a universidade
americana, ao admitir os estudos do marxismo, estruturalismo,
feminismo e Terceiro Mundo em seus currículos (e antes disso,
uma geração inteira de estudiosos refugiados), sabotou a base
de sua suposta autoridade e agora é rígida por uma conspiração
blanquista de ideólogos intolerantes que a "controlam".

A ironia é que a universidade tinha como prática admitir
as subversões da teoria cultural a fim de neutralizá-las até certo grau, aprisionando-as na posição de subespecialidades acadêmicas. De modo que agora vemos o curioso espetáculo de
professores ensinando teorias que foram totalmente desloca-
das — ou melhor, arrancadas — de seus contextos; em outro
lugar, dei a esse fenômeno o nome de "teoria ambulante".[44] Em
vários departamentos acadêmicos — entre eles literatura, filosofia e história —, a teoria é ensinada de modo a fazer com que
o estudante acredite que pode virar um marxista, feminista,
afrocentrista ou desconstrutivista mais ou menos com o mesmo
trabalho e afinco necessários para escolher um item de um
cardápio. Por cima dessa trivialização está um culto cada vez
mais intenso da especialização profissional, cujo tema ideológico principal estipula que os compromissos sociais, políticos e

classistas devem ser subsumidos às disciplinas profissionais, de forma que se você é um estudioso profissional da literatura ou um crítico profissional da cultura, todas as suas relações com o mundo real estão subordinadas à sua especialização nesses campos. Da mesma forma, suas responsabilidades dizem respeito não tanto a um público dentro de sua comunidade ou sociedade, e sim à sua corporação de colegas, a seu departamento especializado, à sua disciplina específica. No mesmo espírito e com a mesma lei da divisão do trabalho, os profissionais em "assuntos estrangeiros" ou em "estudos da área eslava ou do Oriente Médio" cuidam desses temas e não se metem no dos outros. Assim fica protegida a possibilidade de vender, comerciar, promover e propagandear sua especialidade — de universidade para universidade, de editor para editor, de mercado para mercado —; o valor dela é mantido e sua competência é ressaltada. Robert McCaughey escreveu um estudo interessante sobre o modo de funcionamento desse processo em assuntos internacionais; o título resume toda a história: *International studies and academic enterprise*: *A chapter in the enclosure of American learning* [Estudos internacionais e empreendimento acadêmico: um capítulo na delimitação do saber americano].[45]

Não estou discutindo aqui *todas* as práticas culturais na sociedade americana contemporânea — longe disso. Mas estou descrevendo uma formação especialmente importante que exerce decisiva influência sobre a relação, historicamente herdada da Europa pelos Estados Unidos no século XX, entre a cultura e o imperialismo. A especialização em política internacional nunca foi tão útil quanto hoje — e portanto nunca foi tão distanciada das intromissões públicas. Assim, de um lado temos a academia cooptando a especialização em áreas internacionais (só os especialistas em Índia podem falar da Índia, só os africanistas podem falar da África), e de outro lado temos a mídia e o governo reiterando essas cooptações. Esses processos lentos e silenciosos entram numa evidência espantosa, revelam-se subitamente de forma chocante, durante os períodos de crise internacional para os Estados Unidos e seus interesses — por exemplo, a crise dos reféns no Irã, o ataque ao voo 007 da Korean Airlines, o caso *Achille Lauro*, as guerras da Líbia, Panamá e Iraque. Aí, como que num abre-te sésamo infalível, pois planejado até o último detalhe, a consciência pública se vê abarrotada de análises e coberturas estupendas dos meios de comunicação. Assim se castra a experiência. Diz Adorno:

> A obliteração total da guerra pela informação, a propaganda, os comentários, com *cameramen* nos tanques da frente e correspondentes de guerra morrendo mortes heroicas, a mistura de uma manipulação esclarecida da opinião pública e uma atividade que a faz esquecer: tudo isso é mais uma expressão do definhamento da experiência, o vácuo entre os homens e seu destino, no qual jaz seu verdadeiro destino. É como se o molde de gesso reificado e enrijecido dos fatos tomasse o lugar dos próprios fatos. Os homens são reduzidos a extras de um monstruoso documentário.[46]

Seria irresponsável descartar os efeitos da cobertura que a mídia eletrônica americana faz do mundo não ocidental — e os consequentes deslocamentos na cultura impressa — sobre as atitudes e a política externa dos Estados Unidos em relação a esse mundo. Sustentei em 1981[47] (e é tanto mais verdade nos dias de hoje) que um limitado efeito público sobre o desempenho da mídia, acoplado a uma correspondência quase perfeita entre a política oficial vigente e a ideologia da seleção e apresentação das notícias (uma agenda montada por especialistas autorizados em conjunto com diretores dos meios de comunicação), mantém a coerência da perspectiva imperial americana em relação ao mundo não ocidental. Em decorrência disso, a política americana tem sido apoiada por uma cultura dominante que não se opõe a seus princípios básicos: o apoio a regimes ditatoriais e impopulares, a uma escala de violência absolutamente desproporcional à violência da revolta nativa contra aliados americanos, a uma hostilidade crescente à legitimidade do nacionalismo autóctone.

A convergência entre tais ideias e a visão de mundo promulgada pela mídia é completa. A história das outras culturas não existe, até o momento em que ela irrompe confrontando os Estados Unidos; em geral, o que importa nas sociedades estrangeiras é apresentado em trinta segundos, numa breve chamada, reduzindo-se à questão de serem pró ou antiamericanos, a favor ou contra a liberdade, o capitalismo e a democracia. Hoje em dia, muitos americanos estão mais informados e discutem melhor assuntos esportivos do que a conduta do próprio governo na África, na Indochina ou na América Latina; uma pesquisa recente mostrou que 89% de secundaristas achavam que Toronto ficava na Itália. Tal como é posta pela mídia, a escolha que se apresenta aos especialistas ou intérpretes profissionais de "outros" povos é dizer ao público se o que está acontecendo é "bom" ou "ruim" para os Estados Unidos — como se o que fosse "bom" pudesse ser anunciado em quinze segundos —, e aí recomendar uma linha de ação. Todo comentarista ou especialista é um ministro de Estado em potencial durante alguns minutos.

A interiorização das normas utilizadas no discurso cultural, as regras a seguir quando se fazem pronunciamentos, a "história" que se torna oficial em oposição à não oficial: tudo isso, evidentemente, é uma maneira de regrar a discussão pública em todas as sociedades. A diferença, aqui, é que a escala épica do poder mundial dos Estados Unidos e o poder correspondente do consenso nacional interno criado pela mídia eletrônica não têm precedentes. Nunca foi tão difícil se opor a um consenso, e nunca foi tão fácil e lógico sucumbir inconscientemente a ele. Conrad via Kurtz como um europeu na selva africana, e Gould como um ocidental esclarecido nas montanhas da América do Sul, capazes de civilizar e anular os nativos; o mesmo poder vale, em escala mundial, para os Estados Unidos de hoje, apesar do declínio em seu poderio econômico.

Minha análise não estaria completa se eu não mencionasse um outro elemento importante. Ao falar de controle e consenso, empreguei deliberadamente o termo "hegemonia", apesar de

Nye, que julga que os Estados Unidos não têm, atualmente, pretensões hegemônicas. Não se trata de um regime de conformidade diretamente imposto na correspondência entre o discurso cultural e a política dos Estados Unidos no mundo subordinado, não ocidental. Trata-se antes de um sistema de pressões e coerções por meio do qual todo o corpo cultural conserva sua identidade e rumo essencialmente imperiais. Por isso, é correto dizer que uma cultura predominante possui uma certa regularidade, unidade ou previsibilidade no decorrer do tempo. Outra maneira de colocar a questão é dizer que é possível identificar na cultura contemporânea novos modelos de dominância, para usar os termos de Fredric Jameson sobre o pós-modernismo.[48] O argumento de Jameson está vinculado à sua descrição da cultura consumista, cujos traços principais consistem numa nova relação com o passado, baseada no pastiche e na nostalgia, uma nova aleatoriedade eclética na produção cultural, uma reorganização do espaço, além das características do capital multinacional. A isso devemos acrescentar a extraordinária capacidade incorporadora da cultura, que na verdade permite que qualquer pessoa diga qualquer coisa, mas tudo é processado para ser incluído na corrente dominante ou excluído para as margens.

A marginalização na cultura americana significa uma espécie de provincianismo irrelevante. Significa a inconsequência associada ao que não é grande, não é central nem poderoso — em suma, significa uma associação com aquilo que é eufemisticamente considerado "alternativo": modos, Estados, povos, culturas alternativas, teatros, jornais, revistas, artistas, estudiosos e estilos alternativos, que depois podem se tornar centrais ou, pelo menos, entrar na moda. As novas imagens de centralidade — diretamente ligadas ao que C. Wright Mills chamava de elite do poder — suplantam os processos mais lentos e reflexivos, menos rápidos e imediatos da cultura impressa, e seu respectivo acompanhamento das categorias recalcitrantes de classe histórica, bens herdados e privilégios tradicionais. A presença executiva é central na cultura americana de hoje: o presidente, o comentarista de televisão, o funcionário de grande empresa, a celebridade. Centralidade é identidade, o que é poderoso, importante e *nosso*. A centralidade mantém o equilíbrio entre os extremos; ela confere às ideias o contrapeso da moderação, da racionalidade, do pragmatismo; ela dá unidade ao núcleo.

E a centralidade cria narrativas semioficiais que autorizam e desencadeiam certas sequências de causa e efeito, impedindo ao mesmo tempo que surjam narrativas em sentido contrário. A mais comum é a velha sequência de que os Estados Unidos, uma força do bem no mundo, levanta-se sistematicamente contra os obstáculos postos por conspirações estrangeiras, ontologicamente más e "contra" os Estados Unidos. Assim, a ajuda americana ao Vietnã e ao Irã foi corrompida respectivamente por comunistas e por fundamentalistas terroristas, levando à humilhação e a uma amarga decepção. Inversamente, durante a Guerra Fria, os bravos *moujahidin* (combatentes pela liberdade) do Afeganistão, o movimento Solidariedade na Polônia, os "contras" da Nicarágua, os rebeldes angolanos, os soldados salvadorenhos — todos eles apoiados por "nós" —, se fizessem o que dizíamos, seriam vitoriosos com a "nossa" ajuda, mas as iniciativas intrometidas de liberais americanos e de especialistas da desinformação no exterior reduziram nossa capacidade de ajudá-los. Até a Guerra do Golfo, quando "nós" afinal nos livramos da "síndrome do Vietnã".

Essas histórias encapsuladoras, subliminarmente disponíveis, se encontram magnificamente refletidas nos romances de E. L. Doctorow, Don DeLillo e Robert Stone, e são impiedosamente analisadas por jornalistas como Alexander Cockburn, Christopher Hitchens, Seymour Hersh e pelo trabalho incansável de Noam Chomsky. Mas essas narrativas oficiais ainda têm o poder de interditar, marginalizar e incriminar versões alternativas da mesma história — no Vietnã, Irã, Oriente Médio, África, América Central, Europa Oriental. Temos uma prova empírica simples do que estou dizendo naquilo que acontece quando a pessoa tem a oportunidade de enunciar uma história mais complexa, menos linear: na verdade, ela se vê obrigada a reapresentar os "fatos" como se estivesse inventando uma linguagem a partir do zero, como foi o caso dos exemplos da Guerra do Golfo que mencionei anteriormente. A coisa mais difícil de dizer durante a Guerra do Golfo foi que as sociedades estrangeiras, tanto no passado quanto no presente, podem não ter concordado com a imposição do poderio político e militar ocidental, não porque houvesse algo de intrinsecamente mau nesse poder, mas porque ele se lhes afigurava alheio. Arriscar uma verdade tão visivelmente incontroversa quanto ao comportamento real de todas as culturas constituía nada mais nada menos do que um ato de delinquência; a oportunidade de dizer alguma coisa em nome do pluralismo e da justiça se restringia agudamente a algumas explosões inconsequentes de fatos, apresentados como extremos ou simplesmente descabidos. Sem nenhuma narrativa aceitável em que se pudesse confiar, sem nenhuma permissão de narrar, a pessoa sentia-se acuada e silenciada.

Para completar esse quadro bastante negativo, vou acrescentar algumas observações finais sobre o Terceiro Mundo. Evidentemente, não podemos discutir o mundo não ocidental isolando-o dos desenvolvimentos ocorridos no Ocidente. A devastação das guerras coloniais, os longos conflitos entre o nacionalismo revoltoso e o controle imperialista anômalo, os novos e aguerridos movimentos nativistas e fundamentalistas, alimentados pelo desespero e pela raiva, a ampliação do sistema mundial até o mundo em desenvolvimento: todas essas condições estão diretamente vinculadas às realidades ocidentais. De um lado, como diz Eqbal Ahmad no melhor estudo disponível sobre isso, as classes camponesas e pré-capitalistas que predominaram durante a era do colonismo clássico dissolveram-se nos novos Estados, tornando-se classes novas, muitas vezes inquietas, urbanizadas de maneira abrupta, vinculadas ao absorvente poder econômico e político do Ocidente metropolitano. No Paquistão e Egito, por exemplo, os fundamentalistas são liderados não por intelectuais camponeses ou proletários, mas por engenheiros, médicos e advogados de formação ocidental. Nas novas estruturas de poder, as minorias dominantes já surgem com novas deformações.[49] Essas patologias e o desencantamento com a autoridade assim gerado abrangem toda a gama, desde o neofascismo à oligarquia dinástica, e poucos Estados conservam um sistema parlamentar e democrático em funcionamento. Por outro lado, a crise do Terceiro Mundo apresenta desafios que sugerem existir um âmbito considerável para "uma lógica da ousadia", como diz Ahmad.[50] Tendo de abandonar as crenças tradicionais, os novos Estados independentes reconhecem o relativismo e as possibilidades intrínsecas de todas as sociedades, de todos os sistemas de crenças e de todas as práticas culturais. A experiência de conquistar a independência gera "otimismo — o surgimento e difusão de uma sensação de esperança e poder, da convicção de que o que existe não precisa existir, de que as pessoas, se tentarem, podem melhorar suas vidas [e] [...] racionalismo [...] a propagação da ideia de que o planejamento, a organização e o uso do conhecimento científico resolverão os problemas sociais".[51]

MOVIMENTOS E MIGRAÇÕES

Apesar de todo o seu aparente poder, é instável esse novo padrão abrangente de dominação, desenvolvido numa era de sociedades de massa comandadas do alto por uma cultura fortemente centralizadora e uma complexa economia incorporadora. Como disse o notável sociólogo urbano francês Paul Virilio, é uma sociedade baseada na velocidade, na comunicação instantânea, no longo alcance, na urgência constante, na insegurança provocada por crises crescentes, algumas das quais levando à guerra. Nessas circunstâncias, a rápida ocupação do espaço público e real — a colonização — torna-se a principal prerrogativa militarista do Estado moderno, como mostraram os Estados Unidos ao enviar uma enorme quantidade de soldados para o golfo árabe, e ao requisitar a ajuda da mídia para executar a operação. Em contraposição a isso, Virilio sugere que o projeto modernista de libertação da palavra (*la libération de la parole*) encontra paralelo na libertação de espaços críticos — hospitais, universidades, teatros, fábricas, igrejas, prédios vazios; em ambos, o ato transgressor fundamental consiste em habitar o normalmente desabitado.⁵² Como exemplos, Virilio cita os casos de pessoas cujo estatuto corrente deriva ou da descolonização (trabalhadores migrantes, refugiados, *Gastarbeiter*) ou de grandes mudanças demográficas e políticas (negros, imigrantes, *squatters* urbanos, estudantes, revoltas populares etc.). Eles constituem uma alternativa concreta à autoridade do Estado.

Se a década de 1960 agora é lembrada como uma época de manifestações de massa europeias e americanas (entre elas, as revoltas universitárias e pacifistas), a década de 1980 sem dúvida foi a das revoltas de massa fora das metrópoles ocidentais. Irã, Filipinas, Argentina, Coreia, Paquistão, Argélia, China, África do Sul, praticamente toda a Europa Oriental, os territórios palestinos ocupados pelos israelenses: estes são alguns dos lugares de tremenda dinâmica popular, repletos de civis em geral desarmados, fartos de suportar privações, tirania, a inflexibilidade de governos que já os dominaram por tempo demais. É absolutamente memorável a criatividade e o simbolismo desconcertante dos protestos (os jovens palestinos atirando pedras, por exemplo, ou os grupos sul-africanos com suas danças ou os alemães orientais cruzando o muro), e por outro lado impressiona também a violência brutal dos governos, ou a queda e a saída infame deles.

Deixando de lado as grandes diferenças ideológicas, todos esses protestos de massa questionaram algo básico em toda arte e teoria do governo, a saber, o princípio do confinamento. Para ser governado, o povo precisa ser contado, tributado, educado, e evidentemente dominado em locais regulamentados (a casa, a escola, o asilo, o local de trabalho), cuja extensão derradeira é representada em seu cúmulo de simplicidade e severidade pela prisão ou pelo manicômio, conforme afirma Michel Foucault. É inegável que havia um lado meio carnavalesco nas multidões andando em círculos em Gaza ou nas praças Wenceslas e Tiananmen, mas as consequências do desconfinamento em massa e de uma vida sem domicílio fixo não foram muito menos dramáticas (e desanimadoras) na década de 1980 do que em épocas anteriores. O drama irresolvido dos palestinos expressa diretamente uma causa indômita e um povo rebelde pagando um preço altíssimo por sua resistência. E existem outros exemplos: refugiados e *boat people*, itinerantes perpétuos e vulneráveis; os povos morrendo de fome no hemisfério Sul; as pessoas sem teto, destituídas mas insistentes que, como tantos outros Bartleby, perseguem os consumidores natalinos nas cidades ocidentais; os imigrantes ilegais e os "trabalhadores-hóspedes" explorados que fornecem mão de obra barata, em geral sazonal. Entre os extremos das multidões urbanas descontentes e desafiadoras e o grande número de pessoas semiesquecidas e desatendidas, as autoridades temporais e religiosas do mundo procuram formas novas, ou renovadas, de governo.

O que se apresentou de mais acessível e atraente foram os apelos à tradição, à identidade nacional ou religiosa, ao patriotismo. E como esses apelos são ampliados e disseminados por um avançado sistema de comunicações dirigido à cultura de massa, eles têm mostrado uma eficácia assombrosa, para não dizer assustadora. Quando o governo Reagan decidiu, na primavera de 1986, desferir um golpe contra o "terrorismo", o ataque à Líbia foi programado para que ocorresse exatamente no início do noticiário nacional do horário nobre. "Os Estados Unidos revidam", seguindo-se em todo o mundo muçulmano a resposta retumbante do apelo ao "islã", que por sua vez gerou uma avalanche de imagens, textos e posturas no "Ocidente" ressaltando o valor de "nossa" herança judaico-cristã (ocidental, liberal e democrática), e a maldade, a crueldade, a destrutividade e imaturidade da herança deles (islâmica, do Terceiro Mundo etc.).

O ataque à Líbia é instrutivo não só devido ao tremendo reflexo especular entre os dois lados, mas também porque ambos combinavam uma autoridade virtuosa e uma violência retributiva de maneira inquestionada e, muitas vezes, reproduzida a seguir. De fato, essa foi a época dos aiatolás, em que uma falange de guardiães (Khomeini, o papa, Margaret Thatcher) simplifica e protege uma ou outra crença, essência ou fé primordial. Um fundamentalismo ataca invejosamente os outros em nome da sanidade, da liberdade e da bondade. Um paradoxo curioso é que o fervor religioso parece quase sempre toldar as noções do sagrado ou do divino, como se estas não conseguissem sobreviver na atmosfera demasiado acalorada e bastante secular do combate fundamentalista. Ninguém pensaria em invocar a natureza misericordiosa de Deus ao ser mobilizado por Khomeini (ou por Saddam, o paladino árabe contra "os persas" na guerra mais asquerosa da década de 1980): bastava servir, lutar, fulminar. Da mesma forma, grandes paladinos da Guerra Fria como Reagan e Thatcher exigiam, com um poder e um ar de virtude que poucos sacerdotes conseguiriam atingir, o serviço obediente contra o Império do Mal.

O espaço entre o ataque a outras religiões ou culturas e o autoelogio profundamente conservador não veio a ser ocupado por discussões ou análises edificantes. Nas pilhas de textos sobre os *Versos satânicos* de Salman Rushdie, apenas uma parcela ínfima discutiu o livro *propriamente dito*; os que se opunham a ele e recomendavam que fosse queimado e seu autor imolado recusavam-se a ler a obra, enquanto os que defendiam a liberdade de expressão do autor restringiam-se virtuosamente a fazer isso. Grande parte da apaixonada controvérsia sobre a "alfabetização cultural" nos Estados Unidos e na Europa debatia o que *devia* ser lido — os vinte ou trinta livros fundamentais —, e não *como* deviam ser lidos. Em muitas universidades americanas, a frequente reação direitista às reivindicações de grupos marginais então ascendentes era dizer "mostre-me o Proust africano (ou asiático, ou do sexo feminino)", ou "se você mexer com os cânones da literatura ocidental, provavelmente estará contribuindo para a volta da poligamia e da escravidão". Se essa *hauteur* e visão tão caricata do processo histórico devem exemplificar o humanismo e a generosidade de "nossa" cultura, é algo que esses sábios não dizem.

As declarações deles se somaram a um conjunto de outras afirmações culturais cujo traço característico era provirem de especialistas e profissionais. Ao mesmo tempo, como a esquerda e a direita notaram várias vezes, deixou de existir o intelectual secular geral. As mortes de Jean-Paul Sartre, Roland Barthes, I. F. Stone, Michel Foucault, Raymond Williams e C. L. R. James na década de 1980 marcam o fim de uma velha ordem; foram figuras de grande saber e autoridade, cujo escopo geral em múltiplos campos lhes conferia mais do que a simples competência profissional: a saber, um estilo intelectual crítico. Os tecnocratas, em contrapartida, como diz Lyotard em *A condição pós-moderna*,[53] são competentes sobretudo para resolver problemas específicos, não para responder às grandes questões postas pelas narrativas magnificentes da emancipação e do esclarecimento, e há também os especialistas políticos ciosamente autorizados a serviço dos responsáveis da segurança que conduzem os assuntos internacionais.

Com o esgotamento praticamente completo dos grandes sistemas e das teorias totalizantes (a Guerra Fria, a *entente* de Bretton Woods, as economias coletivizadas soviética e chinesa, o nacionalismo anti-imperialista do Terceiro Mundo), ingressamos num novo período de enorme incerteza. Foi isso o que Mikhail Gorbachev representou com tanto vigor, até ser sucedido por Boris Yeltsin. A *perestroika* e a *glasnost*, palavras-chave associadas às reformas de Gorbachev, exprimiam insatisfação com o passado e, no máximo, vagas esperanças em relação ao futuro, mas não eram teorias nem visões. As viagens incessantes de Gorbachev foram revelando aos poucos um novo mapa do mundo, com uma interdependência, em sua maior parte, quase assustadora, e em boa medida inexplorado seja em termos intelectuais, filosóficos, étnicos ou mesmo imaginativos. Uma quantidade enorme de pessoas, mais esperançosas e numerosas do que nunca, querem comer melhor e com mais frequência; uma quantidade enorme também quer viajar, falar, cantar, se vestir. Se os velhos sistemas não conseguem responder a tais demandas, as gigantescas imagens fomentadas pela mídia, que provocam uma violência administrada e uma xenofobia raivosa, tampouco servirão. Elas funcionam por um momento, mas logo perdem sua força mobilizadora. Existem contradições demais entre os esquemas reducionistas e os impulsos avassaladores.

As velhas histórias e tradições inventadas, e as tentativas de dominar estão cedendo espaço a teorias mais novas, mais flexíveis e brandas sobre o que há de tão discrepante e intenso na contemporaneidade. No Ocidente, o *pós-modernismo* captou a leveza a-histórica, o consumismo e a natureza espetacular da nova ordem. A ele filiam-se outras ideias como o pós-marxismo e o pós-estruturalismo, variantes daquilo que o filósofo italiano Gianni Vatimo chama de "pensamento débil" do "fim da modernidade". Todavia, no mundo árabe e islâmico, muitos artistas e intelectuais como Adonis, Elias Khoury, Kamal Abu Deeb, Muhammad Arkoun e Jamal Ben Sheikh ainda estão preocupados com a própria *modernidade*, ainda longe de se esgotar, ainda uma forma de profunda contestação numa cultura dominada pela *turath* (herança) e pela ortodoxia. É o caso análogo do Caribe, Europa Oriental, América Latina, África e o subcontinente indiano; esses movimentos se cruzam culturalmente num espaço cosmopolita fascinante animado por escritores de destaque internacional como Salman Rushdie, Carlos Fuentes, Gabriel García Márquez, Milan Kundera, que intervêm com vigor não só como romancistas, mas também como comentadores e ensaístas. E à discussão deles sobre o moderno e o pós-moderno soma-se a pergunta ansiosa e urgente de como devemos nos modernizar, em vista dos cataclismos que o mundo está vivendo à medida que se aproxima do *fin de siècle* — ou seja, como vamos manter a própria vida quando as demandas cotidianas do presente ameaçam erradicar a presença humana?

O caso do Japão é bastante sintomático, da maneira como é descrito pelo intelectual nipo-americano Masao Miyoshi. Diz ele: note-se que, como todo mundo sabe, segundo estudos do "enigma do poderio japonês", os bancos, empresas e conglomerados imobiliários japoneses agora ultrapassam de longe (e até apequenam) seus equivalentes americanos. Os preços imobiliários no Japão são muito mais altos do que nos Estados Unidos, antes considerados o verdadeiro baluarte do capital. Os dez maiores bancos do mundo são quase todos japoneses, e boa parte da enorme dívida externa americana é para com o Japão (e Taiwan). Embora tenha ocorrido certa prefiguração disso na curta ascendência dos Estados árabes produtores de petróleo na década de 1970, o poder econômico internacional do Japão não tem paralelo, sobretudo, como diz Miyoshi, por estar vinculado a uma ausência quase absoluta de poder cultural internacional. A cultura verbal contemporânea do Japão é austera, e até pobre — dominada por *talk shows*, revistas em quadrinhos, painéis de debates e conferências intermináveis. Miyoshi diagnostica uma nova problemática para a cultura, como corolário dos desconcertantes recursos financeiros do país, uma disparidade absoluta entre a total novidade e domínio global na esfera econômica e o retraimento empobrecedor e a dependência do Ocidente no discurso cultural.[54]

Desde as minúcias da vida cotidiana ao imenso leque de forças globais (incluindo o que se tem chamado de "a morte da natureza"), tudo isso incomoda o espírito perturbado, e não há muito o que fazer para diminuir o poder deles ou as crises por eles criadas. As duas áreas gerais de concordância quase unânime consistem em que as liberdades individuais devem ser salvaguardadas, e que o meio ambiente do planeta deve ser protegido de uma depauperação ainda maior. A democracia e a ecologia, ambas com contexto local e inúmeras zonas de combate concreto, estão postas contra um pano de fundo cósmico. Seja na luta das nacionalidades, seja nos problemas de desmatamento e aquecimento do planeta, as interações entre a identidade individual (encarnada em atividades menores, como fumar ou usar aerossol) e o quadro geral são tremendamente diretas, e as vetustas convenções da arte, história e filosofia não parecem muito adequadas a elas. Muita coisa que foi interessantíssima por quarenta anos no modernismo ocidental e suas decorrências — digamos, nas elaboradas estratégias interpretativas da teoria crítica ou na autoconsciência das formas literárias e musicais — hoje parece quase excentricamente abstrata, desesperadamente eurocêntrica. Agora, mais confiáveis são as notícias da linha de frente, em que se travam lutas entre tiranos domésticos e oposições idealistas, combinações híbridas de realismo e fantasia, descrições cartográficas e arqueológicas, explorações sob formas compósitas (ensaio, vídeo ou filme, fotografia, memórias, estórias, aforismos) de experiências do exílio sem lar.

A grande tarefa, pois, é combinar os novos deslocamentos e configurações econômicas e sociopolíticas de nossa época e a assombrosa realidade da interdependência humana em escala mundial. Se os casos do Japão, da Europa Oriental, do mundo islâmico e do Ocidente têm algo em comum, é o fato de ser necessária uma nova consciência crítica, a qual só pode ser alcançada com uma revisão das atitudes perante a educação. Simplesmente insistir com os estudantes para que se firmem em sua identidade, sua história e tradição, em sua especificidade única, pode em princípio levá-los a expressar suas exigências fundamentais de democracia e do direito a uma vida assegurada e decentemente humana. Mas precisamos ir além e situá-las numa geografia de outras identidades, outros povos e culturas, e aí estudar como eles sempre se sobrepuseram uns aos outros, apesar de suas diferenças, seja por influência mútua, cruzamento, incorporação, rememoração, esquecimento deliberado, seja, evidentemente, por conflito. Não estamos em lugar nenhum perto do "fim da história", mas ainda continuamos a adotar uma atitude monopolista em relação a ela. Tal atitude não se revelou muito boa no passado — a despeito dos *slogans* mobilizadores da política da identidade separatista, do multiculturalismo, do discurso das minorias — e quanto mais rápido aprendermos a encontrar alternativas, melhor e mais garantido. O fato é que estamos todos misturados de uma maneira jamais imaginada pela grande maioria dos sistemas educacionais nacionais. Associar o conhecimento nas artes e ciências a essas realidades integradoras constitui, a meu ver, o desafio intelectual e cultural do momento.

Não se deve esquecer a crítica firme do nacionalismo, derivada dos vários teóricos da libertação que abordei, pois não podemos nos condenar a repetir a experiência imperial. Na relação contemporânea redefinida, e no entanto muito mais estreita, entre cultura e imperialismo, uma relação que autoriza formas preocupantes de dominação, como poderemos manter as energias liberadoras desencadeadas pelos grandes movimentos de resistência e descolonização e pelas revoltas populares da década de 1980? Será que essas energias conseguirão escapar aos processos homogeneizadores da vida moderna, conseguirão suspender as intervenções da nova centralidade imperial?

"Tudo contrário, original, disponível, estranho": Gerard Manley Hopkins em "Pied beauty" [Beleza vária]. A questão é: *Onde?* E onde também, podemos perguntar, existe espaço para aquela visão assombrosamente harmoniosa do tempo se cruzando com a atemporalidade, que aparece no final de "Little Gidding", momento que Eliot colocou em palavras:

> *An easy commerce of the old and the new,*
> *The common word exact without vulgarity,*
> *The formal word precise but not pedantic,*
> *The complete consort dancing together.*

> [Um fácil comércio do velho e do novo,
> A palavra comum, exata sem vulgaridade,
> A palavra formal, precisa mas não pedante,
> O consorte completo dançando junto.][55]

A noção de Virilio é a contra-habitação: viver como fazem os migrantes, em espaços habitualmente desabitados, mas mesmo assim públicos. Uma noção parecida aparece em *Mille plateaux* [Mil platôs] (sequência de *Anti-Oedipe* [O anti-Édipo]), de Gilles Deleuze e Félix Guattari. Esse livro imensamente rico não é de acesso fácil em muitas passagens, mas me pareceu misteriosamente sugestivo. O capítulo intitulado "Traité de nomadologie: La machine de guerre" [Tratado de nomadologia: A máquina de guerra], baseia-se na obra de Virilio e estende suas ideias sobre o movimento e o espaço num estudo altamente excêntrico de uma máquina de guerra itinerante. Esse tratado profundamente original apresenta uma metáfora sobre uma espécie disciplinada de mobilidade intelectual numa era de institucionalização, arregimentação e cooptação. A máquina de guerra, dizem Deleuze e Guattari, pode ser identificada com os poderes militares do Estado — mas como ele é fundamentalmente uma entidade separada, não é necessário que o seja, da mesma forma que as perambulações nômades do espírito nem sempre precisam ser postas a serviço das instituições. A origem da força da máquina de guerra não está apenas em sua liberdade nômade, mas também em sua arte metalúrgica — que os autores comparam à arte da composição musical —, que forja os materiais, moldados "para além de formas separadas; [essa metalurgia, tal como a música] acentua o desenvolvimento contínuo da própria forma, e para além dos materiais individualmente diferentes, ela acentua a variação contínua dentro da própria matéria".[56] Precisão, concretude, continuidade, forma — todas elas possuem os atributos de uma prática nômade cujo poder, diz Virilio, é não agressivo e sim transgressivo.[57]

Podemos perceber essa verdade no mapa político do mundo contemporâneo. Pois certamente uma das características mais lamentáveis da época é ter gerado mais refugiados, imigrantes, deslocados e exilados do que qualquer outro período da história, em grande parte como acompanhamento e, ironicamente, consequência dos grandes conflitos pós-coloniais e imperiais. Assim como a luta pela independência gerou novos Estados e novas fronteiras, da mesma forma ela gerou andarilhos sem lar, nômades, errantes, que não entravam nas estruturas nascentes do poder institucional, rejeitados pela ordem estabelecida por sua intransigência e obstinada rebeldia. E na medida em que essas pessoas existem entre o velho e o novo, entre o velho império e o novo Estado, a condição delas expressa as tensões, irresoluções e contradições nos territórios sobrepostos mostrados no mapa cultural do imperialismo.

Há uma grande diferença, porém, entre a mobilidade otimista, a vivacidade intelectual e "a lógica da ousadia" descrita pelos diversos teóricos que mencionei, e os deslocamentos maciços, a devastação, a miséria e horrores sofridos nas migrações e vidas mutiladas do século XX. Mas não é exagero dizer que a libertação como missão intelectual, nascida na resistência e oposição ao confinamento e devastação do imperialismo, agora passou da dinâmica estabelecida, assentada e domesticada da cultura para suas energias desabrigadas, descentradas e exiladas, que têm sua encarnação atual no migrante, e cuja consciência é a do intelectual e artista no exílio, a figura política entre domínios, entre formas, entre lares e entre línguas. Assim, dessa perspectiva, tudo realmente é contrário, original, disponível, estranho. Dessa perspectiva também, pode-se ver "o consorte completo dançando junto" em contraponto. E embora seja a desonestidade panglossiana mais rematada dizer que as demonstrações brilhantes do exilado intelectual e as misérias do removido ou do refugiado são iguais, é possível, a meu ver, considerar que o intelectual primeiro destila, e depois expressa as dificuldades que desfiguram a modernidade — a deportação em massa, o encarceramento, a transferência de populações, a desapropriação coletiva, as imigrações forçadas.

"A vida passada dos emigrados é, como sabemos, anulada", diz Adorno em *Minima Moralia*, com o subtítulo de *Reflexionen aus dem beschädigten Leben* [Reflexões de uma vida danificada]. Por quê? "Pois tudo o que não for reificado não pode ser contado e medido, deixa de existir"[58] ou, como diz mais adiante, está destinado a ser mero "pano de fundo". Embora os aspectos mutiladores desse destino sejam evidentes, suas virtudes ou possibilidades merecem análise. Assim, a consciência do emigrado — um espírito invernal, na expressão de Wallace Stevens — descobre em sua marginalidade que "um olhar desviado da trilha batida, um ódio à brutalidade, uma procura de novos conceitos ainda não abarcados pelo modelo geral, é a última esperança para o pensamento".[59] O modelo geral de Adorno é o que, em outro lugar, ele chama de "mundo administrado" ou, no que concerne aos dominantes irresistíveis da cultura, "a indústria da consciência". Assim, não há apenas a vantagem negativa do refúgio na excentricidade do emigrado; há também o benefício positivo de contestar o sistema, descrevendo-o numa linguagem que escapa aos que já foram subjugados por ele:

> Numa hierarquia intelectual que constantemente coloca todos em correspondência, só a ausência de correspondência pode chamar a hierarquia diretamente pelo nome. A esfera da circulação, cujos estigmas são carregados por forasteiros intelectuais, abre um último refúgio para o espírito que ela coloca em liquidação, no mesmo momento em que o refúgio já não existe mais. Quem põe à venda algo único que ninguém quer comprar, representa, mesmo contra sua vontade, a liberdade em relação à troca.[60]

Certamente são oportunidades mínimas, embora algumas páginas mais adiante Adorno amplie a possibilidade de liberdade prescrevendo uma forma de expressão cuja opacidade, obscuridade e desvio — a ausência da "total transparência de sua gênese lógica" — se afastam do sistema dominante, representando em sua "inadequação" um grau de libertação:

> Essa inadequação lembra a da vida, que descreve uma linha oscilante, desviante, decepcionante em comparação a suas premissas, e no entanto a única, nesse curso concreto, sempre menos do que deveria ser, que é capaz, sob determinadas condições de vida, de representar uma existência não arregimentada.[61]

Privatizada demais, diriam dessa falta de arregimentação. Mas podemos redescobri-la não só no pensamento teimosamente subjetivo e até negativo de Adorno, como também nas posições públicas de um intelectual islâmico como Ali Shariati, figura de proa nos primeiros dias da Revolução iraniana, quando seu ataque ao "caminho reto e verdadeiro, essa estrada plana e sagrada" — a ortodoxia organizada — punha-o em contraste com os desvios da migração constante:

> o homem, esse fenômeno dialético, é obrigado a estar sempre em movimento. [...] O homem, assim, nunca pode atingir um descanso final e fixar morada em Deus. [...] Como são vergonhosos, então, todos os padrões fixos. Quem jamais poderá fixar um padrão? O homem é uma "escolha", uma luta, um constante vir a ser. Ele é uma migração infinita, uma migração dentro de si próprio, da argila a Deus; ele é um migrante dentro de sua própria alma.[62]

Aqui temos um verdadeiro potencial para o surgimento de uma cultura não coercitiva (embora Shariati fale apenas do "homem" e não da "mulher"), que em sua consciência dos obstáculos e passos concretos, em sua exatidão sem vulgaridade, em sua precisão sem pedantismo, compartilha o sentido de um começo que se encontra em todas as tentativas efetivamente radicais de iniciar de novo[63] — por exemplo, a tentativa de legitimação da experiência feminina em *Um teto todo seu*, de Virginia Woolf, ou o reordenamento fabuloso do tempo e personagens que cria as gerações divididas de *Os filhos da meia--noite*, ou a notável universalização da experiência afro-americana, tal como surge em detalhes brilhantes em *Tar baby* [Boneca de piche] e *Amada*, de Toni Morrison. A tensão ou pressão vem do meio circundante — a potência imperialista que nos obriga a desaparecer ou a aceitar alguma versão em miniatura de nós mesmos como doutrina a ser divulgada num programa escolar. Não são novos discursos magistrais, novas narrativas fortes, mas, como no programa de John Berger, uma outra maneira de contar. Quando os textos ou fotografias são usados apenas para estabelecer a identidade e a presença — para nos dar simplesmente algumas imagens representativas da Mulher ou do Indiano —, entram naquilo que Berger chama de sistema de controle. Mas, por *não* se negar sua obstinação congenitamente ambígua, e portanto negativa e antinarrativista, elas permitem que a subjetividade não arregimentada tenha uma função social: "imagens frágeis [fotos de família] muitas vezes trazidas junto do peito, ou colocadas ao lado da cama, são utilizadas para se referir àquilo que o tempo histórico não tem o direito de destruir".[64]

De outra perspectiva, as energias marginais, subjetivas, migratórias, exilacionistas da vida moderna, que as lutas de libertação colocam em combate quando se mostram resistentes demais para desaparecer, também surgiram nos "movimentos antissistêmicos", segundo a expressão de Immanuel Wallerstein. Note-se que, historicamente, o principal traço da expansão imperialista foi a acumulação, processo que se acelerou durante o século XX. O argumento de Wallerstein é que a acumulação do capital é, em sua base, irracional; seus ganhos aquisitivos e cumulativos prosseguem sem interrupção, mesmo que seus custos — para manter o processo, pagar guerras que o protejam, "comprar" e cooptar "quadros intermediários", viver numa atmosfera de crise permanente — sejam exorbitantes, desproporcionais aos ganhos. Assim, diz Wallerstein, "a própria superestrutura [do poder de Estado e as culturas nacionais que apoiam a ideia de poder do Estado] que foi construída para maximizar o fluxo livre dos fatores de produção na economia mundial é a sementeira de movimentos nacionais que se mobilizam contra as desigualdades intrínsecas do sistema mundial".[65] Os que são obrigados pelo sistema a desempenhar papéis subordinados ou aprisionadores surgem como antagonistas conscientes, desorganizando-o, expondo reivindicações, apresentando argumentos que contestam as compulsões totalitárias do mercado mundial. Nem tudo pode ser comprado.

Todas essas energias híbridas contrárias, operando em muitos campos, indivíduos e momentos, compõem uma comunidade ou cultura formada de diversos indícios e práticas antissistêmicas em favor da existência humana coletiva (nem doutrinas, nem teorias completas), que não se baseia na coerção ou dominação. Tais energias abasteceram as revoltas da década de 1980, que comentei anteriormente. A imagem impositiva e coercitiva do império, que se insinuou e se apoderou de tantas iniciativas de domínio intelectual centrais na cultura moderna, encontra seu oposto nas descontinuidades renováveis, quase lúdicas, das impurezas intelectuais e seculares — mistura de gêneros, combinações inesperadas de tradição e novidade, experiências políticas baseadas na comunhão de esforços e interpretações (no sentido mais amplo do termo), e não em classes ou corporações de bens, na apropriação e no poder.

Vejo-me voltando constantemente a uma passagem belíssima de Hugo de Saint Victor, monge saxão do século XII:

> Portanto, é uma fonte de grande virtude para o espírito experiente aprender, pouco a pouco, primeiro a mudar nas coisas visíveis e transitórias, para que depois possa deixá-las todas para trás. Quem acha doce a terra natal ainda é um tenro principiante; aquele para quem toda terra é natal já é forte; mas é perfeito aquele para quem o mundo inteiro é um lugar estrangeiro. A alma tenra fixou seu amor num único ponto do mundo; a pessoa forte estendeu seu amor a todos os lugares; o homem perfeito extinguiu o seu.[66]

Erich Auerbach, o grande erudito alemão que passou os anos da Segunda Guerra Mundial exilado na Turquia, cita essa passagem como modelo para qualquer pessoa — homens *e* mulheres — que queira superar as restrições dos limites imperiais, nacionais ou provinciais. Apenas com essa atitude um historiador, por exemplo, pode começar a captar a experiência humana e seus registros escritos em toda a sua diversidade e particularidade; do contrário, permaneceria comprometido mais com as exclusões e reações do preconceito do que com a liberdade negativa do verdadeiro conhecimento. Mas observe-se que Hugo explicita duas vezes que a pessoa "forte" e "perfeita" conquista a independência e o desprendimento *passando* pelas vinculações, e não as rejeitando. O exílio é afirmado a partir da existência da terra natal, do amor por ela e de uma ligação real com ela; a verdade universal do exílio não é que se tenha perdido esse lar ou esse amor, mas que, inerente a cada um existe uma perda inesperada e indesejada. Assim, devemos encarar as experiências *como se* elas estivessem a ponto de desaparecer: o que há nelas que as firma ou enraíza na realidade? O que resgataríamos delas, a que renunciaríamos nelas, o que recuperaríamos? Para responder a essas perguntas, é necessário ter a independência e o desprendimento de alguém cuja terra natal é "doce", mas cuja condição atual impossibilita recapturar essa doçura, e ainda mais se satisfazer com sucedâneos fornecidos pela ilusão ou pelo dogma, quer derivem do orgulho pela própria herança ou da certeza daquilo que "nós" somos.

Hoje em dia, ninguém é *uma* coisa só. Rótulos como indiano, mulher, muçulmano ou americano não passam de pontos de partida que, seguindo-se uma experiência concreta, mesmo que breve, logo ficam para trás. O imperialismo consolidou a mescla de culturas e identidades numa escala global. Mas seu pior e mais paradoxal legado foi permitir que as pessoas acreditassem que eram apenas, sobretudo, exclusivamente brancas, pretas, ocidentais ou orientais. No entanto, assim como os seres humanos fazem sua própria história, eles também fazem suas culturas e identidades étnicas. Não se pode negar a continuidade duradoura de longas tradições, de moradias constantes, idiomas nacionais e geografias culturais, mas parece não existir nenhuma razão, afora o medo e o preconceito, para continuar insistindo na separação e distinção entre eles, como se toda a existência humana se reduzisse a isso. A sobrevivência, de fato, está nas ligações entre as coisas; nos termos de Eliot, a realidade não pode ser privada dos "outros ecos [que] habitam o jardim". É mais compensador — e mais difícil — pensar sobre os outros em termos concretos, empáticos, contrapontísticos, do que pensar apenas sobre "nós". Mas isso também significa não tentar dominar os outros, não tentar classificá-los nem hierarquizá-los e, sobretudo, não repetir constantemente o quanto "nossa" cultura ou país é melhor (ou *não* é o melhor, também). Para o intelectual, há valor mais do que suficiente para seguir adiante sem precisar *disto*.

NOTAS

INTRODUÇÃO [pp. 9-33]

1. Robert Hughes, *The fatal shore: The epic of Australia's founding* (Nova York: Knopf, 1987), p. 586.
2. Paul Carter, *The road to Botany Bay: An exploration of landscape and history* (Nova York: Knopf, 1988), pp. 202-60. Como complemento de Hughes e Carter, ver Sneja Gunew, "Denaturalizing Cultural Nationalisms: Multicultural Readings of 'Australia'", in *Nation and narration*, ed. Homi K. Bhabha (Londres: Routledge, 1990), pp. 99-120.
3. Joseph Conrad, *Nostromo: A tale of the seaboard* (1904; reimp. Garden City: Doubleday, Page, 1925), p. 77. Curiosamente, Ian Watt, um dos melhores críticos de Conrad, não tem quase nada a dizer sobre o imperialismo norte-americano em *Nostromo*: ver o seu *Conrad: "Nostromo"* (Cambridge: Cambridge University Press, 1988). Há ideias sugestivas sobre a relação entre geografia, comércio e fetichismo em David Simpson, *Fetishism and imagination: Dickens, Melville, Conrad* (Baltimore: John Hopkins University Press, 1982), pp. 93-116.
4. Lila Abu-Lughod, *Veiled sentiments: Honor and poetry in a Bedouin society* (Berkeley: University of California Press, 1987); Leila Ahmed, *Women and gender in Islam: Historical roots of a modern debate* (New Haven: Yale University Press, 1992); Fedwa Malti-Douglas, *Womans's body, woman's world: Gender and discourse in Arabo-Islamic writing* (Princeton: Princeton University Press, 1991).
5. Sara Suleri, *The rhetoric of English India* (Chicago: University of Chicago Press, 1992); Lisa Lowe, *Critical terrains: French and British orientalisms* (Ithaca: Cornell University Press, 1991).
6. Arthur M. Schlesinger, Jr., *The disuniting of America: Reflections on a multicultural society* (Nova York: Whittle Communications, 1991).

1. TERRITÓRIOS SOBREPOSTOS,
HISTÓRIAS ENTRELAÇADAS [pp. 34-116]

1. T. S. Eliot, *Critical essays* (Londres: Faber & Faber, 1932), pp. 14-5.
2. Ver Lyndall Gordon, *Eliot's early years* (Oxford e Nova York: Oxford University Press, 1977), pp. 49-54.

3. C. C. Eldridge, *England's mission: The imperial idea in the age of Gladstone and Disraeli, 1868-1880* (Chapel Hill: University of North Carolina Press, 1974).

4. Patrick O'Brien, "The costs and benefits of British imperialism", *Past and Present* 120 (1988).

5. Lance E. Davis & Robert A. Huttenback, *Mammon and the pursuit of empire: The political economy of British imperialism, 1860-1920* (Cambridge: Cambridge University Press, 1986).

6. Ver William Roger Louis (ed.), *The Robinson and Gallagher controversy* (Nova York: New Viewpoints, 1976).

7. Por exemplo, André Gunder Frank, *Dependent accumulation and underdevelopment* (Nova York: Monthly Review, 1979), e Samir Amin, *L'accumulation à l'echelle mondiale* (Paris: Anthropos, 1970).

8. O'Brien, "Costs and benefits", pp. 180-1.

9. Harry Magdoff, *Imperialism: From the colonial age to the present* (Nova York: Monthly Review, 1978), pp. 29 e 35.

10. Willian H. McNeill, *The pursuit of power: Technology, armed forces and society since 1000 A.D.* (Chicago: University of Chicago Press, 1983), pp. 260-1.

11. V. G. Kiernan, *Marxism and imperialism* (Nova York: St. Martin's Press, 1974), p. 111.

12. Richard W. Van Alstyne, *The rising American empire* (Nova York: Norton, 1974), p. 1. Ver também Walter LaFeber, *The new empire: An interpretation of American expansion* (Ithaca: Cornell University Press, 1963).

13. Ver Michael H. Hunt, *Ideology and U. S. foreign policy* (New Haven: Yale University Press, 1987).

14. Michael W. Doyle, *Empires* (Ithaca: Cornell University Press, 1986), p. 45.

15. David Landes, *The unbound Prometheus: Technological change and industrial development in Western Europe from 1750 to the present* (Cambridge: Cambridge University Press, 1969), p. 37.

16. Tony Smith, *The pattern of imperialism: The United States, Great Britain, and the late industrializing world since 1815* (Cambridge: Cambridge University Press, 1981), p. 52. Smith cita Gandhi sobre essa questão.

17. Kiernan, *Marxism and imperialism*, p. 111.

18. D. K. Fieldhouse, *The colonial empires: A comparative survey from the eighteenth century* (1965; reimp. Houndmills: Macmillan, 1991), p. 103.

19. Frantz Fanon, *The wretched of the earth*, trad. Constance Farrington (1961; reimp. Nova York: Grove, 1968), p. 101.

20. J. A. Hobson, *Imperialism: A study* (1902; reimp. Ann Arbor: University of Michigan Press, 1972), p. 197.

21. *Selected poetry and prose of Blake*, ed. Northrop Frye (Nova York: Random House, 1953), p. 447. Uma das poucas obras a tratar do anti-imperialismo de Blake é David V. Erdman, *Blake: Prophet against empire* (Nova York: Dover, 1991).

22. Charles Dickens, *Dombey and son* (1848; reimp. Harmondsworth: Penguin, 1970), p. 50.

23. Raymond Williams, "Introduction", in Dickens, *Dombey and son*, pp. 11-2.

24. Martin Bernal, *Black Athena: The afroasiatic roots of classical civilization*, vol. 1 (New Brunswick: Rutgers University Press, 1987), pp. 280-336.

25. Bernard S. Cohn, "Representing authority in Victorian India", in Eric Hobsbawm & Terence Ranger (eds.), *The invention of tradition* (Cambridge: Cambridge University Press, 1983), pp. 185-207.

26. Apud Philip D. Curtin (ed.), *Imperialism* (Nova York: Walker, 1971), pp. 294-5.

27. Salman Rushdie, "Outside the whale", in *Imaginary homelands: Essays and criticism, 1981-1991* (Londres: Viking/Granta, 1991), pp. 92 e 101.

28. Essa é a mensagem de Conor Cruise O'Brien, "Why the wailing outght to stop", *The Observer*, 3/6/1984.

29. Joseph Conrad, "Heart of darkness", in *Youth and two other stories* (Garden City: Doubleday, Page, 1925), p. 82.

30. Para Mackinder, ver Neil Smith, *Uneven development: Nature, capital and the production of space* (Oxford: Blackwell, 1984), pp. 102-3. Conrad e a geografia triunfalista estão no centro de Felix Driver, "Geography's empire: Histories of geographical knowledge", *Society and Space* (1991).

31. Hannah Arendt, *The origins of totalitarianism* (1951; nova ed. Nova York: Harcourt Brace Jovanovich, 1973 [ed. bras., São Paulo: Companhia das Letras, 1989]), p. 215. Ver também Frederic Jameson, *The political unconscious: Narrative as a socially symbolic act* (Ithaca: Cornell University Press, 1981), pp. 206-81.

32. Jean-François Lyotard, *The postmodern condition: A report on knowledge*, trad. Geoff Bennington e Brian Massumi (Minneapolis: University of Minnesota Press, 1984), p. 37.

33. Ver a obra tardia de Foucault, *The care of the self*, trad. Robert Hurley (Nova York: Pantheon, 1986). Uma ousada e nova interpretação, argumentando que toda a *œuvre* de Foucault é sobre o Eu; o dele em especial, está em James Miller, *The passion of Michel Foucault* (Nova York: Simon & Schuster, 1993).

34. Ver, por exemplo, Gérard Chaliand, *Revolution in the Third World* (Harmondsworth: Penguin, 1978).

35. Rushdie, "Outside the whale", pp. 100-1.

36. Ian Watt, *Conrad in the nineteenth century* (Berkeley: University of California Press, 1979), pp. 175-9.

37. Eric Hobsbawm, "Introduction", in Hobsbawm & Ranger, *Invention of tradition*, p. 1.

38. Jean-Baptiste-Joseph Fourier, *Préface historique*, vol. 1 de *Description de l'Egypte* (Paris: Imprimerie royale, 1809-1828), p. 1.

39. 'Abad al-Rahman al-Jabarti, *Aja'ib al-Athar fi al-Tarajun wa al-Akhbar*, vol. 4 (Cairo: Lajnat al-Bayan al-'Arabi, 1958-1967), p. 284.

40. Ver Christopher Miller, *Blank darkness: Africanist discourse in French* (Chicago: University of Chicago Press, 1985), e Arnold Temu & Bonaventure Swai, *Historians and africanist history: A critique* (Westport: Lawrence Hill, 1981).

41. Johannes Fabian, *Time and the other: How anthropology makes its object* (Nova York: Columbia University Press, 1983); Talal Asad (ed.), *Anthropology and the colonial encounter* (Londres: Ithaca Press, 1975); Brian S. Turner, *Marx and the end of orientalism* (Londres: Allen & Unwin, 1978). Para uma discussão de algumas dessas obras, ver Edward W. Said, "Orientalism reconsidered", *Race and Class* 27, 2 (outono de 1985), pp. 1-15.

42. Peter Gran, *The islamic roots of capitalism: Egypt, 1760-1840* (Austin: University of Texas Press, 1979); Judith Tucker, *Women in nineteenth century Egypt* (Cairo: American University in Cairo Press, 1986); Hanna Batatu, *The old social classes and the revolutionary movements of Iraq* (Princeton: Princeton University Press, 1978); Syed Hussein Alatas, *The myth of the lazy native: A study of the image of the Malays, Filipinos, and Javanese from the sixteenth to the twentieth century and its function in the ideology of colonial capitalism* (Londres: Frank Cass, 1977).

43. Gauri Viswanathan, *The masks of conquest: Literary study and British rule in India* (Nova York: Columbia University Press, 1989).

44. Francis Fergusson, *The human image in dramatic literature* (Nova York: Doubleday, Anchor, 1957) pp. 205-6.

45. Erich Auerbach, "Philology and *Weltliteratur*", trad. M. e E. W. Said, *Centennial Review* 13 (inverno de 1969); ver minha discussão dessa obra em *The world, the text, and the critic* (Cambridge, Mass.: Harvard University Press, 1983), pp. 1-9.

46. George E. Woodberry, "Editorial" (1903), in *Comparative literature: The early years, an anthology of essays*, ed. Hans Joachin Schulz e Phillip K. Rein (Chapel Hill: University of North Carolina Press, 1973), p. 211. Ver também Harry Levin, *Grounds for comparison* (Cambridge, Mass.: Harvard University Press, 1972), pp. 57-130; Claudio Guillérn, *Entre lo uno y lo diverso: Introductión a la literatura comparada* (Barcelona: Editorial Critica, 1985), pp. 54-121.

47. Erich Auerbach, *Mimesis: The representation of reality in Western literature*, trad. Willard Trask (Princeton: Princeton University Press, 1953). Ver também Said, "Secular criticism", in *The world, the text, and the critic*, pp. 31-53 e 148-9.

48. The National Defense Education Act (NDEA). Essa lei do Congresso norte-americano, aprovada em 1958, autorizava o investimento de 295 milhões de dólares em ciência e línguas, ambos considerados importantes para a segurança nacional. Departamentos universitários de literatura comparada estavam entre os beneficiários dessa lei.

49. Apud Smith, *Uneven development*, pp. 101-2.

50. Antonio Gramsci, "Some aspects of the southern question", in *Selec-*

tions from political writings, 1921-1926, trad. e ed. Quintin Hoare (Londres: Lawrence & Wishart, 1978), p. 461. Para uma aplicação incomum das teorias de Gramsci sobre o "Sul", ver Timothy Brennan, "Literary criticism and the southern question", *Cultural Critique* 11 (inverno de 1988-89), pp. 89-114.

51. John Stuart Mill, *Principles of political economy*, vol. 3, ed. J. M. Robson (Toronto: University of Toronto Press, 1965), p. 693.

2. VISÃO CONSOLIDADA [pp. 117-301]

1. Richard Slotkin, *Regeneration through violence: The mythology of the American frontier, 1600-1860* (Middletown: Wesleyan University Press, 1973); Patricia Nelson Limerick, *The legacy of conquest: The unbroken past of the American West* (Nova York: Norton, 1988); Michael Paul Rogin, *Fathers and children: Andrew Jackson and the subjugation of the American Indian* (Nova York: Knopf, 1975).

2. Bruce Robbins, *The servant's hand: English fiction from below* (Nova York: Columbia University Press, 1986).

3. Gareth Stedman Jones, *Outcast London: A study in the relationship between the classes in Victorian society* (1971; reimp. Nova York: Pantheon, 1984).

4. Eric Wolf, *Europe and the people without history* (Berkeley: University of California Press, 1982).

5. Martin Green, *Dreams of adventure, deeds of empire* (Nova York: Basic Books, 1979); Molly Mahood, *The colonial encounter: A reading of six novels* (Londres: Rex Collings, 1977); John A. McClure, *Kipling and Conrad: The colonial fiction* (Cambridge, Mass.: Harvard University Press, 1981); Patrick Brantlinger, *The rule of darkness: British literature and imperialism, 1830-1914* (Ithaca: Cornell University Press, 1988). Ver também John Barrell, *The infection of Thomas de Quincey: A psychopathology of imperialism* (New Haven: Yale University Press, 1991).

6. Willian Appleman Williams, *Empire as a way of life* (Nova York e Oxford: Oxford University Press, 1980), pp. 112-3.

7. Jonah Raskin, *The mythology of imperialism* (Nova York: Random House, 1971); Gordon K. Lewis, *Slavery, imperialism, and freedom: Studies in English radical thought* (Nova York: Monthly Review, 1978); V. G. Kiernan, *The lords of human kind: Black man, yellow man, and white man in an age of empire* (1969; reimp. Nova York: Columbia University Press, 1986), e *Marxism and imperialism* (Nova York: St. Martin's Press, 1974). Uma obra mais recente é Eric Cheyfitz, *The poetics of imperialism: Translation and colonization from The Tempest to Tarzan* (Nova York: Oxford University Press, 1991). Benita Parry, *Conrad and imperialism* (Londres: Macmillan, 1983), discute proveitosamente essas e outras obras no contexto da ficção de Conrad.

8. E. M. Forster, *Howards End* (Nova York: Knopf, 1921), p. 204.

9. Raymond Williams, *Politics and letters: Interviews with New Left Review* (Londres: New Left, 1979), p. 118.

10. *Culture and society, 1780-1950*, de Williams, foi publicada em 1958 (Londres: Chatto & Windus).

11. Joseph Conrad, "Heart of darkness", in *Youth and two other stories* (Garden City: Doubleday, Page, 1925), pp. 50-1. Para um relato desmistificador da conexão entre cultura moderna e redenção, ver Leo Bersani, *The culture of redemption* (Cambridge, Mass.: Harvard University Press, 1990).

12. Teorias e justificações do estilo imperial — antigo *versus* moderno, inglês *versus* francês etc. — foram elaboradas em abundância depois de 1880. Ver, como um celebrado exemplo, Evelyn Baring (Cromer), *Ancient and modern imperialism* (Londres: Murray, 1910). Ver também C. A. Bodelsen, *Studies in Mid-Victorian imperialism* (Nova York: Howard Fertig, 1968), e Richard Faber, *The vision and the need: Late Victorian imperialism aims* (Londres: Faber & Faber, 1966). Uma obra antiga mas ainda útil é Klaus Knorr, *British theories* (Toronto: University of Toronto Press, 1944).

13. Ian Watt, *The rise of the novel* (Berkeley: University of California Press, 1957 [ed. bras.: *A ascensão do romance*, São Paulo, Companhia das Letras, 1990]); Lennard Davis, *Factual fiction: The origins of the English novel* (Nova York: Columbia University Press, 1983); John Richetti, *Popular fiction before Richardson* (Londres: Oxford University Press, 1969); Michael McKeon, *The origin of the English novel, 1600-1740* (Baltimore: Johns Hopkins University Press, 1987).

14. J. R. Seeley, *The expansion of England* (1884; reimp. Chicago: University of Chicago Press, 1971), p. 12; J. A. Hobson, *Imperialism: A study* (1902: reimp. Ann Arbor: University of Michigan Press, 1972), p. 15. Embora Hobson implique outras potências europeias nas perversões do imperialismo, a Inglaterra sobressai.

15. Raymond Williams, *The country and the city* (Nova York: Oxford University Press, 1973 [ed. bras.: *O campo e a cidade*, São Paulo, Companhia das Letras, 1990]), pp. 165-82 e passim.

16. D. C. M. Platt, *Finance, trade and politics in British foreign policy, 1815-1914* (Oxford: Clarendon Press, 1968), p. 536.

17. Id., ib., p. 357.

18. Joseph Schumpeter, *Imperialism and social classes*, trad. Heinz Norden (Nova York: Augustus M. Kelley, 1951), p. 12.

19. Platt, *Finance, trade and politics*, p. 359.

20. Ronald Robinson, John Gallagher & Alice Denny, *Africa and the Victorians: The official mind of imperialism* (1961; nova ed., Londres: Macmillan, 1981), p. 10. Mas para uma avaliação vívida da influência dessa tese nas discussões acadêmicas sobre o Império, ver William Roger Louis (ed.), *Imperialism: The Robinson and Gallagher controversy* (Nova York: Franklin

Watts, 1976). Uma compilação fundamental de todo o campo de estudo é Robin Winks (ed.), *The historiography of the British Empire-Commonwealth: Trends, interpretations, and resources* (Durham: Duke University Press, 1966). Duas compilações mencionadas por Winks (p. 6) são *Historians of India, Pakistan and Ceylon*, ed. Cyril H. Philips, e *Historians of South East Asia*, ed. D. G. E. Hall.

21. Fredric Jameson, *The political unconscious: Narrative as a socially symbolic act* (Ithaca: Cornell University Press, 1981); David A. Miller, *The novel and the police* (Berkeley: University of California Press, 1988). Ver também Hugh Ridley, *Images of imperial rule* (Londres: Croom Helm, 1983).

22. Em John MacKenzie, *Propaganda and empire: The manipulation of British public opinion, 1880-1960* (Manchester: Manchester University Press, 1984), há um excelente relato de quão eficaz foi a cultura popular na era oficial do império. Ver também MacKenzie (ed.), *Imperialism and popular culture* (Manchester: Manchester University Press, 1986); para manipulações mais sutis da identidade nacional inglesa no mesmo período, ver Robert Colls & Philip Dodd (eds.), *Englishness: Political and culture, 1880-1920* (Londres: Croom Helm, 1987). Ver também Raphael Samuel (ed.), *Patriotism: The making and unmaking of British national identity*, 3 vols. (Londres: Routledge, 1989).

23. E. M. Forster, *A passage to India* (1924; reimp. Nova York: Harcourt, Brace & World, 1952), p. 231.

24. Para o ataque contra Conrad, ver Chinua Achebe, "An image of Africa: Racism in Conrad's *Heart of darkness*", in *Hopes and impediments: Selected essays* (Nova York: Doubleday, Anchor, 1989), pp. 1-20. Algumas das questões levantadas por Achebe são bem discutidas por Brantlinger, *Rule of darkness*, pp. 269-74.

25. Deirdre David, *Fictions of resolution in three Victorian novels* (Nova York: Columbia University Press, 1981).

26. Georg Lukács, *The historical novel*, trad. Hannah e Stanley Mitchell (Londres: Merlin Press, 1962), pp. 19-88.

27. Id., ib., pp. 30-63.

28. Alguns versos de Ruskin são citados e comentados em R. Koebner & H. Schmidt, *Imperialism: The story and significance of a political world 1840-1866* (Cambridge: Cambridge University Press, 1964), p. 99.

29. V. G. Kiernan, *Marxism and imperialism* (Nova York: St. Martin's Press, 1974), p. 100.

30. John Stuart Mill, *Disquisitions and discussions*, vol. 3 (Londres: Longmans, Green, Reader & Dyer, 1875), pp. 167-8. Para uma versão inicial, ver Nicholas Canny, "The ideology of English colonization: From Ireland to America", *William and Mary Quartely* 30 (1973), pp. 575-98.

31. Williams, *Country and the city*, p. 281.

32. Peter Hulme, *Colonial encounters: Europe and the native Caribbean, 1492-1797* (Londres: Methuen, 1986). Ver também sua antologia com Neil L.

Whitehead, *Wild majesty: Encounters with Caribs from Columbus to the present day* (Oxford: Clarendon Press, 1992).

33. Hobson, *Imperialism*, p. 6.

34. Isso é discutido de maneira memorável em C. L. R. James, *The black jacobins: Toussaint L'Ouverture and the San Domingo revolution* (1938; reimp. Nova York: Vintage, 1963), sobretudo no cap. 2, "The owners". Ver também Robin Blackburn, *The overthrow of colonial slavery 1766-1848* (Londres: Verso, 1988), pp. 149-53.

35. Williams, *Country and the city*, p. 117.

36. Jane Austen, *Mansfield Park*, ed. Tony Tanner (1814; reimp. Harmondsworth: Penguin, 1966), p. 42. O melhor relato do romance está em Tony Tanner, *Jane Austen* (Cambridge, Mass.: Harvard University Press, 1986).

37. Id., ib., p. 54.

38. Id., ib., p. 206.

39. Warren Roberts, *Jane Austen and the French revolution* (Londres: Macmillan, 1979), pp. 97-8. Ver também Avrom Fleishman, *A reading of Mansfield Park: An essay in critical synthesis* (Minneapolis: University of Minnesota Press, 1967), pp. 36-9 e passim.

40. Austen, *Mansfield Park*, pp. 375-6.

41. John Stuart Mill, *Principles of political economy*, vol. 3, ed. J. M. Robson (Toronto: University of Toronto Press, 1965), p. 693. O trecho é citado em Sidney W. Mintz, *Swetness and power: The place of sugar in modern history* (Nova York: Viking, 1985), p. 42.

42. Austen, *Mansfield Park*, p. 446.

43. Id., ib., p. 448.

44. Id., ib., p. 450.

45. Id., ib., p. 456.

46. John Gallagher, *The decline, revival and fall of the British empire* (Cambridge: Cambridge University Press, 1982), p. 76.

47. Austen, *Mansfield Park*, p. 308.

48. Lowell Joseph Ragatz, *The fall of the planter class in the British Caribbean, 1763-1833: A study in social and economic history* (1928; reimp. Nova York: Octagon, 1963), p. 27.

49. Eric Williams, *Capitalism and slavery* (Nova York: Russel & Russel, 1961), p. 211. Ver também seu *From Columbus to Castro: The history of the Caribbean, 1492-1969* (Londres: Deutsch, 1970), pp. 177-254.

50. Austen, *Mansfield Park*, p. 213.

51. Tzvetan Todorov, *Nous et les autres: La réflexion sur la diversité humaine* (Paris: Seuil, 1989).

52. Raoul Girardet, *L'idée coloniale em France, 1871-1962* (Paris: La Table Ronde, 1972), pp. 7, 10-3.

53. Basil Davidson, *The African past: Chronicles from antiquity to modern times* (Londres: Longmans, 1964), pp. 36-7. Ver também Philip D. Curtin,

Image of Africa: *British ideas and action, 1780-1850*, 2 vols. (Madison: University of Wisconsin Press, 1964); Bernard Smith, *European vision and the South Pacific* (New Haven: Yale University Press, 1985).

54. Stephen Jay Gould, *The mismeasure of man* (Nova York: Norton, 1981); Nancy Stepan, *The idea of race in science: Great Britain, 1800-1960* (Londres: Macmillan, 1982).

55. Ver o relato completo dessas tendências nos primórdios da antropologia em George W. Stocking, *Victorian anthropology* (Nova York: Free Press, 1987).

56. Apud Philip D. Curtin, *Imperialism* (Nova York: Walker, 1971), pp. 158-9.

57. John Ruskin, "Inaugural lecture" (1870), in *The works of John Ruskin*, vol. 20, ed. E. T. Cook e Alexander Weddenburn (Londres: George Allen, 1905), p. 41, n. 2.

58. Id., ib., pp. 41-3.

59. V. G. Kiernan, "Tennyson, King Arthur and imperialism", em seu *Poets, politics and the people*, ed. Harvey J. Kaye (Londres: Verso, 1989), p. 134.

60. Para a discussão de um episódio importante na história do relacionamento hierárquico entre Ocidente e não Ocidente, ver E. W. Said, *Orientalism* (Nova York: Pantheon, 1978 [ed. bras.: *Orientalismo*, São Paulo, Companhia das Letras, 1990]), pp. 48-92, e passim.

61. Hobson, *Imperialism*, pp. 199-200.

62. Apud Hubert Deschamps, *Les méthodes et les doctrines coloniales de la France du XVIe siècle à nos jours* (Paris: Armand Colin, 1953), pp. 126-7.

63. Ver Anna Davin, "Imperialism and motherhood", in Samuel (ed.), *Patriotism*, vol. 1, pp. 203-35.

64. Michael Rosenthal, *The character factory: Baden-Powell's boy scouts and the imperatives of empire* (Nova York: Pantheon, 1986), sobretudo pp. 131-60. Ver também H. John Field, *Toward a programme of imperial life: The British Empire at the turn of the century* (Westport: Greenwood Press, 1982).

65. Johannes Fabian, *Time and the other: How anthropology makes its object* (Nova York: Columbia University Press, 1983), pp. 25-69.

66. Ver Marianna Torgovnick, *Gone primitive: Savage intellects, modern lives* (Chicago: University of Chicago Press, 1990); e, para o estudo da classificação, codificação, coleta e exibição, ver James Clifford, *The predicament of culture: Twentieth Century ethnography, literature, and art* (Cambridge, Mass.: Harvard University Press, 1988). Ver também Street, *Savage in literature*, e Roy Harvey Pearce, *Savagism and civilization: A study of the Indian and the American mind* (1953; ed. rev., Berkeley: University of California Press, 1988).

67. K. M. Panikkar, *Asia and Western dominance* (1959; reimp. Nova York: Macmillan, 1969), e Michael Adas, *Machines as the measure of men: Science, technology, and ideologies of Western dominance* (Ithaca: Cornell University Press, 1989). Também de interesse é Daniel R. Headrick, *The tools of empire*: Tech-

nology and European imperialism in the nineteenth century (Nova York: Oxford University Press, 1981).

68. Henri Brunschwig, *French colonialism, 1871-1914: Myths and realities*, trad. W. G. Brown (Nova York: Praeger, 1964), pp. 9-10.

69. Ver Brantlinger, *Rule of darkness*; Suvendrini Perera, *Reaches of empire: The English novel from Edgeworth to Dickens* (Nova York: Columbia University Press, 1991); Christopher Miller, *Blank darkness: Africanist discourse in French* (Chicago: University of Chicago Press, 1985).

70. Apud Gauri Viswanathan, *The masks of conquest: Literary study and British rule in India* (Nova York: Columbia University Press, 1989), p. 132.

71. Alfred Crosby, *Ecological imperialism: The biological expansion of Europe, 900-1900* (Cambridge: Cambridge University Press, 1986 [ed. bras.: *Imperialismo ecológico*, São Paulo, Companhia das Letras, 1993])

72. Guy de Maupassant, *Bel-ami* (1985); Georges Duroy é um cavaleiro que serviu na Argélia e faz carreira como um jornalista parisiense que (com alguma ajuda) escreve sobre a vida na Argélia. Mais tarde, ele se envolve nos escândalos financeiros relacionados com a tomada de Tânger.

73. Johannes Fabian, *Language and colonial power: The appropriation of swahili in the former Belgian Congo, 1880-1938* (Cambridge University Press, 1986); Ranajir Guha, *A rule of property for Bengal: An essay on the idea of permanent settlement* (Paris e Haia: Mouton, 1963); Bernard S. Cohn, "Representing authority in Victorian India", in Eric Hobsbawm & Terence Ranger (eds.), *The invention of tradition* (Cambridge: Cambridge University Press, 1983), pp. 185-207, e seu *An anthropologist among the historians and other essays* (Delhi: Oxford University Press, 1990). Duas obras relacionadas são Richard G. Fox, *Lions of the Punjab: Culture in the making* (Berkeley: University of California Press, 1985), e Douglas E. Haynes, *Rhetoric and ritual in colonial India: The shaping of public culture in Surat city, 1852-1928* (Berkeley: University of California Press, 1991).

74. Fabian, *Language and colonial power*, p. 79.

75. Ronald Inden, *Imagining India* (Londres: Blackwell, 1990).

76. Timothy Mitchell, *Colonising Egypt* (Cambridge: Cambridge University Press, 1988).

77. Leila Kinney & Zeynep Celik, "Ethnography and exhibitionism at the Expositions Universelles", *Assemblages* 13 (dez. 1990), pp. 35-59.

78. T. J. Clark, *The painting of modern life: Paris in the art of Manet and his followers* (Nova York: Knopf, 1984), pp. 133-46; Malek Alloula, *The colonial harem*, trad. Myrna e Wlad Godzich (Minneapolis: University of Minnesota Press, 1986); ver também Sarah Graham-Brown, *Images of women: The portrayal of women in photography of the Middle East, 1860-1950* (Nova York: Columbia University Press, 1988).

79. Ver, por exemplo, Zeynep Celik, *Displaying the Orient: Architecture of Islam at nineteenth century world's fairs* (Berkeley: University of California

Press, 1992), e Robert W. Rydell, *All the world's a fair: Visions of empire at American international expositions, 1876-1916* (Chicago: University of Chicago Press, 1984).

80. Herbert Lindeberger, *Opera: The extravagant art* (Ithaca: Cornell University Press, 1984), pp. 270-80.

81. Antoine Goléa, *Gespräche mit Wieland Wagner* (Salzburgo: SN Verlag, 1967), p. 58.

82. *Opera* 13, 1 (jan. 1962), p. 33. Ver também Geoffrey Skelton, *Wieland Wagner: The positive sceptic* (Nova York: St. Martins's Press, 1971), pp. 159 ss.

83. Joseph Kernan, *Opera as drama* (Nova York: Knopf, 1956), p. 160.

84. Paul Robinson, *Opera and ideas: From Mozart to Straus* (Nova York: Harper & Row, 1985), p. 163.

85. Id., ib., p. 164.

86. *Verdi's "Aida": The history of an opera in letters and documents*, trad. e ed. de Hans Busch (Minneapolis: University of Minnesota Press, 1978), p. 3.

87. Id., ib., pp. 4-5.

88. Id., ib., p. 126.

89. Id., ib., p. 150.

90. Id., ib., p. 17.

91. Id., ib., p. 50. Ver também Philip Gossett, "Verdi, Ghislanzoni, and *Aida*: The uses of convention", *Critical Inquiry* I, 1 (1974), pp. 291-334.

92. *Verdi's "Aida"*, p. 153.

93. Id., ib., p. 212.

94. Id., ib., p. 183.

95. Stephan Bann, *The clothing of Clio* (Cambridge: Cambridge University Press, 1984), pp. 93-111.

96. Raymond Schwab, *The Oriental renaissance*, trad. Gene Patterson-Black e Victor Reinking (Nova York: Columbia University Press, 1984), p. 86. Ver também Said, *Orientalism*, pp. 80-8.

97. Martin Bernal, *Black Athena: The afroasiatic roots of classical civilization*, vol. 1 (New Brunswick: Rutgers University Press, 1987), pp. 161-88.

98. Schwab, *Oriental renaissance*, p. 25.

99. Jean Humbert, "A propos de l'egyptomanie dans l'œuvre de Verdi: Attribuition à Auguste Mariette d'un scénario anonyme de l'opéra *Aida*", *Revue de Musicologie* 62, 2 (1976), pp. 229-55.

100. Kinney & Celik, "Ethnography and exhibitionism", p. 36.

101. Brian Fagan, *The rape of the Nile* (Nova York: Scribner's, 1975), p. 278.

102. Id., ib., p. 276.

103. Kinney & Celik, "Ethnograpy and exhibitionism", p. 38.

104. *Verdi's "Aida"*, p. 444.

105. Ibid., p. 186.

106. Ibid., pp. 261-2.

107. *Opera* (1986).

108. Skelton, *Wieland Wagner*, p. 160. Ver também Goléa, *Gespräche mit Wieland Wagner*, pp. 62-3.

109. *Verdi's "Aida"*, p. 138.

110. Muhammd Sabry, *Episode de la question d'Afrique: L'Empire egyptian sous Ismail et l'ingérence alglo-française* (1863-1879) (Paris: Geuthner, 1933), pp. 391 ss.

111. Como em Roger Owen, *The Middle East and the world economy, 1800--1914* (Londres: Methuen, 1981).

112. Id., ib., p. 122.

113. David Landes, *Bankers and pashas* (Cambridge, Mass.: Harvard University Press, 1958).

114. Sabry, p. 313.

115. Id., ib., p. 322.

116. Georges Douin, *Histoire du règne du khedive Ismail*, vol. 2 (Roma: Royal Egyptian Geographic Society, 1934).

117. Landes, *Bankers and pashas*, p. 209.

118. Owen, *Middle East*, pp. 149-50.

119. Id., ib., p. 128.

120. Janet L. Abu-Lughod, *Cairo: 1001 years of the city victorious* (Princeton: Princeton University Press, 1971), p. 98.

121. Id., ib., p. 107.

122. Jacques Berque, *Egypt: Imperialism and revolution*, trad. Jean Stewart (Nova York: Praeger, 1972), pp. 96-8.

123. Bernard Semmel, *Jamaican blood and Victorian conscience: The governor Eyre controversy* (Boston: Riverside Press, 1963), p. 179. Uma supressão comparável é estudada em Irfan Habib, "Studying a colonial economy — without perceiving colonialism", *Modern Asia Studies* 19, 3 (1985), pp. 355-81.

124. Thomas Hodgkin, *Nationalism in colonial Africa* (Londres: Muller, 1956), pp. 29-59.

125. Ver Adas, *Machines as the measure of men*, pp. 199-270.

126. Como amostra desse tipo de pensamento, ver J. B. Kelly, *Arabia, the Gulf and the West* (London: Weidenfeld & Nicolson, 1980).

127. Rosenthal, *Character factory*, p. 52 e passim.

128. J. A. Mangan, *The games ethic and imperialism: Aspects of the diffusion of an ideal* (Harmondsworth: Viking, 1986).

129. J. M. S. Tompkins, "Kipling's later tales: The theme of healing", *Modern Language Review* 45 (1950), pp. 18-32.

130. Victor Turner, *Dramas, fields, and metaphors: Symbolic action in human society* (Ithaca: Cornell University Press, 1974), pp. 258-9. Para uma sutil meditação sobre os problemas de cor e casta, ver S. P. Mohanty, "Kipling's children and the colours line", *Race and Class* 31, 1 (1989), pp. 21-40, e também seu "Us and them: On the philosophical bases of political criticism", *Yale Journal of Criticism* 2, 2 (1989), pp. 1-31.

131. Rudyard Kipling, *Kim* (1901; reimp. Garden City: Doubleday, Doran, 1941), p. 516.

132. Id., ib., pp. 516-7.

133. Id., ib., p. 517.

134. Id., ib., p. 523.

135. George Eliot, *Middlemarch*, ed. Bert G. Hornback (Nova York: Norton, 1977), p. 544.

136. Mark Kinkead-Weekes, "Vision in Kipling's novels", in *Kipling's Mind and Art*, ed. Andrew Rutherford (Londres: Oliver & Boyd, 1964).

137. Edmund Wilson, "The Kipling that nobody read", *The wound and the bow* (Nova York: Oxford University Press, 1947), pp. 100-1, 103.

138. Kipling, *Kim*, p. 242.

139. Id., ib., p. 268.

140. Id., ib., p. 271.

141. Francis Hutchins, *The illusion of permanence: British imperialism in India* (Princeton: Princeton University Press, 1967), p. 157. Ver também George Bearce, *British attitudes towards India, 1784-1858* (Oxford: Oxford University Press, 1961), e para a desestruturação do sistema, ver B. R. Tomlinson, *The political economy of the Raj, 1924-1947: The economics of decolonization in India* (Londres: Macmillan, 1979).

142. Angus Wilson, *The strange ride of Rudyard Kipling* (Londres: Penguin, 1977), p. 43.

143. George Orwell, "Rudyard Kipling", in *A collection of essays* (Nova York: Doubleday, Anchor, 1954), pp. 133-5.

144. Michael Edwardes, *The sahibs and the lotus: The British in India* (Londres: Constable, 1988), p. 59.

145. Ver Edward W. Said, "Representing the colonized: Anthropology's interlocutors", *Critical Inquiry* 15, 2 (inverno de 1989), pp. 205-25. Ver também Lewis D. Wurgaft, *The imperial imagination: Magic and myth in Kipling's India* (Middletown: Wesleyan University Press, 1983), pp. 54-78, e, claro, Bernard S. Cohn, *Anthropologist among the historians*.

146. Ver Eric Stokes, *The English utilitarians and India* (Oxford: Clarendon Press, 1959), e Bearce, *British attitudes towards India*, pp. 153-74. Sobre a reforma educacional de Bentinck, ver Viswanathan, *Masks of conquest*, pp. 44-7.

147. Noel Annan, "Kipling's place in the history of ideas", *Victorian Studies* 3, 4 (jun. 1960), p. 323.

148. Ver notas 11 e 12.

149. Geoffrey Moorhouse, *India Britannica* (Londres: Paladin, 1984), p. 103.

150. Id., ib., p. 102.

151. Georg Lukács, *The theory of the novel*, trad. Anna Bostock (Cambridge, Mass.: MIT Press, 1971), pp. 35 ss.

152. Kipling, *Kim*, p. 246.

153. Id., ib., p. 248.
154. Lukács, *Theory of the novel*, pp. 125-6.
155. Kipling, *Kim*, p. 466.
156. Frantz Fanon, *The wretched of the earth*, trad. Constance Parrington (1961; reimp. Nova York: Grove, 1968), p. 77. Sobre o embasamento dessa alegação e o papel do discurso legitimizador e "objetivo" no imperialismo, ver Fabiola Jara & Edmundo Magana, "Rules of imperialist method", *Dialectical Anthropology* 7, 2 (set. 1982), pp. 115-36.
157. Robert Stafford, *Scientist of Empire: Sir Roderick Murchison, scientific exploration and Victorian imperialism* (Cambridge: Cambridge University Press, 1989). Para um exemplo anterior, na Índia, ver Marika Vicziany, "Imperalism, botany and statistics in early nineteenth-century India: The surveys of Francis Buchanan (1762-1829)", *Modern Asian Studies* 20, 4 (1986), pp. 625-60.
158. Stafford, *Scientist of empire*, p. 208.
159. J. Stengers, "King Leopold's imperialism", in Roger Owen & Bob Sutcliffe (eds.), *Studies in the theory of imperialism* (Londres: Longmans, 1972), p. 260. Ver também Neil Ascherson, *The King incorporated: Leopold II in the age of trusts* (Londres: Allen & Unwin, 1963).
160. Achebe, *Hopes and impediments*; ver nota 24.
161. Linda Nochlin, "The imaginary Orient", *Art in America* (maio 1983), pp. 118-31, 187-91. Além disso, como complemento ao ensaio de Nochlin, ver a extraordinariamente interessante tese de doutorado, defendida na Boston University, de Todd B. Porterfield, "Art in the service of French imperialism in the Near East, 1798-1848: Four case studies" (Ann Arbor: University Microfilms, 1991).
162. A. P. Thornton, *The imperial idea and its enemies: A study in British power* (1959; ed. rev., Londres: Macmillan, 1958); Bernard Porter, *Critics of empire: British radical attitudes to colonialism in Africa, 1895-1914* (Londres: Macmillan, 1968); Hobson, *Imperialism*. Para o caso da França, ver Charles Robert Ageron, *L'Anticolonialism en France de 1871 à 1924* (Paris: PUF, 1973).
163. Ver Bodelsen, *Studies in Mid-Victorian imperialism*, pp. 147-214.
164. Stephen Charles Neill, *Colonialism and Christian Missions* (Londres: Lutterworth, 1966). A obra de Neil é de âmbito bem geral e suas colocações devem ser complementadas e comparadas com o grande número de estudos específicos sobre as atividades missionárias como, por exemplo, a obra de Murray A. Rubinstein sobre a China: "The missionary as observer and imagemaker: Samuel Wells Willims and the Chinese", *American Studies* 10, 3 (set. 1980), pp. 31-44 (Taipé); e "The Northeastern connection: American board missionaries and the formation of American opinion toward China: 1830--1860", *Bulletin of the Modern History* (Academica Sinica), Formosa, jul. 1980.
165. Ver Bearce, *British attitudes towards India*, pp. 65-77, e Stokes, *English utilitarians and India*.

166. Apud Syed Hussein Alatas, *The myth of the lazy native: A study of the image of the Malays, Filipinos, and Javanese from the sixteenth century to the twentieth century and its function in the ideology of colonial capitalism* (Londres: Frank Cass, 1977), p. 59.

167. Id., ib., p. 62.

168. Id., ib., p. 223.

169. Romila Thapar, "Ideology and the interpretation of early Indian history", *Review* 5, 3 (inverno de 1982), p. 390.

170. Karl Marx & Friedrich Engels, *On colonialism: Articles from the New York Tribune and other writings* (Nova York: International, 1972), p. 156.

171. Katherine George, "The civilized West looks at Africa: 1400-1800. A study in ethnocentrism", *Isis* 49, 155 (mar. 1958), pp. 66, 69-70.

172. Para a definição de "primitivos" por meio dessa técnica, ver Torgovnick, *Gone primitive*, pp. 3-41. Ver também Ronald L. Mees, *Social Science and the ignoble savage* (Cambridge: Cambridge University Press, 1976), para uma versão mais elaborada da teoria dos quatro estágios do selvagem, baseada na filosofia e no pensamento cultural europeus.

173. Brunschwig, *French colonialism*, p. 14.

174. Robert Delavigne & Charles André Julien, *Les constructeurs de la France d'outremer* (Paris: Corea, 1946), p. 16. Encontra-se uma abordagem diferente e interessante de personagens similares em L. H. Gann & Peter Duignan (eds.), *African proconsuls: European governors in Africa* (Nova York: Free Press, 1978). Ver também Mort Rosenblum, *Mission to civilize: The French way* (Nova York: Harcourt Brace Jovanovich, 1986).

175. Agnes Murphy, *The ideology of French imperialism, 1817-1881* (Washington: Catholic University of America Press, 1968), p. 46 e passim.

176. Raoul Girardet, *L'idée coloniale en France, 1871-1962* (Paris: La Table Ronde, 1972), pp. 44-5. Ver também Stuart Mitchel Persell, *The French colonial lobby* (Stanford: Hoover Institution Press, 1983).

177. Apud Murphy, *Ideology of French imperialism*, p. 25.

178. Raymond F. Betts, *Assimilation and association in French colonial theory, 1840-1914* (Nova York: Columbia University Press, 1961), p. 88.

179. Discuto essa questão, no contexto das teorias de identidade nacional usadas pelo imperialismo no final do século XIX, em "Nationalism, human rights, and interpretation", in Barbara Johnson (ed.), *Freedom and interpretation* (Nova York: Basic Books, 1992).

180. Betts, *Association and assimilation*, p. 108.

181. Id., ib., p. 174.

182. Girardet, *L'idée coloniale en France*, p. 48.

183. Para um pequeno episódio da competição imperial com a Inglaterra, ver as fascinantes indicações proporcionadas por Albert Hourani, "T. E. Lawrence and Luis Massignon", em seu *Islam in European thought* (Cambridge: Cambridge University Press, 1991), pp. 116-28. Ver também Christopher M.

Andrew & A. S. Kanya-Forster, *The climax of French imperial expansion, 1914--1924* (Stanford: Stanford University Press, 1981).

184. David Prochaska, *Making Algeria French: Colonialism in Bône, 1870--1920* (Cambridge: Cambridge University Press, 1990), p. 85. Um interessantíssimo estudo do modo como os cientistas sociais e os planejadores urbanos franceses usaram a Argélia como um campo de experiências encontra-se em Gwendolyn Wright, *The politics of design in French colonial urbanism* (Chicago: University of Chicago Press, 1991), pp. 66-84. As seções finais do livro discutem o efeito desses planos no Marrocos, na Indochina e em Madagascar. Sobre isso, o trabalho definitivo, porém, é Janet Abu-Lughod, *Rabat: Urban Apartheid in Marocco* (Princeton: Princeton University Press, 1980).

185. Prochaska, p. 124.

186. Id., ib., pp. 141-2.

187. Id., ib., p. 255.

188. Id., ib., p. 254.

189. Id., ib., p. 255.

190. Id., ib., p. 70.

191. Roland Barthes, *Le degré zéro de l'écriture* (1953; reimp. Paris: Gonthier, 1964), p. 10.

192. Raymond Williams, *George Orwell* (Nova York: Viking, 1971), sobretudo pp. 77-8.

193. Christopher Hitchens, *Prepared for the worst* (Nova York: Hill & Wang, 1989), pp. 78-90.

194. Michael Walzer faz de Camus um intelectual exemplar, exatamente porque ele estava angustiado, vacilante, e opunha-se ao terrorismo e amava sua mãe: ver Walzer, "Albert Camus's Algerian War", in *The company of critics: Social criticism and political commiment in the twentieth century* (Nova York: Basic Books, 1988), pp. 136-52.

195. Conor Cruise O'Brien, *Albert Camus* (Nova York: Viking, 1970), p. 103.

196. Joseph Conrad, *Last essays*, ed. Richard Curie (Londres: Dent, 1926), pp. 10-7.

197. Posteriormente, O'Brien, defendendo concepções semelhantes a essas e diferentes daquelas presentes em seu livro sobre Camus, não mais se deu ao trabalho de ocultar sua antipatia pelos povos inferiores do "Terceiro Mundo". Ver sua longa polêmica com Said, in *Salmagundi* 70-71 (primavera--verão de 1986), pp. 65-81.

198. Herbert R. Lottman, *Albert Camus: A biography* (Nova York: Doubleday, 1979). O comportamento de Camus na Argélia durante a guerra é apresentado em Yves Carrière, *La guerre d'Algérie II: Le temps des léopards* (Paris: Fayard, 1969).

199. "Misère de la Kabylie" (1939), in Camus, *Essais* (Paris: Gallimard, 1965), pp. 905-38.

200. O'Brien, *Camus*, pp. 22-8.
201. Camus, *Exile and the kingdom*, trad. Justin O'Brien (Nova York: Knopf, 1958), pp. 32-3. Para uma leitura perspicaz de Camus no contexto do norte da África, ver Barbara Harlow, "The Maghrib and *The stranger*", *Alif* 3 (primavera de 1983), pp. 39-55.
202. Camus, *Essais*, p. 2039.
203. Apud Manuela Semidei, "De l'empire à la decolonisation à travers les manuels scolaires", *Revue Française de Science Politique* 16, 1 (fev. 1961), p. 85.
204. Camus, *Essais*, pp. 1012-3.
205. Semidei, "De l'empire à la decolonisation", p. 75.
206. Jean-Paul Sartre, *Literary essays*, trad. Annette Michelson (Nova York: Philosophical Library, 1957), p. 32.
207. Emir Abdel Qader, *Ecrits spirituels*, trad. Michel Clodkiewicz (Paris: Seuil, 1982).
208. Mostafa Lacheraf, *L'Algérie: Nation et societé* (Paris: Maspéro, 1965). Encontra-se uma maravilhosa reconstrução ficcional e pessoal do período no romance de Assia Djebar, *L'amour, la fantasia* (Paris: Jean-Claude Lattès, 1985).
209. Apud Abdullah Laroi, *The history of the Magreb: An interpretative essay*, trad. Ralph Manheim (Princeton: Princeton University Press, 1977), p. 301.
210. Lacheraf, *L'Algérie*, p. 92.
211. Id., ib., p. 93.
212. Theodore Bugeaud, *Par l'epée et par la charrue* (Paris: PUF, 1948). A carreira posterior de Bugeaud também foi momentosa: ele comandou as tropas que abriram fogo sobre as multidões insurgentes em 23 de fevereiro de 1848, e foi vingado por Flaubert, em *L'education sentimentale*, na qual o retrato do odiado marechal é rasgado na altura de seu estômago durante a tomada do Palais Royal, em 24 de fevereiro de 1848.
213. Martine Astier Loutfi, *Littératur et colonialisme: L'expansion coloniale vue dans la littérature romanesque française, 1871-1914* (Paris: Mouton, 1971).
214. Melvin Richter, "Toucqueville on Algeria", *Review of Politics* 25 (1963), p. 377.
215. Id., ib, p. 380. Para um relato mais completo e mais recente, ver Marwan R. Buheiry, *The formation and perception of the modern Arab world*, ed. Lawrence I. Conrad (Princeton: Darwin Press, 1989), em especial a primeira parte, "European perceptions of the Orient", que inclui quatro ensaios sobre a França e a Argélia no século XIX, um dos quais trata de Tocqueville e do islã.
216. Laroui, *History of the Magreb*, p. 305.
217. Ver Alloula, *Colonial harem*.
218. Fanny Colonna & Claude Haim Brahimi, "Du bon usage de la science coloniale", in *Le mal de voir* (Paris: Union Générale d'Éditions, 1976).
219. Albert Serraut, *Grandeur et servitude coloniales* (Paris: Editions du Sagittaire, 1931), p. 113.

220. Georges Hardy, *La politique coloniale et le partage du terre aux XIXe et XXe siècles* (Paris: Albin Michel, 1937), p. 441.

221. Camus, *Théâtre, récits, nouvelles* (Paris: Gallimard, 1962), p. 1210.

222. Id., ib., p. 1211.

223. Seeley, *Expansion of England*, p. 16.

224. Albert O. Hirschman, *The passions and the interests: Political arguments for capitalism before its triumph* (Princeton: Princeton University Press, 1977), pp. 132-3.

225. Seeley, *Expansion of England*, p. 193.

226. Ver Alec G. Hargreaves, *The colonial experience in French fiction* (Londres: Macmillan, 1983), p. 31, no qual essa estranha elisão é notada e curiosamente explicada como resultante da peculiar psicologia e anglofobia de Loti. Porém, não são mencionadas as consequências formais disso para a ficção de Loti. Para um estudo mais alentado, ver a tese inédita, defendida na Princeton University, de Panivong Norindr, "Colonialism and figures of the exotic in the work of Pierre Loti" (Ann Arbor: University Microfilms, 1990).

227. Benita Parry, *Delusions and discoveries: Studies on India in the British imagination, 1880-1939* (Londres: Allen Lane, 1972).

3. RESISTÊNCIA E OPOSIÇÃO [pp. 302-431]

1. André Gide, *L'immoraliste* (Paris: Mercure de France, 1902), pp. 113-4.

2. Gide, *The immortaliste*, trad. Richard Howard (Nova York: Knopf, 1970), pp. 158-9. Para os vínculos entre Gide e Camus, ver Mary Louise Pratt, "Mapping ideology: Gide, Camus, and Algeria", *College Litterature* 8 (1981), pp. 158-74.

3. Conforme empregado em Christopher Miller, *Blank darkness: Africanist discourse in French* (Chicago: University of Chicago Press, 1985); uma profunda crítica filosófica da filosofia "africanista" é feita em Paulin J. Hountondji, *Sur la "philosophie africaine"* (Paris: Máspero, 1976). Em sua crítica, Hountondji dá prioridade à obra de Placide Tempels.

4. V. Y. Mudimbe, *The invention of Africa: Gnosis, philosophy, and the order of knowledge* (Bloomington: Indiana University Press, 1988).

5. Raymond Schwab, *The Oriental renaissance*, trad. Gene Patterson-Black e Victor Reinking (Nova York: Columbia University Press, 1984).

6. Frantz Fanon, *The wretched of the earth*, trad. Constance Farrington (1961; reimp., Nova York: Grove, 1968), p. 314.

7. Basil Davidson, *Africa in modern history: The search for a new society* (Londres: Allen Lane, 1978), pp. 178-90.

8. Jean-Paul Sartre, "Le colonialism est un système", in *Situations V: Colonialisme et néo-colonialisme* (Paris: Gallimard, 1964).

9. Sartre, "Preface" to Fanon, *Wretched of the earth*, p. 7.

10. Davidson, *Africa in modern history*, p. 200.

11. Fanon, *Wretched of the earth*, p. 96.

12. Id., ib., p. 102.

13. Sartre, "Preface", p. 26.

14. Henri Grimal, *Decolonization: The British, French, Dutch and Belgian empires, 1919-1963*, trad. Stephan de Vos (1965; reimp., Londres: Routledge & Kegan Paul, 1978), p. 9. Dentre a enorme literatura sobre a descolonização, destacam-se R. F. Holland, *European decolonization, 1918-1981: An introductory survey* (Londres: Macmillan, 1985); Miles Kahler, *Decolonization in Britain and France: The domestic consequences of international relations* (Princeton: Princeton University Press, 1984); Franz Asprenger, *The dissolution of the colonial empires* (1981); reimp., Londres: Routledge, 1989); A. N. Porter & A. J. Stockwell, vol. 1, *British Imperial policy and decolonization, 1938-51*, e vol. 2, *1951-64* (Londres: Macmillan, 1987, 1989); John Strachey, *The end of empire* (Londres: Gollancz, 1959).

15. Terence Ranger, "Connexions between primary resistance movements and modern mass nationalisms in East and Central Africa", 2 partes, *Journal of African History* 9, 3 (1968), p. 439. Ver também Michael Crowder (ed.), *West African resistance: The military response to colonial occupation* (Londres: Hutchinson, 1971), e os capítulos finais (pp. 268 ss.) de S. C. Malik (ed.), *Dissent, protest and reform in Indian civilization* (Simla: Indian Institute of Advanced Study, 1977).

16. Michael Adas, *Prophets of rebelion: Millenariam protest movements against the European colonial order* (Chapel Hill: University of North Carolina, 1979). Para outro exemplo, ver Stephen Ellis, *The rising of the red shawls: A revolt in Madagascar, 1895-1899* (Cambridge: Cambridge University Press, 1985).

17. Ranger, "Connexions", p. 631.

18. Apud Afaf Lutfi al-Sayyid, *Egypt and Cromer* (Nova York: Praeger, 1969), p. 68.

19. E. M. Forster, *A Passage to India* (1924; reimp., Nova York: Harcourt, Brace & World, 1952), p. 322.

20. Ver as páginas finais, 314-20, de Benita Parry, *Delusions and discoveries: Studies on India in the British imagination, 1880-1939* (Londres: Allen Lanc, 1972). Por outro lado, em *The rhetoric of English India* (Chicago: University of Chicago Press, 1992), Sara Suleri interpreta o relacionamento entre Aziz e Fielding em termos psicossexuais.

21. Forster, *Passage to India*, p. 86.

22. Id., ib., p. 136.

23. Id., ib., p. 164.

24. Apud Francis Hutchins, *The illusion of permanence: British imperialism in India* (Princeton: Princeton University Press, 1967), p. 41.

25. Forster, *Passage to India*, p. 76.

26. Hutchins, *Illusion of permanence*, p. 187.

27. In Syed Hussein Alatas, *The myth of the lazy native: A study of the image of the Malays, Filipinos, and Javanese from the sixteenth to the twentieth century and its function in the ideology of colonial capitalism* (Londres: Frank Cass, 1977). Ver também James Scott, *Weapons of the weak: Everyday forms of peasant resistance* (New Haven: Yale University Press, 1985).

28. Sidney & Beatrice Webb, *Indian Diary* (Delhi: Oxford University Press, 1988), p. 98. Sobre a atmosfera de isolamento da vida colonial, ver Margaret MacMillan, *Women of the Raj* (Londres: Thames & Hudson, 1988).

29. Parry, *Delusions and discoveries*, p. 274.

30. Forster, *Passage to India*, pp. 106-7.

31. Apud Anil Seal, *The emergency of Indian nationalism: Competition and collaboration in the later nineteenth century* (Cambridge: Cambridge University Press, 1971), p. 140.

32. Id., ib., p. 141.

33. Id., ib., p. 147. Supressões no original.

34. Id., ib., p. 191.

35. Edward Thompson, *The other side of the medal* (1926; reimp., Westport: Greenwood Press, 1974), p. 26.

36. Id., ib., 126. Ver também o sensível relato sobre Thompson feito por Parry em *Delusions and discoveries*, pp. 164-202.

37. Fanon, *Wretchd of the earth*, p. 106.

38. Franz Fanon, *Black skin, white masks*, trad. Charles Lam Markmann (1952; reimp., Nova York: Grove Press, 1967), p. 222. Como complemento para o estilo inicial de Fanon, bastante psicologizante, ver Ashis Nandy, *The intimate enemy: Loss and recovery of self under colonialism* (Delhi: Oxford University Press, 1983).

39. Raoul Girardet, *L'idée coloniale en France, 1871-1962* (Paris: La Tabble Ronde, 1972), p. 136.

40. Id., ib., p. 148.

41. Id., ib., pp. 159-72. Sobre Griaule, ver o excelente relato de sua carreira e realizações em James Cliford, *The predicament of culture: Twentieth century ethnography, literature, and art* (Cambridge, Mass.: Harvard University Press., 1988), pp. 55-91; ver também em Cliford, pp. 165-74, as passagens referentes a Leiris. Em ambos os casos, contudo, Cliford não associa seus autores à descolonização, um contexto político global enfatizado por Girardet.

42. André Malraux, *La voie royale* (Paris: Grasset, 1930), p. 268.

43. Paul Mus, *Viet-Nam: Sociologie d'une guerre* (Paris: Seuil, 1952), pp. 134-5. O premiado livro de Frances FitzGerald sobre a Guerra do Vietnã, *Fire in the lake* (1972), é dedicado a Mus.

44. Davidson, *Africa in modern history*, p. 155.

45. Id., ib., p. 156.

46. Fanon, *Black skin, white masks*, p. 220.

47. Philip D. Curtin, *The image of Africa: British ideas and action, 1780--1850*, 2 vols. (Madison: University of Wisconsin Press, 1964).

48. Daniel Defert, "The collection of the world: Accounts of voyages from the sixteenth to the eighteenth centuries", *Dialectical Anthropology* 7 (1982), pp. 11-20.

49. Pratt, "Mapping ideology". Ver também o extraordinário *Imperial eyes: Travel writing and transculturation* (Nova York e Londres: Routledge, 1992).

50. James Joyce, *Ulysses* (1922; reimp., Nova York: Vintage, 1966), p. 212.

51. James Ngugi, *The river between* (Londres: Heinemann, 1965), p. 1.

52. Tayeb Salih, *Season of migration to the north*, trad. Denys Johnson--Davies (Londres: Heinemann, 1970), pp. 49-50.

53. Peter Hulme, *Colonial encounters: Europe and the native Caribbean, 1492-1797* (Londres: Methuen, 1986).

54. George Lamming, *The pleasures of exile* (Londres: Allison & Busby, 1984), p. 107.

55. Id., ib., p. 119.

56. Roberto Fernández Retamar, *Caliban and other essays*, trad. Edward Baker (Minneapolis: University of Minnesota Press, 1989), p. 14. Ver, como corolário, Thomas Cartelli, "Prospero in Africa: *The Tempest* as colonialist text and pretext", in Jean E. Howard & Marion F. O'Connor (eds.), *Shakespeare reproduced: The text in history and ideology* (Londres: Methuen, 1987), pp. 95--115.

57. Ngugi wa Thiongo, *Decolonising the mind: The politics of language in African literature* (Londres: James Curry, 1986).

58. Barbara Harlow, *Resistance literature* (Nova York: Methuen, 1987), p. xvi. A esse respeito, uma obra pioneira é Chinweizu, *The West and the rest of us: White predator, black slaves and the African elite* (Nova York: Random House, 1975).

59. Aimé Césaire, *The collected poetry*, ed. e trad. Clayton Eshleman e Annette Smith (Berkeley: University of California Press, 1983), p. 46.

60. Rabindranath Tagore, *Nationalism* (Nova York: Macmillan, 1917), p. 19 e passim.

61. W. E. B. Du Bois, *The souls of black folk* (1903; reimp., Nova York: New American Library, 1969), pp. 44-5.

62. Tagore, *Nationalism*, p. 62.

63. Benedict Anderson, *Imagined communities: Reflections on the origin and spread of nationalism* (Londres: New Left, 1983), p. 47.

64. Id., ib., p. 52.

65. Id., ib., p. 74.

66. Bill Ashcroft, Gareth Griffths & Helen Tiflin, *The empire writes back: Theory and practice in post-colonial literatures* (Londres e Nova York: Routledge, 1989).

67. Eric Hobsbawm, *Nations and nationalism since 1780: Programme, myth, reality* (Cambridge: Cambridge University Press, 1990); Ernest Gellner, *Nations and nationalism* (Ithaca: Cornell University Press, 1983).

68. Partha Chatterjee, *Nationalist thought and the colonial world: A derivative discourse?* (Londres: Zed, 1986), p. 79. Ver também Rajat K. Ray, "There interpretations of Indian nationalism", in *Essays in Modern India*, ed. B. Q. Nanda (Delhi: Oxford University Press, 1980), pp. 1-41.

69. Chatterjee, *Nationalist thought*, p. 100.

70. Id., ib., p. 161.

71. Davidson, *Africa in modern history*, em especial a p. 204. Ver também A. Adu Boaher (ed.), *General history of Africa*, vol. 7: *Africa under colonial domination, 1880-1935* (Berkeley, Paris, e Londres: University of California Press--UNESCO -James Currey, 1990), e Andrew Roberts (ed.), *The colonial moment in Africa: Essays on the movement of minds and materials, 1900-1940* (Cambridge; Cambridge University Press, 1990).

72. Kumari Jayawardena, *Feminism and nationalism in the Third World* (Londres: Zed, 1986), sobretudo pp. 43-56, 73-108, 137-54 e passim. Para perspectivas emancipatórias sobre o feminismo e o imperialismo, ver também Laura Nader, "Orientalism, ocidentalism and the control of women", *Cultural Dynamics* 2, 3 (1989), pp. 323-55; Maria Mies, *Patriarchy and accumulation on world scale: Women in the international division of labour* (Londres: Zed, 1986). Ver também Helen Callaway, *Gender, culture and empire: European women in colonial Nigeria* (Urbana: University of Illinois Press, 1987), e Nupur Chandur & Margaret Strobel (eds.), *Western women and imperialism: Complicity and resistance* (Bloomington: Indiana University Press, 1992).

73. Angus Calder, *Revolutionary empire: The rise of the English-speaking empires from the eighteenth century to the 1780's* (Londres; Cape, 1981), p. 14. Um complemento filosófico e ideológico é proporcionado (infelizmente, em um jargão terrível) por Samir Amim, *Eurocentrism*, trad. Russell Moore (Nova York: Monthly Review, 1989). Em contraste, há um relato liberacionista — também em escala mundial — em Jan Nederveen Pietersee, *Empire and emancipation* (Londres: Pluto Press, 1991).

74. Calder, *Revolutionary empire*, p. 36.

75. Id., ib., p. 650.

76. Eqbal Ahmad, "The neo-fascist State: Notes on the pathology of power in the Third World", *Arab Studies Quarterly* 3, 2 (primavera de 1981), pp. 170-80.

77. James Joyce, *A portrait of the artist as a young man* (1916; reimp., Nova York: Viking, 1964), p. 189.

78. Thomas Hodgkin, *Nationalism in colonial Africa* (Londres: Muller, 1956), pp. 93-114.

79. Alfred Crosby, *Ecological imperialism: The expansion of europe, 900-*

-1900 (Cambridge: Cambridge University Press, 1986), pp. 196-216. [Ed. bras.: *Imperialismo ecológico* (São Paulo: Companhia das Letras, 1993).]

80. Neil Smith, *Uneven development: Nature, capital, and the production of space* (Oxford: Blackwell, 1984), p. 102.

81. Ibid., p. 146. Uma maior diferenciação espacial, com consequências para a arte e o lazer, ocorre no paisagismo e projeto de parques nacionais. Ver W. J. T. Mitchell, "Imperial landscape", in W. J. T. Mitchell (ed.), *Landscape and power* (Chicago: University of Chicago Press, 1993), e Jane Carruthers, "Creating a National Park, 1910 to 1926", *Journal of South African Studies* 15, 2 (jan. 1989), pp. 188-216. Em um âmbito diferente, ver Mark Bassim, "Inventing Siberia: Visions of the Russian East in the Early Nineteenth Century", *American Historical Review* 96, 3 (jun. 1991), pp. 763-94.

82. Mahmoud Darwish, "A lover from Palestine", in *Splinters of bone*, trad. B. M. Bannani (Greenfield Center, N. Y.: Greenfield Review Press, 1974), p. 23.

83. Mary Hamer, "Putting Ireland in the map", *Textual Practice* 3, 2 (verão de 1989), pp. 184-201.

84. Id., ib., p. 195.

85. Seamus Deane, *Celtic revivals: Essays in modern Irish literature* (Londres: Faber & Faber, 1985), p. 38.

86. Id., ib., p. 49.

87. Id., ib.

88. Wole Soyinka, *Myth, literature and the African world* (Cambridge: Cambridge University Press, 1976), p. 127. Ver também Mudimbe, *Invention of Africa*, pp. 83-97.

89. Id., ib., pp. 129 e 136.

90. Fanon, *Wretched of the earth*, p. 203.

91. Césaire, *Collected poetry*, p. 72.

92. Id., ib., pp. 76-7.

93. R. P. Blachmur, *Eleven essays in the European novel* (Nova York: Harcourt, Brace & World, 1964), p. 3.

94. Mahmoud Darwish, *The music of human flesh*, trad. Denys Johnson-Davies (Londres: Heinemann, 1980), p. 18.

95. Pablo Neruda, *Memoirs*, trad. Hardie St. Martin (Londres: Penguin, 1977), p. 130. Este trecho pode surpreender aqueles que haviam sido influenciados pelo ensaio de Conor Cruise O'Brien, "Passion and cunning: An essay on the politics of W. B. Yeats", incluído em seu *Passion and cunning* (Londres: Weidenfeld & Nicolson, 1988). Suas alegações e informações são inadequadas, sobretudo quando comparadas com Elizabet Cullingford, *Yeats, Ireland and fascism* (Londres: Macmillan, 1981); Cullingford também cita o trecho de Neruda.

96. W. B. Yeats, *Collected poems* (Nova York: Macmillan, 1959), p. 146.

97. Pablo Neruda, *Fully empowered*, trad. Alastair Reid (Nova York: Farrar, Straus & Giroux, 1986), p. 131.

98. Yeats, *Collected poetry*, p. 193.

99. Fanon, *Wretched of the earth*, p. 59.

100. Gary Sick, *All fall down: America's tragic encounter with Iran* (Nova York: Random House, 1985).

101. Chinua Achebe, *Things fall apart* (1959; reimp., Nova York: Fawcett, 1969).

102. Lawrence J. McCaffrey, "Components of Irish nationalism", in Thomas E. Hachey & Lawrence J. McCaffrey (eds.), *Perspectives on Irish Nationalism* (Lexington: University of Kentucky Press, 1989), p. 16.

103. Yeats, *Collected poetry*, p. 212.

104. Id., ib., p. 342.

105. Apud Hachey & McCaffrey, *Perspectives on Irish nationalism*, p. 117.

106. Id., ib., p. 106.

107. Ver David Lloyde, *Nationalism and minor literature: James Clarence Mangan and the emergence of Irish Cultural nationalism* (Berkeley: University of California Press, 1987).

108. Para uma coletânea de alguns desses textos, ver *Ireland's Field Day* (Londres: Hutchinson, 1985). Essa coletânea inclui Paulin, Heaney, Deane, Kearneu e Kiberd. Ver também W. J. McCormack, *The battle of the books* (Gigginstown, Ireland: Lilliput Press, 1986).

109. R. P. Blackmur, *A primer of ignorance*, ed. Joseph Frank (Nova York: Harcourt, Brace & World, 1967), pp. 21-37.

110. Joseph Leerssen, *Mere Irish and Fior-Ghael: Studies in the idea of Irish nacionality, its development, and literary expression prior to the nineteenth century* (Amsterdam e Filadélfia: Benjamins, 1986).

111. Fanon, *Wretched of the earth*, p. 210.

112. Id., ib., p. 214.

113. Yeats, *Collected poetry*, p. 343.

114. R. P. Blackmur, *Language as gesture: Culture essays in poetry* (Londres: Allen & Unwin, 1954), p. 118.

115. Id., ib., p. 119.

116. Gordon K. Lewis, *Slavery, imperialism, and freedom* (Nova York: Monthly Review, 1978); e Robin Blackburn, *The overthrow of colonial slavery, 1776-1848* (Londres: Verso, 1988).

117. Thomas Hodgkins, "Some African and Third World theories of imperialism", in Roger Owen e Bob Sutcliffe (eds.), *Studies in the theory of imperialism* (Londres: Longman, 1977), p. 95.

118. Marcel Merle (ed.), *L'anticolonialisme européen de Las Casas à Karl Marx* (Paris: Colin, 1969). Também Charles Robert Ageron, *L'anticolonialisme en France de 1871 à 1914* (Paris: PUF, 1973).

119. Harry Bracken, "Essence, accident and race", *Hermathema* 116 (inverno de 1973), pp. 81-96.

120. Gerard Leclerc, *Anthropologie et colonialisme: Essai sur l'histoire de l'africanisme* (Paris: Seuil, 1972).

121. J. A. Hobson, *Imperialism: A study* (1902; reimp., Ann Arbor: University of Michigan Press, 1972), pp. 223-84.

122. Outro exemplo, causticamente analisado por C. L. R. James, é o caso de Wilberforce, manipulado por Pitt na causa da abolição: *The black jacobins: Toussaint L'Ouverture and the San Domingo revolution* (1938; reimp., Nova York: Vintage, 1963), pp. 53-4.

123. Ver Noam Chomsky, *American power and the new mandarins* (Nova York: Pantheon, 1969), pp. 221-366.

124. Girardet, *L'idée coloniale en France*, p. 213.

125. Ver Hue-Tam Ho Tai, *Radicalism and the origins of the Vietnamese revolution* (Cambridge, Mass.: Harvard University Press, 1992), para um excelente estudo dos jovens intelectuais vietnamitas na Paris do entreguerras.

126. Isto é bem descrito em Janet G. Vaillant, *Black French, and African: A life of Léopold Sédar Senghor* (Cambridge, Mass.: Harvard University Press, 1990), pp. 87-146.

127. Raymond Williams, *Culture* (Londres: Fontana, 1981), pp. 83-5.

128. Ali Haroun, *La 7e Wilaya: La guerre de FLN en France, 1954-1962* (Paris: Seuil, 1986).

129. Alatas, *Myth of the lazy native*, p. 56.

130. Id., ib., p. 96.

131. James, *Black jacobins*, p. 198.

132. George Antonius, *The Arab awakening: The story of the national movement* (1938; reimp., Beirute: Libraire du Liban, 1969), pp. 305-6.

133. Albert Hourani, *The emergence of the modern Middle East* (Berkeley: University of California Press, 1981), pp. 193-234. Ver também a tese de doutorado, defendida na Georgetown University, de Susan Silby, "Antonius: Palestine, Zionism and British imperialism, 1929-1939" (Ann Arbor: University Microfilms, 1986), que possui uma impressionante quantidade de dados sobre a vida de Antonius.

134. Paul Buhle, *C. L. R. James: The artist as revolutionary* (Londres: Verso, 1988), pp. 56-7.

135. "An audience with C. L. R. James", *Third World Book Review* 1, 2 (1984), p. 7.

136. Antonius, *Arab awakening*, p. 43.

137. Alatas, *Myth of the native*, p. 152.

138. Ranajit Guha, *A rule of property for Bengal: An essay on the idea of permanent settlement* (Paris e Haia: Mouton, 1963), p. 8.

139. Guha, "On some aspects of the historiography of colonial India", in *Subaltern studies I* (Delhi: Oxford University Press, 1982), pp. 5 e 7. Para a evolução posterior do pensamento de Guha, ver seu "Dominance without he-

gemony and its historiography". *Subaltern Studies VI* (Delhi: Oxford University Press, 1986), pp. 210-309.

140. A. L. Tibawi, *A modern history of history, including Lebanon and Palestine* (Londres: Macmillan, 1969); Albert Hourani, *Arabic thought in the Liberal Age, 1798-1930* (Cambridge; Cambridge University Press, 1983); Hisham Sharabi, *Arab intellectuals and the West: The formative years, 1878-1914* (Baltimore: Johns Hopkins University Press, 1972); Bassani Tibi, *Arab nationalism: A critical analysis*, trad. M. F. e Peter Sluglett (Nova York: St. Martin's Press, 1990); Mohammad Abed al-Jabry, *Naqd al-Agl al-'Arabi*, 2 vols. (Beirut: Dar al-Tali'ah, 1984, 1986).

141. A. A. Duri, *The historical formation of the Arab nation: A study in identity and consciousness*, trad. Lawrence I. Conrad (1984; Londres: Croom Helm, 1987).

142. Walter Rodney, "The African revolution", in Paul Buhle (ed.), *C. L. R. James: His life and work* (Londres: Allison & Busby, 1986, p. 35.

143. Guha, *Rule of property for Bengal*, p. 38.

144. Id., ib., p. 62.

145. Id., ib., p. 145.

146. Id., ib., p. 92.

147. Eric Williams, *Capitalism and slavery* (Nova York: Russel & Russel, 1961), p. 211.

148. Alatas, *Myth of the lazy native*, p. 200.

149. James, *Black jacobins*, p. x.

150. Id., ib., p. 391.

151. Apud Silsby, *Antonius*, p. 184.

152. Tariq Ali, *The Nehrus and the Gandhis: An Indian dynasty* (Londres: Pan, 1985).

153. Theodor Adorno, *Minima moralia: Reflections from a damaged life*, trad. E. F. N. Jephcott (1ª ed. alemã, 1951; trad., Londres: New Left, 1974), p. 102.

154. Conor Cruise O'Brien, "Why the wailing ought to stop", *The Observer* (3/6/84).

155. Fanon, *Wretched of the earth*, p. 77.

156. Ver S. P. Mohanty. "Us and them: On the philosophical bases of political criticism", *Yale Journal of Criticism* 2, 2 (1989), pp. 1-31. Três exemplos da aplicação desse método são Timothy Brennan, *Salman Rushdie and the Third World: Myths of the nation* (Nova York: St. Martin's Press, 1989); Mary Layoun, *Travels of a genre: The modern novel and ideology* (Princeton: Princeton University Press, 1990); Rob Nixon, *London calling: V. S. Naipaul, postcolonial mandarin* (Nova York: Oxford University Press, 1992).

157. Evidente no seguinte comentário feito, em 1919, por lorde Balfour, o ministro das Relações Exteriores britânico, comentário que permaneceu verdadeiro no que se referia à opinião liberal no Ocidente:

Pois na Palestina não temos nem mesmo a intenção de passar por um processo de consulta dos desejos dos atuais habitantes do país, embora a Comissão Americana tenha iniciado de um processo de perguntar-lhes o que eles são. As quatro grandes potências estão comprometidas com o sionismo, e o sionismo, seja ele certo ou errado, bom ou mau, tem raízes numa tradição imemorial, em necessidades presentes, em esperanças futuras, de importância muito mais profunda do que os desejos e preconceitos dos 700 mil árabes que hoje vivem naquela terra antiquíssima. E, na minha opinião, assim é que deve ser.

Apud Christopher Sykes, *Crossroads to Israel, 1917-1948* (1965; reimp., Bloomington: Indiana University Press, 1973), p. 5.

158. Raphael Patai, *The Arab mind* (Nova York: Scribner's, 1983); David Pryce-Jones, *The closed circle: An interpretation of the Arabs* (Nova York: Harper & Row, 1989); Bernard K. Lewis, *The political language of Islam* (Chicago: University of Chicago Press, 1988); Patricia Crone & Michael Cook, *Hagarism: The making of the Islamic World* (Cambridge: Cambridge University Press, 1977).

159. Ronald Robinson, "Non-European foundations of European imperialism: Sketch for a theory of collaboration", in Owen & Sutcliffe, *Studies in the theory of imperialism*, pp. 118 e 120.

160. Massao Miyoshi, *As we saw them: The first Japanese embassy to the United States (1860)* (Berkeley: University of California Press, 1979); Ibrahim Abu-Lughod, *The Arab rediscovery of Europe: A study in cultural encounters* (Princeton: Princeton University Press, 1963).

161. Homi K. Bhabha, "Signs taken for wonders: Question of ambivalence and authority under a tree outside Delhi May 1817", *Critical Inquiry* 12, 1 (1985), pp. 144-65.

162. A resposta de Afghani a Renan encontra-se em Nikki R. Keddie, *An Islamic response to imperialism: Political and religious writings of Sayyid Jamal ad-Din "al-afghani"* (1968; reimp., Berkeley: University of California Press, 1983), pp. 181-7.

163. Albert Hourani, "T. E. Lawrence and Louis Massingnon", in *Islam in European thought* (Cambridge: Cambridge University Press, 1991), pp. 116-28.

164. Yeats, *Collected poetry*, p. 49.

165. Chatterjee, *Nationalist thought*, p. 147.

166. Id., ib., p. 169.

167. V. S. Naipaul, *Among the believers: An Islamic journey* (Nova York: Alfred A. Knopf, 1981); e *Guerrillas* (Nova York: Alfred A. Knopf, 1975). E também o seu *India: A wounded civilization* (Nova York: Vintage, 1977) e *An area of darkness* (Nova York: Vintage, 1981).

168. Claude Liauzu, *Aux origines des tiers-mondismes: Colonisés et anti-colonialistes em France (1919-1939)* (Paris: L'Harmattan, 1982), p. 7.

169. V. S. Naipaul, *A bend in the river* (Nova York: Knopf, 1979) p. 244.
170. Davidson, *Africa in modern history*, p. 374.
171. Fanon, *Wretched of the earth*, p. 88.
172. Id., ib., p. 51.
173. Id., ib., p. 47.
174. Id., ib., p. 204.
175. Id., ib., p. 106. Sobre o tema da "reintrodução da humanidade no mundo", conforme colocado por Fanon, ver a arguta discussão de Patrick Taylor, *The narrative of liberation: Perspectives on Afro-Caribbean literature, popular culture and politics* (Ithaca: Cornel University Press, 1989), pp. 7-94. Sobre a desconfiança de Fanon em relação à cultura nacional, ver Irene Gendzier, *Frantz Fanon, a biography* (1973; reimp., Nova York: Grove Press, 1985), pp. 224-30.
176. Georg Lukács, *History and class consciousness: Studies in Marxist dialectics*, trad. Rodney Livingstone (Londres: Merlin Press, 1971), p. 199.
177. Fanon, *Wretched of the earth*, p. 52.
178. Id., ib., p. 51.
179. Id., ib., pp. 88 e 93.
180. Id., ib., p. 93.
181. Id., ib., p. 94.
182. Albert Memmi, *The colonizer and the colonized* (1957; trad. Nova York: Orion Press, 1965).
183. Fanon, *Wretched of the earth*, p. 107.
184. Id., ib., p. 124.
185. Id., ib., p. 125.
186. Id., ib., p. 131.
187. Id., ib., p. 148.
188. Id., ib., p. 159.
189. Id., ib., p. 203.
190. Id., ib., p. 247.
191. Amílcar Cabral, *Unity and struggle: Speeches and writings*, trad. Michael Wolfers (Nova York: Monthtly Review, 1979), p. 143.
192. Michel Chodkiewicz, "Introduction", in Emir Abdel Kader, *Ecrits spirituels*, trad. M. Chodkiewicz (Paris: Seuil, 1982), pp. 20-2.
193. Jalal Ali Ahmad, *Occidentosis: A plague from the West*, trad. R. Campbell (1978; Berkeley: Mizan Press, 1984).
194. Wole Soyinka, "Triple tropes of trickery", *Transition*, 54 (1991), pp. 178-83.
195. Anwar Abdel-Malek, "Le project de civilisation: Positions", in *Les Conditions de l'independence nationale dans le monde moderne* (Paris: Editions Cujas, 1977), pp. 499-509.
196. Abdullah Laroui, *The crisis of the Arab intellectuals* (Berkeley: University of California Press, 1976), p. 100.

197. Chinua Achebe, *Hopes and impediments: Selected essays* (Nova York: Doubleday, Anchor, 1989), p. 76.

198. A expressão aparece pela primeira vez em Michel Foucault, *Discipline and punish: The birth of the prison*, trad. Alan Sheridan (Nova York: Pantheon, 1977), p. 26. Ideias posteriores relacionadas com essa concepção encontram-se por toda a sua *The history of sexuality*, vol. 1, trad. Robert Hurley (Nova York: Pantheon, 1978), e em inúmeras entrevistas. Ela influenciou Chantal Mouffe & Ernest Laclau, *Hegemony and socialist strategy: Towards a radical democratic politics* (Londres: Verso, 1985). Ver minha crítica em "Foucault and the imagination of power", in David Hoy (ed.), *Foucault: A critical reader* (Londres: Blackwell, 1986), pp. 149-55.

199. Examino essa possibilidade em "Michel Foucault, 1926-1984", in Jonathan Arac (ed.), *After Foucault: Humanistic knowledge, postmodern challenges* (New Brunswick: Rutgers University Press, 1988), pp. 8-9.

200. Jürgen Habermas, *Autonomy and solidarity: Interviews*, ed. Peter Dews (Londres: Verso, 1986), p. 187.

201. James, *Black jacobins*, p. 401.

202. Id., ib.

203. Id., ib., p. 402.

4. LIVRE DA DOMINAÇÃO NO FUTURO [pp. 432-510]

1. Michael Barrat-Brown, *After Imperialism* (rev. ed. Nova York: Humanities, 1970), p. viii.

2. Arno J. Mayer, *The resistance of the Old Regime: Europe to the Great War* (Nova York: Pantheon, 1981). O livro de Mayer, que trata da reprodução da antiga ordem desde o século XIX até o início do XX, deve ser complementado por uma obra que examina em detalhe a transferência, durante a Segunda Guerra Mundial, do antigo sistema colonial do império britânico para os Estados Unidos: William Roger Louis, *Imperialism at bay: The United States and the decolonization of the British empire, 1941-1945* (Londres: Oxford University Press, 1977).

3. *North-South: A program for survival* (Cambridge, Mass.: MIT Press, 1980). Para uma visão mais sombria, e talvez mais verdadeira, da mesma realidade, ver A. Sivananden, "New circuits of imperialism", *Race and Class* 30, 4 (abr.-jun. 1989), pp. 1-19.

4. Cheryl Payer, *The debt trap: The IMF and the Third World* (Nova York: Monthly Review, 1974).

5. *North-South*, p. 275.

6. Uma útil história da classificação em três mundos é a de Carl E. Pletsch, "The Three Worlds, or The division of social scientific labor, circa 1950--1975", *Comparative Studies in Society and History* 23 (out. 1981), pp. 565-90. Ver

também o já clássico Peter Worlsley, *The Third World* (Chicago: University of Chicago Press, 1964).

7. Noam Chomsky, *Towards a new Cold War*: *Essays on the current crisis and how we got there* (Nova York: Pantheon, 1982), pp. 84-5.

8. Ronald Steel, *Walter Lippmann and the American century* (Boston: Little, Brown, 1980), p. 496.

9. Ver Anders Stephanson, *Kennan and the art of foreign policy* (Cambridge, Mass.: Harvard University Press. 1989), pp. 167, 173.

10. Richard J. Barnet, *The roots of war* (Nova York: Atheneum, 1972), p. 21. Ver também Eqbal Ahmad, "Political culture and foreign policy: Notes on American interventions in the Third World", in Allen F. Davis (ed.), *For Better or Worse*: *The american influence in the World* (Westport: Greenwood Press, 1981), pp. 119-31.

11. V. G. Kiernan, *America*: *The new imperialism*: *From white settlement to world hegemony* (Londres: Zed, 1978), p. 127.

12. Albert K. Weinberg, *Manifest destiny*: *A study of nationalist expansionism in Americam History* (Gloucester, Mass.: Smith, 1958). Ver também Reginald Horsman, *Race and manifest destiny*: *The origin of American racial anglo-saxonism* (Cambridge, Mass.: Harvard University Press, 1981).

13. Richard Soltkin, *Regeneration through violence*: *The mythology of the American frontier, 1600-1860* (Middletown: Wesleyan University Press, 1973), p. 557. Ver também sua sequência, *The fatal environment*: *The myth of the frontier in the age of industrialization, 1800-1890* (Middletown: Wesleyan University Press, 1985).

14. C. L. R. James, *Mariners, renegades and castaways*: *The story of Herman Melville and the world we live in* (1953; reed., Londres: Allison & Buscy, 1985), p. 51 e passim. Também Kiernan, *America*, pp. 49-50.

15. Ver J. Michael Dash, *Haiti and the United States*: *National stereotypes and the literary imagination* (Londres: Macmillan, 1988), pp. 9, 22-5 e passim.

16. Kiernan, *America*, p. 206.

17. Id., ib., p. 114.

18. Irene Gendzier, *Managing political change*: *Social scientists and the Third World* (Boulder e Londres: Westview Press, 1985), em especial pp. 40-1, 127-47.

19. *Many voices, one world* (Paris: UNESCO, 1980).

20. Anthony Smith, *The geopolitics of information*: *How Western culture dominates the world* (Nova York: Oxford University Press, 1980), p. 176.

21. Herbert I. Schiller, *The mind managers* (Boston: Beacon Press, 1973) e *Mass communications and American empire* (Boston: Beacon Press, 1969); Armand Mattelart, *Transnational and the Third World*: *The struggle for culture* (South Hadley, Mass.: Bergin & Garvey, 1983). Estas são apenas três obras dentre várias escritas sobre o assunto por esses autores.

22. Os cinco romances de Munif foram publicados, em árabe, na coleção

entre 1984 e 1988; dois deles foram primorosamente traduzidos para o inglês por Peter Theroux: *Cities of salt* (Nova York: Vintage, 1989) e *The Trench* (Nova York: Pantheon, 1991).

23. James A. Field, Jr., *America and the Mediterranean world, 1776-1881* (Princeton: Princeton University Press, 1969), sobretudo os caps. 3, 6, 8, e 11.

24. Richard W. Van Alstyne, *The rising American empire* (Nova York: Norton, 1974), p. 6.

25. Fouad Ajami, "The summer of Arab discontent", *Foreign Affairs* 69, 5 (inverno de 1990-1), p. 1.

26. Um dos principais historiadores da arte islâmica, Oleg Grabar, considera a cidade de Bagdá como um dos três monumentos fundamentais da herança artística: *The formation of Islamic art* (1973; ed. rev., New Haven: Yale University Press, 1987), pp. 64-71.

27. Kiernan, *America*, pp. 262-3.

28. Arnold Krupat, *For those who came after: A study of Native American autobiography* (Berkeley: University of California Press, 1985).

29. Basil Davidson, "On revolutionary nationalism: The legacy of Cabral", *Race and Class* 27, 3 (inverno de 1986), p. 43.

30. Id., ib., p. 44. Davidson amplia e desenvolve esse tema em seu profundamente reflexivo *The black man's burden: Africa and the curse of the Nation--State* (Nova York: Times, 1992).

31. Timothy Brennan, "Cosmopolitans and celebrities", *Race and Class* 31, 1 (jul.-set. 1989), pp. 1-19.

32. In Herbert I. Schiller, *Culture, Inc.: The corporate takeover of public expression* (Nova York: Oxford University Press, 1989)

33. Immanuel Wallerstein, *Historical capitalism* (Londres: Verso, 1983), p. 65 e passim. Ver também Giovanni Arrighi, Terence K. Hopkins & Immanuel Wallerstein, *Antisystemic movements* (Londres e Nova York: Verso, 1989).

34. Encontra-se um relato brilhante disso em Jonathan Rée, "Internationality", *Radical Philosophy* 60 (primavera de 1992), pp. 3-11.

35. Bernard S. Cohn, "Representing authority in Victorian India", in Eric Hobsbawm & Terence Ranger (eds.), *The invention of tradition* (Cambridge: Cambridge University Press, 1983), pp. 192-207.

36. Adonis, *An introduction to Arab poetics*, trad. Catherine Cobban (Londres: Saqi, 1990). p. 76.

37. Seamus Deane, "Heroic styles: The tradition of an idea", in *Ireland's Field Day* (Londres: Hutchinson, 1985), p. 58.

38. Ken Ringle, *The Washington Post* (31/3/91). Os ataques caricaturais feitos à mostra têm um excelente antídoto no completo e intelectualmente fascinante catálogo *The West as America: Reinterpreting images of the frontier, 1820-1970*, ed. William H. Truettner (Washington e Londres: Smithsonian Institution Press, 1991). Uma amostra da reação do público pode ser encontrada em *American Art* 5, 2 (verão de 1991), pp. 3-11.

39. Essa concepção é examinada com extraordinária sutileza em Homi K. Bhabha, "The postcolonial critic", *Arena* 96 (1991), pp. 61-3, e "Dissemination: Time, narrative, and the margins of the modern nation", in Homi K. Bhabha (ed.), *Nation and narration* (Londres e Nova York: Routledge, 1990), pp. 291-322.

40. Paul Kennedy, *The rise and fall of the great powers: Economic change and military conflict from 1500-2000* (Nova York: Random House, 1987).

41. Joseph S. Nye, Jr., *Bound to lead: The changing nature of American power* (1990; ed. rev., Nova York: Basic, 1991), p. 260.

42. Id., ib., p. 261.

43. *The humanities in American life: Report of the Commission on the Humanities* (Berkeley: University of California Press, 1980).

44. In Edward W. Said, *The world, the text, and the critic* (Cambridge, Mass.: Harvard University Press, 1983), pp. 226-47.

45. Robert A. McCaughey, *International studies and academic enterprise: A chapter in the enclosure of American learning* (Nova York: Columbia University Press, 1984).

46. Theodor Adorno, *Minima moralia: Reflections from a damaged life*, trad. E. F. N. Jephcott (1951; ed. ing., Londres: New Left, 1974), p. 55.

47. In Edward W. Said, *Covering Islam* (Nova York: Pantheon, 1981).

48. Frederic Jameson, "Postmodernism and consumer society", in *The anti-aesthetic: Essays on postmodern culture*, ed. Hal Foster (Port Townsend, Wash.: Bay Press, 1983), pp. 123-5.

49. Eqbal Ahmad, "The neo-fascist State: Notes on the pathology of power in the Third World", *Arab Studies Quartely* 3, 2 (primavera de 1981), pp. 170-80.

50. Eqbal Ahmad, "From potato sack to potato mash: The contemporary crisis of the Third World", *Arab Studies Quartely* 2, 3 (verão de 1980), pp. 230-2.

51. Id., ib., p. 231.

52. Paul Virilio, *L'insecurité du territoire* (Paris: Stock, 1976), pp. 88 ss.

53. Jean-François Lyotard, *The postmodern condition: A report on knowledge*, trad. Geoff Bennington e Brian Massumi (Minneapolis: University of Minnesota Press, 1984), pp. 37 e 46.

54. Massao Miyoshi, *Off center: Power and culture relations between Japan and the United States* (Cambridge, Mass.: Harvard University Press, 1991), pp. 623-4.

55. T. S. Eliot, "Little Gidding", in *Collected poems, 1909-1962* (Nova York: Harcourt, Brace & World, 1963) pp. 207-8.

56. Gilles Deleuze e Félix Guattari, *Mille plateaux* (Paris: Minuit, 1980), p. 511 (trad. minha).

57. Virilio, *L'insecurité du territoire*, p. 84.

58. Adorno, *Minima Moralia*, pp. 46-7.

59. Id., ib., pp. 67-8.

60. Id., ib., p. 68.

61. Id., ib, p. 81.

62. Ali Shariati, *On the sociology of Islam: Lectures by Ali Shariati*, trad. Hamid Algar (Berkeley: Mizan Press, 1979), pp. 92-3.

63. Descrito alentadamente em meu *Beginnings: Intention and method* (1975; reimp., Nova York: Columbia University Press, 1985).

64. John Berger & Jean Mohr, *Another way of telling* (Nova York: Pantheon 1982) p. 108.

65. Immanuel Wallerstein, "Crisis as transition", in Samir Amin, Giovanni Arrighi, André Gunder Frank & Immanuel Wallerstein, *Dynamics of global crisis* (Nova York: Monthly Review, 1982), p. 30.

66. Hugo de St. Victor, *Didascalicon*, trad. Jerome Taylor (Nova York: Columbia University Press, 1961), p. 101.

ÍNDICE REMISSIVO

Abbas, Farhat, 209, 417
Abbey Theatre, 361
Abdel-Malek, Anwar, 214, 401
Abdu, Muhammad, 78, 389
Abu Deeb, Kamal, 500
Abu-Lughod, Ibrahim, *The Arab rediscovery of Europe*, 404
Abu-Lughod, Janet, *Cairo: 1001 Years of the city victorious*, 212-3
Abu-Lughod, Lila, 27
Achebe, Chinua, 21, 73, 138, 266, 377, 420, 425; *Anthills of the savannah*, 469; *Things fall apart*, 365
Adas, Michael, 217, 311; *Machines as the measure of men: Science, technology, and ideologies of Western dominance*, 184
Áden, 68, 223
Adonis (Ali Ahmed Said), 476-7, 500
Adorno, Theodor, 355, 398, 446, 464, 476, 481, 490, 505-6
Afeganistão, 133, 180
Afghani, Jamal al-Din al-, 78, 389, 404-5
África, 9, 13, 19, 24, 37, 41, 49, 54, 56, 61, 76, 92, 102-3, 107, 113, 120, 128, 132, 138, 145, 170, 173, 181, 183-4, 207, 209, 211, 217, 265, 270, 277, 301, 309, 335, 338, 341, 344-5, 348-9, 356, 390, 400, 408, 410, 436, 465, 489, 491, 493, 500; do entreguerra, 309; estereótipo africano, 9; filosofia, 305; histórias da resistência, 337; histórias de oposição, 372; literatura, 371; luta por território, 329; nacionalismo, 376; representações africanas da, 84, 331, 356; representações na mídia, 83; representada por Conrad, 21, 61-2, 66, 71-2, 122, 124, 219, 264, 267, 270, 277, 317, 447; representada por Dickens, 141; representada por Gide, 325; resistência ao imperialismo, 311, 390; *ver também* Argélia; Conrad, Joseph; Egito; Gide, André; negritude
África do Norte, 41-2, 48, 131, 187, 287, 304, 313, 345, 441
África do Sul, 133, 145, 220-1, 312, 342, 496
África Ocidental, 180, 313, 343
África Oriental, 209, 312-3, 406, 408
africanismo, 9, 84, 103, 124, 305
Africans, The, 83
afrocentrismo, 9, 22, 27, 468, 486, 488
Ahmad, Eqbal, 33, 55, 348, 408, 494-5
Ahmad, Jalal Ali, *Occidentosis: a Plague from the West*, 356, 422
Ahmed, Jalal Ali i-, 73
Ahmed, Leila, *Women and gender in Islam*, 27
Ahuma, Samuel, 309
'Aja'ib al-Athar, 76-8, 400
Alatas, S.H., *The myth of the lazy native*, 89, 319, 380-1, 385, 387-8, 391-5
Alemanha, 43, 91-2, 195, 198, 222,

313, 343, 349, 432, 459; império, 108; tradição judaica, 93
Alexandre, o Grande, 77
Ali, Mohammed, 209
Ali, Muhammad, 404
Ali, Tariq, 397
Alloula, Malek, *The colonial harem*, 188, 292
América Central, 17, 41, 107, 429-30, 439, 441, 493
América, colônias na, 37
América como Ocidente, exposição, 478
América do Norte, concorrência anglo-francesa na, 148
América do Sul, 19, 118, 156, 439; representada por Conrad, 219, 491
América Latina, 17-8, 21, 25, 37, 41, 56, 80, 147, 248, 332, 334, 341, 345, 348, 350, 362, 390, 403, 422-3, 461, 482, 491, 500; representada por Conrad, 66, 267
Américas, colonização inglesa nas, 144
Américas, representação das, 180
Amin, Idi, 27, 60, 342
Amin, Samir, 38
Ampère, André Marie, 198
Anan, 312
Anderson, Benedict, 314, 337-8, 361
Angola, sob domínio de Portugal, 25
Annan, Noel, "Kipling's place in the history of ideas", 250
Antígua, 113, 123, 137, 151, 153, 156, 158-60, 162-4, 167, 175, 275, 399; *ver também* Austen, Jane
Antilhas, 148, 157, 352
Antípodas, 265
Antonius, George, 106, 381; *The Arab awakening*, 350, 379, 383, 388, 390, 395-7, 400
antropologia, 79, 88, 92, 101, 108-9, 173, 185, 248, 272, 400; e colonialismo, 246

Apollinaire, Guillaume, 378
árabes, 28, 388, 390, 401-2, 405-6, 419, 422, 448-50, 452-4, 456, 459-60, 465, 480; *ver também* Gide, André; Islã; representação na mídia, 80, 451
árabes cristãos protestantes, 86
Arábia Saudita, 55, 81, 107, 390, 449, 455, 459
Arabi, Ibn, 422
arabismo, 30, 335, 401, 468; *ver também* nacionalismo
Arendt, Hannah, 18, 37, 64, 338
Argélia, 20, 24, 46, 51, 67-8, 118, 168, 187, 304, 311, 313, 342-3, 350, 353, 355, 358, 374-5, 378, 400, 406, 411-2, 417, 420, 432, 483, 496; dominação francesa, 271, 273-4, 277-81, 283-6, 290-3, 295; e artistas franceses, 12-3; Guerra da Independência, 52, 84, 275, 278, 310; no entreguerras, 287; representada por Camus, 124, 260; representada por Gide, 260, 303; representada por Stendhal, 170; resistência armada, 10; *ver também* Camus, Albert
Argel, Universidade de, 289
Argentina, 156, 496
Argeron, Charles-Robert, 427
Arkoun, Muhammad, 500
Arnold, Matthew, 216, 481, 487; *Culture and anarchy*, 11, 93, 216
Arte, 143
Ártico, exploração inglesa do, 277
Asad, Talal, Antropology and the colonial encounter; *Anthropology and the colonial encounter*, 88, 248
Ásia, 49, 54, 56, 66, 76-7, 107, 147, 173, 181, 184, 216-7, 243, 319, 335; representada por Conrad, 21, 65, 267

Associação de Estudos do Oriente Médio, 401-2
Associação Internacional do Congo, 545
Atenas, 345
Auerbach, Erich, 93-4, 483, 509; *Mimesis*, 91, 96, 481, 509; *Philologie der Weltliteratur*, 94
Austen, Jane, 104, 114-5, 126, 130-1, 135, 139, 141, 143, 145, 150-2, 155, 159, 160-1, 164, 175, 193, 223, 238, 275, 465; *Mansfield Park*, 112-3, 117, 123, 148-9, 153-4, 156-8, 162-3, 165-7, 399; *Persuasion*, 123
Austrália, 9, 14, 30, 37, 173, 18-1, 183, 222, 312, 335, 345, 484; como colônia penal, 14; representada por Carter, 14-5; representada por Dickens, 14-6, 118, 123, 135; representada por Hughes, 14
austro-húngaro, império, 25

Baath, Partido Iraquiano, 36
Baden Powell, primeiro barão, 183, 226
Bagdá, 40, 345, 451, 454, 460
Bagehot, Walter, *Physics and politics*, 148
Baldwin, Stanley, 220
Balzac, Honoré de, 42, 97, 139, 290; *La cousine Bette*, 120, 170; *La peau de chagrin*, 170
Bann, Stephen, *The clothing of Clio*, 197
Barnet, Richard, 437, 439; *The roots of war*, 437
Barrat-Brown, Michael, *After imperialism*, 432
Barthes, Roland, 409, 499; *Le degré zéro de l'écriture*, 276
Batatu, Hanna, 89
Batista y Zaldivar, Fulgencio, 444

Bayreuth, Ópera de, 196
Beckett, Samuel, 68
Beckford, William, 148
Beethoven, Ludwing van, 29, 191, 384
Bélgica, 222, 313, 343; colonialismo, 222
Benda, Julien, 65, 462
Bengala, 186, 245, 322, 343, 353, 380, 386, 392
Benjamin, Walter, 464, 470
Bennett, William, 488; "To reclaim a heritage", 487
Bentham, Jeremy, 219
Bentinck, William, 129, 184, 249
Berger, John, 507
Berlim, Congresso de, 329
Bernal, Martin, 186, 199; *Black Athena*, 51, 475
Berque, Jacques, 213
Bertram, sir Thomas, 113
Besant, Annie, 342
Betts, Raymond, 273
Bhabha, Homi, 482
Bíblia, 487
Birmânia, 313, 335, 343, 409
Bizâncio, 345
Blackburn, Robin, *The overthrow of colonial slavery, 1766-1848*, 164, 372
Blackmur, R. P., 361, 368, 370, 481
Blake, William, 47
Bloom, Allan, 53, 487
Blunt, Wilfrid Scawen, 182, 308, 374
Blyden, Edward Wilmot, 377
Bôeres, Guerra dos, 221
Bokassa, Jean Bedel, 60
Bonanza, 471
Bône (Annaba), 274
Bopp, Franz, 310
Borges, Jorge Luis, 399, 423
Boris Godunov, 189
Bossuet, Jacques Bénigne, 310

Bourdieu, Pierre, *Sociologie de l'Algérie*, 286
Bourne, Randolph, 440
Bowles, Paul, "A distant episode", 284
Bowring, John, 269
Boxer, Rebelião, 308
Bracken, Harry, 373
Brahimi, Claude, 292
Braithwaite, Edward, 477
Brandt, Willy, 433; *North-South: A program for survival*, 433
Brantlinger, Patrick, 120
Brasil, 156-7, 283-4, 438
Brazza, Pierre Paul François Camille Savorgnan de, 271
Brennan, Timothy, 470
Britânico, império, 11, 16, 24, 37-8, 42, 44, 46, 54, 66, 78, 120, 127, 130, 156, 166, 169, 185, 219, 241, 250, 265, 272, 274, 297, 300, 312, 314, 324, 386-7, 392, 400, 436, 442, 447, 476; e a representação do Raj britânico, 59; e escravidão, 164-6
Brontë, Charlotte, 147; *Jane Eyre*, 117, 123, 135
Brontë, Emily, 141, 147
Brooke, sir James, 186
Bruckner, Pascal, *The tears of the white man*, 408
Brzezinski, Zbigniew, 448
Buchan, John, 252
Budden, Julian, 190
Bugeaud, Théodore, 271, 273, 289-90
Bulwer-Lytton, primeiro conde de, 322
Bunyan, Paul, *Pilgrim's progress*, 228
Burdick, Eugene (e William Lederer), *The ugly American*, 443
Burke, Edmund, 42
Burke, Kenneth, 463
Burma, 133, 179, 313, 409; *ver também* Birmânia
Burnham, James, 446

Bush, George, 81, 216, 447, 450, 455, 458
Butler, Samuel, *The way of all flesh*, 253, 298
Butt, Isaac, 367
Byron, George Gordon, 197

Cabral, Amílcar, 21, 114, 342, 350, 371, 384, 421, 424, 469; "As armas da teoria", 421; "Libertação nacional e cultura", 421
Cairo, 204-5, 211-4, 454; Teatro de Ópera, 193, 195, 211-4; universidade, 466
Calder, Angus, 346; *Revolutionary empire*, 344
Caldwell, Malcolm, 427
Callas, Maria, 207
Cambodja, 273, 312, 327, 355
Camões, Luís de, 373
Camp David, Acordos de, 402
Camus, Albert, 32, 123-4, 131, 140, 238, 271, 277; apropriação da Argélia, 292; *Chroniques algériennes*, 281, 284; e Orwell, 275; *O estrangeiro*, 259-60, 279, 284, 288-9, 294-5; *La chute*, 279, 284; "La femme adultère", 281, 283; "Le renégat", 284; *L'exil et le royaume*, 279, 283; *Noces*, 284; *A peste*, 279, 288
Canadá, 9, 30, 32, 37, 133, 180, 312
Canguilhem, Georges, 426
Canny, Nicholas, 144, 345
capitalismo, 164, 352, 355, 407, 412, 415, 474, 491; colonial, 269, 380, 385; raízes islâmicas no Egito, 89
capitalismo impresso, 337
Carey, Peter, 16
Caribe, 9, 41, 102, 118, 131, 140, 147-8, 156-7, 160, 164, 169, 301, 312, 333, 341, 345, 376, 379, 381, 395,

441, 465, 500; resistência ao colonialismo, 390
Carlyle, Thomas, 13, 42, 47, 130, 145, 175, 178, 180-1, 216, 262; "Occasional discourse on the Nigger question", 174; *Past and present*, 174; *The Nigger question*, 174-5
Carpentier, Alejo, 423, 480
Carter, Jimmy, 60, 365
Carter, Paul, *The road to Botany Bay*, 14, 97
Cary, Joyce, 118
Casement, Roger, 182
Castro, Fidel, 391, 427, 480
Ceilão, 233, 312-3, 341
Celik, Zeynep, 188
Cervantes, Miguel de, 97
Césaire, Aimé, 114, 336, 352, 360, 362, 375-6, 404, 409, 412-4, 430, 468; *Cahier d'un retour*, 302, 359, 429; *Discours sur le colonialisme*, 310, 410; *Une tempête*, 333
Chaliand, Gérard, 408
Champollion, Jean François, 198-9, 202; *Lettre à M. Dacier*, 197; *Précis du système hiéroglyphique*, 197
Changarnier, general Nicolas, 290
Chaplain, Samuel de, 271
Char, René, 420
Chateaubriand, François de, 115, 118, 168, 310
Chatterjee, Partha, 340, 407
Chaucer, Geoffrey, *Canterbury tale*, 228
Chautemps, ministro, 287
Chesneaux, Jacques, 427
Chile, 352, 362, 439
China, 107, 133, 179, 307, 341, 345, 438, 441, 443-4, 459, 496; estereótipos, 9
Chinweizu, 102, 310
Chipre, 453

Chisolm, George, 97, 352
Chodkiewicz, Michel, 289
Chomsky, Noam, 37, 422, 434, 438-9, 461, 463, 493
Cingapura, 133
civilização abácida, 454
civilização mesopotâmica, 454
Clark, T. J., 188
Clifford, Hugh, 269
Clive, Robert, 186, 248, 249
Clozel, 273
Cochinchina, 312
Cockburn, Alexander, 493
Cockburn, ministro da Justiça, 216
Coetzee, J.M., 371
Cohn, Bernard, 186; *An anthropologist among the historians*, 186; "Representing authority in Victorian India", 186
colaboração, 26, 403-4
Colebrooke, Henry, 249
Coleridge, Samuel Taylor, 145
Colombo, Cristóvão, 332
colonialismo, 42-4, 46, 53, 55, 60, 62, 68, 73, 80, 84, 94, 119, 124-5, 248, 265, 275-6, 278-80, 292, 306, 309, 320, 325, 329, 362, 368-9, 372-3, 375, 378, 380, 390, 410-1, 414, 417-9, 421, 446, 482
Colonna, Fanny, 292
Columbia, Universidade, 89
Companhia das Índias Orientais, 239
comunismo, 467, 481; e descolonização, 68
confinamento, 67, 425-6, 464, 496, 505
Congo, 182
Congo Francês, 271
Congresso de Ciências Etnográficas, 272
Congresso Internacional de Sociologia Colonial, 272

Congresso Nacional Indiano, 222
Connolly, James, 350, 367
Conrad, Joseph, 17-20, 22, 42, 45, 62-6, 69-71, 115, 118, 120, 124, 127, 135, 138-9, 156-7, 172, 182, 186-7, 218, 220, 238, 252, 255, 262-3, 265, 270, 278, 298, 300, 305, 317, 326, 330-1, 377, 419, 447, 491; *A personal record*, 125; "Geography and some explorers", 277; *Coração das Trevas*, 56, 61-2, 64, 67, 70, 72, 114, 122, 125-6, 128, 162, 187, 219, 250, 259, 264, 268, 277, 301, 326, 330-1, 424; *Lord Jim*, 187, 219, 264; *Nostromo*, 17, 19-21, 66, 162, 187, 219, 266-7; *Victory*, 263-4, 267
Consentimento, fabricação do, 438
Constant de Rebecque, Benjamin, *Adolphe*, 280
Constantinopla, 40
Contrapontual, interpretação, 56, 76, 91, 102, 123, 188, 192, 208, 238, 427, 430, 484
Cook, capitão James, 14
Cook, Michel, *Hagarism*, 401
Cooper, James Fenimore, 119; *The deerslayer*, 227
Coppola, Francis Ford, *Apocalypse now*, 20
Corão, 77, 476
Coreia, 41, 443-4, 496
Cornwallis, lorde, 386
Corry, John, 84
Costa-Gavras, Costantim, *Missing*, 20
Cowper, William, 373
Creuzer, 202
Cri des Nègres, 376
Cristianismo árabe, 86
Croce, Benedetto, 95, 100
Cromer, lorde, 245, 269, 271, 313; *Ancient and modern imperialism*, 250
Crone, Patricia, 401

Crosby, Alfred, 185; *Imperialismo ecológico*, 351
Cruzadas, 52, 140
Cuba, 20, 67, 350, 406, 437-8, 444
cultura, 324; definição, 10-3; e economia, 314; e política, 314; e representação, 110, 123, 172; heterogeneidade da, 50-1, 262, 340
culturas metropolitanas, 79, 102-3, 105, 184, 262, 314, 338, 377, 388
Cumberland, William Augustus, duque de, 163
Curtin, Philip, *The image of Africa*, 171, 329
Curtius, Ernst Robert, 92-4, 96
Cuvier, Georges, 222

Dallas, 445
Damasco, 454
Dante Alighieri, 12, 94, 301, 454; *Divina comédia*, 97
Danton, Georges Jacques, 381
Darwin, Charles, 173, 222
Darwish, Mahmoud, 352, 365, 467; "The rose and the dictionary", 361
Dash, J. Michael, *Haiti and the United States: National stereotypes and the literary imagination*, 442
Daudet, Alphonse, 131; *Tartarin de Tarascon*, 290
Daumier, Honoré, 222
Davidson, Basil, 21, 171, 309, 328, 340, 371-2, 403, 407, 410, 424, 427, 469; *Africa in modern history: The search for a new society*, 340
Davis, L. E. (e R. A. Huttenback), *Mammon and the pursuit of empire*, 38
Davis, Lennard, 129
Day, Clive, 269
Deane, Seamus, 345, 355-6, 360, 367, 477; *Celtic revivals*, 354

549

debate sobre o cânone, 82
Defert, Daniel, 330
Defoe, Daniel, 104, 120, 128-9, 135, 139; *Captain Singleton* 128; *Moll Flanders*, 128; *Robinson Crusoé* 128
De Gaulle, Charles, 405
Delacroix, Eugène, 42, 187
Delafosse, Maurice, 326
Delavigne, Robert (e Charles André Julien), *Les constructeurs de la France d'outre-mer* 271
Deleuze, Gilles, 426, 503
Delhi, Assembleia Imperial em, 52
DeLillo, Don, 493
Derdour, H'sen, 275
Derrida, Jacques, 426, 464
De Sanctis, Francesco, 94, 95
descolonização, 10, 16, 21, 25, 52, 60, 67-8, 79, 94, 113, 125, 141, 221, 223, 260, 275, 328, 330, 334, 338, 343-4, 356, 358, 360, 361-2, 364-6, 370, 373, 376, 378, 387, 394, 400, 416-7, 424, 432, 444, 446, 466, 468, 496, 503; e a recuperação do território geográfico, 328; narrativa da, 364; política de, 383
Description de l'Egypte, 76, 78-9, 170, 197-8, 201-3, 206
Dessalines, Jean Jacques, 383
Destino Manifesto, 437, 440
Dickens, Charles, 48-9, 97, 114, 118, 122, 130, 135, 138-9, 141, 147, 169, 180, 219, 223, 255, 454, 465, 480, 484; *Bleak house*, 142; *David Copperfield*, 15, 123; *Dombey and son*, 48, 118, 137; *Great expectations*, 13, 15, 16, 21, 39, 118, 135, 162, 480; *Hard times*, 135
Diderot, Denis, 373, 381, 428
Dilke, sir Charles Wentworth, 187, 267
Dilthey, Wihelm, 485

Dinâmica da dependência, 405-6, 409, 433
Dinesen, Isak, 305
Din, Khayr al-, 389
Diop, Anta, 371
Disraeli, Benjamin; discurso no Palácio de Cristal, 132; *Tancred*, 118
Doctorow, E. L., 493
Douin, Georges, *Histoire du règne du khedive Ismai*, 211
Dower, John, 443
Doyle, Arthur Conan, 118, 135, 140, 247, 252
Doyle, Michael, 42
Drake, sir Francis, 265
Draneht Bey, 195, 199, 204, 211
Draper, Theodore, 452
D'Souza, Dinesh, 488
Du Bois, W. E. B., 337, 350, 377, 406; *The souls of Black Folk*, 337
Du Locle, Camille, 193, 194
Duncan, Jonathan, 249
Dupleix, Joseph François, 186
Duri, A. A., *The historical formation of the Arab nation*, 389
Durkheim, Emile, 250
Dutt, Tora, 342
Duvalier, Jean-Claude, 396

ecologia, 57, 351, 501
educação, 30, 58, 383; árabe islâmica, 411; colonial, 89, 173, 184, 349; Estados Unidos, 486; francesa, 314; liberal, 110; *ver também* universidades
Edwardes, Michael, *The sahibs and the lotus*, 246
Egiptologia, 197, 198, 207
Egito, 77-8, 81, 89, 118, 133, 167, 169, 182, 187-8, 212, 312-3, 323, 335, 337, 341-3, 383, 390, 404, 409-10, 455-6, 459, 466, 494; con-

quista do, 180; expedição e levantamento de Napoleão, 76, 78, 199; general Charles Gordon, 187; invasão do, 77; na *Aida*, 189-94, 200-2, 204-8, 214-5; nacionalismo, 349; Partido Wafd, 349

Eldridge, C. C., *England's mission*, 38

Eliot, George, 130-1, 139, 180, 234, 252, 297, 306; *Daniel Deronda*, 118; *Middlemarch*, 234, 297

Eliot, T. S., 220, 298, 362, 430; "Dry Salvages", 430; "Encarnação", 430; "Little Gidding", 503; *The waste land*, 301; "Tradition and the individual talent", 35-6, 46, 302

Elliot, sir H. M., 245

Elphinstone, Mountstuart, 249

El Salvador, 409, 439

Emerson, Ralph Waldo, 307

Engels, Friedrich, 270

Enzensberger, Hans Magnus, 446

Escandinávia, 432

escoteiros, 183, 226

escravidão, 12, 83, 153, 164-6, 168, 175, 278, 287, 373, 399, 431, 482, 498

Espanha, 108, 147, 222, 313, 345; Guerra Civil, 276; império, 25, 40; República, 362

essencialismo, 69, 82, 103, 356, 402, 468, 474; teorias do, 74

Estados da orla ou costa do Pacífico, 435

Estados Unidos, 9, 29, 30, 79, 81-2, 91-2, 96, 101, 103, 105, 248, 346, 390, 400, 411, 423, 432, 480, 491; coerência imperial 25; como a última superpotência, 26, 44, 107, 421; como poder imperial, 18, 19, 20, 37, 40-1, 44, 274, 313, 432-47, 455; controvérsia sobre a "alfabetização cultural", 498; declínio do poder econômico, 435; e a interdependência transnacional, 486; e a narrativa oficial, 493; e o mundo anglófono, 467; expansão territorial, 119, 440-1; Guerra do Golfo, 36, 57, 81, 107, 216; história, 30, 307; identidade cultural, 29; intervenções militares, 107, 436, 438, 495; política anti-imperialista, 37, 374-5; política externa, 107, 436, 436-68, 490

estruturalismo, 306

Etienne, Eugène, 272

Etiópia, 133, 209

etnografia, 73, 103, 135, 137, 183, 247

eurocentrismo, 22, 69, 72, 285, 346, 347, 357, 373, 425, 474, 486, 502

exílio, 31, 55, 135, 283, 317, 483, 502, 505, 509

Exploration narrative, 330-1, 334

Eyre, E. J., 186, 215-6, 262

Fabian, Johannes, 186, 403; *Language and colonial power*, 185; *Time and the other*, 88

Fagan, Brian, 201

Faiçal, rei, 383

Faidherbe, Louis León César, 273

Faiz, Faiz Ahmad, 55, 352, 377

Falk, Richard, 439

Fanon, Frantz, 21, 31, 46, 57, 85, 114, 238, 295, 310, 324-5, 329, 335, 342, 348, 357-8, 364, 366, 368-9, 375, 378, 384-5, 398, 400, 412-3, 415, 419, 426, 456, 468; *Les damnés de la terre*, 308-9, 329, 364, 411-2, 414, 416-8, 420-1, 424-5; teoria da violência, 411-4, 416

fascismo, 91, 481

feminismo, 27, 342, 427, 486, 488; e estudos do Oriente Médio, 27

Ferguson, Samuel, 367

Fergusson, Francis, 91

Ferry, Jules, 186, 273
Fétis, François-Joseph; *Histoire générale de la musique depuis les temps anciens à nos jours*, 203; *Resumé philosophique de l'histoire de la musique*, 203
Fevre, Lucien, 97; *La Terre et l'evolution humaine*, 97
Field Day Company, 367, 477
Fieldhouse, D. K., 38, 45
Fielding, Henry, *Tom Jones*, 129
Fielding, Vernon, 252
Field, James, *America and the Mediterranean world*, 450
Filipinas, 20, 41, 120, 335, 341-2, 358, 380, 386, 422, 441, 496
Filippi, 204
fisiocrática, filosofia, 380, 391
Fiske, John, 440
Flanagan, Thomas, 367
Flaubert, 42, 79, 114, 123, 139-40; *Educação sentimental*, 253; *La tentation de Saint Antoine*, 263; *Madame Bovary*, 263, 297
FLN (Frente de Libertação Nacional da Argélia), 278, 289, 311, 378, 405, 411, 417
Flórida, 442
Fodeba, Keita, 420
Forster, 118, 121, 136, 298-9, 317, 322, 324-5; *A passage to India*, 45, 136, 246, 300, 315-6, 318-1, 323; *Howards End*, 121, 162
Foucault, Michel, 67, 88, 186, 265, 376, 425-6, 464, 496, 499; *Vigiar e punir*, 264
Fouillé, Alfred Jules Emile, 273
Fourier, Jean-Baptiste-Joseph, 76
França, 30, 91-3, 103, 105, 108, 113, 130-1, 138, 140, 148, 157, 163, 169, 181-2, 188, 195, 198, 200, 222, 252, 260, 270, 274, 287, 291, 293, 300, 311, 343, 345, 349, 375, 378, 388, 395; coerência imperial, 25; cultura e romance novecentista do império, 168-1; Declarações dos Direitos do Homem, 382; enquanto poder imperial, 37, 40, 42-3, 46, 48, 66, 118, 124, 147, 272, 312-3, 325, 328, 417, 442, 447; Guerra Franco-Prussiana, 195, 272; levantamento do Egito, 78-9; política anti-imperialista, 374; Revolução, 118, 273; sob a ocupação nazista, 279; União imperial, 120
Francis, Philip, 380, 387, 391
Frank, André Gunder, 38
Frankfurt, Escola de, 426
Freud, Sigmund, 310, 410, 413, 426
Fridman, Thomas, *From Beirut to Jerusalem*, 402
Friel, Brian, 73, 367; *Translations*, 353
Frobenius, Leo, 305, 326
fronteira americana, 227
Froude, James Anthony, 187, 267
Frye, Northrop, 197
Fuentes, Carlos, 377, 423, 500
Fukuyama, Francis, 399, 487
fundamentalismo, 12, 472-3, 498

Gabão, 274
gaelicismo, 354
Gallagher, John, 133, 161
Gallieni, Joseph Simon, 269, 271, 273
Gana, 390
Gandhi, Mohandas, 238, 340, 397, 407, 423
garantia de Precedência, 251
García Márquez, Gabriel, 21, 377, 423, 456, 500
Garvey, Marcus, 350, 356, 406
Gaskell, Elizabeth Cleghorn, 131, 147

Gellner, Ernest, 339
Gendzier, Irene, *Managing political change*, 444
Genet, Jean, 21, 295, 483
geografia, 272, 288, 392; e a história literária, 98; e cultura, 34-7, 41-5, 50, 97, 141, 510; e história, 39; e história social, 99; e identidade, 103-4, 501; e narrativa, 112-3, 149, 151, 167, 258, 302, 428
George, Katherine, 270
Gérôme, Jean León, 172, 187
Ghislanzoni, Antonio, 195
Ghorbal, 209
Gibbon, Edward, 148
Gibran, Kahlil, 449
Giddings, F. H., 182
Gide, André, 17
Giosa, Nicola de, 194
Giran, 273
Gissing, George, 252, 298
Gladstone, William Ewart, 323
Glaspie, April, 460
Gobetti, Piero, 100
Goethe, Joseph Wolfgang von, 95, 307
Goldsmith, Oliver, 108
Gorbachev, Mikhail, 107, 499
Gordimer, Nadine, 371
Gordon, Charles, general, 187
Gouldner, Alvin, 488
Gould, Stephen Jay, 173
Gounod, Charles François, 194
governo da Índia, 239
Goytisolo, Juan, 21
Granada, 438
Gran, Peter, 89, 401
Grattan, Henry, 348
Greene, Graham, 18; *The quiet American*, 443
Green, Martin, 115, 120
Griaule, Marcel, 326
Grimal, Henri, 312, 313
Groupe Coloniale, 272

Guadalupe, 312
Guatemala, 439
Guattari, Félix, 503, 504
Guerra Civil americana, 210
Guerra do Golfo, 36, 81, 107, 216, 402, 437-8, 447, 451, 458, 462, 493-4
Guerra Fria, 17, 26, 276, 375, 432, 434, 436, 438, 444, 461, 493, 498-9
Guiana, 312, 438
Guiné, 311, 342, 350, 406
Guiné-Bissau, 412

Habermas, Jürgen, 426
Haggard, Rider, 118, 135, 140, 252, 262; *She*, 298
Haiti, 157, 335, 395, 409, 428, 442
Halhed, Nathaniel, 249
Hall, Stuart, 403, 427
Hamer, Mary, 353
Harmand, Jules, 53-4, 187, 417; princípio de dominação, 273
Harris, Wilson, 396, 477
Hastings, Warren, 186, 248-9, 391
Havaí, 441
Head, Bessie, 371
Heaney, Seamus, 367
Hegel, G. W. F., 310, 329, 352, 379, 426; concepções sobre o Oriente e a Ásia, 270
Henrique II, rei da Inglaterra, 344
Henry, G. A., 252
Herder, Johann Gottfried von, 92
Heródoto, 205
Hersh, Seymour, 493
Hibbert, Christopher, *The great mutiny*, 238
hibridismo, 12
híbrido, 482, 508
Hilferding, 37
Hirschman, Albert O., 297-8; *The passions and the interest*, 296
história, 30; experiência da, 24, 29
Hitchens, Christopher, 276

Hobson, J. A., 37, 47, 130, 148, 182, 267, 297, 346, 374; *Imperialism: A study*, 373
Ho Chi Minh, 309
Hodgkin, Thomas, 350, 372, 403, 424, 427; *Nationalisn in colonial Africa*, 217
Hofstadter, Richard, 436
Holanda, 43, 108, 222, 313, 343, 349, 375
Hollywood, 471
Homero, 76, 96; Odisseia, 301
Hong Kong, 37, 133, 312
Hook, Sidney, 421
Hopkins, Gerard Manley, *Pied beauty*, 503
Hountondjii, Paulin, 371
Hourani, Albert, 383
House, Karen Elliot, 447
Hughes, Langston, 16, 376
Hughes, Robert, 479; *The fatal shore*, 14
Hugo de Saint Victor, 509
Hugo, Victor, "Lui", 169
Hulme, Peter, *Colonial encounters*, 147, 332
Humbert, Jean, 200
Humboldt, Wilhelm von, 95, 184
Hume, David, 345
Huntington, Samuel, 444
Husayni, Haj Amin al-, 383
Hussein, Saddam, 23, 27, 81, 216, 342, 446-7, 450, 452-4, 458-60, 480; representado como o Hitler árabe, 463
Hussein, xarife, 382-3
Hutchins, Francis, 319; *The illusion of permanence: British imperialism in India*, 243
Huttenback, R. A. (e L. E. Davis), *Mammon and the pursuit of empire*, 38
Huxley, Aldous, 216, 446

Hyde Park, Revoltas do, 216

identidade, 28, 422, 475, 480; americana, 104, 487; árabe, 29, 31; árabe-islâmica, 389; britânica, 104, 131, 180; caribenha, 396; e cultura, 10-1, 29, 103; e império, 510; e língua, 333, 337; e mídia, 82; e nacionalismo, 457; francesa, 103-4; irlandesa, 367; perda de, 284; política da, 478
identidade protestante-árabe, 87
Igreja Ortodoxa Grega, 86
Illusions perdues, 39
I love Lucy, 471
Iluminismo, 15, 92, 373, 382, 487
imperialismo: cultural, 425; moderno, 22
império: argumento cultural em defesa do, 297; dissolução do, e surgimento do modernismo, 295, 297-301; e a cultura do século XIX, 37, 41, 43, 58, 76, 118-9, 126, 141, 144, 182, 262, 406; e as disciplinas acadêmicas, 101, 246, 308; e cultura, 346; e estética, 38-9, 47-8, 63, 130, 143, 187, 215, 260; e geografia, 37-8, 41-8, 50; e história, 57-8, 269; e identidade cultural, 144, 180, 267, 407; e narrativa, 61, 70, 171, 218, 229, 279-80, 298; e representação, 180; e romance, 38, 49, 117-8, 121-30, 133-4, 136-9, 143-4, 165, 316, 323; experiências divergentes, 74, 76-81, 84-9; geografia, 58, 97, 100, 140, 146, 185, 258, 272, 292; integridade cultural do, 24, 168, 168-5, 187; poder de integração, 38; representação na mídia, 59, 64; resistência ao, 10-1, 44, 72, 102,

122, 145, 210, 288, 296, 308, 311, 314, 316, 319, 343, 348, 371-2, 377, 393, 398-9, 421, 440; retórica do, 9, 17, 65, 182, 398
Império otomano, 86, 189, 192, 382, 405
Império romano, 41, 250, 345, 438
Inden, Ronald, *Imagining India*, 186
Índia, 66, 68, 78, 80, 102, 109, 124, 128-9, 131, 133, 137, 140, 145, 162, 168-70, 173, 183, 188, 198-9, 209, 218-21, 224-8, 234,-8, 241-3, 246-50, 252, 254, 257, 260-2, 265, 268, 270, 281, 298, 301, 307, 316, 318-20, 322-3, 335-6, 339-40, 343, 345, 355, 376, 381, 386-8, 406, 408, 410, 423, 432, 476-7, 483-4, 489; concorrência anglo-francesa na, 148; e artistas ingleses, 12, 59; educação, 89, 184; épica, 307; estereótipos, 9; histórias de oposição, 372; independência e partilha, 223; nacionalismo, 319-21, 336, 349; Partido do Congresso, 313, 349; representação na mídia, 69; representada por Brontë, 123, 135; representada por Forster, 136, 300, 315-24; representada por Kipling, 75, 136, 140, 218-62; representada por Naipaul, 355; representada por Thackeray, 135, 137; resistência ao império, 315-6, 319
Índias Ocidentais, 113, 117, 156, 158, 163, 166, 174, 384, 390, 396
Índias Orientais, 313
Índios americanos, 441, 478
Indochina, 68, 273, 312, 326, 327, 375, 443, 444, 491
Indonésia, 313, 341-2, 358, 386, 394, 439; resistência armada, 10
influência, definição, 302
Inglaterra, 9, 14, 45, 49, 91-2, 103, 136-8, 147-8, 162, 167, 175, 177, 182-3, 221, 355, 399
Inkle, 332
Irã, 20, 60, 67, 358, 422, 439, 467, 472, 493, 496; crise dos reféns, 60, 365, 490; Revolução islâmica, 73, 402, 506; xá do, 458
Irã-Iraque, Guerra, 452
Iraque, 20, 36, 57, 81, 217, 390, 422, 439-40, 442, 447, 450, 452, 454-5, 457, 460, 463, 490
Iriye, Akiri, 443
Irlanda, 14, 104, 131, 133, 144, 147, 149, 170, 180-1, 222, 312, 345, 349, 353, 355, 368, 370, 477; Decreto da União, 353; Levantamento da, 353; movimento pelo Controle da Terra, 367; nacionalismo, 350, 353-4, 366; representada por Spenser, 39, 347, 366; representada por Yeats, 53, 344, 347-53, 357-69, 407; resistência armada, 10; revolta da Páscoa, 354
Irlandeses Unidos, 367
Islã, 82, 85, 103, 212, 307, 389, 467, 497; fundamentalismo, 78, 335, 358, 470; representações do, 452; Revolução, 73
islamismo, 28
islamocentrismo, 22, 27
Ismail, quediva, 193, 199, 209-11
Istambul, 25, 96, 209
Itália, 43, 92, 99-100, 192, 195, 203, 222, 315, 432, 491
Iugoslávia, 22, 434

Jabarti, 'Abd al-Rahman al-, 389, 422
Jabry, Mohammad Abed al, 389
Jackson, Andrew, 440
Jamaica, 104, 179, 215
James, C. L. R., 21, 29, 106, 164, 342, 376-7, 379-400, 424, 427, 441,

477, 499; *A history of negro revolt*, 390; *The black jacobins*, 379, 383, 388, 390, 395-6, 400, 427-8, 431

James, Henry, 118, 137, 220, 234, 252; *Retrato de uma senhora*, 118, 234, 253, 298

Jameson, Fredric, 464, 492; *The political unconscious*, 134

James, William, 440

Japão, 37, 103, 307, 316, 341, 345, 404, 443, 445, 467, 500-2

Jayawardena, Kumari, *Feminism and nationalism in the Third World*, 342

Jefferson, Thomas, 487

Jewel in the crown, The, 59

Jinnah, Muhammad Ali, 313

Johnson, Lyndon Baines, 437

Johnson, Samuel, 308, 373

Jones, Gareth Stedman, 119

Jones, sir William, 148, 219, 249

Jonson, Ben, 146

Jordânia, 81

Jorge V, rei da Inglaterra, 220

Joyce, James, 255, 349; *Retrato do artista quando jovem*, 349; *Ulisses*, 298, 330

Joy, G. W., 187

Julien, Charles André, 326; (e Robert Delavigne), *Les constructeurs de la France d'outre-mer*, 271

Jung, Carl, 361

Kader, emir Abdel, 289, 308, 311, 422

Kadhafi, Muammar al-, 408, 480

Kafka, Franz, 399

Kant, Immanuel, 111

Kartini, Raden, 342

Karve, D. K., 342

Kautsky, Karl, 37

Keats, John, 214

Kedourie, Elie, 339

Kennan, George, 436

Kennedy, Paul, 485; *The rise and fall of the great powers*, 37

Kerman, Joseph, *Opera as drama*, 190

Kernan, Alvin, 488

Khalidi, Rashid al-, 401

Khomeini, aiatolá, 54, 454, 467, 498

Khoury, Bishara al-, 309

Khoury, Elias, 500

Kiberd, Declan, 367

Kidd, Benjamin, 173

Kiernan, V. G., 41, 115, 121, 143, 146, 179, 439, 441-3, 460-1; *Marxism and imperialism*, 121; *The lords of human kind*, 245

Kimball, Roger, 488

Kincaid, Jamaica, 483

Kingsley, Charles, *Westward Ho!*, 118

Kingsley, Mary, 374

Kinkead-Weekes, Mark, 236

Kinney, Leila, 188

Kipling, Lockwood, 219

Kipling, Rudyard, 17, 23, 42, 85, 109, 115, 118, 120, 123-4, 135-6, 140, 147, 150, 156, 172, 186, 218, 261-2, 268-9, 298, 311, 320, 325; *Captain Courageous*, 218; *Kim*, 23; recebe o prêmio Nobel, 220; *Something of myself*, 220; *Stalky and Co.*, 218; *The light that failed*, 218

Kirkpatrick, Jeanne, 68

Kissinger, Henry, 440

Knox, Robert, 222

Kolko, Gabriel, 439

Kotzebue, August von, *Lovers' vows*, 151

Krupat, Arnold, 464

Kuwait, 36, 58, 81, 107, 216, 447, 452-3, 457, 460; *ver também* Guerra do Golfo

Kundera, Milan, 500

Labouret, 326

Lacheraf, Mostafa, 289
Lagerlöf, Selma, 362
La Guma, Alex, 371
Lamartine, Alphonse de, 118, 323
Lamming, George, 333, 396, 424, 477
Landes, David; *Bankers and pashas*, 210; *The unbound Prometheus*, 43
Lane, E. W., 203
Lang, Jacques, 445
Langland, William, 146
Laos, 273
Laqueur, Walter, 402
La Roucière, almirante, 272
Laroui, Abdullah, 291, 425
La Scala, 196
Las Casas, Bartolomé de, 373
Lasswell, 444
Lawrence, D. H., 441
Lawrence, T. E., 118, 298, 303, 326, 405; *The seven pillars of wisdom*, 187, 252, 259, 299, 388
Lean, David, *A passage to India*, 59
Le Bon, Gustave, 272
Le Noury, 272
Lebow, R. N., 345
Lederer, William J. (e Eugene Burdick), *The ugly American*, 443
Leerson, Joseph, *Mere Irish and Fior-Chael*, 368
Leeward, ilhas, 157
Lefeber, Walter, 37
Lei de Educação da Defesa Nacional, 96
Leiris, Michel, 326
Leis de cercamento, 147
Lênin, Vladimir Ilitch, 37
Leopoldo, rei, 266
Lerner, 444
Leroy-Beaulieu, Paul, 97, 182, 187, 273, 296, 417
Lesseps, Ferdinand de, 201
Levante, 148
Levante de Ndebele-Shona, 312

Lévi-Strauss, Claude, 248, 425
Lewis, Bernard, 82-3, 401; *The political language of Islam*, 401
Lewis, Gordon K., 403; *Slavery, imperialism and freedom*, 121, 372
Liauzu, Claude, *Aux origines des tiers--mondismes: Colonisés et anti-colonialistes en France (1919-1939)*, 409
Líbano, 22, 86, 313, 455-6; guerra civil, 365; libertação e movimentos de libertação, 68, 305, 417, 419-20, 423-4, 426-7, 431, 464, 466, 505, 508
Líbia, 81, 422, 438, 442, 467, 490, 497
Licurgo, 76
Liga Muçulmana, 313
Limerick, Patricia, 119
Lindenberger, Herbert, *Opera: The extravagant art*, 189
língua, 349, 353; africana, 334; árabe, 331, 384; colonialismo, 417; e cultura nacional, 337; e identidade, 333, 337; francês, 474; inglês, 256, 344, 362, 465-7, 474; mutilação, 398; poder, 399; teorias da, 426
literatura, 90, 93, 96; Estados Unidos, 96; europeia, 96; mundo, 93-4, 96-7
literatura comparada, origens no império; origens no império, 90, 93-6, 98, 100-1
Livingstone, David, 298
Londres, 14, 19, 32, 51, 71, 87, 118, 131, 142, 146, 151, 158, 312, 314, 376, 379, 383, 463, 471-2, 483
Loti, Pierre, 17, 131, 140, 298, 300
Lottman, Herbert, 278
Loutfi, Martine, *Littérature et colonialisme*, 290
Louvre, 201
Lowe, Lisa, *Critical terrains*, 28

Lugard, Frederick, 64
Lukács, Georg, 139, 140, 149, 169, 258, 297, 352, 416, 420, 464; *A teoria do romance*, 254; *História e consciência de classe*, 99, 415
Luxemburgo, Rosa, 37, 346
Lyautey, Hubert, 186, 269, 271, 273
Lyotard, Jean-François, 67, 111, 388, 499
Lytton, lorde, 52

Macaulay, Herbert, 309
Macaulay, Thomas Babington, 140, 176, 184, 219; Minuta sobre a Educação Indiana, 171
MacDonald, Ramsay, 374
MacKenzie, John, *Propaganda and empire*, 244
Mackinder, Halford, 97, 352; conferências sobre o imperialismo, 63
MacNeil/Lehrer News-Hour, 448
maçonaria, 199, 201
Madagascar, 271, 273-4, 312, 335
Magdoff, Harry, 37
Mahan, almirante, 296
Mahfouz, Naguib, 82, 467
Mahood, Molly, 120
Maine, sir Henry, 184; *Ancient Law*, 264; Conferências Rede, 265; *Village communities*, 265
Malásia, 312-3, 345, 380, 385, 393
Mali, 311
Malouf, David, 16
Malraux, André, 131, 140, 186, 298-9, 303, 328; como aventureiro e etnógrafo-arqueólogo amador, 326; *La voie royale*, 187, 252, 292, 326-7
Malti-Douglas, Fedwa, *Woman's body, woman's world*, 27
Malvinas, Guerra das, 59
Mandela, Nelson, 311

Manet, Edouard, 188
Manga, J. A., *The games ethic and imperialism*, 227
Mangan, James Clarence, 367
Mann, Thomas, *Morte em Veneza*, 299, 303
maoris, 179
Marcos, 458
Marcuse, Herbert, 446
Mares do Sul, representados por Conrad, 219
Mariátegui, José, 350
Mariette, Auguste, 194-5, 197-205, 209, 215
Markham, James, 365
Marrocos, 81, 358, 390, 409, 467
Martí, José, 334, 350, 377, 406
Martineau, Harriet, 219, 318
Martinica, 274, 360
Marx, 38, 246, 265, 270, 310, 329, 352, 410, 413, 425-6, 430
marxismo, 99, 114, 306, 313, 409, 415, 426-7, 486, 488
Massignon, Louis, 405, 406
Mas, Sinbaldo de, 380
Matisse, Henri, 187, 376
Mattelart, Armand, 447, 471
Maugham, Somerset, 147
Mau Mau, 358
Maunier, René, *The sociology of colonies*, 273
Maupassant, Guy, 131, 371; *Bel-Ami*, 185, 290
Maurício, ilhas, 157
Mauritânia, 273
Mawaqif, 477
Mayer, Arno, 433
Mazrui, Ali, 83-4, 371, 403
McBride, Comissão, 447; *ver também* Comissão Internacional para o Estudo dos Problemas da Comunicação
McBride, Sean, 445

McCaughey, Robert, *International studies and academic enterprise: A chapter in the enclosure of American learning*, 489
McClure, John, 120
McCormack, W. J., 367
McGeoghehan, Abbé, 367
McKay, Claude, 376
McKeon, Michael, 129
McMahon, sir Henry, 382
McNeill, William, *The pursuit of power*, 40
Melbourne, 15
Melville, Herman, 119; *Moby Dick*, 227, 441
Memmi, Albert, 21, 114
Meredith, George, 180, 252, 298
Merle, Marcel, *L'anticolonialisme européen de Las Casas à Karl Marx*, 373
Metropolitan Opera, Nova York, 192
Michelet, Juliet, 140
mídia, 451, 462, 471, 478, 484, 489-91, 495, 499; e imperialismo cultural, 445
migração, tema da, 470, 507
Mille, 131
Miller, Christopher, *Blank darkness*, 83
Miller, David, *The novel and the police*, 134
Mill, James, 42, 170, 219, 269
Mill, John Stuart, 42, 113, 130, 144, 158, 170, 175, 219, 262, 269; *Principles of political economy*, 158
Mills, C. Wright, 492
Milton, John, 465, 480
Mirabeau, Honoré Gabriel Riqueti, 381
missionários, 86, 168, 305, 308, 385
Mitchel, John, 367
Mitchell, Timothy, 401; *Colonising Egypt*, 188

Mitterrand, François, *Présence française et abandon*, 284
Miyoshi, Masao, 404, 443, 500-1; *As we saw them*, 404
Mobarak, Ali Pasha, Khittat Tawfikiya, 214
Mobutu, Sese Seko, 408
Moçambique, 25
modernismo, 501; e a dissolução do império, 295, 297-301, 344-5
Moi, regime de, 358
Monroe, Doutrina, 437
Montagu, lady Wortley, 170
Montaigne, Michel de, 97
Montesquieu, Charles Louis de Secondat, 168
Moore, George, 252
Moore, Thomas, 367
Moorhouse, Geoffrey, 251
Morazé, Charles, 128
Morrison, Toni; *Amada*, 507; *Tar baby*, 507
Morris, William, 374
Mountbatten, conde de Burma, 405
movimento das mulheres, 105, 341, 474
movimento feminista, 347, 409
movimentos antissistêmicos, 474, 508
Mubarak, Hosni, 81
Mudimbe, V. Y., *The invention of Africa*, 305
Müller, Max, 173
Multatuli, 373
multiculturalismo, 12, 31, 459, 487, 502
Munif, Abdelrahman el, 55, 467; *Cities of salt*, 449
Munro, Thomas, 249
Murchison, sir Roderick, 264-5, 268
Murphy, Agnes, 272
Mus, Paul, *Viet-Nam: Sociologie d'une guerre*, 327

nacionalismo, 27, 57, 60, 74, 80, 85,

90, 92, 102, 106, 123, 295, 319, 321, 323, 325, 328, 339-42, 348, 350, 353, 356, 358, 376, 383, 388, 394, 400, 402, 406, 410, 414, 417-8, 423, 428, 456, 466, 468, 490, 499; árabe, 452, 455; e alfabetização, 456; e estudo literário, 481; e identidade, 10, 12, 29, 410, 457; e movimentos de libertação, 106; narrativa do, 418; Oriente Médio, 28; Terceiro Mundo, 27; viés patriarcal do, 350

Nações Unidas, 313, 375, 434, 439, 448, 458

Naipaul, V. S., 18, 56, 60, 106, 355, 396, 408-9, 418, 463, 477; *A bend in the river*, 20, 408; *Guerrillas*, 408

Napoleão III, 210, 292

narrativa, 420; árabe, 389; e cultura, 22; e identidade, 11, 31, 369, 479; e império, 11, 62, 67, 69, 117-43, 171, 218, 264, 279; e ordem moral, 141; e poder, 419; oficial, 480, 493

narrativa de busca, 73, 330

narrativa de explorações, 11

narrativa de viagem, 15, 18

narrativa histórica, 142

Nasser, Gamal Abdel, 209, 285, 349

National Endowment for the Humanities [Fundação Nacional para as Ciências Humanas], 84, 487

nativismo, 89, 328, 356-7, 359, 384, 468; e identidade, 358

negritude, 53, 335, 350, 355-7, 384, 429, 468

Nehru, Jawaharlal, 340, 349, 397, 405, 407, 423

Neill, Stephen, *Colonialism and Christian missions*, 267

Neruda, Pablo, 73, 352, 362-5; "Deber del poeta", 364; "El pueblo", 362

Nerval, Gérard, 42, 79

New York Times, The, 84, 365, 447

Ngassa, 133

Ngugi wa Thiongo (James), 21, 55, 73, 331, 420, 466; *Decolonising the mind*, 334; *The river between*, 330

Nicarágua, 20, 107, 439, 442, 493

Niebuhr, Reinhold, 451

Nietzsche, Friedrich Wilhelm, 114, 326, 410, 413, 426

Nigéria, 137, 312, 409

Nimr, Faris, 383

Nitze, Paul, 447

Nixon, Richard, 437

Nkrumah, Kwame, 349, 376, 390-1

Noriega, Manuel, 458

Norte-Sul, relação, 54, 358, 433

Nova Caledônia, 312

Nova Guiné, 312

Nova Ordem de Informação Mundial, 445

Nova York, 57, 87

Nova Zelândia, 30, 37, 133, 312, 345

Nye, Joseph, 486, 492

Nyerere, Julius, 311, 349

O'Brien, Conor Cruise, 106, 276-9, 294, 398, 408

O'Brien, Justin, tradutor de Camus, 283

O'Brien, Patrick, 38

ocidentalismo, 486

O'Connell, Daniel, 367

O'Grady, Standish, 367

O'Leary, 361

Omar, Hajji, 311

ONU, 81; *ver* Nações Unidas

Ópera, 145, 189, 191-3, 302

Operação Tempestade no Deserto,

216, 450, 453, 455; *ver também* Guerra do Golfo
orientalismo, 28, 74, 92, 103, 112, 135, 170, 242, 270
Oriente, 16, 79, 89, 292, 338, 381
Oriente Médio, 9, 20, 27-8, 37, 41, 49, 107, 132, 312, 371, 379, 400-2, 450-1, 453-4, 458, 460, 489, 493
Orwell, George, 59, 69, 118, 140, 147, 245, 275, 295, 446; e Camus, 276-7
Owen, Roger, 210-1
Oxford, 57

Padmore, George, 376, 390
Palestina, 67, 81, 86, 342, 350, 352, 379, 401, 406, 455-7, 483; intifada, 397, 402, 450, 474
Palestrina, Giovanni Pierluigi da, 205
Palmerston, Henry John Temple, 186
pan-africanismo, 350, 376
pan-arabismo, 350
Panamá, 438, 439, 442, 490
Panikkar, K. M., *Asia and Western dominance*, 350
Paquistão, 55, 68, 80, 313, 352, 358, 360, 409, 467, 494, 496
Pareto, Vilfredo, 250
Paris, 51, 57, 170-1, 194-5, 207, 272-3, 275, 283, 314, 371, 376-7, 379, 415, 463; Exposição Internacional, 200
Parnell, Charles Stewart, 361
Parry, Benita, 300, 321; *Delusions and discoveries*, 316
Partido Comunista, Terceira Internacional, 325
Partido Sinn Fein, 349
passado, imagens do, 34-5, 37, 40, 50-2, 55, 58, 73
Patai, Raphael, 402; *The Arab mind*, 401

patriotismo, retórica do, 111; *ver também* império; nacionalismo
Paulin, Tom, 367
Pavlidis, Pavlos *ver* Draneht, Bey
Pearse, Patrick Henry, 350
Pérsia, 133, 179, 198, 307, 454
petróleo, 58, 401, 452-3, 458, 501; e prosperidade no Oriente Médio, 458
Picasso, Pablo, 299, 376
Pinochet Ugarte, Augusto, 458
pintura, 171, 188, 267
Pipes, Daniel, 402
Piroli, Giuseppe, 208
Platão, 76
Platt, D. C. M., 169, 444; *Finance, trade and politics in British foreign policy, 1815-1914*, 131-2, 134
Pocahontas, 332
Podhoretz, Norman, 276
poesia, 302
Poiret, abbé, *Lettres de Barbarie*, 168
Policy Planning Staff, 436
política, 485; e arte, 470; e ciências sociais, 250; e cultura, 69, 371; e estética, 69, 175, 198; e identidade, 342, 410, 478; e retórica, 398
Poliziano, Angelo, 310
Pol Pot, regime de, 421
Porter, Andrew, 190
Porter, Bernard, 267; *Critics of empire*, 374
Portugal, 18, 25, 43, 108, 147, 222, 313, 345, 375; império, 25, 157
pós-modernismo, 500; e consumismo, 500
Pound, Ezra, 299
Pratt, Mary Louise, 330
Primeira Guerra Mundial, 130, 221, 287, 305, 310, 343, 346, 405
Prochaska, David, 274
Projeto de Modelos da Ordem Mundial, 434

561

Proust, Marcel, 97, 149, 252, 298-9, 498
Pryce-Jones, David, *The closed circle*, 401
Psichari, Ernest, 131, 140, 290
psicologia, 272
puritanos, americanos, 119
Pye, 444

Qader, Abdel, 187
Quênia, 55, 358, 409, 420

racismo, 23, 482
Radcliffe, Ann, 137
Raffles, sir Thomas Stamford Bingley, 393
Rafi, 209
Ragatz, Lowell, *The fall of the planter class in the British Caribbean, 1763-1833*, 164
Raleigh, sir Walter, 265
Ramabai, 342
Ranger, Terence, 311-2, 372, 403; (e Erich Hobsbawm), *The invention of tradition*, 51-2, 75, 186
Raskin, Jonah, *The mythology of imperialism*, 121
rastafári, movimento, 356
Raynal, abbé, 148, 168, 373, 381
Reade, Charles, 252
Reagan, Ronald, 435, 487, 497-8
relatos de viagem, 128, 171, 182, 298
Renan, Ernest, 93, 173, 184, 404-5
Renascença, 307, 310, 330, 347, 446
Renascença Árabe, 86
Renascença do Harlem, 376
Renascença Oriental, 307
resistência; cultura de, 10, 72, 105, 328-40, 347, 353, 376, 410, 422, 426, 464, 497, 503; literatura de, 72, 351, 361, 376, 420-1, 424
Retamar, Roberto Fernandez, 333
retórica da culpa, 55, 85-6, 144, 166

revisionismo, 28, 59, 88, 372, 377, 422, 439
revivalismo irlandês, 350
revolta árabe, 388, *ver também* Antonius, George; Lawrence, T. E.
Revolta Orabi, 308, 312, 404
Reynolds, Joshua, *Discourses*, 48
Rhee, Syngman, 458
Rhodes, Cecil, 64, 145, 172, 186-7, 268
Rhys, Jean, *Wide sargasso sea*, 163
Richardson, Samuel, 129; *Clarissa*, 129
Richelieu, cardeal, 271
Richetti, John, 562
Richter, Melvin, 291
Ricordi, 194, 196, 202
Rimbaud, Arthur, 326
Robbins, Bruce, 119
Roberts, Warren, 153
Robeson, Paul, 383
Robespierre, Maximilien-François--Marie-Isidore, 381, 428
Robinson-Gallagher, controvérsia, 38
Robinson, Paul, *Opera and ideas*, 191
Robinson, Ronald, 132, 403
Rockefeller, Fundação, 486
Rodinson, Maxime, 401, 427
Rodney, Walter, 21, 310, 384, 390; *How Europe underdeveloped Africa*, 113
Rodó, José Enrique, 334; *Ariel*, 423
Rogin, Michael Paul, 119
romance: árabe, 82; e descolonização, 373; e estética do império, 135, 145; e identidade nacional, 140; e império, 10, 14, 25, 49, 79, 102, 105, 117-43, 164-5, 252, 257, 280-1, 315, 323, 327
Roosevelt, Theodore, 440
Rostow, Walt Whitman, 444
Roth, Philip, 425
Rougé, Emmanuel, 199

Rousseau, Jean-Jacques, 92, 114, 168, 373, 428
Royal Geographical Society, 265
Roy, Raja Ramuhan, 342
Rushdie, Salman, 21, 60, 68, 73, 377, 472, 483, 500; *Os filhos da meia-noite*, 338, 507; *Os versos satânicos*, 54, 59, 69, 466-7, 470, 498
Rusk, Dean, 437
Ruskin, John, 13, 42, 47, 142, 178-80, 216, 262, 340; Slade Lectures, 176-7
Rússia, 25, 37, 43-4, 92, 132, 222, 244, 265

Sabry, Muhammad, 209-10
Sacro Império Romano, 94
Sadat, Anwar, 450
Said, Ali Ahmed *ver* Adonis
Said, Edward, *Orientalismo*, 9-10, 24, 26-8, 88, 106, 307
Said, Nuri as-, 309
Saint-Saens, Charles Camille, *Sansão e Dalila*, 187
Saint-Simon, Claude Henri, 201
Salan, 290
Salih, Tayeb, 420, 483; *Season of migration to the North*, 73, 331
Samory, 311
Samuel, Raphael, 475
San Domingo, 308, 388
sânscrito, 307, 310, 465
São Domingos, 428
Sarraut, Albert, 273; *Grandeur et servitude coloniales*, 292
Sartre, Jean-Paul, 278, 288, 309-10, 375, 426, 464, 499
Saussure, Leopold de, 272
Schiller, Herbert, 447
Schlegel, August Wilhelm von, 92
Schlegel, Friedrich von, 92, 310
Schlesinger, Arthur, *The disuniting of America*, 30

Schumpeter, Joseph, 37, 132, 346
Schwab, Raymond, 307; *The Oriental Renaissance*, 198-9
Scott, sir Walter, 135, 139-40, 197, 223, 337
Seal, Anil, *The emergence of Indian nationalism*, 322
Seeley, J. R., 38, 43, 104, 130, 182, 187, 267, 272, 297, 299
Segalen, 131, 292
Segunda Guerra Mundial, 46, 65, 91, 94, 107, 287, 311-2, 343, 350, 374-5, 400, 436-7, 440, 481, 509
Segundo Congresso Internacional de Ciências Geográficas, 272
Seillère, Ernest, 273
Sellasié, Hailé, 458
Semidei, Manuela, 287
Senegal, 273, 343, 355, 376
Senghor, Leopold, 309, 350, 356, 362, 376, 404
separatismo *ver* nacionalismo
Shaarawi, Huda, 342
Shakespeare, William, 12, 97, 104, 142, 255, 454, 465, 487; *A tempestade*, 332-4
Shan, Sher, 257
Sharabi, Hisham, 389
Shariati, Ali, 73, 506-7
Sheikh, Jamal Ben, 500
Shipler, David, *Arab and Jew*, 402
Sick, Gary, *All fall down*, 365
Simpson, senador Alan, 451
sionismo, 36, 401
Síria, 86, 313, 343, 390, 455, 459, 467
Sivan, Emmanuel, 402
Slotkin, Richard, 119; *Regeneration through violence*, 441
Smith, Anthony, *The geopolitics of information*, 446
Smith, Bernard, *European vision and the South Pacific*, 171
Smith, Goldwin, 267

Smith, John, 332
Smith, Neil, *Uneven development*, 351-2
Smollett, Tobias George, 129
Sociologia, 88, 92, 246
Sólon, 76
Somália, 209, 313
Somoza, Anastacio, 458
Sorabjee, Cornelia, 342
Soyinka, Wole, 21, 356-7, 364, 371, 377, 422
Spence, Jonathan, *To change China*, 405
Spenser, Edmund, 39; *View of the present state of Ireland*, 345, 347
Spenser, Herbert, 104
Spitzer, Leo, 91, 94, 481
Sputnik, 96
Stafford, Robert, 265
Stanley, Henry, 172, 268
Steel, Ronald, *Walter Lippmann and the American century*, 435
Stendhal, 97, 139, 140, 255; *Le rouge et le noir*, 169
Stepan, Nancy, 173
Sterne, Laurence, 129
Stevenson, R. L., 118
Stevens, Wallace, 505
Stocking, George, 173, 183
Stone, I. F., 499
Stone, Oliver; *JFK*, 479; *Salvador*, 20
Stone, Robert, 18, 493; *A flag for sunrise*, 248
St. Pierre, Bernardin de, 373
Strachey, John, *The end of empire*, 312
Stravinsky, Igor, 376; *Sagração da primavera*, 299
Street, Brian, *The savage in literature*, 172
Suarez, Francisco, 373
Subaltern studies, 80, 387, 394, 409, 475, 477
Sudão, 81, 133, 420

Suez, canal de, 84, 193, 201, 209, 223, 245, 285, 315
Suíça, 92
Sukarno, 349
Suleri, Sara, *The rhetoric of English India*, 28
Sumatra, 393
surrealismo, 409
Swift, Jonathan, 348, 370, 453

Tagore, Rabindranath, 337, 342, 362, 407, 480; *Nationalism*, 336
Tahtawi, 389
Taiti, 312
Taiwan, 501
Tempels, Placide, *Bantu philosophy*, 305
Temple, Charles, 173
Tennyson, Alfred Lord, 262; *The idylls of the king*, 179
teoria política, 143
Terceiro Mundo, 21, 162; após o colonialismo, 59; concepções ocidentais, 18; descolonização, 10; histórias antiocidentais, 78; nacionalismo, 338; práticas colonialistas, 54; visões ocidentais do, 69
terrorismo, 68, 473, 497
Thackeray, William Makepeace, 13, 126, 130, 135, 137, 148, 180, 219, 484; *Vanity fair*, 117, 135, 137
Thapar, Romila, 269
Thatcher, Margaret, 498
Thompson, Edward M., 327; *The other side of the medal*, 239, 323-4, 328
Thompson, E. P., 372
Thornton, A. P., 267; *The imperial idea and its enemies*, 374
Tibawi, A. L., 389
Tibi, Bassam, 389
Tillion, Germaine, 295

Tocqueville, Alexis de, 291, 325; sobre a Argélia, 374
Todorov, Tzvetan, 426; *Nous et les autres*, 168
Tolstói, Leon, 340
Tompkins, J. M. S., 229
Tone, Wolfe, 348, 367
Tonquim, 312
Toronto, 491
Toussaint L'Ouverture, 336, 381-2, 388, 395-6, 427-9
Trevelyan, Charles, 185
Trilling, Lionel, 121
Trinidad, 383
Trois contes, 280
Trollope, Anthony, 267
Trujillo Molina, Rafael Leónidas, 396
Tucker, Judith, 401
Tucker, Robert W., 440
Tunísia, 304, 409
Turner, Brian, *Marx and the end of orientalism*, 88
Turner, Victor, 230-1
Turquia, 37, 300, 341, 439, 509
Twain, Mark, 119, 440; *The adventures of Huckleberry Finn*, 227

Uganda, 133, 422
União Soviética, 107, 313, 375, 432, 438
Union des Travailleurs Nègres, 376
universidades, 32, 371, 462; departamentos árabes de inglês, 465; seculares modernas, 488
Updike, John, 425

Van Alstyne, Richard, *The rising American empire*, 41, 451
Vanguarda, 377-8
Vaticano, 373
Vattimo, Gianni, 500
Vendler, Helen, 134

Veneza, 104
Verba, 444
Verdi, Giuseppi, 238; *Aida*, 187-215; *Átila*, 191; *Don Carlos*, 190, 195; *Falstaff*, 190; *Forza del destino*, 190; *I lombardi*, 190-1; *Nabuco*, 191; *Otello*, 190; *Rigoletto*, 190, 193; *Simon Boccanegra*, 190; *Traviata*, 190; *Trovatore*, 190; *Un ballo in maschera*, 190
Verne, Júlio, 298
Viagem para dentro, 338, 370-89, 396, 399
Vico, Giovanni Battista, 92
Vietnã, 20, 26, 41, 60, 67, 107, 216, 309, 327-8, 350, 375-6, 406, 435-6, 438, 442, 444, 479, 493
Virgílio, 301
Virilio, Paul, 495, 496
Viswanathan, Gauri, 89, 184
Vitoria, Francisco de, 373
Vitória, rainha, 372, 476; como imperatriz da Índia, 52
Volney, 148, 168, 202
Voltaire, 373
Vossler, Karl, 94

Wagner, Richard, 190, 194, 196; *Götterdämmerung*, 189; *Tristão e Isolda*, 190
Wagner, Wieland, 189, 207
Walcott, Derek, 73, 477
Walker, Frank, 190
Wallerstein, Immanuel, 474, 508
Wall Street Journal, The, 82, 447
Walpole, Horace, 137
Washington, D. C., 19, 472
Washington, George, 451
Waterloo, 137
Watt, Ian, 71, 129
Weaver, William, 190
Webb, Beatrice e Sidney, 170, 319
Weber, Max, 250

Wechsberg, Joseph, 190
Weinberg, Albert K., *Manifest Destiny*, 440
White, Hayden, *Metahistory*, 464
White, Patrick, 16
Wilberforce, William, 148, 395
Wilkins, Charles, 249
Williams, Eric, 164, 393, 396, 399, 477; *Capitalism and slavery*, 165
Williams, Raymond, 32, 49, 88, 103, 121, 276-7, 378, 427, 499; *Culture and society*, 122, 377; *O campo e a cidade*, 122, 146, 147, 149
Williams, William Appleman, 107, 120, 439
Wilson, Angus, *The strange ride of Rudyard Kipling*, 244
Wilson, Edmund, 237
Wolf, Eric, 119
Wollstonecraft, Mary, 342
Woodberry, George Edward, 94-7
Woolf, Virginia, 96; *A room of one's own*, 507; *To the lighthouse*, 301
Wordsworth, William, 114, 145, 465

Yacine, Kateb, 295, 400
Yariko, 332
Yeats, William Butler, 108, 298, 299; "Among school children", 368; "A prayer for my daughter", 368; *A vision*, 354; e a ascendência protestante, 353; e a descolonização, 344-5, 352-66; "Easter 1916", 361; e fascismo, 355, 358, 362; "Ego Dominus Tuus", 354; e misticismo, 355, 358; e resistência ao imperialismo, 360; Leda e o cisne, 366; "Nineteen hundred and nineteen", 361; o fascismo, 362; "September 1913", 361; "The circus animals' desertion", 368; "The fisherman", 362; *The rose*, 352; "The rose and the dictionary", 361; "The second coming", 365; "The statues", 354; "The tower", 368; *The tower*, 366; "Under Ben Bulben", 368
Yeltsin, Boris, 499
Young, Marilyn, 443

Zaghloul, Saad, 309
Zaire, 358, 422
Zaydan, Girgi, 337
Zia, 68
Zinn, Howard, 37, 439
Zola, Emile, 97, 252, 258, 297

EDWARD W. SAID nasceu em Jerusalém em 1935. Filho de árabes cristãos, foi educado no Cairo e, mais tarde, em Nova York, onde lecionou literatura na Universidade Columbia. Considerado um dos mais importantes críticos literários e culturais dos Estados Unidos, Said escreveu dezenas de artigos e livros sobre a questão palestina. Morreu em 2003. Dele, a Companhia das Letras já publicou *Orientalismo* (1990), *Paralelos e paradoxos* (2003), *Reflexões sobre o exílio* (2003), *Fora do lugar* (2004), *Representações do intelectual* (2005), *Humanismo e crítica democrática* (2007) e *Estilo tardio* (2009).

1ª edição Companhia das Letras [1995] 2 reimpressões
1ª edição Companhia de Bolso [2011] 5 reimpressões

Esta obra foi composta pela Verba Editorial em Janson Text e impressa pela Gráfica Bartira em ofsete sobre papel Pólen da Suzano S.A. para a Editora Schwarcz em maio de 2024

A marca FSC® é a garantia de que a madeira utilizada na fabricação do papel deste livro provém de florestas que foram gerenciadas de maneira ambientalmente correta, socialmente justa e economicamente viável, além de outras fontes de origem controlada.